501Essential
Italian
VERBS

501Essential
Italian
VERBS

LOREDANA ANDERSON-TIRRO

DOVER PUBLICATIONS, INC.
Mineola, New York

Bibliographical Note

501 Essential Italian Verbs is a new work, first published
by Dover Publications, Inc., in 2011.

Library of Congress Cataloging-in-Publication Data

Anderson-Tirro, Loredana.
501 essential Italian verbs / Loredana Anderson-Tirro.
p. cm. — (Dover language guides)
Text in English and Italian.
Includes bibliographical references and index.
ISBN-13: 978-0-486-47627-8 (alk. paper)
ISBN-10: 0-486-47627-8 (alk. paper)
1. Italian language—Verb. 2. Italian language—Grammar. 3. Italian
language—Textbooks for foreign speakers—English. I. Title.
PC1271.A53 2011
458.2'421—dc23
2011020492

Manufactured in the United States by Courier Corporation
47627801
www.doverpublications.com

CONTENTS

PREFACE

Many students of Italian have struggled with the correct usage of Italian verbs. One need only think of the subjunctive tenses, the present perfect (passato prossimo) and past absolute (passato remoto) vs. the imperfect (imperfetto), to want to throw one's hands up in despair. This text aims to rectify the difficulty of these moments with a simple, straightforward presentation of Italian verbs, in the hope that those moments become a memory of the past.

501 Essential Italian Verbs is a comprehensive guide to verbs and their conjugations. The aim of this text is to provide beginning speakers with a self-learning tool, and more proficient speakers with a reference guide. It is organized into three major sections, an introduction, an alphabetical listing of verbs and, lastly, quick reference guides for fast consultation.

The introduction presents helpful facts to assist readers in the correct usage of verbs, subject pronouns, reflexive, direct and indirect object pronouns, an explanation of the usage of the present perfect/past absolute vs. the imperfect tenses, non-active verb forms, negatives and the indicative vs. the subjunctive tenses. Beginners will also find a pronunciation guide to aid in accurate verb pronunciation. To practice verb conjugations and test comprehension there is a brief verb-practice section.

The introduction is followed by an alphabetic listing of commonly used Italian verbs. Each verb is completely conjugated and includes three sample sentences at the bottom of the page for contextual reference.

Finally, quick reference guides for verbs, pronouns, and other convenient information have been added for rapid consultation. Italian-English and English-Italian indexes conclude the text.

I would like to thank Rochelle Kronzek of Dover Publications for her patience and constant support while writing this text.

INTRODUCTION

This introduction provides basic information regarding the use of verbs in the Italian language. This includes information about pronouns, the formation of past participles, direct and indirect objects, the present perfect vs. the imperfect tenses and the like.

SUBJECT PRONOUNS

Subject pronouns in Italian are similar to those used in English, in that they replace the subject of a sentence. Nonetheless, it should be noted that these pronouns are not commonly used, as in Italian the subject is indicated by the verb ending. Subject pronouns are used however when there is ambiguity as to who is performing the action of the verb. For example:

EX: He wants to go to Italy, but she prefers visiting France.
Lui vuole andare in Italia, ma lei preferisce visitare la Francia.

The following is a table of the subject pronouns in Italian:

Singular		Plural	
Io	I	*Noi*	We
Tu	You	*Voi*	You (pl)
Lui	He	*Loro*	They
Lei	She	*Loro*	They
Lei[1]	You	*Loro*[2]	You (pl)

Table Note 1. Lei is the formal way of addressing an individual whom one does not know or who has a social position requiring respect. Parents of friends, doctors, professors and political figures would be individuals one might include in this category. Among young people today the formal address is rarely used.
Table Note 2. Loro is the plural form of *LEI* and is not commonly used. Should the (formal) occasion warrant it, individuals in this group might include highly-placed political figures (president, prime minister, etc.) and their spouses.

Both *LEI* and *LORO* take the third person singular and plural respectively. The context provides the meaning so as not to confuse the listener as to who is being referred to (in order to differentiate between HE, SHE or THEY).

OBJECT AND REFLEXIVE PRONOUNS

In order to use Italian verbs correctly some mention must be made of the object pronouns which frequently accompany them. These include the direct and indirect object pronouns in addition to the reflexive and reciprocal pronouns. All pronouns are placed before the verb, whether they are simple verbs or compound verbs.

Direct Object Pronouns		Indirect Object Pronouns		Reflexive/Reciprocal Pronouns	
mi	(me)	mi	(to me)	mi	(myself)
ti	(you)	ti	(to you)	ti	(yourself)
lo	(him)	gli	(to him)	si	(himself)
la	(her)	le	(to her)	si	(herself)
La	(you/formal)	Le	(to you/formal)	si	(yourself/formal)
ci	(us)	ci	(to us)	ci	(ourselves)
vi	(you/pl.)	vi	(to you/pl.)	vi	(yourselves)
li	they/masc.	gli	(to them/masc.)	si	(themselves)
le	they/fem.	gli	(to them/fem.)	si	(themselves)

The direct object pronouns take the place of the direct object (or the noun which receives the action of the verb directly). When using LO, LA, LI, or LE it is necessary to change the ending of the past participle in the compounded tenses. In addition, LO and LA are abbreviated to L' before the auxiliary verb AVERE or any verb beginning with a vowel.

> EX: I bought **an old, red car.**
> *Ho comprato **una vecchia macchina rossa*** (DIRECT OBJECT)
>
> I bought **it.**
> ***L'ho comprata.***   (DIRECT OBJECT PRONOUN)
>
> He saw **me** walking down the street.
> *Ha visto **me** camminare lungo la strada.*   (DIRECT OBJECT)
> ***Mi** ha visto camminare lungo la strada.*   (DIRECT OBJECT PRONOUN)

Indirect object pronouns differ from direct object pronouns in the third person singular and third person plural forms. The indirect object pronouns substitute the indirect objects, or nouns that are preceded by the prepositions A (*to*) or PER (*for*). Indirect object nouns are always people or animals. Unlike the direct object pronouns in compound tenses, the past participle never agree with indirect object pronouns, nor does one use apostrophes before auxiliary verbs. When using compound tense verbs requiring ESSERE as the auxiliary however, one must change the endings.

> EX: I talked **to her** about volunteer organizations.
> *Ho parlato **a lei** del volontariato.*
> ***Le** ho parlato del volontariato.*

I sent Mary and Anthony the address the day before yesterday.
Ho mandato a Maria e Antonio l'indirizzo l'altro ieri.
Gli ho mandato l'indirizzo l'altro ieri.

Finally, the reflexive and reciprocal pronouns follow the same rules as the direct and indirect pronouns in terms of placement, but these verbs are always conjugated with ESSERE (and thus follow the agreement in gender and number rules for the compound tenses). These verbs convey actions that one does to oneself or to each other and are more common in Italian than in English. In fact, there are many verbs that have reflexive conjugations but are not reflexive in meaning.

EX: The girls (**themselves**) washed their hands.
*Le ragazze **si** sono lavate le mani.*

They greeted **each other** at the meeting.
Si *sono salutati alla riunione.*

NON-ACTIVE VERB FORMS

Non-active verb forms include the infinitive, the past and present participles and the gerund form of the verb. The infinitive is conveyed in English by the preposition *TO*, as in *to write*. In Italian, as in other romance languages, the *TO* is expressed by the ending of the verb:

–ARE (1ˢᵗ conjugation) as in PARLARE
–ERE (2ⁿᵈ conjugation) as in RICEVERE
–IRE (3ʳᵈ conjugation) as in DORMIRE

The infinitives of the reflexive verbs are identified by the pronoun SI attached to the end of the regular infinitive (e.g., lavarsi), in this way identifying it as reflexive or reciprocal in meaning and conjugation.

The infinitive can also be used as a noun when preceded by the definite article (*il, lo, l', la, i, gli, le*) and can replace the gerund form (see below) much as it does in English. Thus "*Dancing is one of my passions*" becomes "*Ballare è una mia passione.*"

The present participle in its verbal form is relatively rare in Italian. It is generally used in written and legal documents, though occasionally you will hear it in spoken form. When it is used in its verbal form its sense is generally active.

EX: An emotional moment (a moment that causes emotion).
Un momento emozionante.

It can also take the form of a noun or an adjective. As a noun it has both singular and plural forms, as an adjective it must match the noun it modifies.

The singers were among the best I have heard.
*I **cantanti** erano fra i migliori che io abbia mai sentito.* (NOUN)

I saw an interesting comedy.
*Ho visto una commedia **interessante**.* (ADJECTIVE)

The past participle (*participio passato*) of regular verbs in Italian is formed by adding –ATO to the root of the 1st conjugation verbs, -UTO to the root of second conjugation verbs and –ITO to the root of third conjugation verbs.

EX: parlare   parl + ato   parlato
     ricevere   ricev + uto   ricevuto
     dormire   dorm + ito   dormito

The past participles are employed most frequently with the auxiliary verbs ESSERE and AVERE to form compounded tenses.

EX: **I left** for Italy.
     ***Sono partito/a** per l'Italia.*

     I sent an email to my sister.
     ***Ho mandato** una mail a mia sorella.*

The gerund, as already noted, expresses the –*ING* ending used in English. It is formed by adding –*ANDO* to the –*ARE* verbs and -*ENDO* to the –*ERE* and –*IRE* verbs. The gerund is conjugated with the present or imperfect form of the verb STARE (*to stay/to be*) and expresses a progressive or concurrent action. The present and imperfect tenses may also be used in place of the gerund.

EX: **I am singing** now.
     ***Sto cantando** adesso.*

     While I was waiting for the bus, I checked my email.
     *Mentre **stavo aspettando** l'autobus, ho controllato la mia mail.*
     Mentre aspettavo l'autobus, ho controllato la mia mail.

NEGATIVE FORMS

In Italian the negative is expressed by placing the term *NON* before the verb.

EX: I am not going home this evening.
     ***Non** vado a casa stasera.*

Italian also has what in English is termed double or triple negatives. This means that a sentence has a negative form before and after the verb. The negative expression that follows the verb can also be used at the beginning of the sentence to emphasize or negate the subject of the verb, but in this case the NON is not included.

EX: I **never** see **anyone** at school.
*Non vedo **mai nessuno** a scuola.*

No one invited me to the meeting.
*Non mi ha invitato **nessuno** alla riunione.*

With compounded tenses, such expressions as **ancora** *(yet, still)*, **mai** *(never, ever)*, **mica** *(at all)* or **più** *(more)* are placed between the auxiliaries ESSERE or AVERE and the past participle.

EX: I still haven't seen the Leaning Tower of Pisa.
*Non ho **ancora** visto la torre pendente di Pisa.*

I have never been to Venice.
*Non sono **mai** stato/a a Venezia.*

THE PAST PERFECT VS. THE IMPERFECT

It goes without saying that one of the most challenging concepts to grasp in Italian is when to use the present perfect *(passato prossimo)* or the past absolute *(passato remoto)* instead of the imperfect *(imperfetto)* verb tense. The present perfect and the past absolute are interchangeable, the first indicating a near past (yesterday, last week, etc.), the second a remote past (historical or narrative). Their use can vary in different regions and cities, with Milan and Rome frequently tending towards the present perfect and Florence and Southern Italy towards the past absolute (even for more recent pasts). The imperfect is always used, and must accompany the past perfect or absolute. Given that in English we do not have anything that mirrors these two separate tenses the question becomes one of trying to choose when to use one or the other.

The present perfect or absolute tenses are used for actions that are limited to a specific time or to a completed action.

After the vacation in Sardegna, **we returned** home.
*Dopo le vacanze in Sardegna, **siamo ritornati** a casa.*   (PASSATO PROSSIMO)

In 1908 **they built** many new buildings in Rome.
*Nel 1908 **costruirono** molti nuovi palazzi a Roma.*   (PASSATO REMOTO)

As we have seen, the past participle *(participio passato)* is formed by adding –ATO to the root of 1st conjugation verbs, –UTO to the root of 2nd conjugation verbs and –ITO to the root of 3rd conjugation verbs. It corresponds to the –ED ending in English. These forms are used with either AVERE or ESSERE to form the compounded tenses, as in *"Ieri ho lavorato all'università"* (Yesterday I worked at the university) or *"La settimana sorsa sono andata a Roma"* (Last week I went to Rome). Past participles are invariable when used with AVERE but change their endings to match the subject when conjugated with ESSERE or when AVERE is combined with a direct object pronoun. Consider the following:

They bought the croissants.
Hanno comprato *i cornetti.*   *(AVERE)*

They bought them.
Li hanno comprati.   *(AVERE + direct object pronoun)*

They entered a bar.
Sono entrati *in un bar.*   *(ESSERE)*

Past participles are also used as adjectives and, in similar fashion to the verbs conjugated with ESSERE, their endings change to match the noun modified in gender and number:

EX: She is a very **angry** person.
*È una persona molto **arrabbiata**.*

The best way to explain the use of the imperfect tense is to list specific circumstances in which it should be used. These include:

Physical description

The villa **was** in the countryside and **had** splendid gardens.
*La villa **era** in campagna e **aveva** dei giardini splendidi.*

Ongoing actions in the past

The children **went** to school every day last year.
*I bambini **andavano** a scuola ogni giorno l'anno scorso.*

Habitual actions

I **used to wash** my hair every morning.
***Avevo** l'abitudine di lavare i capelli ogni mattina.*

One ongoing action interrupted by another

While I **was eating** dinner, the telephone rang.
*Mentre **cenavo** il telefono ha squillato.*

Two contemporaneous ongoing actions

While I **was eating** dinner I **was reading** my book.
Mentre cenavo, leggevo il mio libro.

Health

She **suffered** from an appendicitis.
*Lei **soffriva** di appendicite.*

Psychological or emotional states

They **were** really happy to be able to study abroad.
*Loro **erano** proprio felici di poter studiare all'estero.*

Physical states

He **was** tall, handsome and enchanting.
Era alto, bello e incantevole.

Age

He **was** 20 years old when he left for Italy.
Aveva 20 anni quando è partito per l'Italia.

Dates, Seasons, Months

It always **snowed** last winter.
Nevicava sempre lo scorso inverno.

Time

It was 8.00 AM when the plane departed.
Erano le 8.00 di mattina quando l'aereo è partito.

Weather

Yesterday it **was** hot.
Ieri faceva caldo.

Thus when both verb forms are used together (present perfect/past absolute + imperfect), and this is required in order to speak correctly, they can convey both one-time/completed actions with habitual past actions.

EX: I **was** thirty years old when **I graduated.**
Io avevo trent anni (AGE) quando mi sono laureato (COMPLETED EVENT).

ESSERE VS. STARE

Both ESSERE and STARE are translated as *to be* in English. Nevertheless, they are used differently. One could say that ESSERE expresses a condition, while STARE expresses a physical presence in a place.

ESSERE, as the word suggests, often refers to existential qualities. Thus it is used for such aspects as identity, profession, origin, religious or political affiliation, nationality, physical aspects, emotion or the characteristics of something. It is also used as an auxiliary verb with the past participle to express a compounded tense.

EX: We are very happy.
    ***Siamo** molto felici.*   (EMOTION)

    We didn't go to the zoo yesterday morning
    *Non **siamo** andati allo zoo ieri mattina.*   (COMPOUND TENSE)

STARE can be translated as both *to be* and *to stay*. It is generally used when referring to health, static presence in a place, as well as in many idiomatic expressions. Given that ESSERE does not have its own past participle, STARE is also employed in compound tenses as the past participle of ESSERE, with the gerund verb forms to indicate progressive action and with the preposition PER plus an infinitive verb to convey an action about to take place.

EX: She was ill last week.
    *Lei **stava** male la settimana scorsa.*   (HEALTH)

    I'll be at home this afternoon.
    ***Starò** a casa oggi pomeriggio.*   (PHYSICAL PRESENCE)

    Be careful! There is a lot of traffic.
    ***Stai** attento! C'è molto traffico.*   (IDIOMATIC EXPRESSION)

    We were very unhappy with the film last night.
    ***Siamo stati** molto scontenti del film ieri sera.*   (PAST PARTICIPLE OF ESSERE)

    I was washing the clothes when Giorgio arrived.
    ***Stavo lavando** i panni quando è arrivato Giorgio.*   (GERUND)

    The train is on the point of leaving.
    *Il treno **sta per partire.***   (STARE + PER)

In certain areas of Italy, STARE may replace ESSERE when speaking, though this is generally a colloquial practice.

THE INDICATIVE VS. THE SUBJUNCTIVE

The mood of a verb expresses how the speaker perceives the events or circumstances. The indicative tenses are used when one would like to express certainty or reality in the past, present or future. The subjunctive mood on the other hand, expresses uncertainty, opinion, possibility or feelings concerning events taking place.

The subjunctive has four tenses: the present (*congiuntivo presente*), the past (*congiuntivo passato*), the imperfect (*congiuntivo imperfetto*) and the past perfect (*congiuntivo trapassato*). They are used in dependent clauses introduced by verbs or clauses expressing necessity, uncertainty, doubt, desire, emotions or subjectivity as already mentioned above. The subjunctive tense used depends on the tense of the verb or expression in the main clause. When the leading verb is in the present, future or imperative, one has the choice of using either the present or past subjunctive or the future indicative, depending on which time period one would like to express in relation to the verb in the main clause. When this verb is in the past or conditional tenses, the choice of the subjunctive tense will be that of the imperfect or past perfect subjunctive or the conditional past (expressing future in the past). The two clauses are usually connected by the conjunction **CHE** and involve two different subjects. While the word **THAT** is not used in English, in Italian **CHE** must **always** be included. When the same subject is carrying out both actions, the second verb is placed in the infinitive (e.g. Voglio andare in Italia—I want to go to Italy). When there is no change of subject, and verbs and expressions in the main clause indicate fear or emotion, the infinitive is preceded with the preposition DI (e.g. *Giovanni teme di non imparare le regole grammaticali*—John fears he will not learn the grammatical rules).

TIME SEQUENCE FOR SUBJUNCTIVE VERBS

Leading Verb	Subjunctive	Time Sequence
present	past subj.	past
future	present subj.	present
imperative	future indicative	future
present perfect		
imperfect	past perfect subj.	past
past absolute	imperfect subj.	present/future
pluperfect indicative	conditional past	future
present conditional		
past conditional		

LEADING VERBS IN THE PRESENT, FUTURE OR IMPERATIVE

EX: **I think** he is going to Canada.   CONTIGUOUS ACTION
*Penso che lui **vada** in Canada.*

I think he has **already gone** to Canada.   PAST ACTION
*Penso che lui **sia già andato** in Canada.*

I think he **will go** to Canada.   FUTURE ACTION
*Penso che lui **andrà** in Canada.*

LEADING VERBS IN THE PAST OR CONDITIONAL TENSES

I believed he **left** for the Middle East.   CONTIGUOUS ACTION
*Credevo che lui **partisse** per il Medio Oriente.*

I believed he **had left** for the Middle East. PAST ACTION
*Credevo che lui **fosse partito** per il Medio Oriente.*

I believed he **would leave** for the Middle East. FUTURE ACTION
*Credevo che lui **sarebbe partito** (**partisse***)
per il Medio Oriente.*

*Note that a future in the past may also be conveyed by the imperfect subjunctive tense.

Hypothetical clauses also employ the subjunctive tense. There are three types of hypothetical clauses, labeled as hypothetical clauses of reality (using only the indicative tenses), of possibility (the imperfect subjunctive + the conditional present) and irreality or no longer possible (the past perfect subjunctive + the conditional present or past). SE is the conjunction of choice in these phrases and translates to *IF.* The subjunctive tense will follow SE and expresses the condition, whereas the conditional tenses will express the outcome or consequences of the previous action.

EX: If you **come** to my house, I'll **prepare** dinner for you.
*Se **vieni** a casa mia, ti **preparo** la cena.*   (REALITY)

It **would be** better if all the congressmen **were** in agreement.
***Sarebbe** meglio se tutti i parlamentari **fossero** d'accordo.*   (POSSIBILITY)

If I **had bought** that house, I **would have been** happier.
*Se **avessi comprato** quella casa, **sarei stata** più felice.*   (NO LONGER POSSIBLE)

COMMANDS

The imperative tense in Italian can be either formal or informal. The informal commands are TU, NOI and VOI and are directed at the person or persons that the speaker addresses. The formal commands are LEI (the formal YOU) and LORO (the plural of LEI). The formal commands take the same form as the present subjunctive in Italian. The negative is formed by placing the term NON before the verb, with the exception of the TU form which is formed by NON + INFINITIVE of the verb.

		Affirmative	**Negative**
Informal commands	**TU**	Parla! (Talk!)	Non parlare! (Don't talk!)*
		Scrivi! (Write!)	Non scrivere! (Don't write!)
		Dormi! (Sleep!)	Non dormire! (Don't sleep!)
	NOI	Parliamo! (Let's talk!)	Non parliamo! (Let's not talk!)
		Scriviamo! (Let's write!)	Non scriviamo! (Let's not write!)
		Dormiamo! (Let's sleep!)	Non dormiamo! (Let's not sleep!)
	VOI	Parlate! (Talk!)	Non parlate! (Don't talk!)
		Scrivete (Write!)	Non scrivete! (Don't write!)
		Dormite! (Sleep!)	Non dormite! (Don't sleep!)
Formal Commands	**LEI**	Parli! (Talk!)	Non parli! (Don't talk!)
		Scriva! (Write!)	Non scriva! (Don't write!)
		Dorma! (Sleep!)	Non dorma! (Don't sleep!)

			Affirmative	Negative
	LORO		Parlino! (Talk!)	Non parlino! (Don't talk!)
			Scrivano! (Write!)	Non scrivano! (Don't write!)
			Dormano! (Sleep!)	Non dormano! (Don't sleep!)

THE VERB PIACERE

The verb PIACERE in Italian is most often used in the third person singular or plural. It is translated as *to like* in English, but is literally translated as *to be pleasing to*. It therefore requires an indirect object or indirect object pronoun. This being the case, the form PIACERE takes will generally depend on the noun which follows, which in reality represents the subject of the phrase. Should PIACERE be followed by an infinitive verb form, only the 3rd person singular of the verb is used. The subject may also be used at the beginning of the sentence but this is not a common practice. Consider the following sentences:

EX: I **like** my summer dress.
Mi piace *il mio vestito estivo.*   *(3rd person singular)*

I **like** spaghetti.
Mi piacciono *gli spaghetti.*   *(3rd person plural)*

I **like to eat** cookies.
Mi **piace mangiare** *i biscotti.*   *(Infinitive verb)*

There are numerous verbs that follow this same form, including INTERESSARE (*to interest*), OCCORRERE (*to need*), BASTARE (to be enough), MANCARE (to be lacking), RESTARE (to be left), SERVIRE (to be needed) and VOLERCI (*to take time*).

ITALIAN PRONUNCIATION

VOWELS

Italian is a phonetic language which means that it is most often pronounced as it is written, though there are a few exceptions. There are five essential Italian vowels as in English, but the E and the O have two sounds, open or closed. These are pronounced sharply and clearly in Italian, despite where the stress falls in the word. Below is the common pronunciation of Italian vowels.

A	as in FATHER	O	as in CALL (open)	
E	as in MET (open)	O	as in GHOST (closed)	
E	as in FADE (closed)	U	as in RUDE	
I	as in FEED			

CONSONANTS

Italian consonants generally do not differ much from their English counterparts. Following is the pronunciation of the consonants of the Italian alphabet, followed by the exceptions. The letters J K W X Y (*) have been added here, though they are not part of the Italian alphabet and are only occasionally used.

B	*bee*
C	*chee*
D	*dee*
F	*EHF-feh*
G	*jee*
H	*AHK-kah*
J*	*ee LOON-gah*
K*	*KAHP-pah*
L	*EHL-leh*
M	*EHM-meh*
N	*EHN-neh*
P	*pee*
Q	*koo*
R	*EHR-reh*
S	*EHS-seh*
T	*tee*
V	*voo*
W*	*DOHP-pee>ah voo*
X*	*eeks*
Y*	*EEP-see-lohn*
Z	*ZEH-tah*

SPECIAL PRONUNCIATION

The following outlines the Italian pronunciation that differs from the English:

CA/CO	(casa/colore)	*KAH-sah/KOH-loh-reh*
CI/CE	(amici/felice)	*ah-MEE-chee/feh-LEE-cheh*
CHI/CHE	(chiamare/amiche)	*kee>AH-mah-reh/ah-MEE-keh*
GO/GA	(gonna/gatto)	*GOHN-nah/GAHT-toh*
GI/GE	(giorno/gemma)	*jee>OHR-noh/JEHM-mah*
GHI/GHE	(laghi/lunghe)	*LAH-ghee/LOON-gheh*
GLI	(foglio)	*FOH-lyee>oh*
SCA/SCO	(scala/scoliosi)	*SKAH-lah/SKOH-lee-oh-see*
SCE/SCI	(scemo/sciare)	*SHEH-moh/shee-AH-reh*

In Italian there are double consonants for every letter of the alphabet with the exception of Q. Double consonants are pronounced differently from single consonant words and will cause miscommunication if not mastered. The best way to handle this is to pronounce each consonant separately in a double consonant term. Consider the difference below:

EX: ROSA *(ROH-zah)*   *ROSSA (ROHS-sah)*
     SETE *(SEH-teh)*   *SETTE (SEHT-teh)*
     CASA *(KAH-zah)*   *CASSA (KAHS-sah)*

Italian also uses diphthongs and triphthongs. While the sequencing of two, three or even four vowels is a mouthful for the English speaker, these vowels are all pronounced separately. For example:

EX: CREAVATE   *kreh-AH-vah-teh*
     ABBAIAVAMO   *ahb-bah-ee>AH-vah-moh*
     MUOIONO   *moo>oye-YOH-noh*

SYLLABLE STRESS

Italian words are usually stressed on the penultimate (second-to-last) syllable. This does not mean that all words follow this rule. Accents will also fall on other syllables. Unfortunately there is no way of knowing when this is the case, short of carrying an Italian dictionary with you. Only the words where the accent falls on the last syllable are indicated by an accent mark. The following are some examples of where stress falls on differing syllables.

EX: Last syllable   città   *cheet-TAH*
     Penultimate syllable   mat**ti**na   *maht-TEE-nah*
     Antepenultimate syllable   **at**timo   *AHT-tee-moh*
     Fourth-to-last syllable   **pas**samela   *PAHS-sah-meh-lah*

There are also words that have the accent on the fifth-to-last syllable!

VERB PRACTICE

A. Conjugate the following verbs in the present tense of the indicative mood.

1. La studentessa _____ i suoi vestiti con l'inchiostro (macchiare).

2. Io _____ un libro molto interessante (leggere).

3. Loro _____ la lingua italiana (imparare).

4. Stasera noi _____ il conto al ristorante (pagare).

5. Gli allievi _____ in classe per la lezione (entrare).

6. Noi _____ ascoltare Andrea Bocelli (amare).

7. Tu _____ fino a molto tardi (dormire).

8. Voi _____ americani, vero (essere)?

9. Giorgio _____ un sacco di persone (conoscere).

10. Lei _____ i compiti prima di pranzo (finire).

B. Complete the following sentences with the correct form of the present perfect tense of the indicative mood.

1. Ieri noi _____ in spiaggia (andare).

2. Io _____ una bellissima sciarpa per mia madre (comprare).

3. Luisa _____ degli ospiti questo fine settimana (avere).

4. Voi _____ di telefonare ai genitori (ricordare)?

5. Prima di mangiare, Marisa_____ le mani (lavarsi).

6. Loro _____ i bambini a casa (trovare).

7. Voi _____ spesso durante la scorsa settimana (parlarsi)?

8. Tu _____ via tutti i tuoi vestiti (mettere).

9. I compagni di banco mi _____ durante la spiegazione (disturbare).

10. Lei _____ tutti i suoi libri quando sono arrivati i ragazzi (nascondere).

C. Complete the following sentences with the correct form of the imperfect tense in the indicative mood.

1. Noi non _____ mangiare le lumache per cena (volere).

2. Lei _____ vent'anni quando si è sposata (avere).

3. Mentre preparavo la colazione, mio marito _____ la doccia (fare).

4. (Io) _____ la musica quando Raffaele ha suonato alla porta (ascoltare).

5. Loro _____ alle otto ogni mattina per andare a lavoro (svegliarsi).

6. Noi _____ molto ogni sera al bar (bere).

7. Luigi _____ in piedi ad aspettare l'autobus (stare).

8. Lei mi _____ sempre di lasciare il mio ragazzo (dire).

9. Voi _____ tutti gli anni in Italia (andare).

10. Tu non _____ venire perché i tuoi te l'hanno proibito (potere).

D. Conjugate the following verbs in the future tense of the indicative mood.

1. Io _____ tutta l'estate al mare (passare).

2. Tu _____ Napoli quest'anno (visitare).

3. Se non ti _____, ti verrà un raffreddore (coprire).

4. Signori, quando _____ per l'Italia (partire)?

5. Quando io _____ a Roma, ammirerò tutti i monumenti (andare).

6. Voi _____ delle notizie sulla nascita di vostra nipote (ricevere).

7. Lui _____ alla festa tra mezz'ora (aggiungere).

8. Loro mi _____ quando gli dirò delle bugie (credere).

9. Noi _____ New York appena l'anno accademico finirà (lasciare).

10. Chiara _____ per giorni prima dell'esame in matematica (studiare).

E. Conjugate the following verbs in the past perfect tense (il trapassato prossimo).

1. Dopo che mi _____ , i miei mi hanno mandato in camera mia (punire).

2. Lorenzo _____ già quando l'hanno invitato fuori a cena (mangiare).

3. Non potevi più guidare dopo che _____ così tanto (bere).

4. Mia sorella te l'_____ per scherzo (dire).

5. Dopo che _____ la casa, sono andati a teatro (pulire).

6. Sono rimasta molto male dopo che voi mi _____ la situazione (descrivere).

7. Noi non gli _____ dei soldi e di conseguenza si è arrabbiato (dare).

8. Io _____ con il temperino, così mi hanno portato in ospedale (tagliarsi).

9. Non l'hanno invitato al pranzo dopo quello che _____ (fare).

10. Io _____ la mamma prima di andare da Andrea (aiutare).

F.   Complete with the present tense of the subjunctive mood.

1. Mio padre vuole che io _____ a tennis (giocare).

2. La maestra desidera che tu _____ più studioso (essere).

3. Non credo che lei _____ ad altro durante la lezione (pensare).

4. Non è giusto che voi _____ a casa stasera (restare).

5. Non posso credere che loro _____ così tante ricchezze (avere).

6. Mi dispiace che mia madre _____ così facilmente (ammalarsi).

7. Dubitate che _____, ma io credo di sì (piovere).

8. La mamma teme che papà _____ la polmonite (avere).

9. Pare che tu _____ molto tardi (partire).

10. Suppongono che noi _____ con lo stesso progetto (continuare).

G.   Conjugate the following verbs with the imperfect tense of the subjunctive.

1. Pensavate che noi _____ in campagna (essere)?

2. Non era possibile che tu non _____ (capire).

3. Mi pareva che lui _____ sulla decisione da prendere (riflettere).

4. Benché _____, volevamo sempre uscire (nevicare).

5. Non abbiamo creduto che Carlo_____ cantare (potere).

6. Non voleva che loro _____ alla conferenza (annoiarsi).

7. Si diceva che lui _____ la moglie (tradire).

8. Bisognava che voi _____ bene (agire).

9. Pensavi che la lezione _____ alle 18,00 (terminare)?

10. Sarebbe meglio se lei _____ le finestre per fare circolare l'aria (aprire).

ANSWER KEY

A. **1.** macchia **2.** leggo **3.** imparano **4.** paghiamo **5.** entrano **6.** amiamo **7.** dormi **8.** siete **9.** conosce **10.** finisce

B. **1.** siamo andati/e **2.** ho comprato **3.** ha avuto **4.** avete ricordato **5.** si è lavata **6.** hanno trovato **7.** vi siete parlati/e **8.** hai messo **9.** hanno disturbato **10.** ha nascosto

C. **1.** volevamo **2.** aveva **3.** faceva **4.** ascoltavo **5.** si svegliavano **6.** bevevamo **7.** stava **8.** diceva **9.** andavate **10.** potevi

D. **1.** passerò **2.** visiterai **3.** coprirai **4.** partiranno **5.** andrò **6.** riceverete **7.** aggiungera **8.** crederanno **9.** lasceremo **10.** studierà

E. **1.** avevano punito **2.** aveva mangiato **3.** avevi bevuto **4.** aveva detto **5.** avevano pulito **6.** avevate descritto **7.** avevamo dato **8.** mi ero tagliato/a **9.** aveva fatto **10.** avevo aiutato

F. **1.** giochi **2.** sia **3.** pensi **4.** restiate **5.** abbiano **6.** si ammali **7.** piova **8.** abbia **9.** parta **10.** continuiamo

G. **1.** fossimo **2.** capissi **3.** riflettesse **4.** nevicasse **5.** potesse **6.** si annoiassero **7.** tradisse **8.** agiste **9.** terminasse **10.** aprisse

501Essential
Italian
VERBS

Inf. abbassare   *Part. pres.* abbassante   *Part. pass.* abbassato   *Ger.* abbassando

INDICATIVO

Presente

Io abbasso	Noi abbassiamo
Tu abbassi	Voi abbassate
Lui/Lei abbassa	Loro abbassano

Imperfetto

Io abbassavo	Noi abbassavamo
Tu abbassavi	Voi abbassavate
Lui/Lei abbassava	Loro abbassavano

Passato Prossimo

Io ho abbassato	Noi abbiamo abbassato
Tu hai abbassato	Voi avete abbassato
Lui/Lei ha abbassato	Loro hanno abbassato

Trapassato Prossimo

Io avevo abbassato	Noi avevamo abbassato
Tu avevi abbassato	Voi avevate abbassato
Lui/Lei aveva abbassato	Loro avevano abbassato

Futuro

Io abbasserò	Noi abbasseremo
Tu abbasserai	Voi abbasserete
Lui/Lei abbasserà	Loro abbasseranno

Passato Remoto

Io abbassai	Noi abbassammo
Tu abbassasti	Voi abbassaste
Lui/Lei abbassò	Loro abbassarono

Futuro Anteriore

Io avrò abbassato	Noi avremo abbassato
Tu avrai abbassato	Voi avrete abbassato
Lui/Lei avrà abbassato	Loro avranno abbassato

Trapassato Remoto

Io ebbi abbassato	Noi avemmo abbassato
Tu avesti abbassato	Voi aveste abbassato
Lui/Lei ebbe abbassato	Loro ebbero abbassato

CONDIZIONALE

Condizionale

Io abbasserei	Noi abbasseremmo
Tu abbasseresti	Voi abbassereste
Lui/Lei abbasserebbe	Loro abbasserebbero

Condizionale Passato

Io avrei abbassato	Noi avremmo abbassato
Tu avresti abbassato	Voi avreste abbassato
Lui/Lei avrebbe abbassato	Loro avrebbero abbassato

CONGIUNTIVO

Congiuntivo Presente

Io abbassi	Noi abbassiamo
Tu abbassi	Voi abbassiate
Lui/Lei abbassi	Loro abbassino

Congiuntivo Passato

Io abbia abbassato	Noi abbiamo abbassato
Tu abbia abbassato	Voi abbiate abbassato
Lui/Lei abbia abbassato	Loro abbiano abbassato

Congiuntivo Imperfetto

Io abbassassi	Noi abbassassimo
Tu abbassassi	Voi abbassaste
Lui/Lei abbassasse	Loro abbassassero

Congiuntivo Trapassato

Io avessi abbassato	Noi avessimo abbassato
Tu avessi abbassato	Voi aveste abbassato
Lui/Lei avesse abbassato	Loro avessero abbassato

IMPERATIVO

(Tu) abbassa!   (Lei) abbassi!   (Noi) abbassiamo!   (Voi) abbassate!   (Loro) abbassino!

Ho abbassato la persiana perché faceva caldo.
I lowered the sliding shutter because it was hot.

Spero che abbiano abbassato i prezzi.
I hope that they lowered the prices.

Abbassarono il riscaldamento durante la guerra?
Did they lower the heat during the war?

Inf. abbinare *Part. pres.* abbinante *Part. pass.* abbinato *Ger.* abbinando

INDICATIVO

Presente

Io abbino	Noi abbiniamo
Tu abbini	Voi abbinate
Lui/Lei abbina	Loro abbinano

Imperfetto

Io abbinavo	Noi abbinavamo
Tu abbinavi	Voi abbinavate
Lui/Lei abbinava	Loro abbinavano

Passato Prossimo

Io ho abbinato	Noi abbiamo abbinato
Tu hai abbinato	Voi avete abbinato
Lui/Lei ha abbinato	Loro hanno abbinato

Trapassato Prossimo

Io avevo abbinato	Noi avevamo abbinato
Tu avevi abbinato	Voi avevate abbinato
Lui/Lei aveva abbinato	Loro avevano abbinato

Futuro

Io abbinerò	Noi abbineremo
Tu abbinerai	Voi abbinerete
Lui/Lei abbinerà	Loro abbineranno

Passato Remoto

Io abbinai	Noi abbinammo
Tu abbinasti	Voi abbinaste
Lui/Lei abbinò	Loro abbinarono

Futuro Anteriore

Io avrò abbinato	Noi avremo abbinato
Tu avrai abbinato	Voi avrete abbinato
Lui/lei avrà abbinato	Loro avranno abbinato

Trapassato Remoto

Io ebbi abbinato	Noi avemmo abbinato
Tu avesti abbinato	Voi aveste abbinato
Lui/Lei ebbe abbinato	Loro ebbero abbinato

CONDIZIONALE

Condizionale Presente

Io abbinerei	Noi abbineremmo
Tu abbineresti	Voi abbinereste
Lui/Lei abbinerebbe	Loro abbinerebbero

Condizionale Passato

Io avrei abbinato	Noi avremmo abbinato
Tu avresti abbinato	Voi avreste abbinato
Lui/Lei avrebbe abbinato	Loro avrebbero abbinato

CONGIUNTIVO

Congiuntivo Presente

Io abbini	Noi abbiniamo
Tu abbini	Voi abbiniate
Lui/Lei abbini	Loro abbinino

Congiuntivo Passato

Io abbia abbinato	Noi abbiamo abbinato
Tu abbia abbinato	Voi abbiate abbinato
Lui/Lei abbia abbinato	Loro abbiano abbinato

Congiuntivo Imperfetto

Io abbinassi	Noi abbinassimo
Tu abbinassi	Voi abbinaste
Lui/Lei abbinasse	Loro abbinassero

Congiuntivo Trapassato

Io avessi abbinato	Noi avessimo abbinato
Tu avessi abbinato	Voi aveste abbinato
Lui/Lei avesse abbinato	Loro avessero abbinato

IMPERATIVO

(Tu) abbina! (Lei) abbini! (Noi) abbiniamo! (Voi) abbinate! (Loro) abbinino!

Vorrei abbinare questa maglia con quei pantaloni.
I would like to match this sweater with those pants.

Abbineremo la musica alle parole.
We will match the music to the words.

Hanno abbinato i costumi all'epoca.
They matched the costumes to the era.

ABBRACCIARE   *to hug, to embrace*

Inf. abbracciare   *Part. pres.* abbracciante   *Part. pass.* abbracciato   *Ger.* abbracciando

INDICATIVO

Presente
Io abbraccio	Noi abbracciamo
Tu abbracci	Voi abbracciate
Lui/Lei abbraccia	Loro abbracciano

Imperfetto
Io abbracciavo	Noi abbracciavamo
Tu abbracciavi	Voi abbracciavate
Lui/Lei abbracciava	Loro abbracciavano

Passato Prossimo
Io ho abbracciato	Noi abbiamo abbracciato
Tu hai abbracciato	Voi avete abbracciato
Lui/Lei ha abbracciato	Loro hanno abbracciato

Trapassato Prossimo
Io avevo abbracciato	Noi avevamo abbracciato
Tu avevi abbracciato	Voi avevate abbracciato
Lui/Lei aveva abbracciato	Loro avevano abbracciato

Futuro
Io abbraccerò	Noi abbracceremo
Tu abbraccerai	Voi abbraccerete
Lui/Lei abbraccerà	Loro abbracceranno

Passato Remoto
Io abbracciai	Noi abbracciammo
Tu abbracciasti	Voi abbracciaste
Lui/Lei abbracciò	Loro abbracciarono

Futuro Anteriore
Io avrò abbracciato	avremo abbracciato
Tu avrai abbracciato	avrete abbracciato
Lui/Lei avrà abbracciato	avranno abbracciato

Trapassato Remoto
Io ebbi abbracciato	Noi avemmo abbracciato
Tu avesti abbracciato	Voi aveste abbracciato
Lui/Lei ebbe abbracciato	Loro ebbero abbracciato

CONDIZIONALE

Condizionale
Io abbraccerei	Noi abbracceremmo
Tu abbracceresti	Voi abbraccereste
Lui/Lei abbraccerebbe	Loro abbraccerebbero

Condizionale Passato
Io avrei abbracciato	Noi avremmo abbracciato
Tu avresti abbracciato	Voi avreste abbracciato
Lui/Lei avrebbe abbracciato	Loro avrebbero abbracciato

CONGIUNTIVO

Congiuntivo Presente
Io abbracci	Noi abbracciamo
Tu abbracci	Voi abbracciate
Lui/Lei abbracci	Loro abbraccino

Congiuntivo Passato
Io abbia abbracciato	Noi abbiamo abbracciato
Tu abbia abbracciato	Voi abbiate abbracciato
Lui/Lei abbia abbracciato	Loro abbiano abbracciato

Congiuntivo Imperfetto
Io abbracciassi	abbracciassimo
Tu abbracciassi	abbracciaste
Lui/Lei abbracciasse	abbracciassero

Congiuntivo Trapassato
Io avessi abbracciato	Noi avessimo abbracciato
Tu avessi abbracciato	Voi aveste abbracciato
Lui/Lei avesse abbracciato	Loro avessero abbracciato

IMPERATIVO

(Tu) abbraccia!   (Lei) abbracci!   (Noi) abbracciamo!   (Voi) abbracciate!   (Loro) abbraccino!

Ti abbraccerò quando ti vedo.
I will hug you when I see you.

L'aveva abbracciato prima di partire
She had hugged him before leaving.

Abbracciami amore!
Hug me my love!

Inf. abitare   ***Part. pres.*** abitante   ***Part. pass.*** abitato   *Ger.* abitando

INDICATIVO

Presente

Io abito	Noi abitiamo
Tu abiti	Voi abitate
Lui/Lei abita	Loro abitano

Imperfetto

Io abitavo	Noi abitavamo
Tu abitavi	Voi abitavate
Lui/Lei abitava	Loro abitavano

Passato Prossimo

Io ho abitato	Noi abbiamo abitato
Tu hai abitato	Voi avete abitato
Lui/Lei ha abitato	Loro hanno abitato

Trapassato Prossimo

Io avevo abitato	Noi avevamo abitato
Tu avevi abitato	Voi avevate abitato
Lui/Lei aveva abitato	Loro avevano abitato

Futuro

Io abiterò	Noi abiteremo
Tu abiterai	Voi abiterete
Lui/Lei abiterà	Loro abiteranno

Passato Remoto

Io abitai	Noi abitammo
Tu abitasti	Voi abitaste
Lui/Lei abitò	Loro abitarono

Futuro Anteriore

Io avrò abitato	Noi avremo abitato
Tu avrai abitato	Voi avrete abitato
Lui/Lei avrà abitato	Loro avranno abitato

Trapassato Remoto

Io ebbi abitato	Noi avemmo abitato
Tu avesti abitato	Voi aveste abitato
Lui/Lei ebbe abitato	Loro ebbero abitato

CONDIZIONALE

Condizionale Presente

Io abiterei	Noi abiteremmo
Tu abiteresti	Voi abitereste
Lui/Lei abiterebbe	Loro abiterebbero

Condizionale Passato

Io avrei abitato	Noi avremmo abitato
Tu avresti abitato	Voi avreste abitato
Lui/lei avrebbe abitato	Loro avrebbero abitato

CONGIUNTIVO

Congiuntivo Presente

Io abiti	Noi abitiamo
Tu abiti	Voi abitiate
Lui/Lei abiti	Loro abitino

Congiuntivo Passato

Io abbia abitato	Noi abbiamo abitato
Tu abbia abitato	Voi abbiate abitato
Lui/ Lei abbia abitato	Loro abbiano abitato

Congiuntivo Imperfetto

Io abitassi	Noi abitassimo
Tu abitassi	Voi abitaste
Lui/Lei abitasse	Lore abitassero

Congiuntivo Trapassato

Io avessi abitato	Noi avessimo abitato
Tu avessi abitato	Voi aveste abitato
Lui/Lei avesse abitato	Loro avessero abitato

IMPERATIVO

(Tu) abita!   (Lei) abiti!   (Noi) abitiamo!   (Voi) abitate!   (Loro) abitino!

Abiterebbero a New York volontariamente.
They would live in New York voluntarily.

Giuseppe Verdi abitò a Milano.
Giuseppe Verdi lived in Milan.

Lei abiterà con il fidanzato per un po' di tempo.
She will live with her fiancé for a little while.

Inf. abituarsi *Part. pres.* abituantesi *Part. pass.* abituatosi *Ger.* abituandosi

INDICATIVO

Presente

Io mi abituo	Noi ci abituiamo
Tu ti abitui	Voi vi abituate
Lui/Lei si abitua	Loro si abituano

Imperfetto

Io mi abituavo	Noi ci abituavamo
Tu ti abituavi	Voi vi abituavate
Lui/Lei si abituava	Loro si abituavano

Passato Prossimo

Io mi sono abituato/a	Noi ci siamo abituati/e
Tu ti sei abituato/a	Voi vi siete abituati/e
Lui/Lei si è abituato/a	Loro si sono abituati/e

Trapassato Prossimo

Io mi ero abituato/a	Noi ci eravamo abituati/e
Tu ti eri abituato/a	Voi vi eravate abituati/e
Lui/Lei si era abituato/a	Loro si erano abituati/e

Futuro

Io mi abituerò	Noi ci abitueremo
Tu ti abituerai	Voi vi abituerete
Lui/Lei si abituerà	Loro si abitueranno

Passato Remoto

Io mi abituai	Noi ci abituammo
Tu ti abituasti	Voi vi abituaste
Lui/Lei si abituò	Loro si abituarono

Futuro Anteriore

Io mi sarò abituato/a	Noi ci saremo abituati/e
Tu ti sarai abituato/a	Voi vi sarete abituati/e
Lui/Lei si sarà abituato/a	Loro si saranno abituati/e

Trapassato Remoto

Io mi fui abituato/a	Noi ci fummo abituati/e
Tu ti fosti abituato/a	Voi vi foste abituati/e
Lui/Lei si fu abituato/a	Loro si furono abituati/e

CONDIZIONALE

Condizionale Presente

Io mi abituerei	Noi ci abitueremmo
Tu ti abitueresti	Voi vi abituereste
Lui/Lei si abituerebbe	Loro si abituerebbero

Condizionale Passato

Io mi sarei abituato/a	Noi ci saremmo abituati/e
Tu ti saresti abituato/a	Voi vi sareste abituati/e
Lui/Lei si sarebbe abituato/a	Loro si sarebbero abituati/e

CONGIUNTIVO

Congiuntivo Presente

Io mi abitui	Noi ci abituiamo
Tu ti abitui	Voi vi abituiate
Lui/Lei si abitui	Loro si abituino

Congiuntivo Passato

Io mi sia abituato/a	Noi ci siamo abituati/e
Tu ti sia abituato/a	Voi ci siate abituati/e
Lui/Lei si sia abituato/a	Loro si siano abituati/e

Congiuntivo Imperfetto

Io mi abituassi	Noi ci abituassimo
Tu ti abituassi	Voi vi abituaste
Lui/Lei si abituasse	Loro si abituassero

Congiuntivo Trapassato

Io mi fossi abituato/a	Noi ci fossimo abituati/e
Tu ti fossi abituato/a	Voi vi foste abituati/e
Lui/Lei si fosse abituato/a	Loro si fossero abituati/e

IMPERATIVO

(Tu) abituati! (Lei) si abitui! (Noi) abituiamoci! (Voi) abituatevi! (Loro) si abituino!

Mi abituerò ad alzarmi presto per la scuola.
I will get used to getting up early for school.

Se ti abituassi alla cultura, saresti più felice.
If you were to get used to the culture, you would be happier.

Credeva che loro si fossero abituati a vivere con meno.
He thought they had gotten used to living with less.

ACCADERE[*]   *to happen, to occur, to take place*

Inf. accadere   *Part. pres.* accadente   *Part. pass.* accaduto   *Ger.* accadendo

INDICATIVO

Presente		Imperfetto	
accade	accadono	accadeva	accadevano

Passato Prossimo		Trapassato Prossimo	
è accaduto/a	sono accaduti/e	era accaduto/a	erano accaduti/e

Futuro		Passato Remoto	
accadrà	accadranno	accadde	accaddero

Futuro Anteriore		Trapassato Remoto	
sarà accaduto/a	saranno accaduti/e	fosse accaduto/a	fossero accaduti/e

CONDIZIONALE

Condizionale Presente		Condizionale Passato	
accadrebbe	accadrebbero	sarebbe accaduto/a	sarebbero accaduti/e

CONGIUNTIVO

Congiuntivo Presente		Congiuntivo Passato	
accada	accadano	sia accaduto/a	siano accaduti/e

Congiuntivo Imperfetto		Congiuntivo Trapassato	
accadesse	accadessero	fosse accaduto/a	fossero accaduti/e

IMPERATIVO
accada!   accadano!

[*]This verb is impersonal, and it is conjugated only in the third person singular and plural of every tense.

Mi è accaduta una cosa spiacevole.
An unpleasant thing happened to me.

Pensavano che sarebbe accaduto un disastro.
They thought that a disaster would occur.

Gli accadranno tante cose meravigliose.
Many wonderful things will happen to him.

ACCENDERE   *to light, to turn on*

Inf. accendere *Part. pres.* accendente *Part. pass.* acceso *Ger.* accendendo

INDICATIVO

Presente

Io accendo	Noi accendiamo
Tu accendi	Voi accendete
Lui/Lei accende	Loro accendono

Imperfetto

Io accendevo	Noi accendevamo
Tu accendevi	Voi accendevate
Lui/Lei accendeva	Loro accendevano

Passato Prossimo

Io ho acceso	Noi abbiamo acceso
Tu hai acceso	Voi avete acceso
Lui/Lei ha acceso	Loro hanno acceso

Trapassato Prossimo

Io avevo acceso	Noi avevamo acceso
Tu avevi acceso	Vi avevate acceso
Lui/Lei aveva acceso	Loro avevano acceso

Futuro

Io accenderò	Noi accenderemo
Tu accenderai	Voi accenderete
Lui/Lei accenderà	Loro accenderanno

Passato Remoto

Io accesi	Noi accendemmo
Tu accendesti	Voi accendeste
Lui/Lei accese	Loro accesero

Futuro Anteriore

Io avrò acceso	Noi avremo acceso
Tu avrai acceso	Voi avrete acceso
Lui/Lei avrà acceso	Loro avranno acceso

Trapassato Remoto

Io ebbi acceso	Noi avemmo acceso
Tu avesti acceso	Voi aveste acceso
Lui/Lei ebbe acceso	Loro ebbero acceso

CONDIZIONALE

Condizionale Presente

Io accenderei	Noi accenderemmo
Tu accenderesti	Voi accendereste
Lui/Lei accenderebbe	Loro accenderebbero

Condizionale Passato

Io avrei acceso	Noi avremmo acceso
Tu avresti acceso	Voi avreste acceso
Lui/Lei avrebbe acceso	Loro avrebbero acceso

CONGIUNTIVO

Congiuntivo Presente

Io accenda	Noi accendiamo
Tu accenda	Voi accendiate
Lui/Lei accenda	Loro accendano

Congiuntivo Passato

Io abbia acceso	Noi abbiamo acceso
Tu abbia acceso	Voi abbiate acceso
Lui/Lei abbia accesso	Loro abbiano acceso

Congiuntivo Imperfetto

Io accendessi	Noi accendessimo
Tu accendessi	Voi accendeste
Lui/Lei accendesse	Loro accendessero

Congiuntivo Trapassato

Io avessi acceso	Noi avessimo acceso
Tu avessi acceso	Voi aveste acceso
Lui/Lei avesse acceso	Loro avessero acceso

IMPERATIVO

(Tu) accendi!   (Lei) accenda!   (Noi) accendiamo!   (Voi) accendete!   (Loro) accendano!

Hai acceso la luce quando sei rientrato?
Did you turn the light on when you returned?

Credevo che lui avesse acceso le candele.
I thought he had lit the candles.

Accendo le luci molto presto d'inverno.
I turn the lights on very early in the winter.

ACCOMPAGNARE   *to accompany*

Inf. accompagnare   *Part. pres.* accompagnante   *Part. pass.* accompagnato   *Ger.* accompagnando

INDICATIVO

Presente

Io accompagno	Noi accompagniamo
Tu accompagni	Voi accompagnate
Lui accompagna	Loro accompagnano

Imperfetto

Io accompagnavo	Noi accompagnavamo
Tu accompagnavi	Voi accompagnavate
Lui/Lei accompagnava	Loro accompagnavano

Passato Prossimo

Io ho accompagnato	Noi abbiamo accompagnato
Tu hai accompagnato	Voi avete accompagnato
Lui/Lei ha accompagnato	Loro hanno accompagnato

Trapassato Prossimo

Io avevo accompagnato	Noi avevamo accompagnato
Tu avevi accompagnato	Voi avete accompagnato
Lui aveva accompagnato	Loro avevano accompagnato

Futuro

Io accompagnerò	Noi accompagneremo
Tu accompagnerai	Voi accompagnerete
Lui/Leu accompagnerà	Loro accompagneranno

Passato Remoto

Io accompagnai	Noi accompagnammo
Tu accompagnasti	Voi accompagnaste
Lui/Lei accompagnò	Loro accompagnarono

Futuro Anteriore

Io avrò accompagnato	Noi avremo accompagnato
Tu avrai accompagnato	Voi avrete accompagnato
Lui/Lei avrà accompagnato	Loro avranno accompagnato

Trapassato Remoto

Io ebbi accompagnato	Noi avemmo accompagnato
Tu avesti accompagnato	Voi aveste accompagnato
Lui/Lei ebbe accompagnato	Loro ebbero accompagnato

CONDIZIONALE

Condizionale Presente

Io accompagnerei	Noi accompagneremmo
Tu accompagneresti	Voi accompagnereste
Lui/Lei accompagnerebbe	Loro accompagnerebbero

Condizionale Passato

Io avrei accompagnato	Noi avremmo accompagnato
Tu avresti accompagnato	Voi avreste accompagnato
Lui/Lei avrebbe accompagnato	Loro avrebbero accompagnato

CONGIUNTIVO

Congiuntivo Presente

Io accompagni	Noi accompagniamo
Tu accompagni	Voi accompagniate
Lui/Lei accompagni	Loro accompagnino

Congiuntivo Passato

Io abbia accompagnato	Noi abbiamo accompagnato
Tu abbia accompagnato	Voi abbiate accompagnato
Lui/Lei abbia accompagnato	Loro abbiano accompagnato

Congiuntivo Imperfetto

Io accompagnassi	Noi accompagnassimo
Tu accompagnassi	Voi accompagnaste
Lui/Lei accompagnasse	Loro accompagnassero

Congiuntivo Trapassato

Io avessi accompagnato	Noi avessimo accompagnato
Tu avessi accompagnato	Voi aveste accompagnato
Lui/Lei avesse accompagnato	Loro avessero accompagnato

IMPERATIVO

(Tu) accompagna!   (Lei) accompagni!   (Noi) accompagniamo!   (Voi) **accompagnate!**   (Loro) accompagnino!

Ti accompagnerò stasera al cinema.
I will accompany you to the movies this evening.

È importante che voi accompagniate la famiglia a cena.
It's important that you all accompany the family to dinner.

Accompagna tua sorella a scuola!
Take your sister to school!

ACCORCIARE   *to shorten*

Inf. accorciare   *Part. pres.* accorciante   *Part. pass.* accorciato   *Ger.* accorciando

INDICATIVO

Presente

Io accorcio	Noi accorciamo
Tu accorci	Voi accorciate
Lui/Lei accorcia	Loro accorciano

Imperfetto

Io accorciavo	Noi accorciavamo
Tu accorciavi	Voi accorciavate
Lui/Lei accorciava	Loro accorciavano

Passato Prossimo

Io ho accorciato	Noi abbiamo accorciato
Tu hai accorciato	Voi avete accorciato
Lui/Lei ha accorciato	Loro hanno accorciato

Trapassato Prossimo

Io avevo accorciato	Noi avevamo accorciato
Tu avevi accorciato	Voi avevate accorciato
Lui/Lei aveva accorciato	Loro avevano accorciato

Futuro

Io accorcerò	Noi accorceremo
Tu accorcerai	Voi accorcerete
Lui/Lei accorcerà	Lor accorceranno

Passato Remoto

Io accorciai	Noi accorciammo
Tu accorciasti	Voi accorciaste
Lui/Lei accorciò	Loro accorciarono

Futuro Anteriore

Io avrò accorciato	Noi avremo accorciato
Tu avrai accorciato	Voi avrete accorciato
Lui/Lei avrà accorciato	Loro avranno accorciato

Trapassato Remoto

Io ebbi accorciato	Noi avemmo accorciato
Tu avesti accorciato	Voi aveste accorciato
Lui/Lei ebbe accorciato	Loro ebbero accorciato

CONDIZIONALE

Condizionale Presente

Io accorcerei	Noi accorceremmo
Tu accorceresti	Voi accorcereste
Lui/Lei accorcerebbe	Loro accorcerebbero

Condizionale Passato

Io avrei accorciato	Noi avremmo accorciato
Tu avresti accorciato	Voi avreste accorciato
Lui/Lei avrebbe accorciato	Loro avrebbero accorciato

CONGIUNTIVO

Congiuntivo Presente

Io accorci	Noi accorciamo
Tu accorci	Voi accorciate
Lui/Lei accorci	Loro accorcino

Congiuntivo Passato

Io abbia accorciato	Noi abbiamo accorciato
Tu abbia accorciato	Voi abbiate accorciato
Lui/Lei abbia accorciato	Loro abbiano accorciato

Congiuntivo Imperfetto

Io accorciassi	Noi accorciassimo
Tu accorciassi	Voi accorciaste
Lui/Lei accorciasse	Loro accorciassero

Congiuntivo Trapassato

Io avessi accorciato	Noi avessimo accorciato
Tu avessi accorciato	Voi aveste accorciato
Lui/Lei avesse accorciato	Loro avessero accorciato

IMPERATIVO

(Tu) accorcia!   (Lei) accorci!   (Noi) accorciamo!   (Voi) accorciate!   (Loro) accorcino!

Mi puoi accorciare questa gonna?
Can you shorten this skirt?

Stanno accorciando le vacanze perché lui è malato.
They are shortening their vacation because he is sick.

Se tu avessi accorciato i vestiti, non avresti tanto lavoro da fare adesso.
If you had shortened the clothes, you wouldn't have a lot of work to do now.

Inf. accorgersi *Part. pres.* accorgentesi *Part. pass.* accorto/-a *Ger.* accorgendosi

INDICATIVO

Presente

Io mi accorgo	Noi ci accorgiamo
Tu ti accorgi	Voi vi accorgete
Lui/Lei si accorge	Loro si accorgono

Imperfetto

Io mi accorgevo	Noi ci accorgevamo
Tu ti accorgevi	Voi vi accorgevate
Lui/Lei si accorgeva	Loro si accorgevano

Passato Prossimo

Io mi sono accorto/a	Noi ci siamo accorti/e
Tu ti sei accorto/a	Voi vi siete accorti/e
Lui/Lei si è accorto/a	Loro si sono accorti/e

Trapassato Prossimo

Io mi ero accorto/a	Noi ci eravamo accorti/e
Tu ti eri accorto/a	Voi vi eravate accorti/e
Lui/Lei si era accorto/a	Loro si erano accorti/e

Futuro

Io mi accorgerò	Noi ci accorgeremo
Tu ti accorgerai	Voi vi accorgerete
Lui/Lei si accorgerà	Loro si accorgeranno

Passato Remoto

Io mi accorsi	Noi ci accorgemmo
Tu ti accorgesti	Voi vi accorgeste
Lui/Lei si accorse	Loro si accorsero

Futuro Anteriore

Io mi sarò accorto/a	Noi ci saremo accorti/e
Tu ti sarai accorto/a	Voi vi sarete accorti/e
Lui/Lei si sarà accorto/a	Loro si saranno accorti/e

Trapassato Remoto

Io mi fui accorto/a	Noi ci fummo accorti/e
Tu ti fosti accorto/a	Voi vi foste accorti/e
Lui/Lei si fu accorto/a	Loro si furono accorti/e

CONDIZIONALE

Condizionale Presente

Io mi accorgerei	Noi ci accorgeremmo
Tu ti accorgeresti	Voi vi accorgereste
Lui/Lei si accorgerebbe	Loro si accorgerebbero

Condizionale Passato

Io mi sarei accorto/a	Noi ci saremmo accorti/e
Tu ti saresti accorto/a	Voi vi sareste accorti/e
Lui/Lei si sarebbe accorto/a	Loro si sarebbero accorti/e

CONGIUNTIVO

Congiuntivo Presente

Io mi accorga	Noi ci accorgiamo
Tu ti accorga	Voi vi accorgiate
Lui/Lei si accorga	Loro si accorgano

Congiuntivo Passato

Io mi sia accorto/a	Noi ci siamo accorti/e
Tu ti sia accorto/a	Voi vi siate accorti/e
Lui/Lei si sia accorto/a	Loro si siano accorti/e

Congiuntivo Imperfetto

Io mi accorgessi	Noi ci accorgessimo
Tu ti accorgessi	Voi vi accorgeste
Lui/Lei si accorgesse	Loro si accorgessero

Congiuntivo Trapassato

Io mi fossi accorto/a	Noi ci fossimo accorti/e
Tu ti fossi accorto/a	Voi vi foste accorti/e
Lui/Lei si fosse accorto/a	Loro si fossero accorti/e

IMPERATIVO

(Tu) accorgiti!   (Lei) si accorga!   (Noi) accorgiamoci!   (Voi) accorgetevi!   (Loro) si accorgano!

Si è accorta del suo errore?
Did she realize her error?

Dante si accorse di Beatrice in chiesa.
Dante noticed Beatrice in church.

Quando mi ero accorto della polizia, sono scappato via.
When I had become aware of the police, I fled.

Inf. addormentarsi   *Part. pres.* addormentantesi   *Part. pass.* addormentatosi   *Ger.* addormentandosi

INDICATIVO

Presente

Io mi addormento	Noi ci addormentiamo
Tu ti addormenti	Voi vi addormentate
Lui/Lei si addormenta	Loro si addormentano

Imperfetto

Io mi addormentavo	Noi ci addormentavamo
Tu ti addormentavi	Voi vi addormentavate
Lui/Lei si addormentava	Loro si addormentavano

Passato Prossimo

Io mi sono addormentato/a	Noi ci siamo addormentati/e
Tu ti sei addormentato/a	Voi vi siete addormentati/e
Lui/Lei si è addormentato/a	Loro si sono addormentati/e

Trapassato Prossimo

Io mi ero addormentato/a	Noi ci eravamo addormentati/e
Tu ti eri addormentato/a	Voi vi eravate addormentati/e
Lui/Lei si era addormentato/a	Loro si erano addormentati/e

Futuro

Io mi addormenterò	Noi ci addormenteremo
Tu ti addormenterai	Voi vi addormenterete
Lui/Lei si addormenterà	Loro si addormenteranno

Passato Remoto

Io mi addormentai	Noi ci addormentammo
Tu ti addormentasti	Voi vi addormentaste
Lui/Lei si addormentò	Loro si addormentarono

Futuro Anteriore

Io mi sarò addormentato/a	Noi ci saremo addormentati/e
Tu ti sarai addormentato/a	Voi vi sarete addormentati/e
Lui/Lei si sarà addormentato/a	Loro si saranno addormentati/e

Trapassato Remoto

Io mi fui addormentato/a	Noi ci fummo addormentati/e
Tu ti fosti addormentato/a	Voi vi foste addormentati/e
Lui/Lei si fu addormentato/a	Loro si furono addormentati/e

CONDIZIONALE

Condizionale Presente

Io mi addormenterei	Noi ci addormenteremmo
Tu ti addormenteresti	Voi vi addormentereste
Lui/Lei si addormenterebbe	Loro si addormenterebbero

Condizionale Passato

Io mi sarei addormentato/a	Noi ci saremmo addormentati/e
Tu ti saresti addormentato/a	Voi vi sareste addormentati/e
Lui/Lei si sarebbe addormentato/a	Loro si sarebbero addormentati/e

CONGIUNTIVO

Congiuntivo Presente

Io mi addormenti	Noi ci addormentiamo
Tu ti addormenti	Voi vi addormentiate
Lui/Lei addormenti	Loro si addormentino

Congiuntivo Passato

Io mi sia addormentato/a	Noi ci siamo addormentati/e
Tu ti sia addormentato/a	Voi vi siate addormentati/e
Lui/Lei si sia addormentato/a	Loro si siano addormentati/e

Congiuntivo Imperfetto

Io mi addormentassi	Noi ci addormentassimo
Tu ti addormentassi	Voi vi addormentaste
Lui/Lei si addormentasse	Loro si addormentassero

Congiuntivo Trapassato

Io mi fossi addormentato/a	Noi ci fossimo addormentati/e
Tu ti fossi addormentato/a	Voi vi foste addormentati/e
Lui/Lei si fosse addormentato/a	Loro si fossero addormentati/e

IMPERATIVO

(Tu) addormentati!   (Lei) si addormenti!   (Noi) addormentiamoci!   (Voi) addormentatevi!   (Loro) si addormentino!

Il professore era così noioso che mi sono addormentata.
The professor was so boring that I fell asleep.

Bambini, addormentatevi subito!
Children, go to sleep immediately!

Da giovane mi addormentavo sempre alle dieci di sera.
When I was young I always fell to sleep at 10 at night.

AFFITTARE   *to rent, to lease*

Inf. affittare   *Part. pres.* affittante   *Part. pass.* affittato   *Ger.* affittando

INDICATIVO

Presente

Io affitto	Noi affittiamo
Tu affitti	Voi affittate
Lui/Lei affitta	Loro affittano

Imperfetto

Io affittavo	Noi affittavamo
Tu affittavi	Voi affittavate
Lui/Lei affittava	Loro affittavano

Passato Prossimo

Io ho affittato	Noi abbiamo affittato
Tu hai affittato	Voi avete affittato
Lui/Lei ha affittato	Loro hanno affittato

Trapassato Prossimo

Io avevo affittato	Noi avevamo affittato
Tu avevi affittato	Voi avevate affittato
Lui/Lei aveva affittato	Loro avevano affittato

Futuro

Io affitterò	Noi affitteremo
Tu affitterai	Voi affitterete
Lui/Lei affitterà	Loro affitteranno

Passato Remoto

Io affittai	Noi affittammo
Tu affittasti	Voi affittaste
Lui/Lei affittò	Loro affittarono

Futuro Anteriore

Io avrò affittato	Noi avremo affittato
Tu avrai affittato	Voi avrete affittato
Lui/Lei avrà affittato	Loro avranno affittato

Trapassato Remoto

Io ebbi affittato	Noi avemmo affittato
Tu avesti affittato	Voi aveste affittato
Lui/Lei ebbe affittato	Loro ebbero affittato

CONDIZIONALE

Condizionale Presente

Io affitterei	Noi affitteremmo
Tu affitteresti	Voi affittereste
Lui/Lei affitterebbe	Loro affitterebbero

Condizionale Passato

Io avrei affittato	Noi avremmo affittato
Tu avresti affittato	Voi avreste affittato
Lui/Lei avrebbe affittato	Loro avrebbero affittato

CONGIUNTIVO

Congiuntivo Presente

Io affitti	Noi affittiamo
Tu affitti	Voi affittiate
Lui/Lei affitti	Loro affittino

Congiuntivo Passato

Io abbia affittato	Noi abbiamo affittato
Tu abbia affittato	Voi abbiate affittato
Lui/Lei abbia affittato	Loro abbiano affittato

Congiuntivo Imperfetto

Io affittassi	Noi affittassimo
Tu affittassi	Voi affittaste
Lui/Lei affittasse	Loro affittassero

Congiuntivo Trapassato

Io avessi affittato	Noi avessimo affittato
Tu avessi affittato	Voi aveste affittato
Lui/Lei avesse affittato	Loro avessero affittato

IMPERATIVO

(Tu) affitta!   (Lei) affitti!   (Noi) affittiamo!   (Voi) affittate!   (Loro) affittino!

Lei avrà affittato un appartamento a Roma.
She probably rented an apartment in Rome.

Io volevo che loro affittassero una casa nel mio quartiere.
I wanted them to rent a house in my neighborhood.

Dopo che ebbe affittato quella casa, perse il lavoro.
After she had rented that house, she lost her job.

AGGIUNGERE   *to add*

Inf. aggiungere   *Part. pres.* aggiungente   *Part. pass.* aggiunto   *Ger.* aggiungendo

INDICATIVO

Presente

Io aggiungo	Noi aggiungiamo
Tu aggiungi	Voi aggiungete
Lui /Lei aggiunge	Loro aggiungono

Imperfetto

Io aggiungevo	Noi aggiungevamo
Tu aggiungevi	Voi aggiungevate
Lui/Lei aggiungeva	Loro aggiungevano

Passato Prossimo

Io ho aggiunto	Noi abbiamo aggiunto
Tu hai aggiunto	Voi avete aggiunto
Lui/Lei ha aggiunto	Loro hanno aggiunto

Trapassato Prossimo

Io avevo aggiunto	Noi avevamo aggiunto
Tu avevi aggiunto	Voi avevate aggiunto
Lui/Lei aveva aggiunto	Loro avevano aggiunto

Futuro

Io aggiungerò	Noi aggiungeremo
Tu aggiungerai	Voi aggiungerete
Lui/Lei aggiungerà	Loro aggiungeranno

Passato Remoto

Io aggiunsi	Noi aggiungemmo
Tu aggiungesti	Voi aggiungeste
Lui/Lei aggiunse	Loro aggiunsero

Futuro Anteriore

Io avrò aggiunto	Noi avremo aggiunto
Tu avrai aggiunto	Voi avrete aggiunto
Lui/Lei avrà aggiunto	Loro avranno aggiunto

Trapassato Remoto

Io ebbi aggiunto	Noi avemmo aggiunto
Tu avesti aggiunto	Voi aveste aggiunto
Lui/Lei ebbe aggiunto	Loro ebbero aggiunto

CONDIZIONALE

Condizionale Presente

Io aggiungerei	Noi aggiungeremmo
Tu aggiungeresti	Voi aggiungereste
Lui/Lei aggiungerebbe	Loro aggiungerebbero

Condizionale Passato

Io avrei aggiunto	Noi avremmo aggiunto
Tu avresti aggiunto	Voi avreste aggiunto
Lui/Lei avrebbe aggiunto	Loro avrebbero aggiunto

CONGIUNTIVO

Congiuntivo Presente

Io aggiunga	Noi aggiungiamo
Tu aggiunga	Voi aggiungiate
Lui/Lei aggiunga	Loro aggiungano

Congiuntivo Passato

Io abbia aggiunto	Noi abbiamo aggiunto
Tu abbia aggiunto	Voi abbiate aggiunto
Lui/Lei abbia aggiunto	Loro abbiano aggiunto

Congiuntivo Imperfetto

Io aggiungessi	Noi aggiungessimo
Tu aggiungessi	Voi aggiungeste
Lui/Lei aggiungesse	Loro aggiungessero

Congiuntivo Trapassato

Io avessi aggiunto	Noi avessimo aggiunto
Tu avessi aggiunto	Voi aveste aggiunto
Lui/Lei avesse aggiunto	Loro avessero aggiunto

IMPERATIVO

(Tu) aggiungi!   (Lei) aggiunga!   (Noi) aggiungiamo!   (Voi) aggiungete!   (Loro) aggiungano!

Se tu avessi aggiunto la senape, i panini sarebbero stati più gustosi.
If you had added mustard, the sandwiches would have been tastier.

Aggiungeranno dei soldi per il regalo.
They will add money for the gift.

Penso che lui abbia aggiunto altri invitati alla lista.
I think he added other guests to the list.

Inf. agire   *Part. pres.* agente   *Part. pass.* agito   *Ger.* agendo

INDICATIVO

Presente

Io agisco	Noi agiamo
Tu agisci	Voi agite
Lui/Lei agisce	Loro agiscono

Imperfetto

Io agivo	Noi agivamo
Tu agivi	Voi agivate
Lui/Lei agiva	Loro agivano

Passato Prossimo

Io ho agito	Noi abbiamo agito
Tu hai agito	Voi avete agito
Lui ha agito	Loro hanno agito

Trapassato Prossimo

Io avevo agito	Noi avevamo agito
Tu avevi agito	Voi avevate agito
Lui/Lei aveva agito	Loro avevano agito

Futuro

Io agirò	Noi agiremo
Tu agirai	Voi agirete
Lui/Lei agirà	Loro agiranno

Passato Remoto

Io agii	Noi agimmo
Tu agisti	Voi agiste
Lui/Lei agì	Loro agirono

Futuro Anteriore

Io avrò agito	Noi avremo agito
Tu avrai agito	Voi avrete agito
Lui/Lei avrà agito	Loro avranno agito

Trapassato Remoto

Io ebbi agito	Noi avemmo agito
Tu avesti agito	Voi aveste agito
Lui/Lei ebbe agito	Lore ebbero agito

CONDIZIONALE

Condizionale Presente

Io aggirei	Noi agiremmo
Tu aggiresti	Voi agireste
Lui/Lei agirebbe	Loro agirebbero

Condizionale Passato

Io avrei agito	Noi avremmo agito
Tu avresti agito	Voi avreste agito
Lui/Lei avrebbe agito	Loro avrebbero agito

CONGIUNTIVO

Congiuntivo Presente

Io agisca	Noi agiamo
Tu agisca	Voi agiate
Lui/Lei agisca	Loro agiscano

Congiuntivo Passato

Io abbia agito	Noi abbiamo agito
Tu abbia agito	Voi abbiate agito
Lui/Lei abbia agito	Loro abbiano agito

Congiuntivo Imperfetto

Io agissi	Noi agissimo
Tu agissi	Voi agiste
Lui/Lei agisse	Loro agissero

Congiuntivo Trapassato

Io avessi agito	Noi avessimo agito
Tu avessi agito	Voi aveste agito
Lui/Lei avesse agito	Loro avessero agito

IMPERATIVO

(Tu) agisci!   (Lei) agisca!   (Noi) agiamo!   (Voi) agite!   Loro) agiscano!

Non dobbiamo mai agire male quando siamo in chiesa.
We should never behave badly in church.

Lui ha agito subito quando è stato assalito.
He took action immediately when he was assaulted.

Loro agirebbero, se il primo ministro glielo dicesse.
They would act, if the prime minister told them to.

AIUTARE *to help*

Inf. aiutare *Part. pres.* aiutante *Part. pass.* aiutato *Ger.* aiutando

INDICATIVO

Presente

Io aiuto	Noi aiutiamo
Tu aiuti	Voi aiutate
Lui/Lei aiuta	Loro aiutano

Imperfetto

Io aiutavo	Noi aiutavamo
Tu aiutavi	Voi aiutavate
Lui/Lei aiutava	Loro aiutavano

Passato Prossimo

Io ho aiutato	Noi abbiamo aiutato
Tu hai aiutato	Voi avete aiutato
Lui/Lei ha aiutato	Loro hanno aiutato

Trapassato Prossimo

Io avevo aiutato	Noi abbiamo aiutato
Tu avevi aiutato	Voi avete aiutato
Lui/Lei aveva aiutato	Loro hanno aiutato

Futuro

Io aiuterò	Noi aiuteremo
Tu aiuterai	Voi aiuterete
Lui/Lei aiuterà	Loro aiuteranno

Passato Remoto

Io aiutai	Noi aiutammo
Tu aiutasti	Voi aiutaste
Lui/Lei aiutò	Loro aiutarono

Futuro Anteriore

Io avrò aiutato	Noi avremo aiutato
Tu avrai aiutato	Voi avrete aiutato
Lui/Lei avrà aiutato	Loro avranno aiutato

Trapassato Remoto

Io ebbi aiutato	Noi avemmo aiutato
Tu avesti aiutato	Voi aveste aiutato
Lui/Lei ebbe aiutato	Loro ebbero aiutato

CONDIZIONALE

Condizionale Presente

Io aiuterei	Noi aiuteremmo
Tu aiuteresti	Voi aiutereste
Lui/Lei aiuterebbe	Loro aiuterebbero

Condizionale Passato

Io avrei aiutato	Noi avremmo aiutato
Tu avresti aiutato	Voi avreste aiutato
Lui/Lei avrebbe aiutato	Loro avrebbero aiutato

CONGIUNTIVO

Congiuntivo Presente

Io aiuti	Noi aiutiamo
Tu aiuti	Voi aiutiate
Lui/Lei aiuti	Loro aiutino

Congiuntivo Passato

Io abbia aiutato	Noi abbiamo aiutato
Tu abbia aiutato	Voi abbiate aiutato
Lui/Lei abbia aiutato	Loro abbiano aiutato

Congiuntivo Imperfetto

Io aiutassi	Noi aiutassimo
Tu aiutassi	Voi aiutaste
Lui/Lei aiutasse	Loro aiutassero

Congiuntivo Trapassato

Io avessi aiutato	Noi avessimo aiutato
Tu avessi aiutato	Voi aveste aiutato
Lui/Lei avesse aiutato	Loro avessero aiutato

IMPERATIVO

(Tu) aiuta! (Lei) aiuti (Noi) aiutiamo! (Voi) aiutate! (Loro) aiutino!

Ti aiuterei ma ma ho un appuntamento.
I would help you but I have an appointment.

Credevano che avessi già aiutato a portare la spesa in casa.
They believed that you had already helped carry the groceries in the house.

Ogni settimana aiutavamo i senzatetto.
Every week we helped the homeless.

Inf. allegare *Part. pres.* allegante *Part. pass.* allegato *Ger.* allegando

INDICATIVO

Presente

Io allego	Noi alleghiamo
Tu alleghi	Voi allegate
Lui/Lei allega	Loro allegano

Imperfetto

Io allegavo	Noi allegavamo
Tu allegavi	Voi allegavate
Lui/Lei allegava	Loro allegavano

Passato Prossimo

Io ho allegato	Noi abbiamo allegato
Tu hai allegato	Voi avete allegato
Lui/Lei ha allegato	Loro hanno allegato

Trapassato Prossimo

Io avevo allegato	Noi avevamo allegato
Tu avevi allegato	Voi avevate allegato
Lui/Lei aveva allegato	Loro avevano allegato

Futuro

Io allegherò	Noi allegheremo
Tu allegherai	Voi allegherete
Lui/Lei allegherà	Loro allegheranno

Passato Remoto

Io allegai	Noi allegammo
Tu allegasti	Voi allegaste
Lui/Lei allegò	Loro allegarono

Futuro Anteriore

Io avrò allegato	Noi avremo allegato
Tu avrai allegato	Voi avrete allegato
Lui/Lei avrà allegato	Loro avranno allegato

Trapassato Remoto

Io ebbi allegato	Noi avemmo allegato
Tu avesti allegato	Voi aveste allegato
Lui/Lei ebbe allegato	Loro ebbero allegato

CONDIZIONALE

Condizionale Presente

Io allegherei	Noi allegheremmo
Tu allegheresti	Voi alleghereste
Lui/Lei allegherebbe	Loro allegherebbero

Condizionale Passato

Io avrei allegato	Noi avremmo allegato
Tu avresti allegato	Voi avreste allegato
Lui/Lei avrebbe allegato	Loro avrebbero allegato

CONGIUNTIVO

Congiuntivo Presente

Io alleghi	Noi alleghiamo
Tu alleghi	Voi alleghiate
Lui/Lei alleghi	Loro alleghino

Condizionale Passato

Io abbia allegato	Noi abbiamo allegato
Tu abbia allegato	Voi abbiate allegato
Lui/Lei abbia allegato	Loro abbiano allegato

Congiuntivo Imperfetto

Io allegassi	Noi allegassimo
Tu allegassi	Voi allegaste
Lui/Lei allegasse	Loro allegassero

Congiuntivo Trapassato

Io avessi allegato	Noi avessimo allegato
Tu avessi allegato	Voi aveste allegato
Lui/Lei avesse allegato	Loro avessero allegato

IMPERATIVO

(Tu) allega! (Lei) alleghi! (Noi) alleghiamo! (Voi) allegate! (Loro) alleghino!

Ti allegherò il documento richiesto.
I will enclose the requested document.

Abbiamo allegato una recensione del suo ultimo libro alla nostra mail.
We attached a review of his latest book to our email.

Potete allegare le informazioni nella vostra lettera?
Can you enclose the information in your letter?

Inf. alzarsi   *Part. pres.* alzantesi   *Part. pass.* alzatosi   *Ger.* alzandosi

INDICATIVO

Presente

Io mi alzo	Noi ci alziamo
Tu ti alzi	Voi vi alzate
Lui/Lei si alza	Loro si alzano

Imperfetto

Io mi alzavo	Noi ci alzavamo
Tu ti alzavi	Voi vi alzavate
Lui si alzava	Loro si alzavano

Passato Prossimo

Io mi sono alzato/a	Noi ci siamo alzati/e
Tu ti sei alzato/a	Voi vi siete alzati/e
Lui/Lei si è alzato/a	Loro si sono alzati/e

Trapassato Prossimo

Io mi ero alzato/a	Noi ci eravamo alzati/e
Tu ti eri alzato/a	Voi vi eravate alzati/e
Lui/Lei si era alzato/a	Loro si erano alzati/e

Futuro

Io mi alzerò	Noi ci alzeremo
Tu ti alzerai	Voi vi alzerete
Lui/Lei si alzerà	Loro si alzeranno

Passato Remoto

Io mi alzai	Noi ci alzammo
Tu ti alzasti	Voi vi alzaste
Lui/Lei si alzò	Loro si alzarono

Futuro Anteriore

Io mi sarò alzato/a	Noi ci saremo alzati/e
Tu ti sarai alzato/a	Voi vi sarete alzati/e
Lui/Lei si sarà alzato/a	Loro si saranno alzati/e

Trapassato Remoto

Io mi fui alzato/a	Noi ci fummo alzati/e
Tu ti fosti alzato/a	Voi vi foste alzati/e
Lui/Lei si fu alzato/a	Loro si furono alzati/e

CONDIZIONALE

Condizionale Presente

Io mi alzerei	Noi ci alzeremmo
Tu ti alzeresti	Voi vi alzereste
Lui/Lei si alzerebbe	Loro si alzerebbero

Condizionale Passato

Io mi sarei alzato/a	Noi ci saremmo alzati/e
Tu ti saresti alzato/a	Voi vi sareste alzati/e
Lui/Lei si sarebbe alzato/a	Loro si sarebbero alzati/e

CONGIUNTIVO

Congiuntivo Presente

Io mi alzi	Noi ci alziamo
Tu ti alzi	Voi vi alziate
Lui/Lei si alzi	Loro si alzino

Congiuntivo Passato

Io mi sia alzato/a	Noi ci siamo alzati/e
Tu ti sia alzato/a	Voi vi siate alzati/e
Lui/Lei si sia alzato/a	Loro si siano alzati/e

Congiuntivo Imperfetto

Io mi alzassi	Noi ci alzassimo
Tu ti alzassi	Voi vi alzaste
Lui/Lei si alzasse	Loro si alzassero

Congiuntivo Trapassato

Io mi fossi alzato/a	Noi ci fossimo alzati/e
Tu ti fossi alzato/a	Voi vi foste alzati/e
Lui/Lei si fosse alzato/a	Loro si fossero alzati/e

IMPERATIVO

(Tu) alzati!   (Lei) si alzi!   (Noi) alziamoci!   (Voi) alzatevi!   (Loro) si alzino!

Voi vi siete alzati alle 10 di mattina.
You got up at 10:00 in the morning.

Si alzino in piedi signori!
Rise to your feet ladies and gentlemen!

I prezzi si alzeranno il mese prossimo.
The prices will go up next month.

17

Inf. amare *Part. pres.* amante *Part. pass.* amato *Ger.* amando

INDICATIVO

Presente

Io amo	Noi amiamo
Tu ami	Voi amate
Lui/Lei ama	Loro amano

Imperfetto

Io amavo	Noi amavamo
Tu amavi	Voi amavate
Lui/Lei amava	Loro amavano

Passato Prossimo

Io ho amato	Noi abbiamo amato
Tu hai amato	Voi avete amato
Lui/Lei ha amato	Lor hanno amato

Trapassato Prossimo

Io avevo amato	Noi avevamo amato
Tu avevi amato	Voi avevate amato
Lui/Lei aveva amato	Loro avevano amato

Futuro

Io amerò	Noi ameremo
Tu amerai	Voi amerete
Lui/Lei amerà	Loro ameranno

Passato Remoto

Io amai	Noi amammo
Tu amasti	Voi amaste
Lui/Lei amò	Loro amarono

Futuro Anteriore

Io avrò amato	Noi avremo amato
Tu avrai amato	Voi avrete amato
Lui avrà amato	Loto avranno amato

Trapassato Remoto

Io ebbi amato	Noi avemmo amato
Tu avesti amato	Voi aveste amato
Lui/Lei ebbe amato	Loro ebbero amato

CONDIZIONALE

Condizionale Presente

Io amerei	Noi ameremmo
Tu ameresti	Voi amereste
Lui/Lei amerebbe	Loro amerebbero

Condizionale Passato

Io avrei amato	Noi avremmo amato
Tu avresti amato	Voi avreste amato
Lui/Lei avrebbe amato	Loro avrebbero amato

CONGIUNTIVO

Congiuntivo Presente

Io ami	Noi amiamo
Tu ami	Voi amiate
Lui ami	Loro amino

Congiuntivo Passato

Io abbia amato	Noi abbiamo amato
Tu abbia amato	Voi abbiate amato
Lui/Lei abbia amato	Loro abbiano amato

Congiuntivo Imperfetto

Io amassi	Noi amassimo
Tu amassi	Voi amaste
Lui/Lei amasse	Loro amassero

Congiuntivo Trapassato

Io avessi amato	Noi avessimo amato
Tu avessi amato	Voi aveste amato
Lui/Lei avesse amato	Loro avessero amato

IMPERATIVO

(Tu) ama! (Lei) ami! (Noi) amiamo! (Voi) amate! (Loro) amino!

Amiamo molto le nostre mogli.
We love our wives a lot.

Amami amore!
Love me my love!

Luisa ama il ballo.
Luisa loves dancing.

Inf. andare   *Part. pres.* andante   *Part. pass.* andato   *Ger.* andando

INDICATIVO

Presente		Imperfetto	
Io vado	Noi andiamo	Io andavo	Noi andavamo
Tu vai	Voi andate	Tu andavi	Voi andavate
Lui/Lei va	Loro vanno	Lui/Lei andava	Loro andavano

Passato Prossimo		Trapassato Prossimo	
Io sono andato/a	Noi siamo andati/e	Io ero andato/a	Noi eravamo andati/e
Tu sei andato/a	Voi siete andato/a	Tu eri andato/a	Voi eravate andati/e
Lui/Lei è andato/a	Loro sono andato/a	Lui/Lei era andato/a	Loro erano andati/e

Future		Passato Remoto	
Io andrò	Noi andremo	Io andai	Noi andammo
Tu andrai	Voi andrete	Tu andasti	Voi andaste
Lui/Lei andrà	Loro andranno	Lui/Lei andò	Loro andarono

Future Anteriore		Trapassato Remoto	
Io sarò andato/a	Noi saremo andati/e	Io fui andato/a	Noi fummo andati/e
Tu sarai andato/a	Voi sarete andati/e	Tu fosti andato/a	Voi foste andati/e
Lui/Lei sarà andato/a	Loro saranno andati/e	Lui/Lei fu andato/a	Loro furono andati/e

CONDIZIONALE

Condizionale Presente		Condizionale Passato	
Io andrei	Noi andremmo	Io sarei andato/a	Noi saremmo andati/e
Tu andresti	Voi andreste	Tu saresti andato/a	Voi sareste andati/e
Lui/Lei andrebbe	Loro andrebbero	Lui/Lei sarebbe andato/a	Loro sarebbero andati/e

CONGIUNTIVO

Congiuntivo Presente		Congiuntivo Passato	
Io vada	Noi andiamo	Io sia andato/a	Noi siamo andati/e
Tu vada	Voi andiate	Tu sia andato/a	Voi siate andati/e
Lui/Lei vada	Loro vadano	Lui/Lei sia andato/a	Loro siano andati/e

Congiuntivo Imperfetto		Congiuntivo Trapassato	
Io andassi	Noi andassimo	Io fossi andato/a	Noi fossimo andati/e
Tu andassi	Voi andaste	Tu fossi andato/a	Voi foste andati/e
Lui/Lei andasse	Loro andassero	Lui/Lei fosse andato/a	Loro fossero andati/e

IMPERATIVO

(Tu) va'/vai!   (Lei) vada   (Noi) andiamo!   (Voi) andate!   (Loro) vadano!

Loro andranno a teatro la settimana prossima.
They will go to the theater next week.

È andato a prendere il vino.
He went to get the wine.

Il libro sta andando bene.
The book is going well.

19

Inf. annoiarsi   *Part. pres.* annoiantesi   *Part. pass.* annoiatosi   *Ger.* annoiandosi

INDICATIVO

Presente

Io mi annoio	Noi ci annoiamo
Tu ti annoi	Voi vi annoiate
Lui/Lei si annoia	Loro si annoiano

Imperfetto

Io mi annoiavo	Noi ci annoiavamo
Tu ti annoiavi	Voi vi annoiavate
Lui/Lei si annoiava	Loro si annoiavano

Passato Prossimo

Io mi sono annoiato/a	Noi ci siamo annoiati/e
Tu ti sei annoiato/a	Voi vi siete annoiati/e
Lui/Lei si è annoiato/a	Loro si sono annoiati/e

Trapassato Prossimo

Io mi ero annoiato/a	Noi ci eravamo annoiati/e
Tu ti eri annoiato/a	Voi vi eravate annoiati/e
Lui si era annoiato/a	Loro si erano annoiati/e

Futuro

Io mi annoierò	Noi ci annoieremo
Tu ti annoierai	Voi vi annoierete
Lui/Lei si annoierà	Loro si annoieranno

Passato Remoto

Io mi annoiai	Noi ci annoiammo
Tu ti annoiasti	Voi vi annoiaste
Lui/Lei si annoiò	Loro si annoiarono

Futuro Anteriore

Io mi sarò annoiato/a	Noi ci saremo annoiati/e
Tu ti sarai annoiato/a	Voi vi sarete annoiati/e
Lui/Lei si sarà annoiato/a	Loro si saranno annoiati/a

Trapassato Remoto

Io mi fui annoiato/a	Noi ci fummo annoiati/e
Tu ti fosti annoiato/a	Voi vi foste annoiati/e
Lui/Lei si fu annoiato/a	Loro si furono annoiati/e

CONDIZIONALE

Condizionale Presente

Io mi annoierei	Noi ci annoieremmo
Tu ti annoieresti	Voi vi annoiereste
Lui/Lei si annoierebbe	Loro si annoierebbero

Condizionale Passato

Io mi sarei annoiato/a	Noi ci saremmo annoiati/e
Tu ti saresti annoiato/a	Voi vi sareste annoiati/e
Lui/Lei si sarà annoiato/a	Loro si sarebbero annoiati/e

CONGIUNTIVO

Congiuntivo Presente

Io mi annoi	Noi ci annoiamo
Tu ti annoi	Voi vi annoiate
Lui/Lei si annoi	Loro si annoino

Congiuntivo Passato

Io mi sia annoiato/a	Noi ci siamo annoiati/e
Tu ti sia annoiato/a	Voi vi siate annoiati/e
Lui/Lei si sia annoiato/a	Loro si siano annoiati/e

Congiuntivo Imperfetto

Io mi annoiassi	Noi ci annoiassimo
Tu ti annoiassi	Voi vi annoiaste
Lui/Lei si annoiasse	Loro si annoiassero

Congiuntivo Trapassato

Io mi fossi annoiato/a	Noi ci fossimo annoiati/e
Tu ti fosti annoiato/a	Voi vi foste annoiati/e
Lui/Lei si fosse annoiato/a	Loro si fossero annoiati/e

IMPERATIVO

(Tu) annoiati!   (Lei) si annoi!   (Noi) annoiamoci!   (Voi) annoiatevi!   (Loro) si annoino!

Gli studenti si annoiavano in classe.
The students were bored in class.

Ti sei annoiato alla conferenza.
You were bored at the conference.

Mi annoiavo molto durante l'adolescenza.
I often got bored during adolescence.

ANTICIPARE   *to anticipate, to advance, to put forward*   A

Inf. anticipare *Part. pres.* anticipante *Part. pass.* anticipato *Ger.* anticipando

INDICATIVO

Presente

Io anticipo	Noi anticipiamo
Tu anticipi	Voi anticipate
Lui/Lei anticipa	Loro anticipano

Imperfetto

Io anticipavo	Noi anticipavamo
Tu anticipavi	Voi anticipavate
Lui/Lei anticipava	Loro anticipavano

Passato Prossimo

Io ho anticipato	Noi abbiamo anticipato
Tu hai anticipato	Voi avete anticipato
Lui/Lei ha anticipato	Loro hanno anticipato

Trapassato Prossimo

Io avevo anticipato	Noi avevamo anticipato
Tu avevi anticipato	Voi avevate anticipato
Lui/Lei aveva anticipato	Loro avevano anticipato

Futuro

Io anticiperò	Noi anticiperemo
Tu anticiperai	Voi anticiperete
Lui/Lei anticiperà	Loro anticiperanno

Passato Remoto

Io anticipai	Noi anticipammo
Tu anticipasti	Voi anticipaste
Lui/Lei anticipò	Loro anticiparono

Futuro Anteriore

Io avrò anticipato	Noi avremo anticipato
Tu avrai anticipato	Voi avrete anticipato
Lui/Lei avrà anticipato	Loro avranno anticipato

Trapassato Remoto

Io ebbi anticipato	Noi avemmo anticipato
Tu avesti anticipato	Voi aveste anticipato
Lui ebbe anticipato	Loro ebbero anticipato

CONDIZIONALE

Condizionale Presente

Io anticiperei	Noi anticiperemmo
Tu anticiperesti	Voi anticipereste
Lui/Lei anticiperebbe	Loro anticiperebbero

Condizionale Passato

Io avrei anticipato	Noi avremmo anticipato
Tu avresti anticipato	Voi avreste anticipato
Lui/Lei avrebbe anticipato	Loro avrebbero anticipato

CONGIUNTIVO

Congiuntivo Presente

Io anticipi	Noi anticipiamo
Tu anticipi	Voi anticipiate
Lui/Lei anticipi	Loro anticipino

Congiuntivo Passato

Io abbia anticipato	Noi abbiamo anticipato
Tu abbia anticipato	Voi abbiate anticipato
Lui/Lei abbia anticipato	Loro abbiano anticipato

Congiuntivo Imperfetto

Io anticipassi	Noi anticipassimo
Tu anticipassi	Voi anticipaste
Lui/Lei anticipasse	Loro anticipassero

Congiuntivo Trapassato

Io avessi anticipato	Noi avessimo anticipato
Tu avessi anticipato	Voi aveste anticipato
Lui/Lei avesse anticipato	Loro avessero anticipato

IMPERATIVO

(Tu) anticipa!   (Lei) anticipi!   (Noi) anticipiamo!   (Voi) anticipate!   (Loro) anticipino!

Hanno anticipato le conseguenze.
They anticipated the consequences.

Anticipai i soldi prima di partire.
I advanced the money before leaving.

Ti anticipiamo la caparra se ti serve.
We will advance the down payment if you need it.

21

APPARIRE   *to appear, to seem, to look*

Inf. apparire   *Part. pres.* apparente   *Part. pass.* apparso   *Ger.* apparendo

INDICATIVO

Presente

Io appaio	Noi appariamo
Tu appari	Voi apparite
Lui/Lei appare	Loro appaiono

Imperfetto

Io apparivo	Noi apparivamo
Tu apparivi	Voi apparivate
Lui/Lei appariva	Loro apparivano

Passato Prossimo

Io sono apparso/a	Noi siamo apparsi/e
Tu sei apparso/a	Voi siete apparsi/e
Lui/Lei è apparso/a	Loro sono apparsi/e

Trapassato Prossimo

Io ero apparso/a	Noi eravamo apparsi/e
Tu eri apparso/a	Voi eravate apparsi/e
Lui/Lei era apparso/a	Loro erano apparsi/e

Futuro

Io apparirò	Noi appariremo
Tu apparirai	Voi apparirete
Lui/Lei apparirà	Loro appariranno

Passato Remoto

Io apparii	Noi apparimmo
Tu apparisti	Voi appariste
Lui/Lei apparì	Loro apparirono

Futuro Anteriore

Io sarò apparso/a	Noi saremo apparsi/e
Tu sarai apparso/a	Voi sarete apparsi/e
Lui/Lei sarà apparso/a	Loro saranno apparsi/e

Trapassato Remoto

Io fui apparso/a	Noi fummo apparsi/e
Tu fosti apparso/a	Voi foste apparsi/e
Lui/Lei fu apparso/a	Loro furono apparsi/e

CONDIZIONALE

Condizionale Presente

Io apparirei	Noi appariremmo
Tu appariresti	Voi apparireste
Lui/Lei apparirebbe	Loro apparirebbero

Condizionale Passato

Io sarei apparso/a	Noi saremmo apparsi/e
Tu saresti apparso/a	Voi sareste apparsi/e
Lui/Lei sarebbe apparso/a	Loro sarebbero apparsi/e

CONGIUNTIVO

Congiuntivo Presente

Io appaia	Noi appariamo
Tu appaia	Voi appariate
Lui/Lei appaia	Loro appaiano

Congiuntivo Passato

Io sia apparso/a	Noi siamo apparsi/e
Tu sia apparso/a	Voi siate apparsi/e
Lui/Lei sia apparso/a	Loro siano apparsi/e

Congiuntivo Imperfetto

Io apparissi	Noi apparissimo
Tu apparissi	Voi appariste
Lui/Lei apparisse	Loro apparissero

Congiuntivo Trapassato

Io fossi apparso/a	Noi fossimo apparsi/e
Tu fossi apparso/a	Voi foste apparsi/e
Lui/Lei fosse apparso/a	Loro fossero apparsi/e

IMPERATIVO

(Tu) appari!   (Lei) appaia!   (Noi) appariamo!   (Voi) apparite!   (Loro) appaiano!

Quando non erano apparsi, ci siamo preoccupati.
When they had not appeared, we got worried.

Credo che i fantasmi appaiano nelle case vecchie.
I believe that ghosts appear in old houses.

Appariva un po' malata.
She looked a little ill.

APPARTENERE   *to belong, to be a member of*

Inf. appartenere   *Part. pres.* appartenente   *Part. pass.* appartenuto   *Ger.* appartenendo

INDICATIVO

Presente

Io appartengo	Noi apparteniamo
Tu appartieni	Voi appartenete
Lui/Lei appartiene	Loro appartengono

Imperfetto

Io appartenevo	Noi appartenevamo
Tu appartenevi	Voi appartenevate
Lui/Lei apparteneva	Loro appartenevano

Passato Prossimo

Io sono appartenuto/a	Noi siamo appartenuti/e
Tu sei appartenuto/a	Voi siete appartenuti/e
Lui/Lei è appartenuto/a	Loro sono appartenuti/e

Trapassato Prossimo

Io ero appartenuto/a	Noi eravamo appartenuti/e
Tu eri appartenuto/a	Voi eravate appartenuti/e
Lui/Lei era appartenuto/a	Loro erano appartenuti/e

Futuro

Io apparterrò	Noi apparterremo
Tu apparterrai	Voi apparterrete
Lui/Lei apparterrà	Loro apparterranno

Passato Remoto

Io appartenni	Noi appartenemmo
Tu appartenesti	Voi apparteneste
Lui/Lei appartenne	Noi appartennero

Futuro Anteriore

Io sarò appartenuto/a	Noi saremo appartenuti/e
Tu sarai appartenuto/a	Voi sarete appartenuti/e
Lui/Lei sarà appartenuto/a	Loro saranno appartenuti/e

Trapassato Remoto

Io fui appartenuto/a	Noi fummo appartenuti/e
Tu fosti appartenuto/a	Voi foste appartenuti/e
Lui/Lei fu appartenuto/a	Loro furono appartenuti/e

CONDIZIONALE

Condizionale Presente

Io apparterrei	Noi apparterremmo
Tu apparterresti	Voi apparterreste
Lui/Lei apparterrebbe	Loro apparterrebbero

Condizionale Passato

Io sarei appartenuto/a	Noi saremmo appartenuti/e
Tu saresti appartenuto/a	Voi sareste appartenuti/e
Lui/Lei sarebbe appartenuto/a	Loro sarebbero appartenuti/e

CONGIUNTIVO

Congiuntivo Presente

Io appartenga	Noi apparteniamo
Tu appartenga	Voi apparteniate
Lui appartenga	Loro appartengano

Congiuntivo Passato

Io sia appartenuto/a	Noi siamo appartenuti/e
Tu sia appartenuto/a	Voi siate appartenuti/e
Lui/Lei sia appartenuto/a	Loro siano appartenuti/e

Congiuntivo Imperfetto

Io appartenessi	Noi appartenessimo
Tu appartenessi	Voi apparteneste
Lui/Lei appartenesse	Loro appartenessero

Congiuntivo Trapassato

Io fossi appartenuto/a	Noi fossimo appartenuti/e
Tu fossi appartenuto/a	Voi foste appartenuti/e
Lui/Lei fosse appartenuto/a	Loro fossero appartenuti/e

IMPERATIVO

(Tu) appartieni!   (Lei) appartenga!   (Noi) apparteniamo!   (Voi) appartenete!   (Loro) appartengano!

A che partito politico appartenevate quando eravate giovani?
To which political party did you belong when you were young?

Apparteneva a un circolo femminile.
She was a member of a woman's club.

Credevo che appartenessero all'ONU.
I thought that they belong to the United Nations (UN).

Inf. appoggiare *Part. pres.* appoggiante *Part. pass.* **appoggiato** *Ger.* appoggiando

INDICATIVO

Presente

Io appoggio	Noi appoggiamo
Tu appoggi	Voi appoggiate
Lui/Lei appoggia	Loro appoggiano

Imperfetto

Io appoggiavo	Noi appoggiavamo
Tu appoggiavi	Voi appoggiavate
Lui appoggiava	Loro appoggiavano

Passato Prossimo

Io ho appoggiato	Noi abbiamo appoggiato
Tu hai appoggiato	Voi avete appoggiato
Lui/Lei ha appoggiato	Loro hanno appoggiato

Trapassato Prossimo

Io avevo appoggiato	Noi avevamo appoggiato
Tu avevi appoggiato	Voi avevate appoggiato
Lui/Lei aveva appoggiato	Loro avevano appoggiato

Futuro

Io appoggerò	Noi appoggeremo
Tu appoggerai	Voi appoggerete
Lui/Lei appoggerà	Loro appoggeranno

Passato Remoto

Io appoggiai	Noi appoggiammo
Tu appoggiasti	Voi appoggiaste
Lui/Lei appoggiò	Loro appoggiarono

Futuro Anteriore

Io avrò appoggiato	Noi avremo appoggiato
Tu avrai appoggiato	Voi avrete appoggiato
Lui/Lei avrà appoggiato	Loro avranno appoggiato

Trapassato Remoto

Io ebbi appoggiato	Noi avemmo appoggiato
Tu avesti appoggiato	Voi aveste appoggiato
Lui/Lei ebbe appoggiato	Loro ebbero appoggiato

CONDIZIONALE

Condizionale Presente

Io appoggerei	Noi appoggeremmo
Tu appoggeresti	Voi appoggereste
Lui/Lei appoggerebbe	Loro appoggerebbero

Condizionale Passato

Io avrei appoggiato	Noi avremmo appoggiato
Tu avresti appoggiato	Voi avreste appoggiato
Lui/Lei avrebbe appoggiato	Loro avrebbero appoggiato

CONGIUNTIVO

Congiuntivo Presente

Io appoggi	Noi appoggiamo
Tu appoggi	Voi appoggiate
Lui/Lei appoggi	Loro appoggino

Congiuntivo Passato

Io abbia appoggiato	Noi abbiamo appoggiato
Tu abbia appoggiato	Voi abbiate appoggiato
Lui/Lei abbia appoggiato	Loro abbiano appoggiato

Congiuntivo Imperfetto

Io appoggiassi	Noi appoggiassimo
Tu appoggiassi	Voi appoggiaste
Lui/Lei appoggiasse	Loro appoggiassero

Congiuntivo Trapassato

Io avessi appoggiato	Noi avessimo appoggiato
Tu avessi appoggiato	Voi aveste appoggiato
Lui/Lei avesse appoggiato	Loro avessero appoggiato

IMPERATIVO

(Tu) appoggia! (Lei) appoggi! (Noi) appoggiamo! (Voi) appoggiate! (Loro) appoggino!

Se mi avessero appoggiato, avrei vinto le elezioni.
If they had supported me, I would have won the elections.

Ha appoggiato le scatole sul tavolo.
He rested the boxes on the table.

Volete appoggiare i piedi sul divano?
Do you want to rest your feet on the sofa?

APRIRE   *to open, to turn on*   A

Inf. aprire   *Part. pres.* aprente   *Part. pass.* aperto   *Ger.* aprendo

INDICATIVO

Presente

Io apro	Noi apriamo
Tu apri	Voi aprite
Lui/Lei apre	Loro aprono

Imperfetto

Io aprivo	Noi aprivamo
Tu aprivi	Voi aprivate
Lui/Lei apriva	Loro aprivano

Passato Prossimo

Io ho aperto	Noi abbiamo aperto
Tu hai aperto	Voi avete aperto
Lui/Lei ha aperto	Loro hanno aperto

Trapassto Prossimo

Io avevo aperto	Noi avevamo aperto
Tu avevi aperto	Voi avevate aperto
Lui/Lei aveva aperto	Loro avevano aperto

Futuro

Io aprirò	Noi apriremo
Tu aprirai	Voi aprirete
Lui/Lei aprirà	Loro apriranno

Passato Remoto

Io aprii	Noi aprimmo
Tu apristi	Voi apriste
Lui /Lei aprì	Loro aprirono

Futuro Anteriore

Io avrò aperto	Noi avremo aperto
Tu avrai aperto	Voi avrete aperto
Lui/Lei avrà aperto	Loro avranno aperto

Trapassato Remoto

Io ebbi aperto	Noi avemmo aperto
Tu avesti aperto	Voi aveste aperto
Lui/Lei ebbe aperto	Loro ebbero aperto

CONDIZIONALE

Condizionale Presente

Io aprirei	Noi apriremmo
Tu apriresti	Voi aprireste
Lui/Lei aprirebbe	Loro aprirebbero

Condizionale Passato

Io avrei aperto	Noi avremmo aperto
Tu avresti aperto	Voi avreste aperto
Lui/Lei avrebbe aperto	Loro avrebbero aperto

CONGIUNTIVO

Congiuntivo Presente

Io apra	Noi apriamo
Tu apra	Voi apriate
Lui/Lei apra	Loro aprano

Congiuntivo Passato

Io abbia aperto	Noi abbiamo aperto
Tu abbia aperto	Voi abbiate aperto
Lui/Lei abbia aperto	Loro abbiano aperto

Congiuntivo Imperfetto

Io aprissi	Noi aprissimo
Tu aprissi	Voi apriste
Lui/Lei aprisse	Loro aprissero

Congiuntivo Trapassato

Io avessi aperto	Noi avessimo aperto
Tu avessi aperto	Voi aveste aperto
Lui/Lei avesse aperto	Loro avessero aperto

IMPERATIVO

(Tu) apri!   (Lei) apra!   (Noi) apriamo!   (Voi) aprite!   (Loro) aprano!

Non riusciva ad aprire il barattolo.
She was unable to open the can.

Aprite la porta!
Open the door!

Aprirebbe le finestre se glielo chiedessi.
He would open the windows if you asked him.

ARRABBIARSI *to get angry*

Inf. arrabbiarsi *Part. pres.* arrabbiantesi *Part. pass.* arrabbiatosi *Ger.* arrabbiandosi

INDICATIVO

Presente

Io mi arrabbio	Noi ci arrabbiamo
Tu ti arrabbi	Voi vi arrabbiate
Lui/Lei si arrabbia	Loro si arrabbiano

Imperfetto

Io mi arrabbiavo	Noi ci arrabbiavamo
Tu ti arrabbiavi	Voi vi arrabbiavate
Lui/Lei si arrabbiava	Loro si arrabbiavano

Passato Prossimo

Io mi sono arrabbiato/a	Noi ci siamo arrabbiati/e
Tu ti sei arrabbiato/a	Voi vi siete arrabbiati/e
Lui si è arrabbiato/a	Loro si sono arrabbiati/e

Trapassato Prossimo

Io mi ero arrabbiato/a	Noi ci eravamo arrabbiati/e
Tu ti eri arrabbiato/a	Voi vi eravate arrabbiati/e
Lui/Lei si era arrabbiato/a	Loro si erano arrabbiati/e

Futuro

Io mi arrabbierò	Noi ci arrabbieremo
Tu ti arrabbierai	Voi vi arrabbierete
Lui/Lei si arrabbierà	Loro si arrabbieranno

Passato Remoto

Io mi arrabbiai	Noi ci arrabbiammo
Tu ti arrabbiasti	Voi vi arrabbiaste
Lui/Lei si arrabbiò	Loro si arrabbiarono

Futuro Anteriore

Io mi sarò arrabbiato/a	Noi ci saremo arrabbiati/e
Tu ti sarai arrabbiato/a	Voi vi sarete arrabbiati
Lui/Lei si sarà arrabbiato/a	Loro si saranno arrabbiati/e

Trapassato Remoto

Io mi fui arrabbiato/a	Noi ci fummo arrabbiati/e
Tu ti fosti arrabbiato/a	Voi vi foste arrabbiati/e
Lui/Lei si fu arrabbiato/a	Loro si furono arrabbiati/e

CONDIZIONALE

Condizionale Presente

Io mi arrabbierei	Noi ci arrabbieremmo
Tu ti arrabbieresti	Voi vi arrabbiereste
Lui/Lei si arrabbierebbe	Loro si arrabbierebbero

Condizionale Passato

Io mi sarei arrabbiato/a	Noi ci saremmo arrabbiati/e
Tu ti saresti arrabbiato/a	Voi vi sareste arrabbiati/e
Lui/Lei si sarebbe arrabbiato/a	Loro si sarebbero arrabbiati/e

CONGIUNTIVO

Congiuntivo Presente

Io mi arrabbi	Noi ci arrabbiamo
Tu ti arrabbi	Voi vi arrabbiate
Lui/Lei si arrabbi	Loro si arrabbino

Congiuntivo Passato

Io mi sia arrabbiato/a	Noi ci siamo arrabbiati/e
Tu ti sia arrabbiato/a	Voi vi siate arrabbiati/e
Lui/Lei si sia arrabbiato/a	Loro si siano arrabbiati/e

Congiuntivo Imperfetto

Io mi arrabbiassi	Noi ci arrabbiassimo
Tu ti arrabbiassi	Voi vi arrabbiaste
Lui/Lei si arrabbiasse	Loro si arrabbiassero

Congiuntivo Trapassato

Io mi fossi arrabbiato/a	Noi ci fossimo arrabbiati/e
Ti fossi arrabbiato/a	Voi vi foste arrabbiati/e
Lui/Lei si fosse arrabbiato/a	Loro si fossero arrabbiati/e

IMPERATIVO

(Tu) arrabbiati	(Lei) si arrabbi	(Noi) arrabbiamoci!	(Voi) arrabbiatevi	(Loro) si arrabbino!

Le giraffe si arrabbiano ogni tanto.
Giraffes get angry every so often.

Noi ci saremmo arrabbiati in quella situazione.
We would have gotten angry in that situation.

Tu ti eri già arrabbiata prima di ieri.
You had already gotten angry before yesterday.

ARRIVARE   *to arrive, to reach, to succeed*

Inf. arrivare   *Part. pres.* arrivante   *Part. pass.* arrivato   *Ger.* arrivando

INDICATIVO

Presente

Io arrivo	Noi arriviamo
Tu arrivi	Voi arrivate
Lui/Lei arriva	Loro arrivano

Imperfetto

Io arrivavo	Noi arrivavamo
Tu arrivavi	Voi arrivavate
Lui/Lei arrivava	Loro arrivavano

Passato Prossimo

Io sono arrivato/a	Noi siamo arrivati/e
Tu sei arrivato/a	Voi siete arrivati/e
Lui/Lei è arrivato/a	Loro sono arrivati/e

Trapassato Prossimo

Io ero arrivato/a	Noi eravamo arrivati/e
Tu eri arrivato/a	Voi eravate arrivati/e
Lui/Lei era arrivato/a	Loro erano arrivati/e

Futuro

Io arriverò	Noi arriveremo
Tu arriverai	Voi arriverete
Lui/Lei arriverà	Loro arriveranno

Passato Remoto

Io arrivai	Noi arrivammo
Tu arrivasti	Voi arrivaste
Lui/Lei arrivò	Lor arrivarono

Futuro Anteriore

Io sarò arrivato/a	Noi saremo arrivati/e
Tu sarai arrivato/a	Voi sarete arrivati/e
Lui/Lei sarà arrivato/a	Loro saranno arrivati/e

Trapassato Remoto

Io fui arrivato/a	Noi fummo arrivati/e
Tu fosti arrivato/a	Voi foste arrivati/e
Lui/Lei fu arrivato/a	Loro furono arrivati/e

CONDIZIONALE

Condizionale Presente

Io arriverei	Noi arriveremmo
Tu arriveresti	Voi arrivereste
Lui/Lei arriverebbe	Loro arriverebbero

Condizionale Passato

Io sarei arrivato/a	Noi saremmo arrivati/e
Tu saresti arrivato/a	Voi sareste arrivati/e
Lui/Lei sarebbe arrivato/a	Loro sarebbero arrivati/e

CONGIUNTIVO

Congiuntivo Presente

Io arrivi	Noi arriviamo
Tu arrivi	Voi arriviate
Lui/Lei arrivi	Loro arrivino

Congiuntivo Passato

Io sia arrivato/a	Noi siamo arrivati/e
Tu sia arrivato/a	Voi siate arrivati/e
Lui/Lei sia arrivato/a	Loro siano arrivati/e

Congiuntivo Imperfetto

Io arrivassi	Noi arrivassimo
Tu arrivassi	Voi arrivaste
Lui/Lei arrivasse	Loro arrivassero

Congiuntivo Trapassato

Io fossi arrivato/a	Noi fossimo arrivati/e
Tu fossi arrivato/a	Voi foste arrivati/e
Lui/Lei fosse arrivato/a	Loro fossero arrivati/e

IMPERATIVO

(Tu) arriva!   (Lei) arrivi!   (Noi) arriviamo   (Voi) arrivate!   (Loro) arrivino!

Volevo che voi arrivaste in orario.
I wanted you to arrive on time.

Quando sono arrivato a Roma c'era uno sciopero degli autobus.
When I arrived in Rome there was a bus strike.

Mi hanno detto che sarebbero arrivati alle nove.
They told me they would arrive at 9:00.

ASCOLTARE   *to listen, to pay attention*

Inf. ascoltare   *Part. pres.* ascoltante   *Part. pass.* ascoltato   *Ger.* ascoltando

INDICATIVO

Presente

Io ascolto	Noi ascoltiamo
Tu ascolti	Voi ascoltate
Lui/Lei ascolta	Loro ascoltano

Imperfetto

Io ascoltavo	Noi ascoltavamo
Tu ascoltavi	Voi ascoltavate
Lui ascoltava	Loro ascoltavano

Passato Prossimo

Io ho ascoltato	Noi abbiamo ascoltato
Tu hai ascoltato	Voi avete ascoltato
Lui ha ascoltato	Loro hanno ascoltato

Trapassato Prossimo

Io avevo ascoltato	Noi avevamo ascoltato
Tu avevi ascoltato	Voi avevate ascoltato
Lui/Lei aveva ascoltato	Loro avevano ascoltato

Futuro

Io ascolterò	Noi ascolteremo
Tu ascolterai	Voi ascolterete
Lui/Lei ascolterà	Loro ascolteranno

Passato Remoto

Io ascoltai	Noi ascoltammo
Tu ascoltasti	Voi ascoltaste
Lui/Lei ascoltò	Loro ascoltarono

Futuro Anteriore

Io avrò ascoltato	Noi avremo ascoltato
Tu avrai ascoltato	Voi avrete ascoltato
Lui/Lei avrà ascoltato	Loro avranno ascoltato

Trapassato Remoto

Io ebbi ascoltato	Noi avemmo ascoltato
Tu avesti ascoltato	Voi aveste ascoltato
Lui/Lei ebbe ascoltato	Loro ebbero ascoltato

CONDIZIONALE

Condizionale Presente

Io ascolterei	Noi ascolteremmo
Tu ascolteresti	Voi ascoltereste
Lui/Lei ascolterebbe	Loro ascolterebbero

Condizionale Passato

Io avrei ascoltato	Noi avremmo ascoltato
Tu avresti ascoltato	Voi avreste ascoltato
Lui/Lei avrebbe ascoltato	Loro avrebbero ascoltato

CONGIUNTIVO

Congiuntivo Presente

Io ascolti	Noi ascoltiamo
Tu ascolti	Voi ascoltiate
Tu ascolti	Loro ascoltino

Congiuntivo Passato

Io abbia ascoltato	Noi abbiamo ascoltato
Tu abbia ascoltato	Voi abbiate ascoltato
Lui/Lei abbia ascoltato	Loro abbiano ascoltato

Congiuntivo Imperfetto

Io ascoltassi	Noi ascoltassimo
Tu ascoltassi	Voi ascoltaste
Lui/Lei ascoltasse	Loro ascoltassero

Congiuntivo Trapassato

Io avessi ascoltato	Noi avessimo ascoltato
Tu avessi ascoltato	Voi aveste ascoltato
Lui avesse ascoltato	Loro avessero ascoltato

IMPERATIVO

(Tu) ascolta!   (Lei) ascolti!   (Noi) ascoltiamo!   (Voi) ascoltate!   (Loro) ascoltino!

Non ascoltavate quando parlava.
You didn't pay attention when he was speaking.

Tutti dovevano ascoltare bene per capire quello che diceva.
Everyone had to listen well to understand what he was saying.

Se lui avesse ascoltato, non sarebbe stato bocciato.
If he had listened, he would not have been failed.

ASPETTARE   *to wait for*

Inf. aspettare   *Part. pres.* aspettante   *Part. pass.* aspettato   *Ger. aspettando*

INDICATIVO

Presente

Io aspetto	Noi aspettiamo
Tu aspetti	Voi aspettate
Lui/Lei aspetta	Loro aspettano

Imperfetto

Io aspettavo	Noi aspettavamo
Tu aspettavi	Voi aspettavate
Lui/Lei aspettava	Loro aspettavano

Passato Prossimo

Io ho aspettato	Noi abbiamo aspettato
Tu hai aspettato	Voi avete aspettato
Lui/Lei ha aspettato	Loro hanno aspettato

Trapassato Prossimo

Io avevo aspettato	Noi avevamo aspettato
Tu avevi aspettato	Voi avevate aspettato
Lui/Lei aveva aspettato	Loro avevano aspettato

Futuro

Io aspetterò	Noi aspetteremo
Tu aspetterai	Voi aspetterete
Lui/Lei aspetterà	Loro aspetteranno

Passato Remoto

Io aspettai	Noi aspettammo
Tu aspettasti	Voi aspettaste
Lui/Lei aspettò	Loro aspettarono

Futuro Anteriore

Io avrò aspettato	Noi avremo aspettato
Tu avrai aspettato	Voi avrete aspettato
Lui/Lei avrà aspettato	Loro avranno aspettato

Trapassato Remoto

Io ebbi aspettato	Noi avemmo aspettato
Tu avesti aspettato	Voi aveste aspettato
Lui/Lei ebbe aspettato	Loro ebbero aspettato

CONDIZIONALE

Condizionale Presente

Io aspetterei	Noi aspetteremmo
Tu aspetteresti	Voi aspettereste
Lui/Lei aspetterebbe	Loro aspetterebbero

Condizionale Passato

Io avrei aspettato	Noi avremmo aspettato
Tu avresti aspettato	Voi avreste aspettato
Lui/Lei avrebbe aspettato	Loro avrebbero aspettato

CONGIUNTIVO

Congiuntivo Presente

Io aspetti	Noi aspettiamo
Tu aspetti	Voi aspettiate
Lui aspetti	Loro aspettino

Congiuntivo Passato

Io abbia aspettato	Noi abbiamo aspettato
Tu abbia aspettato	Voi abbiate aspettato
Lui/Lei abbia aspettato	Loro abbiano aspettato

Congiuntivo Imperfetto

Io aspettassi	Noi aspettassimo
Tu aspettassi	Voi aspettaste
Lui/Lei aspettasse	Loro aspettassero

Congiuntivo Trapassato

Io avessi aspettato	Noi avessimo aspettato
Tu avessi aspettato	Voi aveste aspettato
Lui/Lei avesse aspettato	Loro avessero aspettato

IMPERATIVO

(Tu) aspetta!   (Lei) aspetti!   (Noi) aspettiamo!   (Voi) aspettate!   (Loro) aspettino!

Loro aspettarono il volo per tre ore.
They waited for the flight for three hours.

Stavo aspettando la mia amica verso le tre ieri.
I was waiting for my friend around 3:00 yesterday.

Aspettare in fila è molto fastidioso.
Waiting in line is very irritating.

ASSISTERE *to assist, to aid, to attend*

Inf. assistere *Part. pres.* assistente *Part. pass.* assistito *Ger.* assistendo

INDICATIVO

Presente

Io assisto	Noi assistiamo
Tu assisti	Voi assistete
Lui/Lei assiste	Loro assistono

Imperfetto

Io assistevo	Noi assistevamo
Tu assistevi	Voi assistevate
Lui/Lei assisteva	Loro assistevano

Passato Prossimo

Io ho assistito	Noi abbiamo assistito
Tu hai assistito	Voi avete assistito
Lui/Lei ha assistito	Loro hanno assistito

Trapassato Prossimo

Io avevo assistito	Noi avevamo assistito
Tu avevi assistito	Voi avevate assistito
Lui aveva assistito	Loro avevano assistito

Futuro

Io assisterò	Noi assisteremo
Tu assisterai	Voi assisterete
Lui/Lei assisterà	Loro assisteranno

Passato Remoto

Io assistei	Noi assistemmo
Tu assistesti	Voi assisteste
Lui/Lei assisté	Loro assisterono

Futuro Anteriore

Io avrò assistito	Noi avremo assistito
Tu avrai assistito	Voi avrete assistito
Lui/Lei avrà assistito	Loro avranno assistito

Trapassato Remoto

Io ebbi assistito	Noi avemmo assistito
Tu avesti assistito	Voi aveste assistito
Lui/Lei ebbe assistito	Loro ebbero assistito

CONDIZIONALE

Condizionale Presente

Io assisterei	Noi assisteremmo
Tu assisteresti	Voi assistereste
Lui/Lei assisterebbe	Loro assisterebbero

Condizionale Passato

Io avrei assistito	Noi avremmo assistito
Tu avresti assistito	Voi avreste assistito
Lui/Lei avrebbe assistito	Loro avrebbero assistito

CONGIUNTIVO

Congiuntivo Presente

Io assista	Noi assistiamo
Tu assista	Voi assistiate
Lui/Lei assista	Loro assistano

Congiuntivo Passato

Io abbia assistito	Noi abbiamo assistito
Tu abbia assistito	Voi abbiate assistito
Lui/Lei abbia assistito	Loro abbiano assistito

Congiuntivo Imperfetto

Io assistessi	Noi assistessimo
Tu assistessi	Voi assisteste
Lui/Lei assistesse	Loro assistessero

Congiuntivo Trapassato

Io avessi assistito	Noi avessimo assistito
Tu avessi assistito	Voi aveste assistito
Lui/Lei avesse assistito	Loro avessero assistito

IMPERATIVO

(Tu) assisti! (Lei) assista! (Noi) assistiamo! (Voi) assistete! (Loro) assistano!

Avrei assistito se avessi saputo della sua malattia.
I would have helped if I had known of his illness.

L'altra sera ho assistito a una discussione sulle donne.
The other night I attended a discussion on women.

Lui assisté la vecchietta ad attraversare il viale.
He helped the elderly woman cross the avenue.

Inf. attrarre *Part. pres.* attraente *Part. pass.* attratto *Ger.* attraendo

INDICATIVO

Presente

Io attraggo	Noi attraiamo
Tu attrai	Voi attraete
Lui/Lei attrae	Loro attraggono

Imperfetto

Io attraevo	Noi attraevamo
Tu attraevi	Voi attraevate
Lui/Lei attraeva	Loro attraevano

Passato Prossimo

Io ho attratto	Noi abbiamo attratto
Tu hai attratto	Voi avete attratto
Lui/Lei ha attratto	Loro hanno attratto

Trapassato Prossimo

Io avevo attratto	Noi avevamo attratto
Tu avevi attratto	Voi avevate attratto
Lui/Lei aveva attratto	Loro avevano attratto

Futuro

Io attrarrò	Noi attrarremo
Tu attrarrai	Voi attrarrete
Lui/Lei attrarrà	Loro attrarranno

Passato Remoto

Io attrassi	Noi attraemmo
Tu attraesti	Voi attraeste
Lui/Lei attrasse	Loro attrassero

Futuro Anteriore

Io avrò attratto	Noi avremo attratto
Tu avrai attratto	Voi avrete attratto
Lui/Lei avrà attratto	Loro avranno attratto

Trapassato Remoto

Io ebbi attratto	Noi avemmo attratto
Tu avesti attratto	Voi aveste attratto
Lui/Lei ebbe attratto	Loro ebbero attratto

CONDIZIONALE

Condizionale Presente

Io attrarrei	Noi attrarremmo
Tu attrarresti	Voi attrarreste
Lui/Lei attrarrebbe	Loro attrarrebbero

Condizionale Passato

Io avrei attratto	Noi avremmo attratto
Tu avresti attratto	Voi avreste attratto
Lui/Lei avrebbe attratto	Loro avrebbero attratto

CONGIUNTIVO

Congiuntivo Presente

Io attragga	Noi attraiamo
Tu attragga	Voi attraiate
Lui/Lei attragga	Loro attraggano

Congiuntivo Passato

Io abbia attratto	Noi abbiamo attratto
Tu abbia attratto	Voi abbiate attratto
Lui/Lei abbia attratto	Loro abbiano attratto

Congiuntivo Imperfetto

Io attraessi	Noi attraessimo
Tu attraessi	Voi attraeste
Lui/Lei attraesse	Loro attraessero

Congiuntivo Trapassato

Io avessi attratto	Noi avessimo attratto
Tu avessi attratto	Voi aveste attratto
Lui/Lei avesse attratto	Loro avessero attratto

IMPERATIVO

(Tu) attrai!   (Lei) attragga!   (Noi) attraiamo!   (Voi) attraete!   (Loro) attraggano!

Lui era molto attratto dalla nuova ragazza.
He was very attracted to the new girl.

Penso che lei abbia attratto molta attenzione.
I think she attracted a lot of attention.

Vorrei attrarre il loro interesse.
I would like to attract their interest.

Inf. attraversare *Part. pres.* attraversante *Part. pass.* attraversato *Ger.* attraversando

INDICATIVO

Presente

Io attraverso	Noi attraversiamo
Tu attraversi	Voi attraversate
Lui/Lei attraversa	Loro attraversano

Imperfetto

Io attraversavo	Noi attraversavamo
Tu attraversavi	Voi attraversavate
Lui/Lei attraversava	Loro attraversavano

Passato Prossimo

Io ho attraversato	Noi abbiamo attraversato
Tu hai attraversato	Voi avete attraversato
Lui/Lei ha attraversato	Loro hanno attraversato

Trapassato Prossimo

Io avevo attraversato	Noi avevamo attraversato
Tu avevi attraversato	Voi avevate attraversato
Lui/Lei aveva attraversato	Loro avevano attraversato

Futuro

Io attraverserò	Noi attraverseremo
Tu attraverserai	Voi attraverserete
Lui/Lei attraverserà	Loro attraverseranno

Passato Remoto

Io attraversai	Noi attraversammo
Tu attraversasti	Voi attraversaste
Lui/Lei attraversò	Loro attraversarono

Futuro Anteriore

Io avrò attraversato	Noi avremo attraversato
Tu avrai attraversato	Voi avrete attraversato
Lui/Lei avrà attraversato	Loro avranno attraversato

Trapassato Remoto

Io ebbi attraversato	Noi avemmo attraversato
Tu avesti attraversato	Voi aveste attraversato
Lui/Lei ebbe attraversato	Loro ebbero attraversato

CONDIZIONALE

Condizionale Presente

Io attraverserei	Noi attraverseremmo
Tu attraverseresti	Voi attraversereste
Lui/Lei attraverserebbe	Loro attraverserebbero

Condizionale Passato

Io avrei attraversato	Noi avremmo attraversato
Tu avresti attraversato	Voi avreste attraversato
Lui/Lei avrebbe attraversato	Loro avrebbero attraversato

CONGIUNTIVO

Congiuntivo Presente

Io attraversi	Noi attraversiamo
Tu attraversi	Voi attraversiate
Lui/Lei attraversi	Loro attraversino

Congiuntivo Passato

Io abbia attraversato	Noi abbiamo attraversato
Tu abbia attraversato	Voi abbiate attraversato
Lui/Lei abbia attraversato	Loro abbiano attraversato

Congiuntivo Imperfetto

Io attraversassi	Noi attraversassimo
Tu attraversassi	Voi attraversaste
Lui/Lei attraversasse	Loro attraversassero

Congiuntivo Trapassato

Io avessi attraversato	Noi avessimo attraversato
Tu avessi attraversato	Voi aveste attraversato
Lui/Lei avesse attraversato	Loro avessero attraversato

IMPERATIVO

(Tu) attraversa!   (Lei) attraversi!   (Noi) attraversiamo!   (Voi) attraversate!   (Loro) attraversino!

Attraversiamo il parco!
Let's go through the park!

C'è troppo traffico. Non attraversare adesso!
There is too much traffic. Don't cross now!

Durante il nostro viaggio abbiamo attraversato molti paesi.
During our trip, we crossed many countries.

AUMENTARE   *to increase, to raise*

Inf. aumentare   *Part. pres.* aumentante   *Part. pass.* aumentato   *Ger.* aumentando

INDICATIVO

Presente

Io aumento	Noi aumentiamo
Tu aumenti	Voi aumentate
Lui/Lei aumenta	Loro aumentano

Imperfetto

Io aumentavo	Noi aumentavamo
Tu aumentavi	Voi aumentavate
Lui/Lei aumentava	Loro aumentavano

Passato Prossimo

Io ho aumentato	Noi abbiamo aumentato
Tu hai aumentato	Voi avete aumentato
Lui/Lei ha aumentato	Loro hanno aumentato

Trapassato Prossimo

Io avevo aumentato	Noi avevamo aumentato
Tu avevi aumentato	Voi avevate aumentato
Lui/Lei aveva aumentato	Loro avevano aumentato

Futuro

Io aumenterò	Noi aumenteremo
Tu aumenterai	Voi aumenterete
Lui/Lei aumenterà	Loro aumenteranno

Passato Remoto

Io aumentai	Noi aumentammo
Tu aumentasti	Voi aumentaste
Lui/Lei aumentò	Loro aumentarono

Futuro Anteriore

Io avrò aumentato	Noi avremo aumentato
Tu avrai aumentato	Voi avrete aumentato
Lui/Lei avrà aumentato	Loro avranno aumentato

Trapassato Remoto

Io ebbi aumentato	Noi avemmo aumentato
Tu avesti aumentato	Voi aveste aumentato
Lui/Lei ebbe aumentato	Lore ebbero aumentato

CONDIZIONALE

Condizionale Presente

Io aumenterei	Noi aumenteremmo
Tu aumenteresti	Voi aumentereste
Lui/Lei aumenterebbe	Loro aumenterebbero

Condizionale Passato

Io avrei aumentato	Noi avremmo aumentato
Tu avresti aumentato	Voi avreste aumentato
Lui/Lei avrebbe aumentato	Loro avrebbero aumentato

CONGIUNTIVO

Congiuntivo Presente

Io aumenti	Noi aumentiamo
Tu aumenti	Voi aumentiate
Lui/Lei aumenti	Loro aumentino

Congiuntivo Passato

Io abbia aumentato	Noi abbiamo aumentato
Tu abbia aumentato	Voi abbiate aumentato
Lui/Lei abbia aumentato	Loro abbiano aumentato

Congiuntivo Imperfetto

Io aumentassi	Noi aumentassimo
Tu aumentassi	Voi aumentaste
Lui/Lei aumentasse	Loro aumentassero

Congiuntivo Trapassato

Io avessi aumentato	Noi avessimo aumentato
Tu avessi aumentato	Voi aveste aumentato
Lui/Lei avesse aumentato	Loro avessero aumentato

IMPERATIVO

(Tu) aumenta!   (Lei) aumenti!   (Noi) aumentiamo   (Voi) aumentate!   (Loro) aumentino!

Hanno aumentato i prezzi dappertutto.
They raised the prices everywhere.

Era importante che aumentassero i sussidi dei lavoratori.
It was important that they increased the workers' benefits.

Quando ebbero aumentato i profitti assunsero altri operai.
When they had increased the profits, they hired more laborers.

Inf. avere   *Part. pres.* avente   *Part. pass.* avuto   *Ger.* avendo

INDICATIVO

Presente

Io ho	Noi abbiamo
Tu hai	Voi avete
Lui/Lei ha	Loro hanno

Imperfetto

Io avevo	Noi avevamo
Tu avevi	Voi avevate
Lui/Lei aveva	Loro avevano

Passato Prossimo

Io ho avuto	Noi abbiamo avuto
Tu hai avuto	Voi avete avuto
Lui/Lei ha avuto	Loro hanno avuto

Trapassato Prossimo

Io avevo avuto	Noi avevamo avuto
Tu avevi avuto	Voi avevate avuto
Lui/Lei aveva avuto	Loro avevano avuto

Futuro

Io avrò	Noi avremo
Tu avrai	Voi avrete
Lui/Lei avrà	Loro avranno

Passato Remoto

Io ebbi	Noi avemmo
Tu avesti	Voi aveste
Lui/Lei ebbe	Loro ebbero

Futuro Anteriore

Io avrò avuto	Noi avremo avuto
Tu avrai avuto	Voi avrete avuto
Lui/Lei avrà avuto	Loro avranno avuto

Trapassato Remoto

Io ebbi avuto	Noi avemmo avuto
Tu aveste avuto	Voi aveste avuto
Lui/Lei ebbe avuto	Loro ebbero avuto

CONDIZIONALE

Condizionale Presente

Io avrei	Noi avremmo
Tu avresti	Voi avreste
Lui/Lei avrebbe	Loro avrebbero

Condizionale Passato

Io avrei avuto	Noi avremmo avuto
Tu avresti avuto	Voi avreste avuto
Lui/Lei avrebbe avuto	Loro avrebbero avuto

CONGIUNTIVO

Congiuntivo Presente

Io abbia	Noi abbiamo
Tu abbia	Voi abbiate
Lui/Lei abbia	Loro abbiano

Congiuntivo Passato

Io abbia avuto	Noi abbiamo avuto
Tu abbia avuto	Voi abbiate avuto
Lui/Lei abbia avuto	Loro abbiano avuto

Congiuntivo Imperfetto

Io avessi	Noi avessimo
Tu avessi	Voi aveste
Lui/Lei avesse	Loro avessero

Congiuntivo Trapassato

Io avessi avuto	Noi avessimo avuto
Tu avessi avuto	Voi aveste avuto
Lui/Lei avesse avuto	Loro avessero avuto

IMPERATIVO

(Tu) abbi!   (Lei) abbia!   (Noi) abbiamo!   (Voi) abbiate!   (Loro) abbiano!

Loro hanno comprato tre libri.
They bought three books.

Avrei voluto vedere quel film.
I would have liked to see that film.

Se avessi molti soldi, comprerei una casa.
If I have a lot of money, I would buy a house.

BACIARE   *to kiss*

Inf. baciare   *Part. pres.* baciante   *Part. pass.* baciato   *Ger.* baciando

INDICATIVO

Presente

Io bacio	Noi baciamo
Tu baci	Voi baciate
Lui/Lei bacia	Loro baciano

Imperfetto

Io baciavo	Noi baciavamo
Tu baciavi	Voi baciavate
Lui/Lei baciava	Loro baciavano

Passato Prossimo

Io ho baciato	Noi abbiamo baciato
Tu hai baciato	Voi avete baciato
Lui/Lei ha baciato	Loro hanno baciato

Trapassato Prossimo

Io avevo baciato	Noi avevamo baciato
Tu avevi baciato	Voi avevate baciato
Lui/Lei aveva baciato	Loro avevano baciato

Futuro

Io bacerò	Noi baceremo
Tu bacerai	Voi bacerete
Lui/Lei bacerà	Loro baceranno

Passato Remoto

Io baciai	Noi baciammo
Tu baciasti	Voi baciaste
Lui/Lei baciò	Loro baciarono

Futuro Anteriore

Io avrò baciato	Noi avremo baciato
Tu avrai baciato	Voi avrete baciato
Lui/Lei avrà baciato	Loro avranno baciato

Trapassato Remoto

Io ebbi baciato	Noi avemmo baciato
Tu avesti baciato	Voi aveste baciato
Lui/Lei ebbe baciato	Loro ebbero baciato

CONDIZIONALE

Condizionale Presente

Io bacerei	Noi baceremmo
Tu baceresti	Voi bacereste
Lui/Lei bacerebbe	Loro bacerebbero

Condizionale Passato

Io avrei baciato	Noi avremmo baciato
Tu avresti baciato	Voi avreste baciato
Lui/Lei avrebbe baciato	Loro avrebbero baciato

CONGIUNTIVO

Congiuntivo Presente

Io baci	Noi baciamo
Tu baci	Voi baciate
Lui/Lei baci	Loro bacino

Congiuntivo Passato

Io abbia baciato	Noi abbiamo baciato
Tu abbia baciato	Voi abbiate baciato
Lui/Lei abbia baciato	Loro abbiano baciato

Congiuntivo Imperfetto

Io baciassi	Noi baciassimo
Tu baciassi	Voi baciaste
Lui/Lei baciasse	Loro baciassero

Congiuntivo Trapassato

Io avessi baciato	Noi avessimo baciato
Tu avessi baciato	Voi aveste baciato
Lui/Lei avesse baciato	Loro avessero baciato

IMPERATIVO

(Tu) bacia!   (Lei) baci!   (Noi) baciamo!   (Voi) baciate!   (Loro) bacino!

La mamma bacia sempre sua figlia.
The mother always kisses her daughter.

Quando vedo i parenti, li bacerò.
When I see my relatives, I will kiss them.

Il mio ragazzo è uno che devi sempre baciare.
My boyfriend is someone that you always have to kiss.

Inf. ballare *Part. pres.* ballante *Part. pass.* ballato *Ger.* ballando

INDICATIVO

Presente

Io ballo	Noi balliamo
Tu balli	Voi ballate
Lui/Lei balla	Loro ballano

Imperfetto

Io ballavo	Noi ballavamo
Tu ballavi	Voi ballavate
Lui/Lei ballava	Loro ballavano

Passato Prossimo

Io ho ballato	Noi abbiamo ballato
Tu hai ballato	Voi avete ballato
Lui/Lei ha ballato	Loro hanno ballato

Trapassato Prossimo

Io avevo ballato	Noi avevamo ballato
Tu avevi ballato	Voi avevate ballato
Lui/Lei aveva ballato	Loro avevano ballato

Futuro

Io ballerò	Noi balleremo
Tu ballerai	Voi ballerete
Lui/Lei ballerà	Loro balleranno

Passato Remoto

Io ballai	Noi ballammo
Tu ballasti	Voi ballaste
Lui/Lei ballò	Loro ballarono

Futuro Anteriore

Io avrò ballato	Noi avremo ballato
Tu avrai ballato	Voi avrete ballato
Lui/Lei avrà ballato	Loro avranno ballato

Trapassato Remoto

Io ebbi ballato	Noi avemmo ballato
Tu avesti ballato	Voi aveste ballato
Lui/Lei ebbe ballato	Loro ebbero ballato

CONDIZIONALE

Condizionale Presente

Io ballerei	Noi balleremmo
Tu balleresti	Voi ballereste
Lui/Lei ballerebbe	Loro ballerebbero

Condizionale Passato

Io avrei ballato	Noi avremmo ballato
Tu avresti ballato	Voi avreste ballato
Lui/Lei avrebbe ballato	Loro avrebbero ballato

CONGIUNTIVO

Congiuntivo Presente

Io balli	Noi balliamo
Tu balli	Voi balliate
Lui/Lei balli	Loro ballino

Congiuntivo Passato

Io abbia ballato	Noi abbiamo ballato
Tu abbia ballato	Voi abbiate ballato
Lui/Lei abbia ballato	Loro abbiano ballato

Congiuntivo Imperfetto

Io ballassi	Noi ballassimo
Tu ballassi	Voi ballaste
Lui/Lei ballasse	Loro ballassero

Congiuntivo Trapassato

Io avessi ballato	Noi avessimo ballato
Tu avessi ballato	Voi aveste ballato
Lui/Lei avesse ballato	Loro avessero ballato

IMPERATIVO

(Tu) balla! (Lei) balli! (Noi) balliamo! (Voi) ballate! (Loro) ballino!

Quando finiamo il lavoro, balleremo tutta la notte.
When we finish work, we will dance all night.

Suppongo che abbiano ballato molto ieri sera.
I suppose that they danced a lot last night.

Dopo che ebbero ballato, andarono a casa.
After they had danced, they went home.

Inf. benedire *Part. pres.* benedicente *Part. pass.* benedetto *Ger. benedicendo*

INDICATIVO

Presente

Io benedico	Noi benediciamo
Tu benedici	Voi benedite
Lui/Lei benedice	Loro benedicono

Imperfetto

Io benedivo	Noi benedivamo
Tu benedivi	Voi benedivate
Lui/Lei benediva	Loro benedivano

Passato Prossimo

Io ho benedetto	Noi abbiamo benedetto
Tu hai benedetto	Voi avete benedetto
Lui/Lei ha benedetto	Loro hanno benedetto

Trapassato Prossimo

Io avevo benedetto	Noi avevamo benedetto
Tu avevi benedetto	Voi avevate benedetto
Lui/Lei aveva benedetto	Loro avevano benedetto

Futuro

Io benedirò	Noi benediremo
Tu benedirai	Voi benedirete
Lui/Lei benedirà	Loro benediranno

Passato Remoto

Io benedii	Noi benedicemmo
Tu benedicesti	Voi benediceste
Lui/Lei benedisse	Loro benedissero

Futuro Anteriore

Io avrò benedetto	Noi avremo benedetto
Tu avrai benedetto	Voi avrete benedetto
Lui/Lei avrà benedetto	Loro avranno benedetto

Trapassato Remoto

Io ebbi benedetto	Noi avemmo benedetto
Tu avesti benedetto	Voi aveste benedetto
Lui/Lei ebbe benedetto	Loro ebbero benedetto

CONDIZIONALE

Condizionale Presente

Io benedirei	Noi benediremmo
Tu benediresti	Voi benedireste
Lui/Lei benedirebbe	Loro benedirebbero

Condizionale Passato

Io avrei benedetto	Noi avremmo benedetto
Tu avresti benedetto	Voi avreste benedetto
Lui/Lei avrebbe benedetto	Loro avrebbero benedetto

CONGIUNTIVO

Congiuntivo Presente

Io benedica	Noi benediciamo
Tu benedica	Voi benediciate
Lui/Lei benedica	Loro benedicano

Congiuntivo Passato

Io abbia benedetto	Noi abbiamo benedetto
Tu abbia benedetto	Voi abbiate benedetto
Lui/Lei abbia benedetto	Loro abbiano benedetto

Congiuntivo Imperfetto

Io benedicessi	Noi benedicessimo
Tu benedicessi	Voi benediceste
Lui/Lei benedicesse	Loro benedicessero

Congiuntivo Trapassato

Io avessi benedetto	Noi avessimo benedetto
Tu avessi benedetto	Voi aveste benedetto
Lui/Lei avesse benedetto	Loro avessero benedetto

IMPERATIVO

(Tu) benedici (Lei) benedica! (Noi) benediciamo! (Voi) benedite! (Loro) benedicano!

Il Papa **benedice** la folla ogni domenica in Piazza San Pietro.
The Pope blesses the crowd every Sunday in Piazza San Pietro.

Che Dio ti **benedica**!
May God bless you!

Benedii il giorno in cui lo conobbi.
I blessed the day that I met him.

Inf. bere   *Part. pres.* bevente   *Part. pass.* bevuto   *Ger.* bevendo

INDICATIVO

Presente

Io bevo	Noi beviamo
Tu bevi	Voi bevete
Lui/Lei beve	Loro bevono

Imperfetto

Io bevevo	Noi bevevamo
Tu bevevi	Voi bevevate
Lui/Lei beveva	Loro bevevano

Passato Prossimo

Io ho bevuto	Noi abbiamo bevuto
Tu hai bevuto	Voi avete bevuto
Lui/Lei ha bevuto	Loro hanno bevuto

Trapassato Prossimo

Io avevo bevuto	Noi avevamo bevuto
Tu avevi bevuto	Voi avevate bevuto
Lui/Lei aveva bevuto	Loro avevano bevuto

Futuro

Io berrò	Noi berremo
Tu berrai	Voi berrete
Lui/Lei berrà	Loro berranno

Passato Remoto

Io bevvi	Noi bevemmo
Tu bevesti	Voi beveste
Lui/Lei bevve	Loro bevvero

Futuro Anteriore

Io avrò bevuto	Noi avremo bevuto
Tu avrai bevuto	Vo avrete bevuto
Lui/Lei avrà bevuto	Loro avranno bevuto

Trapassato Remoto

Io ebbi bevuto	Noi avemmo bevuto
Tu avesti bevuto	Voi aveste bevuto
Lui/Lei ebbe bevuto	Loro ebbero bevuto

CONDIZIONALE

Condizionale Presente

Io berrei	Noi berremmo
Tu berresti	Voi berreste
Lui berrebbe	Loro berrebbero

Condizionale Passato

Io avrei bevuto	Noi avremmo bevuto
Tu avresti bevuto	Voi avreste bevuto
Lui/Lei avrebbe bevuto	Loro avrebbero bevuto

CONGIUNTIVO

Congiuntivo Presente

Io beva	Noi beviamo
Tu beva	Voi beviate
Lui/Lei beva	Loro bevano

Congiuntivo Passato

Io abbia bevuto	Noi abbiamo bevuto
Tu abbia bevuto	Voi abbiate bevuto
Lui/Lei abbia bevuto	Loro abbiano bevuto

Congiuntivo Imperfetto

Io bevessi	Noi bevessimo
Tu bevessi	Voi beveste
Lui/Lei bevesse	Loro bevessero

Congiuntivo Trapassato

Io avessi bevuto	Noi avessimo bevuto
Tu avessi bevuto	Voi aveste bevuto
Lui/Lei avesse bevuto	Loro avessero bevuto

IMPERATIVO

(Tu) bevi!   (Lei) beva!   (Noi) beviamo   (Voi) bevete!   (Loro) bevano!

Avrei bevuto di più, se non avessi dovuto guidare.
I would have drunk more, if I hadn't had to drive.

Ci sono diversi vini da bere in Italia.
There are different wines to drink in Italy.

Mentre noi stavamo bevendo al bar, abbiamo visto un incidente.
While we were drinking at the bar, we saw an accident.

BLOCCARE   *to block, to stop, to jam*

Inf. bloccare   *Part. pres.* bloccante   *Part. pass.* bloccato   *Ger.* bloccando

INDICATIVO

Presente

Io blocco	Noi blocchiamo
Tu blocchi	Voi bloccate
Lui/Lei blocca	Loro bloccano

Imperfetto

Io bloccavo	Noi bloccavamo
Tu bloccavi	Voi bloccavate
Lui/Lei bloccava	Loro bloccavano

Passato Prossimo

Io ho bloccato	Noi abbiamo bloccato
Tu hai bloccato	Voi avete bloccato
Lui/Lei ha bloccato	Loro hanno bloccato

Trapassato Prossimo

Io avevo bloccato	Noi avevamo bloccato
Tu avevi bloccato	Voi avevate bloccato
Lui/Lei aveva bloccato	Loro avevano bloccato

Futuro

Io bloccherò	Noi bloccheremo
Tu bloccherai	Voi bloccherete
Lui/Lei bloccherà	Loro bloccheranno

Passato Remoto

Io bloccai	Noi bloccammo
Tu bloccasti	Voi bloccaste
Lui/Lei bloccò	Loro bloccarono

Futuro Anteriore

Io avrò bloccato	Noi avremo bloccato
Tu avrai bloccato	Voi avrete bloccato
Lui/Lei avrà bloccato	Loro avranno bloccato

Trapassato Remoto

Io ebbi bloccato	Noi avemmo bloccato
Tu avesti bloccato	Voi aveste bloccato
Lui/Lei ebbe bloccato	Loro ebbero bloccato

CONDIZIONALE

Condizionale Presente

Io bloccherei	Noi bloccheremmo
Tu bloccheresti	Voi blocchereste
Lui/Lei bloccherebbe	Loro bloccherebbero

Condizionale Passato

Io avrei bloccato	Noi avremmo bloccato
Tu avresti bloccato	Voi avreste bloccato
Lui avrebbe bloccato	Loro avrebbero bloccato

CONGIUNTIVO

Congiuntivo Presente

Io blocchi	Noi blocchiamo
Tu blocchi	Voi blocchiate
Lui/Lei blocchi	Loro blocchino

Congiuntivo Passato

Io abbia bloccato	Noi abbiamo bloccato
Tu abbia bloccato	Voi abbiate bloccato
Lui/Lei abbia bloccato	Loro abbiano bloccato

Congiuntivo Imperfetto

Io bloccassi	Noi bloccassimo
Tu bloccassi	Voi bloccaste
Lui/Lei bloccasse	Loro bloccassero

Congiuntivo Trapassato

Io avessi bloccato	Noi avessimo bloccato
Tu avessi bloccato	Voi aveste bloccato
Lui/Lei avesse bloccato	Loro avessero bloccato

IMPERATIVO

(Tu) blocca!   (Lei) blocchi!   (Noi) blocchiamo!   (Voi) bloccate!   (Loro) blocchino!

Un camion aveva bloccato l'incrocio.
A truck had blocked the intersection.

Un mucchio di carta bloccò lo scarico.
A bunch of paper jammed the drain.

Pensò che la polizia avesse bloccato i rapinatori.
He thought that the police had stopped the robbers.

Inf. bollire **Part. pres.** bollente **Part. pass.** bollito **Ger.** bollendo

INDICATIVO

Presente

Io bollo	Noi bolliamo
Tu bolli	Voi bollite
Lui/Lei bolle	Loro bollono

Imperfetto

Io bollivo	Noi bollivamo
Tu bollivi	Voi bollivate
Lui/Lei bolliva	Loro bollivano

Passato Prossimo

Io ho bollito	Noi abbiamo bollito
Tu hai bollito	Voi avete bollito
Lui/Lei ha bollito	Loro hanno bollito

Trapassato Prossimo

Io avevo bollito	Noi avevamo bollito
Tu avevi bollito	Voi avevate bollito
Lui/Lei aveva bollito	Loro avevano bollito

Futuro

Io bollirò	Noi bolliremo
Tu bollirai	Voi bollirete
Lui/Lei bollirà	Loro bolliranno

Passato Remoto

Io bollii	Noi bollimmo
Tu bollisti	Voi bolliste
Lui/Lei bollì	Loro bollirono

Futuro Anteriore

Io avrò bollito	Noi avremo bollito
Tu avrai bollito	Voi avrete bollito
Lui/Lei avrà bollito	Lor avranno bollito

Trapassato Remoto

Io ebbi bollito	Noi avemmo bollito
Tu avesti bollito	Voi aveste bollito
Lui/Lei ebbe bollito	Loro ebbero bollito

CONDIZIONALE

Condizionale Presente

Io bollirei	Noi bolliremmo
Tu bolliresti	Voi bollireste
Lui/Lei bollirebbe	Loro bollirebbero

Condizionale Passato

Io avrei bollito	Noi avremmo bollito
Tu avresti bollito	Voi avreste bollito
Lui/Lei avrebbe bollito	Loro avrebbero bollito

CONGIUNTIVO

Congiuntivo Presente

Io bolla	Noi bolliamo
Tu bolla	Voi bolliate
Lui/Lei bolla	Loro bollano

Congiuntivo Passato

Io abbia bollito	Noi abbiamo bollito
Tu abbia bollito	Voi abbiate bollito
Lui/Lei abbia bollito	Loro abbiano bollito

Congiuntivo Imperfetto

Io bollissi	Noi bollissimo
Tu bollissi	Voi bolliste
Lui/Lei bollisse	Loro bollissero

Congiuntivo Trapassato

Io avessi bollito	Noi avessimo bollito
Tu avessi bollito	Voi aveste bollito
Lui/Lei avesse bollito	Loro avessero bollito

IMPERATIVO

(Tu) bolli! (Lei) bolla! (Noi) bolliamo! (Voi) bollite! (Loro) bollano!

Bollirò l'acqua per i rigatoni.
I will boil the water for the rigatoni.

Abbiamo bollito a lungo la carne perché era dura.
We bolied the meat a long time because it was tough.

Era così arrabbiato che il sangue gli bolliva
He was so angry that his blood boiled.

BRILLARE   *to shine, to sparkle, to glare*

Inf. brillare   *Part. pres.* brillante   *Part. pass.* brillato   *Ger.* brillando

INDICATIVO

Presente

Io brillo	Noi brilliamo
Tu brilli	Voi brillate
Lui brilla	Loro brillano

Imperfetto

Io brillavo	Noi brillavamo
Tu brillavi	Voi brillavate
Lui/Lei brillava	Loro brillavano

Passato Prossimo

Io ho brillato	Noi abbiamo brillato
Tu hai brillato	Voi avete brillato
Lui/Lei ha brillato	Loro hanno brillato

Trapassato Prossimo

Io avevo brillato	Noi avevamo brillato
Tu avevi brillato	Voi avevate brillato
Lui/Lei aveva brillato	Loro avevano brillato

Futuro

Io brillerò	Noi brilleremo
Tu brillerai	Voi brillerete
Lui/Lei brillerà	Loro brilleranno

Passato Remoto

Io brillai	Noi brillammo
Tu brillasti	Voi brillaste
Lui/Lei brillò	Loro brillarono

Futuro Anteriore

Io avrò brillato	Noi avremo brillato
Tu avrai brillato	Voi avrete brillato
Lui/Lei avrà brillato	Loro avranno brillato

Trapassato Remoto

Io ebbi brillato	Noi avemmo brillato
Tu avesti brillato	Voi aveste brillato
Lui/Lei ebbe brillato	Loro ebbero brillato

CONDIZIONALE

Condizionale Presente

Io brillerei	Noi brilleremmo
Tu brilleresti	Voi brillereste
Lui/Lei brillerebbe	Loro brillerebbero

Condizionale Passato

Io avrei brillato	Noi avremmo brillato
Tu avresti brillato	Voi avreste brillato
Lui/Lei avrebbe brillato	Loro avrebbero brillato

CONGIUNTIVO

Congiuntivo Presente

Io brilli	Noi brilliamo
Tu brilli	Voi brilliate
Lui/Lei brilli	Loro brillino

Congiuntivo Passato

Io abbia brillato	Noi abbiamo brillato
Tu abbia brillato	Voi abbiate brillato
Lui/Lei abbia brillato	Loro abbiano brillato

Congiuntivo Imperfetto

Io brillassi	Noi brillassimo
Tu brillassi	Voi brillaste
Lui/Lei brillasse	Loro brillassero

Congiuntivo Trapassato

Io avessi brillato	Noi avessimo brillato
Tu avessi brillato	Voi aveste brillato
Lui/Lei avesse brillato	Loro avessero brillato

IMPERATIVO

(Tu) brilla!   (Lei) brilli!   (Noi) brilliamo!   (Voi) brillate!   (Loro) brillino!

Brillavano di gioia quando è tornato il figlio.
They shone with joy when their son returned.

Lei non brillò d'intelligenza.
Intelligence was not her strong point.

I tuoi occhi brillano d'amore.
Your eyes are shining with love.

Inf. bruciare *Part. pres.* bruciante *Part. pass.* bruciato *Ger.* bruciando

INDICATIVO

Presente

Io brucio	Noi bruciamo
Tu bruci	Voi bruciate
Lui/Lei brucia	Loro bruciano

Imperfetto

Io bruciavo	Noi bruciavamo
Tu bruciavi	Voi bruciavate
Lui/Lei bruciava	Loro bruciavano

Passato Prossimo

Io ho bruciato	Noi abbiamo bruciato
Tu hai bruciato	Voi avete bruciato
Lui/Lei ha bruciato	Loro hanno bruciato

Trapassato Prossimo

Io avevo bruciato	Noi avevamo bruciato
Tu avevi bruciato	Voi avevate bruciato
Lui/Lei aveva bruciato	Loro avevano bruciato

Futuro

Io brucerò	Noi bruceremo
Tu brucerai	Voi brucerete
Lui/Lei brucerà	Loro bruceranno

Passato Remoto

Io bruciai	Noi bruciammo
Tu bruciasti	Voi bruciaste
Lui/Lei bruciò	Loro bruciarono

Futuro Anteriore

Io avrò bruciato	Noi avremo bruciato
Tu avrai bruciato	Voi avrete bruciato
Lui/Lei avrà bruciato	Loro avranno bruciato

Trapassato Remoto

Io ebbi bruciato	Noi avemmo bruciato
Tu avesti bruciato	Voi aveste bruciato
Lui/Lei ebbe bruciato	Loro ebbero bruciato

CONDIZIONALE

Condizionale Presente

Io brucerei	Noi bruceremmo
Tu bruceresti	Voi brucereste
Lui/Lei brucerebbe	Loro brucerebbero

Condizionale Passato

Io avrei bruciato	Noi avremmo bruciato
Tu avresti bruciato	Voi avreste bruciato
Lui/Lei avrebbe bruciato	Loro avrebbero bruciato

CONGIUNTIVO

Congiuntivo Presente

Io bruci	Noi bruciamo
Tu bruci	Voi bruciate
Lui/Lei bruci	Loro brucino

Congiuntivo Passato

Io abbia bruciato	Noi abbiamo bruciato
Tu abbia bruciato	Voi abbiate bruciato
Lui/Lei abbia bruciato	Loro abbiano bruciato

Congiuntivo Imperfetto

Io bruciassi	Noi bruciassimo
Tu bruciassi	Voi bruciaste
Lui/Lei bruciasse	Loro bruciassero

Congiuntivo Trapassato

Io avessi bruciato	Noi avessimo bruciato
Tu avessi bruciato	Voi aveste bruciato
Lui/Lei avesse bruciato	Loro avessero bruciato

IMPERATIVO

(Tu) brucia! (Lei) bruci! (Noi) bruciamo! (Voi) bruciate! (Loro) brucino!

Bruciasti di passione.
You burned with passion.

Bruceremo tutte le foglie cadute quest'autunno.
We will burn all the fallen leaves this autumn.

Spero che mia figlia non abbia bruciato l'arrosto.
I hope my daughter hasn't burned the roast.

Inf. buttare   *Part. pres.* buttante   *Part. pass.* buttato   *Ger.* buttando

INDICATIVO

Presente		Imperfetto	
Io butto	Noi buttiamo	Io buttavo	Noi buttavamo
Tu butti	Voi buttate	Tu buttavi	Voi buttavate
Lui/Lei butta	Loro buttano	Lui/Lei buttava	Loro buttavano

Passato Prossimo		Trapassato Prossimo	
Io ho buttato	Noi abbiamo buttato	Io avevo buttato	Noi avevamo buttato
Tu hai buttato	Voi avete buttato	Tu avevi buttato	Voi avevate buttato
Lui/Lei ha buttato	Loro hanno buttato	Lui/Lei aveva buttato	Loro avevano buttato

Futuro		Passato Remoto	
Io butterò	Noi butteremo	Io buttai	Noi buttammo
Tu butterai	Voi butterete	Tu buttasti	Voi buttaste
Lui/Lei butterà	Loro butteranno	Lui/Lei buttò	Loro buttarono

Futuro Anteriore		Trapassato Remoto	
Io avrò buttato	Noi avremo buttato	Io ebbi buttato	Noi avemmo buttato
Tu avrai buttato	Voi avrete buttato	Tu avesti buttato	Voi aveste buttato
Lui/Lei avrà buttato	Loro avranno buttato	Lui/Lei ebbe buttato	Loro ebbero buttato

CONDIZIONALE

Condizionale Presente		Condizionale Passato	
Io butterei	Noi butteremmo	Io avrei buttato	Noi avremmo buttato
Tu butteresti	Voi buttereste	Tu avresti buttato	Voi avreste buttato
Lui/Lei butterebbe	Loro butterebbero	Lui/Lei avrebbe buttato	Loro avrebbero buttato

CONGIUNTIVO

Congiuntivo Presente		Congiuntivo Passato	
Io butti	Noi buttiamo	Io abbia buttato	Noi abbiamo buttato
Tu butti	Voi buttiate	Tu abbia buttato	Voi abbiate buttato
Lui/Lei butti	Loro buttino	Lui/Lei abbia buttato	Loro abbiano buttato

Congiuntivo Imperfetto		Congiuntivo Trapassato	
Io buttassi	Noi buttassimo	Io avessi buttato	Noi avessimo buttato
Tu buttassi	Voi buttaste	Tu avessi buttato	Voi aveste buttato
Lui/Lei buttasse	Loro buttassero	Lui/Lei avesse buttato	Loro avessero buttato

IMPERATIVO

(Tu) butta!   (Lei) butti!   (Noi) buttiamo!   (Voi) buttate!   (Loro) buttino!

Butta l'immondizia prima di andare a letto!
Throw away the garbage before going to bed!

Il vulcano ha buttato fuori molta lava.
The volcano spewed a lot of lava.

Se io fossi in te, butterei una coperta sul letto.
If I were you, I would throw a blanket on the bed.

CADERE *to fall, to drop*

Inf. cadere *Part. pres.* cadente *Part. pass.* caduto *Ger.* cadendo

INDICATIVO

Presente

Io cado	Noi cadiamo
Tu cadi	Voi cadete
Lui/Lei cade	Loro cadono

Imperfetto

Io cadevo	Noi cadevamo
Tu cadevi	Voi cadevate
Lui cadeva	Loro cadevano

Passato Prossimo

Io sono caduto/a	Noi siamo caduti/e
Tu sei caduto/a	Voi siete caduti/e
Lui/Lei è caduto/a	Loro sono caduti/e

Trapassato Prossimo

Io ero caduto/a	Noi eravamo caduti/e
Tu eri caduto/a	Voi eravate caduti/e
Lui/Lei era caduto/a	Loro erano caduti/e

Futuro

Io cadrò	Noi cadremo
Tu cadrai	Voi cadrete
Lui/Lei cadrà	Loro cadranno

Passato Remoto

Io caddi	Noi cademmo
Tu cadesti	Voi cadeste
Lui/Lei cadde	Loro caddero

Futuro Anteriore

Io sarò caduto/a	Noi saremo caduti/e
Tu sarai caduto/a	Voi sarete caduti/e
Lui/Lei sarà caduto/a	Loro saranno caduti/e

Trapassato Remoto

Io fui caduto/a	Noi fummo caduti/e
Tu fosti caduto/a	Voi foste caduti/e
Lui/Lei fu caduto/a	Loro furono caduti/e

CONDIZIONALE

Condizionale Presente

Io cadrei	Noi cadremmo
Tu cadresti	Voi cadreste
Lui/Lei cadrebbe	Loro cadrebbero

Condizionale Passato

Io sarei caduto/a	Noi saremmo caduti/e
Tu saresti caduto/a	Voi sareste caduti/e
Lui/Lei sarebbe caduto/a	Loro sarebbero caduti/e

CONGIUNTIVO

Congiuntivo Presente

Io cada	Noi cadiamo
Tu cada	Voi cadiate
Lui cada	Loro cadano

Congiuntivo Passato

Io sia caduto/a	Noi siamo caduti/e
Tu sia caduto/a	Voi siate caduti/e
Lui/Lei sia caduto/a	Loro siano caduti/e

Congiuntivo Imperfetto

Io cadessi	Noi cadessimo
Tu cadessi	Voi cadeste
Lui/Lei cadesse	Loro cadessero

Congiuntivo Trapassato

Io fossi caduto/a	Noi fossimo caduti/e
Tu fossi caduto/a	Voi foste caduti/e
Lui/Lei fosse caduto/a	Loro fossero caduti/e

IMPERATIVO

(Tu) cadi! (Lei) cada! (Noi) cadiamo! (Voi) cadete! (Loro) cadano!

Cadrai se non guardi dove metti i piedi.
You will fall if you don't look where you put your feet.

Ero caduta giù per le scale.
I had fallen down the stairs.

Se non mi fosse caduto il dolce, l'avremmo mangiato.
If I hadn't dropped the dessert, we would have eaten it.

CAMBIARE   *to change, to move, to exchange*

C

Inf. cambiare   *Part. pres.* cambiante   *Part. pass.* cambiato   *Ger.* cambiando

INDICATIVO

Presente

Io cambio	Noi cambiamo
Tu cambi	Voi cambiate
Lui/Lei cambia	Loro cambiano

Imperfetto

Io cambiavo	Noi cambiavamo
Tu cambiavi	Voi cambiavate
Lui/Lei cambiava	Loro cambiavano

Passato Prossimo

Io ho cambiato	Noi abbiamo cambiato
Tu hai cambiato	Voi avete cambiato
Lui/Lei ha cambiato	Loro hanno cambiato

Trapassato Prossimo

Io avevo cambiato	Noi avevamo cambiato
Tu avevi cambiato	Voi avevate cambiato
Lui/Lei aveva cambiato	Loro avevano cambiato

Futuro

Io cambierò	Noi cambieremo
Tu cambierai	Voi cambierete
Lui/Lei cambierà	Loro cambieranno

Passato Remoto

Io cambiai	Noi cambiammo
Tu cambiasti	Voi cambiaste
Lui/Lei cambiò	Loro cambiarono

Futuro Anteriore

Io avrò cambiato	Noi avremo cambiato
Tu avrai cambiato	Voi avrete cambiato
Lui/Lei avrà cambiato	Loro avranno cambiato

Trapassato Remoto

Io ebbi cambiato	Noi avemmo cambiato
Tu avesti cambiato	Voi aveste cambiato
Lui/Lei ebbe cambiato	Loro ebbero cambiato

CONDIZIONALE

Condizionale Presente

Io cambierei	Noi cambieremmo
Tu cambieresti	Voi cambiereste
Lui/Lei cambierebbe	Loro cambierebbero

Condizionale Passato

Io avrei cambiato	Noi avremmo cambiato
Tu avresti cambiato	Voi avreste cambiato
Lui/Lei avrebbe cambiato	Loro avrebbero cambiato

CONGIUNTIVO

Congiuntivo Presente

Io cambi	Noi cambiamo
Tu cambi	Voi cambiate
Lui/Lei cambi	Loro cambino

Congiuntivo Passato

Io abbia cambiato	Noi abbiamo cambiato
Tu abbia cambiato	Voi abbiate cambiato
Lui/Lei abbia cambiato	Loro abbiano cambiato

Congiuntivo Imperfetto

Io cambiassi	Noi cambiassimo
Tu cambiassi	Voi cambiaste
Lui/Lei cambiasse	Loro cambiassero

Congiuntivo Trapassato

Io avessi cambiato	Noi avessimo cambiato
Tu avessi cambiato	Voi aveste cambiato
Lui/Lei avesse cambiato	Loro avessero cambiato

IMPERATIVO

(Tu) cambia!   (Lei) cambi!   (Noi) cambiamo!   (Voi) cambiate!   (Loro) cambino!

Ho cambiato i miei vestiti per la festa.
I changed my clothes for the party

Cambieranno treno a Milano.
They will change train in Milan.

Avremmo cambiato casa, se avessimo avuto più soldi.
We would have moved, if we had had more money.

Inf. camminare *Part. pres.* camminante *Part. pass.* camminato *Ger.* camminando

INDICATIVO

Presente

Io cammino	Noi camminiamo
Tu cammini	Voi camminate
Lui/Lei cammina	Loro camminano

Imperfetto

Io camminavo	Noi camminavamo
Tu camminavi	Voi camminavate
Lui/Lei camminava	Loro camminavano

Passato Prossimo

Io ho camminato	Noi abbiamo camminato
Tu hai camminato	Voi avete camminato
Lui/Lei ha camminato	Loro hanno camminato

Trapassato Prossimo

Io avevo camminato	Noi avevamo camminato
Tu avevi camminato	Voi avevate camminato
Lui/Lei aveva camminato	Loro avevano camminato

Futuro

Io camminerò	Noi cammineremo
Tu camminerai	Voi camminerete
Lui/Lei camminerà	Loro cammineranno

Passato Remoto

Io camminai	Noi camminammo
Tu camminasti	Voi camminaste
Lui/Lei camminò	Loro camminarono

Futuro Anteriore

Io avrò camminato	Noi avremo camminato
Tu avrai camminato	Voi avrete camminato
Lui/Lei avrà camminato	Loro avranno camminato

Trapassato Remoto

Io ebbi camminato	Noi avemmo camminato
Tu avesti camminato	Voi aveste camminato
Lui/Lei ebbe camminato	Loro ebbero camminato

CONDIZIONALE

Condizionale Presente

Io camminerei	Noi cammineremmo
Tu cammineresti	Voi camminereste
Lui/Lei camminerebbe	Loro camminerebbero

Condizionale Passato

Io avrei camminato	Noi avremmo camminato
Tu avresti camminato	Voi avreste camminato
Lui/Lei avrebbe camminato	Loro avrebbero camminato

CONGIUNTIVO

Congiuntivo Presente

Io cammini	Noi camminiamo
Tu cammini	Voi camminiate
Lui/Lei cammini	Loro camminino

Congiuntivo Passato

Io abbia camminato	Noi abbiamo camminato
Tu abbia camminato	Voi abbiate camminato
Lui/Lei abbia camminato	Loro abbiano camminato

Congiuntivo Imperfetto

Io camminassi	Noi camminassimo
Tu camminassi	Voi camminaste
Lui/Lei camminasse	Loro camminassero

Congiuntivo Trapassato

Io avessi camminato	Noi avessimo camminato
Tu avessi camminato	Voi aveste camminato
Lui/Lei avesse camminato	Loro avessero camminato

IMPERATIVO

(Tu) cammina! (Lei) cammini! (Noi) camminiamo! (Voi) camminate! (Loro) camminino!

La macchina non camminò.
The car did not run.

La bambina camminava sulle proprie gambe
The baby girl walked on her own two legs.

Suo padre dormiva, così ha camminato in punta di piedi.
His father was sleeping, so he tiptoed.

CANTARE *to sing*

Inf. cantare *Part. pres.* cantante *Part. pass.* cantato *Ger.* cantando

INDICATIVO

Presente		Imperfetto	
Io canto	Noi cantiamo	Io cantavo	Noi cantavamo
Tu canti	Voi cantate	Tu cantavi	Voi cantavate
Lui/Lei canta	Loro cantano	Lui/Lei cantava	Loro cantavano

Passato Prossimo		Trapassato Prossimo	
Io ho cantato	Noi abbiamo cantato	Io avevo cantato	Noi avevamo cantato
Tu hai cantato	Voi avete cantato	Tu avevi cantato	Voi avevate cantato
Lui/Lei ha cantato	Loro hanno cantato	Lui/Lei aveva cantato	Loro avevano cantato

Futuro		Passato Remoto	
Io canterò	Noi canteremo	Io cantai	Noi cantammo
Tu canterai	Voi canterete	Tu cantasti	Voi cantaste
Lui/Lei canterà	Loro canteranno	Lui/Lei cantò	Loro cantarono

Futuro Anteriore		Trapassato Remoto	
Io avrò cantato	Noi avremo cantato	Io ebbi cantato	Noi avemmo cantato
Tu avrai cantato	Voi avrete cantato	Tu avesti cantato	Voi aveste cantato
Lui/Lei avrà cantato	Loro avranno cantato	Lui/Lei ebbe cantato	Loro ebbero cantato

CONDIZIONALE

Condizionale Presente		Condizionale Passato	
Io canterei	Noi canteremmo	Io avrei cantato	Noi avremmo cantato
Tu canteresti	Voi cantereste	Tu avresti cantato	Voi avreste cantato
Lui/Lei canterebbe	Loro canterebbero	Lui/Lei avrebbe cantato	Loro avrebbero cantato

CONGIUNTIVO

Congiuntivo Presente		Congiuntivo Passato	
Io canti	Noi cantiamo	Io abbia cantato	Noi abbiamo cantato
Tu canti	Voi cantiate	Tu abbia cantato	Voi abbiate cantato
Lui/Lei canti	Loro cantino	Lui/Lei abbia cantato	Loro abbiano cantato

Congiuntivo Imperfetto		Congiuntivo Trapassato	
Io cantassi	Noi cantassimo	Io avessi cantato	Noi avessimo cantato
Tu cantassi	Voi cantaste	Tu avessi cantato	Voi aveste cantato
Lui/Lei cantasse	Loro cantassero	Lui/Lei avesse cantato	Loro avessero cantato

IMPERATIVO

(Tu) canta! (Lei) canti! (Noi) cantiamo! (Voi) cantate! (Loro) cantino!

Gli uccelli cantano molto durante la primavera.
Birds sing a lot during the spring.

Canta, che ti passa!
Cheer up, you will get over it!

Credo che abbiano cantato il blues.
I believe they sang the blues.

CAPIRE *to understand, to realize*

Inf. capire *Part. pres.* capente *Part. pass.* capito *Ger.* capendo

INDICATIVO

Presente

Io capisco	Noi capiamo
Tu capisci	Voi capite
Lui/Lei capisce	Loro capiscono

Imperfetto

Io capivo	Noi capivamo
Tu capivi	Voi capivate
Lui/Lei capiva	Loro capivano

Passato Prossimo

Io ho capito	Noi abbiamo capito
Tu hai capito	Voi avete capito
Lui/Lei ha capito	Loro hanno capito

Trapassato Prossimo

Io avevo capito	Noi avevamo capito
Tu avevi capito	Voi avevate capito
Lui/Lei aveva capito	Loro avevano capito

Futuro

Io capirò	Noi capiremo
Tu capirai	Voi capirete
Lui/Lei capirà	Loro capiranno

Passato Remoto

Io capii	Noi capimmo
Tu capisti	Voi capiste
Lui/Lei capì	Loro capirono

Futuro Anteriore

Io avrò capito	Noi avremo capito
Tu avrai capito	Voi avrete capito
Lui/Lei avrà capito	Loro avranno capito

Trapassato Remoto

Io ebbi capito	Noi avemmo capito
Tu avesti capito	Voi aveste capito
Lui/Lei ebbe capito	Loro ebbero capito

CONDIZIONALE

Condizionale Presente

Io capirei	Noi capiremmo
Tu capiresti	Voi capireste
Lui/Lei capirebbe	Loro capirebbero

Condizionale Passato

Io avrei capito	Noi avremmo capito
Tu avresti capito	Voi avreste capito
Lui/Lei avrebbe capito	Loro avrebbero capito

CONGIUNTIVO

Congiuntivo Presente

Io capisca	Noi capiamo
Tu capisca	Voi capiate
Lui/Lei capisca	Loro capiscano

Congiuntivo Passato

Io abbia capito	Noi abbiamo capito
Tu abbia capito	Voi abbiate capito
Lui/Lei abbia capito	Loro abbiano capito

Congiuntivo Imperfetto

Io capissi	Noi capissimo
Tu capissi	Voi capiste
Lui/Lei capisse	Loro capissero

Congiuntivo Trapassato

Io avessi capito	Noi avessimo capito
Tu avessi capito	Voi aveste capito
Lui/Lei avesse capito	Loro avessero capito

IMPERATIVO

(Tu) capisci!   (Lei) capisca!   (Noi) capiamo   (Voi) capite!   (Loro) capiscano!

Capiamo che siano sconvolti.
We understand that they are upset.

Non capiranno mai il professore perché non parlano la lingua.
They will never understand the professor because they do not speak the language.

Aveva subito capito l'urgenza della situazione.
He had immediately realized the urgency of the situation.

CARICARE   *to load, to exaggerate, to burden*

C

Inf. caricare   *Part. pres.* caricante   *Part. pass.* caricato   *Ger.* caricando

INDICATIVO

Presente

Io carico	Noi carichiamo
Tu carichi	Voi caricate
Lui/Lei carica	Loro caricano

Imperfetto

Io caricavo	Noi caricavamo
Tu caricavi	Voi caricavate
Lui/Lei caricava	Loro caricavano

Passato Prossimo

Io ho caricato	Noi abbiamo caricato
Tu hai caricato	Voi avete caricato
Lui/Lei ha caricato	Loro hanno caricato

Trapassato Prossimo

Io avevo caricato	Noi avevamo caricato
Tu avevi caricato	Voi avevate caricato
Lui/Lei aveva caricato	Loro avevano caricato

Futuro

Io caricherò	Noi caricheremo
Tu caricherai	Voi caricherete
Lui/Lei caricherà	Loro caricheranno

Passato Remoto

Io caricai	Noi caricammo
Tu caricasti	Voi caricaste
Lui/Lei caricò	Loro caricarono

Futuro Anteriore

Io avrò caricato	Noi avremo caricato
Tu avrai caricato	Voi avrete caricato
Lui/Lei avrà caricato	Loro avranno caricato

Trapassato Remoto

Io ebbi caricato	Noi avemmo caricato
Tu avesti caricato	Voi aveste caricato
Lui/Lei ebbe caricato	Loro ebbero caricato

CONDIZIONALE

Condizionale Presente

Io caricherei	Noi caricheremmo
Tu caricheresti	Voi carichereste
Lui/Lei caricherebbe	Loro caricherebbero

Condizionale Passato

Io avrei caricato	Noi avremmo caricato
Tu avresti caricato	Voi avreste caricato
Lui/Lei avrebbe caricato	Loro avrebbero caricato

CONGIUNTIVO

Congiuntivo Presente

Io carichi	Noi carichiamo
Tu carichi	Voi carichiate
Lui/Lei carichi	Loro carichino

Congiuntivo Passato

Io abbia caricato	Noi abbiamo caricato
Tu abbia caricato	Voi abbiate caricato
Lui/Lei abbia caricato	Loro abbiano caricato

Congiuntivo Imperfetto

Io caricassi	Noi caricassimo
Tu caricassi	Voi caricaste
Lui/Lei caricasse	Loro caricassero

Congiuntivo Trapassato

Io avessi caricato	Noi avessimo caricato
Tu avessi caricato	Voi aveste caricato
Lui/Lei avesse caricato	Loro avessero caricato

IMPERATIVO

(Tu) carica!   (Lei) carichi!   (Noi) carichiamo!   (Voi) caricate!   (Loro) carichino!

Hanno caricato i bagagli in autobus prima di partire.
They loaded the bags into the bus before leaving.

Nella seconda guerra mondiale caricammo i fucili molto spesso.
We loaded our rifles often in the World War II.

Caricherò l'orologio a pendolo quando arriverò a casa.
I will wind up the grandfather clock when I get home.

49

Inf. causare *Part. pres.* causante *Part. pass.* causato *Ger.* causando

INDICATIVO

Presente

Io causo	Noi causiamo
Tu causi	Voi causate
Lui/Lei causa	Loro causano

Imperfetto

Io causavo	Noi causavamo
Tu causavi	Voi causavate
Lui/Lei causava	Loro causavano

Passato Prossimo

Io ho causato	Noi abbiamo causato
Tu hai causato	Voi avete causato
Lui/Lei ha causato	Loro hanno causato

Trapassato Prossimo

Io avevo causato	Noi avevamo causato
Tu avevi causato	Voi avevate causato
Lui/Lei aveva causato	Loro avevano causato

Futuro

Io causerò	Noi causeremo
Tu causerai	Voi causerete
Lui/Lei causerà	Loro causeranno

Passato Remoto

Io causai	Noi causammo
Tu causasti	Voi causaste
Lui/Lei causò	Loro causarono

Futuro Anteriore

Io avrò causato	Noi avremo causato
Tu avrai causato	Voi avrete causato
Lui/Lei avrà causato	Loro avranno causato

Trapassato Remoto

Io ebbi causato	Noi avemmo causato
Tu avesti causato	Voi aveste causato
Lui/Lei ebbe causato	Loro ebbero causato

CONDIZIONALE

Condizionale Presente

Io causerei	Noi causeremmo
Tu causeresti	Voi causereste
Lui/Lei causerebbe	Loro causerebbero

Condizionale Passato

Io avrei causato	Noi avremmo causato
Tu avresti causato	Voi avreste causato
Lui/Lei avrebbe causato	Loro avrebbero causato

CONGIUNTIVO

Congiuntivo Presente

Io causi	Noi causiamo
Tu causi	Voi causiate
Lui/Lei causi	Loro causino

Congiuntivo Passato

Io abbia causato	Noi abbiamo causato
Tu abbia causato	Voi abbiate causato
Lui/Lei abbia causato	Loro abbiano causato

Congiuntivo Imperfetto

Io causassi	Noi causassimo
Tu causassi	Voi causaste
Lui/Lei causasse	Loro causassero

Congiuntivo Trapassato

Io avessi causato	Noi avessimo causato
Tu avessi causato	Voi aveste causato
Lui/Lei avesse causato	Loro avessero causato

IMPERATIVO

(Tu) causa!   (Lei) causi!   (Noi) causiamo!   (Voi) causate!   (Loro) causino!

La crisi finanziaria causò il crollo delle borse.
The financial crisis caused the fall of the stock markets.

Avrebbero causato tanti problemi, se non fossero stati fermati.
They would have caused a lot of problems, if they hadn't been stopped.

Lui mi ha causato molto dolore.
He caused me a lot of pain.

CENARE   *to eat dinner*

Inf. cenare   *Part. pres.* cenante   *Part. pass.* cenato   *Ger.* cenando

INDICATIVO

Presente

Io ceno	Noi ceniamo
Tu ceni	Voi cenate
Lui/Lei cena	Loro cenano

Imperfetto

Io cenavo	Noi cenavamo
Tu cenavi	Voi cenavate
Lui/Lei cenava	Loro cenavano

Passato Prossimo

Io ho cenato	Noi abbiamo cenato
Tu hai cenato	Voi avete cenato
Lui/Lei ha cenato	Loro hanno cenato

Trapassato Prossimo

Io avevo cenato	Noi avevamo cenato
Tu avevi cenato	Voi avevate cenato
Lui/Lei aveva cenato	Loro avevano cenato

Futuro

Io cenerò	Noi ceneremo
Tu cenerai	Voi cenerete
Lui/Lei cenerà	Loro ceneranno

Passato Remoto

Io cenai	Noi cenammo
Tu cenasti	Voi cenaste
Lui/Lei cenò	Loro cenarono

Futuro Anteriore

Io avrò cenato	Noi avremo cenato
Tu avrai cenato	Voi avrete cenato
Lui/Lei avrà cenato	Loro avranno cenato

Trapassato Remoto

Io ebbi cenato	Noi avemmo cenato
Tu avesti cenato	Voi aveste cenato
Lui/Lei ebbe cenato	Loro ebbero cenato

CONDIZIONALE

Condizionale Presente

Io cenerei	Noi ceneremmo
Tu ceneresti	Voi cenereste
Lui/Lei cenerebbe	Loro cenerebbero

Condizionale Passato

Io avrei cenato	Noi avremmo cenato
Tu avresti cenato	Voi avreste cenato
Lui/Lei avrebbe cenato	Loro avrebbero cenato

CONGIUNTIVO

Congiuntivo Presente

Io ceni	Noi ceniamo
Tu ceni	Voi ceniate
Lui/Lei ceni	Loro cenino

Congiuntivo Passato

Io abbia cenato	Noi abbiamo cenato
Tu abbia cenato	Voi abbiate cenato
Lui/Lei abbia cenato	Loro abbiano cenato

Congiuntivo Imperfetto

Io cenassi	Noi cenassimo
Tu cenassi	Voi cenaste
Lui/Lei cenasse	Loro cenassero

Congiuntivo Trapassato

Io avessi cenato	Noi avessimo cenato
Tu avessi cenato	Voi aveste cenato
Lui/Lei avesse cenato	Loro avessero cenato

IMPERATIVO

(Tu) cena!   (Lei) ceni!   (Noi) ceniamo!   (Voi) cenate!   (Loro) cenino!

Domani ceneremo più tardi del solito.
Tomorrow we will eat later than usual.

Dopo che ebbero cenato, andarono a teatro.
After they had eaten, they went to the theater.

Era impossibile che tutti cenassero insieme.
It was impossible for everyone to eat together.

CERCARE   *to seek, to look for, to try to*

Inf. cercare   *Part. pres.* cercante   *Part. pass.* cercato   *Ger.* cercando

INDICATIVO

Presente

Io cerco	Noi cerchiamo
Tu cerchi	Voi cercate
Lui/Lei cerca	Loro cercano

Imperfetto

Io cercavo	Noi cercavamo
Tu cercavi	Voi cercavate
Lui/Lei cercava	Loro cercavano

Passato Prossimo

Io ho cercato	Noi abbiamo cercato
Tu hai cercato	Voi avete cercato
Lui/Lei ha cercato	Loro hanno cercato

Trapassato Prossimo

Io avevo cercato	Noi avevamo cercato
Tu avevi cercato	Voi avevate cercato
Lui/Lei aveva cercato	Loro avevano cercato

Futuro

Io cercherò	Noi cercheremo
Tu cercherai	Voi cercherete
Lui/Lei cercherà	Loro cercheranno

Passato Remoto

Io cercai	Noi cercammo
Tu cercasti	Voi cercaste
Lui/Lei cercò	Loro cercarono

Futuro Anteriore

Io avrò cercato	Noi avremo cercato
Tu avrai cercato	Voi avrete cercato
Lui/Lei avrà cercato	Loro avranno cercato

Trapassato Remoto

Io ebbi cercato	Noi avemmo cercato
Tu avesti cercato	Voi aveste cercato
Lui/Lei ebbe cercato	Loro ebbero cercato

CONDIZIONALE

Condizionale Presente

Io cercherei	Noi cercheremmo
Tu cercheresti	Voi cerchereste
Lui/Lei cercherebbe	Loro cercherebbero

Condizionale Passato

Io avrei cercato	Noi avremmo cercato
Tu avresti cercato	Voi avreste cercato
Lui/Lei avrebbe cercato	Loro avrebbero cercato

CONGIUNTIVO

Congiuntivo Presente

Io cerchi	Noi cerchiamo
Tu cerchi	Voi cerchiate
Lei/Lui cerchi	Loro cerchino

Congiuntivo Passato

Io abbia cercato	Noi abbiamo cercato
Tu abbia cercato	Voi abbiate cercato
Lui/Lei abbia cercato	Loro abbiano cercato

Congiuntivo Imperfetti

Io cercassi	Noi cercassimo
Tu cercassi	Voi cercaste
Lui/Lei cercasse	Loro cercassero

Congiuntivo Trapassato

Io avessi cercato	Noi avessimo cercato
Tu avessi cercato	Voi aveste cercato
Lui/Lei avesse cercato	Loro avessero cercato

IMPERATIVO

(Tu) cerca!   (Lei) cerchi!   (Noi) cerchiamo!   (Voi) cercate!   (Loro) cerchino!

Hanno cercato di aiutare quella povera gente.
They tried to help those poor people.

Avremmo cercato di più, se avessimo avuto più tempo.
We would have searched more, if we had had more time.

Cercano la bambina da una settimana, ma non si trova.
They have searched for the little girl for a week, but she can't be found.

Inf. chiamarsi   *Part. pres.* chiamantesi   *Part. pass.* chiamatosi   *Ger.* chiamandosi

INDICATIVO

Presente

Io mi chiamo	Noi ci chiamiamo
Tu ti chiami	Voi vi chiamate
Lui/Lei si chiama	Loro si chiamano

Imperfetto

Io mi chiamavo	Noi ci chiamavamo
Tu ti chiamavi	Voi vi chiamavate
Lui/Lei si chiamava	Loro si chiamavano

Passato Prossimo

Io mi sono chiamato/a	Noi ci siamo chiamati/e
Tu ti sei chiamato/a	Voi vi siete chiamati/e
Lui/Lei si è chiamato/a	Loro si sono chiamati/e

Trapassato Prossimo

Io mi ero chiamato/a	Noi ci eravamo chiamati/e
Tu ti eri chiamato/a	Voi vi eravate chiamati/e
Lui/Lei si era chiamato/a	Loro si erano chiamati/e

Futuro

Io mi chiamerò	Noi ci chiameremo
Tu ti chiamerai	Voi vi chiamerete
Lui/Lei si chiamerà	Loro si chiameranno

Passato Remoto

Io mi chiamai	Noi ci chiamammo
Tu ti chiamasti	Voi vi chiamaste
Lui/Lei si chiamò	Loro si chiamarono

Futuro Anteriore

Io mi sarò chiamato/a	Noi ci saremmo chiamati/e
Tu ti sarai chiamato/a	Voi vi sarete chiamati/e
Lui/Lei si sarà chiamato/a	Loro si saranno chiamati/e

Trapassato Remoto

Io mi fui chiamato/a	Noi ci fummo chiamati/e
Tu ti fosti chiamato/a	Voi vi foste chiamati/e
Lui/Lei si fu chiamato/a	Loro si furono chiamati/e

CONDIZIONALE

Condizionale Presente

Io mi chiamerei	Noi ci chiameremmo
Tu ti chiameresti	Voi vi chiamereste
Lui/Lei si chiamerebbe	Loro si chiamerebbero

Condizionale Passato

Io mi sarei chiamato/a	Noi ci saremmo chiamati/e
Tu ti saresti chiamato/a	Voi vi sareste chiamati/e
Lui/Lei si sarebbe chiamato/a	Loro si sarebbero chiamati/e

CONGIUNTIVO

Congiuntivo Presente

Io mi chiami	Noi ci chiamiamo
Tu ti chiami	Voi vi chiamiate
Lui/Lei si chiami	Loro si chiamino

Congiuntivo Passato

Io mi sia chiamato/a	Noi ci siamo chiamati/e
Tu ti sia chiamato/a	Voi vi siate chiamati/e
Lui/Lei si sia chiamato/a	Loro si siano chiamati/e

Congiuntivo Imperfetto

Io mi chiamassi	Noi ci chiamassimo
Tu ti chiamassi	Voi vi chiamaste
Lui/Lei si chiamasse	Loro si chiamassero

Congiuntivo Trapassato

Io mi fossi chiamato/a	Noi ci fossimo chiamati/e
Tu ti fossi chiamato/a	Voi vi foste chiamati/e
Lui si fosse chiamato/a	Loro si fossero chiamati/e

IMPERATIVO

(Tu) chiamati!   (Lei) si chiami!   (Noi) chiamiamoci!   (Voi) chiamatevi!   (Loro) si chiamino!

Quella bella ragazza si chiama Luisa.
That beautiful girl's name is Luisa.

Il nostro circolo si chiamerà "Le margherite."
Our club will be called "The Daisies."

È possibile che si siano già chiamati?
It is possible that they have already called each other?

CHIEDERE *to ask, to ask for*

Inf. chiedere *Part. pres.* chiedente *Part. pass.* chiesto *Ger.* chiedendo

INDICATIVO

Presente

Io chiedo	Noi chiediamo
Tu chiedi	Voi chiedete
Lui/Lei chiede	Loro chiedono

Imperfetto

Io chiedevo	Noi chiedevamo
Tu chiedevi	Voi chiedevate
Lui/Lei chiedeva	Loro chiedevano

Passato Prossimo

Io ho chiesto	Noi abbiamo chiesto
Tu hai chiesto	Voi avete chiesto
Lui/Lei ha chiesto	Loro hanno chiesto

Trapassato Prossimo

Io avevo chiesto	Noi avevamo chiesto
Tu avevi chiesto	Voi avevate chiesto
Lui/Lei aveva chiesto	Loro avevano chiesto

Futuro

Io chiederò	Noi chiederemo
Tu chiederai	Voi chiederete
Lui/Lei chiederà	Loro chiederanno

Passato Remoto

Io chiesi	Noi chiedemmo
Tu chiedesti	Voi chiedeste
Lui/Lei chiese	Loro chiesero

Futuro Anteriore

Io avrò chiesto	Noi avremo chiesto
Tu avrai chiesto	Voi avrete chiesto
Lui/Lei avrà chiesto	Loro avranno chiesto

Trapassato Remoto

Io ebbi chiesto	Noi avemmo chiesto
Tu avesti chiesto	Voi aveste chiesto
Lui/Lei ebbe chiesto	Loro ebbero chiesto

CONDIZIONALE

Condizionale Presente

Io chiederei	Noi chiederemmo
Tu chiederesti	Voi chiedereste
Lui/Lei chiederebbe	Loro chiederebbero

Condizionale Passato

Io avrei chiesto	Noi avremmo chiesto
Tu avresti chiesto	Voi avreste chiesto
Lui avrebbe chiesto	Loro avrebbero chiesto

CONGIUNTIVO

Congiuntivo Presente

Io chieda	Noi chiediamo
Tu chieda	Voi chiediate
Lui/Lei chieda	Loro chiedano

Congiuntivo Passato

Io abbia chiesto	Noi abbiamo chiesto
Tu abbia chiesto	Voi abbiate chiesto
Lui/Lei abbia chiesto	Loro abbiano chiesto

Congiuntivo Imperfetto

Io chiedessi	Noi chiedessimo
Tu chiedessi	Voi chiedeste
Lui/Lei chiedesse	Loro chiedessero

Congiuntivo Trapassato

Io avessi chiesto	Noi avessimo chiesto
Tu avessi chiesto	Voi aveste chiesto
Lui/Lei avesse chiesto	Loro avessero chiesto

IMPERATIVO

(Tu) chiedi! (Lei) chieda! (Noi) chiediamo! (Voi) chiedete! (Loro) chiedano!

Avevo chiesto scusa al mio amico, ma lui non ne voleva sapere.
I had apologized to my friend, but he didn't want to accept it.

Chiederesti dei soldi, se fossi povero?
Would you ask for some money, if you were poor?

È incredibile che abbiano chiesto di viaggiare con noi.
It is incredible that they asked to travel with us.

COGLIERE *to gather, to pick, to catch*

Inf. cogliere *Part. pres.* cogliente *Part. pass.* colto *Ger.* cogliendo

INDICATIVO

Presente

Io colgo	Noi cogliamo
Tu cogli	Voi cogliete
Lui/Lei colga	Loro colgono

Imperfetto

Io coglievo	Noi coglievamo
Tu coglievi	Voi coglievate
Lui/Lei coglieva	Loro coglievano

Passato Prossimo

Io ho colto	Noi abbiamo colto
Tu hai colto	Voi avete colto
Lui/Lei ha colto	Loro hanno colto

Trapassato Prossimo

Io avevo colto	Noi avevamo colto
Tu avevi colto	Voi avevate colto
Lui/Lei aveva colto	Loro avevano colto

Futuro

Io coglierò	Noi coglieremo
Tu coglierai	Voi coglierete
Lui/Lei coglierà	Loro coglieranno

Passato Remoto

Io colsi	Noi cogliemmo
Tu cogliesti	Voi coglieste
Lui/Lei colse	Loro colsero

Futuro Anteriore

Io avrò colto	Noi avremo colto
Tu avrai colto	Voi avrete colto
Lui/Lei avrà colto	Loro avranno colto

Trapassato Remoto

Io ebbi colto	Noi avemmo colto
Tu avesti colto	Voi aveste colto
Lui/Lei ebbe colto	Loro ebbero colto

CONDIZIONALE

Condizionale Presente

Io coglierei	Noi coglieremmo
Tu coglieresti	Voi cogliereste
Lui/Lei coglierebbe	Loro coglierebbero

Condizionale Passato

Io avrei colto	Noi avremmo colto
Tu avresti colto	Voi avreste colto
Lui/Lei avrebbe colto	Loro avrebbero colto

CONGIUNTIVO

Congiuntivo Presente

Io colga	Noi cogliamo
Tu colga	Voi cogliate
Lui/Lei colga	Loro colgano

Congiuntivo Passato

Io abbia colto	Noi abbiamo colto
Tu abbia colto	Voi abbiate colto
Lui/Lei abbia colto	Loro abbiano colto

Congiuntivo Imperfetto

Io cogliessi	Noi cogliessimo
Tu cogliessi	Voi coglieste
Lui/Lei cogliesse	Loro cogliessero

Congiuntivo Trapassato

Io avessi colto	Noi avessimo colto
Tu avessi colto	Voi aveste colto
Lui/Lei avesse colto	Loro avessero colto

IMPERATIVO

(Tu) cogli! (Lei) colga! (Noi) cogliamo! (Voi) cogliete! (Loro) colgano!

Lei non aveva colto il senso della discussione.
She hadn't caught the point of the discussion.

A settembre i toscani colgono l'uva.
In September, the Tuscans pick the grapes.

Andiamo a cogliere dei fiori prima di cena!
Let's go gather flowers before dinner!

COMINCIARE *to begin, to start*

Inf. cominciare *Part. pres.* cominciante *Part. pass.* cominciato *Ger.* cominciando

INDICATIVO

Presente

Io comincio	Noi cominciamo
Tu cominci	Voi cominciate
Lui/Lei comincia	Loro cominciano

Imperfetto

Io cominciavo	Noi cominciavamo
Tu cominciavi	Voi cominciavate
Lui/Lei cominciava	Loro cominciavamo

Passato Prossimo

Io ho cominciato	Noi abbiamo cominciato
Tu hai cominciato	Voi avete cominciato
Lui ha cominciato	Loro hanno cominciato

Trapassato Prossimo

Io avevo cominciato	Noi avevamo cominciato
Tu avevi cominciato	Voi avevate cominciato
Lui/Lei aveva cominciato	Loro avevano cominciato

Futuro

Io comincerò	Noi cominceremo
Tu comincerai	Voi comincerete
Lui/Lei comincerà	Loro cominceranno

Passato Remoto

Io cominciai	Noi cominciammo
Tu cominciasti	Voi cominciaste
Lui/Lei cominciò	Loro cominciarono

Futuro Anteriore

Io avrò cominciato	Noi avremo cominciato
Tu avrai cominciato	Voi avrete cominciato
Lui/Lei avrà cominciato	Loro avranno cominciato

Trapassato Remoto

Io ebbi cominciato	Noi avemmo cominciato
Tu avesti cominciato	Voi aveste cominciato
Lui/Lei ebbe cominciato	Loro ebbero cominciato

CONDIZIONALE

Condizionale Presente

Io comincerei	Noi cominceremmo
Tu cominceresti	Voi comincereste
Lui/Lei comincerebbe	Loro comincerebbero

Condizionale Passato

Io avrei cominciato	Noi avremmo cominciato
Tu avresti cominciato	Voi avreste cominciato
Lui/Lei avrebbe cominciato	Loro avrebbero cominciato

CONGIUNTIVO

Congiuntivo Presente

Io cominci	Noi cominciamo
Tu cominci	Voi cominciate
Lui/Lei cominci	Loro comincino

Congiuntivo Passato

Io abbia cominciato	Noi abbiamo cominciato
Tu abbia cominciato	Voi abbiate cominciato
Lui/Lei abbia cominciato	Loro abbiano cominciato

Congiuntivo Imperfetto

Io cominciassi	Noi cominciassimo
Tu cominciassi	Voi cominciaste
Lui/Lei cominciasse	Loro cominciassero

Congiuntivo Trapassato

Io avessi cominciato	Noi avessimo cominciato
Tu avessi cominciato	Voi aveste cominciato
Lui/Lei avesse cominciato	Loro avessero cominciato

IMPERATIVO

(Tu) comincia! (Lei) cominci! (Noi) cominciamo! (Voi) cominciate! (Loro) comincino

---

Avrebbero cominciato la lezione, ma non c'era il professore.
They would have begun the lesson, but the professor wasn't there.

Dopo aver cominciato la cena, sono andata a prendere il vino.
After I had started dinner, I went to get the wine.

Siete tutti colpevoli, a cominciare da te.
You are all guilty, beginning with you.

COMPRARE   *to buy*

Inf. comprare   *Part. pres.* comprante   *Part. pass.* comprato   *Ger.* comprando

INDICATIVO

Presente

Io compro	Noi compriamo
Tu compri	Voi comprate
Lui/Lei compra	Loro comprano

Imperfetto

Io compravo	Noi compravamo
Tu compravi	Voi compravate
Lui/Lei comprava	Loro compravano

Passato Prossimo

Io ho comprato	Noi abbiamo comprato
Tu hai comprato	Voi avete comprato
Lui/Lei ha comprato	Loro hanno comprato

Trapassato Prossimo

Ho avevo comprato	Noi avevamo comprato
Tu avevi comprato	Voi avevate comprato
Lui aveva comprato	Loro avevano comprato

Futuro

Io comprerò	Noi compreremo
Tu comprerai	Voi comprerete
Lui/Lei comprerà	Loro compreranno

Passato Remoto

Io comprai	Noi comprammo
Tu comprasti	Voi compraste
Lui/Lei comprò	Loro comprarono

Futuro Anteriore

Io avrò comprato	Noi avremo comprato
Tu avrai comprato	Voi avrete comprato
Lui/Lei avrà comprato	Loro avranno comprato

Trapassato Remoto

Io ebbi comprato	Noi avemmo comprato
Tu avesti comprato	Voi aveste comprato
Lui/Lei ebbe comprato	Loro ebbero comprato

CONDIZIONALE

Condizionale Presente

Io comprerei	Noi compreremmo
Tu compreresti	Voi comprereste
Lui/Lei comprerebbe	Loro comprerebbero

Condizionale Passato

Io avrei comprato	Noi avremmo comprato
Tu avresti comprato	Voi avreste comprato
Lui/Lei avrebbe comprato	Loro avrebbero comprato

CONGIUNTIVO

Congiuntivo Presente

Io compri	Noi compriamo
Tu compri	Voi compriate
Lui/Lei compri	Loro comprino

Congiuntivo Passato

Io abbia comprato	Noi abbiamo comprato
Tu abbia comprato	Voi abbiate comprato
Lui/Lei abbia comprato	Loro abbiano comprato

Congiuntivo Imperfetto

Io comprassi	Noi comprassimo
Tu comprassi	Voi compraste
Lui/Lei comprasse	Loro comparassero

Congiuntivo Trapassato

Io avessi comprato	Noi avessimo comprato
Tu avessi comprato	Voi aveste comprato
Lui/Lei avesse comprato	Loro avessero comprato

IMPERATIVO

(Tu) compra!   (Lei) compri!   (Noi) compriamo!   (Voi) comprate!   (Loro) comprino!

Se avessi dei soldi, comprerei una Maserati.
If I had money, I would buy a Maserati.

Compra la televisione! È meravigliosa!
Buy the television! It is fantastic!

Comprava sempre molta roba elettronica.
He always bought a lot of electronics.

CONCLUDERE *to conclude, to end, to close*

Inf. concludere *Part. pres.* concludente *Part. pass.* concluso *Ger.* concludendo

INDICATIVO

Presente

Io concludo	Noi concludiamo
Tu concludi	Voi concludete
Lui/Lei conclude	Loro concludono

Imperfetto

Io concludevo	Noi concludevamo
Tu concludevi	Voi concludevate
Lui/Lei concludeva	Loro concludevano

Passato Prossimo

Io ho concluso	Noi abbiamo concluso
Tu hai concluso	Voi avete concluso
Lui/Lei ha concluso	Loro hanno concluso

Trapassato Prossimo

Io avevo concluso	Noi avevamo concluso
Tu avevi concluso	Voi avevate concluso
Lui/Lei aveva concluso	Loro avevano concluso

Futuro

Io concluderò	Noi concluderemo
Tu concluderai	Voi concluderete
Lui/Lei concluderà	Loro concluderanno

Passato Remoto

Io conclusi	Noi concludemmo
Tu concludesti	Voi concludeste
Lui/Lei concluse	Loro conclusero

Futuro Anteriore

Io avrò concluso	Noi avremo concluso
Tu avrai concluso	Voi avrete concluso
Lui/Lei avrà concluso	Loro avranno concluso

Trapassato Remoto

Io ebbi concluso	Noi avemmo concluso
Tu avesti concluso	Voi aveste concluso
Lui/Lei ebbe concluso	Loro ebbero concluso

CONDIZIONALE

Condizionale Presente

Io concluderei	Noi concluderemmo
Tu concluderesti	Voi concludereste
Lui/Lei concluderebbe	Loro concluderebbero

Condizionale Passato

Io avrei concluso	Noi avremmo concluso
Tu avresti concluso	Voi avreste concluso
Lui/Lei avrebbe concluso	Loro avrebbero concluso

CONGIUNTIVO

Congiuntivo Presente

Io concluda	Noi concludiamo
Tu concluda	Voi concludiate
Lui/Lei concluda	Loro concludano

Congiuntivo Passato

Io abbia concluso	Noi abbiamo concluso
Tu abbia concluso	Voi abbiate concluso
Lui/Lei abbia concluso	Loro abbiano concluso

Congiuntivo Imperfetto

Io concludessi	Noi concludessimo
Tu concludessi	Voi concludeste
Lui/Lei concludesse	Loro concludessero

Congiuntivo Trapassato

Io avessi concluso	Noi avessimo concluso
Tu avessi concluso	Voi aveste concluso
Lui/Lei avesse concluso	Loro avessero concluso

IMPERATIVO

(Tu) concludi!   (Lei) concluda!   (Noi) concludiamo!   (Voi) concludete!   (Loro) concludano!

Tu avrai concluso tutto per stasera?
Will you have concluded everything by this evening?

Hanno concluso il discorso alle 10 di sera.
They finished the discussion at 10:00 in the evening.

Conclusero le trattative in modo positivo.
They closed the negotiations on a positive note.

CONDIVIDERE *to share*

Inf. condividere *Part. pres.* condividente *Part. pass.* condiviso *Ger.* condividendo

INDICATIVO

Presente

Io condivido	Noi condividiamo
Tu condividi	Voi condividete
Lui/Lei condivide	Loro condividono

Imperfetto

Io condividevo	Noi condividevamo
Tu condividevi	Voi condividevate
Lui/Lei condivideva	Loro condividevano

Passato Prossimo

Io ho condiviso	Noi abbiamo condiviso
Tu hai condiviso	Voi avete condiviso
Lui/Lei ha condiviso	Loro hanno condiviso

Trapassato Prossimo

Io avevo condiviso	Noi avevamo condiviso
Tu avevi condiviso	Voi avevate condiviso
Lui/Lei aveva condiviso	Loro avevano condiviso

Futuro

Io condividerò	Noi condivideremo
Tu condividerai	Voi condividerete
Lui/Lei condividerà	Loro condivideranno

Passato Remoto

Io condivisi	Noi condividemmo
Tu condividesti	Voi condivideste
Lui/Lei condivise	Loro condivisero

Futuro Anteriore

Io avrò condiviso	Noi avremo condiviso
Tu avrai condiviso	Voi avrete condiviso
Lui/Lei avrà condiviso	Loro avranno condiviso

Trapassato Remoto

Io ebbi condiviso	Noi avemmo condiviso
Tu avesti condiviso	Voi aveste condiviso
Lui/Lei ebbe condiviso	Loro ebbero condiviso

CONDIZIONALE

Condizionale Presente

Io condividerei	Noi condivideremmo
Tu condivideresti	Voi condividereste
Lui/Lei condividerebbe	Loro condividerebbero

Condizionale Passato

Io avrei condiviso	Noi avremmo condiviso
Tu avresti condiviso	Voi avreste condiviso
Lui/Lei avrebbe condiviso	Loro avrebbero condiviso

CONGIUNTIVO

Congiuntivo Presente

Io condivida	Noi condividiamo
Tu condivida	Voi condividiate
Lui/Lei condivida	Loro condividano

Congiuntivo Passato

Io abbia condiviso	Noi abbiamo condiviso
Tu abbia condiviso	Voi abbiate condiviso
Lui/Lei abbia condiviso	Loro abbiano condiviso

Congiuntivo Imperfetto

Io condividessi	Noi condividessimo
Tu condividessi	Voi condivideste
Lui/Lei condividesse	Loro condividessero

Congiuntivo Trapassato

Io avessi condiviso	Noi avessimo condiviso
Tu avessi condiviso	Voi aveste condiviso
Lui/Lei avesse condiviso	Loro avessero condiviso

IMPERATIVO

(Tu) condividi! (Lei) condivida! (Noi) condividiamo! (Voi) condividete! (Loro) condividano!

Non condivido le sue opinioni.
I don't share her opinions.

Condivideremo le spese delle vacanze in Italia.
We will share the expenses of the vacation in Italy.

Dopo che aveva condiviso le spese, scoprì che aveva pagato troppo.
After he had shared the expenses, he discovered that he had paid too much.

CONDURRE *to guide, to lead, to drive*

Inf. condurre *Part. pres.* conducente *Part. pass.* condotto *Ger.* conducendo

INDICATIVO

Presente		Imperfetto	
Io conduco	Noi conduciamo	Io conducevo	Noi conducevamo
Tu conduci	Voi conducete	Tu conducevi	Voi conducevate
Lui/Lei conduce	Loro conducono	Lui/Lei conduceva	Loro conducevano

Passato Prossimo		Trapassato Prossimo	
Io ho condotto	Noi abbiamo condotto	Io avevo condotto	Noi avevamo condotto
Tu hai condotto	Voi avete condotto	Tu avevi condotto	Voi avevate condotto
Lui/Lei ha condotto	Loro hanno condotto	Lui aveva condotto	Loro avevano condotto

Futuro		Passato Remoto	
Io condurrò	Noi condurremo	Io condussi	Noi conducemmo
Tu condurrai	Voi condurrete	Tu conducesti	Voi conduceste
Lui/Lei condurrà	Loro condurranno	Lui/Lei condusse	Loro condussero

Futuro Anteriore		Trapassato Remoto	
Io avrò condotto	Noi avremo condotto	Io ebbi condotto	Noi avemmo condotto
Tu avrai condotto	Voi avrete condotto	Tu avesti condotto	Voi aveste condotto
Lui/Lei avrà condotto	Loro avranno condotto	Lui/Lei ebbe condotto	Loro ebbero condotto

CONDIZIONALE

Condizionale Presente		Condizionale Passato	
Io condurrei	Noi condurremmo	Io avrei condotto	Noi avremmo condotto
Tu condurresti	Voi condurreste	Tu avresti condotto	Voi avreste condotto
Lui/Lei condurrebbe	Loro condurrebbero	Lui/Lei avrebbe condotto	Loro avrebbero condotto

CONGIUNTIVO

Congiuntivo Presente		Congiuntivo Passato	
Io conduca	Noi conduciamo	Io abbia condotto	Noi abbiamo condotto
Tu conduca	Voi conduciate	Tu abbia condotto	Voi abbiate condotto
Lui/Lei conduca	Loro conducano	Lui/Lei abbia condotto	Loro abbiano condotto

Congiuntivo Imperfetto		Congiuntivo Trapassato	
Io conducessi	Noi conducessimo	Io avessi condotto	Noi avessimo condotto
Tu conducessi	Voi conduceste	Tu avessi condotto	Voi aveste condotto
Lui/Lei conducesse	Loro conducessero	Lui/Lei avesse condotto	Loro avessero condotto

IMPERATIVO

(Tu) conduci! (Lei) conduca! (Noi) conduciamo! (Voi) conducete! (Loro) conducano!

Mi puoi condurre a casa più tardi?
Could you take me home later?

Loro hanno condotto il dibattito in modo corretto.
They led the debate in a correct manner.

Lui condurrà gli autobus per il comune.
He will drive buses for the city.

CONOSCERE   *to know a person/place, to meet*

Inf. conoscere   *Part. pres.* conoscente   *Part. pass.* conosciuto   *Ger.* conoscendo

INDICATIVO

Presente

Io conosco	Noi conosciamo
Tu conosci	Voi conoscete
Lui/Lei conosce	Loro conoscono

Imperfetto

Io conoscevo	Noi conoscevamo
Tu conoscevi	Voi conoscevate
Lui/Lei conosceva	Loro conoscevano

Passato Prossimo

Io ho conosciuto	Noi abbiamo conosciuto
Tu hai conosciuto	Voi avete conosciuto
Lui/Lei ha conosciuto	Loro hanno conosciuto

Trapassato Prossimo

Io avevo conosciuto	Noi avevamo conosciuto
Tu avevi conosciuto	Voi avevate conosciuto
Lui/Lei aveva conosciuto	Loro avevano conosciuto

Futuro

Io conoscerò	Noi conosceremo
Tu conoscerai	Voi conoscerete
Lui/Lei conoscerà	Loro conosceranno

Passato Remoto

Io conobbi	Noi conoscemmo
Tu conoscesti	Voi conosceste
Lui/Lei conobbe	Loro conobbero

Futuro Anteriore

Io avrò conosciuto	Noi avremo conosciuto
Tu avrai conosciuto	Voi avrete conosciuto
Lui/Lei avrà conosciuto	Lor avranno conosciuto

Trapassato Remoto

Io ebbi conosciuto	Noi avemmo conosciuto
Tu avesti conosciuto	Voi aveste conosciuto
Lui/Lei ebbe conosciuto	Loro ebbero conosciuto

CONDIZIONALE

Condizionale Presente

Io conoscerei	Noi conosceremmo
Tu conosceresti	Voi conoscereste
Lui/Lei conoscerebbe	Loro conoscerebbero

Condizionale Passato

Io avrei conosciuto	Noi avremmo conosciuto
Tu avresti conosciuto	Voi avreste conosciuto
Lui/Lei avrebbe conosciuto	Loro avrebbero conosciuto

CONGIUNTIVO

Congiuntivo Presente

Io conosca	Noi conosciamo
Tu conosca	Voi conosciate
Lui/Lei conosca	Loro conoscano

Congiuntivo Passato

Io abbia conosciuto	Noi abbiamo conosciuto
Tu abbia conosciuto	Voi abbiate conosciuto
Lui/Lei abbia conosciuto	Loro abbiano conosciuto

Congiuntivo Imperfetto

Io conoscessi	Noi conoscessimo
Tu conoscessi	Voi conosceste
Lui/Lei conoscesse	Loro conoscessero

Congiuntivo Trapassato

Io avessi conosciuto	Noi avessimo conosciuto
Tu avessi conosciuto	Voi aveste conosciuto
Lui/Lei avesse conosciuto	Loro avessero conosciuto

IMPERATIVO

(Tu) conosci!   (Lei) conosca!   (Noi) conosciamo!   (Voi) conoscete!   (Loro) conoscano!

Io non conosco quel ristorante. Ci si mangia bene?
I don't know that restaurant. Does one eat well there?

Se avesse conosciuto quel ragazzo quando aveva 25 anni, forse l'avrebbe sposato.
If she had met that boy when she was 25 years old, maybe she would have married him.

Si erano conosciuti al liceo 20 anni fa.
They had met each other in high school 20 years ago.

CONSEGNARE   *to deliver, to hand in, to hand over*

Inf. consegnare *Part. pres.* consegnante *Part. pass.* consegnato *Ger.* consegnando

INDICATIVO

Presente

Io consegno	Noi consegniamo
Tu consegni	Voi consegnate
Lui/Lei consegna	Loro consegnano

Imperfetto

Io consegnavo	Noi consegnavamo
Tu consegnavi	Voi consegnavate
Lui consegnava	Loro consegnavano

Passato Prossimo

Io ho consegnato	Noi abbiamo consegnato
Tu hai consegnato	Voi avete consegnato
Lui/Lei ha consegnato	Loro hanno consegnato

Trapassato Prossimo

Io avevo consegnato	Noi avevamo consegnato
Tu avevi consegnato	Voi avevate consegnato
Lui/Lei aveva consegnato	Loro avevano consegnato

Futuro

Io consegnerò	Noi consegneremo
Tu consegnerai	Voi consegnerete
Lui/Lei consegnerà	Loro consegneranno

Passato Remoto

Io consegnai	Noi consegnammo
Tu consegnasti	Voi consegnaste
Lui/Lei consegnò	Loro consegnarono

Futuro Anteriore

Io avrò consegnato	Noi avremo consegnato
Tu avrai consegnato	Voi avrete consegnato
Lui/Lei avrà consegnato	Loro avranno consegnato

Trapassato Remoto

Io ebbi consegnato	Noi avremmo consegnato
Tu avesti consegnato	Voi aveste consegnato
Lui/lei ebbe consegnato	Loro ebbero consegnato

CONDIZIONALE

Condizionale Presente

Io consegnerei	Noi consegneremmo
Tu consegneresti	Voi consegnereste
Lui/Lei consegnerebbe	Loro consegnerebbero

Condizionale Passato

Io avrei consegnato	Noi avremmo consegnato
Tu avresti consegnato	Voi avreste consegnato
Lui/Lei avrebbe consegnato	Loro avrebbero consegnato

CONGIUNTIVO

Congiuntivo Presente

Io consegni	Noi consegniamo
Tu consegni	Voi consegniate
Lui/Lei consegni	Loro consegnino

Congiuntivo Passato

Io abbia consegnato	Noi abbiamo consegnato
Tu abbia consegnato	Voi abbiate consegnato
Lui/Lei abbia consegnato	Loro abbiano consegnato

Congiuntivo Imperfetto

Io consegnassi	Noi consegnassimo
Tu consegnassi	Voi consegnaste
Lui/Lei consegnasse	Loro consegnassero

Congiuntivo Trapassato

Io avessi consegnato	Noi avessimo consegnato
Tu avessi consegnato	Voi aveste consegnato
Lui/Lei avesse consegnato	Loro avessero consegnato

IMPERATIVO

(Tu) consegna!   (Lei) consegni!   (Noi) consegniamo!   (Voi) consegnate!   (Loro) consegnino!

Quel pacchetto va consegnato al Signor Montalbano.
That package should be delivered to Mr. Montalbano.

Gli studenti avevano consegnato i loro compiti.
The students had handed in their homework.

Consegnarono i prigionieri alle autorità.
They handed the prisoners over to the authorities.

CONSIGLIARE   *to advise, to recommend*

Inf. consigliare   *Part. pres.* consigliante   *Part. pass.* consigliato   *Ger.* consigliando

INDICATIVO

Presente

Io consiglio	Noi consigliamo
Tu consigli	Voi consigliate
Lui/Lei consiglia	Loro consigliano

Imperfetto

Io consigliavo	Noi consigliavamo
Tu consigliavi	Voi consigliavate
Lui/Lei consigliava	Loro consigliavano

Passato Prossimo

Io ho consigliato	Noi abbiamo consigliato
Tu hai consigliato	Voi avete consigliato
Lui/Lei ha consigliato	Loro hanno consigliato

Trapassato Prossimo

Io avevo consigliato	Noi avevamo consigliato
Tu avevi consigliato	Voi avevate consigliato
Lui/Lei aveva consigliato	Loro avevano consigliato

Futuro

Io consiglierò	Noi consiglieremo
Tu consiglierai	Voi consiglierete
Lui/Lei consiglierà	Loro consiglieranno

Passato Remoto

Io consigliai	Noi consigliammo
Tu consigliasti	Voi consigliaste
Lui/Lei consigliò	Loro consigliarono

Futuro Anteriore

Io avrò consigliato	Noi avremo consigliato
Tu avrai consigliato	Voi avrete consigliato
Lui/Lei avrà consigliato	Loro avranno consigliato

Trapassato Remoto

Io ebbi consigliato	Noi avemmo consigliato
Tu avesti consigliato	Voi aveste consigliato
Lui/Lei ebbe consigliato	Loro ebbero consigliato

CONDIZIONALE

Condizionale Presente

Io consiglierei	Noi consiglieremmo
Tu consiglieresti	Voi consigliereste
Lui/Lei consiglierebbe	Loro consiglierebbero

Condizionale Passato

Io avrei consigliato	Noi avremmo consigliato
Tu avresti consigliato	Voi avreste consigliato
Lui/Lei avrebbe consigliato	Loro avrebbero consigliato

CONGIUNTIVO

Congiuntivo Presente

Io consigli	Noi consigliamo
T consigli	Voi consigliate
Lui/Lei consigli	Loro consiglino

Congiuntivo Passato

Io abbia consigliato	Noi abbiamo consigliato
Tu abbia consigliato	Voi abbiate consigliato
Lui/Lei abbia consigliato	Loro abbiano consigliato

Congiuntivo Imperfetto

Io consigliassi	Noi consigliassimo
Tu consigliassi	Voi consigliaste
Lui/Lei consigliasse	Loro consigliassero

Congiuntivo Trapassato

Io avessi consigliato	Noi avessimo consigliato
Tu avessi consigliato	Voi aveste consigliato
Lui/Lei avesse consigliato	Loro avessero consigliato

IMPERATIVO

(Tu) consiglia!   (Lei) consigli!   (Noi) consigliamo!   (Voi) consigliate!   (Loro) consiglino!

Vi avremmo consigliato fare il giro della città.
We would have advised you to take the tour of the city.

Mia madre mi consigliava di non parlare agli sconosciuti.
My mother advised me to not talk to strangers.

Loro ci hanno consigliato gli spaghetti alla carbonara.
They recommended the spaghetti alla carbonara to us.

CONTENERE   *to contain, to hold, to restrain*

Inf. contenere   *Part. pres.* contenente   *Part. pass.* contenuto   *Ger.* contenendo

INDICATIVO

Presente

Io contengo	Noi conteniamo
Tu contieni	Voi contenete
Lui/Lei si contiene	Loro contengono

Imperfetto

Io contenevo	Noi contenevamo
Tu contenevi	Voi contenevate
Lui/Lei conteneva	Loro contenevano

Passato Prossimo

Io ho contenuto	Noi abbiamo contenuto
Tu hai contenuto	Voi avete contenuto
Lui/Lei ha contenuto	Loro hanno contenuto

Trapassato Prossimo

Io avevo contenuto	Noi avevamo contenuto
Tu avevi contenuto	Voi avevate contenuto
Lui/Lei aveva contenuto	Loro avevano contenuto

Futuro

Io conterrò	Noi conterremo
Tu conterrai	Voi conterrete
Lui/Lei conterrà	Loro conterranno

Passato Remoto

Io contenni	Noi contenemmo
Tu contenesti	Voi conteneste
Lui/Lei contenne	Loro contennero

Futuro Anteriore

Io avrò contenuto	Noi avremo contenuto
Tu avrai contenuto	Voi avrete contenuto
Lui/Lei avrà contenuto	Loro avranno contenuto

Trapassato Remoto

Io ebbi contenuto	Noi avemmo contenuto
Tu avesti contenuto	Voi aveste contenuto
Lui/Lei ebbe contenuto	Loro ebbero contenuto

CONDIZIONALE

Condizionale Presente

Io conterrei	Noi conterremmo
Tu conterresti	Voi contereste
Lui/Lei conterrebbe	Loro conterrebbero

Condizionale Passato

Io avrei contenuto	Noi avremmo contenuto
Tu avresti contenuto	Voi avreste contenuto
Lui/Lei avrebbe contenuto	Loro avrebbero contenuto

CONGIUNTIVO

Congiuntivo Presente

Io contenga	Noi conteniamo
Tu contenga	Voi conteniate
Lui/Lei contenga	Loro contengano

Congiuntivo Passato

Io abbia contenuto	Noi abbiamo contenuto
Tu abbia contenuto	Voi abbiate contenuto
Lui/Lei abbia contenuto	Loro abbiano contenuto

Congiuntivo Imperfetto

Io contenessi	Noi contenessimo
Tu contenessi	Voi conteneste
Lui/Lei contenesse	Loro contenessero

Congiuntivo Trapassato

Io avessi contenuto	Noi avessimo contenuto
Tu avessi contenuto	Voi aveste contenuto
Lui/Lei avesse contenuto	Loro avessero contenuto

IMPERATIVO

(Tu) contieni!   (Lei) contenga!   (Noi) conteniamo!   (Voi) contenete!   (Loro) contengano!

Il vecchio armadio contiene molti documenti importanti.
The old armoire contains a lot of important documents.

Penso che le scatole abbiano contenuto delle vecchie carte della nonna.
I think that the boxes had contained grandmother's old papers.

Il frigorifero non conterrà molto perché è troppo piccolo.
The refrigerator will not hold much because it is too small.

CONTINUARE *to continue*

Inf. continuare *Part. pres.* continuante *Part. pass.* continuato *Ger.* continuando

INDICATIVO

Presente

Io continuo	Noi continuiamo
Tu continui	Voi continuate
Lui/Lei continua	Loro continuano

Imperfetto

Io continuavo	Noi continuavamo
Tu continuavi	Voi continuavate
Lui/Lei continuava	Loro continuavano

Passato Prossimo

Io ho continuato	Noi abbiamo continuato
Tu hai continuato	Voi avete continuato
Lui/Lei ha continuato	Loro hanno continuato

Trapassato Prossimo

Io avevo continuato	Noi avevamo continuato
Tu avevi continuato	Voi avevate continuato
Lui/Lei aveva continuato	Loro avevano continuato

Futuro

Io continuerò	Noi continueremo
Tu continuerai	Voi continuerete
Lui/Lei continuerà	Loro continueranno

Passato Remoto

Io continuai	Noi continuammo
Tu continuasti	Voi continuaste
Lui/Lei continuò	Loro continuarono

Futuro Anteriore

Io avrò continuato	Noi avremo continuato
Tu avrai continuato	Voi avrete continuato
Lui/Lei avrà continuato	Loro avranno continuato

Trapassato Remoto

Io ebbi continuato	Noi avemmo continuato
Tu avesti continuato	Voi aveste continuato
Lui/Lei ebbe continuato	Loro ebbero continuato

CONDIZIONALE

Condizionale Presente

Io continuerei	Noi continueremmo
Tu continueresti	Voi continuereste
Lui/Lei continuerebbe	Loro continuerebbero

Condizionale Passato

Io avrei continuato	Noi avremmo continuato
Tu avresti continuato	Voi avreste continuato
Lui/Lei avrebbe continuato	Loro avrebbero continuato

CONGIUNTIVO

Congiuntivo Presente

Io continui	Noi continuiamo
Tu continui	Voi continuiate
Lui/Lei continui	Loro continuino

Congiuntivo Passato

Io abbia continuato	Noi abbiamo continuato
Tu abbia continuato	Voi abbiate continuato
Lui/Lei abbia continuato	Loro abbiano continuato

Congiuntivo Imperfetto

Io continuassi	Noi continuassimo
Tu continuassi	Voi continuaste
Lui/Lei continuasse	Loro continuassero

Congiuntivo Trapassato

Io avessi continuato	Noi avessimo continuato
Tu avessi continuato	Voi aveste continuato
Lui/Lei avesse continuato	Loro avessero continuato

IMPERATIVO

(Tu) continua! (Lei) continui! (Noi) continuiamo! (Voi) continuate! (Loro) continuino!

Non continuare con lo stesso discorso!
Don't continue with this same talk!

Continuerebbero se sapessero che cosa c'è avanti.
They would continue, if they knew what is up ahead.

Credevano che ti fossi già laureata.
They thought you had already graduated.

Inf. controllare *Part. pres.* controllante *Part. pass.* controllato *Ger.* controllando

INDICATIVO

Presente

Io controllo	Noi controlliamo
Tu controlli	Voi controllate
Lui/Lei controlla	Loro controllano

Imperfetto

Io controllavo	Noi controllavamo
Tu controllavi	Voi controllavate
Lui/Lei controllava	Loro controllavano

Passato Prossimo

Io ho controllato	Noi abbiamo controllato
Tu hai controllato	Voi avete controllato
Lui/Lei ha controllato	Loro hanno controllato

Trapassato Prossimo

Io avevo controllato	Noi avevamo controllato
Tu avevi controllato	Voi avevate controllato
Lui/Lei aveva controllato	Loro avevano controllato

Futuro

Io controllerò	Noi controlleremo
Tu controllerai	Voi controllerete
Lui/Lei controllerà	Loro controlleranno

Passato Remoto

Io controllai	Noi controllammo
Tu controllasti	Voi controllaste
Lui/Lei controllò	Loro controllarono

Futuro Anteriore

Io avrò controllato	Noi avremo controllato
Tu avrai controllato	Voi avrete controllato
Lui/Lei avrà controllato	Loro avranno controllato

Trapassato Remoto

Io ebbi controllato	Noi avemmo controllato
Tu avesti controllato	Voi aveste controllato
Lui/Lei ebbe controllato	Loro ebbero controllato

CONDIZIONALE

Condizionale Presente

Io controllerei	Noi controlleremmo
Tu controlleresti	Voi controllereste
Lui/Lei controllerebbe	Loro controllerebbero

Condizionale Passato

Io avrei controllato	Noi avremmo controllato
Tu avresti controllato	Voi avreste controllato
Lui/Lei avrebbe controllato	Loro avrebbero controllato

CONGIUNTIVO

Congiuntivo Presente

Io controlli	Noi controlliamo
Tu controlli	Voi controlliate
Lui/Lei controlli	Loro controllino

Congiuntivo Passato

Io abbia controllato	Noi abbiamo controllato
Tu abbia controllato	Voi abbiate controllato
Lui/Lei abbia controllato	Loro abbiano controllato

Congiuntivo Imperfetto

Io controllassi	Noi controllassimo
Tu controllassi	Voi controllaste
Lui/Lei controllasse	Loro controllassero

Congiuntivo Trapassato

Io avessi controllato	Noi avessimo controllato
Tu avessi controllato	Voi aveste controllato
Lui/Lei avesse controllato	Loro avessero controllato

IMPERATIVO

(Tu) controlla! (Lei) controlli! (Noi) controlliamo! (Voi) controllate! (Loro) controllino!

Le guardie controllarono i bagagli all'aeroporto.
The guards checked the luggage at the airport.

Il primo ministro controllava il governo.
The prime minister ruled the government.

Sono andato dal medico per farmi controllare.
I went to the doctor to get a check-up.

Inf. coprire   *Part. pres.* coprente   *Part. pass.* coperto   *Ger.* coprendo

INDICATIVO

Presente

Io copro	Noi copriamo
Tu copri	Voi coprite
Lui/Lei copre	Loro coprono

Imperfetto

Io coprivo	Noi coprivamo
Tu coprivi	Voi coprivate
Lui/Lei copriva	Loro coprivano

Passato Prossimo

Io ho coperto	Noi abbiamo coperto
Tu hai coperto	Voi avete coperto
Lui/Lei ha coperto	Loro hanno coperto

Trapassato Prossimo

Io avevo coperto	Noi avevamo coperto
Tu avevi coperto	Voi avevate coperto
Lui/Lei aveva coperto	Loro avevano coperto

Futuro

Io coprirò	Noi copriremo
Tu coprirai	Voi coprirete
Lui/Lei coprirà	Loro copriranno

Passato Remoto

Io coprii	Noi coprimmo
Tu copristi	Voi copriste
Lui/Lei coprì	Loro coprirono

Futuro Anteriore

Io avrò coperto	Noi avremo coperto
Tu avrai coperto	Voi avrete coperto
Lui/Lei avrà coperto	Loro avranno coperto

Trapassato Remoto

Io ebbi coperto	Noi avemmo coperto
Tu avesti coperto	Voi aveste coperto
Lui/Lei ebbe coperto	Loro ebbero coperto

CONDIZIONALE

Condizionale Presente

Io coprirei	Noi copriremmo
Tu copriresti	Voi coprireste
Lui/Lei coprirebbe	Loro coprirebbero

Condizionale Passato

Io avrei coperto	Noi avremmo coperto
Tu avresti coperto	Voi avreste coperto
Lui/Lei avrebbe coperto	Loro avrebbero coperto

CONGIUNTIVO

Congiuntivo Presente

Io copra	Noi copriamo
Tu copra	Voi copriate
Lui/Lei copra	Loro coprano

Congiuntivo Passato

Io abbia coperto	Noi abbiamo coperto
Tu abbia coperto	Voi abbiate coperto
Lui/Lei abbia coperto	Loro abbiano coperto

Congiuntivo Imperfetto

Io coprissi	Noi coprissimo
Tu coprissi	Voi copriste
Lui/Lei coprisse	Loro coprissero

Congiuntivo Trapassato

Io avessi coperto	Noi avessimo coperto
Tu avessi coperto	Voi aveste coperto
Lui/Lei avesse coperto	Loro avessero coperto

IMPERATIVO

(Tu) copri!   (Lei) copra!   (Noi) copriamo!   (Voi) coprite!   (Loro) coprano!

Aveva freddo, così l'ho coperta con la mia giacca.
She was cold, so I covered her with my jacket.

Il soldato coprì le spalle del compagno.
The soldier covered the back of his companion.

Avevano coperto gli sposi di regali.
They showered the newlyweds with presents.

Inf. correggere   *Part. pres.* Correggente   *Part. pass.* corretto   *Ger.* correggendo

INDICATIVO

Presente

Io correggo	Noi correggiamo
Tu correggi	Voi correggete
Lui/Lei corregge	Loro correggono

Imperfetto

Io correggevo	Noi correggevamo
Tu correggevi	Voi correggevate
Lui/Lei correggeva	Loro correggevano

Passato Prossimo

Io ho corretto	Noi abbiamo corretto
Tu hai corretto	Voi avete corretto
Lui/Lei ha corretto	Loro hanno corretto

Trapassato Prossimo

Io avevo corretto	Noi avevamo corretto
Tu avevi corretto	Voi avevate corretto
Lui/Lei aveva corretto	Loro avevano corretto

Futuro

Io correggerò	Noi correggeremo
Tu correggerai	Voi correggerete
Lui/Lei correggerà	Loro correggeranno

Passato Remoto

Io corressi	Noi correggemmo
Tu correggesti	Voi correggeste
Lui/Lei corresse	Loro corressero

Futuro Anteriore

Io avrò corretto	Noi avremo corretto
Tu avrai corretto	Voi avrete corretto
Lui/Lei avrà corretto	Loro avranno corretto

Trapassato Remoto

Io ebbi corretto	Noi avemmo corretto
Tu avesti corretto	Voi aveste corretto
Lui/Lei ebbe corretto	Loro ebbero corretto

CONDIZIONALE

Condizionale Presente

Io correggerei	Noi correggeremmo
Tu correggeresti	Voi correggeste
Lui/Lei correggerebbe	Loro correggerebbero

Condizionale Passato

Io avrei corretto	Noi avremmo corretto
Tu avresti corretto	Voi avreste corretto
Lui/Lei avrebbe corretto	Loro avrebbero corretto

CONGIUNTIVO

Congiuntivo Presente

Io corregga	Noi correggiamo
Tu corregga	Voi correggiate
Lui/Lei corregga	Loro correggano

Congiuntivo Passato

Io abbia corretto	Noi abbiamo corretto
Tu abbia corretto	Voi abbiate corretto
Lui/Lei abbia corretto	Loro abbiano corretto

Congiuntivo Imperfetto

Io correggessi	Noi correggessimo
Tu correggessi	Voi correggeste
Lui/Lei correggesse	Loro correggessero

Congiuntivo Trapassato

Io avessi corretto	Noi avessimo corretto
Tu avessi corretto	Voi aveste corretto
Lui/Lei avesse corretto	Loro avessero corretto

IMPERATIVO

(Tu) correggi!   (Lei) corregga!   (Noi) correggiamo!   (Voi) correggete!   (Loro) correggano!

Il professore avrebbe corretto gli esami, se avesse avuto tempo.
The professor would have corrected the exams, if he had had time.

Ragazzi, correggete i compiti!
Boys and girls, correct your homework!

Ha corretto il suo comportamento con la moglie.
He adjusted his behavior towards his wife.

CORRERE   *to run, to rush*

Inf. correre   *Part. pres.* corrente   *Part. pass.* corso   *Ger.* correndo

INDICATIVO

Presente

Io corro	Noi corriamo
Tu corri	Voi correte
Lui/Lei corre	Loro corrono

Imperfetto

Io correvo	Noi correvamo
Tu correvi	Voi correvate
Lui/Lei correva	Loro correvano

Passato Prossimo

Io ho corso	Noi abbiamo corso
Tu hai corso	Voi avete corso
Lui/Lei ha corso	Loro hanno corso

Trapassato Prossimo

Io avevo corso	Noi avevamo corso
Tu avevi corso	Voi avevate corso
Lui/Lei aveva corso	Loro avevano corso

Futuro

Io correrò	Noi correremo
Tu correrai	Voi correrete
Lui/Lei correrà	Loro correranno

Passato Remoto

Io corsi	Noi corremmo
Tu corresti	Voi correste
Lui/Lei corse	Loro corsero

Futuro Anteriore

Io avrò corso	Noi avremo corso
Tu avrai corso	Voi avrete corso
Lui/Lei avrà corso	Loro avranno corso

Trapassato Remoto

Io ebbi corso	Noi avemmo corso
Tu avesti corso	Voi aveste corso
Lui/Lei ebbe corso	Loro ebbero corso

CONDIZIONALE

Condizionale Presente

Io correrei	Noi correremmo
Tu correresti	Voi correreste
Lui/Lei correrebbe	Loro correrebbero

Condizionale Passato

Io avrei corso	Noi avremmo corso
Tu avresti corso	Voi avreste corso
Lui/Lei avrebbe corso	Loro avrebbero corso

CONGIUNTIVO

Congiuntivo Presente

Io corra	Noi corriamo
Tu corra	Voi corriate
Lui/Lei corra	Loro corrano

Congiuntivo Passato

Io abbia corso	Noi abbiamo corso
Tu abbia corso	Voi abbiate corso
Lui/Lei abbia corso	Loro abbiano corso

Congiuntivo Imperfetto

Io corressi	Noi corressimo
Tu corressi	Voi correste
Lui/Lei corresse	Loro corressero

Congiuntivo Trapassato

Io avessi corso	Noi avessimo corso
Tu avessi corso	Voi aveste corso
Lui/Lei avesse corso	Loro avessero corso

IMPERATIVO

(Tu) corri!   (Lei) corra!   (Noi) corriamo!   (Voi) correte!   (Loro) corrano!

Ho fatto una corsa per arrivare in tempo.
I rushed to make it on time.

Correvate troppo in macchina.
You drove too fast in the car.

Corsero in aiuto delle vittime.
They ran to help the victims.

COSTRUIRE *to construct, to build*

Inf. costruire *Part. pres.* costruente *Part. pass.* costruito *Ger.* costruendo

INDICATIVO

Presente

Io costruisco	Noi costruiamo
Tu costruisci	Voi costruite
Lui/Lei costruisce	Loro costruiscono

Imperfetto

Io costruivo	Noi costruivamo
Tu costruivi	Voi costruivate
Lui/Lei costruiva	Loro costruivano

Passato Prossimo

Io ho costruito	Noi abbiamo costruito
Tu hai costruito	Voi avete costruito
Lui/Lei ha costruito	Loro hanno costruito

Trapassato Prossimo

Io avevo costruito	Noi avevamo costruito
Tu avevi costruito	Voi avevate costruito
Lui/Lei aveva costruito	Loro avevano costruito

Futuro

Io costruirò	Noi costruiremo
Tu costruirai	Voi costruirete
Lui/Lei costruirà	Loro costruiranno

Passato Remoto

Io costruii	Noi costruimmo
Tu costruisti	Voi costruiste
Lui/Lei costruì	Loro costruirono

Futuro Anteriore

Io avrò costruito	Noi avremo costruito
Tu avrai costruito	Voi avrete costruito
Lui/Lei avrà costruito	Loro avranno costruito

Trapassato Remoto

Io ebbi costruito	Noi avemmo costruito
Tu avesti costruito	Voi aveste costruito
Lui/Lei ebbe costruito	Loro ebbero costruito

CONDIZIONALE

Condizionale Presente

Io costruirei	Noi costruiremmo
Tu costruiresti	Voi costruireste
Lui/Lei costruirebbe	Loro costruirebbero

Condizionale Passato

Io avrei costruito	Noi avremmo costruito
Tu avresti costruito	Voi avreste costruito
Lui/Lei avrebbe costruito	Loro avrebbero costruito

CONGIUNTIVO

Congiuntivo Presente

Io costruisca	Noi costruiamo
Tu costruisca	Voi costruiate
Lui/Lei costruisca	Loro costruiscano

Congiuntivo Passato

Io abbia costruito	Noi abbiamo costruito
Tu abbia costruito	Voi abbiate costruito
Lui/Lei abbia costruito	Loro abbiano costruito

Congiuntivo Imperfetto

Io costruissi	Noi costruissimo
Tu costruissi	Voi costruiste
Lui/Lei costruisse	Loro costruissero

Congiuntivo Trapassato

Io avessi costruito	Noi avessimo costruito
Tu avessi costruito	Voi aveste costruito
Lui/Lei avesse costruito	Loro avessero costruito

IMPERATIVO

(Tu) costruisci! (Lei) costruisca! (Noi) costruiamo! (Voi) costruite! (Loro) costruiscano!

Loro non volevano costruire una casa su quel terreno.
They didn't want to build a house on that land.

Costruì un grande centro commerciale fuori città.
He built a big mall outside of the city.

Costruirò un armadio per mia figlia.
I will build a armoire for my daughter.

CREDERE   *to believe, to think*

Inf. credere *Part. pres.* credente *Part. pass.* creduto *Ger. credendo*

INDICATIVO

Presente

Io credo	Noi crediamo
Tu credi	Voi credete
Lui/Lei crede	Loro credono

Imperfetto

Io credevo	Noi credevamo
Tu credevi	Voi credevate
Lui/Lei credeva	Loro credevano

Passato Prossimo

Io ho creduto	Noi abbiamo creduto
Tu hai creduto	Voi avete creduto
Lui/Lei ha creduto	Loro hanno creduto

Trapassato Prossimo

Io avevo creduto	Noi avevamo creduto
Tu avevi creduto	Voi avevate creduto
Lui/Lei aveva creduto	Loro avevano creduto

Futuro

Io crederò	Noi crederemo
Tu crederai	Voi crederete
Lui/Lei crederà	Loro crederanno

Passato Remoto

Io credei	Noi credemmo
Tu credesti	Voi credeste
Lui/Lei credé	Loro crederono

Futuro Anteriore

Io avrò creduto	Noi avremo creduto
Tu avrai creduto	Voi avrete creduto
Lui/Lei avrà creduto	Loro avranno creduto

Trapassato Remoto

Io ebbi creduto	Noi avemmo creduto
Tu avesti creduto	Voi aveste creduto
Lui/Lei ebbe creduto	Loro ebbero creduto

CONDIZIONALE

Condizionale Presente

Io crederei	Noi crederemmo
Tu crederesti	Voi credereste
Lui/Lei crederebbe	Loro crederebbero

Condizionale Passato

Io avrei creduto	Noi avremmo creduto
Tu avresti creduto	Voi avreste creduto
Lui/Lei avrebbe creduto	Loro avrebbero creduto

CONGIUNTIVO

Congiuntivo Presente

Io creda	Noi crediamo
Tu creda	Voi crediate
Lui/Lei creda	Loro credano

Congiuntivo Passato

Io abbia creduto	Noi abbiamo creduto
Tu abbia creduto	Voi abbiate creduto
Lui/Lei abbia creduto	Loro abbiano creduto

Congiuntivo Imperfetto

Io credessi	Noi credessimo
Tu credessi	Voi credeste
Lui/Lei credesse	Loro credessero

Congiuntivo Trapassato

Io avessi creduto	Noi avessimo creduto
Tu avessi creduto	Voi aveste creduto
Lui/Lei avesse creduto	Loro avessero creduto

IMPERATIVO

(Tu) credi!   (Lei) creda!   (Noi) crediamo!   (Voi) credete!   (Loro) credano!

Non credono che lui fumi.
They don't think he smokes.

Credevano che tu fossi già partito.
They thought you had already left.

Chi l'avrebbe mai creduto!
Who would ever have believed it!

CRESCERE   *to grow, to increase, to grow up*

Inf. crescere   *Part. pres.* crescente   *Part. pass.* cresciuto   *Ger.* crescendo

INDICATIVO

Presente

Io cresco	Noi cresciamo
Tu cresci	Voi crescete
Lui/Lei cresce	Loro crescono

Imperfetto

Io crescevo	Noi crescevamo
Tu crescevi	Voi crescevate
Lui/Lei cresceva	Loro crescevano

Passato Prossimo

Io sono cresciuto/a	Noi siamo cresciuti/e
Tu sei cresciuto/a	Voi siete cresciuti/e
Lui/Lei è cresciuto/a	Loro sono cresciuti/e

Trapassato Prossimo

Io ero cresciuto/a	Noi eravamo cresciuti/e
Tu eri cresciuto/a	Voi eravate cresciuti/e
Lui/Lei era cresciuto/a	Loro erano cresciuti/e

Futuro

Io crescerò	Noi cresceremo
Tu crescerai	Voi crescerete
Lui/Lei crescerà	Loro cresceranno

Passato Remoto

Io crebbi	Noi crescemmo
Tu crescesti	Voi cresceste
Lui/Lei crebbe	Loro crebbero

Futuro Anteriore

Io sarò cresciuto/a	Noi saremo cresciuti/e
Tu sarai cresciuto/a	Voi sarete cresciuti/e
Lui/Lei sarà cresciuto/a	Loro saranno cresciuti/e

Trapassato Remoto

Io fui cresciuto/a	Noi fummo cresciuti/e
Tu fosti cresciuto/a	Voi foste cresciuti/e
Lui/Lei fu cresciuto/a	Loro furono cresciuti/e

CONDIZIONALE

Condizionale Presente

Io crescerei	Noi cresceremmo
Tu cresceresti	Voi crescereste
Lui/Lei crescerebbe	Loro crescerebbero

Condizionale Passato

Io sarei cresciuto/a	Noi saremmo cresciuti/e
Tu saresti cresciuto/a	Voi sareste cresciuti/e
Lui/Lei sarebbe cresciuto/a	Loro sarebbero cresciuti/e

CONGIUNTIVO

Congiuntivo Presente

Io cresca	Noi cresciamo
Tu cresca	Voi cresciate
Lui/Lei cresca	Loro crescano

Congiuntivo Passato

Io sia cresciuto/a	Noi siamo cresciuti/e
Tu sia cresciuto/a	Voi siate cresciuti/e
Lui/Lei sia cresciuto/a	Loro siano cresciuti/e

Congiuntivo Imperfetto

Io crescessi	Noi crescessimo
Tu crescessi	Voi cresceste
Lui/Lei crescesse	Loro crescessero

Congiuntivo Trapassato

Io fossi cresciuto/a	Noi fossimo cresciuti/e
Tu fossi cresciuto/a	Voi foste cresciuti/e
Lui/Lei fosse cresciuto/a	Loro fossero cresciuti/e

IMPERATIVO

(Tu) cresci!   (Lei) cresca!   (Noi) cresciamo!   (Voi) crescete!   (Loro) crescano!

Dove siete cresciuti?
Where did you grow up?

Lei si farà crescere i capelli molto lunghi per quel ruolo.
She will grow her hair very long for that part.

Crebbero insieme in un piccolo paese di campagna.
They grew up together in a small town in the county.

CUCINARE   *to cook*

Inf. cucinare   *Part. pres.* cucinante   *Part. pass.* cucinato   *Ger.* cucinando

INDICATIVO

Presente

Io cucino	Noi cuciniamo
Tu cucini	Voi cucinate
Lui/Lei cucina	Loro cucinano

Imperfetto

Io cucinavo	Noi cucinavamo
Tu cucinavi	Voi cucinavate
Lui/Lei cucinava	Loro cucinavano

Passato Prossimo

Io ho cucinato	Noi abbiamo cucinato
Tu hai cucinato	Voi avete cucinato
Lui/Lei ha cucinato	Loro hanno cucinato

Trapassato Prossimo

Io avevo cucinato	Noi avevamo cucinato
Tu avevi cucinato	Voi avevate cucinato
Lui/Lei aveva cucinato	Loro avevano cucinato

Futuro

Io cucinerò	Noi cucineremo
Tu cucinerai	Voi cucinerete
Lui/Lei cucinerà	Loro cucineranno

Passato Remoto

Io cucinai	Noi cucinammo
Tu cucinasti	Voi cucinaste
Lui/Lei cucinò	Loro cucinarono

Futuro Anteriore

Io avrò cucinato	Noi avremo cucinato
Tu avrai cucinato	Voi avrete cucinato
Lui/Lei avrà cucinato	Loro avranno cucinato

Trapassato Remoto

Io ebbi cucinato	Noi avemmo cucinato
Tu avesti cucinato	Voi aveste cucinato
Lui/Lei ebbe cucinato	Loro ebbero cucinato

CONDIZIONALE

Condizionale Presente

Io cucinerei	Noi cucineremmo
Tu cucineresti	Voi cucinereste
Lui/Lei cucinerebbe	Loro cucinerebbero

Condizionale Passato

Io avrei cucinato	Noi avremmo cucinato
Tu avresti cucinato	Voi avreste cucinato
Lui/Lei avrebbe cucinato	Loro avrebbero cucinato

CONGIUNTIVO

Congiuntivo Presente

Io cucini	Noi cuciniamo
Tu cucini	Voi cuciniate
Lui/Lei cucini	Loro cucinino

Congiuntivo Passato

Io abbia cucinato	Noi abbiamo cucinato
Tu abbia cucinato	Voi abbiate cucinato
Lui/Lei abbia cucinato	Loro abbiano cucinato

Congiuntivo Imperfetto

Io cucinassi	Noi cucinassimo
Tu cucinassi	Voi cucinaste
Lui/Lei cucinasse	Loro cucinassero

Congiuntivo Trapassato

Io avessi cucinato	Noi avessimo cucinato
Tu avessi cucinato	Voi aveste cucinato
Lui/Lei avesse cucinato	Loro avessero cucinato

IMPERATIVO

(Tu) cucina!   (Lei) cucini!   (Noi) cuciniamo   (Voi) cucinate!   (Loro) cucinino!

Cuciniamo qualcosa di speciale per cena!
Let's cook something special for dinner!

Se avessi cucinato, avremmo mangiato bene stasera.
If I had cooked, we would have eaten well this evening.

Cucinava tutte le sere quando i bambini erano piccoli.
She cooked every evening when the children were small.

CURARE *to treat, to nurse, to cure*

Inf. curare *Part. pres.* curante *Part. pass.* curato *Ger.* curando

INDICATIVO

Presente

Io curo	Noi curiamo
Tu curi	Voi curate
Lui/Lei cura	Loro curano

Imperfetto

Io curavo	Noi curavamo
Tu curavi	Voi curavate
Lui/Lei curava	Loro curavano

Passato Prossimo

Io ho curato	Noi abbiamo curato
Tu hai curato	Voi avete curato
Lui/Lei ha curato	Loro hanno curato

Trapassato Prossimo

Io avevo curato	Noi avevamo curato
Tu avevi curato	Voi avevate curato
Lui/lei aveva curato	Loro avevano curato

Futuro

Io curerò	Noi cureremo
Tu curerai	Voi curerete
Lui/Lei curerà	Loro cureranno

Passato Remoto

Io curai	Noi curammo
Tu curasti	Voi curaste
Lui/Lei curò	Loro curarono

Futuro Anteriore

Io avrò curato	Noi avremo curato
Tu avrai curato	Voi avrete curato
Lui/Lei avrà curato	Loro avranno

Trapassato Remoto

Io ebbi curato	Noi avemmo curato
Tu avesti curato	Voi aveste curato
Lui/Lei ebbe curato	Loro ebbero curato

CONDIZIONALE

Condizionale Presente

Io curerei	Noi cureremmo
Tu cureresti	Voi curereste
Lui/Lei curerebbe	Loro curerebbero

Condizionale Passato

Io avrei curato	Noi avremmo curato
Tu avresti curato	Voi avreste curato
Lui/Lei avrebbe curato	Loro avrebbero curato

CONGIUNTIVO

Congiuntivo Presente

Io curi	Noi curiamo
Tu curi	Voi curiate
Lui/Lei curi	Loro curino

Congiuntivo Passato

Io abbia curato	Noi abbiamo curato
Tu abbia curato	Voi abbiate curato
Lui/Lei abbia curato	Loro abbiano curato

Congiuntivo Imperfetto

Io curassi	Noi curassimo
Tu curassi	Voi curaste
Lui/Lei curasse	Loro curassero

Congiuntivo Trapassato

Io avessi curato	Noi avessimo curato
Tu avessi curato	Voi aveste curato
Lui/Lei avesse curato	Loro avessero curato

IMPERATIVO

(Tu) cura! (Lei) curi! (Noi) curiamo! (Voi) curate! (Loro) curino!

Il dottore ha curato Luisa da quella malattia.
The doctor cured Luisa of that illness.

Se curassi la mamma, forse potrebbe andare a teatro.
If you nurse Mom, maybe she could go to the theater.

Dopo che ebbe curato il paziente, l'infermiere andò a casa a riposarsi.
After having treated the patient, the nurse went home to rest.

DANNEGGIARE   *to damage*

D

Inf. danneggiare   *Part. pres.* danneggiante   *Part. pass.* danneggiato   *Ger.* danneggiando

INDICATIVO

Presente

Io danneggio	Noi danneggiamo
Tu danneggi	Voi danneggiate
Lui/Lei danneggia	Loro danneggiano

Imperfetto

Io danneggiavo	Noi danneggiavamo
Tu danneggiavi	Voi danneggiavate
Lui/Lei danneggiava	Loro danneggiavano

Passato Prossimo

Io ho danneggiato	Noi abbiamo danneggiato
Tu hai danneggiato	Voi avete danneggiato
Lui/Lei ha danneggiato	Loro hanno danneggiato

Trapassato Prossimo

Io avevo danneggiato	Noi avevamo danneggiato
Tu avevi danneggiato	Voi avevate danneggiato
Lui/Lei aveva danneggiato	Loro avevano danneggiato

Futuro

Io danneggerò	Noi danneggeremo
Tu danneggerai	Voi danneggerete
Lui/Lei danneggerà	Loro danneggeranno

Passato Remoto

Io danneggiai	Noi danneggiammo
Tu danneggiasti	Voi danneggiaste
Lui/Lei danneggiò	Loro danneggiarono

Futuro Anteriore

Io avrò danneggiato	Noi avremo danneggiato
Tu avrai danneggiato	Voi avrete danneggiato
Lui/Lei avrà danneggiato	Loro avranno danneggiato

Trapassato Remoto

Io ebbi danneggiato	Noi avemmo danneggiato
Tu avesti danneggiato	Voi aveste danneggiato
Lui/Lei ebbe danneggiato	Loro ebbero danneggiato

CONDIZIONALE

Condizionale Presente

Io danneggerei	Noi danneggeremmo
Tu danneggeresti	Voi danneggereste
Lui/Lei danneggerebbe	Loro danneggerebbero

Condizionale Passato

Io avrei danneggiato	Noi avremmo danneggiato
Tu avresti danneggiato	Voi avreste danneggiato
Lui/Lei avrebbe danneggiato	Loro avrebbero danneggiato

CONGIUNTIVO

Congiuntivo Presente

Io danneggi	Noi danneggiamo
Tu danneggi	Voi danneggiate
Lui/Lei danneggi	Loro danneggino

Congiuntivo Passato

Io abbia danneggiato	Noi abbiamo danneggiato
Tu abbia danneggiato	Voi abbiate danneggiato
Lui/Lei abbia danneggiato	Loro abbiano danneggiato

Congiuntivo Imperfetto

Io danneggiassi	Noi danneggiassimo
Tu danneggiassi	Voi danneggiaste
Lui/Lei danneggiasse	Loro danneggiassero

Congiuntivo Trapassato

Io avessi danneggiato	Noi avessimo danneggiato
Tu avessi danneggiato	Voi aveste danneggiato
Lui avesse danneggiato	Loro avessero danneggiato

IMPERATIVO

(Tu) danneggia!   (Lei) danneggi!   (Noi) danneggiamo!   (Voi) danneggiate!   (Loro) danneggino!

Dopo che il figlio ebbe danneggiato la macchina, non gliela fecero più usare.
After their son had damaged the car, they didn't let him use it again.

Hanno danneggiato la loro reputazione.
They damaged their reputation.

Stanno danneggiando il computer!
They are damaging the computer!

75

Inf. dare *Part. pres.* dante *Part. pass.* dato *Ger.* dando

INDICATIVO

Presente		Imperfetto	
Io do	Noi diamo	Io davo	Noi davamo
Tu dai	Voi date	Tu davi	Voi davate
Lui/Lei dà	Loro danno	Lui/Lei dava	Loro davano

Passato Prossimo		Trapassato Prossimo	
Io ho dato	Noi abbiamo dato	Io avevo dato	Noi avevamo dato
Tu hai dato	Voi avete dato	Tu avevi dato	Voi avevate dato
Lui/Lei ha dato	Loro hanno dato	Lui/Lei aveva dato	Loro avevano dato

Futuro		Passato Remoto	
Io darò	Noi daremo	Io diedi	Noi demmo
Tu darai	Voi darete	Tu desti	Voi deste
Lui/Lei darà	Loro daranno	Lui/Lei diede	Loro diedero

Futuro Anteriore		Trapassato Remoto	
Io avrò dato	Noi avremo dato	Io ebbi dato	Noi avemmo dato
Tu avrai dato	Voi avrete dato	Tu avesti dato	Vi aveste dato
Lui/Lei avrà dato	Loro avranno dato	Lui/Lei ebbe dato	Loro ebbero dato

CONDIZIONALE

Condizionale Presente		Condizionale Passato	
Io darei	Noi daremmo	Io avrei dato	Noi avremmo dato
Tu daresti	Voi dareste	Tu avresti dato	Voi avreste dato
Lui/Lei darebbe	Loro darebbero	Lui/Lei avrebbe dato	Loro avrebbero dato

CONGIUNTIVO

Congiuntivo Presente		Congiuntivo Passato	
Io dia	Noi diamo	Io abbia dato	Noi abbiamo dato
Tu dia	Voi diate	Tu abbia dato	Voi abbiate dato
Lui/Lei dia	Loro diano	Lui/Lei abbia dato	Loro abbiano dato

Congiuntivo Imperfetto		Congiuntivo Trapassato	
Io dessi	Noi dessimo	Io avessi dato	Noi avessimo dato
Tu dessi	Voi deste	Tu avessi dato	Voi aveste dato
Lui/Lei desse	Loro dessero	Lui/Lei avesse dato	Loro avessero dato

IMPERATIVO

(Tu) dai/dà! (Lei) dia! (Noi) diamo! (Voi) date! (Loro) diano!

Giacomo le avrebbe dato aiuto.
Giacomo would have given her help.

Penso di dare una borsa a mia madre per Natale.
I'm thinking of giving my mother a purse for Christmas.

Dopo che le aveva dato la macchina, ne comprò una nuova.
After he had given her the car, he bought a new one.

DECIDERE   *to decide*

Inf. decidere *Part. pres.* decidente *Part. pass.* deciso *Ger.* decidendo

INDICATIVO

Presente

Io decido	Noi decidiamo
Tu decidi	Voi decidete
Lui/Lei decide	Loro decidono

Imperfetto

Io decidevo	Noi decidevamo
Tu decidevi	Voi decidevate
Lui/lei decideva	Loro decidevano

Passato Prossimo

Io ho deciso	Noi abbiamo deciso
Tu hai deciso	Voi avete deciso
Lui/Lei ha deciso	Loro hanno deciso

Trapassato Prossimo

Io avevo deciso	Noi avevamo deciso
Tu avevi deciso	Voi avevate deciso
Lui/Lei aveva deciso	Loro avevano deciso

Futuro

Io deciderò	Noi decideremo
Tu deciderai	Voi deciderete
Lui/Lei deciderà	Loro decideranno

Passato Remoto

Io decisi	Noi decidemmo
Tu decidesti	Voi decideste
Lui/Lei decise	Loro decisero

Futuro Anteriore

Io avrò deciso	Noi avremo deciso
Tu avrai deciso	Voi avrete deciso
Lui/Lei avrà deciso	Loro avranno deciso

Trapassato Remoto

Io ebbi deciso	Noi avemmo deciso
Tu avesti deciso	Voi aveste deciso
Lui/Lei ebbe deciso	Loro ebbero deciso

CONDIZIONALE

Condizionale Presente

Io deciderei	Noi decideremmo
Tu decideresti	Voi decidereste
Lui/Lei deciderebbe	Loro deciderebbero

Condizionale Passato

Io avrei deciso	Noi avremmo deciso
Tu avresti deciso	Voi avreste deciso
Lui/Lei avrebbe deciso	Loro avrebbero deciso

CONGIUNTIVO

Congiuntivo Presente

Io decida	Noi decidiamo
Tu decida	Voi decidiate
Lui/Lei decida	Loro decidano

Congiuntivo Passato

Io abbia deciso	Noi abbiamo deciso
Tu abbia deciso	Voi abbiate deciso
Lui/Lei abbia deciso	Loro abbiano deciso

Congiuntivo Imperfetto

Io decidessi	Noi decidessimo
Tu decidessi	Voi decideste
Lui/Lei decidesse	Loro decidessero

Congiuntivo Trapassato

Io avessi deciso	Noi avessimo deciso
Tu avessi deciso	Voi aveste deciso
Lui/Lei avesse deciso	Loro avessero deciso

IMPERATIVO

(Tu) decidi!   (Lei) decida!   (Noi) decidiamo!   (Voi) decidete   (Loro) decidano!

Decideste di fare il viaggio con loro in Francia.
You all decided to make the trip with them to France.

Mentre decidevo cosa fare, telefonò la mamma.
While I was deciding what to do, Mom called.

Se avessero deciso di completare il libro, oggi sarebbero ricchi.
If they had decided to complete the book, today they would be rich.

DEDURRE *to deduct, to infer*

Inf. dedurre *Part. pres.* deducente *Part. pass.* dedotto *Ger.* deducendo

INDICATIVO

Presente		Imperfetto	
Io deduco	Noi deduciamo	Io deducevo	Noi deducevamo
Tu deduci	Voi deducete	Tu deducevi	Voi deducevate
Lui/Lei deduce	Loro deducono	Lui/Lei deduceva	Loro deducevano

Passato Prossimo		Trapassato Prossimo	
Io ho dedotto	Noi abbiamo dedotto	Io avevo dedotto	Noi avevamo dedotto
Tu hai dedotto	Voi avete dedotto	Tu avevi dedotto	Voi avevate dedotto
Lui/Lei ha dedotto	Loro hanno dedotto	Lui/Lei aveva dedotto	Loro avevano dedotto

Futuro		Passato Remoto	
Io dedurrò	Noi dedurremo	Io dedussi	Noi deducemmo
Tu dedurrai	Voi dedurrete	Tu deducesti	Voi deduceste
Lui/Lei dedurrà	Noi dedurranno	Lui/Lei dedusse	Loro dedussero

Futuro Anteriore		Trapassato Remoto	
Io avrò dedotto	Noi avremo dedotto	Io ebbi dedotto	Noi avemmo dedotto
Tu avrai dedotto	Voi avrete dedotto	Tu avesti dedotto	Voi aveste dedotto
Lui/Lei avrà dedotto	Loro avranno dedotto	Lui/Lei ebbe dedotto	Loro ebbero dedotto

CONDIZIONALE

Condizionale Presente		Condizionale Passato	
Io dedurrei	Noi dedurremmo	Io avrei dedotto	Noi avremmo dedotto
Tu dedurresti	Voi dedurreste	Tu avresti dedotto	Voi avreste dedotto
Lui/Lei dedurrebbe	Loro dedurrebbero	Lui/Lei avrebbe dedotto	Loro avrebbero dedotto

CONGIUNTIVO

Congiuntivo Presente		Congiuntivo Passato	
Io deduca	Noi deduciamo	Io abbia dedotto	Noi abbiamo dedotto
Tu deduca	Voi deduciate	Tu abbia dedotto	Voi abbiate dedotto
Lui/Lei deduca	Loro deducano	Lui/Lei abbia dedotto	Loro abbiano dedotto

Congiuntivo Imperfetto		Congiuntivo Trapassato	
Io deducessi	Noi deducessimo	Io avessi dedotto	Noi avessimo dedotto
Tu deducessi	Voi deduceste	Tu avessi dedotto	Voi aveste dedotto
Lui/Lei deducesse	Loro deducessero	Lui/Lei avesse dedotto	Loro avessero dedotto

IMPERATIVO

(Tu) deduci!   (Lei) deduca!   (Noi) deduciamo!   (Voi) deducete!   (Loro) deducano!

Posso dedurre molto da quello che ha detto.
I can infer a lot from what he said.

Dedurranno una cifra dai fondi per riparare il tetto.
They will deduct an amount from the funds to repair the roof.

Abbiamo dedotto che era un po' matto dal suo comportamento.
We deduced that he was a little crazy from his behavior.

Inf. definire   *Part. pres.* definente   *Part. pass.* definito   *Ger.* definendo

INDICATIVO

Presente

Io definisco	Noi definiamo
Tu definisci	Voi definite
Lui/Lei definisce	Loro definiscono

Imperfetto

Io definivo	Noi definivamo
Tu definivi	Voi definivate
Lui/Lei definiva	Loro definivano

Passato Prossimo

Io ho definito	Noi abbiamo definito
Tu hai definito	Voi avete definito
Lui/Lei ha definito	Loro hanno definito

Trapassato Prossimo

Io avevo definito	Noi avevamo definito
Tu avevi definito	Voi avevate definito
Lui/Lei aveva definito	Loro avevano definito

Futuro

Io definirò	Noi definiremo
Tu definirai	Voi definirete
Lui/ Lei definirà	Loro definiranno

Passato Remoto

Io definii	Noi definimmo
Tu definisti	Voi definiste
Lui/Lei definì	Loro definirono

Futuro Anteriore

Io avrò definito	Noi avremo definito
Tu avrai definito	Voi avrete definito
Lui/Lei avrà definito	Loro avranno definito

Trapassato Remoto

Io ebbi definito	Noi avemmo definito
Tu avesti definito	Voi aveste definito
Lui/Lei ebbe definito	Loro ebbero definito

CONDIZIONALE

Condizionale Presente

Io definirei	Noi definiremmo
Tu definiresti	Voi definireste
Lui/Lei definirebbe	Loro definirebbero

Condizionale Passato

Io avrei definito	Noi avremmo definito
Tu avresti definito	Voi avreste definito
Lui/Lei avrebbe definito	Loro avrebbero definito

CONGIUNTIVO

Congiuntivo Presente

Io definisca	Noi definiamo
Tu definisca	Voi definiate
Lui/Lei definisca	Loro definiscano

Congiuntivo Passato

Io abbia definito	Noi abbiamo definito
Tu abbia definito	Voi abbiate definito
Lui/Lei abbia definito	Loro abbiano definito

Congiuntivo Imperfetto

Io definissi	Noi definissimo
Tu definissi	Voi definiste
Lui/Lei definisse	Loro definissero

Congiuntivo Trapassato

Io avessi definito	Noi avessimo definito
Tu avessi definito	Voi aveste definito
Lui/Lei avesse definito	Loro avessero definito

IMPERATIVO

(Tu) definisci!   (Lei) definisca!   (Noi) definiamo!   (Voi) definite!   (Loro) definiscano!

Non sapevo definire i miei dubbi.
I didn't know how to explain my doubts.

Le parole sconosciute si definiscono nel vocabolario.
Unknown words are defined in the dictionary.

Definirà i parametri prima di affrontare il problema.
He will set up the parameters before dealing with the problem.

D DEPORRE *to put down, to overthrow*

Inf. deporre *Part. pres.* deponente *Part. pass.* deposto *Ger.* deponendo

INDICATIVO

Presente

Io depongo	Noi deponiamo
Tu deponi	Voi deponete
Lui/Lei depone	Loro depongono

Imperfetto

Io deponevo	Noi deponevamo
Tu deponevi	Voi deponevate
Lui/Lei deponeva	Loro deponevano

Passato Prossimo

Io ho deposto	Noi abbiamo deposto
Tu hai deposto	Voi avete deposto
Lui/Lei ha deposto	Loro hanno deposto

Trapassato Prossimo

Io avevo deposto	Noi avevamo deposto
Tu avevi deposto	Voi avevate deposto
Lui/Lei aveva deposto	Loro avevano deposto

Futuro

Io deporrò	Noi deporremo
Tu deporrai	Voi deporrete
Lui/Lei deporrà	Loro deporranno

Passato Remoto

Io deposi	Noi deponemmo
Tu deponesti	Voi deponeste
Lui/Lei depose	Loro deposero

Futuro Anteriore

Io avrò deposto	Noi avremo deposto
Tu avrai deposto	Voi avrete deposto
Lui/Lei avrà deposto	Loro avranno deposto

Trapassato Remoto

Io ebbi deposto	Noi avemmo deposto
Tu avesti deposto	Voi aveste deposto
Lui/Lei ebbe deposto	Loro ebbero deposto

CONDIZIONALE

Condizionale Presente

Io deporrei	Noi deporremmo
Tu deporresti	Voi deporreste
Lui/Lei deporrebbe	Loro deporrebbero

Condizionale Passato

Io avrei deposto	Noi avremmo deposto
Tu avresti deposto	Voi avreste deposto
Lui/Lei avrebbe deposto	Loro avrebbero deposto

CONGIUNTIVO

Congiuntivo Presente

Io deponga	Noi deponiamo
Tu deponga	Voi deponiate
Lui/Lei deponga	Loro depongano

Congiuntivo Passato

Io abbia deposto	Noi abbiamo deposto
Tu abbia deposto	Voi abbiate deposto
Lui/Lei abbia deposto	Loro abbiano deposto

Congiuntivo Imperfetto

Io deponessi	Noi deponessimo
Tu deponessi	Voi deponeste
Lui/Lei deponesse	Lor deponessero

Congiuntivo Trapassato

Io avessi deposto	Noi avessimo deposto
Tu avessi deposto	Voi aveste deposto
Lui/Lei avesse deposto	Loro avessero deposto

IMPERATIVO

(Tu) deponi! (Lei) deponga! (Noi) deponiamo! (Voi) deponete! (Loro) depongano!

Loro deposero i pacchi nel camion.
They placed the packages in the truck.

Lei deporrà in tribunale domani mattina.
She will testify tomorrow in court.

I cittadini hanno deposto il regime.
The citizens overthrew the regime.

Inf. descrivere   *Part. pres.* descrivente   *Part. pass.* descritto   *Ger.* descrivendo

INDICATIVO

Presente

Io descrivo	Noi descriviamo
Tu descrivi	Voi descrivete
Lui/Lei descrive	Loro descrivono

Imperfetto

Io descrivevo	Noi descrivevamo
Tu descrivevi	Voi descrivevate
Lui/Lei descriveva	Loro descrivevano

Passato Prossimo

Io ho descritto	Noi abbiamo descritto
Tu hai descritto	Voi avete descritto
Lui/Lei ha descritto	Loro hanno descritto

Trapassato Prossimo

Io avevo descritto	Noi avevamo descritto
Tu avevi descritto	Voi avevate descritto
Lui/Lei aveva descritto	Loro avevano descritto

Futuro

Io descriverò	Noi descriveremo
Tu descriverai	Voi descriverete
Lui/Lei descriverà	Loro descriveranno

Passato Remoto

Io descrissi	Noi descrivemmo
Tu descrivesti	Voi descriveste
Lui/Lei descrisse	Loro descrissero

Futuro Anteriore

Io avrò descritto	Noi avremo descritto
Tu avrai descritto	Voi avrete descritto
Lui/Lei avrà descritto	Loro avranno descritto

Trapassato Remoto

Io ebbi descritto	Noi avemmo descritto
Tu avesti descritto	Voi aveste descritto
Lui/Lei ebbe descritto	Loro ebbero descritto

CONDIZIONALE

Condizionale Presente

Io descriverei	Noi descriveremmo
Tu descriveresti	Voi descrivereste
Lui/Lei descriverebbe	Loro descriverebbero

Condizionale Passato

Io avrei descritto	Noi avremmo descritto
Tu avresti descritto	Voi avreste descritto
Lui/Lei avrebbe descritto	Loro avrebbero descritto

CONGIUNTIVO

Congiuntivo Presente

Io descriva	Noi descriviamo
Tu descriva	Voi descriviate
Lui/Lei descriva	Loro descrivano

Congiuntivo Passato

Io abbia descritto	Noi abbiamo descritto
Tu abbia descritto	Voi abbiate descritto
Lui/Lei abbia descritto	Loro abbiano descritto

Congiuntivo Imperfetto

Io descrivessi	Noi descrivessimo
Tu descrivessi	Voi descriveste
Lui/Lei descrivesse	Loro descrivessero

Congiuntivo Trapassato

Io avessi descritto	Noi avessimo descritto
Tu avessi descritto	Voi aveste descritto
Lui/Lei avesse descritto	Loro avessero descritto

IMPERATIVO

(Tu) descrivi!   (Lei) descriva!   (Noi) descriviamo!   (Voi) descrivete!   (Loro) descrivano!

Mi ha descritto casa sua in campagna.
He described his house in the country to me.

Descrissero sommariamente il piano da seguire.
They sketched out the plan to be followed.

L'autore avrebbe descritto il libro, se non fosse stata cancellata la riunione.
The author would have described the book, if the event hadn't been cancelled.

Inf. desiderare   *Part. pres.* desiderante   *Part. pass.* desiderato   *Ger.* desiderando

INDICATIVO

Presente

Io desidero	Noi desideriamo
Tu desideri	Voi desiderate
Lui/Lei desidera	Loro desiderano

Imperfetto

Io desideravo	Noi desideravamo
Tu desideravi	Voi desideravate
Lui/Lei desiderava	Loro desideravano

Passato Prossimo

Io ho desiderato	Noi abbiamo desiderato
Tu hai desiderato	Voi avete desiderato
Lui/Lei ha desiderato	Loro hanno desiderato

Trapassato Prossimo

Io avevo desiderato	Noi avevamo desiderato
Tu avevi desiderato	Voi avevate desiderato
Lui/Lei aveva desiderato	Loro avevano desiderato

Futuro

Io desidererò	Noi desidereremo
Tu desidererai	Voi desidererete
Lui/Lei desidererà	Loro desidereranno

Passato Remoto

Io desiderai	Noi desiderammo
Tu desiderasti	Voi desideraste
Lui/Lei desiderò	Loro desiderarono

Futuro Anteriore

Io avrò desiderato	Noi avremo desiderato
Tu avrai desiderato	Voi avrete desiderato
Lui/Lei avrà desiderato	Loro avranno desiderato

Trapassato Remoto

Io ebbi desiderato	Noi avemmo desiderato
Tu avesti desiderato	Voi aveste desiderato
Lui/Lei ebbe desiderato	Loro ebbero desiderato

CONDIZIONALE

Condizionale Presente

Io desidererei	Noi desidereremmo
Tu desidereresti	Voi desiderereste
Lui/Lei desidererebbe	Loro desidererebbero

Condizionale Passato

Io avrei desiderato	Noi avremmo desiderato
Tu avresti desiderato	Voi avreste desiderato
Lui/Lei avrebbe desiderato	Loro avrebbero desiderato

CONGIUNTIVO

Congiuntivo Presente

Io desideri	Noi desideriamo
Tu desideri	Voi desideriate
Lui/Lei desideri	Loro desiderino

Congiuntivo Passato

Io abbia desiderato	Noi abbiamo desiderato
Tu abbia desiderato	Voi abbiate desiderato
Lui/Lei abbia desiderato	Loro abbiano desiderato

Congiuntivo Imperfetto

Io desiderassi	Noi desiderassimo
Tu desiderassi	Voi desideraste
Lui/Lei desiderasse	Loro desiderassero

Congiuntivo Trapassato

Io avessi desiderato	Noi avessimo desiderato
Tu avessi desiderato	Voi aveste desiderato
Lui/Lei avesse desiderato	Loro avessero desiderato

IMPERATIVO

(Tu) desidera!   (Lei) desideri!   (Noi) desideriamo!   (Voi) desiderate!   (Loro) desiderino!

Che cosa desidererebbe?
What would you like?

Desidereremmo andare in spiaggia oggi.
We would like to go to the beach today.

Lascia molto a desiderare.
It leaves a lot to be desired.

DICHIARARE   *to declare, to assert, to state*

Inf. dichiarare   *Part. pres.* dichiarante   *Part. pass.* dichiarato   *Ger.* dichiarando

INDICATIVO

Presente

Io dichiaro	Noi dichiariamo
Tu dichiari	Voi dichiarate
Lui/Lei dichiara	Loro dichiarano

Imperfetto

Io dichiaravo	Noi dichiaravamo
Tu dichiaravi	Voi dichiaravate
Lui/Lei dichiarava	Loro dichiaravano

Passato Prossimo

Io ho dichiarato	Noi abbiamo dichiarato
Tu hai dichiarato	Voi avete dichiarato
Lui/Lei ha dichiarato	Loro hanno dichiarato

Trapassato Prossimo

Io avevo dichiarato	Noi avevamo dichiarato
Tu avevi dichiarato	Voi avevate dichiarato
Lui/Lei aveva dichiarato	Loro avevano dichiarato

Futuro

Io dichiarerò	Noi dichiareremo
Tu dichiarerai	Voi dichiarerete
Lui/Lei dichiarerà	Loro dichiareranno

Passato Remoto

Io dichiarai	Noi dichiarammo
Tu dichiarasti	Voi dichiaraste
Lui/Lei dichiarò	Loro dichiararono

Futuro Anteriore

Io avrò dichiarato	Noi avremo dichiarato
Tu avrai dichiarato	Voi avrete dichiarato
Lui/Lei avrà dichiarato	Loro avranno dichiarato

Trapassato Remoto

Io ebbi dichiarato	Noi avemmo dichiarato
Tu avesti dichiarato	Voi aveste dichiarato
Lui/Lei ebbe dichiarato	Loro ebbero dichiarato

CONDIZIONALE

Condizionale Presente

Io dichiarerei	Noi dichiareremmo
Tu dichiareresti	Voi dichiarereste
Lui/Lei dichiarerebbe	Loro dichiarerebbero

Condizionale Passato

Io avrei dichiarato	Noi avremmo dichiarato
Tu avresti dichiarato	Voi avreste dichiarato
Lui/Lei avrebbe dichiarato	Loro avrebbero dichiarato

CONGIUNTIVO

Congiuntivo Presente

Io dichiari	Noi dichiariamo
Tu dichiari	Voi dichiariate
Lui/Lei dichiari	Loro dichiarino

Congiuntivo Passato

Io abbia dichiarato	Noi abbiamo dichiarato
Tu abbia dichiarato	Voi abbiate dichiarato
Lui/Lei abbia dichiarato	Loro abbiano dichiarato

Congiuntivo Imperfetto

Io dichiarassi	Noi dichiarassimo
Tu dichiarassi	Voi dichiaraste
Lui/Lei dichiarasse	Loro dichiarassero

Congiuntivo Trapassato

Io avessi dichiarato	Noi avessimo dichiarato
Tu avessi dichiarato	Voi aveste dichiarato
Lui/Lei avesse dichiarato	Loro avessero dichiarato

IMPERATIVO

(Tu) dichiara!   (Lei) dichiari!   (Noi) dichiariamo!   (Voi) dichiarate!   (Loro) dichiarino!

Lui dichiarava sempre di non aver torto.
He always stated that he was not wrong.

Il presidente dichiarerà che non ha una soluzione alla crisi.
The president will declare that he doesn't have a solution to the crisis.

Lui le dichiarò il proprio amore.
He declared his love to her.

DIMAGRIRE *to become thinner, to lose weight*

Inf. dimagrire *Part. pres.* dimagrente *Part. pass.* dimagrito *Ger.* dimagrendo

INDICATIVO

Presente		Imperfetto	
Io dimagrisco	Noi dimagriamo	Io dimagrivo	Noi dimagrivamo
Tu dimagrisci	Voi dimagrite	Tu dimagrivi	Voi dimagrivate
Lui/Lei dimagrisce	Loro dimagriscono	Lui/Lei dimagriva	Loro dimagrivano

Passato Prossimo		Trapassato Prossimo	
Io sono dimagrito/a	Noi siamo dimagriti/e	Io ero dimagrito/a	Noi eravamo dimagriti/e
Tu sei dimagrito/a	Voi siete dimagriti/e	Tu eri dimagrito/a	Voi eravate dimagriti/e
Lui è dimagrito/a	Loro sono dimagriti/e	Lui/Lei era dimagrito/a	Loro erano dimagriti/e

Futuro		Passato Remoto	
Io dimagrirò	Noi dimagriremo	Io dimagrii	Noi dimagrimmo
Tu dimagrirai	Voi dimagrirete	Tu dimagristi	Voi dimagriste
Lui/Lei dimagrirà	Loro dimagriranno	Lui/Lei dimagrì	Loro dimagrirono

Futuro Anteriore		Trapassato Remoto	
Io sarò dimagrito/a	Noi saremo dimagriti/e	Io fui dimagrito/a	Noi fummo dimagriti/e
Tu sarai dimagrito/a	Voi sarete dimagriti/e	Tu fosti dimagrito/a	Voi foste dimagriti/e
Lui/Lei sarà dimagrito/a	Loro saranno dimagriti/e	Lui/Lei fu dimagrito/a	Loro furono dimagriti/e

CONDIZIONALE

Condizionale Presente		Condizionale Passato	
Io dimagrirei	Noi dimagriremmo	Io sarei dimagrito/a	Noi saremmo dimagriti/e
Tu dimagriresti	Voi dimagrireste	Tu saresti dimagrito/a	Voi sareste dimagriti/e
Lui/Lei dimagrirebbe	Loro dimagrirebbero	Lui/Lei sarebbe dimagrito/a	Loro sarebbero dimagriti/e

CONGIUNTIVO

Congiuntivo Presente		Congiuntivo Passato	
Io dimagrisca	Noi dimagriamo	Io sia dimagrito/a	Noi siamo dimagriti/e
Tu dimagrisca	Voi dimagriate	Tu sia dimagrito/a	Voi siate dimagriti/e
Lui/Lei dimagrisca	Loro dimagriscano	Lui sia dimagrito/a	Loro siano dimagriti/e

Congiuntivo Imperfetto		Congiuntivo Trapassato	
Io dimagrissi	Noi dimagrissimo	Io fossi dimagrito/a	Noi fossimo dimagriti/e
Tu dimagrissi	Voi dimagriste	Tu fossi dimagrito/a	Voi foste dimagriti/e
Lui/Lei dimagrisse	Loro dimagrissero	Lui/Lei fosse dimagrito/a	Loro fossero dimagriti/e

IMPERATIVO

(Tu) dimagrisci! (Lei) dimagrisca! (Noi) dimagriamo! (Voi) dimagrite! (Loro) dimagriscano!

Io ero dimagrita 10 chili l'estate scorsa.
I had lost 10 kilos last summer.

Noi siamo dimagriti sui fianchi.
We have lost weight on our hips.

Sarà molto difficile che lui dimagrisca.
It will be very difficult for him to lose weight.

DIMENTICARE   *to forget*

Inf. dimenticare   *Part. pres.* dimenticante   *Part. pass.* dimenticato   *Ger.* dimenticando

INDICATIVO

Presente

Io dimentico	Noi dimentichiamo
Tu dimentichi	Voi dimenticate
Lui/Lei dimentica	Loro dimenticano

Imperfetto

Io dimenticavo	Noi dimenticavamo
Tu dimenticavi	Voi dimenticavate
Lui/Lei dimenticava	Loro dimenticavano

Passato Prossimo

Io ho dimenticato	Noi abbiamo dimenticato
Tu hai dimenticato	Voi avete dimenticato
Lui/Lei ha dimenticato	Loro hanno dimenticato

Trapassato Prossimo

Io avevo dimenticato	Noi avevamo dimenticato
Tu avevi dimenticato	Voi avevate dimenticato
Lui/Lei aveva dimenticato	Loro avevano dimenticato

Futuro

Io dimenticherò	Noi dimenticheremo
Tu dimenticherai	Voi dimenticherete
Lui/Lei dimenticherà	Loro dimenticheranno

Passato Remoto

Io dimenticai	Noi dimenticammo
Tu dimenticasti	Voi dimenticaste
Lui/Lei dimenticò	Loro dimenticarono

Futuro Anteriore

Io avrò dimenticato	Noi avremo dimenticato
Tu avrai dimenticato	Voi avrete dimenticato
Lui/Lei avrà dimenticato	Loro avranno dimenticato

Trapassato Remoto

Io ebbi dimenticato	Noi avemmo dimenticato
Tu avesti dimenticato	Voi aveste dimenticato
Lui/Lei ebbe dimenticato	Loro ebbero dimenticato

CONDIZIONALE

Condizionale Presente

Io dimenticherei	Noi dimenticheremmo
Tu dimenticheresti	Voi dimentichereste
Lui/Lei dimenticherebbe	Loro dimenticherebbero

Condizionale Passato

Io avrei dimenticato	Noi avremmo dimenticato
Tu avresti dimenticato	Voi avreste dimenticato
Lui/Lei avrebbe dimenticato	Loro avrebbero dimenticato

CONGIUNTIVO

Congiuntivo Presente

Io dimentichi	Noi dimentichiamo
Tu dimentichi	Voi dimentichiate
Lui/Lei dimentichi	Loro dimentichino

Congiuntivo Passato

Io abbia dimenticato	Noi abbiamo dimenticato
Tu abbia dimenticato	Voi abbiate dimenticato
Lui/Lei abbia dimenticato	Loro abbiano dimenticato

Congiuntivo Imperfetto

Io dimenticassi	Noi dimenticassimo
Tu dimenticassi	Voi dimenticaste
Lui/Lei dimenticasse	Loro dimenticassero

Congiuntivo Trapassato

Io avessi dimenticato	Noi avessimo dimenticato
Tu avessi dimenticato	Voi aveste dimenticato
Lui/Lei avesse dimenticato	Loro avessero dimenticato

IMPERATIVO

(Tu) dimentica!   (Lei) dimentichi!   (Noi) dimentichiamo   (Voi) dimenticate!   (Loro) dimentichino!

Dimenticherei volentieri quella brutta esperienza.
I would gladly forget that awful experience.

Se non avesse dimenticato le chiavi, saremmo potuti entrare in casa adesso.
If he hadn't forgotten the keys, we would have been able to enter the house now.

Non dimenticherà mai il suo primo amore.
He will never forget his first love.

DIMETTERSI *to resign, to quit*

Inf. dimettersi *Part. pres.* dimettentesi *Part. pass.* dimessosi *Ger.* dimettendosi

INDICATIVO

Presente

Io mi dimetto	Noi ci dimettiamo
Tu ti dimetti	Voi vi dimettete
Lui/Lei si dimette	Loro si dimettono

Imperfetto

Io mi dimettevo	Noi ci dimettevamo
Tu ti dimettevi	Voi vi dimettevate
Lui/Lei si dimetteva	Loro si dimettevano

Passato Prossimo

Io mi sono dimesso/a	Noi ci siamo dimessi/e
Tu ti sei dimesso/a	Voi vi siete dimessi/e
Lui/Lei si è dimesso/a	Loro si sono dimessi/e

Trapassato Prossimo

Io mi ero dimesso/a	Noi ci eravamo dimessi/e
Ti ti eri dimesso/a	Voi vi eravate dimessi/e
Lui/Lei si era dimesso/a	Loro si erano dimessi/e

Futuro

Io mi dimetterò	Noi ci dimetteremo
Tu ti dimetterai	Voi vi dimetterete
Lui/Lei si dimetterà	Loro si dimetteranno

Passato Remoto

Io mi dimisi	Noi ci dimettemmo
Tu ti dimettesti	Voi vi dimetteste
Lui/Lei si dimise	Loro si dimisero

Futuro Anteriore

Io mi sarò dimesso/a	Noi ci saremo dimessi/e
Tu ti sarai dimesso/a	Voi vi sarete dimessi/e
Lui/Lei si sarà dimesso/a	Loro si saranno dimessi/e

Trapassato Remoto

Io mi fui dimesso/a	Noi ci fummo dimessi/e
Tu ti fosti dimesso/a	Voi vi foste dimessi/e
Lui/Lei si fu dimesso/a	Loro si furono dimessi/e

CONDIZIONALE

Condizionale Presente

Io mi dimetterei	Noi ci dimetteremmo
Tu ti dimetteresti	Voi vi dimettereste
Lui/Lei si dimetterebbe	Loro si dimetterebbero

Condizionale Passato

Io mi sarei dimesso/a	Noi ci saremmo dimessi/e
Tu ti saresti dimesso/a	Voi vi sareste dimessi/e
Lui/Lei si sarebbe dimesso/a	Loro si sarebbero dimessi/e

CONGIUNTIVO

Congiuntivo Presente

Io mi dimetta	Noi ci dimettiamo
Tu ti dimetta	Voi vi dimettiate
Lui/Lei si dimetta	Loro si dimettano

Congiuntivo Passato

Io mi sia dimesso/a	Noi ci siamo dimessi/e
Tu ti sia dimesso/a	Voi vi siate dimessi/e
Lui/Lei si sia dimesso/a	Loro si siano dimessi/e

Congiuntivo Imperfetto

Io mi dimettessi	Noi ci dimettessimo
Tu ti dimettessi	Voi vi dimetteste
Lui/Lei si dimettesse	Loro si dimettessero

Congiuntivo Trapassato

Io mi fossi dimesso/a	Noi ci fossimo dimessi/e
Tu ti fossidimesso/a	Voi vi foste dimessi/e
Lui/Lei si fosse dimesso/a	Loro si fossero dimessi/e

IMPERATIVO

(Tu) dimettiti! (Lei) si dimetta! (Noi) dimettiamoci! (Voi) dimettetevi! (Loro) si dimettano!

Mi dimetterò tra tre settimane.
I will resign in three weeks.

Si dimise per colpa di uno scandalo.
He resigned due to a scandal.

Mi dimetto perché non ce la faccio più.
I'm quitting because I can't take it anymore.

DIPINGERE   *to paint*

Inf. dipingere   *Part. pres.* dipingente   *Part. pass.* dipinto   *Ger.* dipingendo

INDICATIVO

Presente

Io dipingo	Noi dipingiamo
Tu dipingi	Voi dipingete
Lui/Lei dipinge	Loro dipingono

Imperfetto

Io dipingevo	Noi dipingevamo
Tu dipingevi	Voi dipingevate
Lui/Lei dipingeva	Loro dipingevano

Passato Prossimo

Io ho dipinto	Noi abbiamo dipinto
Tu hai dipinto	Voi avete dipinto
Lui/Lei ha dipinto	Loro hanno dipinto

Trapassato Prossimo

Io avevo dipinto	Noi avevamo dipinto
Tu avevi dipinto	Voi avevate dipinto
Lui/Lei aveva dipinto	Loro avevano dipinto

Futuro

Io dipingerò	Noi dipingeremo
Tu dipingerai	Voi dipingerete
Lui/Lei dipingerà	Loro dipingeranno

Passato Remoto

Io dipinsi	Noi dipingemmo
Tu dipingesti	Voi dipingeste
Lui/Lei dipinse	Loro dipinsero

Futuro Anteriore

Io avrò dipinto	Noi avremo dipinto
Tu avrai dipinto	Voi avrete dipinto
Lui/Lei avrà dipinto	Loro avranno dipinto

Trapassato Prossimo

Io ebbi dipinto	Noi avemmo dipinto
Tu avesti dipinto	Voi aveste dipinto
Lui/Lei ebbe dipinto	Loro ebbero dipinto

CONDIZIONALE

Condizionale Presente

Io dipingerei	Noi dipingeremmo
Tu dipingeresti	Voi dipingereste
Lui/Lei dipingerebbe	Loro dipingerebbero

Condizionale Passato

Io avrei dipinto	Noi avremmo dipinto
Tu avresti dipinto	Voi avreste dipinto
Lui/Lei avrebbe dipinto	Loro avrebbero dipinto

CONGIUNTIVO

Congiuntivo Presente

Io dipinga	Noi dipingiamo
Tu dipinga	Voi dipingiate
Lui/Lei dipinga	Loro dipingano

Congiuntivo Passato

Io abbia dipinto	Noi abbiamo dipinto
Tu abbia dipinto	Voi abbiate dipinto
Lui/Lei abbia dipinto	Loro abbiano dipinto

Congiuntivo Imperfetto

Io dipingessi	Noi dipingessimo
Tu dipingessi	Voi dipingeste
Lui/Lei dipingesse	Loro dipingessero

Congiuntivo Trapassato

Io avessi dipinto	Noi avessimo dipinto
Tu avessi dipinto	Voi aveste dipinto
Lui/Lei avesse dipinto	Loro avessero dipinto

IMPERATIVO

(Tu) dipingi!   (Lei) dipinga!   (Noi) dipingiamo!   (Voi) dipingete!   (Loro) dipingano!

Mentre dipingevo arrivò mia moglie.
While I was painting, my wife arrived.

Leonardo dipinse molto, ma fece anche tante altre cose.
Leonardo painted a lot, but he also did a lot of other things.

Durante le vacanze dipingeremo in molte città italiane.
During our vacation, we will paint in many Italian cities.

Inf. diplomarsi   *Part. pres.* diplomantesi   *Part. pass.* diplomatosi   *Ger.* diplomandosi

INDICATIVO

Presente		Imperfetto	
Io mi diplomo	Noi ci diplomiamo	Io mi diplomavo	Noi ci diplomavamo
Tu ti diplomi	Voi vi diplomate	Tu ti diplomavi	Voi vi diplomavate
Lui/Lei si diploma	Loro si diplomano	Lui/Lei si diplomava	Loro si diplomavano

Passato Prossimo		Trapassato Prossimo	
Io mi sono diplomato/a	Noi ci siamo diplomati/e	Io mi ero diplomato/a	Noi ci eravamo diplomati/e
Tu ti sei diplomato/a	Voi vi siete diplomati/e	Tu ti eri diplomato/a	Voi vi eravate diplomati/e
Lui/Lei si è diplomato/a	Loro si sono diplomati/e	Lui/Lei si era diplomato/a	Loro si erano diplomati/e

Futuro		Passato Remoto	
Io mi diplomerò	Noi ci diplomeremo	Io mi diplomai	Noi ci diplomammo
Tu ti diplomerai	Voi vi diplomerete	Tu ti diplomasti	Voi vi diplomaste
Lui/Lei si diplomerà	Loro si diplomeranno	Lui/Lei si diplomò	Loro si diplomarono

Futuro Anteriore		Trapassato Remoto	
Io mi sarò diplomato/a	Noi ci saremo diplomati/e	Io mi fui diplomato/a	Noi ci fummo diplomati/e
Tu ti sarai diplomato/a	Voi vi sarete diplomati/e	Tu ti fosti diplomato/a	Voi vi foste diplomati/e
Lui/Lei si sarà diplomato/a	Loro si saranno diplomati/e	Lui/Lei si fu diplomato/a	Loro si furono diplomati/e

CONDIZIONALE

Condizionale Presente		Condizionale Passato	
Io mi diplomerei	Noi ci diplomeremmo	Io mi sarei diplomato/a	Noi ci saremmo diplomati/e
Tu ti diplomeresti	Voi vi diplomereste	Tu ti saresti diplomato/a	Voi vi sareste diplomati/e
Lui/Lei si diplomerebbe	Loro si diplomerebbero	Lui/Lei si sarebbe diplomato/a	Loro si sarebbero diplomati/e

CONGIUNTIVO

Congiuntivo Presente		Congiuntivo Passato	
Io mi diplomi	Noi ci diplomiamo	Io mi sia diplomato/a	Noi ci siamo diplomati/e
Tu ti diplomi	Voi vi diplomiate	Tu ti sia diplomato/a	Voi vi siate diplomati/e
Lui/Lei si diplomi	Loro si diplomino	Lui/Lei si sia diplomato/a	Loro si siano diplomati/e

Congiuntivo Imperfetto		Congiuntivo Trapassato	
Io mi diplomassi	Noi ci diplomassimo	Io mi fossi diplomato/a	Noi ci fossimo diplomati/e
Tu ti diplomassi	Voi vi diplomaste	Tu ti fossi diplomato/a	Voi vi foste diplomati/e
Lui/Lei si diplomasse	Loro si diplomassero	Lui/Lei si fosse diplomato/a	Loro si fossero diplomati/e

IMPERATIVO

(Tu) diplomati!   (Lei) si diplomi!   (Noi) diplomiamoci!   (Voi) diplomatevi!   (Loro) si diplomino!

Loro si sono diplomati a un liceo classico.
They graduated from a humanities high school.

Si diplomarono nel 1915 a Firenze.
They graduated from high school in 1915 in Florence.

Diplomandomi, ho pensato a tutte le ore di studio intrapreso.
When graduating, I thought about all the hours of study undergone.

DIRE   *to say, to tell*

Inf. dire   *Part. pres.* dicente   *Part. pass.* detto   *Ger.* dicendo

INDICATIVO

Presente

Io dico	Noi diciamo
Tu dici	Voi dite
Lui/Lei dice	Loro dicono

Imperfetto

Io dicevo	Noi dicevamo
Tu dicevi	Voi dicevate
Lui/Lei diceva	Loro dicevano

Passato Prossimo

Io ho detto	Noi abbiamo detto
Tu hai detto	Voi avete detto
Lui/Lei ha detto	Loro hanno detto

Trapassato Prossimo

Io avevo detto	Noi avevamo detto
Tu avevi detto	Voi avevate detto
Lui/Lei aveva detto	Loro avevano detto

Futuro

Io dirò	Noi diremo
Tu dirai	Voi direte
Lui/Lei dirà	Loro diranno

Passato Remoto

Io dissi	Noi dicemmo
Tu dicesti	Voi diceste
Lui/Lei disse	Loro dissero

Futuro Anteriore

Io avrò detto	Noi avremo detto
Tu avrai detto	Voi avrete detto
Lui/Lei avrà detto	Loro avranno detto

Trapassato Remoto

Io ebbi detto	Noi avemmo detto
Tu avesti detto	Voi aveste detto
Lui/Lei ebbe detto	Loro ebbero detto

CONDIZIONALE

Condizionale Presente

Io direi	Noi diremmo
Tu diresti	Voi direste
Lui/Lei direbbe	Loro direbbero

Condizionale Passato

Io avrei detto	Noi avremmo detto
Tu avresti detto	Voi avreste detto
Lui/Lei avrebbe detto	Loro avrebbero detto

CONGIUNTIVO

Congiuntivo Presente

Io dica	Noi diciamo
Tu dica	Voi diciate
Lui/Lei dica	Loro dicano

Congiuntivo Passato

Io abbia detto	Noi abbiamo detto
Tu abbia detto	Voi abbiate detto
Lui/Lei abbia detto	Loro abbiano detto

Congiuntivo Imperfetto

Io dicessi	Noi dicessimo
Tu dicessi	Voi diceste
Lui/Lei dicesse	Loro dicessero

Congiuntivo Trapassato

Io avessi detto	Noi avessimo detto
Tu avessi detto	Voi aveste detto
Lui/Lei avesse detto	Loro avessero detto

IMPERATIVO

(Tu) dì!   (Lei) dica!   (Noi) diciamo!   (Voi) dite!   (Loro) dicano!

Mi hanno detto che lui era malato.
They told me he was sick.

Qualcosa mi dice che non verrà.
Something tells me he won't come.

Non dissi di essere un esperto.
I didn't say I was an expert.

DISCUTERE *to discuss, to debate*

Inf. discutere *Part. pres.* discutente *Part. pass.* discusso *Ger.* discutendo

INDICATIVO

Presente

Io discuto	Noi discutiamo
Tu discuti	Voi discutete
Lui/Lei discute	Loro discutono

Imperfetto

Io discutevo	Noi discutevamo
Tu discutevi	Voi discutevate
Lui/Lei discuteva	Loro discutevano

Passato Prossimo

Io ho discusso	Noi abbiamo discusso
Tu hai discusso	Voi avete discusso
Lui/Lei ha discusso	Loro hanno discusso

Trapassato Prossimo

Io avevo discusso	Noi avevamo discusso
Tu avevi discusso	Voi avevate discusso
Lui/Lei aveva discusso	Loro avevano discusso

Futuro

Io discuterò	Noi discuteremo
Tu discuterai	Voi discuterete
Lui/Lei discuterà	Loro discuteranno

Passato Remoto

Io discussi	Noi discutemmo
Tu discutesti	Voi discuteste
Lui/Lei discusse	Loro discussero

Futuro Anteriore

Io avrò discusso	Noi avremo discusso
Tu avrai discusso	Voi avrete discusso
Lui/Lei avrà discusso	Loro avranno discusso

Trapassato Remoto

Io ebbi discusso	Noi avemmo discusso
Tu avesti discusso	Voi aveste discusso
Lui/Lei ebbe discusso	Loro ebbero discusso

CONDIZIONALE

Condizionale Presente

Io discuterei	Noi discuteremmo
Tu discuteresti	Voi discutereste
Lui/Lei discuterebbe	Loro discuterebbero

Condizionale Passato

Io avrei discusso	Noi avremmo discusso
Tu avresti discusso	Voi avreste discusso
Lui/Lei avrebbe discusso	Loro avrebbero discusso

CONGIUNTIVO

Congiuntivo Presente

Io discuta	Noi discutiamo
Tu discuta	Voi discutiate
Lui/Lei discuta	Loro discutano

Congiuntivo Passato

Io abbia discusso	Noi abbiamo discusso
Tu abbia discusso	Voi abbiate discusso
Lui/Lei abbia discusso	Loro abbiano discusso

Congiuntivo Imperfetto

Io discutessi	Noi discutessimo
Tu discutessi	Voi discuteste
Lui/Lei discutesse	Loro discutessero

Congiuntivo Trapassato

Io avessi discusso	Noi avessimo discusso
Tu avessi discusso	Voi aveste discusso
Lui/Lei avesse discusso	Loro avessero discusso

IMPERATIVO

(Tu) discuti! (Lei) discuta! (Noi) discutiamo! (Voi) discutete! (Loro) discutano!

Discussero una proposta di legge in Parlamento.
They debated a bill in parliament.

La sua abilità non si discute.
Her competence is not in question.

Non c'era niente di cui discutere.
There was nothing to discuss.

DISEGNARE   *to draw, to design*

Inf. disegnare   *Part. pres.* disegnante   *Part. pass.* disegnato   *Ger.* disegnando

INDICATIVO

Presente

Io disegno	Noi disegniamo
Tu disegni	Voi disegnate
Lui/Lei disegna	Loro disegnano

Imperfetto

Io disegnavo	Noi disegnavamo
Tu disegnavi	Voi disegnavate
Lui/Lei disegnava	Loro disegnavano

Passato Prossimo

Io ho disegnato	Noi abbiamo disegnato
Tu hai disegnato	Voi avete disegnato
Lui/Lei ha disegnato	Loro hanno disegnato

Trapassato Prossimo

Io avevo disegnato	Noi avevamo disegnato
Tu avevi disegnato	Voi avevate disegnato
Lui/Lei aveva disegnato	Loro avevano disegnato

Futuro

Io disegnerò	Noi disegneremo
Tu disegnerai	Voi disegnerete
Lui/Lei disegnerà	Loro disegneranno

Passato Remoto

Io disegnai	Noi disegnammo
Tu disegnasti	Voi disegnaste
Lui/Lei disegnò	Loro disegnarono

Futuro Anteriore

Io avrò disegnato	Noi avremo disegnato
Tu avrai disegnato	Voi avrete disegnato
Lui/Lei avrà disegnato	Loro avranno disegnato

Trapassato Remoto

Io ebbi disegnato	Noi avemmo disegnato
Tu avesti disegnato	Voi aveste disegnato
Lui/Lei ebbe disegnato	Loro ebbero disegnato

CONDIZIONALE

Condizionale Presente

Io disegnerei	Noi disegneremmo
Tu disegneresti	Voi disegnereste
Lui/Lei disegnerebbe	Loro disegnerebbero

Condizionale Passato

Io avrei disegnato	Noi avremmo disegnato
Tu avresti disegnato	Voi avreste disegnato
Lui/Lei avrebbe disegnato	Loro avrebbero disegnato

CONGIUNTIVO

Congiuntivo Presente

Io disegni	Noi disegniamo
Tu disegni	Voi disegniate
Lui/Lei disegni	Loro disegnino

Congiuntivo Passato

Io abbia disegnato	Noi abbiamo disegnato
Tu abbia disegnato	Voi abbiate disegnato
Lui/Lei abbia disegnato	Loro abbiano disegnato

Congiuntivo Imperfetto

Io disegnassi	Noi disegnassimo
Tu disegnassi	Voi disegnaste
Lui/Lei disegnasse	Loro disegnassero

Congiuntivo Trapassato

Io avessi disegnato	Noi avessimo disegnato
Tu avessi disegnato	Voi aveste disegnato
Lui/Lei avesse disegnato	Loro avessero disegnato

IMPERATIVO

(Tu) disegna!   (Lei) disegni!   (Noi) disegniamo!   (Voi) disegnate!   (Loro) disegnino!

Ogni giorno nel parco disegnava a mano libera.
He drew freehand in the park every day.

Lei voleva disegnara delle cucine come lavoro.
She wanted to design kitchens as a career.

In classe ho disegnato bene, ma a casa era un'altra storia.
I drew well in class, but it was another story at home.

Inf. disfare *Part. pres.* disfacente *Part. pass.* disfatto *Ger.* disfacendo

INDICATIVO

Presente

Io disfaccio	Noi disfacciamo
Tu disfai	Voi disfate
Lui/Lei disfa	Loro disfano

Imperfetto

Io disfacevo	Noi disfacevamo
Tu disfacevi	Voi disfacevate
Lui disfaceva	Loro disfacevano

Passato Prossimo

Io ho disfatto	Noi abbiamo disfatto
Tu hai disfatto	Voi avete disfatto
Lui/Lei ha disfatto	Loro hanno disfatto

Trapassato Prossimo

Io avevo disfatto	Noi avevamo disfatto
Tu avevi disfatto	Voi avevate disfatto
Lui/Lei aveva disfatto	Loro avevano disfatto

Futuro

Io disfarò	Noi disfaremo
Tu disfarai	Voi disfarete
Lui/Lei disfarà	Loro disfaranno

Passato Remoto

Io disfeci	Noi disfacemmo
Tu disfacesti	Voi disfaceste
Lui/Lei disfece	Loro disfecero

Futuro Anteriore

Io avrò disfatto	Noi avremo disfatto
Tu avrai disfatto	Voi avrete disfatto
Lui/Lei avrà disfatto	Loro avranno disfatto

Trapassato Remoto

Io ebbi disfatto	Noi avemmo disfatto
Tu avesti disfatto	Voi aveste disfatto
Lui/Lei ebbe disfatto	Loro ebbero disfatto

CONDIZIONALE

Condizionale Presente

Io disfarei	Noi disfaremmo
Tu disfaresti	Voi disfareste
Lui/Lei disfarebbe	Loro disfarebbero

Condizionale Passato

Io avrei disfatto	Noi avremmo disfatto
Tu avresti disfatto	Voi avreste disfatto
Lui/Lei avrebbe disfatto	Loro avrebbero disfatto

CONGIUNTIVO

Congiuntivo Presente

Io disfaccia	Noi disfacciamo
Tu disfaccia	Voi disfacciate
Lui/Lei disfaccia	Loro disfacciano

Congiuntivo Passato

Io abbia disfatto	Noi abbiamo disfatto
Tu abbia disfatto	Voi abbiate disfatto
Lui/Lei abbia disfatto	Loro abbiano disfatto

Congiuntivo Imperfetto

Io disfacessi	Noi disfacessimo
Tu disfacessi	Voi disfaceste
Lui/Lei disfacesse	Loro disfacessero

Congiuntivo Trapassato

Io avessi disfatto	Noi avessimo disfatto
Tu avessi disfatto	Voi aveste disfatto
Lui/Lei avesse disfatto	Loro avessero disfatto

IMPERATIVO

(Tu) disfa!   (Lei) disfaccia!   (Noi) disfacciamo!   (Voi) disfate!   (Loro) disfacciano!

Ho disfatto tutto il golf perché avevo saltato dei punti.
I unraveled the whole sweater because I had dropped some stitches.

Avrebbero disfatto tutto se non fosse stato per lui.
They would have undone everything, if it hadn't been for him.

Roberto disfece la valigia dopo il viaggio.
Roberto unpacked after the trip.

DISTRARRE   *to distract*

D

Inf. distrarre   *Part. pres.* distraente   *Part. pass.* distratto   *Ger.* distraendo

INDICATIVO

Presente

Io distraggo	Noi distraiamo
Tu distrai	Voi distraete
Lui/Lei distrae	Loro distraggono

Imperfetto

Io distraevo	Noi distraevamo
Tu distraevi	Voi distraevate
Lui/Lei distraeva	Loro distraevano

Passato Prossimo

Io ho distratto	Noi abbiamo distratto
Tu hai distratto	Voi avete distratto
Lui/Lei ha distratto	Loro hanno distratto

Trapassato Prossimo

Io avevo distratto	Noi avevamo distratto
Tu avevi distratto	Voi avevate distratto
Lui/Lei aveva distratto	Loro avevano distratto

Futuro

Io distrarrò	Noi distrarremo
Tu distrarrai	Voi distrarrete
Lui/Lei distrarrà	Loro distrarranno

Passato Remoto

Io distrassi	Noi distraemmo
Tu distraesti	Voi distraeste
Lui/Lei distrasse	Loro distrassero

Futuro Anteriore

Io avrò distratto	Noi avremo distratto
Tu avrai distratto	Voi avrete distratto
Lui/Lei avrà distratto	Loro avranno distratto

Trapassato Remoto

Io ebbi distratto	Noi avemmo distratto
Tu avesti distratto	Voi aveste distratto
Lui/Lei ebbe distratto	Loro ebbero distratto

CONDIZIONALE

Condizionale Presente

Io distrarrei	Noi distrarremmo
Tu distrarresti	Voi distrarreste
Lui/Lei distrarrebbe	Loro distrarrebbero

Condizionale Passato

Io avrei distratto	Noi avremmo distratto
Tu avresti distratto	Voi avreste distratto
Lui/Lei avrebbe distratto	Loro avrebbero distratto

CONGIUNTIVO

Congiuntivo Presente

Io distragga	Noi distraiamo
Tu distragga	Voi distraiate
Lui/Lei distragga	Loro distraggano

Congiuntivo Passato

Io abbia distratto	Noi abbiamo distratto
Tu abbia distratto	Voi abbiate distratto
Lui/Lei abbia distratto	Loro abbiano distratto

Congiuntivo Imperfetto

Io distraessi	Noi distraessimo
Tu distraessi	Voi distraeste
Lui/Lei distraesse	Loro distraessero

Congiuntivo Trapassato

Io avessi distratto	Noi avessimo distratto
Tu avessi distratto	Voi aveste distratto
Lui/Lei avesse distratto	Loro avessero distratto

IMPERATIVO

(Tu) distrai!   (Lei) distragga!   (Noi) distraiamo!   (Voi) distraete!   (Loro) distraggano!

Ci distrassero dal lavoro con le loro chiacchiere.
They distracted us from our work with their chattering.

Sta distraendo la gente con delle canzoni tradizionali.
He is distracting the people with some traditional songs.

Signora, non li distragga con i suoi discorsi!
Madam, don't distract them with your speech!

Inf. disturbare *Part. pres.* disturbante *Part. pass.* disturbato *Ger.* disturbando

INDICATIVO

Presente

Io disturbo	Noi disturbiamo
Tu disturbi	Voi disturbate
Lui/Lei disturba	Loro disturbano

Imperfetto

Io disturbavo	Noi disturbavamo
Tu disturbavi	Voi disturbavate
Lui/Lei disturbava	Loro disturbavano

Passato Prossimo

Io ho disturbato	Noi abbiamo disturbato
Tu hai disturbato	Voi avete disturbato
Lui/Lei ha disturbato	Loro hanno disturbato

Trapassato Prossimo

Io avevo disturbato	Noi avevamo disturbato
Tu avevi disturbato	Voi avevate disturbato
Lui/Lei aveva disturbato	Loro avevano disturbato

Futuro

Io disturberò	Noi disturberemo
Tu disturberai	Voi disturberete
Lui/Lei disturberà	Loro disturberanno

Passato Remoto

Io disturbai	Noi disturbammo
Tu disturbasti	Voi disturbaste
Lui/Lei disturbò	Loro disturbarono

Futuro Anteriore

Io avrò disturbato	Noi avremo disturbato
Tu avrai disturbato	Voi avrete disturbato
Lui/Lei avrà disturbato	Loro avranno disturbato

Trapassato Remoto

Io ebbi disturbato	Noi avemmo disturbato
Tu avesti disturbato	Voi aveste disturbato
Lui/Lei ebbe disturbato	Loro ebbero disturbato

CONDIZIONALE

Condizionale Presente

Io disturberei	Noi disturberemmo
Tu disturberesti	Voi disturbereste
Lui/Lei disturberebbe	Loro disturberebbero

Condizionale Passato

Io avrei disturbato	Noi avremmo disturbato
Tu avresti disturbato	Voi avreste disturbato
Lui/Lei avrebbe disturbato	Loro avrebbero disturbato

CONGIUNTIVO

Congiuntivo Presente

Io disturbi	Noi disturbiamo
Tu disturbi	Voi disturbiate
Lui/Lei disturbi	Loro disturbino

Congiuntivo Passato

Io abbia disturbato	Noi abbiamo disturbato
Tu abbia disturbato	Voi abbiate disturbato
Lui/Lei abbia disturbato	Loro abbiano disturbato

Congiuntivo Imperfetto

disturbassi	Noi disturbassimo
Tu disturbassi	Voi disturbaste
Lui/Lei disturbasse	Loro disturbassero

Congiuntivo Trapassato

Io avessi disturbato	Noi avessimo disturbato
Tu avessi disturbato	Voi aveste disturbato
Lui/Lei avesse disturbato	Loro avessero disturbato

IMPERATIVO

(Tu) disturba! (Lei) disturbi! (Noi) disturbiamo! (Voi) disturbate! (loro) disturbino!

Quel cane ha disturbato tutto il quartiere.
That dog disturbed the entire neighborhood.

Non mi disturbate mentre studio!
Don't disturb me while I study!

In biblioteca, per non disturbare, è meglio non parlare.
So as not to disturb in the library, it is better not to talk.

Inf. diventare *Part. pres.* diventante *Part. pass.* diventato *Ger.* diventando

INDICATIVO

Presente

Io divento	Noi diventiamo
Tu diventi	Voi diventate
Lui/Lei diventa	Loro diventano

Imperfetto

Io diventavo	Noi diventavamo
Tu diventavi	Voi diventavate
Lui/Lei diventava	Loro diventavano

Passato Prossimo

Io sono diventato/a	Noi siamo diventati/e
Tu sei diventato/a	Voi siete diventati/e
Lui/Lei è diventato/a	Loro sono diventati/e

Trapassato Prossimo

Io ero diventato/a	Noi eravamo diventati/e
Tu eri diventato/a	Voi eravate diventati/e
Lui/Lei era diventato/a	Loro erano diventati/e

Futuro

Io diventerò	Noi diventeremo
Tu diventerai	Voi diventerete
Lui/Lei diventerà	Loro diventeranno

Passato Remoto

Io diventai	Noi diventammo
Tu diventasti	Voi diventaste
Lui/Lei diventò	Loro diventarono

Futuro Anteriore

Io sarò diventato/a	Noi saremo diventati/e
Tu sarai diventato/a	Voi sarete diventati/e
Lui/Lei sarà diventato/a	Loro saranno diventati/e

Trapassato Remoto

Io fui diventato/a	Noi fummo diventati/e
Tu fosti diventato/a	Voi foste diventati/e
Lui/Lei fu diventato/a	Loro furono diventati/e

CONDIZIONALE

Condizionale Presente

Io diventerei	Noi diventeremmo
Tu diventeresti	Voi diventereste
Lui/Lei diventerebbe	Loro diventerebbero

Condizionale Passato

Io sarei diventato/a	Noi saremmo diventati/e
Tu saresti diventato/a	Voi sareste diventati/e
Lui/Lei sarebbe diventato/a	Loro sarebbero diventati/e

CONGIUNTIVO

Congiuntivo Presente

Io diventi	Noi diventiamo
Tu diventi	Voi diventiate
Lui/Lei diventi	Loro diventino

Congiuntivo Passato

Io sia diventato/a	Noi siamo diventati/e
Tu sia diventato/a	Voi siate diventati/e
Lui/Lei sia diventato/a	Loro siano diventati/e

Congiuntivo Imperfetto

Io diventassi	Noi diventassimo
Tu diventassi	Voi diventaste
Lui/Lei diventasse	Loro diventassero

Congiuntivo Trapassato

Io fossi diventato/a	Noi fossimo diventati/e
Tu fossi diventato/a	Voi foste diventati/e
Lui/Lei fosse diventato/a	Loro fossero diventati/e

IMPERATIVO

(Tu) diventa! (Lei) diventi! (Noi) diventiamo! (Voi) diventate! (Loro) diventino!

Lei voleva diventare uno specialista dopo gli studi avanzati.
She wanted to become a specialist after her advanced studies.

La sua voce diventò più aspra.
Her voice hardened.

Se fosse andato in palestra, non sarebbe così debole adesso.
If he had gone to the gym, he wouldn't be so weak now.

DIVERTIRSI *to enjoy (oneself), to have fun*

Inf. divertirsi *Part. pres.* divertentesi *Part. pass.* divertitosi *Ger.* divertendosi

INDICATIVO

Presente

Io mi diverto	Noi ci divertiamo
Tu ti diverti	Voi vi divertite
Lui/Lei si diverte	Loro si divertono

Imperfetto

Io mi divertivo	Noi ci divertivamo
Tu ti divertivi	Voi vi divertivate
Lui/Lei si divertiva	Loro si divertivano

Passato Prossimo

Io mi sono divertito/a	Noi ci siamo divertiti/e
Tu ti sei divertito/a	Voi vi siete divertiti/e
Lui/Lei si è divertito/a	Loro si sono divertiti/e

Trapassato Prossimo

Io mi ero divertito/a	Noi ci eravamo divertiti/e
Tu ti eri divertito/a	Voi vi eravate divertiti/e
Lui/Lei si era divertito/a	Loro si erano divertiti/e

Futuro

Io mi divertirò	Noi ci divertiremo
Tu ti divertirai	Voi vi divertirete
Lui/Lei si divertirà	Loro si divertiranno

Passato Remoto

Io mi divertii	Noi ci divertimmo
Tu ti divertisti	Voi vi divertiste
Lui/Lei si divertì	Loro si divertirono

Futuro Anteriore

Io mi sarò divertito/a	Noi ci saremo divertiti/e
Tu ti sarai divertito/a	Voi vi sarete divertiti/e
Lui/Lei si sarà divertito/a	Loro si saranno divertiti/e

Trapassato Remoto

Io mi fui divertito/a	Noi ci fummo divertiti/e
Tu ti fosti divertito/a	Voi vi foste divertiti/e
Lui/Lei si fu divertito/a	Loro si furono divertiti/e

CONDIZIONALE

Condizionale Presente

Io mi divertirei	Noi ci divertiremmo
Tu ti divertiresti	Voi vi divertireste
Lui/Lei si divertirebbe	Loro si divertirebbero

Condizionale Passato

Io mi sarei divertito/a	Noi ci saremmo divertiti/e
Tu ti saresti divertito/a	Voi vi sareste divertiti/e
Lui/Lei si sarebbe divertito/a	Loro si sarebbero divertiti/e

CONGIUNTIVO

Congiuntivo Presente

Io mi diverta	Noi ci divertiamo
Tu ti diverta	Voi vi divertiate
Lui/Lei si diverta	Loro si divertano

Congiuntivo Passato

Io mi sia divertito/a	Noi ci siamo divertiti/e
Tu ti sia divertito/a	Voi vi siate divertiti/e
Lui/Lei si sia divertito/a	Loro si siano divertiti/e

Congiuntivo Imperfetto

Io mi divertissi	Noi ci divertissimo
Tu ti divertissi	Voi vi divertiste
Lui/Lei si divertisse	Loro si divertissero

Congiuntivo Trapassato

Io mi fossi divertito/a	Noi ci fossimo divertiti/e
Tu ti fossi divertito/a	Voi vi foste divertiti/e
Lui/Lei si fosse divertito/a	Loro si fossero divertiti/e

IMPERATIVO

(Tu) divertiti!   (Lei) si diverta!   (Noi) divertiamoci!   (Voi) divertitevi   (Loro) si divertano!

Noi ci siamo divertiti alla festa di Daniela ieri sera.
We had fun last night at Danielle's party.

Sono ricchi e si divertono a fare la bella vita.
They are rich and they enjoy leading the beautiful life.

Pensavo che voi vi foste divertiti in Francia.
I thought you had enjoyed yourselves in France.

Inf. divorziare   *Part. pres.* divorziante   *Part. pass.* divorziato   *Ger.* divorziando

INDICATIVO

Presente

Io divorzio	Noi divorziamo		
Tu divorzi	Voi divorziate		
Lui/Lei divorzia	Loro divorziano		

Imperfetto

Io divorziavo	Noi divorziavamo
Tu divorziavi	Voi divorziavate
Lui/Lei divorziava	Loro divorziavano

Passato Prossimo

Io ho divorziato	Noi abbiamo divorziato
Tu hai divorziato	Voi avete divorziato
Lui/Lei ha divorziato	Loro hanno divorziato

Trapassato Prossimo

Io avevo divorziato	Noi avevamo divorziato
Tu avevi divorziato	Voi avevate divorziato
Lui/Lei aveva divorziato	Loro avevano divorziato

Futuro

Io divorzierò	Noi divorzieremo
Tu divorzierai	Voi divorzierete
Lui/Lei divorzierà	Loro divorzieranno

Passato Remoto

Io divorziai	Noi divorziammo
Tu divorziasti	Voi divorziaste
Lui/Lei divorziò	Loro divorziarono

Futuro Anteriore

Io avrò divorziato	Noi avremo divorziato
Tu avrai divorziato	Voi avrete divorziato
Lui/Lei avrà divorziato	Loro avranno divorziato

Trapassato Remoto

Io ebbi divorziato	Noi avemmo divorziato
Tu avesti divorziato	Voi aveste divorziato
Lui/Lei ebbe divorziato	Loro ebbero divorziato

CONDIZIONALE

Condizionale Presente

Io divorzierei	Noi divorzieremmo
Tu divorzieresti	Voi divorziereste
Lui/Lei divorzierebbe	Loro divorzierebbero

Condizionale Passato

Io avrei divorziato	Noi avremmo divorziato
Tu avresti divorziato	Voi avreste divorziato
Lui/Lei avrebbe divorziato	Loro avrebbero divorziato

CONGIUNTIVO

Congiuntivo Presente

Io divorzi	Noi divorziamo
Tu divorzi	Voi divorziate
Lui/Lei divorzi	Loro divorzino

Congiuntivo Passato

Io abbia divorziato	Noi abbiamo divorziato
Tu abbia divorziato	Voi abbiate divorziato
Lui/Lei abbia divorziato	Loro abbiano divorziato

Congiuntivo Imperfetto

Io divorziassi	Noi divorziassimo
Tu divorziassi	Voi divorziaste
Lui/Lei divorziasse	Loro divorziassero

Congiuntivo Trapassato

Io avessi divorziato	Noi avessimo divorziato
Tu avessi divorziato	Voi aveste divorziato
Lui/Lei avesse divorziato	Loro avessero divorziato

IMPERATIVE

(Tu) divorzia!   (Lei) divorzi!   (Noi) divorziamo!   (Voi) divorziate!   (Loro) divorzino!

Avrò già divorziato da mio marito l'anno prossimo.
I will have already divorced my husband by next year.

Pensa che abbiano già divorziato.
She thinks they have already divorced.

Divorzieremmo, se non fosse per i bambini.
We would get a divorce, if it weren't for the children.

Inf. domandare *Part. pres.* domandante *Part. pass.* domandato *Ger.* domandando

INDICATIVO

Presente

Io domando	Noi domandiamo
Tu domandi	Voi domandate
Lui/Lei domanda	Loro domandano

Imperfetto

Io domandavo	Noi domandavamo
Tu domandavi	Voi domandavate
Lui/Lei domandava	Loro domandavano

Passato Prossimo

Io ho domandato	Noi abbiamo domandato
Tu hai domandato	Voi avete domandato
Lui/Lei ha domandato	Loro hanno domandato

Trapassato Prossimo

Io avevo domandato	Noi avevamo domandato
Tu avevi domandato	Voi avevate domandato
Lui/Lei aveva domandato	Loro avevano domandato

Futuro

Io domanderò	Noi domanderemo
Tu domanderai	Voi domanderete
Lui/Lei domanderà	Loro domanderanno

Passato Remoto

Io domandai	Noi domandammo
Tu domandasti	Voi domandaste
Lui/Lei domandò	Loro domandarono

Futuro Anteriore

Io avrò domandato	Noi avremo domandato
Tu avrai domandato	Voi avrete domandato
Lui avrà domandato	Loro avranno domandato

Trapassato Remoto

Io ebbi domandato	Noi avemmo domandato
Tu avesti domandato	Voi aveste domandato
Lui/Lei ebbe domandato	Loro ebbero domandato

CONDIZIONALE

Condizionale Presente

Io domanderei	Noi domanderemmo
Tu domanderesti	Voi domandereste
Lui/Lei domanderebbe	Loro domanderebbero

Condizionale Passato

Io avrei domandato	Noi avremmo domandato
Tu avresti domandato	Voi avreste domandato
Lui/Lei avrebbe domandato	Loro avrebbero domandato

CONGIUNTIVO

Congiuntivo Presente

Io domandi	Noi domandiamo
Tu domandi	Voi domandiate
Lui/Lei domandi	Loro domandino

Congiuntivo Passato

Io abbia domandato	Noi abbiamo domandato
Tu abbia domandato	Voi abbiate domandato
Lui/Lei abbia domandato	Loro abbiano domandato

Congiuntivo Imperfetto

Io domandassi	Noi domandassimo
Tu domandassi	Voi domandaste
Lui/Lei domandasse	Loro domandassero

Congiuntivo Trapassato

Io avessi domandato	Noi avessimo domandato
Tu avessi domandato	Voi aveste domandato
Lui/Lei avesse domandato	Loro avessero domandato

IMPERATIVO

(Tu) domanda! (lei) domandi! (Noi) domandiamo! (Voi) domandate! (Loro) domandino!

I passeggeri hanno domandato che cosa fosse successo.
The passengers asked what had happened.

È possibile che abbiano domandato che strada prendere?
Is it possible that they have asked what road to take?

Io domanderei la spiegazione alla professoressa se avessi l'opportunità.
I would ask the professor for an explanation, if I had the opportunity.

Inf. dormire   *Part. pres.* dormente   *Part. pass.* dormito   *Ger.* dormendo

INDICATIVO

Presente

Io dormo	Noi dormiamo
Tu dormi	Voi dormite
Lui/Lei dorme	Loro dormono

Imperfetto

Io dormivo	Noi dormivamo
Tu dormivi	Voi dormivate
Lei/Lui dormiva	Loro dormivano

Passato Prossimo

Io ho dormito	Noi abbiamo dormito
Tu hai dormito	Voi avete dormito
Lui/Lei ha dormito	Loro hanno dormito

Trapassato Prossimo

Io avevo dormito	Noi avevamo dormito
Tu avevi dormito	Voi avevate dormito
Lei/Lei aveva dormito	loro avevano dormito

Futuro

Io dormirò	Noi dormiremo
Tu dormirai	Voi dormirete
Lui/Lei dormirà	Loro dormiranno

Passato Remoto

Io dormii	Noi dormimmo
Tu dormisti	Voi dormiste
Lui/Lei dormì	Loro dormirono

Futuro Anteriore

Io avrò dormito	Noi avremo dormito
Tu avrai dormito	Voi avrete dormito
Lui/Lei avrà dormito	Loro avranno dormito

Trapassato Remoto

Io ebbi dormito	Noi avemmo dormito
Tu avesti dormito	Voi aveste dormito
Lui ebbe dormito	Loro ebbero dormito

CONDIZIONALE

Condizionale Presente

Io dormirei	Noi dormiremmo
Tu dormiresti	Voi dormireste
Lui/Lei dormirebbe	Loro dormirebbero

Condizionale Passato

Io avrei dormito	Noi avremmo dormito
Tu avresti dormito	Voi avreste dormito
Lui/Lei avrebbe dormito	Loro avrebbero dormito

CONGIUNTIVO

Congiuntivo Presente

Io dorma	Noi dormiamo
Tu dorma	Voi dormiate
Lui/Lei dorma	Loro dormano

Congiuntivo Passato

Io abbia dormito	Noi abbiamo dormito
Tu abbia dormito	Voi abbiate dormito
Lui/Lei abbia dormito	Loro abbiano dormito

Congiuntivo Imperfetti

Io dormissi	Noi dormissimo
Tu dormissi	Voi dormiste
Lui/Lei dormisse	Loro dormissero

Congiuntivo Trapassato

Io avessi dormito	Noi avessimo dormito
Tu avessi dormito	Voi aveste dormito
Lui/Lei avesse dormito	Loro avessero dormito

IMPERATIVO

(Tu) dormi!   (Lei) dorma!   (Noi) dormiamo!   (Voi) dormite)   (Loro) dormano!

Avrebbero dormito fino alle undici se fosse stato possibile.
They would have slept until 11AM, if it had been possible.

Quando vai a dormire?
When do you go to sleep?

Stavo dormendo quando mi hanno derubato.
I was sleeping when they robbed me.

Inf. dovere *Part. pres.* dovente *Part. pass.* dovuto *Ger.* dovendo

INDICATIVO

Presente

Io devo	Noi dobbiamo
Tu devi	Voi dovete
Lui/Lei deve	Loro devono

Imperfetto

Io dovevo	Noi dovevamo
Tu dovevi	Voi dovevate
Lui/Lei doveva	Loro dovevano

Passato Prossimo

io ho dovuto	Noi abbiamo dovuto
Tu hai dovuto	Voi avete dovuto
Lui/Lei ha dovuto	Loro hanno dovuto

Trapassato Prossimo

Io avevo dovuto	Noi avevamo dovuto
Tu avevi dovuto	Voi avevate dovuto
Lui/Lei aveva dovuto	Loro avevano dovuto

Futuro

Io dovrò	Noi dovremo
Tu dovrai	Voi dovrete
Lui/Lei dovrà	Loro dovranno

Passato Remoto

Io dovei	Noi dovemmo
Tu dovesti	Voi doveste
Lui/Lei dové	Loro doverono

Futuro Anteriore

Io avrò dovuto	Noi avremo dovuto
Tu avrai dovuto	Voi avrete dovuto
Lui/Lei avrà dovuto	Loro avranno dovuto

Trapassato Remoto

Io ebbi dovuto	Noi avemmo dovuto
Tu avesti dovuto	Voi aveste dovuto
Lui/Lei ebbe dovuto	Loro ebbero dovuto

CONDIZIONALE

Condizionale Presente

Io dovrei	Noi dovremmo
Tu dovresti	Voi dovreste
Lui/Lei dovrebbe	Loro dovrebbero

Condizionale Passato

Io avrei dovuto	Noi avremmo dovuto
Tu avresti dovuto	Voi avreste dovuto
Lui/Lei avrebbe dovuto	Loro avrebbero dovuto

CONGIUNTIVO

Congiuntivo Presente

Io debba	Noi dobbiamo
Tu debba	Voi dobbiate
Lui/Lei debba	Loro debbano

Congiuntivo Passato

Io abbia dovuto	Noi abbiamo dovuto
Tu abbia dovuto	Voi abbiate dovuto
Lui/Lei abbia dovuto	Loro abbiano dovuto

Congiuntivo Imperfetto

Io dovessi	Noi dovessimo
Tu dovessi	Voi doveste
Lui/Lei dovesse	Loro dovessero

Congiuntivo Trapassato

Io avessi dovuto	Noi avessimo dovuto
Tu avessi dovuto	Voi aveste dovuto
Lui/Lei avesse dovuto	Lor avessero dovuto

IMPERATIVO

(Tu) ---   (Lei) ---   (Noi) ---   (Voi) ---   (Loro) ---

Domani, dopo che avremo finito la cena, andremo a teatro.
After having eaten dinner tomorrow, we will go to the theater.

Doverono assolutamente completare il progetto.
They absolutely had to complete the project.

Dovresti cercare di mangiare meglio.
You should try to eat better.

DURARE *to last*

Inf. durare *Part. pres.* durante *Part. pass.* durato *Ger.* durando

INDICATIVO

Presente

Io duro	Noi duriamo
Tu duri	Voi durate
Lui/Lei dura	Loro durano

Imperfetto

Io duravo	Noi duravamo
Tu duravi	Voi duravate
Lui/Lei durava	Loro duravano

Passato Prossimo

Io ho durato	Noi abbiamo durato
Tu hai durato	Voi avete durato
Lui/Lei ha durato	Loro hanno durato

Trapassato Prossimo

Io avevo durato	Noi avevamo durato
Tu avevi durato	Voi avevate durato
Lui/Lei aveva durato	Loro avevano durato

Futuro

Io durerò	Noi dureremo
Tu durerai	Voi durerete
Lui/Lei durerà	Loro dureranno

Passato Remoto

Io durai	Noi durammo
Tu durasti	Voi duraste
Lui/Lei durò	Loro durarono

Futuro Anteriore

Io avrò durato	Noi avremo durato
Tu avrai durato	Voi avrete durato
Lui/Lei avrà durato	Loro avranno durato

Trapassato Remoto

Io ebbi durato	Noi avemmo durato
Tu avesti durato	Voi aveste durato
Lui/Lei ebbe durato	Loro ebbero durato

CONDIZIONALE

Condizionale Presente

Io durerei	Noi dureremmo
Tu dureresti	Voi durereste
Lui/Lei durerebbe	Loro durerebbero

Condizionale Passato

Io avrei durato	Noi avremmo durato
Tu avresti durato	Voi avreste durato
Lui/Lei avrebbe durato	Loro avrebbero durato

CONGIUNTIVO

Congiuntivo Presente

Io duri	Noi duriamo
Tu duri	Voi duriate
Lui/Lei duri	Loro durino

Congiuntivo Passato

Io abbia durato	Noi abbiamo durato
Tu abbia durato	Voi abbiate durato
Lui/Lei abbia durato	Loro abbiano durato

Congiuntivo Imperfetto

Io durassi	Noi durassimo
Tu durassi	Voi duraste
Lui/Lei durasse	Loro durassero

Congiuntivo Trapassato

Io avessi durato	Noi avessimo durato
Tu avessi durato	Voi aveste durato
Lui/Lei avesse durato	Loro avessero durato

IMPERATIVO

(Tu) dura! (Lei) duri! (Noi) duriamo! (Voi) durate! (Loro) durino!

Non hanno durato a lungo.
They did not last a long time.

Il viaggio durerà per due settimane.
The trip will last for two weeks.

Così non può durare!
Things cannot go on like this!

ELEGGERE *to elect, to choose*

Inf. eleggere *Part. pres.* eleggente *Part. pass.* eletto *Ger.* eleggendo

INDICATIVO

Presente

Io eleggo	Noi eleggiamo
Tu eleggi	Voi eleggete
Lui/Lei elegge	Loro eleggono

Imperfetto

Io eleggevo	Noi eleggevamo
Tu eleggevi	Voi eleggevate
Lui/Lei eleggeva	Loro eleggevano

Passato Prossimo

Io ho eletto	Noi abbiamo eletto
Tu hai eletto	Voi avete eletto
Lui/Lei ha eletto	Loro hanno eletto

Trapassato Prossimo

Io avevo eletto	Noi avevamo eletto
Tu avevi eletto	Voi avevate eletto
Lui/Lei aveva eletto	Loro avevano eletto

Futuro

Io eleggerò	Noi eleggeremo
Tu eleggerai	Voi eleggerete
Lui/Lei eleggerà	Loro eleggeranno

Passato Remoto

Io elessi	Noi eleggemmo
Tu eleggesti	Voi eleggeste
Lui/Lei elesse	Loro elessero

Futuro Anteriore

Io avrò eletto	Noi avremo eletto
Tu avrai eletto	Voi avrete eletto
Lui/Lei avrà eletto	Loro avranno eletto

Trapassato Remoto

Io ebbi eletto	Noi avemmo eletto
Tu avesti eletto	Voi aveste eletto
Lui/Lei ebbe eletto	Loro ebbero eletto

CONDIZIONALE

Condizionale Presente

Io eleggerei	Noi eleggeremmo
Tu eleggeresti	Voi eleggereste
Lui/Lei eleggerebbe	Loro eleggerebbero

Condizionale Passato

Io avrei eletto	Noi avremmo eletto
Tu avresti eletto	Voi avreste eletto
Lui/Lei avrebbe eletto	Loro avrebbero eletto

CONGIUNTIVO

Congiuntivo Presente

Io elegga	Noi eleggiamo
Tu elegga	Voi eleggiate
Lui/Lei elegga	Loro eleggano

Congiuntivo Passato

Io abbia eletto	Noi abbiamo eletto
Tu abbia eletto	Voi abbiate eletto
Lui/Lei abbia eletto	Loro abbiano eletto

Congiuntivo Imperfetto

Io eleggessi	Noi eleggessimo
Tu eleggessi	Voi eleggeste
Lui/Lei eleggesse	Loro eleggessero

Congiuntivo Trapassato

Io avessi eletto	Noi avessimo eletto
Tu avessi eletto	Voi aveste eletto
Lui/Lei avesse eletto	Loro avessero eletto

IMPERATIVO

(Tu) eleggi! (Lei) elegga! (Noi) eleggiamo! (Voi) eleggete! (Loro) eleggano!

Il primo Presidente della Repubblica italiana fu eletto nel 1948.
The first President of the Italian Republic was elected in 1948.

Ho votato per il candidato che è poi stato eletto.
I voted for the candidate who was then elected.

Il popolo vuole l'opportunità di poter eleggere il governo.
The people wanted the opportunity to be able to elect the government.

Inf. elencare   Part. pres. elencante   Part. pass. elencato   Ger. elencando

INDICATIVO

Presente

Io elenco	Noi elenchiamo
Tu elenchi	Voi elencate
Lui/Lei elenca	Loro elencano

Imperfetto

Io elencavo	Noi elencavamo
Tu elencavi	Voi elencavate
Lui/Lei elencava	Loro elencavano

Passato Prossimo

Io ho elencato	Noi abbiamo elencato
Tu hai elencato	Voi avete elencato
Lui/Lei ha elencato	Loro hanno elencato

Trapassato Prossimo

Io avevo elencato	Noi avevamo elencato
Tu avevi elencato	Voi avevate elencato
Lui/Lei aveva elencato	Loro avevano elencato

Futuro

Io elencherò	Noi elencheremo
Tu elencherai	Voi elencherete
Lui/Lei elencherà	Loro elencheranno

Passato Remoto

Io elencai	Noi elencammo
Tu elencasti	Voi elencaste
Lui/Lei elencò	Loro elencarono

Futuro Anteriore

Io avrò elencato	Noi avremo elencato
Tu avrai elencato	Voi avrete elencato
Lui/Lei avrà elencato	Loro avranno elencato

Trapassato Remoto

Io ebbi elencato	Noi avemmo elencato
Tu avesti elencato	Voi aveste elencato
Lui/Lei ebbe elencato	Loro ebbero elencato

CONDIZIONALE

Condizionale Presente

Io elencherei	Noi elencheremmo
Tu elencheresti	Voi elenchereste
Lui/Lei elencherebbe	Loro elencherebbero

Condizionale Passato

Io avrei elencato	Noi avremmo elencato
Tu avresti elencato	Voi avreste elencato
Lui/Lei avrebbe elencato	Loro avrebbero elencato

CONGIUNTIVO

Congiuntivo Presente

Io elenchi	Noi elenchiamo
Tu elenchi	Voi elenchiate
Lui/Lei elenchi	Loro elenchino

Congiuntivo Passato

Io abbia elencato	Noi abbiamo elencato
Tu abbia elencato	Voi abbiate elencato
Lui/Lei abbia elencato	Loro abbiano elencato

Congiuntivo Imperfetto

Io elencassi	Noi elencassimo
Tu elencassi	Voi elencaste
Lui/Lei elencasse	Loro elencassero

Congiuntivo Trapassato

Io avessi elencato	Noi avessimo elencato
Tu avessi elencato	Voi aveste elencato
Lui/Lei avesse elencato	Loro avessero elencato

IMPERATIVO

(Tu) elenca!   (Lei) elenchi!   (Noi) elenchiamo!   (Voi) elencate!   (Loro) elenchino!

Mi hanno chiesto di elencare tutte le provviste da comprare.
They asked me to list all the provisions to buy.

Ogni giorno elencavo i documenti dei pazienti da archiviare.
Every day I listed the patients' documents to be filed.

Il dottore chiese che lei elencasse i pazienti da visitare.
The doctor asked her to list the patients to be examined.

ELIMINARE   *to eliminate, to remove*

Inf. eliminare   *Part. pres.* eliminante   *Part. pass.* eliminato   *Ger.* eliminando

INDICATIVO

Presente

Io elimino	Noi eliminiamo
Tu elimini	Voi eliminate
Lui/Lei elimina	Loro eliminano

Imperfetto

Io eliminavo	Noi eliminavamo
Tu eliminavi	Voi eliminavate
Lui/Lei eliminava	Loro eliminavano

Passato Prossimo

Io ho eliminato	Noi abbiamo eliminato
Tu hai eliminato	Voi avete eliminato
Lui/Lei ha eliminato	Loro hanno eliminato

Trapassato Prossimo

Io avevo eliminato	Noi avevamo eliminato
Tu avevi eliminato	Voi avevate eliminato
Lui/Lei aveva eliminato	Loro avevano eliminato

Futuro

Io eliminerò	Noi elimineremo
Tu eliminerai	Voi eliminerete
Lui/Lei eliminerà	Loro elimineranno

Passato Remoto

Io eliminai	Noi eliminammo
Tu eliminasti	Voi eliminaste
Lui/Lei eliminò	Loro eliminarono

Futuro Anteriore

Io avrò eliminato	Noi avremo eliminato
Tu avrai eliminato	Voi avrete eliminato
Lui/Lei avrà eliminato	Loro avranno eliminato

Trapassato Remoto

Io ebbi eliminato	Noi avemmo eliminato
Tu avesti eliminato	Voi aveste eliminato
Lui/Lei ebbe eliminato	Loro ebbero eliminato

CONDIZIONALE

Condizionale Presente

Io eliminerei	Noi elimineremmo
Tu elimineresti	Voi eliminereste
Lui/Lei eliminerebbe	Loro eliminerebbero

Condizionale Passato

Io avrei eliminato	Noi avremmo eliminato
Tu avresti eliminato	Voi avreste eliminato
Lui/Lei avrebbe eliminato	Loro avrebbero eliminato

CONGIUNTIVO

Congiuntivo Presente

Io elimini	Noi eliminiamo
Tu elimini	Voi eliminiate
Lui/Lei elimini	Loro eliminino

Congiuntivo Passato

Io abbia eliminato	Noi abbiamo eliminato
Tu abbia eliminato	Voi abbiate eliminato
Lui/lei abbia eliminato	Loro abbiano eliminato

Congiuntivo Imperfetto

Io eliminassi	Noi eliminassimo
Tu eliminassi	Voi eliminaste
Lui/Lei eliminasse	Loro eliminassero

Congiuntivo Trapassato

Io avessi eliminato	Noi avessimo eliminato
Tu avessi eliminato	Voi aveste eliminato
Lui/Lei avesse eliminato	Loro avessero eliminato

IMPERATIVO

(Tu) elimina!   (Lei) elimini!   (Noi) eliminiamo   (Voi) eliminate   (Loro) eliminino

---

Eliminerete 100 posti di lavoro a causa della crisi economica?
Will you all be eliminating 100 jobs due to the economic crisis?

Penso che abbiano eliminato tanti libri dalla biblioteca.
I think that they removed a lot of books from the library.

Mentre eliminavamo lo sporco dal frigo, abbiamo trovato delle formiche.
While we were removing the dirt from the fridge, we found ants.

Inf. emergere   *Part. pres.* emergente   *Part. pass.* emerso   *Ger.* emergendo

INDICATIVO

Presente

Io emergo	Noi emergiamo
Tu emergi	Voi emergete
Lui/Lei emerge	Loro emergono

Imperfetto

Io emergevo	Noi emergevamo
Tu emergevi	Voi emergevate
Lui/Lei emergeva	Loro emergevano

Passato Prossimo

Io sono emerso/a	Noi siamo emersi/e
Tu sei emerso/a	Voi siete emersi/e
Lui/Lei è emerso/a	Loro sono emersi/e

Trapassato Prossimo

Io ero emerso/a	Noi eravamo emersi/e
Tu eri emerso/a	Voi eravate emersi/e
Lui/Lei era emerso/a	Loro erano emersi/e

Futuro

Io emergerò	Noi emergeremo
Tu emergerai	Voi emergerete
Lui/Lei emergerà	Loro emergeranno

Passato Remoto

Io emersi	Noi emergemmo
Tu emergesti	Voi emergeste
Lui/Lei emerse	Loro emersero

Futuro Anteriore

Io sarò emerso/a	Noi saremo emersi/e
Tu sarai emerso/a	Voi sarete emersi/e
Lui/Lei sarà emerso/a	Loro saranno emersi/e

Trapassato Remoto

Io fui emerso/a	Noi fummo emersi/e
Tu fosti emerso/a	Voi foste emersi/e
Lui/Lei fu emerso/a	Loro furono emersi/e

CONDIZIONALE

Condizionale Presente

Io emergerei	Noi emergeremmo
Tu emergeresti	Voi emergereste
Lui/Lei emergerebbe	Loro emergerebbero

Condizionale Passato

Io sarei emerso/a	Noi saremmo emersi/e
Tu saresti emerso/a	Voi sareste emersi/e
Lui/Lei sarebbe emerso/a	Loro sarebbero emersi/e

CONGIUNTIVO

Congiuntivo Presente

Io emerga	Noi emergiamo
Tu emerga	Voi emergete
Lui/Lei emerga	Loro emergano

Congiuntivo Passato

Io sia emerso/a	Noi siamo emersi/e
Tu sia emerso/a	Voi siate emersi/e
Lui/Lei sia emerso/a	Loro siano emersi/e

Congiuntivo Imperfetto

Io emergessi	Noi emergessimo
Tu emergessi	Voi emergeste
Lui/Lei emergesse	Loro emergessero

Congiuntivo Trapassato

Io fossi emerso/a	Noi fossimo emersi/e
Tu fossi emerso/a	Voi foste emersi/e
Lui/Lei fosse emerso/a	Loro fossero emersi/e

IMPERATIVO

(Tu) emergi!   (Lei) emerga!   (Noi) emergiamo   (Voi) emergete!   (Loro) emergano!

Lui emerse dalla macchina senza ferite.
He emerged from the car without injuries.

Dal loro rapporto è emerso che non erano adatti uno per l'altra.
From their relationship, it surfaced that they were not right for each other.

Emergevano dal buio in modo molto minaccioso.
They emerged from the dark in a very threatening way.

Inf. emettere *Part. pres.* emettente *Part. pass.* emesso *Ger.* emettendo

INDICATIVO

Presente

Io emetto	Noi emettiamo
Tu emetti	Voi emettete
Lui/Lei emette	Loro emettono

Imperfetto

Io emettevo	Noi emettevamo
Tu emettevi	Voi emettevate
Lui/Lei emetteva	Loro emettevano

Passato Prossimo

Io ho emesso	Noi abbiamo emesso
Tu hai emesso	Voi avete emesso
Lui/Lei ha emesso	Loro hanno emesso

Trapassato Prossimo

Io avevo emesso	Noi avevamo emesso
Tu avevi emesso	Voi avevate emesso
Lui/Lei aveva emesso	Loro avevano emesso

Futuro

Io emetterò	Noi emetteremo
Tu emetterai	Voi emetterete
Lui/Lei emetterà	Loro emetteranno

Passato Remoto

Io emisi	Noi emettemmo
Tu emettesti	Voi emetteste
Lui/Lei emise	Loro emisero

Futuro Anteriore

Io avrò emesso	Noi avremo emesso
Tu avrai emesso	Voi avrete emesso
Lui/Lei avrà emesso	Loro avranno emesso

Trapassato Remoto

Io ebbi emesso	Noi avemmo emesso
Tu avesti emesso	Voi aveste emesso
Lui/Lei ebbe emesso	Loro ebbero emesso

CONDIZIONALE

Condizionale Presente

Io emetterei	Noi emetteremmo
Tu emetteresti	Voi emettereste
Lui/Lei emetterebbe	Loro emetterebbero

Condizionale Passato

Io avrei emesso	Noi avremmo emesso
Tu avresti emesso	Voi avreste emesso
Lui/Lei avrebbe emesso	Loro avrebbero emesso

CONGIUNTIVO

Congiuntivo Presente

Io emetta	Noi emettiamo
Tu emetta	Voi emettiate
Lui/Lei emetta	Loro emettano

Congiuntivo Passato

Io abbia emesso	Noi abbiamo emesso
Tu abbia emesso	Voi abbiate emesso
Lui/Lei abbia emesso	Loro abbiano emesso

Congiuntivo Imperfetto

Io emettessi	Noi emettessimo
Tu emettessi	Voi emetteste
Lui/Lei emettesse	Loro emettessero

Congiuntivo Trapassato

Io avessi emesso	Noi avessimo emesso
Tu avessi emesso	Voi aveste emesso
Lui/Lei avesse emesso	Loro avessero emesso

IMPERATIVO

(Tu) emetti! (Lei) emetta! (Noi) emettiamo! (Voi) emettete! (Loro) emettano!

La banca ha emesso delle banconote di grosso taglio.
The bank issued bills in large denominations.

L'incendio emetteva un odore di gomma.
The fire emitted a rubber odor.

La polizia emise un mandato di cattura per il bandito Giuliano.
The police issued a warrant for the bandit Giuliano.

Inf. emigrare   *Part. pres.* emigrante   *Part. pass.* emigrato   *Ger.* emigrando

INDICATIVO

Presente

Io emigro	Noi emigriamo
Tu emigri	Voi emigrate
Lui/lei emigra	Loro emigrano

Imperfetto

Io emigravo	Noi emigravamo
Tu emigravi	Voi emigravate
Lui/Lei emigrava	Loro emigravano

Passato Prossimo

Io ho emigrato	Noi abbiamo emigrato
Tu hai emigrato	Voi avete emigrato
Lui/Lei ha emigrato	Loro hanno emigrato

Trapassato Prossimo

Io avevo emigrato	Noi avevamo emigrato
Tu avevi emigrato	Voi avevate emigrato
Lui/Lei aveva emigrato	Loro avevano emigrato

Futuro

Io emigrerò	Noi emigreremo
Tu emigrerai	Voi emigrerete
Lui emigrerà	Loro emigreranno

Passato Remoto

Io emigrai	Noi emigrammo
Tu emigrasti	Voi emigraste
Lui/Lei emigrò	Loro emigrarono

Futuro Anteriore

Io avrò emigrato	Noi avremo emigrato
Tu avrai emigrato	Voi avrete emigrato
Lui/Lei avrà emigrato	Loro avranno emigrato

Trapassato Remoto

Io ebbi emigrato	Noi avemmo emigrato
Tu avesti emigrato	Voi aveste emigrato
Lui/Lei ebbe emigrato	Loro ebbero emigrato

CONDIZIONALE

Condizionale Presente

Io emigrerei	Noi emigreremmo
Tu emigreresti	Voi emigrereste
Lui/Lei emigrerebbe	Loro emigrerebbero

Condizionale Passato

Io avrei emigrato	Noi avremmo emigrato
Tu avresti emigrato	Voi avreste emigrato
Lui/Lei avrebbe emigrato	Loro avrebbero emigrato

CONGIUNTIVO

Congiuntivo Presente

Io emigri	Noi emigriamo
Tu emigri	Voi emigriate
Lui/Lei emigri	Loro emigrino

Congiuntivo Passato

Io abbia emigrato	Noi abbiamo emigrato
Tu abbia emigrato	Voi abbiate emigrato
Lui/Lei abbia emigrato	Loro abbiano emigrato

Congiuntivo Imperfetto

Io emigrassi	Noi emigrassimo
Tu emigrassi	Voi emigraste
Lui/Lei emigrasse	Loro emigrassero

Congiuntivo Trapassato

Io avessi emigrato	Noi avessimo emigrato
Tu avessi emigrato	Voi aveste emigrato
Lui/Lei avesse emigrato	Loro avessero emigrato

IMPERATIVO

(Tu) emigra!   (Lei) emigri!   (Noi) emigriamo!   (Voi) emigrate!   (Loro) emigrino!

Tanti italiani emigrarono dall'Italia in America all'inizio del 19°secolo.
Many Italians emigrated from Italy to America at the beginning of the 19th century.

Gli animali hanno emigrato attraverso l'Africa.
The animals migrated across Africa.

Gli italiani hanno affrontato molti problemi emigrando.
The Italians encountered many problems while emigrating.

ENTRARE *to enter, to go in*

Inf. entrare   *Part. pres.* entrante   *Part. pass.* entrato   *Ger.* entrando

INDICATIVO

Presente

Io entro	Noi entriamo
Tu entri	Voi entrate
Lui/Lei entra	Loro entrano

Passato Prossimo

Io sono entrato/a	Noi siamo entrati/e
Tu sei entrato/a	Voi siete entrati/e
Lui/Lei è entrato/a	Loro sono entrati/e

Futuro

Io entrerò	Noi entreremo
Tu entrerai	Voi entrerete
Lui/Lei entrerà	Loro entreranno

Futuro Anteriore

Io sarò entrato/a	Noi saremo entrati/e
Tu sarai entrato/a	Voi sarete entrati/e
Lui/Lei sarà entrato/a	Loro saranno entrati/e

Imperfetto

Io entravo	Noi entravamo
Tu entravi	Voi entravate
Lui/Lei entrava	Loro entravano

Trapassato Prossimo

Io ero entrato/a	Noi eravamo entrati/e
Tu eri entrato/a	Voi eravate entrati/e
Lui/Lei era entrato/a	Loro erano entrati/e

Passato Remoto

Io entrai	Noi entrammo
Tu entrasti	Voi entraste
Lui/Lei entrò	Loro entrarono

Trapassato Remoto

Io fui entrato/a	Noi fummo entrati/e
Tu fosti entrato/a	Voi foste entrati/e
Lui/Lei fu entrato/a	Loro furono entrate/e

CONDIZIONALE

Condizionale Presente

Io entrerei	Noi entreremmo
Tu entreresti	Voi entrereste
Lui/Lei entrerebbe	Loro entrerebbero

Condizionale Passato

Io sarei entrato/a	Noi saremmo entrati/e
Tu saresti entrato/a	Voi sareste entrati/e
Lui/Lei sarebbe entrato/a	Loro sarebbero entrati/e

CONGIUNTIVO

Congiuntivo Presente

Io entri	Noi entriamo
Tu entri	Voi entriate
Lui/Lei entri	Loro entrino

Congiuntivo Imperfetto

Io entrassi	Noi entrassimo
Tu entrassi	Voi entraste
Lui/Lei entrasse	Loro entrassero

Congiuntivo Passato

Io sia entrato/a	Noi siamo entrati/e
Tu sia entrato/a	Voi siate entrati/e
Lui/Lei sia entrato/a	Loro siano entrati/e

Congiuntivo Trapassato

Io fossi entrato/a	Noi fossimo entrati/e
Tu fossi entrato/a	Voi foste entrati/e
Lui/Lei fosse entrato/a	Loro fossero entrati/e

IMPERATIVO

(Tu) entra!   (Lei) entri!   (Noi) entriamo!   (Voi) entrate!   (Loro) entrino!

Entrano in casa dalla porta posteriore.
They enter the house by the back door.

Credo che non sia entrato molto tardi.
I believe that he didn't come in very late.

Se fosse entrata in orario, avrebbe visto tutto lo spettacolo.
If she had arrived on time, she would have seen the entire show.

ESAGERARE   *to exaggerate, to overdo*

Inf. esagerare   *Part. pres.* esagerante   *Part. pass.* esagerato   *Ger.* esagerando

INDICATIVO

Presente

Io esagero	Noi esageriamo
Tu esageri	Voi esagerate
Lui/Lei esagera	Loro esagerano

Imperfetto

Io esageravo	Noi esageravamo
Tu esageravi	Voi esageravate
Lui/Lei esagerava	Loro esageravano

Passato Prossimo

Io ho esagerato	Noi abbiamo esagerato
Tu hai esagerato	Voi avete esagerato
Lui/Lei ha esagerato	Loro hanno esagerato

Trapassato Prossimo

Io avevo esagerato	Noi avevamo esagerato
Tu avevi esagerato	Voi avevate esagerato
Lui/Lei aveva esagerato	Loro avevano esagerato

Futuro

Io esagererò	Noi esagereremo
Tu esagererai	Voi esagererete
Lui/Lei esagererà	Loro esagereranno

Passato Remoto

Io esagerai	Noi esagerammo
Tu esagerasti	Voi esageraste
Lui/Lei esagerò	Loro esagerarono

Futuro Anteriore

Io avrò esagerato	Noi avremo esagerato
Tu avrai esagerato	Voi avrete esagerato
Lui/Lei avrà esagerato	Loro avranno esagerato

Trapassato Remoto

Io ebbi esagerato	Noi avemmo esagerato
Tu avesti esagerato	Voi aveste esagerato
Lui/Lei ebbe esagerato	Loro ebbero esagerato

CONDIZIONALE

Condizionale Presente

Io esagererei	Noi esagereremmo
Tu esagereresti	Voi esagerereste
Lui/Lei esagererebbe	Loro esagererebbero

Condizionale Passato

Io avrei esagerato	Noi avremmo esagerato
Tu avresti esagerato	Voi avreste esagerato
Lui/Lei avrebbe esagerato	Loro avrebbero esagerato

CONGIUNTIVO

Congiuntivo Presente

Io esageri	Noi esageriamo
Tu esageri	Voi esageriate
Lui/Lei esageri	Loro esagerino

Congiuntivo Passato

Io abbia esagerato	Noi abbiamo esagerato
Tu abbia esagerato	Voi abbiate esagerato
Lui/Lei abbia esagerato	Loro abbiano esagerato

Congiuntivo Imperfetto

Io esagerassi	Noi esagerassimo
Tu esagerassi	Voi esageraste
Lui/Lei esagerasse	Loro esagerassero

Congiuntivo Trapassato

Io avessi esagerato	Noi avessimo esagerato
Tu avessi esagerato	Voi aveste esagerato
Lui/Lei avesse esagerato	Loro avessero esagerato

IMPERATIVO

(Tu) esagera!   (Lei) esageri!   (Noi) esageriamo!   (Voi) esagerate!   (Loro) esagerino!

Non esageriamo sempre!
Let's not exaggerate all the time!

Ha l'abitudine di esagerare gli aspetti positivi di una storia.
He is in the habit of exaggerating the positive aspects of a story.

Non ho esagerato con il profumo, vero?
I didn't overdo the perfume, did I?

Inf. esaminare   *Part. pres.* esaminante   *Part. pass.* esaminato   *Ger.* esaminando

INDICATIVO

Presente

Io esamino	Noi esaminiamo
Tu esamini	Voi esaminate
Lui/Lei esamina	Loro esaminano

Imperfetto

Io esaminavo	Noi esaminavamo
Tu esaminavi	Voi esaminavate
Lui/Lei esaminava	Loro esaminavamo

Passato Prossimo

Io ho esaminato	Noi abbiamo esaminato
Tu hai esaminato	Voi avete esaminato
Lui/Lei ha esaminato	Loro hanno esaminato

Trapassato Prossimo

Io avevo esaminato	Noi avevamo esaminato
Tu avevi esaminato	Voi avevate esaminato
Lui/Lei aveva esaminato	Loro avevano esaminato

Futuro

Io esaminerò	Noi esamineremo
Tu esaminerai	Voi esaminerete
Lui/Lei esaminerà	Loro esamineranno

Passato Remoto

Io esaminai	Noi esaminammo
Tu esaminasti	Voi esaminaste
Lui/Lei esaminò	Loro esaminarono

Futuro Anteriore

Io avrò esaminato	Noi avremo esaminato
Tu avrai esaminato	Voi avrete esaminato
Lui/Lei avrà esaminato	Loro avranno esaminato

Trapassato Remoto

Io ebbi esaminato	Noi avemmo esaminato
Tu avesti esaminato	Voi aveste esaminato
Lui/Lei ebbe esaminato	Loro ebbero esaminato

CONDIZIONALE

Condizionale Presente

Io esaminerei	Noi esamineremmo
Tu esamineresti	Voi esaminereste
Lui/Lei esaminerebbe	Loro esaminerebbe

Condizionale Passato

Io avrei esaminato	Noi avremmo esaminato
Tu avresti esaminato	Voi avreste esaminato
Lui/Lei avrebbe esaminato	Loro avrebbero esaminato

CONGIUNTIVO

Congiuntivo Presente

Io esamini	Noi esaminiamo
Tu esamini	Voi esaminiate
Lui/Lei esamini	Loro esaminino

Congiuntivo Passato

Io abbia esaminato	Noi abbiamo esaminato
Tu abbia esaminato	Voi abbiate esaminato
Lui/Lei abbia esaminato	Loro abbiano esaminato

Congiuntivo Imperfetto

Io esaminassi	Noi esaminassimo
Tu esaminassi	Voi esaminaste
Lui/Lei esaminasse	Loro esaminassero

Congiuntivo Trapassato

Io avessi esaminato	Noi avessimo esaminato
Tu avessi esaminato	Voi aveste esaminato
Lui/Lei avesse esaminato	Loro avessero esaminato

IMPERATIVO

(Tu) esamina!   (Lei) esamini!   (Noi) esaminiamo!   (Voi) esaminate!   (Loro) esaminino!

L'ispettore Montalbano aveva esaminato il delitto.
Inspector Montalbano had examined the crime.

Esamineremo tutti i punti più importanti della relazione.
We will examine all the most important points of the report.

Era possibile che loro non avessero ancora esaminato i sintomi della bambina?
Was it possible that they hadn't already examined the child's symptoms?

Inf. esaurire   *Part. pres.* esaurente   *Part. pass.* esaurito   *Ger.* esaurendo

INDICATIVO

Presente

Io esaurisco	Noi esauriamo
Tu esaurisci	Voi esaurite
Lui/Lei esaurisce	Loro esauriscono

Imperfetto

Io esaurivo	Noi esaurivamo
Tu esaurivi	Voi esaurivate
Lui/Lei esauriva	Loro esaurivano

Passato Prossimo

Io ho esaurito	Noi abbiamo esaurito
Tu hai esaurito	Voi avete esaurito
Lui/Lei ha esaurito	Loro hanno esaurito

Trapassato Prossimo

Io avevo esaurito	Noi avevamo esaurito
Tu avevi esaurito	Voi avevate esaurito
Lui/Lei aveva esaurito	Loro avevano esaurito

Futuro

Io esaurirò	Noi esauriremo
Tu esaurirai	Voi esaurirete
Lui/Lei esaurirà	Loro esauriranno

Passato Remoto

Io esaurii	Noi esaurimmo
Tu esauristi	Voi esauriste
Lui/Lei esaurì	Loro esaurirono

Futuro Anteriore

Io avrò esaurito	Noi avremo esaurito
Tu avrai esaurito	Voi avrete esaurito
Lui/Lei avrà esaurito	Loro avranno esaurito

Trapassato Remoto

Io ebbi esaurito	Noi avemmo esaurito
Tu avesti esaurito	Voi aveste esaurito
Lui/Lei ebbe esaurito	Loro ebbero esaurito

CONDIZIONALE

Condizionale Presente

Io esaurirei	Noi esauriremmo
Tu esauriresti	Voi esaurireste
Lui/Lei esaurirebbe	Loro esaurirebbero

Condizionale Passato

Io avrei esaurito	Noi avremmo esaurito
Tu avresti esaurito	Voi avreste esaurito
Lui/Lei avrebbe esaurito	Loro avrebbero esaurito

CONGIUNTIVO

Congiuntivo Presente

Io esaurisca	Noi esauriamo
Tu esaurisca	Voi esauriate
Lui/Lei esaurisca	Loro esauriscano

Congiuntivo Passato

Io abbia esaurito	Noi abbiamo esaurito
Tu abbia esaurito	Voi abbiate esaurito
Lui/Lei abbia esaurito	Loro abbiano esaurito

Congiuntivo Imperfetto

Io esaurissi	Noi esaurissimo
Tu esaurissi	Voi esauriste
Lui/Lei esaurisse	Loro esaurissero

Congiuntivo Trapassato

Io avessi esaurito	Noi avessimo esaurito
Tu avessi esaurito	Voi aveste esaurito
Lui/Lei avesse esaurito	Loro avessero esaurito

IMPERATIVO

(Tu) esaurisci!   (Lei) esaurisca!   (Noi) esauriamo!   (Voi) esaurite!   (Loro) esauriscano!

Hanno esaurito le munizioni.
They used up the munitions.

Avevo esaurito ogni scusa e allora mi toccava studiare.
I had used up every excuse and therefore I had to study.

Spesi così tanto che esaurii il mio credito.
I spent so much that I used up my credit.

ESCLUDERE   *to exclude, to cut out, to drop*

Inf. escludere *Part. pres.* escludente *Part. pass.* escluso *Ger.* escludendo

INDICATIVO

Presente

Io escludo	Noi escludiamo
Tu escludi	Voi escludete
Lui/Lei esclude	Loro escludono

Imperfetto

Io escludevo	Noi escludevamo
Tu escludevi	Voi escludevate
Lui/Lei escludeva	Loro escludevano

Passato Prossimo

Io ho escluso	Noi abbiamo escluso
Tu hai escluso	Voi avete escluso
Lui/Lei ha escluso	Loro hanno escluso

Trapassato Prossimo

Io avevo escluso	Noi avevamo escluso
Tu avevi escluso	Voi avevate escluso
Lui/Lei aveva escluso	Loro avevano escluso

Futuro

Io escluderò	Noi escluderemo
Tu escluderai	Voi escluderete
Lui/Lei escluderà	Loro escluderanno

Passato Remoto

Io esclusi	Noi escludemmo
Tu escludesti	Voi escludeste
Lui/Lei escluse	Loro esclusero

Futuro Anteriore

Io avrò escluso	Noi avremo escluso
Tu avrai escluso	Voi avrete escluso
Lui/Lei avrà escluso	Loro avranno escluso

Trapassato Remoto

Io ebbi escluso	Noi avemmo escluso
Tu avesti escluso	Voi aveste escluso
Lui/Lei ebbe escluso	Loro ebbero escluso

CONDIZIONALE

Condizionale Presente

Io escluderei	Noi escluderemmo
Tu escluderesti	Voi escludereste
Lui/Lei escluderebbe	Loro escluderebbero

Condizionale Passato

Io avrei escluso	Noi avremmo escluso
Tu avresti escluso	Voi avreste escluso
Lui/Lei avrebbe escluso	Loro avrebbero escluso

CONGIUNTIVO

Congiuntivo Presente

Io escluda	Noi escludiamo
Tu escluda	Voi escludiate
Lui/Lei escluda	Loro escludano

Congiuntivo Passato

Io abbia escluso	Noi abbiamo escluso
Tu abbia escluso	Voi abbiate escluso
Lui/Lei abbia escluso	Loro abbiano escluso

Congiuntivo Imperfetto

Io escludessi	Noi escludessimo
Tu escludessi	Voi escludeste
Lui/Lei escludesse	Loro escludessero

Congiuntivo Trapassato

Io avessi escluso	Noi avessimo escluso
Tu avessi escluso	Voi aveste escluso
Lui/Lei avesse escluso	Loro avessero escluso

IMPERATIVO

(Tu) escludi!   (Lei) escluda!   (Noi) escludiamo!   (Voi) escludete!   (Loro) escludano!

Esclusero Luisa dal proprio testamento.
They cut Luisa out of the will.

Una cosa non esclude l'altra.
One thing doesn't exclude another.

È stato escluso dalla squadra.
He has been dropped from the team.

Inf. esibire   *Part. pres.* esibente   *Part. pass.* esibito   *Ger.* esibendo

INDICATIVO

Presente		Imperfetto	
Io esibisco	Noi esibiamo	Io esibivo	Noi esibivamo
Tu esibisci	Voi esibite	Tu esibivi	Voi esibivate
Lui/Lei esibisce	Loro esibiscono	Lui/Lei esibiva	Loro esibivano

Passato Prossimo		Trapassato Prossimo	
Io ho esibito	Noi abbiamo esibito	Io avevo esibito	Noi avevamo esibito
Tu hai esibito	Voi avete esibito	Tu avevi esibito	Voi avevate esibito
Lui/Lei ha esibito	Loro hanno esibito	Lui/Lei aveva esibito	Loro avevano esibito

Futuro		Passato Remoto	
Io esibirò	Noi esibiremo	Io esibii	Noi esibimmo
Tu esibirai	Voi esibirete	Tu esibisti	Voi esibiste
Lui/Lei esibirà	Loro esibiranno	Lui/Lei esibì	Loro esibirono

Futuro Anteriore		Trapassato Remoto	
Io avrò esibito	Noi avremo esibito	Io ebbi esibito	Noi avemmo esibito
Tu avrai esibito	Voi avrete esibito	Tu avesti esibito	Voi aveste esibito
Lui/Lei avrà esibito	Loro avranno esibito	Lui/Lei ebbe esibito	Loro ebbero esibito

CONDIZIONALE

Condizionale Presente		Condizionale Passato	
Io esibirei	Noi esibiremmo	Io avrei esibito	Noi avremmo esibito
Tu esibiresti	Voi esibireste	Tu avresti esibito	Voi avreste esibito
Lui/Lei esibirebbe	Loro esibirebbero	Lui/Lei avrebbe esibito	Loro avrebbero esibito

CONGIUNTIVO

Congiuntivo Presente		Congiuntivo Passato	
Io esibisca	Noi esibiamo	Io abbia esibito	Noi abbiamo esibito
Tu esibisca	Voi esibiate	Tu abbia esibito	Voi abbiate esibito
Lui/Lei esibisca	Loro esibiscano	Lui/Lei abbia esibito	Loro abbiano esibito

Congiuntivo Imperfetto		Congiuntivo Trapassato	
Io esibissi	Noi esibissimo	Io avessi esibito	Noi avessimo esibito
Tu esibissi	Voi esibiste	Tu avessi esibito	Voi aveste esibito
Lui/Lei esibisse	Loro esibissero	Lui/Lei avesse esibito	Loro avessero esibito

IMPERATIVO

(Tu) esibisci!   (Lei) esibisca!   (Noi) esibiamo!   (Voi) esibite!   (Loro) esibiscano!

Al mercato i venditori esibiscono le loro merci.
The merchants display their goods at the market.

Mentre tutti guardavano, lui esibì i suoi vestiti.
While everyone was watching he flaunted his clothes.

Se tu esibissi quel documento al magistrato ti aiuterebbe.
If you showed the magistrate that document, he could help you.

ESIGERE *to demand, to command, to require*

Inf. esigere *Part. pres.* esigente *Part. pass.* esatto *Ger.* esigendo

INDICATIVO

Presente		Imperfetto	
Io esigo	Noi esigiamo	Io esigevo	Noi esigevamo
Tu esigi	Voi esigete	Tu esigevi	Voi esigevate
Lui/Lei esige	Loro esigono	Lui/Lei esigeva	Loro esigevano

Passato Prossimo		Trapassato Prossimo	
Io ho esatto	Noi abbiamo esatto	Io avevo esatto	Noi avevamo esatto
Tu hai esatto	Voi avete esatto	Tu avevi esatto	Voi avevate esatto
Lui/Lei ha esatto	Loro hanno esatto	Lui/Lei aveva esatto	Loro avevano esatto

Futuro		Passato Remoto	
Io esigerò	Noi esigeremo	Io esigei	Noi esigemmo
Tu esigerai	Voi esigerete	Tu esigesti	Voi esigeste
Lui/Lei esigerà	Loro esigeranno	Lui/Lei esigé	Loro esigerono

Futuro Anteriore		Trapassato Remoto	
Io avrò esatto	Noi avremo esatto	Io ebbi esatto	Noi avemmo esatto
Tu avrai esatto	Voi avrete esatto	Tu avesti esatto	Voi aveste esatto
Lui/Lei avrà esatto	Loro avranno esatto	Lui/Lei ebbe esatto	Loro ebbero esatto

CONDIZIONALE

Condizionale Presente		Condizionale Passato	
Io esigerei	Noi esigeremmo	Io avrei esatto	Noi avremmo esatto
Tu esigeresti	Voi esigereste	Tu avresti esatto	Voi avreste esatto
Lui/Lei esigerebbe	Loro esigerebbero	Lui/Lei avrebbe esatto	Loro avrebbero esatto

CONGIUNTIVO

Congiuntivo Presente		Congiuntivo Passato	
Io esiga	Noi esigiamo	Io abbia esatto	Noi abbiamo esatto
Tu esiga	Voi esigiate	Tu abbia esatto	Voi abbiate esatto
Lui/Lei esiga	Loro esigano	Lui/Lei abbia esatto	Loro abbiano esatto

Congiuntivo Imperfetto		Congiuntivo Trapassato	
Io esigessi	Noi esigessimo	Io avessi esatto	Noi avessimo esatto
Tu esigessi	Voi esigeste	Tu avessi esatto	Voi aveste esatto
Lui/Lei esigesse	Loro esigessero	Lui/Lei avesse esatto	Loro avessero esatto

IMPERATIVO

(Tu) esigi!   (Lei) esiga!   (Noi) esigiamo!   (Voi) esigete!   (Loro) esigano!

Esigo che tu me lo dica!
I demand that you tell me!

Mi aspetto che tu esiga molto da lui.
I expect you to demand a lot of him.

Dopo che avevano esatto l'ubbidienza, i cadetti si tranquillizzarono.
After they had demanded obedience, the cadets calmed down.

Inf. esistere *Part. pres.* esistente *Part. pass.* esistito *Ger.* esistendo

INDICATIVO

Presente

Io esisto	Noi esistiamo
Tu esisti	Voi esistete
Lui/Lei esiste	Loro esistono

Imperfetto

Io esistevo	Noi esistevamo
Tu esistevi	Voi esistevate
Lui/Lei esisteva	Loro esistevano

Passato Prossimo

Io sono esistito/a	Noi siamo esistiti/e
Tu sei esistito/a	Voi siete esistiti/e
Lui/Lei è esistito/a	Loro sono esistiti/e

Trapassato Prossimo

Io ero esistito/a	Noi eravamo esistiti/e
Tu eri esistito/a	Voi eravate esistiti/e
Lui/Lei era esistito/a	Loro erano esistiti/e

Futuro

Io esisterò	Noi esisteremo
Tu esisterai	Voi esisterete
Lui/Lei esisterà	Loro esisteranno

Passato Remoto

Io esistei	Noi esistemmo
Tu esistesti	Voi esisteste
Lui/Lei esisté	Loro esisterono

Futuro Anteriore

Io sarò esistito/a	Noi saremo esistiti/e
Tu sarai esistito/a	Voi sarete esistiti/a
Lui/Lei sarà esistito/a	Loro saranno esistiti/e

Trapassato Remoto

Io fui esistito/a	Noi fummo esistiti/e
Tu fosti esistito/a	Voi foste esistiti/e
Lui/Lei fu esistito/a	Loro furono esistiti/e

CONDIZIONALE

Condizionale Presente

Io esisterei	Noi esisteremmo
Tu esisteresti	Voi esistereste
Lui/Lei esisterebbe	Loro esisterebbero

Condizionale Passato

Io sarei esistito/a	Noi saremmo esistiti/e
Tu saresti esistito/a	Voi sareste esistiti/e
Lui/Lei sarebbe esistito/a	Loro sarebbero esistiti/e

CONGIUNTIVO

Congiuntivo Presente

Io esista	Noi esistiamo
Tu esista	Voi esistiate
Lui/Lei esista	Loro esistano

Congiuntivo Passato

Io sia esistito/a	Noi siamo esistiti/e
Tu sia esistito/a	Voi siate esistiti/e
Lui/Lei sia esistito/a	Loro siano esistiti/e

Congiuntivo Imperfetto

Io esistessi	Noi esistessimo
Tu esistessi	Voi esisteste
Lui/Lei esistesse	Loro esistessero

Congiuntivo Trapassato

Io fossi esistito/a	Noi fossimo esistiti/e
Tu fossi esistito/a	Voi foste esistiti/e
Lui/Lei fosse esistito/a	Loro fossero esistiti/e

IMPERATIVO

(Tu) esisti! (Lei) esista! (Noi) esistiamo! (Voi) esistete! (Loro) esistano!

Penso che sia l'aereo più grande che sia mai esistito.
I think it is the largest plane that has ever existed.

I fantasmi non esistono.
Ghosts don't exist.

Fa come se nessuno esistesse.
He acts like no one else exists.

ESPRIMERE *to express, to convey*

Inf. esprimere *Part. pres.* esprimente *Part. pass.* espresso *Ger.* esprimendo

INDICATIVO

Presente

io esprimo	Noi esprimiamo
Tu esprimi	Voi esprimete
Lui/lei esprime	Loro esprimono

Imperfetto

Io esprimevo	Noi esprimevamo
Tu esprimevi	Voi esprimevate
Lui/Lei esprimeva	Loro esprimevano

Passato Prossimo

Io ho espresso	Noi abbiamo espresso
Tu hai espresso	Voi avete espresso
Lui/Lei ha espresso	Loro hanno espresso

Trapassato Prossimo

Io avevo espresso	Noi avevamo espresso
Tu avevi espresso	Voi avevate espresso
Lui/Lei aveva espresso	Loro avevano espresso

Futuro

Io esprimerò	Noi esprimeremo
Tu esprimerai	Voi esprimerete
Lui/Lei esprimerà	Loro esprimeranno

Passato Remoto

Io espressi	Noi esprimemmo
Tu esprimesti	Voi esprimeste
Lui/Lei espresse	Loro espressero

Futuro Anteriore

Io avrò espresso	Noi avremo espresso
Tu avrai espresso	Voi avrete espresso
Lui/Lei avrà espresso	Loro avranno espresso

Trapassato Remoto

Io ebbi espresso	Noi avemmo espresso
Tu avesti espresso	Voi aveste espresso
Lui/Lei ebbe espresso	Loro ebbero espresso

CONDIZIONALE

Condizionale Presente

Io esprimerei	Noi esprimeremmo
Tu esprimeresti	Voi esprimereste
Lui/Lei esprimerebbe	Loro esprimerebbero

Condizionale Passato

Io avrei espresso	Noi avremmo espresso
Tu avresti espresso	Voi avreste espresso
Lui/lei avrebbe espresso	Loro avrebbero espresso

CONGIUNTIVO

Congiuntivo Presente

Io esprima	Noi esprimiamo
Tu esprima	Voi esprimiate
Lui/Lei esprima	Loro esprimano

Congiuntivo Passato

Io abbia espresso	Noi abbiamo espresso
Tu abbia espresso	Voi abbiate espresso
Lui/Lei abbia espresso	Loro abbiano espresso

Congiuntivo Imperfetto

Io esprimessi	Noi esprimessimo
Tu esprimessi	Voi esprimeste
Lui/Lei esprimesse	Loro esprimessero

Congiuntivo Trapassato

Io avessi espresso	Noi avessimo espresso
Tu avessi espresso	Voi aveste espresso
Lui/Lei avesse espresso	Loro avessero espresso

IMPERATIVO

(Tu) esprimi!   (Lei) esprima!   (Noi) esprimiamo!   (Voi) esprimete!   (Loro) esprimano!

Hai espresso un desiderio recentemente?
Have you expressed a wish recently?

Voleva esprimere il suo amore, ma lui non ne voleva sapere.
She wanted to express her love, but he didn't want to hear it.

Avevano espresso la loro riconoscenza per l'aiuto ricevuto.
They had expressed their gratitude for the help received.

Inf. essere   *Part. pres.* essente   *Part. pass.* stato   *Ger.* essendo

INDICATIVO

Presente		Imperfetto	
Io sono	Noi siamo	Io ero	Noi eravamo
Tu sei	Voi siete	Tu eri	Voi eravate
Lui/Lei è	Loro sono	Lui/Lei era	Loro erano

Passato Prossimo		Trapassato Prossimo	
Io sono stato/a	Noi siamo stati/e	Io ero stato/a	Noi eravamo stati/e
Tu sei stato/a	Voi siete stati/e	Tu eri stato/a	Voi eravate stati/e
Lui/Lei è stato/a	Loro sono stati/e	Lui/Lei era stato/a	Loro erano stati/e

Futuro		Passato Remoto	
Io sarò	Noi saremo	Io fui	Noi fummo
Tu sarai	Voi sarete	Tu fosti	Voi foste
Lui/Lei sarà	Loro saranno	Lui/Lei fu	Loro furono

Futuro Anteriore		Trapassato Remoto	
Io sarò stato/a	Noi saremo stati/e	Io fui stato/a	Noi fummo stati/e
Tu sarai stato/a	Voi sarete stati/e	Tu fosti stato/a	Voi foste stati/e
Lui/Lei sarà stato/a	Loro saranno stati/e	Lui/Lei fu stato/a	Loro furono stati/e

CONDIZIONALE

Condizionale Presente		Condizionale Passato	
Io sarei	Noi saremmo	Io sarei stato/a	Noi saremmo stati/e
Tu saresti	Voi sareste	Tu saresti stato/a	Voi sareste stati/e
Lui/Lei sarebbe	Loro sarebbero	Lui/Lei sarebbe stato/a	Loro sarebbero stati/e

CONGIUNTIVO

Congiuntivo Presente		Congiuntivo Passato	
Io sia	Noi siamo	Io sia stato/a	Noi siamo stati/e
Tu sia	Voi siate	Tu sia stato/a	Voi siate stati/e
Lui/Lei sia	Loro siano	Lui/Lei sia stato/a	Loro siano stati/e

Congiuntivo Imperfetto		Congiuntivo Trapassato	
Io fossi	Noi fossimo	Io fossi stato/a	Noi fossimo stati/e
Tu fossi	Voi foste	Tu fossi stato/a	Voi foste stati/e
Lui/Lei fosse	Loro fossero	Lui/Lei fosse stato/a	Loro fossero stati/e

IMPERATIVO

(Tu) sii!   (Lei) sia!   (Noi) siamo!   (Voi) siate!   (Loro) siano!

Se fossi **stata** alla riunione avrei saputo le grandi notizie.
*If I had **been** at the meeting, I would have learned the great news.*

Sono così **stanco** che non posso fare altro che dormire.
*I am so **tired** that I cannot do anything but sleep.*

Saremmo **felici** al mare con gli amici.
*We would **be** happy at the beach with our friends.*

117

Inf. estendere *Part. pres.* estendente *Part. pass.* esteso *Ger.* estendendo

INDICATIVO

Presente

Io estendo	Noi estendiamo
Tu estendi	Voi estendete
Lui/Lei estende	Loro estendono

Imperfetto

Io estendevo	Noi estendevamo
Tu estendevi	Voi estendevate
Lui/Lei estendeva	Loro estendevano

Passato Prossimo

Io ho esteso	Noi abbiamo esteso
Tu hai esteso	Voi avete esteso
Lui/Lei ha esteso	Loro hanno esteso

Trapassato Prossimo

Io avevo esteso	Noi avevamo esteso
Tu avevi esteso	Voi avevate esteso
Lui/Lei aveva esteso	Loro avevano esteso

Futuro

Io estenderò	Noi estenderemo
Tu estenderai	Voi estenderete
Lui/Lei estenderà	Loro estenderanno

Passato Remoto

Io estesi	Noi estendemmo
Tu estendesti	Voi estendeste
Lui/Lei estese	Loro estesero

Futuro Anteriore

Io avrò esteso	Noi avremo esteso
Tu avrai esteso	Voi avreste esteso
Lui/Lei avrà esteso	Loro avranno esteso

Trapassato Remoto

Io ebbi esteso	Noi avemmo esteso
Tu avesti esteso	Voi aveste esteso
Lui/Lei ebbe esteso	Loro ebbero esteso

CONDIZIONALE

Condizionale Presente

Io estenderei	Noi estenderemmo
Tu estenderesti	Voi estendereste
Lui/Lei estenderebbe	Loro estenderebbero

Condizionale Passato

Io avrei esteso	Noi avremmo esteso
Tu avresti esteso	Voi avreste esteso
Lui/Lei avrebbe esteso	Loro avrebbero esteso

CONGIUNTIVO

Congiuntivo Presente

Io estenda	Noi estendiamo
Tu estenda	Voi estendiate
Lui/Lei estenda	Loro estendano

Congiuntivo Passato

Io abbia esteso	Noi abbiamo esteso
Tu abbia esteso	Voi abbiate esteso
Lui/Lei abbia esteso	Loro abbiano esteso

Congiuntivo Imperfetto

Io estendessi	Noi estendessimo
Tu estendessi	Voi estendeste
Lui/Lei estendesse	Loro estendessero

Congiuntivo Trapassato

Io avessi esteso	Noi avessimo esteso
Tu avessi esteso	Voi aveste esteso
Lui/Lei avesse esteso	Loro avessero esteso

IMPERATIVO

(Tu) estendi!   (Lei) estenda!   (Noi) estendiamo!   (Voi) estendete!   (Loro) estendano!

Hanno esteso degli inviti a tutti i loro amici.
They extended invitations to all their friends.

Io spero di estendere la mia conoscenza dell'italiano.
I hope to expand my knowledge of Italian.

Estesero i binari ferroviari nel 1908.
They extended the railroad tracks in 1908.

ESTRARRE   *to extract*

Inf. estrarre   *Part. pres.* estraente   *Part. pass.* estratto   *Ger.* estraendo

INDICATIVO

Presente

Io estraggo	Noi estraiamo
Tu estrai	Voi estraete
Lui/Lei estrae	Loro estraggono

Imperfetto

Io estraevo	Noi estraevamo
Tu estraevi	Voi estraevate
Lui/Lei estraeva	Loro estraevano

Passato Prossimo

Io ho estratto	Noi abbiamo estratto
Tu hai estratto	Voi avete estratto
Lui/Lei ha estratto	Loro hanno estratto

Trapassato Prossimo

Io avevo estratto	Noi avevamo estratto
Tu avevi estratto	Voi avevate estratto
Lui/Lei aveva estratto	Loro avevano estratto

Futuro

Io estrarrò	Noi estrarremo
Tu estrarrai	Voi estrarrete
Lui/Lei estrarrà	Loro estrarranno

Passato Remoto

Io estrassi	Noi estraemmo
Tu estraesti	Voi estraeste
Lui/Lei estrasse	Loro estrassero

Futuro Anteriore

Io avrò estratto	Noi avremo estratto
Tu avrai estratto	Voi avrete estratto
Lui/Lei avrà estratto	Loro avranno estratto

Trapassato Remoto

Io ebbi estratto	Noi avemmo estratto
Tu avesti estratto	Voi aveste estratto
Lui/Lei ebbe estratto	Loro ebbero estratto

CONDIZIONALE

Condizionale Presente

Io estrarrei	Noi estrarremmo
Tu estrarresti	Voi estrarreste
Lui/Lei estrarrebbe	Loro estrarrebbero

Condizionale Passato

Io avrei estratto	Noi avremmo estratto
Tu avresti estratto	Voi avreste estratto
Lui/Lei avrebbe estratto	Loro avrebbero estratto

CONGIUNTIVO

Congiuntivo Presente

Io estragga	Noi estraiamo
Tu estragga	Voi estraiate
Lui/Lei estragga	Loro estraggano

Congiuntivo Passato

Io abbia estratto	Noi abbiamo estratto
Tu abbia estratto	Voi abbiate estratto
Lui/Lei abbia estratto	Loro abbiano estratto

Congiuntivo Imperfetto

Io estraessi	Noi estraessimo
Tu estraessi	Voi estraeste
Lui/Lei estraesse	Loro estraessero

Congiuntivo Trapassato

Io avessi estratto	Noi avessimo estratto
Tu avessi estratto	Voi aveste estratto
Lui/Lei avesse estratto	Loro avessero estratto

IMPERATIVO

(Tu) estrai!   (Lei) estragga!   (Noi) estraiamo!   (Voi) estraete!   (Loro) estraggano!

Avranno estratto abbastanza carbone da quella terra?
Will they have extracted enough carbon from that terrain?

Estrassero il bambino dal buco in cui cadde.
They extracted the child from the hole in which he fell.

Il medico ha estratto la pallottola dalla vittima del delitto.
The doctor extracted the bullet from the victim of the crime.

Inf. evitare   *Part. pres.* evitante   *Part. pass.* evitato   *Ger.* evitando

INDICATIVO

Presente

Io evito	Noi evitiamo
Tu eviti	Voi evitate
Lui/Lei evita	Loro evitano

Imperfetto

Io evitavo	Noi evitavamo
Tu evitavi	Voi evitavate
Lui/Lei evitava	Loro evitavano

Passato Prossimo

Io ho evitato	Noi abbiamo evitato
Tu hai evitato	Voi avete evitato
Lui/Lei ha evitato	Loro hanno evitato

Trapassato Prossimo

Io avevo evitato	Noi avevamo evitato
Tu avevi evitato	Voi avevate evitato
Lui/Lei aveva evitato	Loro avevano evitato

Futuro

Io eviterò	Noi eviteremo
Tu eviterai	Voi eviterete
Lui/Lei eviterà	Loro eviteranno

Passato Remoto

Io evitai	Noi evitammo
Tu evitasti	Voi evitaste
Lui/Lei evitò	Loro evitarono

Futuro Anteriore

Io avrò evitato	Noi avremo evitato
Tu avrai evitato	Voi avrete evitato
Lui/Lei avrà evitato	Loro avranno evitato

Trapassato Remoto

Io ebbi evitato	Noi avemmo evitato
Tu avesti evitato	Voi aveste evitato
Lui/Lei ebbe evitato	Loro ebbero evitato

CONDIZIONALE

Condizionale Presente

Io eviterei	Noi eviteremmo
Tu eviteresti	Voi evitereste
Lui/Lei eviterebbe	Loro eviterebbero

Condizionale Passato

Io avrei evitato	Noi avremmo evitato
Tu avresti evitato	Voi avreste evitato
Lui/Lei avrebbe evitato	Loro avrebbero evitato

CONGIUNTIVO

Congiuntivo Presente

Io eviti	Noi evitiamo
Tu eviti	Voi evitiate
Lui/Lei eviti	Loro evitino

Congiuntivo Passato

Io abbia evitato	Noi abbiamo evitato
Tu abbia evitato	Voi abbiate evitato
Lui/Lei abbia evitato	Loro abbiano evitato

Congiuntivo Imperfetto

Io evitassi	Noi evitassimo
Tu evitassi	Voi evitaste
Lui/Lei evitasse	Loro evitassero

Congiuntivo Trapassato

Io avessi evitato	Noi avessimo evitato
Tu avessi evitato	Voi aveste evitato
Lui/Lei avesse evitato	Loro avessero evitato

IMPERATIVO

(Tu) evita!   (Lei) eviti!   (Noi evitiamo!   (Voi) evitate!   (Loro) evitino!

Quando ho visto Giorgio, ho fatto di tutto per evitarlo.
When I saw Giorgio, I did everything to avoid him.

I criminali evitarono la polizia.
The criminals evaded the police.

Se fossi in te eviterei di fare domande.
If I were you, I would avoid asking questions.

Inf. fallire   *Part. pres.* fallente   *Part. pass.* fallito   *Ger.* fallendo

INDICATIVO

Presente

Io fallisco	falliamo
Tu fallisci	fallite
Lui/Lei fallisce	falliscono

Imperfetto

Io fallivo	Noi fallivamo
Tu fallivi	Voi fallivate
Lui/Lei falliva	Loro fallivano

Passato Prossimo

Io ho fallito	Noi abbiamo fallito
Tu hai fallito	Voi avete fallito
Lui/Lei ha fallito	Loro hanno fallito

Trapassato Prossimo

Io avevo fallito	Noi avevamo fallito
Tu avevi fallito	Voi avevate fallito
Lui/Lei aveva fallito	Loro avevano fallito

Futuro

Io fallirò	Noi falliremo
Tu fallirai	Voi fallirete
Lui/Lei fallirà	Loro falliranno

Passato Remoto

Io fallii	Noi fallimmo
Tu fallisti	Voi falliste
Lui/Lei fallì	Loro fallirono

Futuro Anteriore

Io avrò fallito	Noi avremo fallito
Tu avrai fallito	Voi avrete fallito
Lui/Lei avrà fallito	Loro avranno fallito

Trapassato Remoto

Io ebbi fallito	Noi avemmo fallito
Tu avesti fallito	Voi aveste fallito
Lui/Lei ebbe fallito	Loro ebbero fallito

CONDIZIONALE

Condizionale Presente

Io fallirei	Noi falliremmo
Tu falliresti	Voi fallireste
Lui/Lei fallirebbe	Loro fallirebbero

Condizionale Passato

Io avrei fallito	Noi avremmo fallito
Tu avresti fallito	Voi avreste fallito
Lui/Lei avrebbe fallito	Loro avrebbero fallito

CONGIUNTIVO

Congiuntivo Presente

Io fallisca	Noi falliamo
Tu fallisca	Voi falliate
Lui/Lei fallisca	Loro falliscano

Congiuntivo Passato

Io abbia fallito	Noi abbiamo fallito
Tu abbia fallito	Voi abbiate fallito
Lui/Lei abbia fallito	Loro abbiano fallito

Congiuntivo Imperfetto

Io fallissi	Noi fallissimo
Tu fallissi	Voi falliste
Lui/Lei fallisse	Loro fallissero

Congiuntivo Trapassato

Io avessi fallito	Noi avessimo fallito
Tu avessi fallito	Voi aveste fallito
Lui/Lei avesse fallito	Loro avessero fallito

IMPERATIVO

(Tu) fallisci!   (Lei) fallisca!   (Noi) falliamo!   (Voi) fallite!   (Loro) falliscano!

Fallirebbero se non li aiutassi.
They would fail, if you didn't help them.

Il soldato ha fallito il colpo.
The solder missed the target.

Fecero fallire i suoi piani e, di conseguenza, perse tutto.
They upset his plans, and consequently, he lost everything.

Inf. fare *Part. pres.* facente *Part. pass.* fatto *Ger.* facendo

INDICATIVO

Presente

Io faccio	Noi facciamo
Tu fai	Voi fate
Lui/Lei fa	Loro fanno

Imperfetto

Io facevo	Noi facevamo
Tu facevi	Voi facevate
Lui/Lei faceva	Loro facevano

Passato Prossimo

Io ho fatto	Noi abbiamo fatto
Tu hai fatto	Voi avete fatto
Lui/Lei ha fatto	Loro hanno fatto

Trapassato Prossimo

Io avevo fatto	Noi avevamo fatto
Tu avevi fatto	Voi avevate fatto
Lui/Lei aveva fatto	Loro avevano fatto

Futuro

Io farò	Noi faremo
Tu farai	Voi farete
Lui/Lei farà	Loro faranno

Passato Remoto

Io feci	Noi facemmo
Tu facesti	Voi faceste
Lui/Lei fece	Loro fecero

Futuro Anteriore

Io avrò fatto	Noi avremo fatto
Tu avrai fatto	Voi avrete fatto
Lui/Lei avrà fatto	Loro avranno fatto

Trapassato Remoto

Io ebbi fatto	Noi avemmo fatto
Tu avesti fatto	Voi aveste fatto
Lui/Lei ebbe fatto	Loro ebbero fatto

CONDIZIONALE

Condizionale Presente

Io farei	Noi faremmo
Tu faresti	Voi fareste
Lui/Lei farebbe	Loro farebbero

Condizionale Passato

Io avrei fatto	Noi avremmo fatto
Tu avresti fatto	Voi avreste fatto
Lui/Lei avrebbe fatto	Loro avrebbero fatto

CONGIUNTIVO

Congiuntivo Presente

Io faccia	Noi facciamo
Tu faccia	Voi facciate
Lui/Lei faccia	Loro facciano

Congiuntivo Passato

Io abbia fatto	Noi abbiamo fatto
Tu abbia fatto	Voi abbiate fatto
Lui/Lei abbia fatto	Loro abbiano fatto

Congiuntivo Imperfetto

Io facessi	Noi facessimo
Tu facessi	Voi faceste
Lui/Lei facesse	Loro facessero

Congiuntivo Trapassato

Io avessi fatto	Noi avessimo fatto
Tu avessi fatto	Voi aveste fatto
Lui/Lei avesse fatto	Loro avessero fatto

IMPERATIVO

(Tu) fa'/fai!   (Lei) faccia!   (Noi) facciamo!   (Voi) fate!   (Loro) facciano!

Ha fatto tanti lavori in vita sua.
He did a lot of jobs in his life.

Ieri faceva così caldo che non si respirava.
Yesterday was so hot that one couldn't breathe.

Se avessi fatto quelle lasagne come dicevo io sarebbero venute meglio.
If you had made the lasagna like I said, it would have come out better.

Inf. ferire   *Part. pres.* ferente   *Part. pass.* ferito   *Ger.* ferendo

INDICATIVO

Presente

Io ferisco	Noi feriamo
Tu ferisci	Voi ferite
Lui/Lei ferisce	Loro feriscono

Imperfetto

Io ferivo	Noi ferivamo
Tu ferivi	Voi ferivate
Lui/Lei feriva	Loro ferivano

Passato Prossimo

Io ho ferito	Noi abbiamo ferito
Tu hai ferito	Voi avete ferito
Lui/Lei ha ferito	Loro hanno ferito

Trapassato Prossimo

Io avevo ferito	Noi avevamo ferito
Tu avevi ferito	Voi avevate ferito
Lui/Lei aveva ferito	Loro avevano ferito

Futuro

Io ferirò	Noi feriremo
Tu ferirai	Voi ferirete
Lui/Lei ferirà	Loro feriranno

Passato Remoto

Io ferii	Noi ferimmo
Tu feristi	Voi feriste
Lui/Lei ferì	Loro ferirono

Futuro Anteriore

Io avrò ferito	Noi avremo ferito
Tu avrai ferito	Voi avrete ferito
Lui/Lei avrà ferito	Loro avranno ferito

Trapassato Remoto

Io ebbi ferito	Noi avemmo ferito
Tu avesti ferito	Voi aveste ferito
Lui/Lei ebbe ferito	Loro ebbero ferito

CONDIZIONALE

Condizionale Presente

Io ferirei	Noi feriremmo
Tu feriresti	Voi ferireste
Lui/Lei ferirebbe	Loro ferirebbero

Condizionale Passato

Io avrei ferito	Noi avremmo ferito
Tu avresti ferito	Voi avreste ferito
Lui/Lei avrebbe ferito	Loro avrebbero ferito

CONGIUNTIVO

Congiuntivo Presente

Io ferisca	Noi feriamo
Tu ferisca	Voi feriate
Lui/Lei ferisca	Loro feriscano

Congiuntivo Passato

Io abbia ferito	Noi abbiamo ferito
Tu abbia ferito	Voi abbiate ferito
Lui/Lei abbia ferito	Loro abbiano ferito

Congiuntivo Imperfetto

Io ferissi	Noi ferissimo
Tu ferissi	Voi feriste
Lui/Lei ferisse	Loro ferissero

Congiuntivo Trapassato

Io ebbi ferito	Noi avemmo ferito
Tu avesti ferito	Voi aveste ferito
Lui/Lei ebbe ferito	Loro ebbero ferito

IMPERATIVO

(Tu) ferisci!   (Lei) ferisca!   (Noi) feriamo!   (Voi) ferite!   (Loro) feriscano!

Lo hanno ferito nell'orgoglio.
They wounded his pride.

Non l'avrei ferita se mi avesse trattato meglio.
I wouldn't have hurt her, if she had treated me better.

L'esercito tedesco ferì tanti italiani durante la Seconda Guerra Mondiale.
The German army injured many Italians during World War II.

FERMARE   *to stop, to detain*

Indicativo: fermare   *Part. pres.* fermante   *Part. pass.* fermato   *Ger.* fermando

INDICATIVO

Presente

Io fermo	Noi fermiamo
Tu fermi	Voi fermate
Lui/Lei ferma	Loro fermano

Imperfetto

Io fermavo	Noi fermavamo
Tu fermavi	Voi fermavate
Lui/Lei fermava	Loro fermavano

Passato Prossimo

Io ho fermato	Noi abbiamo fermato
Tu hai fermato	Voi avete fermato
Lui/Lei ha fermato	Loro hanno fermato

Trapassato Prossimo

Io avevo fermato	Noi avevamo fermato
Tu avevi fermato	Voi avevate fermato
Lui/Lei aveva fermato	Loro avevano fermato

Futuro

Io fermerò	Noi fermeremo
Tu fermerai	Voi fermerete
Lui/Lei fermerà	Loro fermeranno

Passato Remoto

Io fermai	Noi fermammo
Tu fermasti	Voi fermaste
Lui/Lei fermò	Loro fermarono

Futuro Anteriore

Io avrò fermato	Noi avremo fermato
Tu avrai fermato	Voi avrete fermato
Lui/Lei avrà fermato	Loro avranno fermato

Trapassato Remoto

Io ebbi fermato	Noi avemmo fermato
Tu avesti fermato	Voi aveste fermato
Lui/Lei ebbe fermato	Loro ebbero fermato

CONDIZIONALE

Condizionale Presente

Io fermerei	Noi fermeremmo
Tu fermeresti	Voi fermereste
Lui/Lei fermerebbe	Loro fermerebbero

Condizionale Passato

Io avrei fermato	Noi avremmo fermato
Tu avresti fermato	Voi avreste fermato
Lui/Lei avrebbe fermato	Loro avrebbero fermato

CONGIUNTIVO

Congiuntivo Presente

Io fermi	Noi fermiamo
Tu fermi	Voi fermiate
Lui/Lei fermi	Loro fermino

Congiuntivo Passato

Io abbia fermato	Noi abbiamo fermato
Tu abbia fermato	Voi abbiate fermato
Lui/Lei abbia fermato	Loro abbiano fermato

Congiuntivo Imperfetto

Io fermassi	Noi fermassimo
Tu fermassi	Voi fermaste
Lui/Lei fermasse	Loro fermassero

Congiuntivo Trapassato

Io avessi fermato	Noi avessimo fermato
Tu avessi fermato	Voi aveste fermato
Lui/Lei avesse fermato	Loro avessero fermato

IMPERATIVO

(Tu) ferma!   (Lei) fermi!   (Noi) fermiamo!   (Voi) fermate!   (Loro) fermino!

L'autista aveva fermato l'autobus prima dell'incidente.
The driver had stopped the bus before the accident.

Dopo che ebbero fermato molti uomini d'onore, li portarono in tribunale.
After having detained many "men of honor," they took them to court.

Non riuscirono a fermare l'emorragia.
They weren't able to stop the hemorrhage.

FESTEGGIARE *to celebrate, to party*

Inf. festeggiare *Part. pres.* festeggiante *Part. pass.* festeggiato *Ger.* festeggiando

INDICATIVO

Presente

Io festeggio	Noi festeggiamo
Tu festeggi	Voi festeggiate
Lui/Lei festeggia	Loro festeggiano

Imperfetto

Io festeggiavo	Noi festeggiavamo
Tu festeggiavi	Voi festeggiavate
Lui/Lei festeggiava	Loro festeggiavano

Passato Prossimo

Io ho festeggiato	Noi abbiamo festeggiato
Tu hai festeggiato	Voi avete festeggiato
Lui/Lei ha festeggiato	Loro hanno festeggiato

Trapassato Prossimo

Io avevo festeggiato	Noi avevamo festeggiato
Tu avevi festeggiato	Voi avevate festeggiato
Lui/Lei aveva festeggiato	Loro avevano festeggiato

Futuro

Io festeggerò	Noi festeggeremo
Tu festeggerai	Voi festeggerete
Lui/Lei festeggerà	Loro festeggeranno

Passato Remoto

Io festeggiai	Noi festeggiammo
Tu festeggiasti	Voi festeggiaste
Lui/Lei festeggiò	Loro festeggiarono

Futuro Anteriore

Io avrò festeggiato	Noi avremo festeggiato
Tu avrai festeggiato	Voi avrete festeggiato
Lui/Lei avrà festeggiato	Loro avranno festeggiato

Trapassato Remoto

Io ebbi festeggiato	Noi avemmo festeggiato
Tu avesti festeggiato	Voi aveste festeggiato
Lui/Lei ebbe festeggiato	Loro ebbero festeggiato

CONDIZIONALE

Condizionale Presente

Io festeggerei	Noi festeggeremmo
Tu festeggeresti	Voi festeggereste
Lui/Lei festeggerebbe	Loro festeggerebbero

Condizionale Passato

Io avrei festeggiato	Noi avremmo festeggiato
Tu avresti festeggiato	Voi avreste festeggiato
Lui/Lei avrebbe festeggiato	Loro avrebbero festeggiato

CONGIUNTIVO

Congiuntivo Presente

Io festeggi	Noi festeggiamo
Tu festeggi	Voi festeggiate
Lui/Lei festeggi	Loro festeggino

Congiuntivo Passato

Io abbia festeggiato	Noi abbiamo festeggiato
Tu abbia festeggiato	Voi abbiate festeggiato
Lui/Lei abbia festeggiato	Loro abbiano festeggiato

Congiuntivo Imperfetto

Io festeggiassi	Noi festeggiassimo
Tu festeggiassi	Voi festeggiaste
Lui/Lei festeggiasse	Loro festeggiassero

Congiuntivo Trapassato

Io avessi festeggiato	Noi avessimo festeggiato
Tu avessi festeggiato	Voi aveste festeggiato
Lui/Lei avesse festeggiato	Loro avessero festeggiato

IMPERATIVO

(Tu) festeggia! (Lei) festeggi! (Noi) festeggiamo! (Voi) festeggiate! (Loro) festeggino!

Abbiamo festeggiato i nostri compleanni insieme.
We celebrated our birthdays together.

Il miglior posto per festeggiare Natale è a casa.
The best place to celebrate Christmas is at home.

Avrai festeggiato il ritorno di Marco, no?
You probably celebrated Marco's return, right?

Inf. fidanzarsi   *Part. pres.* fidanzantesi   *Part. pass.* fidanzatosi   *Ger.* fidanzandosi

INDICATIVO

Presente

Io mi fidanzo	Noi ci fidanziamo
Tu ti fidanzi	Voi vi fidanzate
Lui/Lei si fidanza	Loro si fidanzano

Imperfetto

Io mi fidanzavo	Noi ci fidanzavamo
Tu ti fidanzavi	Voi vi fidanzavate
Lui/Lei si fidanzava	Loro si fidanzavano

Passato Prossimo

Io mi sono fidanzato/a	Noi ci siamo fidanzati/e
Tu ti sei fidanzato/a	Voi vi siete fidanzati/e
Lui/Lei si è fidanzato/a	Loro si sono fidanzati/e

Trapassato Prossimo

Io mi ero fidanzato/a	Noi ci eravamo fidanzati/e
Tu ti eri fidanzato/a	Voi vi eravate fidanzati/e
Lui/Lei si era fidanzato/a	Loro si erano fidanzati/e

Futuro

Io mi fidanzerò	Noi ci fidanzeremo
Tu ti fidanzerai	Voi vi fidanzerete
Lui/Lei si fidanzerà	Loro si fidanzeranno

Passato Remoto

Io mi fidanzai	Noi ci fidanzammo
Tu ti fidanzasti	Voi vi fidanzaste
Lui/Lei si fidanzò	Loro si fidanzarono

Futuro Anteriore

Io mi sarò fidanzato/a	Noi ci saremo fidanzati/e
Tu ti sarai fidanzato/a	Voi vi sarete fidanzati/e
Lui/Lei si sarà fidanzato/a	Loro si saranno fidanzati/e

Trapassato Remoto

Io mi fui fidanzato/a	Noi ci fummo fidanzati/e
Tu ti fosti fidanzato/a	Voi vi foste fidanzati/e
Lui/Lei si fu fidanzato/a	Loro si furono fidanzati/e

CONDIZIONALE

Condizionale Presente

Io mi fidanzerei	Noi ci fidanzeremmo
Tu ti fidanzeresti	Voi vi fidanzereste
Lui/Lei si fidanzerebbe	Loro si fidanzerebbero

Condizionale Passato

Io mi sarei fidanzato/a	Noi ci saremmo fidanzati/e
Tu ti saresti fidanzato/a	Voi vi sareste fidanzati/e
Lui/Lei si sarebbe fidanzato/a	Loro si sarebbero fidanzati/e

CONGIUNTIVO

Congiuntivo Presente

Io mi fidanzi	Noi ci fidanziamo
Tu ti fidanzi	Voi vi fidanziate
Lui si fidanzi	Loro si fidanzino

Congiuntivo Passato

Io mi sia fidanzato/a	Noi ci siamo fidanzati/e
Tu ti sia fidanzato/a	Voi vi siate fidanzati/e
Lui/Lei si sia fidanzato/a	Loro si siano fidanzati/e

Congiuntivo Imperfetto

Io mi fidanzassi	Noi ci fidanzassimo
Tu ti fidanzassi	Voi vi fidanzaste
Lui/Lei si fidanzasse	Loro si fidanzassero

Congiuntivo Trapassato

Io mi fossi fidanzato/a	Noi ci fossimo fidanzati/e
Tu ti fossi fidanzato/a	Voi vi foste fidanzati/e
Lui/Lei si fosse fidanzato/a	Loro si fossero fidanzati/e

IMPERATIVO

(Tu) fidanzati!   (Lei) si fidanzi!   (Noi) fidanziamoci!   (Voi) fidanzatevi!   (Loro) si fidanzino!

Si erano fidanzati prima di essersi laureati.
They had gotten engaged prior to graduating from college.

Se vi foste fidanzati avremmo celebrato le nozze più presto.
If you had gotten engaged, we would have celebrated your marriage earlier.

Ti sei fidanzato? Auguri!
You got engaged? Congratulations!

FILMARE   *to film, to tape a video*

Inf. filmare   *Part. pres.* filmante   *Part. pass.* filmato   *Ger.* filmando

INDICATIVO

Presente

Io filmo	Noi filmiamo
Tu filmi	Voi filmate
Lui/Lei filma	Loro filmano

Imperfetto

Io filmavo	Noi filmavamo
Tu filmavi	Voi filmavate
Lui/Lei filmava	Loro filmavano

Passato Prossimo

Io ho filmato	Noi abbiamo filmato
Tu hai filmato	Voi avete filmato
Lui/Lei ha filmato	Loro hanno filmato

Trapassato Prossimo

Io avevo filmato	Noi avevamo filmato
Tu avevi filmato	Voi avevate filmato
Lui/Lei aveva filmato	Loro avevano filmato

Futuro

Io filmerò	Noi filmeremo
Tu filmerai	Voi filmerete
Lui/Lei filmerà	Loro filmeranno

Passato Remoto

Io filmai	Noi filammo
Tu filmasti	Voi filmaste
Lui/Lei filmò	Loro filmarono

Futuro Anteriore

Io avrò filmato	Noi avremo filmato
Tu avrai filmato	Voi avrete filmato
Lui/Lei avrà filmato	Loro avranno filmato

Trapassato Remoto

Io ebbi filmato	Noi avemmo filmato
Tu avesti filmato	Voi aveste filmato
Lui/Lei ebbe filmato	Loro ebbero filmato

CONDIZIONALE

Condizionale Presente

Io filmerei	Noi filmeremmo
Tu filmeresti	Voi filmereste
Lui/Lei filmerebbe	Loro filmerebbero

Condizionale Passato

Io avrei filmato	Noi avremmo filmato
Tu avresti filmato	Voi avreste filmato
Lui/Lei avrebbe filmato	Loro avrebbero filmato

CONGIUNTIVO

Congiuntivo Presente

Io filmi	Noi filmiamo
Tu filmi	Voi filmiate
Lui/Lei filmi	Loro filmino

Congiuntivo Passato

Io abbia filmato	Noi abbiamo filmato
Tu abbia filmato	Voi abbiate filmato
Lui/Lei abbia filmato	Loro abbiano filmato

Congiuntivo Imperfetto

Io filmassi	Noi filmassimo
Tu filmassi	Voi filmaste
Lui/Lei filmasse	Loro filmassero

Congiuntivo Trapassato

Io avessi filmato	Noi avessimo filmato
Tu avessi filmato	Voi aveste filmato
Lui/Lei avesse filmato	Loro avessero filmato

IMPERATIVO

(Tu) filma!   (Lei) filmi!   (Noi) filmiamo!   (Voi) filmate!   (Loro) filmino!

Vittorio De Sica filmò tante scene memorabili.
Vittorio De Sica filmed many memorable scenes.

Il professore voleva che gli studenti filmassero una scena.
The professor wanted students to film a scene.

Filmiamo alcune pubblicità a New York domani.
We will film some ads in New York tomorrow.

FINGERE *to pretend, to fake, to feign*

Inf. fingere *Part. pres.* fingente *Part. pass.* finto *Ger.* fingendo

INDICATIVO

Presente

Io fingo	Noi fingiamo
Tu fingi	Voi fingete
Lui/Lei finge	Loro fingono

Imperfetto

Io fingevo	Noi fingevamo
Tu fingevi	Voi fingevate
Lui/Lei fingeva	Loro fingevano

Passato Prossimo

Io ho finto	Noi abbiamo finto
Tu hai finto	Voi avete finto
Lui/Lei ha finto	Loro hanno finto

Trapassato Prossimo

Io avevo finto	Noi avevamo finto
Tu avevi finto	Voi avevate finto
Lui/Lei aveva finto	Loro avevano finto

Futuro

Io fingerò	Noi fingeremo
Tu fingerai	Voi fingerete
Lui/Lei fingerà	Loro fingeranno

Passato Remoto

Io finsi	Noi fingemmo
Tu fingesti	Voi fingeste
Lui/Lei finse	Loro finsero

Futuro Anteriore

Io avrò finto	Noi avremo finto
Tu avrai finto	Voi avrete finto
Lui/Lei avrà finto	Loro avranno finto

Trapassato Remoto

Io ebbi finto	Noi avemmo finto
Tu avesti finto	Voi aveste finto
Lui/Lei ebbe finto	Loro ebbero finto

CONDIZIONALE

Condizionale Presente

Io fingerei	Noi fingeremmo
Tu fingeresti	Voi fingereste
Lui/Lei fingerebbe	Loro fingerebbero

Condizionale Passato

Io avrei finto	Noi avremmo finto
Tu avresti finto	Voi avreste finto
Lui/Lei avrebbe finto	Loro avrebbero finto

CONGIUNTIVO

Congiuntivo Presente

Io finga	Noi fingiamo
Tu finga	Voi fingiate
Lui/Lei finga	Loro fingano

Congiuntivo Passato

Io abbia finto	Noi abbiamo finto
Tu abbia finto	Voi abbiate finto
Lui/Lei abbia finto	Loro abbiano finto

Congiuntivo Imperfetto

Io fingessi	Noi fingessimo
Tu fingessi	Voi fingeste
Lui/Lei fingesse	Loro fingessero

Congiuntivo Trapassato

Io avessi finto	Noi avessimo finto
Tu avessi finto	Voi aveste finto
Lui/Lei avesse finto	Loro avessero finto

IMPERATIVO

(Tu) fingi! (Lei) finga! (Noi) fingiamo! (Voi) fingete! (Loro) fingano!

Ho finto di essere un fantasma per spaventare i miei fratelli.
I pretended to be a ghost to scare my brothers.

Finsero di non l'aver vista.
They pretended not to have seen her.

Fingeva di sapere tutto quando in verità non sapeva niente.
He pretended to know everything when in truth he didn't know anything.

Inf. finire   *Part. pres.* finente   *Part. pass.* finito   *Ger.* finendo

INDICATIVO

Presente

Io finisco	Noi finiamo
Tu finisci	Voi finite
Lui/Lei finisce	Loro finiscono

Imperfetto

Io finivo	Noi finivamo
Tu finivi	Voi finivate
Lui/Lei finiva	Loro finivano

Passato Prossimo

Io ho finito	Noi abbiamo finito
Tu hai finito	Voi avete finito
Lui/Lei ha finito	Loro hanno finito

Trapassato Prossimo

Io avevo finito	Noi avevamo finito
Tu avevi finito	Voi avevate finito
Lui/Lei aveva finito	Loro avevano finito

Futuro

Io finirò	Noi finiremo
Tu finirai	Voi finirete
Lui/Lei finirà	Loro finiranno

Passato Remoto

Io finii	Noi finimmo
Tu finisti	Voi finiste
Lui/Lei finì	Loro finirono

Futuro Anteriore

Io avrò finito	Noi avremo finito
Tu avrai finito	Voi avrete finito
Lui avrà finito	Loro avranno finito

Trapassato Remoto

Io ebbi finito	Noi avemmo finito
Tu avesti finito	Voi aveste finito
Lui/Lei ebbe finito	Loro ebbero finito

CONDIZIONALE

Condizionale Presente

Io finirei	Noi finiremmo
Tu finiresti	Voi finireste
Lui/Lei finirebbe	Loro finirebbero

Condizionale Passato

Io avrei finito	Noi avremmo finito
Tu avresti finito	Voi avreste finito
Lui/Lei avrebbe finito	Loro avrebbero finito

CONGIUNTIVO

Congiuntivo Presente

Io finisca	Noi finiamo
Tu finisca	Voi finiate
Lui/Lei finisca	Loro finiscano

Congiuntivo Passato

Io abbia finito	Noi abbiamo finito
Tu abbia finito	Voi abbiate finito
Lui/Lei abbia finito	Loro abbiano finito

Congiuntivo Imperfetto

Io finissi	Noi finissimo
Tu finissi	Voi finiste
Lui/Lei finisse	Loro finissero

Congiuntivo Trapassato

Io avessi finito	Noi avessimo finito
Tu avessi finito	Voi aveste finito
Lui/Lei avesse finito	Loro avessero finito

IMPERATIVO

(Tu) finisci!   (Lei) finisca!   (Noi) finiamo!   (Voi) finite!   (Loro) finiscano!

Dopo che avrò finito di leggere questo testo, prepareremo qualcosa da mangiare.
After I have finished reading this text, we will prepare something to eat.

Ha finito di pulire la macchina.
He finished cleaning the car.

Avevo finito di correggere i compiti entro le nove di mattina.
I had finished correcting the homework by 9 AM.

Inf. firmare *Part. pres.* firmante *Part. pass.* fermato *Ger.* firmando

INDICATIVO

Presente

Io firmo	Noi firmiamo
Tu firmi	Voi firmate
Lui/Lei firma	Loro firmano

Imperfetto

Io firmavo	Noi firmavamo
Tu firmavi	Voi firmavate
Lui/Lei firmava	Lor firmavano

Passato Prossimo

Io ho firmato	Noi abbiamo firmato
Tu hai firmato	Voi avete firmato
Lui/Lei ha firmato	Loro hanno firmato

Trapassato Prossimo

Io avevo firmato	Noi avevamo firmato
Tu avevi firmato	Voi avevate firmato
Lui/Lei aveva firmato	Loro avevano firmato

Futuro

Io firmerò	Noi firmeremo
Tu firmerai	Voi firmerete
Lui/Lei firmerà	Loro firmeranno

Passato Remoto

Io firmai	Noi firmammo
Tu firmasti	Voi firmaste
Lui/Lei firmò	Loro firmarono

Futuro Anteriore

Io avrò firmato	Noi avremo firmato
Tu avrai firmato	Voi avrete firmato
Lui/Lei avrà firmato	Loro avranno firmato

Trapassato Remoto

Io ebbi firmato	Noi avemmo firmato
Tu avesti firmato	Voi aveste firmato
Lui/Lei ebbe firmato	Loro ebbero firmato

CONDIZIONALE

Condizionale Presente

Io firmerei	Noi firmeremmo
Tu firmeresti	Voi firmereste
Lui/Lei firmerebbe	Loro firmerebbero

Condizionale Passato

Io avrei firmato	Noi avremmo firmato
Tu avresti firmato	Voi avreste firmato
Lui/Lei avrebbe firmato	Loro avrebbero firmato

CONGIUNTIVO

Congiuntivo Presente

Io firmi	Noi firmiamo
Tu firmi	Voi firmiate
Lui/Lei firmi	Loro firmino

Congiuntivo Passato

Io abbia firmato	Noi abbiamo firmato
Tu abbia firmato	Voi abbiate firmato
Lui/Lei abbia firmato	Loro abbiano firmato

Congiuntivo Imperfetto

Io firmassi	Noi firmassimo
Tu firmassi	Voi firmaste
Lui/Lei firmasse	Loro firmassero

Congiuntivo Trapassato

Io avessi firmato	Noi avessimo firmato
Tu avessi firmato	Voi aveste firmato
Lui/Lei avesse firmato	Loro avessero firmato

IMPERATIVO

(Tu) firma! (Lei) firmi! (Noi) firmiamo! (Voi) firmate! (Loro) firmino!

Il primo ministro firmò il decreto.
The prime minister signed the decree.

Firmi con le Sue iniziali!
Sign with your own initials!

Ho firmato l'uscita alla fine del giorno lavorativo.
I signed out at the end of the working day.

Inf. fissare   *Part. pres.* fissante   *Part. pass.* fissato   *Ger.* fissando

INDICATIVO

Presente

Io fisso	Noi fissiamo
Tu fissi	Voi fissate
Lui/Lei fissa	Loro fissano

Imperfetto

Io fissavo	Noi fissavamo
Tu fissavi	Voi fissavate
Lui/Lei fissava	Loro fissavano

Passato Prossimo

Io ho fissato	Noi abbiamo fissato
Tu hai fissato	Voi avete fissato
Lui/Lei ha fissato	Loro hanno fissato

Trapassato Prossimo

Io avevo fissato	Noi avevamo fissato
Tu avevi fissato	Voi avevate fissato
Lui/Lei aveva fissato	Loro avevano fissato

Futuro

Io fisserò	Noi fisseremo
Tu fisserai	Voi fisserete
Lui/Lei fisserà	Loro fisseranno

Passato Remoto

Io fissai	Noi fissammo
Tu fissasti	Voi fissaste
Lui/Lei fissò	Loro fissarono

Futuro Anteriore

Io avrò fissato	Noi avremo fissato
Tu avrai fissato	Voi avrete fissato
Lui/Lei avrà fissato	Loro avranno fissato

Trapassato Remoto

Io ebbi fissato	Noi avemmo fissato
Tu avesti fissato	Voi aveste fissato
Lui/Lei ebbe fissato	Loro ebbero fissato

CONDIZIONALE

Condizionale Presente

Io fisserei	Noi fisseremmo
Tu fisseresti	Voi fissereste
Lui/Lei fisserebbe	Loro fisserebbero

Condizionale Passato

Io avrei fissato	Noi avremmo fissato
Tu avresti fissato	Voi avreste fissato
Lui/Lei avrebbe fissato	Loro avrebbero fissato

CONGIUNTIVO

Congiuntivo Presente

Io fissi	Noi fissiamo
Tu fissi	Voi fissiate
Lui/Lei fissi	Loro fissino

Congiuntivo Passato

Io abbia fissato	Noi abbiamo fissato
Tu abbia fissato	Voi abbiate fissato
Lui/Lei abbia fissato	Loro abbiano fissato

Congiuntivo Imperfetto

Io fissassi	Noi fissassimo
Tu fissassi	Voi fissaste
Lui/Lei fissasse	Loro fissassero

Congiuntivo Trapassato

Io avessi fissato	Noi avessimo fissato
Tu avessi fissato	Voi aveste fissato
Lui/Lei avesse fissato	Loro avessero fissato

IMPERATIVO

(Tu) fissa!   (Lei) fissi!   (Noi) fissiamo!   (Voi) fissate!   (Loro) fissino!

Mi fissò con uno sguardo minaccioso.
He stared at me with a threatening look.

Avremmo fissato l'appuntamento per dopo se ce lo avessi detto prima.
We would have arranged the appointment for later, if you had told us beforehand.

La sarta ha fissato un bottone sulla camicia.
The seamstress attached a button to the shirt.

Inf. formare *Part. pres.* formante *Part. pass.* formato *Ger.* formando

INDICATIVO

Presente

Io formo	Noi formiamo
Tu formi	Voi formate
Lui/Lei forma	Loro formano

Imperfetto

Io formavo	Noi formavamo
Tu formavi	Voi formavate
Lui/Lei formava	Lor formavano

Passato Prossimo

Io ho formato	Noi abbiamo formato
Tu hai formato	Voi avete formato
Lui/Lei ha formato	Loro hanno formato

Trapassato Prossimo

Io avevo formato	Noi avevamo formato
Tu avevi formato	Voi avevate formato
Lui/Lei aveva formato	Loro avevano formato

Futuro

Io formerò	Noi formeremo
Tu formerai	Voi formerete
Lui/Lei formerà	Loro formeranno

Passato Remoto

Io formai	Noi formammo
Tu formasti	Voi formaste
Lui/Lei formò	Loro formarono

Futuro Anteriore

Io avrò formato	Noi avremo formato
Tu avrai formato	Voi avrete formato
Lui/Lei avrà formato	Loro avranno formato

Trapassato Remoto

Io ebbi formato	Noi avemmo formato
Tu avesti formato	Voi aveste formato
Lui/Lei ebbe formato	Loro ebbero formato

CONDIZIONALE

Condizionale Presente

Io formerei	Noi formeremmo
Tu formeresti	Voi formereste
Lui/Lei formerebbe	Loro formerebbero

Condizionale Passato

Io avrei formato	Noi avremmo formato
Tu avresti formato	Voi avreste formato
Lui/Lei avrebbe formato	Loro avrebbero formato

CONGIUNTIVO

Congiuntivo Presente

Io formi	Noi formiamo
Tu formi	Voi formiate
Lui/Lei formi	Loro formino

Congiuntivo Passato

Io abbia formato	Noi abbiamo formato
Tu abbia formato	Voi abbiate formato
Lui/Lei abbia formato	Loro abbiano formato

Congiuntivo Imperfetto

Io formassi	Noi formassimo
Tu formassi	Voi formaste
Lui/Lei formasse	Loro formassero

Congiuntivo Trapassato

Io avessi formato	Noi avessimo formato
Tu avessi formato	Voi aveste formato
Lui/Lei avesse formato	Loro avessero formato

IMPERATIVO

(Tu) forma!   (Lei) formi!   (Noi) formiamo!   (Voi) formate!   (Loro) formino!

Formarono una fila per comprare i biglietti.
They formed a line to buy the tickets.

Abbiamo formato un gruppo per discutere i problemi della comunità.
We formed a group to discuss the community's problems.

Lucia formerà una statua originale con la creta.
Lucia will make an original statue with the clay.

Inf. frequentare   *Part. pres.* frequentante   *Part. pass.* frequentato   *Ger.* frequentando

INDICATIVO

Presente

Io frequento	Noi frequentiamo
Tu frequenti	Voi frequentate
Lui/Lei frequenta	Loro frequentano

Imperfetto

Io frequentavo	Noi frequentavamo
Tu frequentavi	Voi frequentavate
Lui/Lei frequentava	Loro frequentavano

Passato Prossimo

Io ho frequentato	Noi abbiamo frequentato
Tu hai frequentato	Voi avete frequentato
Lui/Lei ha frequentato	Loro hanno frequentato

Trapassato Prossimo

Io avevo frequentato	Noi avevamo frequentato
Tu avevi frequentato	Voi avevate frequentato
Lui/Lei aveva frequentato	Loro avevano frequentato

Futuro

Io frequenterò	Noi frequenteremo
Tu frequenterai	Voi frequenterete
Lui/Lei frequenterà	Loro frequenteranno

Passato Remoto

Io frequentai	Noi frequentammo
Tu frequentasti	Voi frequentaste
Lui/Lei frequentò	Loro frequentarono

Futuro Anteriore

Io avrò frequentato	Noi avremo frequentato
Tu avrai frequentato	Voi avrete frequentato
Lui/Lei avrà frequentato	Loro avranno frequentato

Trapassato Remoto

Io ebbi frequentato	Noi avemmo frequentato
Tu avesti frequentato	Voi aveste frequentato
Lui/Lei ebbe frequentato	Loro ebbero frequentato

CONDIZIONALE

Condizionale Presente

Io frequenterei	Noi frequenteremmo
Tu frequenteresti	Voi frequentereste
Lui/Lei frequenterebbe	Loro frequenterebbero

Condizionale Passato

Io avrei frequentato	Noi avremmo frequentato
Tu avresti frequentato	Voi avreste frequentato
Lui/Lei avrebbe frequentato	Loro avrebbero frequentato

CONGIUNTIVO

Congiuntivo Presente

Io frequenti	Noi frequentiamo
Tu frequenti	Voi frequentiate
Lui/Lei frequenti	Loro frequentino

Congiuntivo Passato

Io abbia frequentato	Noi abbiamo frequentato
Tu abbia frequentato	Voi abbiate frequentato
Lui/Lei abbia frequentato	Loro abbiano frequentato

Congiuntivo Imperfetto

Io frequentassi	Noi frequentassimo
Tu frequentassi	Voi frequentaste
Lui/Lei frequentasse	Loro frequentassero

Congiuntivo Trapassato

Io avessi frequentato	Noi avessimo frequentato
Tu avessi frequentato	Voi aveste frequentato
Lui/Lei avesse frequentato	Loro avessero frequentato

IMPERATIVO

(Tu) frequenta!   (Lei) frequenti!   (Noi) frequentiamo   (Voi) frequentate!   (Loro) frequentino!

Alcuni studenti non frequenteranno il corso di storia.
Some students will not attend history class.

Frequenta il bel mondo.
She moves in fashionable circles.

A certi uomini piace frequentare molte donne.
Certain men like to frequent a lot of women.

Inf. friggere   *Part. pres.* friggente   *Part. pass.* fritto   *Ger.* friggendo

INDICATIVO

Presente		Imperfetto	
Io friggo	Noi friggiamo	Io friggevo	Noi friggevamo
Tu friggi	Voi friggete	Tu friggevi	Voi friggevate
Lui/Lei frigge	Loro friggono	Lui/Lei friggeva	Loro friggevano

Passato Prossimo		Trapassato Prossimo	
Io ho fritto	Noi abbiamo fritto	Io avevo fritto	Noi avevamo fritto
Tu hai fritto	Voi avete fritto	Tu avevi fritto	Voi avevate fritto
Lui/Lei ha fritto	Loro hanno fritto	Lui/Lei aveva fritto	Loro avevano fritto

Futuro		Passato Remoto	
Io friggerò	Noi friggeremo	Io frissi	Noi friggemmo
Tu friggerai	Voi friggerete	Tu friggesti	Voi friggeste
Lui/Lei friggerà	Loro friggeranno	Lui/Lei frisse	Loro frissero

Futuro Anteriore		Trapassato Remoto	
Io avrò fritto	Noi avremo fritto	Io ebbi fritto	Noi avemmo fritto
Tu avrai fritto	Voi avrete fritto	Tu avesti fritto	Voi aveste fritto
Lui/Lei avrà fritto	Loro avranno fritto	Lui/Lei ebbe fritto	Loro ebbero fritto

CONDIZIONALE

Condizionale Presente		Condizionale Passato	
Io friggerei	Noi friggeremmo	Io avrei fritto	Noi avremmo fritto
Tu friggeresti	Voi friggereste	Tu avresti fritto	Voi avreste fritto
Lui/Lei friggerebbe	Loro friggerebbero	Lui/Lei avrebbe fritto	Loro avrebbero fritto

CONGIUNTIVO

Congiuntivo Presente		Congiuntivo Passato	
Io frigga	Noi friggiamo	Io abbia fritto	Noi abbiamo fritto
Tu frigga	Voi friggiate	Tu abbia fritto	Voi abbiate fritto
Lui/Lei frigga	Loro friggano	Lui/Lei abbia fritto	Loro abbiano fritto

Congiuntivo Imperfetto		Congiuntivo Trapassato	
Io friggessi	Noi friggessimo	Io avessi fritto	Noi avessimo fritto
Tu friggessi	Voi friggeste	Tu avessi fritto	Voi aveste fritto
Lui/Lei friggesse	Loro friggessero	Lui/Lei avesse fritto	Loro avessero fritto

IMPERATIVO

(Tu) friggi!   (Lei) frigga!   (Noi) friggiamo!   (Voi) friggete!   (Loro) friggano!

Gli ha detto di andare a farsi friggere.
She told him to go to the devil.

Friggerò degli arancini per il weekend.
I will fry some rice balls for the weekend.

Se avessero fritto il pesce in orario adesso saremmo a tavola.
If they had fried the fish on time, we would now be at the table.

FRUTTARE   *to bear fruit, to produce*

Inf. fruttare   *Part. pres.* fruttante   *Part. pass.* fruttato   *Ger.* fruttando

INDICATIVO

Presente

Io frutto	Noi fruttiamo
Tu frutti	Voi fruttate
Lui/Lei frutta	Loro fruttano

Imperfetto

Io fruttavo	Noi fruttavamo
Tu fruttavi	Voi fruttavate
Lui/Lei fruttava	Loro fruttavano

Passato Prossimo

Io ho fruttato	Noi abbiamo fruttato
Tu hai fruttato	Voi avete fruttato
Lui/Lei ha fruttato	Loro hanno fruttato

Trapassato Prossimo

Io avevo fruttato	Noi avevamo fruttato
Tu avevi fruttato	Voi avevate fruttato
Lui/Lei aveva fruttato	Loro avevano fruttato

Futuro

Io frutterò	Noi frutteremo
Tu frutterai	Voi frutterete
Lui/Lei frutterà	Loro frutteranno

Passato Remoto

Io fruttai	Noi fruttammo
Tu fruttasti	Voi fruttaste
Lui/Lei fruttò	Loro fruttarono

Futuro Anteriore

Io avrò fruttato	Noi avremo fruttato
Tu avrai fruttato	Voi avrete fruttato
Lui/Lei avrà fruttato	Loro avranno fruttato

Trapassato Remoto

Io ebbi fruttato	Noi avemmo fruttato
Tu avesti fruttato	Voi aveste fruttato
Lui/Lei ebbe fruttato	Loro ebbero fruttato

CONDIZIONALE

Condizionale Presente

Io frutterei	Noi frutteremmo
Tu frutteresti	Voi fruttereste
Lui/Lei frutterebbe	Loro frutterebbero

Condizionale Passato

Io avrei fruttato	Noi avremmo fruttato
Tu avresti fruttato	Voi avreste fruttato
Lui/Lei avrebbe fruttato	Loro avrebbero fruttato

CONGIUNTIVO

Congiuntivo Presente

Io frutti	Noi fruttiamo
Tu frutti	Voi fruttiate
Lui/Lei frutti	Loro fruttino

Congiuntivo Passato

Io abbia fruttato	Noi abbiamo fruttato
Tu abbia fruttato	Voi abbiate fruttato
Lui/Lei abbia fruttato	Loro abbiano fruttato

Congiuntivo Imperfetto

Io fruttassi	Noi fruttassimo
Tu fruttassi	Voi fruttaste
Lui/Lei fruttasse	Loro fruttassero

Congiuntivo Trapassato

Io avessi fruttato	Noi avessimo fruttato
Tu avessi fruttato	Voi aveste fruttato
Lui/Lei avesse fruttato	Loro avessero fruttato

IMPERATIVO

(Tu) frutta!   (Lei) frutti!   (Noi) fruttiamo!   (Voi) fruttate!   (Loro) fruttino!

Quell'albero ha fruttato molta frutta.
That tree bore a lot of fruit.

Questo commercio frutterà milioni.
This trade will produce millions.

La banca in questione fruttava molti interessi.
The bank in question produced a lot of interest.

Inf. fuggire   *Part. pres.* fuggente   *Part. pass.* fuggito   *Ger.* fuggendo

INDICATIVO

Presente

Io fuggo	Noi fuggiamo
Tu fuggi	Voi fuggite
Lui/Lei fugge	Loro fuggono

Imperfetto

Io fuggivo	Noi fuggivamo
Tu fuggivi	Voi fuggivate
Lui/Lei fuggiva	Loro fuggivano

Passato Prossimo

Io sono fuggito/a	Noi siamo fuggiti/e
Tu sei fuggito/a	Voi siete fuggiti/e
Lui/Lei è fuggito/a	Loro sono fuggiti/e

Trapassato Prossimo

Io ero fuggito/a	Noi eravamo fuggiti/e
Tu eri fuggito/a	Voi eravate fuggiti/e
Lui/Lei era fuggito/a	Loro erano fuggiti/e

Futuro

Io fuggirò	Noi fuggiremo
Tu fuggirai	Voi fuggirete
Lui/Lei fuggirà	Loro fuggiranno

Passato Remoto

Io fuggii	Noi fuggimmo
Tu fuggisti	Voi fuggiste
Lui/Lei fuggì	Loro fuggirono

Futuro Anteriore

Io sarò fuggito/a	Noi saremo fuggiti/e
Tu sarai fuggito/a	Voi sarete fuggiti/e
Lui/Lei sarà fuggito/a	Loro saranno fuggiti/e

Trapassato Remoto

Io fui fuggito/a	Noi fummo fuggiti/e
Tu fosti fuggito/a	Voi foste fuggiti/e
Lui/Lei fu fuggito/a	Loro furono fuggiti/e

CONDIZIONALE

Condizionale Presente

Io fuggirei	Noi fuggiremmo
Tu fuggiresti	Voi fuggireste
Lui/Lei fuggirebbe	Loro fuggirebbero

Condizionale Passato

Io sarei fuggito/a	Noi saremmo fuggiti/e
Tu saresti fuggito/a	Voi sareste fuggiti/e
Lui/Lei sarebbe fuggito/a	Loro sarebbero fuggiti/e

CONGIUNTIVO

Congiuntivo Presente

Io fugga	Noi fuggiamo
Tu fugga	Voi fuggiate
Lui/Lei fugga	Loro fuggano

Congiuntivo Passato

Io sia fuggito/a	Noi siamo fuggiti/e
Tu sia fuggito/a	Voi siate fuggiti/e
Lui/Lei sia fuggito/a	Loro siano fuggiti/e

Congiuntivo Imperfetto

Io fuggissi	Noi fuggissimo
Tu fuggissi	Voi fuggiste
Lui/Lei fuggisse	Loro fuggissero

Congiuntivo Trapassato

Io fossi fuggito/a	Noi fossimo fuggiti/e
Tu fossi fuggito/a	Voi foste fuggiti/e
Lui/Lei fosse fuggito/a	Loro fossero fuggiti/e

IMPERATIVO

(Tu) fuggi!   (Lei) fugga!   (Noi) fuggiamo!   (Voi) fuggite!   (Loro) fuggano!

Fuggiremo quando vediamo quei ragazzi.
We will flee when we see those boys.

Credo che siano fuggiti dopo aver rubato in banca.
I believe they had fled after robbing the bank.

Sarei fuggita se avessi saputo quello che sarebbe successo.
I would have fled, if I had known what would have happened.

FUMARE   *to smoke*

Inf. fumare   *Part. pres.* fumante   *Part. pass.* fumato   *Ger.* fumando

INDICATIVO

Presente

Io fumo	Noi fumiamo
Tu fumi	Voi fumate
Lui/Lei fuma	Loro fumano

Imperfetto

Io fumavo	Noi fumavamo
Tu fumavi	Voi fumavate
Lui/Lei fumava	Loro fumavano

Passato Prossimo

Io ho fumato	Noi abbiamo fumato
Tu hai fumato	Voi avete fumato
Lui/Lei ha fumato	Loro hanno fumato

Trapassato Prossimo

Io avevo fumato	Noi avevamo fumato
Tu avevi fumato	Voi avevate fumato
Lui/Lei aveva fumato	Loro avevano fumato

Futuro

Io fumerò	Noi fumeremo
Tu fumerai	Voi fumerete
Lui/Lei fumerà	Loro fumeranno

Passato Remoto

Io fumai	Noi fumammo
Tu fumasti	Voi fumaste
Lui/Lei fumò	Loro fumarono

Futuro Anteriore

Io avrò fumato	Noi avremo fumato
Tu avrai fumato	Voi avrete fumato
Lui/Lei avrà fumato	Loro avranno fumato

Trapassato Remoto

Io ebbi fumato	Noi avemmo fumato
Tu avesti fumato	Voi aveste fumato
Lui/Lei ebbe fumato	Loro ebbero fumato

CONDIZIONALE

Condizionale Presente

Io fumerei	Noi fumeremmo
Tu fumeresti	Voi fumereste
Lui/Lei fumerebbe	Loro fumerebbero

Condizionale Passato

Io avrei fumato	Noi avremmo fumato
Tu avresti fumato	Voi avreste fumato
Lui/Lei avrebbe fumato	Loro avrebbero fumato

CONGIUNTIVO

Congiuntivo Presente

Io fumi	Noi fumiamo
Tu fumi	Voi fumiate
Lui/Lei fumi	Loro fumino

Congiuntivo Passato

Io abbia fumato	Noi abbiamo fumato
Tu abbia fumato	Voi abbiate fumato
Lui/Lei abbia fumato	Loro abbiano fumato

Congiuntivo Imperfetto

Io fumassi	Noi fumassimo
Tu fumassi	Voi fumaste
Lui/Lei fumasse	Loro fumassero

Congiuntivo Trapassato

Io avessi fumato	Noi avessimo fumato
Tu avessi fumato	Voi aveste fumato
Lui/Lei avesse fumato	Loro avessero fumato

IMPERATIVO

(Tu) fuma!   (Lei) fumi!   (Noi) fumiamo!   (Voi) fumate!   (Loro) fumino!

Fumerei se non mi facesse del male.
I would smoke, if it didn't hurt me.

Avevano fumato da giovani, ma hanno smesso 15 anni fa.
They had smoked when they were young, but they stopped 15 years ago.

È possibile che lui abbia smesso di fumare?
Is it possible that he stopped smoking?

Inf. garantire *Part. pres.* garantente *Part. pass.* garantito *Ger.* garantendo

INDICATIVO

Presente

Io garantisco	Noi garantiamo
Tu garantisci	Voi garantite
Lui/Lei garantisce	Loro garantiscono

Imperfetto

Io garantivo	Noi garantivamo
Tu garantivi	Voi garantivate
Lui/Lei garantiva	Loro garantivano

Passato Prossimo

Io ho garantito	Noi abbiamo garantito
Tu hai garantito	Voi avete garantito
Lui/Lei ha garantito	Loro hanno garantito

Trapassato Prossimo

Io avevo garantito	Noi avevamo garantito
Tu avevi garantito	Voi avevate garantito
Lui/Lei aveva garantito	Loro avevano garantito

Futuro

Io garantirò	Noi garantiremo
Tu garantirai	Voi garantirete
Lui/Lei garantirà	Loro garantiranno

Passato Remoto

Io garantii	Noi garantimmo
Tu garantisti	Voi garantiste
Lui/Lei garantì	Loro garantirono

Futuro Anteriore

Io avrò garantito	Noi avremo garantito
Tu avrai garantito	Voi avrete garantito
Lui/Lei avrà garantito	Loro avranno garantito

Trapassato Remoto

Io ebbi garantito	Noi avemmo garantito
Tu avesti garantito	Voi aveste garantito
Lui/Lei ebbe garantito	Loro ebbero garantito

CONDIZIONALE

Condizionale Presente

Io garantirei	Noi garantiremmo
Tu garantiresti	Voi garantireste
Lui/Lei garantirebbe	Loro garantirebbero

Condizionale Passato

Io avrei garantito	Noi avremmo garantito
Tu avresti garantito	Voi avreste garantito
Lui/Lei avrebbe garantito	Loro avrebbero garantito

CONGIUNTIVO

Congiuntivo Presente

Io garantisca	Noi garantiamo
Tu garantisca	Voi garantiate
Lui/Lei garantisca	Loro garantiscano

Congiuntivo Passato

Io abbia garantito	Noi abbiamo garantito
Tu abbia garantito	Voi abbiate garantito
Lui/Lei abbia garantito	Loro abbiano garantito

Congiuntivo Imperfetto

Io garantissi	Noi garantissimo
Tu garantissi	Voi garantiste
Lui/Lei garantisse	Loro garantissero

Congiuntivo Trapassato

Io avessi garantito	Noi avessimo garantito
Tu avessi garantito	Voi aveste garantito
Lui/Lei avesse garantito	Loro avessero garantito

IMPERATIVO

(Tu) garantisci! (Lei) garantisca! (Noi) garantiamo! (Voi) garantite! (Loro) garantiscano!

Ti avevo garantito che l'intervento sarebbe stato preparato.
I had assured you that the speech would be prepared.

Non sarà facile, te lo garantisco.
It will not be easy, I assure you.

La sala è dotata di telecamere per garantire la massima sicurezza.
The hall is protected by cameras to guarantee maximum security.

Inf. gelare *Part. pres.* gelante *Part. pass.* gelato *Ger.* gelando

INDICATIVO

Presente

Io gelo	Noi geliamo
Tu geli	Voi gelate
Lui/Lei gela	Loro gelano

Imperfetto

Io gelavo	Noi gelavamo
Tu gelavi	Voi gelavate
Lui/Lei gelava	Loro gelavano

Passato Prossimo

Io ho gelato	Noi abbiamo gelato
Tu hai gelato	Voi avete gelato
Lui/Lei ha gelato	Loro hanno gelato

Trapassato Prossimo

Io avevo gelato	Noi avevamo gelato
Tu avevi gelato	Voi avevate gelato
Lui/Lei aveva gelato	Loro avevano gelato

Futuro

Io gelerò	Noi geleremo
Tu gelerai	Voi gelerete
Lui/Lei gelerà	Loro geleranno

Passato Remoto

Io gelai	Noi gelammo
Tu gelasti	Voi gelaste
Lui/Lei gelò	Loro gelarono

Futuro Anteriore

Io avrò gelato	Noi avremo gelato
Tu avrai gelato	Voi avrete gelato
Lui/Lei avrà gelato	Loro avranno gelato

Trapassato Remoto

Io ebbi gelato	Noi avemmo gelato
Tu avesti gelato	Voi aveste gelato
Lui/Lei ebbe gelato	Loro ebbero gelato

CONDIZIONALE

Condizionale Presente

Io gelerei	Noi geleremmo
Tu geleresti	Voi gelereste
Lui/Lei gelerebbe	Loro gelerebbero

Condizionale Passato

Io avrei gelato	Noi avremmo gelato
Tu avresti gelato	Voi avreste gelato
Lui/Lei avrebbe gelato	Loro avrebbero gelato

CONGIUNTIVO

Congiuntivo Presente

Io geli	Noi geliamo
Tu geli	Voi geliate
Lui/Lei geli	Loro gelino

Congiuntivo Passato

Io abbia gelato	Noi abbiamo gelato
Tu abbia gelato	Voi abbiate gelato
Lui/Lei abbia gelato	Loro abbiano gelato

Congiuntivo Imperfetto

Io gelassi	Noi gelassimo
Tu gelassi	Voi gelaste
Lui/Lei gelasse	Loro gelassero

Congiuntivo Trapassato

Io avessi gelato	Noi avessimo gelato
Tu avessi gelato	Voi aveste gelato
Lui/Lei avesse gelato	Loro avessero gelato

IMPERATIVO

(Tu) gela! (Lei) geli! (Noi) geliamo! (Voi) gelate! (Loro) gelino!

Ieri notte il ghiaccio ha gelato tutti gli alberi.
Last night the ice froze all the trees.

Ho messo il vino in frigo a gelare.
I put the wine in the fridge to chill.

Il vento mi ha gelato la faccia.
The wind froze my face.

Inf. gestire *Part. pres.* gestente *Part. pass.* gestito *Ger.* gestendo

INDICATIVO

Presente		Imperfetto	
Io gestisco	Noi gestiamo	Io gestivo	Noi gestivamo
Tu gestisci	Voi gestite	Tu gestivi	Voi gestivate
Lui/Lei gestisce	Loro gestiscono	Lui/Lei gestiva	Loro gestivano

Passato Prossimo		Trapassato Prossimo	
Io ho gestito	Noi abbiamo gestito	Io avevo gestito	Noi avevamo gestito
Tu hai gestito	Voi avete gestito	Tu avevi gestito	Voi avevate gestito
Lui/Lei ha gestito	Loro hanno gestito	Lui/Lei aveva gestito	Loro avevano gestito

Futuro		Passato Remoto	
Io gestirò	Noi gestiremo	Io gestii	Noi gestimmo
Tu gestirai	Voi gestirete	Tu gestisti	Voi gestiste
Lui/Lei gestirà	Loro gestiranno	Lui/Lei gestì	Loro gestirono

Futuro Anteriore		Trapassato Remoto	
Io avrò gestito	Noi avremo gestito	Io ebbi gestito	Noi avemmo gestito
Tu avrai gestito	Voi avrete gestito	Tu avesti gestito	Voi aveste gestito
Lui/Lei avrà gestito	Loro avranno gestito	Lui/Lei ebbe gestito	Loro ebbero gestito

CONDIZIONALE

Condizionale Presente		Condizionale Passato	
Io gestirei	Noi gestiremmo	Io avrei gestito	Noi avremo gestito
Tu gestiresti	Voi gestireste	Tu avresti gestito	Voi avreste gestito
Lui/Lei gestirebbe	Loro gestirebbero	Lui/Lei avrebbe gestito	Loro avrebbero gestito

CONGIUNTIVO

Congiuntivo Presente		Congiuntivo Passato	
Io gestisca	Noi gestiamo	Io abbia gestito	Noi abbiamo gestito
Tu gestisca	Voi gestiate	Tu abbia gestito	Voi abbiate gestito
Lui/Lei gestisca	Loro gestiscano	Lui/Lei abbia gestito	Loro abbiano gestito

Congiuntivo Imperfetto		Congiuntivo Trapassato	
Io gestissi	Noi gestissimo	Io avessi gestito	Noi avessimo gestito
Tu gestissi	Voi gestiste	Tu avessi gestito	Voi aveste gestito
Lui/Lei gestisse	Loro gestissero	Lui/Lei avesse gestito	Loro avessero gestito

IMPERATIVO

(Tu) gestisci!　(Lei) gestisca!　(Noi) gestiamo!　(Voi) gestite!　(Loro) gestiscano!

Da giovane, lui gestiva una macelleria.
As a young man, he managed a butcher shop.

Non sapevano che Raffaele gestisse tutto il reparto.
They didn't know that Raffaelle managed the entire department.

Ha avuto una promozione e oggi gestisce la società.
She was promoted and today she runs the company.

GETTARE   *to throw, to cast*

Inf. gettare   *Part. pres.* gettante   *Part. pass.* gettato   *Ger.* gettando

INDICATIVO

Presente

Io getto	Noi gettiamo
Tu getti	Voi gettate
Lui/Lei getta	Loro gettano

Imperfetto

Io gettavo	Noi gettavamo
Tu gettavi	Voi gettavate
Lui/Lei gettava	Loro gettavano

Passato Prossimo

Io ho gettato	Noi abbiamo gettato
Tu hai gettato	Voi avete gettato
Lui/Lei ha gettato	Loro hanno gettato

Trapassato Prossimo

Io avevo gettato	Noi avevamo gettato
Tu avevi gettato	Voi avevate gettato
Lui/Lei aveva gettato	Loro avevano gettato

Futuro

Io getterò	Noi getteremo
Tu getterai	Voi getterete
Lui/Lei getterà	Loro getteranno

Passato Remoto

Io gettai	Noi gettammo
Tu gettasti	Voi gettaste
Lui/Lei gettò	Loro gettarono

Futuro Anteriore

Io avrò gettato	Noi avremo gettato
Tu avrai gettato	Voi avrete gettato
Lui/Lei avrà gettato	Loro avranno gettato

Trapassato Remoto

Io ebbi gettato	Noi avemmo gettato
Tu avesti gettato	Voi aveste gettato
Lui/Lei ebbe gettato	Loro ebbero gettato

CONDIZIONALE

Condizionale Presente

Io getterei	Noi getteremmo
Tu getteresti	Voi gettereste
Lui/Lei getterebbe	Loro getterebbero

Condizionale Passato

Io avrei gettato	Noi avremmo gettato
Tu avresti gettato	Voi avreste gettato
Lui/Lei avrebbe gettato	Loro avrebbero gettato

CONGIUNTIVO

Congiuntivo Presente

Io getti	Noi gettiamo
Tu getti	Voi gettiate
Lui/Lei getti	Loro gettino

Congiuntivo Passato

Io abbia gettato	Noi abbiamo gettato
Tu abbia gettato	Voi abbiate gettato
Lui/Lei abbia gettato	Loro abbiano gettato

Congiuntivo Imperfetto

Io gettassi	Noi gettassimo
Tu gettassi	Voi gettaste
Lui/Lei gettasse	Loro gettassero

Congiuntivo Trapassato

Io avessi gettato	Noi avessimo gettato
Tu avessi gettato	Voi aveste gettato
Lui/Lei avesse gettato	Loro avessero gettato

IMPERATIVO

(Tu) getta!   (Lei) getti!   (Noi) gettiamo!   (Voi) gettate!   (Loro) gettino!

Avrei gettato via l'immondizia se tu me l'avessi chiesto.
I would have thrown away the garbage, if you had asked me.

Noi abbiamo gettato le braccia intorno al collo dei nonni.
We threw our arms around our grandparents' neck.

Gettava spesso uno sguardo all'aereo su cui doveva viaggiare.
He often glanced at the plane on which he was to travel.

141

Inf. giacere *Part. pres.* giacente *Part. pass.* giaciuto *Ger.* giacendo

INDICATIVO

Presente

Io giaccio	Noi giacciamo
Tu giaci	Voi giacete
Lui/Lei giace	Loro giacciono

Imperfetto

Io giacevo	Noi giacevamo
Tu giacevi	Voi giacevate
Lui/Lei giaceva	Loro giacevano

Passato Prossimo

Io sono giaciuto/a	Noi siamo giaciuti/e
Tu sei giaciuto/a	Voi siete giaciuti/e
Lui/Lei è giaciuto/a	Loro sono giaciuti/e

Trapassato Prossimo

Io ero giaciuto/a	Noi eravamo giaciuti/e
Tu eri giaciuto/a	Voi eravate giaciuti/e
Lui/Lei era giaciuto/a	Loro erano giaciuti/e

Futuro

Io giacerò	Noi giaceremo
Tu giacerai	Voi giacerete
Lui/Lei giacerà	Loro giaceranno

Passato Remoto

Io giacqui	Noi giacemmo
Tu giacesti	Voi giaceste
Lui/Lei giacque	Loro giacquero

Futuro Anteriore

Io sarò giaciuto/a	Noi saremo giaciuti/e
Tu sarai giaciuto/a	Voi sarete giaciuti/e
Lui/Lei sarà giaciuto/a	Loro saranno giaciuti/e

Trapassato Remoto

Io fui giaciuto/a	Noi fummo giaciuti/e
Tu fosti giaciuto/a	Voi foste giaciuti/e
Lui/Lei fu giaciuto/a	Loro furono giaciuti/e

CONDIZIONALE

Condizionale Presente

Io giacerei	Noi giaceremmo
Tu giaceresti	Voi giacereste
Lui/Lei giacerebbe	Loro giacerebbero

Condizionale Passato

Io sarei giaciuto/a	Noi saremmo giaciuti/e
Tu saresti giaciuto/a	Voi sareste giaciuti/e
Lui/Lei sarebbe giaciuto/a	Loro sarebbero giaciuti/e

CONGIUNTIVO

Congiuntivo Presente

Io giaccia	Noi giacciamo
Tu giaccia	Voi giacciate
Lui/Lei giaccia	Loro giacciano

Congiuntivo Passato

Io sia giaciuto/a	Noi siamo giaciuti/e
Tu sia giaciuto/a	Voi siate giaciuti/e
Lui/Lei sia giaciuto/a	Loro siano giaciuti/e

Congiuntivo Imperfetto

Io giacessi	Noi giacessimo
Tu giacessi	Voi giaceste
Lui/Lei giacesse	Loro giacessero

Congiuntivo Trapassato

Io fossi giaciuto/a	Noi fossimo giaciuti/e
Tu fossi giaciuto/a	Voi foste giaciuti/e
Lui/Lei fosse giaciuto/a	Loro fossero giaciuti/e

IMPERATIVO

(Tu) giaci! (Lei) giaccia! (Noi) giacciamo! (Voi) giacete! (Loro) giacciano!

La merce è giaciuta in magazzino per più di tre mesi.
The merchandise lay in the warehouse for more than three months.

Gli piaceva giacere sulla sabbia per giornate intere.
They like to lay on the sand for entire days.

Qui giace Dante Alighieri.
Here lies Dante Alighieri.

Inf. giocare *Part. pres.* giocante *Part. pass.* giocato *Ger.* giocando

INDICATIVO

Presente

Io gioco	Noi giochiamo
Tu giochi	Voi giocate
Lui/Lei gioca	Loro giocano

Imperfetto

Io giocavo	Noi giocavamo
Tu giocavi	Voi giocavate
Lui/Lei giocava	Loro giocavano

Passato Prossimo

Io ho giocato	Noi abbiamo giocato
Tu hai giocato	Voi avete giocato
Lui/Lei ha giocato	Loro hanno giocato

Trapassato Prossimo

Io avevo giocato	Noi avevamo giocato
Tu avevi giocato	Voi avevate giocato
Lui/Lei aveva giocato	Loro avevano giocato

Futuro

Io giocherò	Noi giocheremo
Tu giocherai	Voi giocherete
Lui/Lei giocherà	Loro giocheranno

Passato Remoto

Io giocai	Noi giocammo
Tu giocasti	Voi giocaste
Lui/Lei giocò	Loro giocarono

Futuro Anteriore

Io avrò giocato	Noi avremo giocato
Tu avrai giocato	Voi avrete giocato
Lui/Lei avrà giocato	Loro avranno giocato

Trapassato Remoto

Io ebbi giocato	Noi avemmo giocato
Tu avesti giocato	Voi aveste giocato
Lui/Lei ebbe giocato	Loro ebbero giocato

CONDIZIONALE

Condizionale Presente

Io giocherei	Noi giocheremmo
Tu giocheresti	Voi giochereste
Lui/Lei giocherebbe	Loro giocherebbero

Condizionale Passato

Io avrei giocato	Noi avremmo giocato
Tu avresti giocato	Voi avreste giocato
Lui/Lei avrebbe giocato	Loro avrebbero giocato

CONGIUNTIVO

Congiuntivo Presente

Io giochi	Noi giochiamo
Tu giochi	Voi giochiate
Lui/Lei giochi	Loro giochino

Congiuntivo Passato

Io abbia giocato	Noi abbiamo giocato
Tu abbia giocato	Voi abbiate giocato
Lui/Lei abbia giocato	Loro abbiano giocato

Congiuntivo Imperfetto

Io giocassi	Noi giocassimo
Tu giocassi	Voi giocaste
Lui/Lei giocasse	Loro giocassero

Congiuntivo Trapassato

Io avessi giocato	Noi avessimo giocato
Tu avessi giocato	Voi aveste giocato
Lui/Lei avesse giocato	Loro avessero giocato

IMPERATIVO

(Tu) gioca!   (Lei) giochi!   (Noi) giochiamo!   (Voi) giocate!   (Loro) giochino!

Mi sarebbe piaciuto giocare a scacchi.
I would have liked to play chess.

Da bambina, giocavo con i miei vicini
As a child, I played with my neighbors.

Smetti di giocare con la penna!
Stop playing with your pen!

143

Inf. girare *Part. pres.* girante *Part. pass.* girato *Ger.* girando

INDICATIVO

Presente

Io giro	Noi giriamo
Tu giri	Voi girate
Lui/Lei gira	Loro girano

Imperfetto

Io giravo	Noi giravamo
Tu giravi	Voi giravate
Lui/Lei girava	Loro giravano

Passato Prossimo

Io ho girato	Noi abbiamo girato
Tu hai girato	Voi avete girato
Lui/Lei ha girato	Loro hanno girato

Trapassato Prossimo

Io avevo girato	Noi avevamo girato
Tu avevi girato	Voi avevate girato
Lui/Lei aveva girato	Loro avevano girato

Futuro

Io girerò	Noi gireremo
Tu girerai	Voi girerete
Lui/Lei girerà	Loro gireranno

Passato Remoto

Io girai	Noi girammo
Tu girasti	Voi giraste
Lui/Lei girò	Loro girarono

Futuro Anteriore

Io avrò girato	Noi avremo girato
Tu avrai girato	Voi avrete girato
Lui/Lei avrà girato	Loro avranno girato

Trapassato Remoto

Io ebbi girato	Noi avemmo girato
Tu avesti girato	Voi aveste girato
Lui/Lei ebbe girato	Loro ebbero girato

CONDIZIONALE

Condizionale Presente

Io girerei	Noi gireremmo
Tu gireresti	Voi girereste
Lui/Lei girerebbe	Loro girerebbero

Condizionale Passato

Io avrei girato	Noi avremmo girato
Tu avresti girato	Voi avreste girato
Lui/Lei avrebbe girato	Loro avrebbero girato

CONGIUNTIVO

Congiuntivo Presente

Io giri	Noi giriamo
Tu giri	Voi giriate
Lui/Lei giri	Loro girino

Congiuntivo Passato

Io abbia girato	Noi abbiamo girato
Tu abbia girato	Voi abbiate girato
Lui/Lei abbia girato	Loro abbiano girato

Congiuntivo Imperfetto

Io girassi	Noi girassimo
Tu girassi	Voi giraste
Lui/Lei girasse	Loro girassero

Congiuntivo Trapassato

Io avessi girato	Noi avessimo girato
Tu avessi girato	Voi aveste girato
Lui/Lei avesse girato	Loro avessero girato

IMPERATIVO

(Tu) gira!   (Lei) giri!   (Noi) giriamo!   (Voi) girate!   (Loro) girino!

Mi gira la testa.
My head is spinning.

Avete girato a destra dopo il semaforo?
Did you turn right after the stoplight?

Vuoi girare il mondo?
Do you want travel the world?

GIUDICARE   *to judge, to consider*

Inf. giudicare   *Part. pres.* giudicante   *Part. pass.* giudicato   *Ger.* giudicando

INDICATIVO

Presente

Io giudico	Noi giudichiamo
Tu giudichi	Voi giudicate
Lui/Lei giudica	Loro giudicano

Imperfetto

Io giudicavo	Noi giudicavamo
Tu giudicavi	Voi giudicavate
Lui/Lei giudicava	Loro giudicavano

Passato Prossimo

Io ho giudicato	Noi abbiamo giudicato
Tu hai giudicato	Voi avete giudicato
Lui/Lei ha giudicato	Loro hanno giudicato

Trapassato Prossimo

Io avevo giudicato	Noi avevamo giudicato
Tu avevi giudicato	Voi avevate giudicato
Lui/Lei aveva giudicato	Loro avevano giudicato

Futuro

Io giudicherò	Noi giudicheremo
Tu giudicherai	Voi giudicherete
Lui/Lei giudicherà	Loro giudicheranno

Passato Remoto

Io giudicai	Noi giudicammo
Tu giudicasti	Voi giudicaste
Lui/Lei giudicò	Loro giudicarono

Futuro Anteriore

Io avrò giudicato	Noi avremo giudicato
Tu avrai giudicato	Voi avrete giudicato
Lui/Lei avrà giudicato	Loro avranno giudicato

Trapassato Remoto

Io ebbi giudicato	Noi avemmo giudicato
Tu avesti giudicato	Voi aveste giudicato
Lui/Lei ebbe giudicato	Loro ebbero giudicato

CONDIZIONALE

Condizionale Presente

Io giudicherei	Noi giudicheremmo
Tu giudicheresti	Voi giudichereste
Lui/Lei giudicherebbe	Loro giudicherebbero

Condizionale Passato

Io avrei giudicato	Noi avremmo giudicato
Tu avresti giudicato	Voi avreste giudicato
Lui/Lei avrebbe giudicato	Loro avrebbero giudicato

CONGIUNTIVO

Congiuntivo Presente

Io giudichi	Noi giudichiamo
Tu giudichi	Voi giudichiate
Lui/Lei giudichi	Loro giudichino

Congiuntivo Passato

Io abbia giudicato	Noi abbiamo giudicato
Tu abbia giudicato	Voi abbiate giudicato
Lui/Lei abbia giudicato	Loro abbiano giudicato

Congiuntivo Imperfetto

io giudicassi	Noi giudicassimo
Tu giudicassi	Voi giudicaste
Lui/Lei giudicasse	Loro giudicassero

Congiuntivo Trapassato

Io avessi giudicato	Noi avessimo giudicato
Tu avessi giudicato	Voi aveste giudicato
Lui/Lei avesse giudicato	Loro avessero giudicato

IMPERATIVO

(Tu) giudica!   (Lei) giudichi!   (Noi) giudichiamo!   (Voi) giudicate!   (Loro) giudichino!

L'hanno giudicato abbastanza intelligente per il lavoro.
They considered him intelligent enough for the job.

A giudicare dalle apparenze, dovrebb'essere benestante.
To judge from appearances, she must be well-off.

La corte giudicò sia Sacco che Vanzetti colpevoli.
The court judged both Sacco and Vanzetti guilty as charged.

Inf. giungere   *Part. pres.* giungente   *Part. pass.* giunto   *Ger.* giungendo

INDICATIVO

Presente

Io giungo	Noi giungiamo
Tu giungi	Voi giungete
Lui/Lei giunge	Loro giungono

Imperfetto

Io giungevo	Noi giungevamo
Tu giungevi	Voi giungevate
Lui/Lei giungeva	Loro giungevano

Passato Prossimo

Io sono giunto/a	Noi siamo giunti/e
Tu sei giunto/a	Voi siete giunti/e
Lui/Lei è giunto/a	Loro sono giunti/e

Trapassato Prossimo

Io ero giunto/a	Noi eravamo giunti/e
Tu eri giunto/a	Voi eravate giunti/e
Lui/Lei era giunto/a	Loro erano giunti/e

Futuro

Io giungerò	Noi giungeremo
Tu giungerai	Voi giungerete
Lui/Lei giungerà	Loro giungeranno

Passato Remoto

Io giunsi	Noi giungemmo
Tu giungesti	Voi giungeste
Lui/Lei giunse	Loro giunsero

Futuro Anteriore

Io sarò giunto/a	Noi saremo giunti/e
Tu sari giunto/a	Voi sarete giunti/e
Lui/Lei sarà giunto/a	Loro saranno giunti/e

Trapassato Remoto

Io fui giunto/a	Noi fummo giunti/e
Tu fosti giunto/a	Voi foste giunti/e
Lui/Lei fu giunto/a	Loro furono giunti/e

CONDIZIONALE

Condizionale Presente

Io giungerei	Noi giungeremmo
Tu giungeresti	Voi giungereste
Lui/Lei giungerebbe	Loro giungerebbero

Condizionale Passato

Io sarei giunto/a	Noi saremmo giunti/e
Tu saresti giunto/a	Voi sareste giunti/e
Lui/Lei sarebbe giunto/a	Loro sarebbero giunti/e

CONGIUNTIVO

Congiuntivo Presente

Io giunga	Noi giungiamo
Tu giunga	Voi giungiate
Lui/Lei giunga	Loro giungano

Congiuntivo Passato

Io sia giunto/a	Noi siamo giunti/e
Tu sia giunto/a	Voi siate giunti/e
Lui/Lei sia giunto/a	Loro siano giunti/e

Congiuntivo Imperfetto

Io giungessi	Noi giungessimo
Tu giungessi	Voi giungeste
Lui/Lei giungesse	Loro giungessero

Congiuntivo Trapassato

Io fossi giunto/a	Noi fossimo giunti/e
Tu fossi giunto/a	Voi foste giunti/e
Lui/Lei fosse giunto/a	Loro fossero giunto/a

IMPERATIVO

(Tu) giungi!   (Lei) giunga!   (Noi) giungiamo!   (Voi) giungete!   (Loro) giungano!

Dopo che furono giunti a casa, mangiarono la cena.
After they arrived home, they ate dinner.

È giunto il momento di decidere.
The time has come to decide.

Quelle brutte notizie giungeranno alle orecchie di Luisa.
That terrible news will reach Luisa's ears.

GIURARE   *to swear, to assure*

Inf. giurare   *Part. pres.* giurante   *Part. pass.* giurato   *Ger.* giurando

INDICATIVO

Presente

Io giuro	Noi giuriamo
Tu giuri	Voi giurate
Lui/Lei giura	Loro giurano

Imperfetto

Io giuravo	Noi giuravamo
Tu giuravi	Voi giuravate
Lui/Lei giurava	Loro giuravano

Passato Prossimo

Io ho giurato	Noi abbiamo giurato
Tu hai giurato	Voi avete giurato
Lui/Lei ha giurato	Loro hanno giurato

Trapassato Prossimo

Io avevo giurato	Noi avevamo giurato
Tu avevi giurato	Voi avevate giurato
Lui/Lei aveva giurato	Loro avevano giurato

Futuro

Io giurerò	Noi giureremo
Tu giurerai	Voi giurerete
Lui/Lei giurerà	Loro giureranno

Passato Remoto

Io giurai	Noi giurammo
Tu giurasti	Voi giuraste
Lui/Lei giurò	Loro giurarono

Futuro Anteriore

Io avrò giurato	Noi avremo giurato
Tu avrai giurato	Voi avrete giurato
Lui/Lei avrà giurato	Loro avranno giurato

Trapassato Remoto

Io ebbi giurato	Noi avemmo giurato
Tu avesti giurato	Voi aveste giurato
Lui/Lei ebbe giurato	Loro ebbero giurato

CONDIZIONALE

Condizionale Presente

Io giurerei	Noi giureremmo
Tu giureresti	Voi giurereste
Lui/Lei giurerebbe	Loro giurerebbero

Condizionale Passato

Io avrei giurato	Noi avremmo giurato
Tu avresti giurato	Voi avreste giurato
Lui/Lei avrebbe giurato	Loro avrebbero giurato

CONGIUNTIVO

Congiuntivo Presente

Io giuri	Noi giuriamo
Tu giuri	Voi giuriate
Lui/Lei giuri	Loro giurino

Congiuntivo Passato

Io abbia giurato	Noi abbiamo giurato
Tu abbia giurato	Voi abbiate giurato
Lui/Lei abbia giurato	Loro abbiano giurato

Congiuntivo Imperfetto

Io giurassi	Noi giurassimo
Tu giurassi	Voi giuraste
Lui/Lei giurasse	Loro giurassero

Congiuntivo Trapassato

Io avessi giurato	Noi avessimo giurato
Tu avessi giurato	Voi aveste giurato
Lui/Lei avesse giurato	Loro avessero giurato

IMPERATIVO

(Tu) giura!   (Lei) giuri!   (Noi) giuriamo!   (Voi) giurate!   (Loro) giurino!

Avrei giurato sulla Bibbia se fosse stato necessario.
I would have sworn on the Bible, if it had been necessary.

Giurarono di rinunciare alle sigarette.
They swore they would give up cigarettes.

Avevano giurato di fare il lavoro necessario per finire il progetto.
They had sworn that they would do the necessary work to finish the project.

GOCCIOLARE *to drip, to trickle*

Inf. gocciolare *Part. pres.* gocciolante *Part. pass.* gocciolato *Ger.* gocciolando

INDICATIVO

Presente

Io gocciolo	Noi goccioliamo
Tu goccioli	Voi gocciolate
Lui/Lei gocciola	Loro gocciolano

Imperfetto

Io gocciolavo	Noi gocciolavamo
Tu gocciolavi	Voi gocciolavate
Lui/Lei gocciolava	Loro gocciolavano

Passato Prossimo

Io ho gocciolato	Noi abbiamo gocciolato
Tu hai gocciolato	Voi avete gocciolato
Lui/Lei ha gocciolato	Loro hanno gocciolato

Trapassato Prossimo

Io avevo gocciolato	Noi avevamo gocciolato
Tu avevi gocciolato	Voi avevate gocciolato
Lui/Lei aveva gocciolato	Loro avevano gocciolato

Futuro

Io gocciolerò	Noi goccioleremo
Tu gocciolerai	Voi gocciolerete
Lui/Lei gocciolerà	Loro goccioleranno

Passato Remoto

Io gocciolai	Noi gocciolammo
Tu gocciolasti	Voi gocciolaste
Lui/Lei gocciolò	Loro gocciolarono

Futuro Anteriore

Io avrò gocciolato	Noi avremo gocciolato
Tu avrai gocciolato	Voi avrete gocciolato
Lui/Lei avrà gocciolato	Loro avranno gocciolato

Trapassato Remoto

Io ebbi gocciolato	Noi avemmo gocciolato
Tu avesti gocciolato	Voi aveste gocciolato
Lui/Lei ebbe gocciolato	Loro ebbero gocciolato

CONDIZIONALE

Condizionale Presente

Io gocciolerei	Noi goccioleremmo
Tu goccioleresti	Voi gocciolereste
Lui/Lei gocciolerebbe	Loro gocciolerebbero

Condizionale Passato

Io avrei gocciolato	Noi avremmo gocciolato
Tu avresti gocciolato	Voi avreste gocciolato
Lui/Lei avrebbe gocciolato	Loro avrebbero gocciolato

CONGIUNTIVO

Congiuntivo Presente

Io goccioli	Noi goccioliamo
Tu goccioli	Voi goccioliate
Lui/Lei goccioli	Loro gocciolino

Congiuntivo Passato

Io abbia gocciolato	Noi abbiamo gocciolato
Tu abbia gocciolato	Voi abbiate gocciolato
Lui/Lei abbia gocciolato	Loro abbiano gocciolato

Congiuntivo Imperfetto

Io gocciolassi	Noi gocciolassimo
Tu gocciolassi	Voi gocciolaste
Lui/Lei gocciolasse	Loro gocciolassero

Congiuntivo Trapassato

Io avessi gocciolato	Noi avessimo gocciolato
Tu avessi gocciolato	Voi aveste gocciolato
Lui/Lei avesse gocciolato	Loro avessero gocciolato

IMPERATIVO

(Tu) gocciola! (Lei) goccioli! (Noi) goccioliamo! (Voi) gocciolate! (Loro) gocciolino!

Il gocciolare del rubinetto mi fa impazzire!
The dripping of the faucet is making me crazy!

Gocciolavano dal naso perché si erano raffredati.
They were dripping from their nose because they had caught a cold.

Il ruscello gocciolava pian piano verso il Lago di Como.
The stream trickled slowly towards Lake Como.

GODERE   *to enjoy, to be glad*

Inf. godere *Part. pres.* godente *Part. pass.* goduto *Ger.* godendo

INDICATIVO

Presente

Io godo	Noi godiamo
Tu godi	Voi godete
Lui/Lei gode	Loro godono

Imperfetto

Io godevo	Noi godevamo
Tu godevi	Voi godevate
Lui/Lei godeva	Loro godevano

Passato Prossimo

Io ho goduto	Noi abbiamo goduto
Tu hai goduto	Voi avete goduto
Lui/Lei ha goduto	Loro hanno goduto

Trapassato Prossimo

Io avevo goduto	Noi avevamo goduto
Tu avevi goduto	Voi avevate goduto
Lui/Lei aveva goduto	Loro avevano goduto

Futuro

Io godrò	Noi godremo
Tu godrai	Voi godrete
Lui/Lei godrà	Loro godranno

Passato Remoto

Io godei	Noi godemmo
Tu godesti	Voi godeste
Lui/Lei godé	Loro goderono

Futuro Anteriore

Io avrò goduto	Noi avremo goduto
Tu avrai goduto	Voi avrete goduto
Lui/Lei avrà goduto	Loro avranno goduto

Trapassato Remoto

Io ebbi goduto	Noi avemmo goduto
Tu avesti goduto	Voi aveste goduto
Lui/Lei ebbe goduto	Loro ebbero goduto

CONDIZIONALE

Condizionale Presente

Io godrei	Noi godremmo
Tu godresti	Voi godreste
Lui/Lei godrebbe	Loro godrebbero

Condizionale Passato

Io avrei goduto	Noi avremmo goduto
Tu avresti goduto	Voi avreste goduto
Lui/Lei avrebbe goduto	Loro avrebbero goduto

CONGIUNTIVO

Congiuntivo Presente

Io goda	Noi godiamo
Tu goda	Voi godiate
Lui/Lei goda	Loro godano

Congiuntivo Passato

Io abbia goduto	Noi abbiamo goduto
Tu abbia goduto	Voi abbiate goduto
Lui/Lei abbia goduto	Loro abbiano goduto

Congiuntivo Imperfetto

Io godessi	Noi godessimo
Tu godessi	Voi godeste
Lui/Lei godesse	Loro godessero

Congiuntivo Trapassato

Io avessi goduto	Noi avessimo goduto
Tu avessi goduto	Voi aveste goduto
Lui/Lei avesse goduto	Loro avessero goduto

IMPERATIVO

(Tu) godi!   (Lei) goda!   (Noi) godiamo!   (Voi) godete!   (Loro) godano!

Hanno **goduto** le vacanze sulla costiera amalfitana.
*They **enjoyed** their vacation on the Amalfi coast.*

Godo della fiducia della mia amica Giorgia.
I have the confidence of my friend Georgia.

Godranno la loro vita vista la fortuna che hanno acquistato.
*They **will enjoy** their life given the fortune they acquired.*

GOVERNARE   *to govern, to run a household*

Inf. governare   *Part. pres.* governante   *Part. pass.* governato   *Ger.* governando

INDICATIVO

Presente

Io governo	Noi governiamo
Tu governi	Voi governate
Lui/Lei governa	Loro governano

Imperfetto

Io governavo	Noi governavamo
Tu governavi	Voi governavate
Lui/Lei governava	Loro governavano

Passato Prossimo

Io ho governato	Noi abbiamo governato
Tu hai governato	Voi avete governato
Lui/Lei ha governato	Loro hanno governato

Trapassato Prossimo

Io avevo governato	Noi avevamo governato
Tu avevi governato	Voi avevate governato
Lui/Lei aveva governato	Loro avevano governato

Futuro

Io governerò	Noi governeremo
Tu governerai	Voi governerete
Lui/Lei governerà	Loro governeranno

Passato Remoto

Io governai	Noi governammo
Tu governasti	Voi governaste
Lui/Lei governò	Loro governarono

Futuro Anteriore

Io avrò governato	Noi avremo governato
Tu avrai governato	Voi avrete governato
Lui/Lei avrà governato	Loro avranno governato

Trapassato Remoto

Io ebbi governato	Noi avemmo governato
Tu avesti governato	Voi aveste governato
Lui/Lei ebbe governato	Loro ebbero governato

CONDIZIONALE

Condizionale Presente

Io governerei	Noi governeremmo
Tu governeresti	Voi governereste
Lui/Lei governerebbe	Loro governerebbero

Condizionale Passato

Io avrei governato	Noi avremmo governato
Tu avresti governato	Voi avreste governato
Lui/Lei avrebbe governato	Loro avrebbero governato

CONGIUNTIVO

Congiuntivo Presente

Io governi	Noi governiamo
Tu governi	Voi governiate
Lui/Lei governi	Loro governino

Congiuntivo Passato

Io abbia governato	Noi abbiamo governato
Tu abbia governato	Voi abbiate governato
Lui/Lei abbia governato	Loro abbiano governato

Congiuntivo Imperfetto

Io governassi	Noi governassimo
Tu governassi	Voi governaste
Lui/Lei governasse	Loro governassero

Congiuntivo Trapassato

Io avessi governato	Noi avessimo governato
Tu avessi governato	Voi aveste governato
Lui avesse governato	Loro avessero governato

IMPERATIVO

(Tu) governa!   (Lei) governi!   (Noi) governiamo!   (Voi) governate!   (Loro) governino!

La nonna governò casa sua in modo molto preciso.
Grandmother ran the household in a very precise manner.

Il Parlamento italiano governa fin dalla seconda guerra mondiale.
The Italian parliament has governed since the second world war.

Era importante che loro governassero la casa.
It was important that they managed the household.

GRADIRE   *to appreciate, to want, to like*

Inf. gradire   *Part. pres.* gradente   *Part. pass.* gradito   *Ger.* gradendo

INDICATIVO

Presente

Io gradisco	Noi gradiamo
Tu gradisci	Voi gradite
Lui/Lei gradisce	Loro gradiscono

Imperfetto

Io gradivo	Noi gradivamo
Tu gradivi	Voi gradivate
Lui/Lei gradiva	Loro gradivano

Passato Prossimo

Io ho gradito	Noi abbiamo gradito
Tu hai gradito	Voi avete gradito
Lui/Lei ha gradito	Loro hanno gradito

Trapassato Prossimo

Io avevo gradito	Noi avevamo gradito
Tu avevi gradito	Voi avevate gradito
Lui/Lei aveva gradito	Loro avevano gradito

Futuro

Io gradirò	Noi gradiremo
Tu gradirai	Voi gradirete
Lui/Lei gradirà	Loro gradiranno

Passato Remoto

Io gradii	Noi gradimmo
Tu gradisti	Voi gradiste
Lui/Lei gradì	Loro gradirono

Futuro Anteriore

Io avrò gradito	Noi avremo gradito
Tu avrai gradito	Voi avrete gradito
Lui/Lei avrà gradito	Loro avranno gradito

Trapassato Remoto

Io ebbi gradito	Noi avemmo gradito
Tu avesti gradito	Voi aveste gradito
Lui/Lei ebbe gradito	Loro ebbero gradito

CONDIZIONALE

Condizionale Presente

Io gradirei	Noi gradiremmo
Tu gradiresti	Voi gradireste
Lui/Lei gradirebbe	Loro gradirebbero

Condizionale Passato

Io avrei gradito	Noi avremmo gradito
Tu avresti gradito	Voi avreste gradito
Lui/Lei avrebbe gradito	Loro avrebbero gradito

CONGIUNTIVO

Congiuntivo Presente

Io gradisca	Noi gradiamo
Tu gradisca	Voi gradiate
Lui/Lei gradisca	Loro gradiscano

Congiuntivo Passato

Io abbia gradito	Noi abbiamo gradito
Tu abbia gradito	Voi abbiate gradito
Lui/Lei abbia gradito	Loro abbiano gradito

Congiuntivo Imperfetto

Io gradissi	Noi gradissimo
Tu gradissi	Voi gradiste
Lui/Lei gradisse	Loro gradissero

Congiuntivo Trapassato

Io avessi gradito	Noi avessimo gradito
Tu avessi gradito	Voi aveste gradito
Lui/Lei avesse gradito	Loro avessero gradito

IMPERATIVO

(Tu) gradisci!   (Lei) gradisca!   (Noi) gradiamo!   (Voi) gradite!   (Loro) gradiscano!

Gradiresti un po' di caffè?
Would you like some coffee?

Avrei gradito della considerazione.
I would have appreciated some consideration.

Pensi che la mamma gradirà una nuova televisione?
Do you think Mom will enjoy a new television?

Inf. gridare *Part. pres.* gridante *Part. pass.* gridato *Ger.* gridando

INDICATIVO

Presente

Io grido	Noi gridiamo
Tu gridi	Voi gridate
Lui/Lei grida	Loro gridano

Imperfetto

Io gridavo	Noi gridavamo
Tu gridavi	Voi gridavate
Lui/Lei gridava	Loro gridavano

Passato Prossimo

Io ho gridato	Noi abbiamo gridato
Tu hai gridato	Voi avete gridato
Lui/Lei ha gridato	Loro hanno gridato

Trapassato Prossimo

Io avevo gridato	Noi avevamo gridato
Tu avevi gridato	Voi avevate gridato
Lui/Lei aveva gridato	Loro avevano gridato

Futuro

Io griderò	Noi grideremo
Tu griderai	Voi griderete
Lui/Lei griderà	Loro grideranno

Passato Remoto

Io gridai	Noi gridammo
Tu gridasti	Voi gridaste
Lui/Lei gridò	Loro gridarono

Futuro Anteriore

Io avrò gridato	Noi avremo gridato
Tu avrai gridato	Voi avrete gridato
Lui/Lei avrà gridato	Loro avranno gridato

Trapassato Remoto

Io ebbi gridato	Noi avemmo gridato
Tu avesti gridato	Voi aveste gridato
Lui/Lei ebbe gridato	Loro ebbero gridato

CONDIZIONALE

Condizionale Presente

Io griderei	Noi grideremmo
Tu grideresti	Voi gridereste
Lui/Lei griderebbe	Loro griderebbero

Condizionale Passato

Io avrei gridato	Noi avremmo gridato
Tu avresti gridato	Voi avreste gridato
Lui/Lei avrebbe gridato	Loro avrebbero gridato

CONGIUNTIVO

Congiuntivo Presente

Io gridi	Noi gridiamo
Tu gridi	Voi gridiate
Lui/Lei gridi	Loro gridino

Congiuntivo Passato

Io abbia gridato	Noi abbiamo gridato
Tu abbia gridato	Voi abbiate gridato
Lui/Lei abbia gridato	Loro abbiano gridato

Congiuntivo Imperfetto

Io gridassi	Noi gridassimo
Tu gridassi	Voi gridaste
Lui/Lei gridasse	Loro gridassero

Congiuntivo Trapassato

Io avessi gridato	Noi avessimo gridato
Tu avessi gridato	Voi aveste gridato
Lui/Lei avesse gridato	Loro avessero gridato

IMPERATIVO

(Tu) grida!   (Lei) gridi!   (Noi) gridiamo!   (Voi) gridate!   (Loro) gridino!

Ha gridato per aiuto quando è stata **assalita**.
*She screamed for help when she was **attacked**.*

Grida la propria innocenza.
He proclaims his innocence.

Quando videro la nuova macchina, **gridarono di gioia**.
*When they saw the new car, they **shouted with joy**.*

Inf. guadagnare   *Part. pres.* guadagnante   *Part. pass.* guadagnato   *Ger.* guadagnando

INDICATIVO

Presente

Io guadagno	Noi guadagniamo
Tu guadagni	Voi guadagnate
Lui/Lei guadagna	Loro guadagnano

Imperfetto

Io guadagnavo	Noi guadagnavamo
Tu guadagnavi	Voi guadagnavate
Lui/Lei guadagnava	Loro guadagnavano

Passato Prossimo

Io ho guadagnato	Noi abbiamo guadagnato
Tu hai guadagnato	Voi avete guadagnato
Lui/Lei ha guadagnato	Loro hanno guadagnato

Trapassato Prossimo

Io avevo guadagnato	Noi avevamo guadagnato
Tu avevi guadagnato	Voi avevate guadagnato
Lui/Lei aveva guadagnato	Loro avevano guadagnato

Futuro

Io guadagnerò	Noi guadagneremo
Tu guadagnerai	Voi guadagnerete
Lui/Lei guadagnerà	Loro guadagneranno

Passato Remoto

Io guadagnai	Noi guadagnammo
Tu guadagnasti	Voi guadagnaste
Lui/Lei guadagnò	Loro guadagnarono

Futuro Anteriore

Io avrò guadagnato	Noi avremo guadagnato
Tu avrai guadagnato	Voi avrete guadagnato
Lui/Lei avrà guadagnato	Loro avranno guadagnato

Trapassato Remoto

Io ebbi guadagnato	Noi avemmo guadagnato
Tu avesti guadagnato	Voi aveste guadagnato
Lui/Lei ebbe guadagnato	Loro ebbero guadagnato

CONDIZIONALE

Condizionale Presente

Io guadagnerei	Noi guadagneremmo
Tu guadagneresti	Voi guadagnereste
Lui/Lei guadagnerebbe	Loro guadagnerebbero

Condizionale Passato

Io avrei guadagnato	Noi avremmo guadagnato
Tu avresti guadagnato	Voi avreste guadagnato
Lui/Lei avrebbe guadagnato	Loro avrebbero guadagnato

CONGIUNTIVO

Congiuntivo Presente

Io guadagni	Noi guadagniamo
Tu guadagni	Voi guadagniate
Lui/Lei guadagni	Loro guadagnino

Congiuntivo Passato

Io abbia guadagnato	Noi abbiamo guadagnato
Tu abbia guadagnato	Voi abbiate guadagnato
Lui/Lei abbia guadagnato	Loro abbiano guadagnato

Congiuntivo Imperfetto

Io guadagnassi	Noi guadagnassimo
Tu guadagnassi	Voi guadagnaste
Lui/Lei guadagnasse	Loro guadagnassero

Congiuntivo Trapassato

Io avessi guadagnato	Noi avessimo guadagnato
Tu avessi guadagnato	Voi aveste guadagnato
Lui/Lei avesse guadagnato	Loro avessero guadagnato

IMPERATIVO

(Tu) guadagna!   (Lei) guadagni!   (Noi) guadagniamo!   (Voi) guadagnate!   (Loro) guadagnino

---

Guadagneranno almeno un milione vendendo quel quadro.
They will earn at least a million by selling that painting.

Hanno guadagnato il vantaggio dopo il gol.
They gained the advantage after the goal.

La borsa avrebbe guadagnato di più se non fosse stata chiusa per le feste.
The stock market would have gained more if it hadn't been closed for the holidays.

Inf. guardare *Part. pres.* guardante *Part. pass.* guardato *Ger.* guardando

INDICATIVO

Presente

Io guardo	Noi guardiamo
Tu guardi	Voi guardate
Lui/Lei guarda	Loro guardano

Imperfetto

Io guardavo	Noi guadavamo
Tu guardavi	Voi guardavate
Lui/Lei guardava	Loro guardavano

Passato Prossimo

Io ho guardato	Noi abbiamo guardato
Tu hai guardato	Voi avete guardato
Lui/Lei ha guardato	Loro hanno guardato

Trapassato Prossimo

Io avevo guardato	Noi avevamo guardato
Tu avevi guardato	Voi avevate guardato
Lui/Lei aveva guardato	Loro avevano guardato

Futuro

Io guarderò	Noi guaderemo
Tu guaderai	Voi guarderete
Lui/Lei guarderà	Loro guarderanno

Passato Remoto

Io guardai	Noi guadammo
Tu guardasti	Voi guardaste
Lui/Lei guardò	Loro guardarono

Futuro Anteriore

Io avrò guardato	Noi avremo guardato
Tu avrai guardato	Voi avrete guardato
Lui/Lei avrà guardato	Loro avranno guardato

Trapassato Remoto

Io ebbi guardato	Noi avemmo guardato
Tu avesti guardato	Voi aveste guardato
Lui/Lei ebbe guardato	Loro ebbero guardato

CONDIZIONALE

Condizionale Presente

Io guarderei	Noi guarderemmo
Tu guarderesti	Voi guadereste
Lui/Lei guarderebbe	Loro guarderebbero

Condizionale Passato

Io avrei guardato	Noi avremmo guardato
Tu avresti guardato	Voi avreste guardato
Lui/Lei avrebbe guardato	Loro avrebbero guardato

CONGIUNTIVO

Congiuntivo Presente

Io guardi	Noi guardiamo
Tu guardi	Voi guardiate
Lui/Lei guardi	Loro guardino

Congiuntivo Passato

Io abbia guardato	Noi abbiamo guardato
Tu abbia guardato	Voi abbiate guardato
Lui/Lei abbia guardato	Loro abbiano guardato

Congiuntivo Imperfetto

Io guardassi	Noi guadassimo
Tu guardassi	Voi guardaste
Lui/Lei guardasse	Loro guardassero

Congiuntivo Trapassato

Io avessi guardato	Noi avessimo guardato
Tu avessi guardato	Voi aveste guardato
Lui/Lei avesse guardato	Loro avessero guardato

IMPERATIVO

(Tu) guarda! (Lei) guardi! (Noi) guardiamo! (Voi) guardate! (Loro) guardino!

Guarda chi arriva!
Look who's coming!

Guardando dalla finestra, videro i loro figli in piazza.
Looking out the window, they saw their sons in the square.

Che cosa stai guardando?
What are you watching?

GUIDARE   *to guide, drive*

Inf. guidare   *Part. pres.* guidante   *Part. pass.* guidato   *Ger.* guidando

INDICATIVO

Presente

Io guido	Noi guidiamo
Tu guidi	Voi guidate
Lui/Lei guida	Loro guidano

Imperfetto

Io guidavo	Noi guidavamo
Tu guidavi	Voi guidavate
Lui/Lei guidava	Loro guidavano

Passato Prossimo

Io ho guidato	Noi abbiamo guidato
Tu hai guidato	Voi avete guidato
Lui/Lei ha guidato	Loro hanno guidato

Trapassato Prossimo

Io avevo guidato	Noi avevamo guidato
Tu avevi guidato	Voi avevate guidato
Lui/Lei aveva guidato	Loro avevano guidato

Futuro

Io guiderò	Noi guideremo
Tu guiderai	Voi guiderete
Lui/Lei guiderà	Loro guideranno

Passato Remoto

Io guidai	Noi guidammo
Tu guidasti	Voi guidaste
Lui/Lei guidò	Loro guidarono

Futuro Anteriore

Io avrò guidato	Noi avremo guidato
Tu avrai guidato	Voi avrete guidato
Lui/Lei avrà guidato	Loro avranno guidato

Trapassato Remoto

Io ebbi guidato	Noi avemmo guidato
Tu avesti guidato	Voi aveste guidato
Lui/Lei ebbe guidato	Loro ebbero guidato

CONDIZIONALE

Condizionale Presente

Io guiderei	Noi guideremmo
Tu guideresti	Voi guidereste
Lui/Lei guiderebbe	Loro guiderebbero

Condizionale Passato

Io avrei guidato	Noi avremmo guidato
Tu avresti guidato	Voi avreste guidato
Lui/Lei avrebbe guidato	Loro avrebbero guidato

CONGIUNTIVO

Congiuntivo Presente

Io guidi	Noi guidiamo
Tu guidi	Voi guidiate
Lui/Lei guidi	Loro guidino

Congiuntivo Passato

Io abbia guidato	Noi abbiamo guidato
Tu abbia guidato	Voi abbiate guidato
Lui/Lei abbia guidato	Loro abbiano guidato

Congiuntivo Imperfetto

Io guidassi	Noi guidassimo
Tu guidassi	Voi guidaste
Lui/Lei guidasse	Loro guidassero

Congiuntivo Trapassato

Io avessi guidato	Noi avessimo guidato
Tu avessi guidato	Voi aveste guidato
Lui/Lei avesse guidato	Loro avessero guidato

IMPERATIVO

(Tu) guida!   (Lei) guidi!   (Noi) guidiamo!   (Voi) guidate!   (Loro) guidino!

Mi sono lasciata guidare dal mio istinto.
I let myself be guided by my instinct.

Siccome non guidarono bene, ebbero un incidente.
Since they didn't drive well, they had an accident.

Se lui ci avesse guidato non ci saremmo persi.
If he had guided us, we wouldn't have gotten lost.

155

Inf. gustare   *Part. pres.* gustante   *Part. pass.* gustato   *Ger.* gustando

INDICATIVO

Presente

Io gusto	Noi gustiamo
Tu gusti	Voi gustate
Lui/Lei gusta	Loro gustano

Imperfetto

Io gustavo	Noi gustavamo
Tu gustavi	Voi gustavate
Lui/Lei gustava	Loro gustavano

Passato Prossimo

Io ho gustato	Noi abbiamo gustato
Tu hai gustato	Voi avete gustato
Lui/Lei ha gustato	Loro hanno gustato

Trapassato Prossimo

Io avevo gustato	Noi avevamo gustato
Tu avevi gustato	Voi avevate gustato
Lui aveva gustato	Loro avevano gustato

Futuro

Io gusterò	Noi gusteremo
Tu gusterai	Voi gusterete
Lui/Lei gusterà	Loro gusteranno

Passato Remoto

Io gustai	Noi gustammo
Tu gustasti	Voi gustaste
Lui/Lei gustò	Loro gustarono

Futuro Anteriore

Io avrò gustato	Noi avremo gustato
Tu avrai gustato	Voi avrete gustato
Lui/Lei avrà gustato	Loro avranno gustato

Trapassato Remoto

Io ebbi gustato	Noi avemmo gustato
Tu avesti gustato	Voi aveste gustato
Lui/Lei ebbe gustato	Loro ebbero gustato

CONDIZIONALE

Condizionale Presente

Io gusterei	Noi gusteremmo
Tu gusteresti	Voi gustereste
Lui/Lei gusterebbe	Loro gusterebbero

Condizionale Passato

Io avrei gustato	Noi avremmo gustato
Tu avresti gustato	Voi avreste gustato
Lui/Lei avrebbe gustato	Loro avrebbero gustato

CONGIUNTIVO

Congiuntivo Presente

Io gusti	Noi gustiamo
Tu gusti	Voi gustiate
Lui/Lei gusti	Loro gustino

Congiuntivo Passato

Io abbia gustato	Noi abbiamo gustato
Tu abbia gustato	Voi abbiate gustato
Lui/Lei abbia gustato	Loro abbiano gustato

Congiuntivo Imperfetto

Io gustassi	Noi gustassimo
Tu gustassi	Voi gustaste
Lui/Lei gustasse	Loro gustassero

Congiuntivo Trapassato

Io avessi gustato	Noi avessimo gustato
Tu avessi gustato	Voi aveste gustato
Lui/Lei avesse gustato	Loro avessero gustato

IMPERATIVO

(Tu) gusta!   (Lei) gusti!   (Noi) gustiamo!   (Voi) gustate!   (Loro) gustino!

Non riesco a gustare questa bistecca perché sono raffreddato.
I cannot taste this steak because I have a cold.

L'Italia è un paese tutto da gustare.
Italy is a country to be enjoyed completely.

Se avessi gustato il sugo ti saresti accorto che mancava il sale.
If you had tasted the sauce, you would have realized it needed salt.

Inf. ideare   *Part. pres.* ideante   *Part. pass.* ideato   *Ger. ideando*

INDICATIVO

Presente

Io ideo	Noi ideiamo
Tu idei	Voi ideate
Lui/Lei idea	Loro ideano

Imperfetto

Io ideavo	Noi ideavamo
Tu ideavi	Voi ideavate
Lui/Lei ideava	Loro ideavano

Passato Prossimo

Io ho ideato	Noi abbiamo ideato
Tu hai ideato	Voi avete ideato
Lui/Lei ha ideato	Loro hanno ideato

Trapassato Prossimo

Io avevo ideato	Noi avevamo ideato
Tu avevi ideato	Voi avevate ideato
Lui/Lei aveva ideato	Loro avevano ideato

Futuro

Io ideerò	Noi ideeremo
Tu ideerai	Voi ideerete
Lui/Lei ideerà	Loro ideeranno

Passato Remoto

Io ideai	Noi ideammo
Tu ideasti	Voi ideaste
Lui/Lei ideò	Loro idearono

Futuro Anteriore

Io avrò ideato	Noi avremo ideato
Tu avrai ideato	Voi avrete ideato
Lui/Lei avrà ideato	Loro avranno ideato

Trapassato Remoto

Io ebbi ideato	Noi avemmo ideato
Tu avesti ideato	Voi aveste ideato
Lui/Lei ebbe ideato	Loro ebbero ideato

CONDIZIONALE

Condizionale Presente

Io ideerei	Noi ideeremmo
Tu ideeresti	Voi ideereste
Lui/Lei ideerebbe	Loro ideerebbero

Condizionale Passato

Io avrei ideato	Noi avremmo ideato
Tu avresti ideato	Voi avreste ideato
Lui/Lei avrebbe ideato	Loro avrebbero ideato

CONGIUNTIVO

Congiuntivo Presente

Io idei	Noi ideiamo
Tu idei	Voi ideiate
Lui/Lei idei	Loro ideino

Congiuntivo Passato

Io abbia ideato	Noi abbiamo ideato
Tu abbia ideato	Voi abbiate ideato
Lui/Lei abbia ideato	Loro abbiano ideato

Congiuntivo Imperfetto

Io ideassi	Noi ideassimo
Tu ideassi	Voi ideaste
Lui/Lei ideasse	Loro ideassero

Congiuntivo Trapassato

Io avessi ideato	Noi avessimo ideato
Ti avessi ideato	Voi aveste ideato
Lui/Lei avesse ideato	Loro avessero ideato

IMPERATIVO

(Tu) idea!   (Lei) idei!   (Noi) ideiamo!   (Voi) ideate   (Loro) ideino!

Quando ebbero ideato il piano, fecero di tutto per convincere gli altri.
When they had devised the plan, they did everything to convince the others.

Aveva ideato tutto quello che voleva fare in futuro.
He had imagined everything that he wanted do in the future.

Per ideare la casa, si mise a pensare come procedere.
To plan the house, she began thinking about how to proceed.

IDENTIFICARE   *to identify, to determine*

Inf. identificare   *Part. pres.* identificante   *Part. pass.* identificato   *Ger.* identificando

INDICATIVO

Presente

Io identifico	Noi identifichiamo
Tu identifichi	Voi identificate
Lui/Lei identifica	Loro identificano

Imperfetto

Io identificavo	Noi identificavamo
Tu identificavi	Voi identificavate
Lui/Lei identificava	Loro identificavano

Passato Prossimo

Io ho identificato	Noi abbiamo identificato
Tu hai identificato	Voi avete identificato
Lui/Lei ha identificato	Loro hanno identificato

Trapassato Prossimo

Io avevo identificato	Noi avevamo identificato
Tu avevi identificato	Voi avevate identificato
Lui/Lei aveva identificato	Loro avevano identificato

Futuro

Io identificherò	Noi identificheremo
Tu identificherai	Voi identificherete
Lui/Lei indentificherà	Loro identificheranno

Passato Remoto

Io identificai	Noi identificammo
Tu identificasti	Voi identificaste
Lui/Lei identificò	Loro identificarono

Futuro Anteriore

Io avrò identificato	Noi avremo identificato
Tu avrai identificato	Voi avrete identificato
Lui/Lei avrà identificato	Loro avranno identificato

Trapassato Remoto

Io ebbi identificato	Noi avemmo identificato
Tu avesti identificato	Voi aveste identificato
Lui/Lei ebbe identificato	Loro ebbero identificato

CONDIZIONALE

Condizionale Presente

Io identificherei	Noi identificheremmo
Tu identificheresti	Voi identifichereste
Lui/Lei identificherebbe	Loro identificherebbero

Condizionale Passato

Io avrei identificato	Noi avremmo identificato
Tu avresti identificato	Voi avreste identificato
Lui/Lei avrebbe identificato	Loro avrebbero identificato

CONGIUNTIVO

Congiuntivo Presente

Io identifichi	Noi identifichiamo
Tu identifichi	Voi identifichiate
Lui/Lei identifichi	Loro identifichino

Congiuntivo Passato

Io abbia identificato	Noi abbiamo identificato
Tu abbia identificato	Voi abbiate identificato
Lui/Lei abbia identificato	Loro abbiano identificato

Congiuntivo Imperfetto

Io identificassi	Noi identificassimo
Tu identificassi	Voi identificaste
Lui/Lei identificasse	Loro identificassero

Congiuntivo Trapassato

Io avessi identificato	Noi avessimo identificato
Tu avessi identificato	Voi aveste identificato
Lui/Lei avesse identificato	Loro avessero identificato

IMPERATIVO

(Tu) identifica!   (Lei) identifichi!   (Noi) identifichiamo!   (Voi) identificate!   (Loro) identifichino!

Tra tutti i presenti, la polizia ha identificato quello colpevole.
Among all those present, the police identified the guilty one.

Identificai la torta che poi avrebbe vinto la gara.
I determined the cake that would win the competition.

Avrei identificato la nonna ovunque.
I could have identified my grandmother anywhere.

IGNORARE *to ignore, not to know*

Inf. ignorare *Part. pres.* ignorante *Part. pass.* ignorato *Ger.* ignorando

INDICATIVO

Presente

Io ignoro	Noi ignoriamo
Tu ignori	Voi ignorate
Lui/Lei ignora	Loro ignorano

Imperfetto

Io ignoravo	Noi ignoravamo
Tu ignoravi	Voi ignoravate
Lui/Lei ignorava	Loro ignoravano

Passato Prossimo

Io ho ignorato	Noi abbiamo ignorato
Tu hai ignorato	Voi avete ignorato
Lui/Lei ha ignorato	Loro hanno ignorato

Trapassato Prossimo

Io avevo ignorato	Noi avevamo ignorato
Tu avevi ignorato	Voi avevate ignorato
Lui/Lei aveva ignorato	Loro avevano ignorato

Futuro

Io ignorerò	Noi ignoreremo
Tu ignorerai	Voi ignorerete
Lui/Lei ignorerà	Loro ignoreranno

Passato Remoto

Io ignorai	Noi ignorammo
Tu ignorasti	Voi ignoraste
Lui/Lei ignorò	Loro ignorarono

Futuro Anteriore

Io avrò ignorato	Noi avremo ignorato
Tu avrai ignorato	Voi avrete ignorato
Lui/Lei avrà ignorato	Loro avranno ignorato

Trapassato Remoto

Io ebbi ignorato	Noi avemmo ignorato
Tu avesti ignorato	Voi aveste ignorato
Lui/Lei ebbe ignorato	Loro ebbero ignorato

CONDIZIONALE

Condizionale Presente

Io ignorerei	Noi ignoreremmo
Tu ignoreresti	Voi ignorereste
Lui/Lei ignorerebbe	Loro ignorerebbero

Condizionale Passato

Io avrei ignorato	Noi avremmo ignorato
Tu avresti ignorato	Voi avreste ignorato
Lui/Lei avrebbe ignorato	Loro avrebbero ignorato

CONGIUNTIVO

Congiuntivo Presente

Io ignori	Noi ignoriamo
Tu ignori	Voi ignoriate
Lui/Lei ignori	Loro ignorino

Congiuntivo Passato

Io abbia ignorato	Noi abbiamo ignorato
Tu abbia ignorato	Voi abbiate ignorato
Lui/Lei abbia ignorato	Loro abbiano ignorato

Congiuntivo Imperfetto

Io ignorassi	Noi ignorassimo
Tu ignorassi	Voi ignoraste
Lui/Lei ignorasse	Loro ignorassero

Congiuntivo Trapassato

Io avessi ignorato	Noi avessimo ignorato
Tu avessi ignorato	Voi aveste ignorato
Lui/Lei avesse ignorato	Loro avessero ignorato

IMPERATIVO

(Tu) ignora! (Lei) ignori! (Noi) ignoriamo! (Voi) ignorate! (Loro) ignorino!

Ignoravo l'esistenza di alcune persone antipatiche.
I was unaware of the existence of some disagreeable people.

Avrei ignorato completamente quel piatto se non me lo avessi indicato.
I wouldn't have known anything about that dish, if you hadn't pointed it out to me.

Non mi ignorare! Ti sto parlando!
Don't ignore me! I am talking to you!

Inf. illustrare *Part. pres.* illustrante *Part. pass.* illustrato *Ger.* illustrando

INDICATIVO

Presente

Io illustro	Noi illustriamo
Tu illustri	Voi illustrate
Lui/Lei illustra	Loro illustrano

Imperfetto

Io illustravo	Noi illustravamo
Tu illustravi	Voi illustravate
Lui/Lei illustrava	Loro illustravano

Passato Prossimo

Io ho illustrato	Noi abbiamo illustrato
Tu hai illustrato	Voi avete illustrato
Lui/Lei ha illustrato	Loro hanno illustrato

Trapassato Prossimo

Io avevo illustrato	Noi avevamo illustrato
Tu avevi illustrato	Voi avevate illustrato
Lui/Lei aveva illustrato	Loro avevano illustrato

Futuro

Io illustrerò	Noi illustreremo
Tu illustrerai	Voi illustrerete
Lui/Lei illustrerà	Loro illustreranno

Passato Remoto

Io illustrai	Noi illustrammo
Tu illustrasti	Voi illustraste
Lui/Lei illustrò	Loro illustrarono

Futuro Anteriore

Io avrò illustrato	Noi avremo illustrato
Tu avrai illustrato	Voi avrete illustrato
Lui/Lei avrà illustrato	Loro avranno illustrato

Trapassato Remoto

Io ebbi illustrato	Noi avemmo illustrato
Tu avesti illustrato	Voi aveste illustrato
Lui/Lei ebbe illustrato	Loro ebbero illustrato

CONDIZIONALE

Condizionale Presente

Io illustrerei	Noi illustreremmo
Tu illustreresti	Voi illustrereste
Lui/Lei illustrerebbe	Loro illustrerebbero

Condizionale Passato

Io avrei illustrato	Noi avremmo illustrato
Tu avresti illustrato	Voi avreste illustrato
Lui/Lei avrebbe illustrato	Loro avrebbero illustrato

CONGIUNTIVO

Congiuntivo Presente

Io illustri	Noi illustriamo
Tu illustri	Voi illustriate
Lui/Lei illustri	Loro illustrino

Congiuntivo Passato

Io abbia illustrato	Noi abbiamo illustrato
Tu abbia illustrato	Voi abbiate illustrato
Lui/Lei abbia illustrato	Loro abbiano illustrato

Congiuntivo Imperfetto

Io illustrassi	Noi illustrassimo
Tu illustrassi	Voi illustraste
Lui/Lei illustrasse	Loro illustrassero

Congiuntivo Trapassato

Io avessi illustrato	Noi avessimo illustrato
Tu avessi illustrato	Voi aveste illustrato
Lui/Lei avesse illustrato	Loro avessero illustrato

IMPERATIVO

(Tu) illustra!   (Lei) illustri!   (Noi) illustriamo!   (Voi) illustrate!   (Loro) illustrino!

Loro vogliono che tu illustri quel libro.
They want you to illustrate that book.

Il professore gli ha illustrato come fare l'esperimento.
The professor showed them how to do the experiment.

Ci illustrerete come disegnare un vestito da sera?
Will you all show us how to design an evening dress?

IMBARAZZARE   *to embarrass*

Inf. imbarazzare   *Part. pres.* imbarazzante   *Part. pass.* imbarazzato   *Ger.* imbarazzando

INDICATIVO

Presente

Io imbarazzo	Noi imbarazziamo
Tu imbarazzi	Voi imbarazzate
Lui/Lei imbarazza	Loro imbarazzano

Imperfetto

Io imbarazzavo	Noi imbarazzavamo
Tu imbarazzavi	Voi imbarazzavate
Lui/Lei imbarazzava	Loro imbarazzavano

Passato Prossimo

Io ho imbarazzato	Noi abbiamo imbarazzato
Tu hai imbarazzato	Voi avete imbarazzato
Lui/Lei ha imbarazzato	Loro hanno imbarazzato

Trapassato Prossimo

Io avevo imbarazzato	Noi avevamo imbarazzato
Tu avevi imbarazzato	Voi avevate imbarazzato
Lui/Lei aveva imbarazzato	Loro avevano imbarazzato

Futuro

Io imbarazzerò	Noi imbarazzeremo
Tu imbarazzerai	Voi imbarazzerete
Lui/Lei imbarazzerà	Loro imbarazzeranno

Passato Remoto

Io imbarazzai	Noi imbarazzammo
Tu imbarazzasti	Voi imbarazzaste
Lui/Lei imbarazzò	Loro imbarazzarono

Futuro Anteriore

Io avrò imbarazzato	Noi avremo imbarazzato
Tu avrai imbarazzato	Voi avrete imbarazzato
Lui/Lei avrà imbarazzato	Loro avranno imbarazzato

Trapassato Remoto

Io ebbi imbarazzato	Noi avemmo imbarazzato
Tu avesti imbarazzato	Voi aveste imbarazzato
Lui/Lei ebbe imbarazzato	Loro ebbero imbarazzato

CONDIZIONALE

Condizionale Presente

Io imbarazzerei	Noi imbarazzeremmo
Tu imbarazzeresti	Voi imbarazzereste
Lui/Lei imbarazzerebbe	Loro imbarazzerebbero

Condizionale Passato

Io avrei imbarazzato	Noi avremmo imbarazzato
Tu avresti imbarazzato	Voi avreste imbarazzato
Lui/Lei avrebbe imbarazzato	Loro avrebbero imbarazzato

CONGIUNTIVO

Congiuntivo Presente

Io imbarazzi	Noi imbarazziamo
Tu imbarazzi	Voi imbarazziate
Lui/Lei imbarazzi	Loro imbarazzino

Congiuntivo Passato

Io abbia imbarazzato	Noi abbiamo imbarazzato
Tu abbia imbarazzato	Voi abbiate imbarazzato
Lui/Lei abbia imbarazzato	Loro abbiano imbarazzato

Congiuntivo Imperfetto

Io imbarazzassi	Noi imbarazzassimo
Tu imbarazzassi	Voi imbarazzaste
Lui/Lei imbarazzasse	Loro imbarazzassero

Congiuntivo Trapassato

Io avessi imbarazzato	Noi avessimo imbarazzato
Tu avessi imbarazzato	Voi aveste imbarazzato
Lui/Lei avesse imbarazzato	Loro avessero imbarazzato

IMPERATIVO

(Tu) imbarazza!   (Lei) imbarazzi!   (Noi) imbarazziamo!   (Voi) imbarazzate!   (Loro) imbarazzino!

Ho imbarazzato il mio fidanzato quando l'ho fatto aspettare fuori.
I embarrassed my fiancée when I made him wait outside.

Imbarazzarono tutti con il discorso fatto.
They embarrassed everyone with the speech they made.

Mi imbarazza fare quello che mi hanno chiesto.
I'm embarrassed to do what they asked.

Inf. imbarcare   *Part. pres.* imbarcante   *Part. pass.* imbarcato   *Ger.* imbarcando

INDICATIVO

Presente

Io imbarco	Noi imbarchiamo
Tu imbarchi	Voi imbarcate
Lui/Lei imbarca	Loro imbarcano

Imperfetto

Io imbarcavo	Noi imbarcavamo
Tu imbarcavi	Voi imbarcavate
Lui/Lei imbarcava	Loro imbarcavano

Passato Prossimo

Io ho imbarcato	Noi abbiamo imbarcato
Tu hai imbarcato	Voi avete imbarcato
Lui/Lei ha imbarcato	Loro hanno imbarcato

Trapassato Prossimo

Io avevo imbarcato	Noi avevamo imbarcato
Tu avevi imbarcato	Voi avevate imbarcato
Lui/Lei aveva imbarcato	Loro avevano imbarcato

Futuro

Io imbarcherò	Noi imbarcheremo
Tu imbarcherai	Voi imbarcherete
Lui/Lei imbacherà	Loro imbarcheranno

Passato Remoto

Io imbarcai	Noi imbarcammo
Tu imbarcasti	Voi imbarcaste
Lui/Lei imbarcò	Loro imbarcarono

Futuro Anteriore

Io avrò imbarcato	Noi avremo imbarcato
Tu avrai imbarcato	Voi avrete imbarcato
Lui/Lei avrà imbarcato	Loro avranno imbarcato

Trapassato Remoto

Io ebbi imbarcato	Noi avemmo imbarcato
Tu avesti imbarcato	Voi aveste imbarcato
Lui/Lei ebbe imbarcato	Loro ebbero imbarcato

CONDIZIONALE

Condizionale Presente

Io imbarcherei	Noi imbarcheremmo
Tu imbarcheresti	Voi imbarchereste
Lui/Lei imbarcherebbe	Loro imbarcherebbero

Condizionale Passato

Io avrei imbarcato	Noi avremmo imbarcato
Tu avresti imbarcato	Voi avreste imbarcato
Lui/Lei avrebbe imbarcato	Loro avrebbero imbarcato

CONGIUNTIVO

Congiuntivo Presente

Io imbarchi	Noi imbarchiamo
Tu imbarchi	Voi imbarchiate
Lui/Lei imbarchi	Loro imbarchino

Congiuntivo Passato

Io abbia imbarcato	Noi abbiamo imbarcato
Tu abbia imbarcato	Voi abbiate imbarcato
Lui/Lei abbia imbarcato	Loro abbiano imbarcato

Congiuntivo Imperfetto

Io imbarcassi	Noi imbarcassimo
Tu imbarcassi	Voi imbarcaste
Lui/Lei imbarcasse	Loro imbarcassero

Congiuntivo Trapassato

Io avessi imbarcato	Noi avessimoimbarcato
Tu avessi imbarcato	Voi aveste imbarcato
Lui/Lei avesse imbarcato	Loro avessero imbarcato

IMPERATIVO

(Tu) imbarca!   (Lei) imbarchi!   (Noi) imbarchiamo!   (Voi) imbarcate!   (Loro) imbarchino!

Ha imbarcato i passeggeri prima dei bagagli.
He boarded the passengers before the luggage.

C'è molta posta da imbarcare su quell'aereo.
There is a lot of mail to load on that plane.

Prima di decollare, imbarcarono i pasti e le bevande.
Before taking off, they loaded the meals and the drinks.

Inf. imbucare *Part. pres.* imbarcante *Part. pass.* imbucato *Ger.* imbucando

INDICATIVO

Presente

Io imbuco	Noi imbuchiamo
Tu imbuchi	Voi imbucate
Lui/Lei imbuca	Loro imbucano

Imperfetto

Io imbucavo	Noi imbucavamo
Tu imbucavi	Voi Imbucavate
Lui/Lei imbucava	Loro imbucavano

Passato Prossimo

Io ho imbucato	Noi abbiamo imbucato
Tu hai imbucato	Voi avete imbucato
Lui/Lei ha imbucato	Loro hanno imbucato

Trapassato Prossimo

Io avevo imbucato	Noi avevamo imbucato
Tu avevi imbucato	Voi avevate imbucato
Lui/Lei aveva imbucato	Loro avevano imbucato

Futuro

Io imbucherò	Noi imbarcheremo
Tu imbarcherai	Voi imbarcherete
Lui/Lei imbarcherà	Loro imbarcheranno

Passato Remoto

Io imbucai	Noi imbucammo
Tu imbucasti	Voi imbucaste
Lui/Lei imbucò	Loro imbucarono

Futuro Anteriore

Io avrò imbucato	Noi avremo imbucato
Tu avrai imbucato	Voi avrete imbucato
Lui/Lei avrà imbucato	Loro avranno imbucato

Trapassato Remoto

Io ebbi imbucato	Noi avemmo imbucato
Tu avesti imbucato	Voi aveste imbucato
Lui/Lei ebbe imbucato	Loro ebbero imbucato

CONDIZIONALE

Condizionale Presente

Io imbucherei	Noi imbucheremmo
Tu imbucheresti	Voi imbuchereste
Lui/Lei imbucherebbe	Loro imbucherebbero

Condizionale Passato

Io avrei imbucato	Noi avremmo imbucato
Tu avresti imbucato	Voi avreste imbucato
Lui/Lei avrebbe imbucato	Loro avrebbero imbucato

CONGIUNTIVO

Congiuntivo Presente

Io imbuchi	Noi imbuchiamo
Tu imbuchi	Voi imbuchiate
Lui/Lei imbuchi	Loro imbuchino

Congiuntivo Passato

Io abbia imbucato	Noi abbiamo imbucato
Tu abbia imbucato	Voi abbiate imbucato
Lui/Lei abbia imbucato	Loro abbiano imbucato

Congiuntivo Imperfetto

Io imbucassi	Noi imbucassimo
Tu imbucassi	Voi imbucaste
Lui/Lei imbucasse	Loro imbucassero

Congiuntivo Trapassato

Io avessi imbucato	Noi avessimo imbucato
Tu avessi imbucato	Voi aveste imbucato
Lui/Lei avesse imbucato	Loro avessero imbucato

IMPERATIVO

(Tu) imbuca! (Lei) imbuchi! (Noi) imbuchiamo! (Voi) imbucate! (Loro) imbuchino!

Pensi che abbiano imbucato le lettere?
Do you think they have mailed the letters?

Potrei chiederti d'imbucare questi documenti?
Could I ask you to mail these documents?

Quando finisco il curriculum, lo imbucherò subito.
When I finish my resume, I will mail it immediately.

IMMAGINARE *to imagine, to picture, to presume*

Inf. immaginare   *Part. pres.* immaginante   *Part. pass.* immaginato   *Ger.* immaginando

INDICATIVO

Presente

Io immagino	Noi immaginiamo
Tu immagini	Voi immaginate
Lui/Lei immagina	Loro immaginano

Imperfetto

Io immaginavo	Noi immaginavamo
Tu immaginavi	Voi immaginavate
Lui/Lei immaginava	Loro immaginavano

Passato Prossimo

Io ho immaginato	Noi abbiamo immaginato
Tu hai immaginato	Voi avete immaginato
Lui/Lei ha immaginato	Loro hanno immaginato

Trapassato Prossimo

Io avevo immaginato	Noi avevamo immaginato
Tu avevi immaginato	Voi avevate immaginato
Lui/Lei aveva immaginato	Loro avevano immaginato

Futuro

Io immaginerò	Noi immagineremo
Tu immaginerai	Voi immaginerete
Lui/Lei immaginerà	Loro immagineranno

Passato Remoto

Io immaginai	Noi immaginammo
Tu immaginasti	Voi immaginaste
Lui/Lei immaginò	Loro immaginarono

Futuro Anteriore

Io avrò immaginato	Noi avremo immaginato
Tu avrai immaginato	Voi avrete immaginato
Lui/Lei avrà immaginato	Loro avranno immaginato

Trapassato Remoto

Io ebbi immaginato	Noi avemmo immaginato
Tu avesti immaginato	Voi aveste immaginato
Lui/Lei ebbe immaginato	Loro ebbero immaginato

CONDIZIONALE

Condizionale Presente

Io immaginerei	Noi immagineremmo
Tu immagineresti	Voi immaginereste
Lui/Lei immaginerebbe	Loro immaginerebbero

Condizionale Passato

Io avrei immaginato	Noi avremmo immaginato
Tu avresti immaginato	Voi avreste immaginato
Lui/Lei avrebbe immaginato	Loro avrebbero immaginato

CONGIUNTIVO

Congiuntivo Presente

Io immagini	Noi immaginiamo
Tu immagini	Voi immaginiate
Lui/Lei immagini	Loro immaginino

Congiuntivo Passato

Io abbia immaginato	Noi abbiamo immaginato
Tu abbia immaginato	Voi abbiate immaginato
Lui/Lei abbia immaginato	Loro abbiano immaginato

Congiuntivo Imperfetto

Io immaginassi	Noi immaginassimo
Tu immaginassi	Voi immaginaste
Lui/Lei immaginasse	Loro immaginassero

Congiuntivo Trapassato

Io avessi immaginato	Noi avessimo immaginato
Tu avessi immaginato	Voi aveste immaginato
Lui/Lei avesse immaginato	Loro avessero immaginato

IMPERATIVO

(Tu) immagina!   (Lei) immagini!   (Noi) immaginiamo!   (Voi) immaginate!   (Loro) immaginino!

Lo immaginavo più basso.
I imagined him to be shorter.

Immagina la sua faccia quando vedrà la sua fidanzata.
Picture his face when he will see his fiancée.

Immaginava che comprassero la casa.
He presumed that they would buy the house.

IMMIGRARE   *to immigrate*

Inf. immigrare   *Part. pres.* immigrante   *Part. pass.* immigrato   *Ger.* immigrando

INDICATIVO

Presente

Io immigro	Noi immigriamo
Tu immigri	Voi immigrate
Lui/Lei immigra	Loro immigrano

Imperfetto

Io immigravo	Noi immigravamo
Tu immigravi	Voi immigravate
Lui/Lei immigrava	Loro immigravano

Passato Prossimo

Io sono immigrato/a	Noi siamo immigrati/e
Tu sei immigrato/a	Voi siete immigrati/e
Lui/Lei è immigrato/a	Loro sono immigrati/e

Trapassato Prossimo

Io ero immigrato/a	Noi eravamo immigrati/e
Tu eri immigrato/a	Voi eravate immigrati/e
Lui/Lei era immigrato/a	Loro erano immigrati/e

Futuro

Io immigrerò	Noi immigreremo
Tu immigrerai	Voi immigrerete
Lui/Lei immigrerà	Loro immigreranno

Passato Remoto

Io immigrai	Noi immigrammo
Tu immigrasti	Voi immigraste
Lui/Lei immigrò	Loro immigrarono

Futuro Anteriore

Io sarò immigrato/a	Noi saremo immigrati/e
Tu sarai immigrato/a	Voi sarete immigrati/e
Lui/Lei sarà immigrato/a	Loro saranno immigrati/e

Trapassato Remoto

Io fui immigrato/a	Noi fummo immigrati/e
Tu fosti immigrato/a	Voi foste immigrati/e
Lui/Lei fu immigrato/a	Loro furono immigrati/e

CONDIZIONALE

Condizionale Presente

Io immigrerei	Noi immigreremmo
Tu immigreresti	Voi immigrereste
Lui/Lei immigrerebbe	Loro immigrerebbero

Condizionale Passato

Io sarei immigrato/a	Noi saremmo immigrati/e
Tu saresti immigrato/a	Voi sareste immigrati/e
Lui/Lei sarebbe immigrato /a	Loro sarebbero immigrati/e

CONGIUNTIVO

Congiuntivo Presente

Io immigri	Noi immigriamo
Tu immigri	Voi immigriate
Lui/Lei immigri	Loro immigrino

Congiuntivo Passato

Io sia immigrato/a	Noi siamo immigrati/e
Tu sia immigrato/a	Voi siate immigrati/e
Lui/Lei sia immigrato/a	Loro siano immigrati/e

Congiuntivo Imperfetto

Io immigrassi	Noi immigrassimo
Tu immigrassi	Voi immigraste
Lui/Lei immigrasse	Loro immigrassero

Congiuntivo Trapassato

Io fossi immigrato/a	Noi fossimo immigrati/e
Tu fossi immigrato/a	Voi foste immigrati/e
Lui/Lei fosse immigrato/a	Loro fossero immigrati/e

IMPERATIVO

(Tu) immigra!   (Lei) immigri!   (Noi) immigriamo!   (Voi) immigrate!   (Loro) immigrino!

I nostri nonni **immigrarono** in America 100 anni fa.
Our grandparents immigrated to America 100 years ago.

Tanti cittadini di altri **Paesi stanno** immigrando nell'Unione Europea in questi ultimi tempi.
Many citizens of other countries are immigrating to the European Union these days.

È **immigrato** in Germania per trovare lavoro.
He immigrated to Germany to find work.

IMPARARE *to learn*

Inf. imparare *Part. pass.* imparante *Part. pass.* imparato *Ger.* imparando

INDICATIVO

Presente

Io imparo	Noi impariamo
Tu impari	Voi imparate
Lui/Lei impara	Loro imparano

Imperfetto

Io imparavo	Noi imparavamo
Tu imparavi	Voi imparavate
Lui/Lei imparava	Loro imparavano

Passato Prossimo

Io ho imparato	Noi abbiamo imparato
Tu hai imparato	Voi avete imparato
Lui/Lei ha imparato	Loro hanno imparato

Trapassato Prossimo

Io avevo imparato	Noi avevamo imparato
Tu avevi imparato	Voi avevate imparato
Lui/Lei aveva imparato	Loro avevano imparato

Futuro

Io imparerò	Noi impareremo
Tu imparerai	Voi imparerete
Lui/Lei imparerà	Loro impareranno

Passato Remoto

Io imparai	Noi imparammo
Tu imparasti	Voi imparaste
Lui/Lei imparò	Loro impararono

Futuro Anteriore

Io avrò imparato	Noi avremo imparato
Tu avrai imparato	Voi avrete imparato
Lui/Lei avrà imparato	Loro avranno imparato

Trapassato Remoto

Io ebbi imparato	Noi avemmo imparato
Tu avesti imparato	Voi aveste imparato
Lui/Lei ebbe imparato	Loro ebbero imparato

CONDIZIONALE

Condizionale Presente

Io imparerei	Noi impareremmo
Tu impareresti	Voi imparereste
Lui/Lei imparerebbe	Loro imparerebbero

Condizionale Passato

Io avrei imparato	Noi avremmo imparato
Tu avresti imparato	Voi avreste imparato
Lui/Lei avrebbe imparato	Loro avrebbero imparato

CONGIUNTIVO

Congiuntivo Presente

Io impari	Noi impariamo
Tu impari	Voi impariate
Lui/Lei impari	Loro imparino

Congiuntivo Passato

Io abbia imparato	Noi abbiamo imparato
Tu abbia imparato	Voi abbiate imparato
Lui/Lei abbia imparato	Loro abbiano imparato

Congiuntivo Imperfetto

Io imparassi	Noi imparassimo
Tu imparassi	Voi imparaste
Lui/Lei imparasse	Loro imparassero

Congiuntivo Trapassato

Io avessi imparato	Noi avessimo imparato
Tu avessi imparato	Voi aveste imparato
Lui/Lei avesse imparato	Loro avessero imparato

IMPERATIVO

(Tu) impara! (Lei) impari! (Noi) impariamo! (Voi) imparate! (Loro) imparino!

Lei aveva già imparato a leggere a quattro anni.
She had already learned to read at 4 years old.

Non si finisce mai di imparare.
One never stops learning.

Ho imparato a guidare in Italia.
I learned how to drive in Italy.

Inf. impedire   *Part. pres.* impedente   *Part. pass.* impedito   *Ger.* impedendo

INDICATIVO

Presente

Io impedisco	Noi impediamo
Tu impedisci	Voi impedite
Lui/Lei impedisce	Loro impediscono

Imperfetto

Io impedivo	Noi impedivamo
Tu impedivi	Voi impedivate
Lui/Lei impediva	Loro impedivano

Passato Prossimo

Io ho impedito	Noi abbiamo impedito
Tu hai impedito	Voi avete impedito
Lui/Lei ha impedito	Loro hanno impedito

Trapassato Prossimo

Io avevo impedito	Noi avevamo impedito
Tu avevi impedito	Voi avevate impedito
Lui/Lei aveva impedito	Loro avevano impedito

Futuro

Io impedirò	Noi impediremo
Tu impedirai	Voi impedirete
Lui/Lei impedirà	Loro impediranno

Passato Remoto

Io impedii	Noi impedimmo
Tu impedisti	Voi impediste
Lui/Lei impedì	Loro impedirono

Futuro Anteriore

Io avrò impedito	Noi avremo impedito
Tu avrai impedito	Voi avrete impedito
Lui/Lei avrà impedito	Loro avranno impedito

Trapassato Remoto

Io ebbi impedito	Noi avemmo impedito
Tu avesti impedito	Voi aveste impedito
Lui/Lei ebbe impedito	Loro ebbero impedito

CONDIZIONALE

Condizionale Presente

Io impedirei	Noi impediremmo
Tu impediresti	Voi impedireste
Lui/Lei impedirebbe	Loro impedirebbero

Condizionale Passato

Io avrei impedito	Noi avremmo impedito
Tu avresti impedito	Voi avreste impedito
Lui/Lei avrebbe impedito	Loro avrebbero impedito

CONGIUNTIVO

Congiuntivo Presente

Io impedisca	Noi impediamo
Tu impedisca	Voi impediate
Lui/Lei impedisca	Loro impediscano

Congiuntivo Passato

Io abbia impedito	Noi abbiamo impedito
Tu abbia impedito	Voi abbiate impedito
Lui/Lei abbia impedito	Loro abbiano impedito

Congiuntivo Imperfetto

Io impedissi	Noi impedissimo
Tu impedissi	Voi impediste
Lui/Lei impedisse	Loro impedissero

Congiuntivo Trapassato

Io avessi impedito	Noi avessimo impedito
Tu avessi impedito	Voi aveste impedito
Lui/Lei avesse impedito	Loro avessero impedito

IMPERATIVO

(Tu) impedisci!   (Lei) impedisca!   (Noi) impediamo!   (Voi) impedite!   (Loro) impediscano!

Il suo stato di salute gli ha impedito di partire.
His health condition prevented him from leaving.

La foresta gli impedì di vedere il lago.
The forest prevented them from seeing the lake.

Le avrei impedito di entrare se avessi saputo che veniva.
I would have prevented her from entering, if I had known that she was coming.

IMPEGNARE   *to commit, to hire, to engage*

Inf. impegnare   *Part. pres.* impegnante   *Part. pass.* impegnato   *Ger.* impegnando

INDICATIVO

Presente

Io impegno	Noi impegniamo
Tu impegni	Voi impegnate
Lui/Lei impegna	Loro impegnano

Imperfetto

Io impegnavo	Noi impegnavamo
Tu impegnavi	Voi impegnavate
Lui/Lei impegnava	Loro impegnavano

Passato Prossimo

Io ho impegnato	Noi abbiamo impegnato
Tu hai impegnato	Voi avete impegnato
Lui/Lei ha impegnato	Loro hanno impegnato

Trapassato Prossimo

Io avevo impegnato	Noi avevamo impegnato
Tu avevi impegnato	Voi avevate impegnato
Lui/Lei aveva impegnato	Loro avevano impegnato

Futuro

Io impegnerò	Noi impegneremo
Tu impegnerai	Voi impegnerete
Lui/Lei impegnerà	Loro impegneranno

Passato Remoto

Io impegnai	Noi impegnammo
Tu impegnasti	Voi impegnaste
Lui/Lei impegnò	Loro impegnarono

Futuro Anteriore

Io avrò impegnato	Noi avremo impegnato
Tu avrai impegnato	Voi avrete impegnato
Lui/Lei avrà impegnato	Loro avranno impegnato

Trapassato Remoto

Io ebbi impegnato	Noi avemmo impegnato
Tu avesti impegnato	Voi aveste impegnato
Lui/Lei ebbe impegnato	Loro ebbero impegnato

CONDIZIONALE

Condizionale Presente

Io impegnerei	Noi impegneremmo
Tu impegneresti	Voi impegnereste
Lui/Lei impegnerebbe	Loro impegnerebbero

Condizionale Passato

Io avrei impegnato	Noi avremmo impegnato
Tu avresti impegnato	Voi avreste impegnato
Lui/Lei avrebbe impegnato	Loro avrebbero impegnato

CONGIUNTIVO

Congiuntivo Presente

Io impegni	Noi impegniamo
Tu impegni	Voi impegniate
Lui/Lei impegni	Loro impegnino

Congiuntivo Passato

Io abbia impegnato	Noi abbiamo impegnato
Tu abbia impegnato	Voi abbiate impegnato
Lui/Lei abbia impegnato	Loro abbiano impegnato

Congiuntivo Imperfetto

Io impegnassi	Noi impegnassimo
Tu impegnassi	Voi impegnaste
Lui/Lei impegnasse	Loro impegnassero

Congiuntivo Trapassato

Io avessi impegnato	Noi avessimo impegnato
Tu avessi impegnato	Voi aveste impegnato
Lui/Lei avesse impegnato	Loro avessero impegnato

IMPERATIVO

(Tu) impegna!   (Lei) impegni!   (Noi) impegniamo!   (Voi) impegnate!   (Loro) impegnino!

Il progetto per la nuova piazza li impegnò totalmente.
The plan for the new square absorbed them completely.

Hanno impegnato la nostra attenzione con un discorso
They engaged our attention with a debate.

Il contratto la impegna a lavorare.
The contract forces her to work.

IMPIEGARE   *to employ, to spend, to use*

Inf. impiegare   *Part. pres.* impiegante   *Part. pass.* impiegato   *Ger.* impiegando

INDICATIVO

Presente

Io impiego	Noi impieghiamo
Tu impieghi	Voi impiegate
Lui/Lei impiega	Loro impiegano

Imperfetto

Io impiegavo	Noi impiegavamo
Tu impiegavi	Voi impiegavate
Lui/Lei impiegava	Loro impiegavano

Passato Prossimo

Io ho impiegato	Noi abbiamo impiegato
Tu hai impiegato	Voi avete impiegato
Lui/Lei ha impiegato	Loro hanno impiegato

Trapassato Prossimo

Io avevo impiegato	Noi avevamo impiegato
Tu avevi impiegato	Voi avevate impiegato
Lui/Lei aveva impiegato	Loro avevano impiegato

Futuro

Io impiegherò	Noi impiegheremo
Tu impiegherai	Voi impiegherete
Lui/Lei impiegherà	Loro impiegheranno

Passato Remoto

Io impiegai	Noi impiegammo
Tu impiegasti	Voi impiegaste
Lui/Lei impiegò	Loro impiegarono

Futuro Anteriore

Io avrò impiegato	Noi avremo impiegato
Tu avrai impiegato	Voi avrete impiegato
Lui/Lei avrà impiegato	Loro avranno impiegato

Trapassato Remoto

Io ebbi impiegato	Noi avemmo impiegato
Tu avesti impiegato	Voi aveste impiegato
Lui/Lei ebbe impiegato	Loro ebbero impiegato

CONDIZIONALE

Condizionale Presente

Io impiegherò	Noi impiegheremmo
Tu impiegheresti	Voi impieghereste
Lui/Lei impiegherebbe	Loro impiegherebbero

Condizionale Passato

Io avrei impiegato	Noi avremmo impiegato
Tu avresti impiegato	Voi avreste impiegato
Lui/Lei avrebbe impiegato	Loro avrebbero impiegato

CONGIUNTIVO

Congiuntivo Presente

Io impieghi	Noi impieghiamo
Tu impieghi	Voi impieghiate
Lui/Lei impieghi	Loro impieghino

Congiuntivo Passato

Io abbia impiegato	Noi abbiamo impiegato
Tu abbia impiegato	Voi abbiate impiegato
Lui/Lei abbia impiegato	Loro abbiano impiegato

Congiuntivo Imperfetto

Io impiegassi	Noi impiegassimo
Tu impiegassi	Voi impiegaste
Lui/Lei impiegasse	Loro impiegassero

Congiuntivo Trapassato

Io avessi impiegato	Noi avessimo impiegato
Tu avessi impiegato	Voi aveste impiegato
Lui/Lei avesse impiegato	Loro avessero impiegato

IMPERATIVO

(Tu) impiega!   (Lei) impieghi!   (Noi) impieghiamo!   (Voi) impiegate!   (Loro) impieghino!

Non so quanto tempo abbiano impiegato a fare i compiti.
I don't know how much time they spent doing their homework.

Hanno impiegato tre ore ad arrivare a Ferrara.
They spent three hours getting to Ferrara.

Impiegheresti male il tempo a finire quel lavoro.
You would waste time finishing up that job.

IMPORRE   *to impose, to dictate, to force*

Inf. imporre   *Part. pres.* imponente   *Part. pass.* imposto   *Ger.* imponendo

INDICATIVO

Presente

Io impongo	Noi imponiamo
Tu imponi	Voi imponete
Lui/Lei impone	Loro impongono

Imperfetto

Io imponevo	Noi imponevamo
Tu imponevi	Voi imponevate
Lui/Lei imponeva	Loro imponevano

Passato Prossimo

Io ho imposto	Noi abbiamo imposto
Tu hai imposto	Voi avete imposto
Lui/Lei ha imposto	Loro hanno imposto

Trapassato Prossimo

Io avevo imposto	Noi avevamo imposto
Tu avevi imposto	Voi avevate imposto
Lui/Lei aveva imposto	Loro avevano imposto

Futuro

Io imporrò	Noi imporremo
Tu imporrai	Voi imporrete
Lui/Lei imporrà	Loro imporranno

Passato Remoto

Io imposi	Noi imponemmo
Tu imponesti	Voi imponeste
Lui/Lei impose	Loro imposero

Futuro Anteriore

Io avrò imposto	Noi avremmo imposto
Tu avrai imposto	Voi avrete imposto
Lui/Lei avrà imposto	Loro avranno imposto

Trapassato Remoto

Io ebbi imposto	Noi avemmo imposto
Tu avesti imposto	Voi aveste imposto
Lui/Lei ebbe imposto	Loro ebbero imposto

CONDIZIONALE

Condizionale Presente

Io imporrei	Noi imporremmo
Tu imporresti	Voi imporreste
Lui/Lei imporrebbe	Loro imporrebbero

Condizionale Passato

Io avrei imposto	Noi avremmo imposto
Tu avresti imposto	Voi avreste imposto
Lui/Lei avrebbe imposto	Loro avrebbero imposto

CONGIUNTIVO

Congiuntivo Presente

Io imponga	Noi imponiamo
Tu imponga	Voi imponiate
Lui/Lei imponga	Loro impongano

Congiuntivo Passato

Io abbia imposto	Noi abbiamo imposto
Tu abbia imposto	Voi abbiate imposto
Lui/Lei abbia imposto	Loro abbiano imposto

Congiuntivo Imperfetto

Io imponessi	Noi imponessimo
Tu imponessi	Voi imponeste
Lui/Lei imponesse	Loro imponessero

Congiuntivo Trapassato

Io avessi imposto	Noi avessimo imposto
Tu avessi imposto	Voi aveste imposto
Lui/Lei avesse imposto	Loro avessero imposto

IMPERATIVO

(Tu) imponi!   (Lei) imponga!   (Noi) imponiamo!   (Voi) imponete!   (Loro) impongano!

Gli hanno imposto di fare tutti i dolci per la celebrazione.
They forced him to make all the desserts for the celebration.

Aveva imposto la propria presenza.
He had imposed himself.

Dopo che ebbero imposto il silenzio alla folla, continuarono a parlare.
After they had commanded silence from the crowd, they continued to speak.

Inf. impostare   *Part. pres.* impostante   *Part. pass.* impostato   *Ger.* impostando

INDICATIVO

Presente

Io imposto	Noi impostiamo
Tu imposti	Voi impostate
Lui/Lei imposta	Loro impostano

Imperfetto

Io impostavo	Noi impostavamo
Tu impostavi	Voi impostavate
Lui/Lei impostava	Loro importavano

Passato Prossimo

Io ho imposto	Noi abbiamo imposto
Tu hai imposto	Voi avete imposto
Lui/Lei ha imposto	Loro hanno imposto

Trapassato Prossimo

Io avevo imposto	Noi avevamo imposto
Tu avevi imposto	Voi avevate imposto
Lui/Lei aveva imposto	Loro avevano imposto

Futuro

Io imposterò	Noi imposteremo
Tu imposterai	Voi imposterete
Lui/Lei imposterà	Loro imposteranno

Passato Remoto

Io impostai	Noi impostammo
Tu impostasti	Voi impostaste
Lui/Lei impostò	Loro impostarono

Futuro Anteriore

Io avrò imposto	Noi avremo imposto
Tu avrai imposto	Voi avrete imposto
Lui/Lei avrà imposto	Loro avranno imposto

Trapassato Remoto

Io ebbi imposto	Noi avemmo imposto
Tu avesti imposto	Voi aveste imposto
Lui/Lei ebbe imposto	Loro ebbero imposto

CONDIZIONALE

Condizionale Presente

Io imposterei	Noi imposteremmo
Tu imposteresti	Voi impostereste
Lui/Lei imposterebbe	Loro imposterebbero

Condizionale Passato

Io avrei imposto	Noi avremmo imposto
Tu avresti imposto	Voi avreste imposto
Lui/Lei avrebbe imposto	Loro avrebbero imposto

CONGIUNTIVO

Congiuntivo Presente

Io imposti	Noi impostiamo
Tu imposti	Voi impostiate
Lui/Lei imposti	Loro impostino

Congiuntivo Passato

Io abbia imposto	Noi abbiamo imposto
Tu abbia imposto	Voi abbiate imposto
Lui/Lei abbia imposto	Loro abbiano imposto

Congiuntivo Imperfetto

Io impostassi	Noi impostassimo
Tu impostassi	Voi impostaste
Lui/Lei impostasse	Loro impostassero

Congiuntivo Trapassato

Io avessi imposto	Noi avessimo imposto
Tu avessi imposto	Voi aveste imposto
Lui/Lei avesse imposto	Loro avessero imposto

IMPERATIVO

(Tu) imposta!   (Lei) imposti!   (Noi) impostiamo!   (Voi) impostate!   (Loro) impostino!

Hanno impostato il discorso.
They formulated the argument.

Credé che avessero imposto il problema.
He believed that they had tackled the problem.

Avete impostato tutti i pacchetti per l'Africa?
Did you mail all the packages to Africa?

INCASSARE   *to cash, to pack up*

Inf. incassare   *Part. pres.* incassante   *Part. pass.* incassato   *Ger.* incassando

INDICATIVO

Presente

Io incasso	Noi incassiamo
Tu incassi	Voi incassate
Lui/Lei incassa	Loro incassano

Imperfetto

Io incassavo	Noi incassavamo
Tu incassavi	Voi incassavate
Lui/Lei incassava	Loro incassavano

Passato Prossimo

Io ho incassato	Noi abbiamo incassato
Tu hai incassato	Voi avete incassato
Lui/Lei ha incassato	Loro hanno incassato

Trapassato Prossimo

Io avevo incassato	Noi avevamo incassato
Tu avevi incassato	Voi avevate incassato
Lui/Lei aveva incassato	Loro avevano incassato

Futuro

Io incasserò	Noi incasseremo
Tu incasserai	Voi incasserete
Lui/Lei incasserà	Loro incasseranno

Passato Remoto

Io incassai	Noi incassammo
Tu incassasti	Voi incassaste
Lui/Lei incassò	Loro incassarono

Futuro Anteriore

Io avrò incassato	Noi avremo incassato
Tu avrai incassato	Voi avrete incassato
Lui/Lei avrà incassato	Loro avranno incassato

Trapassato Remoto

Io ebbi incassato	Noi avemmo incassato
Tu avesti incassato	Voi aveste incassato
Lui/Lei ebbe incassato	Loro ebbero incassato

CONDIZIONALE

Condizionale Presente

Io incasserei	Noi incasseremmo
Tu incasseresti	Voi incassereste
Lui/Lei incasserebbe	Loro incasserebbero

Condizionale Passato

Io avrei incassato	Noi avremmo incassato
Tu avresti incassato	Voi avreste incassato
Lui/lei avrebbe incassato	Loro avrebbero incassato

CONGIUNTIVO

Congiuntivo Presente

Io incassi	Noi incassiamo
Tu incassi	Voi incassiate
Lui/Lei incassi	Loro incassino

Congiuntivo Passato

Io abbia incassato	Noi abbiamo incassato
Tu abbia incassato	Voi abbiate incassato
Lui/Lei abbia incassato	Loro abbiano incassato

Congiuntivo Imperfetto

Io incassassi	Noi incassassimo
Tu incassassi	Voi incassaste
Lui/Lei incassasse	Loro incassassero

Congiuntivo Trapassato

Io avessi incassato	Noi avessimo incassato
Tu avessi incassato	Voi aveste incassato
Lui/Lei avesse incassato	Loro avessero incassato

IMPERATIVO

(Tu) incassa!   (Lei) incassi!   (Noi) incassiamo!   (Voi) incassate!   (Loro) incassino!

Dopo che ebbero incassato gli assegni, andarono a cena.
After they had cashed the checks, they went out to dinner.

Il museo incasserà l'arte e poi la spedirà in Italia.
The museum will pack up the art and then send it to Italy.

A volte s'impara a prendere calci e incassare insulti.
Sometimes you learn to take it on the chin and roll with the punches.

Inf. incidere   *Part. pres.* incidente   *Part. pass.* inciso   *Ger.* incidendo

INDICATIVO

Presente

Io incido	Noi incidiamo
Tu incidi	Voi incidete
Lui/Lei incide	Loro incidono

Imperfetto

Io incidevo	Noi incidevamo
Tu incidevi	Voi incidevate
Lui/Lei incideva	Loro incidevano

Passato Prossimo

Io ho inciso	Noi abbiamo inciso
Tu hai inciso	Voi avete inciso
Lui/Lei ha inciso	Loro hanno inciso

Trapassato Prossimo

Io avevo inciso	Noi avevamo inciso
Tu avevi inciso	Voi avevate inciso
Lui/Lei aveva inciso	Loro avevano inciso

Futuro

Io inciderò	Noi incideremo
Tu inciderai	Voi inciderete
Lui/Lei inciderà	Loro incideranno

Passato Remoto

Io incisi	Noi incidemmo
Tu incidesti	Voi incideste
Lui/Lei incise	Loro incisero

Futuro Anteriore

Io avrò inciso	Noi avremo inciso
Tu avrai inciso	Voi avrete inciso
Lui/Lei avrà inciso	Loro avranno inciso

Trapassato Remoto

Io ebbi inciso	Noi avemmo inciso
Tu avesti inciso	Voi aveste inciso
Lui/Lei ebbe inciso	Loro ebbero inciso

CONDIZIONALE

Condizionale Presente

Io inciderei	Noi incideremmo
Tu incideresti	Voi incidereste
Lui/Lei inciderebbe	Loro inciderebbero

Condizionale Passato

Io avrei inciso	Noi avremmo inciso
Tu avresti inciso	Voi avreste inciso
Lui/Lei avrebbe inciso	Loro avrebbero inciso

CONGIUNTIVO

Congiuntivo Presente

Io incida	Noi incidiamo
Tu incida	Voi incidiate
Lui/Lei incida	Loro incidano

Congiuntivo Passato

Io abbia inciso	Noi abbiamo inciso
Tu abbia inciso	Voi abbiate inciso
Lui/Lei abbia inciso	Loro abbiano inciso

Congiuntivo Imperfetto

Io incidessi	Noi incidessimo
Tu incidessi	Voi incideste
Lui/Lei incidesse	Loro incidessero

Congiuntivo Trapassato

Io avessi inciso	Noi avessimo inciso
Tu avessi inciso	Voi aveste inciso
Lui/Lei avesse inciso	Loro avessero inciso

IMPERATIVO

(Tu) incidi!   (Lei) incida!   (Noi) incidiamo!   (Voi) incidete!   (Loro) incidano!

Mantegna incise molti bei disegni durante il Rinascimento.
Mantegna engraved many beautiful designs during the Renaissance.

Il marmo è un materiale molto difficile da incidere.
Marble is a material that is very difficult to carve.

Stavo incidendo del legno quando l'insegnante arrivò.
I was carving some wood when the teacher arrived.

INCLUDERE *to include, to number*

Inf. includere *Part. pres.* includente *Part. pass.* incluso *Ger.* includendo

INDICATIVO

Presente

Io includo	Noi includiamo
Tu includi	Voi includete
Lui/Lei include	Loro includono

Imperfetto

Io includevo	Noi includevamo
Tu includevi	Voi includevate
Lui/Lei includeva	Loro includevano

Passato Prossimo

Io ho incluso	Noi abbiamo incluso
Tu hai incluso	Voi avete incluso
Lui/Lei ha incluso	Loro hanno incluso

Trapassato Prossimo

Io avevo incluso	Noi avevamo incluso
Tu avevi incluso	Voi avevate incluso
Lui/Lei aveva incluso	Loro avevano incluso

Futuro

Io includerò	Noi includeremo
Tu includerai	Voi includerete
Lui/Lei includerà	Loro includeranno

Passato Remoto

Io inclusi	Noi includemmo
Tu includesti	Voi includeste
Lui/Lei incluse	Loro inclusero

Futuro Anteriore

Io avrò incluso	Noi avremo incluso
Tu avrai incluso	Voi avrete incluso
Lui/Lei avrà incluso	Loro avranno incluso

Trapassato Remoto

Io ebbi incluso	Noi avemmo incluso
Tu avesti incluso	Voi aveste incluso
Lui/Lei ebbe incluso	Loro ebbero incluso

CONDIZIONALE

Condizionale Presente

Io includerei	Noi includeremmo
Tu includeresti	Voi includereste
Lui/Lei includerebbe	Loro includerebbero

Condizionale Passato

Io avrei incluso	Noi avremmo incluso
Tu avresti incluso	Voi avreste incluso
Lui/Lei avrebbe incluso	Loro avrebbero incluso

CONGIUNTIVO

Congiuntivo Presente

Io includa	Noi includiamo
Tu includa	Voi includiate
Lui/Lei includa	Loro includano

Congiuntivo Passato

Io abbia incluso	Noi abbiamo incluso
Tu abbia incluso	Voi abbiate incluso
Lui/Lei abbia incluso	Loro abbiano incluso

Congiuntivo Imperfetto

Io includessi	Noi includessimo
Tu includessi	Voi includeste
Lui/Lei includesse	Loro includessero

Congiuntivo Trapassato

Io avessi incluso	Noi avessimo incluso
Tu avessi incluso	Voi aveste incluso
Lui/Lei avesse incluso	Loro avessero incluso

IMPERATIVO

(Tu) includi! (Lei) includa! (Noi) includiamo! (Voi) includete! (Loro) includano!

Includiamo i parenti tra le persone più importanti.
We include our relatives among the most important people.

Vorremmo che includeste lui tra i partecipanti.
We would like you all to include him among the participants.

Le loro responsabilità includerebbero quella di rispondere al telefono.
Their responsibilities would include that of answering the telephone.

INCONTRARE   *to meet, to encounter*

Inf. incontrare   *Part. pres.* incontrante   *Part. pass.* incontrato   *Ger.* incontrando

INDICATIVO

Presente

Io incontro	Noi incontriamo
Tu incontri	Voi incontrate
Lui/Lei incontra	Loro incontrano

Imperfetto

Io incontravo	Noi incontravamo
Tu incontravi	Voi incontravate
Lui/Lei incontrava	Loro incontravano

Passato Prossimo

Io ho incontrato	Noi abbiamo incontrato
Tu hai incontrato	Voi avete incontrato
Lui/Lei ha incontrato	Loro hanno incontrato

Trapassato Prossimo

Io avevo incontrato	Noi avevamo incontrato
Tu avevi incontrato	Voi avevate incontrato
Lui/Lei aveva incontrato	Loro avevano incontrato

Futuro

Io incontrerò	Noi incontreremo
Tu incontrerai	Voi incontrerete
Lui/Lei incontrerà	Loro incontreranno

Passato Remoto

Io incontrai	Noi incontrammo
Tu incontrasti	Voi incontraste
Lui/Lei incontrò	Loro incontrarono

Futuro Anteriore

Io avrò incontrato	Noi avremo incontrato
Tu avrai incontrato	Voi avrete incontrato
Lui/Lei avrà incontrato	Loro avranno incontrato

Trapassato Remoto

Io ebbi incontrato	Noi avemmo incontrato
Tu avesti incontrato	Voi aveste incontrato
Lui/Lei ebbe incontrato	Loro ebbero incontrato

CONDIZIONALE

Condizionale Presente

Io incontrerei	Noi incontreremmo
Tu incontreresti	Voi incontrereste
Lui/Lei incontrerebbe	Loro incontrerebbero

Condizionale Passato

Io avrei incontrato	Noi avremmo incontrato
Tu avresti incontrato	Voi avreste incontrato
Lui/Lei avrebbe incontrato	Loro avrebbero incontrato

CONGIUNTIVO

Congiuntivo Presente

Io incontri	Noi incontriamo
Tu incontri	Voi incontriate
Lui/Lei incontri	Loro incontrino

Congiuntivo Passato

Io abbia incontrato	Noi abbiamo incontrato
Tu abbia incontrato	Voi abbiate incontrato
Lui/Lei abbia incontrato	Loro abbiano incontrato

Congiuntivo Imperfetto

Io incontrassi	Noi incontrassimo
Tu incontrassi	Voi incontraste
Lui/Lei incontrasse	Loro incontrassero

Congiuntivo Trapassato

Io avessi incontrato	Noi avessimo incontrato
Tu avessi incontrato	Voi aveste incontrato
Lui/Lei avesse incontrato	Loro avessero incontrato

IMPERATIVO

(Tu) incontra!   (Lei) incontri!   (Noi) incontriamo!   (Voi) incontrate!   (Loro) incontrino!

Io ho incontrato Lorena in piazza per puro caso.
I encountered Lorena in the square by pure chance.

Non si incontrano spesso persone così sgradevoli.
One doesn't often meet such unpleasant people.

Dopo che ebbero incontrato tanta resistenza, decisero di arrendersi.
After they had encountered a lot of resistance, they decided to surrender.

Inf. indicare *Part. pres.* indicante *Part. pass.* indicato *Ger.* Indicando

INDICATIVO

Presente

Io indico	Noi indichiamo
Tu indichi	Voi indicate
Lui/Lei indica	Loro indicano

Imperfetto

Io indicavo	Noi indicavamo
Tu indicava	Voi indicavate
Lui/Lei indicava	Loro indicavano

Passato Prossimo

Io ho indicato	Noi abbiamo indicato
Tu hai indicato	Voi avete indicato
Lui/Lei ha indicato	Loro hanno indicato

Trapassato Prossimo

Io avevo indicato	Noi avevamo indicato
Tu avevi indicato	Voi avevate indicato
Lui/Lei aveva indicato	Loro avevano indicato

Futuro

Io indicherò	Noi indicheremo
Tu indicherai	Voi indicherete
Lui/Lei indicherà	Loro indicheranno

Passato Remoto

Io indicai	Noi indicammo
Tu indicasti	Voi indicaste
Lui/Lei indicò	Loro indicarono

Futuro Anteriore

Io avrò indicato	Noi avremo indicato
Tu avrai indicato	Voi avrete indicato
Lui/Lei avrà indicato	Loro avranno indicato

Trapassato Remoto

Io ebbi indicato	Noi avemmo indicato
Tu avesti indicato	Voi aveste indicato
Lui/Lei ebbe indicato	Loro ebbero indicato

CONDIZIONALE

Condizionale Presente

Io indicherei	Noi indicheremmo
Tu indicheresti	Voi indichereste
Lui/Lei indicherebbe	Loro indicherebbero

Condizionale Passato

Io avrei indicato	Noi avremmo indicato
Tu avresti indicato	Voi avreste indicato
Lui/Lei avrebbe indicato	Loro avrebbero indicato

CONGIUNTIVO

Congiuntivo Presente

Io indichi	Noi indichiamo
Tu indichi	Voi indichiate
Lui/Lei indichi	Loro indichino

Congiuntivo Passato

Io abbia indicato	Noi abbiamo indicato
Tu abbia indicato	Voi abbiate indicato
Lui/Lei abbia indicato	Loro abbiano indicato

Congiuntivo Imperfetto

Io indicassi	Noi indicassimo
Tu indicassi	Voi indicaste
Lui/Lei indicasse	Loro indicassero

Congiuntivo Trapassato

Io avessi indicato	Noi avessimo indicato
Tu avessi indicato	Voi aveste indicato
Lui/Lei avesse indicato	Loro avessero indicato

IMPERATIVO

(Tu) indica!   (Lei) indichi!   (Noi) indichiamo!   (Voi) indicate!   (Loro) indichino!

I cittadini mi hanno indicato dove mangiare.
The townspeople showed me where to eat.

M'indica per favore la via per l'aeroporto?
Could you please show me the road to the airport?

Dopo che mi avevano indicato dove andare, mi sono messa per strada.
After they had shown me where to go, I started down the road.

INDOSSARE   *to put on, to wear*

Inf. indossare   *Part. pres.* indossante   *Part. pass.* indossato   *Ger.* indossando

INDICATIVO

Presente

Io indosso	Noi indossiamo
Tu indossi	Voi indossate
Lui/Lei indossa	Loro indossano

Imperfetto

Io indossavo	Noi indossavamo
Tu indossavi	Voi indossavate
Lui/Lei indossava	Loro indossavano

Passato Prossimo

Io ho indossato	Noi abbiamo indossato
Tu hai indossato	Voi avete indossato
Lui/Lei ha indossato	Loro hanno indossato

Trapassato Prossimo

Io avevo indossato	Noi avevamo indossato
Tu avevi indossato	Voi avevate indossato
Lui/Lei aveva indossato	Loro avevano indossato

Futuro

Io indosserò	Noi indosseremo
Tu indosserai	Voi indosserete
Lui/Lei indosserà	Loro indosseranno

Passato Remoto

Io indossai	Noi indossammo
Tu indossasti	Voi indossaste
Lui/Lei indossò	Loro indossarono

Futuro Anteriore

Io avrò indossato	Noi avremo indossato
Tu avrai indossato	Voi avrete indossato
Lui/Lei avrà indossato	Loro avranno indossato

Trapassato Remoto

Io ebbi indossato	Noi avemmo indossato
Tu avesti indossato	Voi aveste indossato
Lui ebbe indossato	Loro ebbero indossato

CONDIZIONALE

Condizionale Presente

Io indosserei	Noi indosseremmo
Tu indosseresti	Voi indossereste
Lui/Lei indosserebbe	Loro indosserebbero

Condizionale Passato

Io avrei indossato	Noi avremmo indossato
Tu avresti indossato	Voi avreste indossato
Lui/Lei avrebbe indossato	Loro avrebbero indossato

CONGIUNTIVO

Congiuntivo Presente

Io indossi	Noi indossiamo
Tu indossi	Voi indossiate
Lui/Lei indossi	Loro indossino

Congiuntivo Passato

Io abbia indossato	Noi abbiamo indossato
Tu abbia indossato	Voi abbiate indossato
Lui/Lei abbia indossato	Loro abbiano indossato

Congiuntivo Imperfetto

Io indossassi	Noi indossassimo
Tu indossassi	Voi indossaste
Lui/Lei indossasse	Loro indossassero

Congiuntivo Trapassato

Io avessi indossato	Noi avessimo indossato
Tu avessi indossato	Voi aveste indossato
Lui/Lei avesse indossato	Loro avessero indossato

IMPERATIVO

(Tu) indossa!   (Lei) indossi!   (Noi) indossiamo!   (Voi) indossate!   (Loro) indossino!

Abbiamo indossato dei vestiti eleganti per l'opera.
We wore elegant clothes for the opera.

Indosserei dei jeans e una felpa per fare l'escursionismo.
I would wear some jeans and a sweatshirt to hike.

Dopo che avranno pulito l'abito, lo indosserà per uscire.
After they have cleaned the suit, he will wear it to go out.

INDOVINARE   *to guess*

Inf. indovinare   *Part. pres.* indovinante   *Part. pass.* indovinato   *Ger.* indovinando

INDICATIVO

Presente

Io indovino	Noi indoviniamo
Tu indovini	Voi indovinate
Lui/Lei indovina	Loro indovinano

Imperfetto

Io indovinavo	Noi indovinavamo
Tu indovinavi	Voi indovinavate
Lui/Lei indovinava	Loro indovinavano

Passato Prossimo

Io ho indovinato	Noi abbiamo indovinato
Tu hai indovinato	Voi avete indovinato
Lui/Lei ha indovinato	Loro hanno indovinato

Trapassato Prossimo

Io avevo indovinato	Noi avevamo indovinato
Tu avevi indovinato	Voi avevate indovinato
Lui/Lei aveva indovinato	Loro avevano indovinato

Futuro

Io indovinerò	Noi indovineremo
Tu indovinerai	Voi indovinerete
Lui/Lei indovinerà	Loro indovineranno

Passato Remoto

Io indovinai	Noi indovinammo
Tu indovinasti	Voi indovinaste
Lui/Lei indovinò	Loro indovinarono

Futuro Anteriore

Io avrò indovinato	Noi avremo indovinato
Tu avrai indovinato	Voi avrete indovinato
Lui/Lei avrà indovinato	Loro avranno indovinato

Trapassato Remoto

Io ebbi indovinato	Noi avemmo indovinato
Tu avesti indovinato	Voi aveste indovinato
Lui/Lei ebbe indovinato	Loro ebbero indovinato

CONDIZIONALE

Condizionale Presente

Io indovinerei	Noi indovineremmo
Tu indovineresti	Voi indovinereste
Lui/Lei indovinerebbe	Loro indovinerebbero

Condizionale Passato

Io avrei indovinato	Noi avremmo indovinato
Tu avresti indovinato	Voi avreste indovinato
Lui/Lei avrebbe indovinato	Loro avrebbero indovinato

CONGIUNTIVO

Congiuntivo Presente

Io indovini	Noi indoviniamo
Tu indovini	Voi indoviniate
Lui/Lei indovini	Loro indovinino

Congiuntivo Passato

Io abbia indovinato	Noi abbiamo indovinato
Tu abbia indovinato	Voi abbiate indovinato
Lui/Lei abbia indovinato	Loro abbiano indovinato

Congiuntivo Imperfetto

Io indovinassi	Noi indovinassimo
Tu indovinassi	Voi indovinaste
Lui/Lei indovinasse	Loro indovinassero

Congiuntivo Trapassato

Io avessi indovinato	Noi avessimo indovinato
Tu avessi indovinato	Voi aveste indovinato
Lui/Lei avesse indovinato	Loro avessero indovinato

IMPERATIVO

(Tu) indovina!   (Lei) indovini!   (Noi) indoviniamo!   (Voi) indovinate!   (Loro) indovinino!

Indovini un po' chi viene a cena?
Guess who is coming to dinner?

Non ne indovinava una!
He didn't guess one of them!

Ha indovinato il sapore giusto dei tre vini.
She guessed the correct flavor of the three wines.

Inf. indurre *Part. pres.* inducente *Part. pass.* indotto *Ger.* inducendo

INDICATIVO

Presente

Io induco	Noi induciamo
Tu induci	Voi inducete
Lui/Lei induce	Loro inducono

Imperfetto

Io inducevo	Noi inducevamo
Tu inducevi	Voi inducevate
Lui/Lei induceva	Loro inducevano

Passato Prossimo

Io ho indotto	Noi abbiamo indotto
Tu hai indotto	Voi avete indotto
Lui/Lei ha indotto	Loro hanno indotto

Trapassato Prossimo

Io avevo indotto	Noi avevamo indotto
Tu avevi indotto	Voi avevate indotto
Lui/Lei aveva indotto	Loro avevano indotto

Futuro

Io indurrò	Noi indurremo
Tu indurrai	Voi indurrete
Lui/Lei indurrà	Loro indurranno

Passato Remoto

Io indussi	Noi inducemmo
Tu inducesti	Voi induceste
Lui/Lei indusse	Loro indussero

Futuro Anteriore

Io avrò indotto	Noi avremo indotto
Tu avrai indotto	Voi avrete indotto
Lui/Lei avrà indotto	Loro avranno indotto

Trapassato Remoto

Io ebbi indotto	Noi avemmo indotto
Tu avesti indotto	Voi aveste indotto
Lui/Lei ebbe indotto	Loro ebbero indotto

CONDIZIONALE

Condizionale Presente

Io indurrei	Noi indurremmo
Tu indurresti	Voi indurreste
Lui/Lei indurrebbe	Loro indurrebbero

Condizionale Passato

Io avrei indotto	Noi avremmo indotto
Tu avresti indotto	Voi avreste indotto
Lui/Lei avrebbe indotto	Loro avrebbero indotto

CONGIUNTIVO

Congiuntivo Presente

Io induca	Noi induciamo
Tu induca	Voi indiciate
Lui/Lei induca	Loro inducano

Congiuntivo Passato

Io abbia indotto	Noi abbiamo indotto
Tu abbia indotto	Voi abbiate indotto
Lui/Lei abbia indotto	Loro abbiano indotto

Congiuntivo Imperfetto

Io inducessi	Noi inducessimo
Tu inducessi	Voi induceste
Lui/Lei inducesse	Loro inducessero

Congiuntivo Trapassato

Io avessi indotto	Noi avessimo indotto
Tu avessi indotto	Voi aveste indotto
Lui/Lei avesse indotto	Loro avessero indotto

IMPERATIVO

(Tu) induci!   (Lei) induca!   (Noi) induciamo!   (Voi) inducete!   (Loro) inducano!

Quel discorso ha indotto la sonnolenza.
That speech induced drowsiness.

Io avrei indotto i medici a riflettere sulla pratica quotidiana.
I would have prompted the doctors to reflect on their daily practices.

L'autore tentava d'indurre il lettore a ulteriori riflessioni.
The author was trying to lead the reader to deeper reflection.

Inf. informare *Part. pres.* informante *Part. pass.* informato *Ger.* informando

INDICATIVO

Presente

Io informo	Noi informiamo
Tu informi	Voi informate
Lui/Lei informa	Loro informano

Imperfetto

Io informavo	Noi informavamo
Tu informavi	Voi informavate
Lui/Lei informava	Loro informavano

Passato Prossimo

Io ho informato	Noi abbiamo informato
Tu hai informato	Voi avete informato
Lui/Lei ha informato	Loro hanno informato

Trapassato Prossimo

Io avevo informato	Noi avevamo informato
Tu avevi informato	Voi avevate informato
Lui/Lei aveva informato	Loro avevano informato

Futuro

Io informerò	Noi informeremo
Tu informerai	Voi informerete
Lui/Lei informerà	Loro informeranno

Passato Remoto

Io informai	Noi informammo
Tu informasti	Voi informaste
Lui/Lei informò	Loro informarono

Futuro Anteriore

Io avrò informato	Noi avremo informato
Tu avrai informato	Voi avrete informato
Lui/Lei avrà informato	Loro avranno informato

Trapassato Remoto

Io ebbi informato	Noi avemmo informato
Tu avesti informato	Voi aveste informato
Lui/Lei ebbe informato	Loro ebbero informato

CONDIZIONALE

Condizionale Presente

Io informerei	Noi informeremmo
Tu informeresti	Voi informereste
Lui/Lei informerebbe	Loro informerebbero

Condizionale Passato

Io avrei informato	Noi avremmo informato
Tu avresti informato	Voi avreste informato
Lui/Lei avrebbe informato	Loro avrebbero informato

CONGIUNTIVO

Congiuntivo Presente

Io informi	Noi informiamo
Tu informi	Voi informiate
Lui/Lei informi	Loro informino

Congiuntivo Passato

Io abbia informato	Noi abbiamo informato
Tu abbia informato	Voi abbiate informato
Lui/Lei abbia informato	Loro abbiano informato

Congiuntivo Imperfetto

Io informassi	Noi informassimo
Tu informassi	Voi informaste
Lui/Lei informasse	Loro informassero

Congiuntivo Trapassato

Io avessi informato	Noi avessimo informato
Tu avessi informato	Voi aveste informato
Lui/Lei avesse informato	Loro avessero informato

IMPERATIVO

(Tu) informa!   (Lei) informi!   (Noi) informiamo!   (Voi) informate!   (Loro) informino!

È importante che informiamo gli altri dei cambiamenti.
It is important that we inform the others of the changes.

Ti avrei informato dell'argomento dopo la conferenza.
I would have informed you about the subject after the conference.

Dopo che avevano informato tutti, sono partiti per l'Italia.
After they had informed everyone, they left for Italy.

Inf. inghiottire *Part. pres.* inghiottente *Part. pass.* inghiottito *Ger.* inghiottendo

INDICATIVO

Presente

Io inghiottisco	Noi inghiottiamo
Tu inghiottisci	Voi inghiottite
Lui/Lei inghiottisce	Loro inghiottiscono

Imperfetto

Io inghiottivo	Noi inghiottivamo
Tu inghiottivi	Voi inghiottivate
Lui/Lei inghiottiva	Loro inghiottivano

Passato Prossimo

Io ho inghiottito	Noi abbiamo inghiottito
Tu hai inghiottito	Voi avete inghiottito
Lui/Lei ha inghiottito	Loro hanno inghiottito

Trapassato Prossimo

Io avevo inghiottito	Noi avevamo inghiottito
Tu avevi inghiottito	Voi avevate inghiottito
Lui/Lei aveva inghiottito	Loro avevano inghiottito

Futuro

Io inghiottirò	Noi inghiottiremo
tu inghiottirai	Voi inghiottirete
Lui/Lei inghiottirà	Loro inghiottiranno

Passato Remoto

Io inghiottii	Noi inghiottimmo
Tu inghiottisti	Voi inghiottiste
Lui/Lei inghiottì	Loro inghiottirono

Futuro Anteriore

Io avrò inghiottito	Noi avremo inghiottito
Tu avrai inghiottito	Voi avrete inghiottito
Lui/Lei avrà inghiottito	Loro avranno inghiottito

Trapassato Remoto

Io ebbi inghiottito	Noi avemmo inghiottito
Tu avesti inghiottito	Voi aveste inghiottito
Lui/Lei ebbe inghiottito	Loro ebbero inghiottito

CONDIZIONALE

Condizionale Presente

Io inghiottirei	Noi inghiottiremmo
Tu inghiottiresti	Voi inghiottireste
Lui/Lei inghiottirebbe	Loro inghiottirebbero

Condizionale Passato

Io avrei inghiottito	Noi avremmo inghiottito
Tu avresti inghiottito	Voi avreste inghiottito
Lui/Lei avrebbe inghiottito	Loro avrebbero inghiottito

CONGIUNTIVO

Congiuntivo Presente

Io inghiottisca	Noi inghiottiamo
Tu inghiottisca	Voi inghiottiate
Lui/Lei inghiottisca	Loro inghiottiscano

Congiuntivo Passato

Io abbia inghiottito	Noi abbiamo inghiottito
Tu abbia inghiottito	Voi abbiate inghiottito
Lui/Lei abbia inghiottito	Loro abbiano inghiottito

Congiuntivo Imperfetto

Io inghiottissi	Noi inghiottissimo
Tu inghiottissi	Voi inghiottiste
Lui/Lei inghiottisse	Loro inghiottissero

Trapassato Congiuntivo

Io avessi inghiottito	Noi avessimo inghiottito
Tu avessi inghiottito	Voi aveste inghiottito
Lui/Lei avesse inghiottito	Loro avessero inghiottito

IMPERATIVO

(Tu) inghiottisci! (Lei) inghiottisca! (Noi) inghiottiamo! (Voi) inghiottite (Loro) inghiottiscano!

Non inghiottire le squame! Ti fanno male!
Don't swallow the scales! They will hurt you!

Ha inghiottito la rabbia dopo l'insulto ricevuto.
He swallow his anger after the insult received.

Le onde avranno inghiottito la nave.
The waves must have swallowed up the ship.

INGRASSARE   *to get fat*

Inf. ingrassare   *Part. pres.* ingrassante   *Part. pass.* ingrassato   *Ger.* ingrassando

INDICATIVO

Presente

Io ingrasso	Noi ingrassiamo
Tu ingrassi	Voi ingrassate
Lui/Lei ingrassa	Loro ingrassano

Imperfetto

Io ingrassavo	Noi ingrassavamo
Tu ingrassavi	Voi ingrassavate
Lui/Lei ingrassava	Loro ingrassavano

Passato Prossimo

Io sono ingrassato/a	Noi siamo ingrassati/e
Tu sei ingrassato/a	Voi siete ingrassati/e
Lui/Lei è ingrassato/a	Loro sono ingrassati/e

Trapassato Prossimo

Io ero ingrassato/a	Noi eravamo ingrassati/e
Tu eri ingrassato/a	Voi eravate ingrassati/e
Lui/Lei era ingrassato/a	Loro erano ingrassati/e

Futuro

Io ingrasserò	Noi ingrasseremo
Tu ingrasserai	Voi ingrasserete
Lui/Lei ingrasserà	Loro ingrasseranno

Passato Remoto

Io ingrassai	Noi ingrassammo
Tu ingrassasti	Voi ingrassaste
Lui/Lei ingrassò	Loro ingrassarono

Futuro Anteriore

Io sarò ingrassato/a	Noi saremo ingrassati/e
Tu sarai ingrassato/a	Voi sarete ingrassati/e
Lui/Lei sarà ingrassato/a	Loro saranno ingrassati/e

Trapassato Remoto

Io fui ingrassato/a	Noi fummo ingrassati/e
Tu fosti ingrassato/a	Voi foste ingrassati/e
Lui/Lei fu ingrassato/a	Loro furono ingrassati/e

CONDIZIONALE

Condizionale Presente

Io ingrasserei	Noi ingrasseremmo
Tu ingrasseresti	Voi ingrassereste
Lui/Lei ingrasserebbe	Loro ingrasserebbero

Condizionale Passato

Io sarei ingrassato/a	Noi saremmo ingrassati/e
Tu saresti ingrassato/a	Voi sareste ingrassati/e
Lui/Lei sarebbe ingrassato/a	Loro sarebbero ingrassati/e

CONGIUNTIVO

Congiuntivo Presente

Io ingrassi	Noi ingrassiamo
Tu ingrassi	Voi ingrassiate
Lui/Lei ingrassi	Loro ingrassino

Congiuntivo Passato

Io sia ingrassato/a	Noi siamo ingrassati/e
Tu sia ingrassato/a	Voi siate ingrassati/e
Lui/Lei sia ingrassato/a	Loro siano ingrassati/e

Congiuntivo Imperfetto

Io ingrassassi	Noi ingrassassimo
Tu ingrassassi	Voi ingrassaste
Lui/Lei ingrassasse	Loro ingrassassero

Congiuntivo Trapassato

Io fossi ingrassato/a	Noi fossimo ingrassati/e
Tu fossi ingrassato/a	Voi foste ingrassato/a
Lui fosse ingrassato/a	Loro fossero ingrassati/e

IMPERATIVO

(Tu) ingrassa!   (Lei) ingrassi!   (Noi) ingrassiamo!   (Voi) ingrassate   (Loro) ingrassino!

Se non avessi mangiato tanto non saresti ingrassato.
If you hadn't eaten so much, you wouldn't have gotten fat.

Lui è ingrassato da quando l'abbiamo visto l'ultima volta.
He has gotten fat since we last saw him

Durante le vacanze siamo ingrassati di 5 chili.
During our vacation we gained 5 kilos.

INIZIARE   *to begin, to start*

Inf. iniziare   *Part. pres.* iniziante   *Part. pass.* iniziato   *Ger.* iniziando

INDICATIVO

Presente

Io inizio	Noi iniziamo
Tu inizi	Voi iniziate
Lui/Lei inizia	Loro iniziano

Imperfetto

Io iniziavo	Noi iniziavamo
Tu iniziavi	Voi iniziavate
Lui/Lei iniziava	Loro iniziavano

Passato Prossimo

Io ho iniziato	Noi abbiamo iniziato
Tu hai iniziato	Voi avete iniziato
Lui/Lei ha iniziato	Loro hanno iniziato

Trapassato Prossimo

Io avevo iniziato	Noi avevamo iniziato
Tu avevi iniziato	Voi avevate iniziato
Lui/Lei aveva iniziato	Loro avevano iniziato

Futuro

Io inizierò	Noi inizieremo
Tu inizierai	Voi inizierete
Lui/Lei inizierà	Loro inizieranno

Passato Remoto

Io iniziai	Noi iniziammo
Tu iniziasti	Voi iniziaste
Lui/Lei iniziò	Loro iniziarono

Futuro Anteriore

Io avrò iniziato	Noi avremo iniziato
Tu avrai iniziato	Voi avrete iniziato
Lui/Lei avrà iniziato	Loro avranno iniziato

Trapassato Remoto

Io ebbi iniziato	Noi avemmo iniziato
Tu avesti iniziato	Voi aveste iniziato
Lui/Lei ebbe iniziato	Loro ebbero iniziato

CONDIZIONALE

Condizionale Presente

Io inizierei	Noi inizieremmo
Tu inizieresti	Voi iniziereste
Lui/Lei inizierebbe	Loro inizierebbero

Condizionale Passato

Io avrei iniziato	Noi avremmo iniziato
Tu avresti iniziato	Voi avreste iniziato
Lui/Lei avrebbe iniziato	Loro avrebbero iniziato

CONGIUNTIVO

Congiuntivo Presente

Io inizi	Noi iniziamo
Tu inizi	Voi iniziate
Lui/Lei inizi	Loro inizino

Congiuntivo Passato

Io abbia iniziato	Noi abbiamo iniziato
Tu abbia iniziato	Voi abbiate iniziato
Lui/Lei abbia iniziato	Loro abbiano iniziato

Congiuntivo Imperfetto

Io iniziassi	Noi iniziassimo
Tu iniziassi	Voi iniziaste
Lui/Lei iniziasse	Loro iniziassero

Congiuntivo Trapassato

Io avessi iniziato	Noi avessimo iniziato
Tu avessi iniziato	Voi aveste iniziato
Lui/Lei avesse iniziato	Loro avessero iniziato

IMPERATIVO

(Tu) inizia!   (Lei) inizi!   (Noi) iniziamo!   (Voi) iniziate!   (Loro) inizino!

Mentre cercavamo di concentrarci, ha iniziato a parlare.
While we were trying to concentrate, she began to talk.

Pensavamo che avessero già iniziato a lavorare.
We thought that they had already started working.

Iniziavano a caricare il camion.
They were beginning to load the truck.

Inf. innamorarsi   *Part. pres.* innamorantesi   *Part. pass.* innamorato   *Ger.* innamorandosi

INDICATIVO

Presente

Io mi innamoro	Noi ci innamoriamo
Tu ti innamori	Voi vi innamorate
Lui/Lei si innamora	Loro si innamorano

Imperfetto

Io mi innamoravo	Noi ci innamoravamo
Tu ti innamoravi	Voi vi innamoravate
Lui/Lei si innamorava	Loro si innamoravano

Passato Prossimo

Io mi sono innamorato/a	Noi ci siamo innamorati/e
Ti ti sei innamorato/a	Voi vi siete innamorati/e
Lui/Lei si è innamorato/a	Loro si sono innamorati/e

Trapassato Prossimo

Io mi ero innamorato/a	Noi ci eravamo innamorati/e
Tu ti eri innamorato/a	Voi vi eravate innamorati/e
Lui/Lei si era innamorato/a	Loro si erano innamorati/e

Futuro

Io mi innamorerò	Noi ci innamoreremo
Ti ti innamorerai	Voi vi innamorerete
Lui/Lei si innamorerà	Loro si innamoreranno

Passato Remoto

Io mi innamorai	Noi ci innamorammo
Tu ti innamorasti	Voi vi innamoraste
Lui/Lei si innamorò	Loro si innamorarono

Futuro Anteriore

Io mi sarò innamorato/a	Noi ci saremo innamorati/e
Tu ti sarai innamorato/a	Voi vi sarete innamorati/e
Lui/Lei si sarà innamorato/a	Loro si saranno innamorati/e

Trapassato Remoto

Io mi fui innamorato/a	Noi ci fummo innamorati/e
Tu ti fosti innamorato/a	Voi vi foste innamorati/e
Lui/Lei si fu innamorato/a	Loro si furono innamorati/e

CONDIZIONALE

Condizionale Presente

Io mi innamorerei	Noi ci innamoreremmo
Tu ti innamoreresti	Voi vi innamorereste
Lui/Lei si innamorerebbe	Loro si innamorerebbero

Condizionale Passato

Io mi sarei innamorato/a	Noi ci saremmo innamorati/e
Tu ti saresti innamorato/a	Voi vi sareste innamorati/e
Lui/Lei si sarebbe innamorato/a	Loro si sarebbero innamorati/e

CONGIUNTIVO

Congiuntivo Presente

Io mi innamori	Noi ci innamoriamo
Tu ti innamori	Voi vi innamoriate
Lui/Lei si innamori	Loro si innamorino

Congiuntivo Passato

Io mi sia innamorato/a	Noi ci siamo innamorati/e
Tu ti sia innamorato/a	Voi vi siate innamorati/e
Lui/Lei si sia innamorato/a	Loro si siano innamorati/e

Congiuntivo Imperfetto

Io mi innamorassi	Noi ci innamorassimo
Tu ti innamorassi	Voi vi innamoraste
Lui/Lei si innamorasse	Loro si innamorassero

Congiuntivo Trapassato

Io mi fossi innamorato/a	Noi ci fossimo innamorato/a
Tu ti fossi innamorato/a	Voi vi foste innamorato/a
Lui/Lei si fosse innamorato/a	Loro si fossero innamorato/a

IMPERATIVO

(Tu) innamorati!   (Lei) si innamori!   (Noi) innamoriamoci!   (Voi) innamoratevi!   (Loro) si innamorino!

Da giovane mi innamoravo facilmente.
As a young person I fell in love easily.

Loro si sono innamorati pazzamente.
They fell madly in love.

Si innamorarono a prima vista.
They fell in love at first sight.

INSEGNARE   *to teach*

Inf. insegnare   *Part. pres.* insegnante   *Part. pass.* insegnato   *Ger.* insegnando

INDICATIVO

Presente

Io insegno	Noi insegniamo
Tu insegni	Voi insegnate
Lui/Lei insegna	Loro insegnano

Imperfetto

Io insegnavo	Noi insegnavamo
Ti insegnavi	Voi insegnavate
Lui/Lei insegnava	Loro insegnavano

Passato Prossimo

Io ho insegnato	Noi abbiamo insegnato
Tu hai insegnato	Voi avete insegnato
Lui/Lei ha insegnato	Loro hanno insegnato

Trapassato Prossimo

Io avevo insegnato	Noi avevamo insegnato
Tu avevi insegnato	Voi avevate insegnato
Lui/Lei aveva insegnato	Loro avevano insegnato

Futuro

Io insegnerò	Noi insegneremo
Tu insegnerai	Voi insegnerete
Lui/Lei insegnerà	Loro insegneranno

Passato Remoto

Io insegnai	Noi insegnammo
Tu insegnasti	Voi insegnaste
Lui/Lei insegnò	Loro insegnarono

Futuro Anteriore

Io avrò insegnato	Noi avremo insegnato
Tu avrai insegnato	Voi avrete insegnato
Lui/Lei avrà insegnato	Loro avranno insegnato

Trapassato Remoto

Io ebbi insegnato	Noi avemmo insegnato
Tu avesti insegnato	Voi aveste insegnato
Lui/Lei ebbe insegnato	Loro ebbero insegnato

CONDIZIONALE

Condizionale Presente

Io insegnerei	Noi insegneremmo
Tu insegneresti	Voi insegnereste
Lui/Lei insegnerebbe	Loro insegnerebbero

Condizionale Passato

Io avrei insegnato	Noi avremmo insegnato
Tu avresti insegnato	Voi avreste insegnato
Lui/Lei avrebbe insegnato	Loro avrebbero insegnato

CONGIUNTIVO

Congiuntivo Presente

Io insegni	Noi insegniamo
Tu insegni	Voi insegniate
Lui/Lei insegni	Loro insegnino

Congiuntivo Passato

Io abbia insegnato	Noi abbiamo insegnato
Tu abbia insegnato	Voi abbiate insegnato
Lui/Lei abbia insegnato	Loro abbiano insegnato

Congiuntivo Imperfetto

Io insegnassi	Noi insegnassimo
Tu insegnassi	Voi insegnaste
Lui/Lei insegnasse	Loro insegnassero

Congiuntivo Trapassato

Io avessi insegnato	Noi avessimo insegnato
Tu avessi insegnato	Voi aveste insegnato
Lui/Lei avesse insegnato	Loro avessero insegnato

IMPERATIVO

(Tu) insegna!   (Lei) insegni!   (Noi) insegniamo   (Voi) insegnate!   (Loro) insegnino!

Non è nato per insegnare.
He was not born to teach.

Credevano che la professoressa fosse brava a insegnare.
They thought that the professor was good at teaching.

Vorrei che tu insegnassi la matematica al liceo.
I would like you to teach high school math.

INSISTERE   *to insist, to persist*

Inf. insistere   *Part. pres.* insistente   *Part. pass.* insistito   *Ger.* insistendo

INDICATIVO

Presente

Io insisto	Noi insistiamo
Tu insisti	Voi insistete
Lui/Lei insiste	Loro insistono

Imperfetto

Io insistevo	Noi insistevamo
Tu insistevi	Voi insistevate
Lui/Lei insisteva	Loro insistevano

Passato Prossimo

Io ho insistito	Noi abbiamo insistito
Tu hai insistito	Voi avete insistito
Lui/Lei ha insistito	Loro hanno insistito

Trapassato Prossimo

Io avevo insistito	Noi avevamo insistito
Tu avevi insistito	Voi avevate insistito
Lui/Lei aveva insistito	Loro avevano insistito

Futuro

Io insisterò	Noi insisteremo
Tu insisterai	Voi insisterete
Lui/Lei insisterà	Loro insisteranno

Passato Remoto

Io insistei	Noi insistemmo
Tu insistesti	Voi insisteste
Lui/Lei insisté	Loro insisterono

Futuro Anteriore

Io avrò insistito	Noi avremo insistito
Tu avrai insistito	Voi avrete insistito
Lui/Lei avrà insistito	Loro avranno insistito

Trapassato Remoto

Io ebbi insistito	Noi avemmo insistito
Tu avesti insistito	Voi aveste insistito
Lui/Lei ebbe insistito	Loro ebbero insistito

CONDIZIONALE

Condizionale Presente

Io insisterei	Noi insisteremmo
Tu insisteresti	Voi insistereste
Lui/Lei insisterebbe	Loro insisterebbero

Condizionale Passato

Io avrei insistito	Noi avremmo insistito
Tu avresti insistito	Voi avreste insistito
Lui/Lei avrebbe insistito	Loro avrebbero insistito

CONGIUNTIVO

Congiuntivo Presente

Io insista	Noi insistiamo
Tu insista	Voi insistiate
Lui/Lei insista	Loro insistano

Congiuntivo Passato

Io abbia insistito	Noi abbiamo insistito
Tu abbia insistito	Voi abbiate insistito
Lui/Lei abbia insistito	Loro abbiano insistito

Congiuntivo Imperfetto

Io insistessi	Noi insistessimo
Tu insistessi	Voi insisteste
Lui/Lei insistesse	Loro insistessero

Congiuntivo Trapassato

Io avessi insistito	Noi avessimo insistito
Tu avessi insistito	Voi aveste insistito
Lui/Lei avesse insistito	Loro avessero insistito

IMPERATIVO

(Tu) insisti!   (Lei) insista!   (Noi) insistiamo!   (Voi) insistete!   (Loro) insistano!

Insistiamo che voi facciate il lavoro promesso.
We insist that you all do the promised work.

Non fu necessario insistere con lui.
He needed no urging.

Ha insistito per anni e finalmente l'hanno assunta.
She persisted for years and they finally hired her.

INTENDERE   *to intend, to understand*

Inf. intendere   *Part. pres.* intendente   *Part. pass.* inteso   *Ger.* intendendo

INDICATIVO

Presente

Io intendo	Noi intendiamo
Tu intendi	Voi intendete
Lui/Lei intende	Loro intendono

Imperfetto

Io intendevo	Noi intendevamo
Tu intendevi	Voi intendevate
Lui/Lei intendeva	Loro intendevano

Passato Prossimo

Io ho inteso	Noi abbiamo inteso
Tu hai inteso	Voi avete inteso
Lui/Lei ha inteso	Loro hanno inteso

Trapassato Prossimo

Io avevo inteso	Noi avevamo inteso
Tu avevi inteso	Voi avevate inteso
Lui/Lei aveva inteso	Loro avevano inteso

Futuro

Io intenderò	Noi intenderemo
Tu intenderai	Voi intenderete
Lui/Lei intenderà	Loro intenderanno

Passato Remoto

Io intesi	Noi intendemmo
Tu intendesti	Voi intendeste
Lui/Lei intese	Loro intesero

Futuro Anteriore

Io avrò inteso	Noi avremo inteso
Tu avrai inteso	Voi avrete inteso
Lui/Lei avrà inteso	Loro avranno inteso

Trapassato Remoto

Io ebbi inteso	Noi avemmo inteso
Tu avesti inteso	Voi aveste inteso
Lui/Lei ebbe inteso	Loro ebbero inteso

CONDIZIONALE

Condizionale Presente

Io intenderei	Noi intenderemmo
Tu intenderesti	Voi intendereste
Lui/Lei intenderebbe	Loro intenderebbero

Condizionale Passato

Io avrei inteso	Noi avremmo inteso
Tu avresti inteso	Voi avreste inteso
Lui/Lei avrebbe inteso	Loro avrebbero inteso

CONGIUNTIVO

Congiuntivo Presente

Io intenda	Noi intendiamo
Tu intenda	Voi intendiate
Lui/Lei intenda	Loro intendano

Congiuntivo Passato

Io abbia inteso	Noi abbiamo inteso
Tu abbia inteso	Voi abbiate inteso
Lui/Lei abbia inteso	Loro abbiano inteso

Congiuntivo Imperfetto

Io intendessi	Noi intendessimo
Tu intendessi	Voi intendeste
Lui/Lei intendesse	Loro intendessero

Congiuntivo Trapassato

Io avessi inteso	Noi avessimo inteso
Tu avessi inteso	Voi aveste inteso
Lui/Lei avesse inteso	Loro avessero inteso

IMPERATIVO

(Tu) intendi!   (Lei) intenda!   (Noi) intendiamo!   (Voi) intendete !   (Loro) intendano!

Che cosa intendevi dire con quello?
What did you intend to say by that?

Avevi inteso male quello che ho detto prima.
You didn't understand what I said before.

Non intendo rimanere dopo le undici.
I don't intend to stay after eleven o'clock.

INTERPRETARE *to interpret, to play (a role)*

Inf. interpretare *Part. pres.* interpretante *Part. pass.* interpretato *Ger.* interpretando

INDICATIVO

Presente

Io interpreto	Noi interpretiamo
Tu interpreti	Voi interpretate
Lui/Lei interpreta	Loro interpretano

Imperfetto

Io interpretavo	Noi interpretavamo
Tu interpretavi	Voi interpretavate
Lui/Lei interpretava	Loro interpretavano

Passato Prossimo

Io ho interpretato	Noi abbiamo interpretato
Tu hai interpretato	Voi avete interpretato
Lui/Lei ha interpretato	Loro hanno interpretato

Trapassato Prossimo

Io avevo interpretato	Noi avevamo interpretato
Tu avevi interpretato	Voi avevate interpretato
Lui/Lei aveva interpretato	Loro avevano interpretato

Futuro

Io interpreterò	Noi interpreteremo
Tu interpreterai	Voi interpreterete
Lui/Lei interpreterà	Loro interpreteranno

Passato Remoto

Io interpretai	Noi interpretammo
Tu interpretasti	Voi interpretaste
Lui/Lei interpretò	Loro interpretarono

Futuro Anteriore

Io avrò interpretato	Noi avremo interpretato
Tu avrai interpretato	Voi avrete interpretato
Lui/Lei avrà interpretato	Loro avranno interpretato

Trapassato Remoto

Io ebbi interpretato	Noi avemmo interpretato
Tu avesti interpretato	Voi aveste interpretato
Lui/Lei ebbe interpretato	Loro ebbero interpretato

CONDIZIONALE

Condizionale Presente

Io interpreterei	Noi interpreteremmo
Tu interpreteresti	Voi interpretereste
Lui/Lei interpreterebbe	Loro interpreterebbero

Condizionale Passato

Io avrei interpretato	Noi avremmo interpretato
Tu avresti interpretato	Voi avreste interpretato
Lui/Lei avrebbe interpretato	Loro avrebbero interpretato

CONGIUNTIVO

Congiuntivo Presente

Io interpreti	Noi interpretiamo
Tu interpreti	Voi interpretiate
Lui/Lei interpreti	Loro interpretino

Congiuntivo Passato

Io abbia interpretato	Noi abbiamo interpretato
Tu abbia interpretato	Voi abbiate interpretato
Lui/Lei abbia interpretato	Loro abbiano interpretato

Congiuntivo Imperfetto

Io interpretassi	Noi interpretassimo
Tu interpretassi	Voi interpretaste
Lui/Lei interpretasse	Loro interpretassero

Congiuntivo Trapassato

Io avessi interpretato	Noi avessimo interpretato
Tu avessi interpretato	Voi aveste interpretato
Lui/Lei avesse interpretato	Loro avessero interpretato

IMPERATIVO

(Tu) interpreta!   (Lei) interpreti!   (Noi) interpretiamo   (Voi) interpretate!   (Loro) interpretino!

Non interpretò il ruolo di Amleto molto bene.
He didn't play the role of Hamlet very well.

Non so come interpretare queste analisi mediche.
I don't know how to interpret these medical tests.

Se avessero interpretato meglio i suoi sentimenti non gli avrebbero fatto del male.
If they had interpreted his feelings better, they wouldn't have hurt him.

188

INTERROMPERE   *to interrupt, to terminate*   I

Inf. interrompere   *Part. pres.* interrompente   *Part. pass.* interrotto   *Ger.* interrompendo

INDICATIVO

Presente

Io interrompo	Noi interrompiamo
Tu interrompi	Voi interrompete
Lui/Lei interrompe	Loro interrompono

Imperfetto

Io interrompevo	Noi interrompevamo
Tu interrompevi	Voi interrompevate
Lui/Lei interrompeva	Loro interrompevano

Passato Prossimo

Io ho interrotto	Noi abbiamo interrotto
Tu hai interrotto	Voi avete interrotto
Lui/Lei ha interrotto	Loro hanno interrotto

Trapassato Prossimo

Io avevo interrotto	Noi avevamo interrotto
Tu avevi interrotto	Voi avevate interrotto
Lui/Lei aveva interrotto	Loro avevano interrotto

Futuro

Io interromperò	Noi interromperemo
Tu interromperai	Voi interromperete
Lui/Lei interromperà	Loro interromperanno

Passato Remoto

Io interruppi	Noi interrompemmo
Tu interrompesti	Voi interrompeste
Lui/Lei interruppe	Loro interruppero

Futuro Anteriore

Io avrò interrotto	Noi avremo interrotto
Tu avrai interrotto	Voi avrete interrotto
Lui/Lei avrà interrotto	Lor avranno interrotto

Trapassato Remoto

Io ebbi interrotto	Noi avemmo interrotto
Tu avesti interrotto	Voi aveste interrotto
Lui/Lei ebbe interrotto	Loro ebbero interrotto

CONDIZIONALE

Condizionale Presente

Io interromperei	Noi interromperemmo
Tu interromperesti	Voi interrompereste
Lui/Lei interromperebbe	Loro interromperebbero

Condizionale Passato

Io avrei interrotto	Noi avremmo interrotto
Tu avresti interrotto	Voi avreste interrotto
Lui/Lei avrebbe interrotto	Loro avrebbero interrotto

CONGIUNTIVO

Congiuntivo Presente

Io interrompa	Noi interrompiamo
Tu interrompa	Voi interrompiate
Lui/Lei interrompa	Loro interrompano

Congiuntivo Passato

Io abbia interrotto	Noi abbiamo interrotto
Tu abbia interrotto	Voi abbiate interrotto
Lui/Lei abbia interrotto	Loro abbiano interrotto

Congiuntivo Imperfetto

Io interrompessi	Noi interrompessimo
Tu interrompessi	Voi interrompeste
Lui/Lei interrompesse	Loro interrompessero

Congiuntivo Trapassato

Io avessi interrotto	Noi avessimo interrotto
Tu avessi interrotto	Voi aveste interrotto
Lui/Lei avesse interrotto	Loro avessero interrotto

IMPERATIVO

(Tu) interrompi!   (Lei) interrompa!   (Noi) interrompiamo!   (Voi) interrompete!   (Loro) interrompano!

Lui ha la brutta abitudine di interrompere tutti.
He has the bad habit of interrupting everyone.

I sindacati hanno interrotto le trattative.
The labor unions terminated the talks.

Lui interruppe gli studi a 20 anni.
He terminated his studies when he was 20 years old.

Inf. intervenire *Part. pres.* intervenente *Part. pass.* intervenuto *Ger.* intervenendo

INDICATIVO

Presente

Io intervengo	Noi interveniamo
Tu intervieni	Voi intervenite
Lui/Lei interviene	Loro intervengono

Imperfetto

Io intervenivo	Noi intervenivamo
Tu intervenivi	Voi intervenivate
Lui/Lei interveniva	Loro intervenivano

Passato Prossimo

Io sono intervenuto/a	Noi siamo intervenuti/e
Tu sei intervenuto/a	Voi siete intervenuti/e
Lui/Lei è intervenuto/a	Loro sono intervenuti/e

Trapassato Prossimo

Io ero intervenuto/a	Noi eravamo intervenuti/e
Tu eri intervenuto/a	Voi eravate intervenuti/e
Lui/Lei era intervenuto/a	Loro erano intervenuti/e

Futuro

Io interverrò	Noi interverremo
Tu interverrai	Voi interverrete
Lui/Lei interverrà	Loro interverranno

Passato Remoto

Io intervenni	Noi intervenimmo
Tu intervenisti	Voi interveniste
Lui/Lei intervenne	Loro intervennero

Futuro Anteriore

Io sarò intervenuto/a	Noi saremo intervenuti/e
Tu sarai intervenuto/a	Voi sarete intervenuti/e
Lui/Lei sarà intervenuto/a	Loro saranno intervenuti/e

Trapassato Remoto

Io fui intervenuto/a	Noi fummo intervenuti/e
Tu fosti intervenuto/a	Voi foste intervenuti/e
Lui/Lei fu intervenuto/a	Loro furono intervenuti/e

CONDIZIONALE

Condizionale Presente

Io interverrei	Noi interverremmo
Tu interverresti	Voi interverreste
Lui/Lei interverrebbe	Loro interverrebbero

Condizionale Passato

Io sarei intervenuto/a	Noi saremmo intervenuti/e
Tu saresti intervenuto/a	Voi sareste intervenuti/e
Lui sarebbe intervenuto/a	Loro sarebbero intervenuti/e

CONGIUNTIVO

Congiuntivo Presente

Io intervenga	Noi interveniamo
Tu intervenga	Voi interveniate
Lui/Lei intervenga	Loro intervengano

Congiuntivo Passato

Io sia intervenuto/a	Noi siamo intervenuti/e
Tu sia intervenuto/a	Voi siate intervenuti/e
Lui/Lei sia intervenuto/a	Loro siano intervenuti/e

Congiuntivo Imperfetto

Io intervenissi	Noi intervenissimo
Tu intervenissi	Voi interveniste
Lui/Lei intervenisse	Loro intervenissero

Congiuntivo Trapassato

Io fossi intervenuto/a	Noi fossimo intervenuti/e
Tu fossi intervenuto/a	Voi foste intervenuti/e
Lui/Lei fosse intervenuto	Loro fossero intervenuti/e

IMPERATIVO

(Tu) intervieni!   (Lei) intervenga!   (Noi) interveniamo!   (Voi) intervenite!   (Loro) intervengano!

Sono intervenuta in favore della mia amica.
I intervened on my friend's behalf.

Tanti amici interverranno alla festa nei Caraibi.
Many friends will participate in the party in the Caribbean.

"Non sono d'accordo," intervenne lei.
"I don't agree," she interjected.

Inf. intervistare   *Part. pres.* intervistante   *Part. pass.* intervistato   *Ger.* intervistando

INDICATIVO

Presente		Imperfetto	
Io intervisto	Noi intervistiamo	Io intervistavo	Noi intervistavamo
Tu intervisti	Voi intervistate	Tu intervistavi	Voi intervistavate
Lui/Lei intervista	Loro intervistano	Lui/Lei intervistava	Loro intervistavano

Passato Prossimo		Trapassato Prossimo	
Io ho intervistato	Noi abbiamo intervistato	Io avevo intervistato	Noi avevamo intervistato
Tu hai intervistato	Voi avete intervistato	Tu avevi intervistato	Voi avevate intervistato
Lui/Lei ha intervistato	Loro hanno intervistato	Lui/Lei aveva intervistato	Loro avevano intervistato

Futuro		Passato Remoto	
Io intervisterò	Noi intervisteremo	Io intervistai	Noi intervistammo
Tu intervisterai	Voi intervisterete	Tu intervistasti	Voi intervistaste
Lui/Lei intervisterà	Loro intervisteranno	Lui/Lei intervistò	Loro intervistarono

Futuro Anteriore		Trapassato Remoto	
Io avrò intervistato	Noi avremo intervistato	Io ebbi intervistato	Noi avemmo intervistato
Tu avrai intervistato	Voi avrete intervistato	Tu avesti intervistato	Voi aveste intervistato
Lui/Lei avrà intervistato	Loro avranno intervistato	Lui/Lei ebbe intervistato	Loro ebbero intervistato

CONDIZIONALE

Condizionale Presente		Condizionale Passato	
Io intervisterei	Noi intervisteremmo	Io avrei intervistato	Noi avremmo intervistato
Tu intervisteresti	Voi intervistereste	Tu avresti intervistato	Voi avreste intervistato
Lui/Lei intervisterebbe	Loro intervisterebbero	Lui/Lei avrebbe intervistato	Loro avrebbero intervistato

CONGIUNTIVO

Congiuntivo Presente		Congiuntivo Passato	
Io intervisti	Noi intervistiamo	Io abbia intervistato	Noi abbiamo intervistato
Tu intervisti	Voi intervistiate	Tu abbia intervistato	Voi abbiate intervistato
Lui/Lei intervisti	Loro intervistino	Lui/Lei abbia intervistato	Loro abbiano intervistato

Congiuntivo Imperfetto		Congiuntivo Trapassato	
Io intervistassi	Noi intervistassimo	Io avessi intervistato	Noi avessimo intervistato
Tu intervistassi	Voi intervistaste	Tu avessi intervistato	Voi aveste intervistato
Lui/Lui intervistasse	Loro intervistassero	Lui/Lei avesse intervistato	Loro avessero intervistato

IMPERATIVO

| (Tu) intervista! | (Lei) intervisti! | (Noi) intervistiamo! | (Voi) intervistate! | (Loro) intervistino! |

Dopo che lo ebbero intervistato, lo assunsero.
After they interviewed him, they hired him.

Dopo che mi avrà intervistato, mi dirà se sono adatta al lavoro.
After he has interviewed me, he will tell me if I am right for the job.

È possibile che lo abbiano già intervistato.
It's possible that they have already interviewed him.

Inf. introdurre *Part. pres.* introducente *Part. pres.* introdotto *Ger.* introducendo

INDICATIVO

Presente		Imperfetto	
Io introduco	Noi introduciamo	Io introducevo	Noi introducevamo
Tu introduci	Voi introducete	Tu introducevi	Voi introducevate
Lui/Lei introduce	Loro introducono	Lui/Lei introduceva	Loro introducevano

Passato Prossimo		Trapassato Prossimo	
Io ho introdotto	Noi abbiamo introdotto	Io avevo introdotto	Noi avevamo introdotto
Tu hai introdotto	Voi avete introdotto	Tu avevi introdotto	Voi avevate introdotto
Lui/Lei ha introdotto	Loro hanno introdotto	Lui/Lei aveva introdotto	Loro avevano introdotto

Futuro		Passato Remoto	
Io introdurrò	Noi introdurremo	Io introdussi	Noi introducemmo
Tu introdurrai	Voi introdurrete	Tu introducesti	Voi introduceste
Lui/Lei introdurrà	Loro introdurranno	Lui/Lei introdusse	Loro introdussero

Futuro Anteriore		Trapassato Remoto	
Io avrò introdotto	Noi avremo introdotto	Io ebbi introdotto	Noi avemmo introdotto
Tu avrai introdotto	Voi avrete introdotto	Tu avesti introdotto	Voi aveste introdotto
Lui/Lei avrà introdotto	Loro avranno introdotto	Lui/Lei ebbe introdotto	Loro ebbero introdotto

CONDIZIONALE

Condizionale Presente		Condizionale Passato	
Io introdurrei	Noi introdurremmo	Io avrei introdotto	Noi avremmo introdotto
Tu introdurresti	Voi introdurreste	Tu avresti introdotto	Voi avreste introdotto
Lui/Lei introdurrebbe	Loro introdurrebbero	Lui/Lei avrebbe introdotto	Loro avrebbero introdotto

CONGIUNTIVO

Congiuntivo Presente		Congiuntivo Passato	
Io introduca	Noi introduciamo	Io abbia introdotto	Noi abbiamo introdotto
Tu introduca	Voi introduciate	Tu abbia introdotto	Voi abbiate introdotto
Lui/Lei introduca	Loro introducano	Lui/Lei abbia introdotto	Loro abbiano introdotto

Congiuntivo Imperfetto		Congiuntivo Trapassato	
Io introducessi	Noi introducessimo	Io avessi introdotto	Noi avessimo introdotto
Tu introducessi	Voi introduceste	Tu avessi introdotto	Voi aveste introdotto
Lui/Lei introducesse	Loro introducessero	Lui/Lei avesse introdotto	Loro avessero introdotto

IMPERATIVO

(Tu) introduci! (Lei) introduca! (Noi) introduciamo! (Voi) introducete! (Loro) introducano!

Mi hanno introdotto a mio marito quando ero giovane.
They introduced me to my husband when I was young.

Introdurremo questo tubo nella bombola per far scorrere il gas.
We will insert this tube into the tank to make the gas flow.

I colleghi mi introdussero ai nuovi impiegati quando ero giovane.
My colleagues introduced me to the new employees when I was young.

Inf. inviare *Part. pres.* inviante *Part. pass.* inviato *Ger.* inviando

INDICATIVO

Presente

Io invio	Noi inviamo
Tu invii	Voi inviate
Lui/Lei invia	Loro inviano

Imperfetto

Io inviavo	Noi inviavamo
Tu inviavi	Voi inviavate
Lui/Lei inviava	Loro inviavano

Passato Prossimo

Io ho inviato	Noi abbiamo inviato
Tu hai inviato	Voi avete inviato
Lui/Lei ha inviato	Loro hanno inviato

Trapassato Prossimo

Io avevo inviato	Noi avevamo inviato
Tu avevi inviato	Voi avevate inviato
Lui/Lei aveva inviato	Loro avevano inviato

Futuro

Io invierò	Noi invieremo
Ti invierai	Voi invierete
Lui/Lei invierà	Loro invieranno

Passato Remoto

Io inviai	Noi inviammo
Tu inviasti	Voi inviaste
Lui/Lei inviò	Loro inviarono

Futuro Anteriore

Io avrò inviato	Noi avremo inviato
Tu avrai inviato	Voi avrete inviato
Lui/Lei avrà inviato	Loro avranno inviato

Trapassato Remoto

Io ebbi inviato	Noi avemmo inviato
Tu avesti inviato	Voi aveste inviato
Lui/Lei ebbe inviato	Loro ebbero inviato

CONDIZIONALE

Condizionale Presente

Io invierei	Noi invieremmo
Tu invieresti	Voi inviereste
Lui/Lei invierebbe	Loro invierebbero

Condizionale Passato

Io avrei inviato	Noi avremmo inviato
Tu avresti inviato	Voi avreste inviato
Lui/Lei avrebbe inviato	Loro avrebbero inviato

CONGIUNTIVO

Congiuntivo Presente

Io invii	Noi inviamo
Tu invii	Voi inviate
Lui/Lei invii	Loro inviino

Congiuntivo Passato

Io abbia inviato	Noi abbiamo inviato
Tu abbia inviato	Voi abbiate inviato
Lui/Lei abbia inviato	Loro abbiano inviato

Congiuntivo Imperfetto

Io inviassi	Noi inviassimo
Tu inviassi	Voi inviaste
Lui/Lei inviasse	Loro inviassero

Congiuntivo Trapassato

Io avessi inviato	Noi avessimo inviato
Tu avessi inviato	Voi aveste inviato
Lui/Lei avesse inviato	Loro avessero inviato

IMPERATIVO

(Tu) invia!   (Lei) invii!   (Noi) inviamo!   (Voi) inviate!   (Loro) inviino!

L'hanno inviata a fare delle commissioni.
They sent her to do some errands.

Dobbiamo inviare questi documenti in tribunale.
We have to send these documents to the court.

Se avessi inviato gli auguri per la nascita della loro bambina oggi non ti sentiresti colpevole.
If you had sent a message of congratulations for the birth of their daughter, you wouldn't feel guilty today.

INVITARE *to invite*

Inf. invitare   *Part. pres.* invitante   *Part. pass.* invitato   *Ger.* invitando

INDICATIVO

Presente

Io invito	Noi invitiamo
Tu inviti	Voi invitate
Lui/Lei invita	Loro invitano

Imperfetto

Io invitavo	Noi invitavamo
Tu invitavi	Voi invitavate
Lui/Lei invitava	Loro invitavano

Passato Prossimo

Io ho invitato	Noi abbiamo invitato
Tu hai invitato	Voi avete invitato
Lui/Lei ha invitato	Loro hanno invitato

Trapassato Prossimo

Io avevo invitato	Noi avevamo invitato
Tu avevi invitato	Voi avevate invitato
Lui/Lei aveva invitato	Loro avevano invitato

Futuro

Io inviterò	Noi inviteremo
Tu inviterai	Voi inviterete
Lui/Lei inviterà	Loro inviteranno

Passato Remoto

Io invitai	Noi invitammo
Tu invitasti	Voi invitaste
Lui/Lei invitò	Loro invitarono

Futuro Anteriore

Io avrò invitato	Noi avremo invitato
Tu avrai invitato	Voi avrete invitato
Lui/Lei avrà invitato	Loro avranno invitato

Trapassato Remoto

Io ebbi invitato	Noi avemmo invitato
Tu avesti invitato	Voi aveste invitato
Lui/Lei ebbe invitato	Loro ebbero invitato

CONDIZIONALE

Condizionale Presente

Io inviterei	Noi inviteremmo
Tu inviteresti	Voi invitereste
Lui/Lei inviterebbe	Loro inviterebbero

Condizionale Passato

Io avrei invitato	Noi avremmo invitato
Tu avresti invitato	Voi avreste invitato
Lui/Lei avrebbe invitato	Loro avrebbero invitato

CONGIUNTIVO

Congiuntivo Presente

Io inviti	Noi invitiamo
Tu inviti	Voi invitiate
Lui/Lei inviti	Loro invitino

Congiuntivo Passato

Io abbia invitato	Noi abbiamo invitato
Tu abbia invitato	Voi abbiate invitato
Lui/Lei abbia invitato	Loro abbiano invitato

Congiuntivo Imperfetto

Io invitassi	Noi invitassimo
Tu invitassi	Voi invitaste
Lui/Lei invitasse	Loro invitassero

Congiuntivo Trapassato

Io avessi invitato	Noi avessimo invitato
Tu avessi invitato	Voi aveste invitato
Lui/Lei avesse invitato	Loro avessero invitato

IMPERATIVO

(Tu) invita!   (Lei) inviti!   (Noi) invitiamo!   (Voi) invitate!   (Loro) invitino!

Io inviterei i Giannini. Tu che ne pensi?
I would invite the Giannini's. What do you think?

Dopo che avevamo invitato Luisa e Michele, hanno disdetto.
After we had invited Luisa and Michele, they cancelled.

Noi avremmo invitato Il signor Friscia, ma aveva già da fare.
We would have invited Mr. Friscia, but he already had something to do.

Inf. iscriversi   *Part. pres.* iscriventesi   *Part. pass.* iscrittosi   *Ger.* iscrivendosi

INDICATIVO

Presente

Io mi iscrivo	Noi ci iscriviamo
Tu ti iscrivi	Voi vi iscrivete
Lui/Lei si iscrive	Loro si iscrivono

Imperfetto

Io mi iscrivevo	Noi ci iscrivevamo
Tu ti iscrivevi	Voi vi iscrivevate
Lui/Lei si iscriveva	Loro si iscrivevano

Passato Prossimo

Io mi sono inscritto/a	Noi ci siamo inscritti/e
Tu ti sei inscritto/a	Voi vi siete inscritti/e
Lui/Lei si è inscritto/a	Loro si sono inscritti/e

Trapassato Prossimo

Io mi ero inscritto/a	Noi ci eravamo inscritti/e
Tu ti eri inscritto/a	Voi vi eravate inscritti/e
Lui/Lei si era inscritto/a	Loro si erano inscritti/e

Futuro

Io mi iscriverò	Noi ci iscriveremo
Tu ti iscriverai	Voi vi iscriverete
Lui/Lei si iscriverà	Loro si iscriveranno

Passato Remoto

Io mi iscrissi	Noi ci iscrivemmo
Tu ti iscrivesti	Voi vi iscriveste
Lui/Lei si iscrisse	Loro si iscrissero

Futuro Anteriore

Io mi sarò inscritto/a	Noi ci saremo inscritti/e
Tu ti sarai inscritto/a	Voi vi sarete inscritti/e
Lui/Lei si sarà inscritto/a	Loro si saranno inscritti/e

Trapassato Remoto

Io mi fui inscritto/a	Noi ci fummo inscritti/e
Tu ti fosti inscritto/a	Voi vi foste inscritti/e
Lui/Lei si fu inscritto/a	Loro si furono inscritti/e

CONDIZIONALE

Condizionale Presente

Io mi iscriverei	Noi ci iscriveremmo
Tu ti iscriveresti	Voi vi iscrivereste
Lui/Lei si iscriverebbe	Loro si iscriverebbero

Condizionale Passato

Io mi sarei inscritto/a	Noi ci saremmo inscritti/e
Tu ti saresti inscritto/a	Voi vi sareste inscritti/e
Lui/Lei si sarebbe inscritto/a	Loro si sarebbero inscritti/e

CONGIUNTIVO

Congiuntivo Presente

Io mi iscriva	Noi ci iscriviamo
Tu ti iscriva	Voi vi iscriviate
Lui/Lei si iscriva	Loro si iscrivano

Congiuntivo Passato

Io mi sia inscritto/a	Noi ci siamo inscritti/e
Tu ti sia inscritto/a	Voi vi siate inscritti/e
Lui/Lei si sia inscritto/a	Loro si siano inscritti/e

Congiuntivo Imperfetto

Io mi iscrivessi	Noi ci iscrivessimo
Tu ti iscrivessi	Voi vi iscriveste
Lui/Lei si iscrivesse	Loro si iscrivessero

Congiuntivo Trapassato

Io mi fossi inscritto/a	Noi ci fossimo inscritti/e
Tu ti fossi inscritto/a	Voi vi foste inscritti/e
Lui/Lei si fosse inscritto/a	Loro si fossero inscritti/e

IMPERATIVO

(Tu) iscriviti!   (Lei) si iscriva!   (Noi) iscriviamoci!   (Voi) iscrivetevi!   (Loro) si iscrivano!

Gli studenti s'iscriveranno la settimana prossima.
The students will enroll next week.

Si sono iscritti alla maratona di 50 chilometri.
They enrolled for the 50-kilometer marathon.

Credi che ce la facciamo a iscriverci in tempo?
Do you think that we will be able to enroll in time?

ISTRUIRE   *to instruct, to educate, to teach*

Inf. istruire   *Part. pres.* istruente   *Part. pass.* istruito   *Ger.* istruendo

INDICATIVO

Presente

Io istruisco	Noi istruiamo
Tu istruisci	Voi istruite
Lui/Lei istruisce	Loro istruiscono

Imperfetto

Io istruivo	Noi istruivamo
Tu istruivi	Voi istruivate
Lui/Lei istruiva	Loro istruivano

Passato Prossimo

Io ho istruito	Noi abbiamo istruito
Tu hai istruito	Voi avete istruito
Lui/Lei ha istruito	Loro hanno istruito

Trapassato Prossimo

Io avevo istruito	Noi avevamo istruito
Tu avevi istruito	Voi avevate istruito
Lui/Lei aveva istruito	Loro avevano istruito

Futuro

Io istruirò	Noi istruiremo
Tu istruirai	Voi istruirete
Lui/Lei istruirà	Loro istruiranno

Passato Remoto

Io istruii	Noi istruimmo
Tu istruisti	Voi istruiste
Lui/Lei istruì	Loro istruirono

Futuro Anteriore

Io avrò istruito	Noi avremo istruito
Tu avrai istruito	Voi avrete istruito
Lui/Lei avrà istruito	Loro avranno istruito

Trapassato Remoto

Io ebbi istruito	Noi avemmo istruito
Tu avesti istruito	Voi aveste istruito
Lui/Lei ebbe istruito	Loro ebbero istruito

CONDIZIONALE

Condizionale Presente

Io istruirei	Noi istruiremmo
Tu istruiresti	Voi istruireste
Lui/Lei istruirebbe	Loro istruirebbero

Condizionale Passato

Io avrei istruito	Noi avremmo istruito
Tu avresti istruito	Voi avreste istruito
Lui/Lei avrebbe istruito	Loro avrebbero istruito

CONGIUNTIVO

Congiuntivo Presente

Io istruisca	Noi istruiamo
Tu istruisca	Voi istruiate
Lui/Lei istruisca	Loro istruiscano

Congiuntivo Passato

Io abbia istruito	Noi abbiamo istruito
Tu abbia istruito	Voi abbiate istruito
Lui/Lei abbia istruito	Loro abbiano istruito

Congiuntivo Imperfetto

Io istruissi	Noi istruissimo
Tu istruissi	Voi istruiste
Lui/Lei istruisse	Loro istruissero

Congiuntivo Trapassato

Io avessi istruito	Noi avessimo istruito
Ti avessi istruito	Voi aveste istruito
Lui/Lei avesse istruito	Loro avessero istruito

IMPERATIVO

(Tu) istruisci!   (Lei) istruisca!   (Noi) istruiamo!   (Voi) istruite   (Loro) istruiscano!

All'asilo gli insegnanti cercano di istruire i bambini con degli esempi semplici.
The teachers try to educate the children with simple examples at kindergarten.

Quando istruivo, mi sentivo molto gratificata.
I felt very gratified when I taught.

Ho istruito come fare ai lavoratori.
I instructed the workers as to what to do.

Inf. lacerare *Part. pres.* lacerante *Part. pass.* lacerato *Ger.* lacerando

INDICATIVO

Presente

Io lacero	Noi laceriamo
Tu lacerai	Voi lascerete
Lui/Lei lacera	Loro lacerano

Imperfetto

Io laceravo	Noi laceravamo
Tu laceravi	Voi laceravate
Lui lacerava	Loro laceravano

Passato Prossimo

Io ho lacerato	Noi abbiamo lacerato
Tu hai lacerato	Voi avete lacerato
Lui /Lei ha lacerato	Loro hanno lacerato

Trapassato Prossimo

Io avevo lacerato	Noi avevamo lacerato
Tu avevi lacerato	Voi avevate lacerato
Lui/Lei aveva lacerato	Loro avevano lacerato

Futuro

Io lacererò	Noi lacereremo
Tu lacererai	Voi lacererete
Lui/Lei lacererà	Loro lacereranno

Passato Remoto

Io lacerai	Noi lacerammo
Tu lacerasti	Voi laceraste
Lui/Lei lacerò	Loro lacerarono

Futuro Anteriore

Io avrò lacerato	Noi avremo lacerato
Tu avrai lacerato	Voi avrete lacerato
Lui/Lei avrà lacerato	Loro avranno lacerato

Trapassato Remoto

Io ebbi lacerato	Noi avemmo lacerato
Tu avesti lacerato	Voi aveste lacerato
Lui/Lei ebbe lacerato	Loro ebbero lacerato

CONDIZIONALE

Condizionale Presente

Io lacererei	Noi lacereremmo
Tu lacereresti	Voi lacerereste
Lui/Lei lacererebbe	Loro lacererebbero

Condizionale Passato

Io avrei lacerato	Noi avremmo lacerato
Tu avresti lacerato	Voi avreste lacerato
Lui/Lei avrebbe lacerato	Loro avrebbero lacerato

CONGIUNTIVO

Congiuntivo Presente

Io laceri	Noi laceriamo
Tu laceri	Voi laceriate
Lui/Lei laceri	Loro lacerino

Congiuntivo Passato

Io abbia lacerato	Noi abbiamo lacerato
Tu abbia lacerato	Voi abbiate lacerato
Lui/Lei abbia lacerato	Loro abbiano lacerato

Congiuntivo Imperfetto

Io lacerassi	Noi lacerassimo
Tu lacerassi	Voi laceraste
Lui/Lei lacerasse	Loro lacerassero

Congiuntivo Trapassato

Io avessi lacerato	Noi avessimo lacerato
Tu avessi lacerato	Voi aveste lacerato
Lui/Lei avesse lacerato	Loro avessero lacerato

IMPERATIVO

(Tu) lacera!   (Lei) laceri!   (Noi) laceriamo!   (Voi) lacerate!   (Loro) lacerino!

Un grido **ha lacerato** il silenzio.
*A scream **shattered** the silence.*

Le donne **lacerarono** gli stracci per poterli usare dopo.
*The women **tore up** the rags so they could use them later.*

Vorrei che **voi laceraste** le lenzuola altrimenti non possiamo scappare.
*I would like **you to tear** up the sheets otherwise we can't escape.*

LAMENTARSI *to complain, to whine*

Inf. lamentarsi *Part. pres.* lamentantesi *Part. pass.* lamentatosi *Ger.* lamentandosi

INDICATIVO

Presente

Io mi lamento	Noi ci lamentiamo
Tu ti lamenti	Voi vi lamentate
Lui/Lei si lamenta	Loro si lamentano

IMPERATIVO

Io mi lamentavo	Noi ci lamentavamo
Tu ti lamentavi	Voi vi lamentavate
Lui/Lei si lamentava	Loro si lamentavano

Passato Prossimo

Io mi sono lamentato/a	Noi ci siamo lamentati/e
tu ti sei lamentato/a	Voi vi siete lamentati/e
Lui/Lei si è lamentato/a	Loro si sono lamentati/e

Trapassato Prossimo

Io mi ero lamentato/a	Noi ci eravamo lamentati/e
Tu ti eri lamentato/a	Voi vi eravate lamentati/e
Lui/Lei si era lamentato/a	Loro si erano lamentati/e

Futuro

Io mi lamenterò	Noi ci lamenteremo
Tu ti lamenterai	Voi vi lamenterete
Lui/Lei si lamenterà	Loro si lamenteranno

Passato Remoto

Io mi lamentai	Noi ci lamentammo
Tu ti lamentasti	Voi vi lamentaste
Lui/Lei si lamentò	Loro si lamentarono

Futuro Anteriore

Io mi sarò lamentato/a	Noi ci saremo lamentati/e
Tu ti sarai lamentato/a	Voi vi sarete lamentati/e
Lui/Lei si sarà lamentato/a	Loro si saranno lamentati/e

Trapassato Remoto

Io mi fui lamentato/a	Noi ci fummo lamentati/e
Tu ti fosti lamentato/a	Voi vi foste lamentati/e
Lui/Lei si fu lamentato/a	Loro si furono lamentati/e

CONDIZIONALE

Condizionale Presente

Io mi lamenterei	Noi ci lamenteremmo
Tu ti lamenteresti	Voi vi lamentereste
Lui/Lei si lamenterebbe	Loro si lamenterebbero

Condizionale Passato

Io mi sarei lamentato/a	Noi ci saremo lamentati/e
Tu ti saresti lamentato/a	Voi vi sareste lamentati/e
Lui/Lei si sarebbe lamentato/a	Loro si saranno lamentati/e

CONGIUNTIVO

Congiuntivo Presente

Io mi lamenti	Noi ci lamentiamo
Tu ti lamenti	Voi vi lamentiate
Lui/Lei si lamenti	Loro si lamentino

Congiuntivo Passato

Io mi sia lamentato/a	Noi ci siamo lamentati/e
Tu ti sia lamentato/a	Voi vi siate lamentati/e
Lui/Lei si sia lamentato/a	Loro si siano lamentati/e

Congiuntivo Imperfetto

Io mi lamentassi	Noi ci lamentassimo
Tu ti lamentassi	Voi vi lamentaste
Lui/Lei si lamentasse	Loro si lamentassero

Congiuntivo Trapassato

Io mi fossi lamentato/a	Noi ci fossimo lamentati/e
Tu ti fossi lamentato/a	Voi vi foste lamentati/e
Lui/Lei si fosse lamentato/a	Loro si fossero lamentati/e

IMPERATIVO

(Tu) lamentati!   (Lei) si lamenti!   (Noi) lamentiamoci!   (Voi) lamentateti!   (Loro) si lamentino!

Lui non fa altro che lamentarsi!
He does nothing but complain.

Io mi sarei lamentata se mi fossi trovata in quella situazione.
I would have complained if I had found myself in that situation.

Penso che si siano lamentati per l'organizzazione della svendita.
I think they were complaining about the organization of the sale.

LANCIARE   *to hurl, to throw, to launch*

Inf. lanciare   *Part. pres.* lanciante   *Part. pass.* lanciato   *Ger.* lanciando

INDICATIVO

Presente

Io lancio	Noi lanciamo
Tu lanci	Voi lanciate
Lui/Lei lancia	Loro lanciano

Imperfetto

Io lanciavo	Noi lanciavamo
Tu lanciavi	Voi lanciavate
Lui lanciava	Loro lanciavano

Passato Prossimo

Io ho lanciato	Noi abbiamo lanciato
Tu hai lanciato	Voi avete lanciato
Lui/Lei ha lanciato	Loro hanno lanciato

Trapassato Prossimo

Io avevo lanciato	Noi avevamo lanciato
Tu avevi lanciato	Voi avevate lanciato
Lui/ Lei aveva lanciato	Loro avevano lanciato

Futuro

Io lancerò	Noi lanceremo
Tu lancerai	Voi lancerete
Lui/Lei lancerà	Loro lanceranno

Passato Remoto

Io lanciai	Noi lanciammo
Tu lanciasti	Voi lanciaste
Lui/Lei lanciò	Loro lanciarono

Futuro Anteriore

Io avrò lanciato	Noi avremo lanciato
Tu avrai lanciato	Voi avrete lanciato
Lui/Lei avrà lanciato	Loro avranno lanciato

Trapassato Remoto

Io ebbi lanciato	Noi avemmo lanciato
Tu avesti lanciato	Voi aveste lanciato
Lui/Lei ebbe lanciato	Loro ebbero lanciato

CONDIZIONALE

Condizionale Presente

Io lancerei	Noi lanceremmo
Tu lanceresti	Voi lancereste
Lui/Lei lancerebbe	Loro lancerebbero

Condizionale Passato

Io avrei lanciato	Noi avremmo lanciato
Tu avresti lanciato	Voi avreste lanciato
Lui/Lei avrebbe lanciato	Loro avrebbero lanciato

CONGIUNTIVO

Congiuntivo Presente

Io lanci	Noi lanciamo
Tu lanci	Voi lanciate
Lui/Lei lanci	Loro lancino

Congiuntivo Passato

Io abbia lanciato	Noi abbiamo lanciato
Tu abbia lanciato	Voi abbiate lanciato
Lui/Lei abbia lanciato	Loro abbiano lanciato

Congiuntivo Imperfetto

Io lanciassi	Noi lanciassimo
Tu lanciassi	Voi lanciaste
Lui/Lei lanciasse	Loro lanciassero

Congiuntivo Trapassato

Io avessi lanciato	Noi avessimo lanciato
Tu avessi lanciato	Voi aveste lanciato
Lui/Lei avesse lanciato	Loro avessero lanciato

IMPERATIVO

(Tu) lancia!   (Lei) lanci!   (Noi) lanciamo!   (Voi) lanciate!   (Loro) lancino!

Io non lancerei quella pietra se fossi in te.
I wouldn't throw that rock if I were you.

La NASA ha lanciato un altro satellite ieri.
NASA launched another satellite yesterday.

Gli lanciarono degli insulti e lui agì male.
They hurled insults at him and he reacted badly.

LASCIARE   *to leave*

Inf. lasciare   *Part. pres.* lasciante   *Part. pass.* lasciato   *Ger.* lasciando

INDICATIVO

Presente

Io lascio	Noi lasciamo
Tu lasci	Voi lasciate
Lui/Lei lascia	Loro lasciano

Imperfetto

Io lasciavo	Noi lasciavamo
Tu lasciavi	Voi lasciavate
Lui/Lei lasciava	Loro lasciavano

Passato Prossimo

Io ho lasciato	Noi abbiamo lasciato
Tu hai lasciato	Voi avete lasciato
Lui/Lei ha lasciato	Loro hanno lasciato

Trapassato Prossimo

Io avevo lasciato	Noi avevamo lasciato
Tu avevi lasciato	Voi avevate lasciato
Lui/Lei aveva lasciato	Loro avevano lasciato

Futuro

Io lascerò	Noi lasceremo
Tu lascerai	Voi lascerete
Lui/Lei lascerà	Loro lasceranno

Passato Remoto

Io lasciai	Noi lasciammo
Tu lasciasti	Voi lasciaste
Lui/Lei lasciò	Loro lasciarono

Futuro Anteriore

Io avrò lasciato	Noi avremo lasciato
Tu avrai lasciato	Voi avrete lasciato
Lui/Lei avrà lasciato	Loro avranno lasciato

Trapassato Remoto

Io ebbi lasciato	Noi avemmo lasciato
Tu avesti lasciato	Voi aveste lasciato
Lui/Lei ebbe lasciato	Loro ebbero lasciato

CONDIZIONALE

Condizionale Presente

Io lascerei	Noi lasceremmo
Tu lasceresti	Voi lascereste
Lui/Lei lascerebbe	Loro lascerebbero

Condizionale Passato

Io avrei lasciato	Noi avremmo lasciato
Tu avresti lasciato	Voi avreste lasciato
Lui/Lei avrebbe lasciato	Loro avrebbero lasciato

CONGIUNTIVO

Congiuntivo Presente

Io lasci	Noi lasciamo
Tu lasci	Voi lasciate
Lui/Lei lasci	Loro lascino

Congiuntivo Passato

Io abbia lasciato	Noi abbiamo lasciato
Tu abbia lasciato	Voi abbiate lasciato
Lui/Lei abbia lasciato	Loro abbiano lasciato

Congiuntivo Imperfetto

Io lasciassi	Noi lasciassimo
Tu lasciassi	Voi lasciaste
Lui/Lei lasciasse	Loro lasciassero

Congiuntivo Trapassato

Io avessi lasciato	Noi avessimo lasciato
Tu avessi lasciato	Voi aveste lasciato
Lui/Lei avesse lasciato	Loro avessero lasciato

IMPERATIVO

(Tu) lascia!   (Lei) lasci!   (Noi) lasciamo!   (Voi) lasciate!   (Loro) lascino!

L'avrei lasciato se non mi avesse chiesto scusa.
I would have left him if he hadn't apologized to me.

Durante il liceo lasciavo casa sempre alle 9,00 di mattina.
During high school I always left the house at 9:00AM.

Lei mi lascia indifferente.
She leaves me cold.

LAUREARSI   *to graduate (from college)*

Inf. laurearsi   *Part. pres.* laureantesi   *Part. pass.* laureatosi   *Ger.* laureandosi

INDICATIVO

Presente

Io mi laureo	Noi ci laureiamo
Tu ti laurei	Voi vi laureate
Lui/Lei si laurea	Loro si laureano

Imperfetto

Io mi laureavo	Noi ci laureavamo
Tu ti laureavi	Voi vi laureavate
Lui si laureava	Loro si laureavano

Passato Prossimo

Io mi sono laureato/a	Noi ci siamo laureati/e
Tu ti sei laureato/a	Voi vi siete laureati/e
Lui/Lei si è laureato/a	Loro si sono laureati/e

Trapassato Prossimo

Io mi ero laureato/a	Noi ci eravamo laureati/e
Tu ti eri laureato/a	Voi vi eravate laureati/e
Lui/Lei si era laureato/a	Loro si erano laureati/e

Futuro

Io mi laureerò	Noi ci laureeremo
Tu ti laureerai	Voi vi laureerete
Lui/Lei si laureerà	Loro si laureeranno

Passato Remoto

Io mi laureai	Noi ci laureammo
Tu ti laureasti	Voi vi laureaste
Lui/Lei si laureò	Loro si laurearono

Futuro Anteriore

Io mi sarò laureato/a	Noi ci saremo laureati/e
Tu ti sarai laureato/a	Voi vi sarete laureati/e
Lui/Lei si sarà laureato/a	Loro si saranno laureati/e

Trapassato Remoto

Io mi fui laureato/a	Noi ci fummo laureati/e
Tu ti fosti laureato/a	Voi vi foste laureati/e
Lui/Lei si fu laureato/a	Loro si furono laureati/e

CONDIZIONALE

Condizionale Presente

Io mi laureerei	Noi ci laureeremmo
Tu ti laureeresti	Voi vi laureereste
Lui/Lei si laureerebbe	Loro si laureerebbero

Condizionale Passato

Io mi sarei laureato/a	Noi ci saremmo laureati/e
Tu ti saresti laureato/a	Voi vi sareste laureati/e
Lui/Lei si sarebbe laureato/a	Loro si sarebbero laureati/e

CONGIUNTIVO

Congiuntivo Presente

Io mi laurei	Noi ci laureiamo
Tu ti laurei	Voi vi laureate
Lui/Lei si laurei	Loro si laureino

Congiuntivo Passato

Io mi sia laureato/a	Noi ci siamo laureati/e
Tu ti sia laureato/a	Voi vi siate laureati/e
Lui/Lei si sia laureato/a	Loro si siano laureati/e

Congiuntivo Imperfetto

Io mi laureassi	Noi ci laureassimo
Tu ti laureassi	Voi vi laureaste
Lui/Lei si laureasse	Loro si laureassero

Congiuntivo Trapassato

Io mi fossi laureato/a	Noi ci fossimo laureati/e
Tu ti fossi laureato/a	Voi vi foste laureati/e
Lui/Lei si fosse laureato/a	Loro si fossero laureati/e

IMPERATIVO

(Tu) laureati!   (Lei) si laurei!   (Noi) laureiamoci!   (Voi) laureatevi!   (Loro) si laureino!

Mi laureerò a giugno con i miei compagni.
I will graduate in June with my friends.

Dopo che si sarà laureato, dovrà trovare un lavoro.
After he has graduated, he will have to find a job.

Non si laureano perché non hanno finito gli esami.
They won't graduate because they haven't finished the exams.

LAVARE   *to wash*

Inf. lavare   *Part. pres.* lavante   *Part. pass.* lavato   *Ger.* lavando

INDICATIVO

Presente

Io lavo	Noi laviamo
Tu lavi	Voi lavate
Lui/Lei lava	Loro lavano

Imperfetto

Io lavavo	Noi lavavamo
Tu lavavi	Voi lavavate
Lui/Lei lavava	Loro lavavano

Passato Prossimo

Io ho lavato	Noi abbiamo lavato
Tu hai lavato	Voi avete lavato
Lui/Lei ha lavato	Loro hanno lavato

Trapassato Prossimo

Io avevo lavato	Noi avevamo lavato
Tu avevi lavato	Voi avevate lavato
Lui/Lei aveva lavato	Loro avevano lavato

Futuro

Io laverò	Noi laveremo
Tu laverai	Voi laverete
Lui/Lei laverà	Loro laveranno

Passato Remoto

Io lavai	Noi lavammo
Tu lavasti	Voi lavaste
Lui/Lei lavò	Loro lavarono

Futuro Anteriore

Io avrò lavato	Noi avremo lavato
Tu avrai lavato	Voi avrete lavato
Lui/Lei avrà lavato	Loro avranno lavato

Trapassato Remoto

Io ebbi lavato	Noi avemmo lavato
Tu avesti lavato	Voi aveste lavato
Lui/Lei ebbe lavato	Loro ebbero lavato

CONDIZIONALE

Condizionale Presente

Io laverei	Noi laveremmo
Tu laveresti	Voi lavereste
Lui/Lei laverebbe	Loro laverebbero

Condizionale Passato

Io avrei lavato	Noi avremmo lavato
Tu avresti lavato	Voi avreste lavato
Lui/Lei avrebbe lavato	Loro avrebbero lavato

CONGIUNTIVO

Congiuntivo Presente

Io lavi	Noi laviamo
Tu lavi	Voi laviate
Lui/Lei lavi	Loro lavino

Congiuntivo Passato

Io abbia lavato	Noi abbiamo lavato
Tu abbia lavato	Voi abbiate lavato
Lui/Lei abbia lavato	Loro abbiano lavato

Congiuntivo Imperfetto

Io lavassi	Noi lavassimo
Tu lavassi	Voi lavaste
Lui/Lei lavasse	Loro lavassero

Congiuntivo Trapassato

Io avessi lavato	Noi avessimo lavato
Tu avessi lavato	Voi aveste lavato
Lui/Lei avesse lavato	Loro avessero lavato

IMPERATIVO

(Tu) lava!   (Lei) lavi!   (Noi) laviamo!   (Voi) lavate!   (Loro) lavino!

Avevano lavato tutti i panni prima di andare in vacanza.
They had washed all their clothes before going on vacation.

C'era anche bisogno di lavare i bambini.
It was also necessary to wash the children.

Mio marito vuole che io lavi la macchina!
My husband wants me to wash the car!

Inf. lavorare *Part. pres.* lavorante *Part. pass.* lavorato *Ger.* lavorando

INDICATIVO

Presente

Io lavoro	Noi lavoriamo
Tu lavori	Voi lavorate
Lui/Lei lavora	Loro lavorano

Imperfetto

Io lavoravo	Noi lavoravamo
Tu lavoravi	Voi lavoravate
Lui/Lei lavorava	Loro lavoravano

Passato Prossimo

Io ho lavorato	Noi abbiamo lavorato
Tu hai lavorato	Voi avete lavorato
Lui/Lei ha lavorato	Loro hanno lavorato

Trapassato Prossimo

Io avevo lavorato	Noi avevamo lavorato
Tu avevi lavorato	Voi avevate lavorato
Lui/Lei aveva lavorato	Loro avevano lavorato

Futuro

Io lavorerò	Noi lavoreremo
Tu lavorerai	Voi lavorerete
Lui/Lei lavorerà	Loro lavoreranno

Passato Remoto

Io lavorai	Noi lavorammo
Tu lavorasti	Voi lavoraste
Lui/Lei lavorò	Loro lavorarono

Futuro Anteriore

Io avrò lavorato	Noi avremo lavorato
Tu avrai lavorato	Voi avrete lavorato
Lui/Lei avrà lavorato	Loro avranno lavorato

Trapassato Remoto

Io ebbi lavorato	Noi avemmo lavorato
Tu avesti lavorato	Voi aveste lavorato
Lui/Lei ebbe lavorato	Loro ebbero lavorato

CONDIZIONALE

Condizionale Presente

Io lavorerei	Noi lavoreremmo
Tu lavoreresti	Voi lavorereste
Lui/Lei lavorerebbe	Loro lavorerebbero

Condizionale Passato

Io avrei lavorato	Noi avremmo lavorato
Tu avresti lavorato	Voi avreste lavorato
Lui/Lei avrebbe lavorato	Loro avrebbero lavorato

CONGIUNTIVO

Congiuntivo Presente

Io lavori	Noi lavoriamo
Tu lavori	Voi lavoriate
Lui/Lei lavori	Loro lavorino

Congiuntivo Passato

Io abbia lavorato	Noi abbiamo lavorato
Tu abbia lavorato	Voi abbiate lavorato
Lui/Lei abbia lavorato	Loro abbiano lavorato

Congiuntivo Imperfetto

Io lavorassi	Noi lavorassimo
Tu lavorassi	Voi lavoraste
Lui/Lei lavorasse	Loro lavorassero

Congiuntivo Trapassato

Io avessi lavorato	Noi avessimo lavorato
Tu avessi lavorato	Voi aveste lavorato
Lui/Lei avesse lavorato	Loro avessero lavorato

IMPERATIVO

(Tu) lavora! (Lei) lavori! (Noi) lavoriamo! (Voi) lavorate! (Loro) lavorino!

Aveva lavorato sodo per tutta la vita.
He had worked very hard all his life.

Abbiamo lavorato per uno che era molto antipatico.
We worked for someone who was very disagreeable.

Lavorerò come insegnante di matematica l'anno prossimo.
I will work as a math teacher next year.

Inf. legare *Part. pres.* legante *Part. pass.* legato *Ger.* legando

INDICATIVO

Presente

Io lego	Noi leghiamo
Tu leghi	Voi legate
Lui/Lei lega	Loro legano

Imperfetto

Io legavo	Noi legavamo
Tu legavi	Voi legavate
Lui/Lei legava	Loro legavano

Passato Prossimo

Io ho legato	Noi abbiamo legato
Tu hai legato	Voi avete legato
Lui/Lei ha legato	Loro hanno legato

Trapassato Prossimo

Io avevo legato	Noi avevamo legato
Tu avevi legato	Voi avevate legato
Lui/Lei aveva legato	Loro avevano legato

Futuro

Io legherò	Noi legheremo
Tu legherai	Voi legherete
Lui/Lei legherà	Loro legheranno

Passato Remoto

Io legai	Noi legammo
Tu legasti	Voi legaste
Lui/Lei legò	Loro legarono

Futuro Anteriore

Io avrò legato	Noi avremo legato
Tu avrai legato	Voi avrete legato
Lui/Lei avrà legato	Loro avranno legato

Trapassato Remoto

Io ebbi legato	Noi avemmo legato
Tu avesti legato	Voi aveste legato
Lui/Lei ebbe legato	Loro ebbero legato

CONDIZIONALE

Condizionale Presente

Io legherei	Noi legheremmo
Tu legheresti	Voi leghereste
Lui/Lei legherebbe	Loro legherebbero

Condizionale Passato

Io avrei legato	Noi avremmo legato
Tu avresti legato	Voi avreste legato
Lui/Lei avrebbe legato	Loro avrebbero legato

CONGIUNTIVO

Congiuntivo Presente

Io leghi	Noi leghiamo
Tu leghi	Voi leghiate
Lui/Lei leghi	Loro leghino

Congiuntivo Passato

Io abbia legato	Noi abbiamo legato
Tu abbia legato	Voi abbiate legato
Lui/Lei abbia legato	Loro abbiano legato

Congiuntivo Imperfetto

Io legassi	Noi legassimo
Tu legassi	Voi legaste
Lui/Lei legasse	Loro legassero

Congiuntivo Trapassato

Io avessi legato	Noi avessimo legato
Tu avessi legato	Voi aveste legato
Lui/Lei avesse legato	Loro avessero legato

IMPERATIVO

(Tu) lega!   (Lei) leghi!   (Noi) leghiamo!   (Voi) legate!   (Loro) leghino!

Loro legheranno i pacchi da spedire in Italia.
They will tie the packages to be sent to Italy.

L'amore che lo legò a lei era più forte di qualsiasi altro sentimento.
The love that tied him to her was stronger than any other feeling.

Hanno legato il cane con una catena resistente.
They tied up the dog with a strong chain.

LEGGERE   *to read*

Inf. leggere   *Part. pres.* leggente   *Part. pass.* letto   *Ger.* leggendo

INDICATIVO

Presente

Io leggo	Noi leggiamo
Tu leggi	Voi leggete
Lui/Lei legge	Loro leggono

Imperfetto

Io leggevo	Noi leggevamo
Tu leggevi	Voi leggevate
Lui/Lei leggeva	Loro leggevano

Passato Prossimo

Io ho letto	Noi abbiamo letto
Tu hai letto	Voi avete letto
Lui/Lei ha letto	Loro hanno letto

Trapassato Prossimo

Io avevo letto	Noi avevamo letto
Tu avevi letto	Voi avevate letto
Lui/Lei aveva letto	Loro avevano letto

Futuro

Io leggerò	Noi leggeremo
Tu leggerai	Voi leggerete
Lui/Lei leggerà	Loro leggeranno

Passato Remoto

Io lessi	Noi leggemmo
Tu leggesti	Voi leggeste
Lui/Lei lesse	Loro lessero

Futuro Anteriore

Io avrò letto	Noi avremo letto
Tu avrai letto	Voi avrete letto
Lui/Lei avrà letto	Loro avranno letto

Trapassato Remoto

Io ebbi letto	Noi avemmo letto
Tu avesti letto	Voi aveste letto
Lui/Lei ebbe letto	Loro ebbero letto

CONDIZIONALE

Condizionale Presente

Io leggerei	Noi leggeremmo
Tu leggeresti	Voi leggereste
Lui/Lei leggerebbe	Loro leggerebbero

Condizionale Passato

Io avrei letto	Noi avremmo letto
Tu avresti letto	Voi avreste letto
Lui/Lei avrebbe letto	Loro avrebbero letto

CONGIUNTIVO

Congiuntivo Presente

Io legga	Noi leggiamo
Tu legga	Voi leggiate
Lui/Lei legga	Loro leggano

Congiuntivo Passato

Io abbia letto	Noi abbiamo letto
Tu abbia letto	Voi abbiate letto
Lui/Lei abbia letto	Loro abbiano letto

Congiuntivo Imperfetto

Io leggessi	Noi leggessimo
Tu leggessi	Voi leggeste
Lui/Lei leggesse	Loro leggessero

Congiuntivo Trapassato

Io avessi letto	Noi avessimo letto
Tu avessi letto	Voi aveste letto
Lui/Lei avesse letto	Loro avessero letto

IMPERATIVO

(Tu) leggi!   (Lei) legga!   (Noi) leggiamo!   (Voi) leggete!   (Loro) leggano!

Leggere Dante mi ha aiutato a capire la filosofia medievale.
Reading Dante helped me understand medieval philosophy.

All'università leggevo tanto.
I read a lot in college.

Leggerei tutto il giorno se fosse possibile.
I would read all day, if it were possible.

LEVARE *to lift, to remove*

Inf. levare *Part. pres.* levante *Part. pass.* levato *Ger.* levando

INDICATIVO

Presente

Io levo	Noi leviamo
Tu levi	Voi levate
Lui/Lei leva	Loro levano

Imperfetto

Io levavo	Noi levavamo
Tu levavi	Voi levavate
Lui/Lei levava	Loro levavano

Passato Prossimo

Io ho levato	Noi abbiamo levato
Tu hai levato	Voi avete levato
Lui/Lei ha levato	Loro hanno levato

Trapassato Prossimo

Io avevo levato	Noi avevamo levato
Tu avevi levato	Voi avevate levato
Lui/Lei aveva levato	Loro avevano levato

Futuro

Io leverò	Noi leveremo
Tu leverai	Voi leverete
Lui/Lei leverà	Loro leveranno

Passato Remoto

Io levai	Noi levammo
Tu levasti	Voi levaste
Lui/Lei levò	Loro levarono

Futuro Anteriore

Io avrò levato	Noi avremo levato
Tu avrai levato	Voi avrete levato
Lui/Lei avrà levato	Loro avranno levato

Trapassato Remoto

Io ebbi levato	Noi avemmo levato
Tu avesti levato	Voi aveste levato
Lui/Lei ebbe levato	Loro ebbero levato

CONDIZIONALE

Condizionale Presente

Io leverei	Noi leveremmo
Tu leveresti	Voi leverereste
Lui/Lei leverebbe	Loro leverebbero

Condizionale Passato

Io avrei levato	Noi avremmo levato
Tu avresti levato	Voi avreste levato
Lui/Lei avrebbe levato	Loro avrebbero levato

CONGIUNTIVO

Congiuntivo Presente

Io levi	Noi leviamo
Tu levi	Voi leviate
Lui/Lei levi	Loro levino

Congiuntivo Passato

Io abbia levato	Noi abbiamo levato
Tu abbia levato	Voi abbiate levato
Lui/Lei abbia levato	Loro abbiano levato

Congiuntivo Imperfetto

Io levassi	Noi levassimo
Tu levassi	Voi levaste
Lui/Lei levasse	Loro levassero

Congiuntivo Trapassato

Io avessi levato	Noi avessimo levato
Tu avessi levato	Voi aveste levato
Lui/Lei avesse levato	Loro avessero levato

IMPERATIVO

(Tu) leva!   (Lei) levi!   (Noi) leviamo!   (Voi) levate!   (Loro) levino!

È possibile che abbiano già levato tutto?
Is it possible that they have already removed everything?

Levai tante cose pesanti quando ero giovane.
I lifted a lot of heavy things when I was young.

Hanno levato gli occhi verso il cielo per vedere gli aquiloni.
They raised their eyes towards the sky to see the kites.

LIBERARE   *to free, to vacate*

Inf. liberare *Part. pres.* liberante *Part. pass.* liberato *Ger.* liberando

INDICATIVO

Presente

Io libero	Noi liberiamo
Tu liberi	Voi liberate
Lui/Lei libera	Loro liberano

Imperfetto

Io liberavo	Noi liberavamo
Tu liberavi	Voi liberavate
Lui/Lei liberava	Loro liberavano

Passato Prossimo

Io ho liberato	Noi abbiamo liberato
Tu hai liberato	Voi avete liberato
Lui/Lei ha liberato	Loro hanno liberato

Trapassato Prossimo

Io avevo liberato	Noi avevamo liberato
Tu avevi liberato	Voi avevate liberato
Lui/Lei aveva liberato	Loro avevano liberato

Futuro

Io libererò	Noi libereremo
Tu libererai	Voi libererete
Lui/Lei libererà	Loro libereranno

Passato Remoto

Io liberai	Noi liberammo
Tu liberasti	Voi liberaste
Lui/Lei liberò	Loro liberarono

Futuro Anteriore

Io avrò liberato	Noi avremo liberato
Tu avrai liberato	Voi avrete liberato
Lui/Lei avrà liberato	Loro avranno liberato

Trapassato Remoto

Io ebbi liberato	Noi avemmo liberato
Tu avesti liberato	Voi aveste liberato
Lui/Lei ebbe liberato	Loro ebbero liberato

CONDIZIONALE

Condizionale Presente

Io libererei	Noi libereremmo
Tu libereresti	Voi liberereste
Lui/Lei libererebbe	Loro libererebbero

Condizionale Passato

Io avrei liberato	Noi avremmo liberato
Tu avresti liberato	Voi avreste liberato
Lui/Lei avrebbe liberato	Loro avrebbero liberato

CONGIUNTIVO

Congiuntivo Presente

Io liberi	Noi liberiamo
Tu liberi	Voi liberiate
Lui/Lei liberi	Loro liberino

Congiuntivo Passato

Io abbia liberato	Noi abbiamo liberato
Tu abbia liberato	Voi abbiate liberato
Lui/Lei abbia liberato	Loro abbiano liberato

Congiuntivo Imperfetto

Io liberassi	Noi liberassimo
Tu liberassi	Voi liberaste
Lui/Lei liberasse	Loro liberassero

Congiuntivo Trapassato

Io avessi liberato	Noi avessimo liberato
Tu avessi liberato	Voi aveste liberato
Lui/Lei avesse liberato	Loro avessero liberato

IMPERATIVO

(Tu) libera!   (Lei) liberi!   (Noi) liberiamo!   (Voi) liberate!   (Loro) liberino!

Avevano liberato tutti i prigionieri prima di scappare.
They had freed all the prisoners before fleeing.

In tanti alberghi si liberano le stanze prima di mezzogiorno.
In many hotels one must vacate the room before noon.

Le forze di Garibaldi liberarono la Sicilia nel 1860.
Garibaldi's forces liberated Sicily in 1860.

Inf. licenziare *Part. pres.* licenziante *Part. pass.* licenziato *Ger.* licenziando

INDICATIVO

Presente

Io licenzio	Noi licenziamo
Tu licenzi	Voi licenziate
Lui/Lei licenzia	Loro licenziano

Imperfetto

Io licenziavo	Noi licenziavamo
Tu licenziavi	Voi licenziavate
Lui/Lei licenziava	Loro licenziavano

Passato Prossimo

Io ho licenziato	Noi abbiamo licenziato
Tu hai licenziato	Voi avete licenziato
Lui/Lei ha licenziato	Loro hanno licenziato

Trapassato Prossimo

Io avevo licenziato	Noi avevamo licenziato
Tu avevi licenziato	Voi avevate licenziato
Lui/Lei aveva licenziato	Loro avevano licenziato

Futuro

Io licenzierò	Noi licenzieremo
Tu licenzierai	Voi licenzierete
Lui/Lei licenzierà	Loro licenzieranno

Passato Remoto

Io licenziai	Noi licenziammo
Tu licenziasti	Voi licenziaste
Lui/Lei licenziò	Loro licenziarono

Futuro Anteriore

Io avrò licenziato	Noi avremo licenziato
Tu avrai licenziato	Voi avrete licenziato
Lui/Lei avrà licenziato	Loro avranno licenziato

Trapassato Remoto

Io ebbi licenziato	Noi avemmo licenziato
Tu avesti licenziato	Voi aveste licenziato
Lui/Lei ebbe licenziato	Loro ebbero licenziato

CONDIZIONALE

Condizionale Presente

Io licenzierei	Noi licenzieremmo
Tu licenzieresti	Voi licenziereste
Lui/Lei licenzierebbe	Loro licenzierebbero

Condizionale Passato

Io avrei licenziato	Noi avremmo licenziato
Tu avresti licenziato	Voi avreste licenziato
Lui/Lei avrebbe licenziato	Loro avrebbero licenziato

CONGIUNTIVO

Congiuntivo Presente

Io licenzi	Noi licenziamo
Tu licenzi	Voi licenziate
Lui/Lei licenzi	Loro licenzino

Congiuntivo Passato

Io abbia licenziato	Noi abbiamo licenziato
Tu abbia licenziato	Voi abbiate licenziato
Lui/Lei abbia licenziato	Loro abbiano licenziato

Congiuntivo Imperfetto

Io licenziassi	Noi licenziassimo
Tu licenziassi	Voi licenziaste
Lui/Lei licenziasse	Loro licenziassero

Congiuntivo Trapassato

Io avessi licenziato	Noi avessimo licenziato
Tu avessi licenziato	Voi aveste licenziato
Lui/Lei avesse licenziato	Loro avessero licenziato

IMPERATIVO

(Tu) licenzia! (Lei) licenzi! (Noi) licenziamo! (Voi) licenziate! (Loro) licenzino!

L'hanno licenziato perché non faceva il suo dovere.
They fired him because he didn't do his work.

Licenzierà tutti a causa della crisi economica.
He will dismiss everyone because of the financial crisis.

Non licenzierei nessuno se fosse possibile.
I wouldn't fire anyone, if it were possible.

Inf. limitare *Part. pres.* limitante *Part. pass.* limitato *Ger.* limitando

INDICATIVO

Presente

Io limito	Noi limitiamo
Tu limiti	Voi limitate
Lui/Lei limita	Loro limitano

Imperfetto

Io limitavo	Noi limitavamo
Tu limitavi	Voi limitavate
Lui/Lei limitava	Loro limitavano

Passato Prossimo

Io ho limitato	Noi abbiamo limitato
Tu hai limitato	Voi avete limitato
Lui/Lei ha limitato	Loro hanno limitato

Trapassato Prossimo

Io avevo limitato	Noi avevamo limitato
Tu avevi limitato	Voi avevate limitato
Lui/Lei aveva limitato	Loro avevano limitato

Futuro

Io limiterò	Noi limiteremo
Tu limiterai	Voi limiterete
Lui/Lei limiterà	Loro limiteranno

Passato Remoto

Io limitai	Noi limitammo
Tu limitasti	Voi limitaste
Lui/Lei limitò	Loro limitarono

Futuro Anteriore

Io avrò limitato	Noi avremo limitato
Tu avrai limitato	Voi avrete limitato
Lui/Lei avrà limitato	Loro avranno limitato

Trapassato Remoto

Io ebbi limitato	Noi avemmo limitato
Tu avesti limitato	Voi aveste limitato
Lui/Lei ebbe limitato	Loro ebbero limitato

CONDIZIONALE

Condizionale Presente

Io limiterei	Noi limiteremmo
Tu limiteresti	Voi limitereste
Lui/Lei limiterebbe	Loro limiterebbero

Condizionale Passato

Io avrei limitato	Noi avremmo limitato
Tu avresti limitato	Voi avreste limitato
Lui/Lei avrebbe limitato	Loro avrebbero limitato

CONGIUNTIVO

Congiuntivo Presente

Io limiti	Noi limitiamo
Tu limiti	Voi limitiate
Lui/Lei limiti	Loro limitino

Congiuntivo Passato

Io abbia limitato	Noi abbiamo limitato
Tu abbia limitato	Voi abbiate limitato
Lui/Lei abbia limitato	Loro abbiano limitato

Congiuntivo Imperfetto

Io limitassi	Noi limitassimo
Tu limitassi	Voi limitaste
Lui/Lei limitasse	Loro limitassero

Congiuntivo Trapassato

Io avessi limitato	Noi avessimo limitato
Tu avessi limitato	Voi aveste limitato
Lui/Lei avesse limitato	Loro avessero limitato

IMPERATIVO

(Tu) limita! (Lei) limiti! (Noi) limitiamo! (Voi) limitate! (Loro) limitino!

Limitarono i diritti della donna per molti anni.
They limited woman's rights for many years.

Cerchiamo di limitare i danni alla macchina.
Let's try to limit the damages to the car.

Il dittatore ha limitato il potere degli oppositori.
The dictator limited the power of the opposition.

Inf. litigare   *Part. pres.* litigante   *Part. pass.* litigato   *Ger.* litigando

INDICATIVO

Presente

Io litigo	Noi litighiamo
Tu litighi	Voi litigate
Lui/Lei litiga	Loro litigano

Imperfetto

Io litigavo	Noi litigavamo
Tu litigavi	Voi litigavate
Lui/Lei litigava	Loro litigavano

Passato Prossimo

Io ho litigato	Noi abbiamo litigato
Tu hai litigato	Voi avete litigato
Lui/Lei ha litigato	Loro hanno litigato

Trapassato Prossimo

Io avevo litigato	Noi avevamo litigato
Tu avevi litigato	Voi avevate litigato
Lui/Lei aveva litigato	Loro avevano litigato

Futuro

Io litigherò	Noi litigheremo
Tu litigherai	Voi litigherete
Lui/Lei litigherà	Loro litigheranno

Passato Remoto

Io litigai	Noi litigammo
Tu litigasti	Voi litigaste
Lui/Lei litigò	Loro litigarono

Futuro Anteriore

Io avrò litigato	Noi avremo litigato
Tu avrai litigato	Voi avrete litigato
Lui/Lei avrà litigato	Loro avranno litigato

Trapassato Remoto

Io ebbi litigato	Noi avemmo litigato
Tu avesti litigato	Voi aveste litigato
Lui/Lei ebbe litigato	Loro ebbero litigato

CONDIZIONALE

Condizionale Presente

Io litigherei	Noi litigheremmo
Tu litigheresti	Voi litighereste
Lui/Lei litigherebbe	Loro litigherebbero

Condizionale Passato

Io avrei litigato	Noi avremmo litigato
Tu avresti litigato	Voi avreste litigato
Lui/Lei avrebbe litigato	Loro avrebbero litigato

CONGIUNTIVO

Congiuntivo Presente

Io litighi	Noi litighiamo
Tu litighi	Voi litighiate
Lui/Lei litighi	Loro litighino

Congiuntivo Passato

Io abbia litigato	Noi abbiamo litigato
Tu abbia litigato	Voi abbiate litigato
Lui/Lei abbia litigato	Loro abbiano litigato

Congiuntivo Imperfetto

Io litigassi	Noi litigassimo
Tu litigassi	Voi litigaste
Lui/Lei litigasse	Loro litigassero

Congiuntivo Trapassato

Io avessi litigato	Noi avessimo litigato
Tu avessi litigato	Voi aveste litigato
Lui/Lei avesse litigato	Loro avessero litigato

IMPERATIVO

(Tu) litiga!   (Lei) litighi!   (Noi) litighiamo!   (Voi) litigate!   (Loro) litighino!

È probabile che divorzino perché litigano sempre.
They will probably get divorced because they always argue.

Quello che hanno fatto era sbagliato. Io avrei litigato con loro.
What they did was wrong. I would have argued with them.

Dopo che ebbero litigato, lei lo lasciò.
After they had argued, she left him.

Inf. lodare   *Part. pres.* lodante   *Part. pass.* lodato   *Ger.* lodando

INDICATIVO

Presente

Io lodo	Noi lodiamo
Tu lodi	Voi lodate
Lui/Lei loda	Loro lodano

Imperfetto

Io lodavo	Noi lodavamo
Tu lodavi	Voi lodavate
Lui/Lei lodava	Loro lodavano

Passato Prossimo

Io ho lodato	Noi abbiamo lodato
Tu hai lodato	Voi avete lodato
Lui/Lei ha lodato	Loro hanno lodato

Trapassato Prossimo

Io avevo lodato	Noi avevamo lodato
Tu avevi lodato	Voi avevate lodato
Lui/Lei aveva lodato	Loro avevano lodato

Futuro

Io loderò	Noi loderemo
Tu loderai	Voi loderete
Lui/Lei loderà	Loro loderanno

Passato Remoto

Io lodai	Noi lodammo
Tu lodasti	Voi lodaste
Lui/Lei lodò	Loro lodarono

Futuro Anteriore

Io avrò lodato	Noi avremo lodato
Tu avrai lodato	Voi avrete lodato
Lui/Lei avrà lodato	Loro avranno lodato

Trapassato Remoto

Io ebbi lodato	Noi avemmo lodato
Tu avesti lodato	Voi aveste lodato
Lui/Lei ebbe lodato	Loro ebbero lodato

CONDIZIONALE

Condizionale Presente

Io loderei	Noi loderemmo
Tu loderesti	Voi lodereste
Lui/Lei loderebbe	Loro loderebbero

Condizionale Passato

Io avrei lodato	Noi avremmo lodato
Tu avresti lodato	Voi avreste lodato
Lui/Lei avrebbe lodato	Loro avrebbero lodato

CONGIUNTIVO

Congiuntivo Presente

Io lodi	Noi lodiamo
Tu lodi	Voi lodiate
Lui/Lei lodi	Loro lodino

Congiuntivo Passato

Io abbia lodato	Noi abbiamo lodato
Tu abbia lodato	Voi abbiate lodato
Lui/Lei abbia lodato	Loro abbiano lodato

Congiuntivo Imperfetto

Io lodassi	Noi lodassimo
Tu lodassi	Voi lodaste
Lui/Lei lodasse	Loro lodassero

Congiuntivo Trapassato

Io avessi lodato	Noi avessimo lodato
Tu avessi lodato	Voi aveste lodato
Lui/Lei avesse lodato	Loro avessero lodato

IMPERATIVO

(Tu) loda!   (Lei) lodi!   (Noi) lodiamo!   (Voi) lodate !   (Loro) lodino!

Lodarono il Signore.
They praised the Lord.

Mia madre mi lodava sempre, così ho molta autostima.
My mother always praised me, so I have a lot of self-esteem.

Se io avessi dei bambini li loderei molto.
If I had children, I would praise them a lot.

LOTTARE *to struggle, to fight*

Inf. lottare *Part. pres.* lottante *Part. pass.* lottato *Ger.* lottando

INDICATIVO

Presente

Io lotto	Noi lottiamo
Tu lotti	Voi lottate
Lui/Lei lotta	Loro lottano

Imperfetto

Io lottavo	Noi lottavamo
Tu lottavi	Voi lottavate
Lui/Lei lottava	Loro lottavano

Passato Prossimo

Io ho lottato	Noi abbiamo lottato
Tu hai lottato	Voi avete lottato
Lui/Lei ha lottato	Loro hanno lottato

Trapassato Prossimo

Io avevo lottato	Noi avevamo lottato
Tu avevi lottato	Voi avevate lottato
Lui aveva lottato	Loro avevano lottato

Futuro

Io lotterò	Noi lotteremo
Tu lotterai	Voi lotterete
Lui/Lei lotterà	Loro lotteranno

Passato Remoto

Io lottai	Noi lottammo
Tu lottasti	Voi lottaste
Lui/Lei lottò	Loro lottarono

Futuro Anteriore

Io avrò lottato	Noi avremo lottato
Tu avrai lottato	Voi avrete lottato
Lui/Lei avrà lottato	Loro avranno lottato

Trapassato Remoto

Io ebbi lottato	Noi avemmo lottato
Tu avesti lottato	Voi aveste lottato
Lui/Lei ebbe lottato	Loro ebbero lottato

CONDIZIONALE

Condizionale Presente

Io lotterei	Noi lotteremmo
Tu lotteresti	Voi lottereste
Lui/Lei lotterebbe	Loro lotterebbero

Condizionale Passato

Io avrei lottato	Noi avremmo lottato
Tu avresti lottato	Voi avreste lottato
Lui/Lei avrebbe lottato	Loro avrebbero lottato

CONGIUNTIVO

Congiuntivo Presente

Io lotti	Noi lottiamo
Tu lotti	Voi lottiate
Lui/Lei lotti	Loro lottino

Congiuntivo Passato

Io abbia lottato	Noi abbiamo lottato
Tu abbia lottato	Voi abbiate lottato
Lui/Lei abbia lottato	Loro abbiano lottato

Congiuntivo Imperfetto

Io lottassi	Noi lottassimo
Tu lottassi	Voi lottaste
Lui/Lei lottasse	Loro lottassero

Congiuntivo Trapassato

Io avessi lottato	Noi avessimo lottato
Tu avessi lottato	Voi aveste lottato
Lui/Lei avesse lottato	Loro avessero lottato

IMPERATIVO

(Tu) lotta!   (Lei) lotti!   (Noi) lottiamo!   (Voi) lottate!   (Loro) lottino!

Lottarono per la democrazia in Francia durante la rivoluzione.
They fought for democracy in France during the revolution.

I due cani hanno lottato fino all'ultimo.
The two dogs fought to the end.

Io avrei lottato per capirlo.
I would have struggled to understand him.

LUCCICARE   *to sparkle, to twinkle, to glimmer*

Inf. luccicare   *Part. pres.* luccicante   *Part. pass.* luccicato   *Ger.* luccicando

INDICATIVO

Presente

Io luccico	Noi luccichiamo
Tu luccichi	Voi luccicate
Lui/Lei luccica	Loro luccicano

Imperfetto

Io luccicavo	Noi luccicavamo
Tu luccicavi	Voi luccicavate
Lui/Lei luccicava	Loro luccicavano

Passato Prossimo

Io ho luccicato	Noi abbiamo luccicato
Tu hai luccicato	Voi avete luccicato
Lui/Lei ha luccicato	Loro hanno luccicato

Trapassato Prossimo

Io avevo luccicato	Noi avevamo luccicato
Tu avevi luccicato	Voi avevate luccicato
Lui/Lei aveva luccicato	Loro avevano luccicato

Futuro

Io luccicherò	Noi luccicheremo
Tu luccicherai	Voi luccicherete
Lui/Lei luccicherà	Loro luccicheranno

Passato Remoto

Io luccicai	Noi luccicammo
Tu luccicasti	Voi luccicaste
Lui/Lei luccicò	Loro luccicarono

Futuro Anteriore

Io avrò luccicato	Noi avremo luccicato
Tu avrai luccicato	Voi avrete luccicato
Lui/Lei avrà luccicato	Loro avranno luccicato

Trapassato Remoto

Io ebbi luccicato	Noi avemmo luccicato
Tu avesti luccicato	Voi aveste luccicato
Lui/Lei ebbe luccicato	Loro ebbero luccicato

CONDIZIONALE

Condizionale Presente

Io luccicherei	Noi luccicheremmo
Tu luccicheresti	Voi luccichereste
Lui/Lei luccicherebbe	Loro luccicherebbero

Condizionale Passato

Io avrei luccicato	Noi avremmo luccicato
Tu avresti luccicato	Voi avreste luccicato
Lui/Lei avrebbe luccicato	Loro avrebbero luccicato

CONGIUNTIVO

Congiuntivo Presente

Io luccichi	Noi luccichiamo
Tu luccichi	Voi luccichiate
Lui/Lei luccichi	Loro luccichino

Congiuntivo Passato

Io abbia luccicato	Noi abbiamo luccicato
Tu abbia luccicato	Voi abbiate luccicato
Lui/Lei abbia luccicato	Loro abbiano luccicato

Congiuntivo Imperfetto

Io luccicassi	Noi luccicassimo
Tu luccicassi	Voi luccicaste
Lui/Lei luccicasse	Loro luccicassero

Congiuntivo Trapassato

Io avessi luccicato	Noi avessimo luccicato
Tu avessi luccicato	Voi aveste luccicato
Lui/Lei avesse luccicato	Loro avessero luccicato

IMPERATIVO

(Tu) luccica!   (Lei) luccichi!   (Noi) luccichiamo!   (Voi) luccicate!   (Loro) luccichino!

Le stelle **luccicavano** nel cielo notturno.
*The stars **twinkled** in the night sky.*

Quando **ha visto** il fidanzato, gli occhi hanno cominciato a luccicare.
When she saw her fiancé, her eyes began to sparkle.

Tutto l'argento in casa luccicherà se lo lucidiamo.
All the silver in the house will glimmer if we polish it.

LUSINGARE   *to flatter, to allure, to entice*

Inf. lusingare   *Part. pres.* lusingante   *Part. pass.* lusingato   *Ger.* lusingando

INDICATIVO

Presente

Io lusingo	Noi lusinghiamo
Tu lusinghi	Voi lusingate
Lui/Lei lusinga	Loro lusingano

Imperfetto

Io lusingavo	Noi lusingavamo
Tu lusingavi	Voi lusingavate
Lui/Lei lusingava	Loro lusingavano

Passato Prossimo

Io ho lusingato	Noi abbiamo lusingato
Tu hai lusingato	Voi avete lusingato
Lui ha lusingato	Loro hanno lusingato

Trapassato Prossimo

Io avevo lusingato	Noi avevamo lusingato
Tu avevi lusingato	Voi avevate lusingato
Lui/Lei aveva lusingato	Loro avevano lusingato

Futuro

Io lusingherò	Noi lusingheremo
Tu lusingherai	Voi lusingherete
Lui/Lei lusingherà	Loro lusingheranno

Passato Remoto

Io lusingai	Noi lusingammo
Tu lusingasti	Voi lusingaste
Lui/Lei lusingò	Loro lusingarono

Futuro Anteriore

Io avrò lusingato	Noi avremo lusingato
Tu avrai lusingato	Voi avrete lusingato
Lui/Lei avrà lusingato	Loro avranno lusingato

Trapassato Remoto

Io ebbi lusingato	Noi avemmo lusingato
Tu avesti lusingato	Voi aveste lusingato
Lui/Lei ebbe lusingato	Loro ebbero lusingato

CONDIZIONALE

Condizionale Presente

Io lusingherei	Noi lusingheremmo
Tu lusingheresti	Voi lusinghereste
Lui/Lei lusingherebbe	Loro lusingherebbero

Condizionale Passato

Io avrei lusingato	Noi avremmo lusingato
Tu avresti lusingato	Voi avreste lusingato
Lui/Lei avrebbe lusingato	Loro avrebbero lusingato

CONGIUNTIVO

Congiuntivo Presente

Io lusinghi	Noi lusinghiamo
Tu lusinghi	Voi lusinghiate
Lui/Lei lusinghi	Loro lusinghino

Congiuntivo Passato

Io abbia lusingato	Noi abbiamo lusingato
Tu abbia lusingato	Voi abbiate lusingato
Lui/Lei abbia lusingato	Loro abbiano lusingato

Congiuntivo Imperfetto

Io lusingassi	Noi lusingassimo
Tu lusingassi	Voi lusingaste
Lui/Lei lusingasse	Loro lusingassero

Congiuntivo Trapassato

Io avessi lusingato	Noi avessimo lusingato
Tu avessi lusingato	Voi aveste lusingato
Lui/Lei avesse lusingato	Loro avessero lusingato

IMPERATIVO

(Tu) lusinga!   (Lei) lusinghi!   (Noi) lusinghiamo!   (Voi) lusingate!   (Loro) lusinghino!

Volevano lusingare il professore per ricevere dei buoni voti.
They wanted to butter up the professor in order to get good grades.

Mi ha lusingato per avere il meglio di me.
He flattered me so as to get the best of me.

Se lo avessero lusingato forse avrebbero avuto di più.
If they had flattered him, they might have gotten more.

MACCHIARE   *to stain*

Inf. macchiare *Part. pres.* macchiante *Part. pass.* macchiato *Ger.* macchiando

INDICATIVO

Presente

Io macchio	Noi macchiamo
Tu macchi	Voi macchiate
Lui/Lei macchia	Loro macchiano

Imperfetto

Io macchiavo	Noi macchiavamo
Tu macchiavi	Voi macchiavate
Lui/Lei macchiava	Loro macchiavano

Passato Prossimo

Io ho macchiato	Noi abbiamo macchiato
Tu hai macchiato	Voi avete macchiato
Lui/Lei ha macchiato	Loro hanno macchiato

Trapassato Prossimo

Io avevo macchiato	Noi avevamo macchiato
Tu avevi macchiato	Voi avevate macchiato
Lui/Lei aveva macchiato	Loro avevano macchiato

Futuro

Io macchierò	Noi macchieremo
Tu macchierai	Voi macchierete
Lui/Lei macchierà	Loro macchieranno

Passato Remoto

Io macchiai	Noi macchiammo
Tu macchiasti	Voi macchiaste
Lui/Lei macchiò	Loro macchiarono

Futuro Anteriore

Io avrò macchiato	Noi avremo macchiato
Tu avrai macchiato	Voi avrete macchiato
Lui/Lei avrà macchiato	Loro avranno macchiato

Trapassato Remoto

Io ebbi macchiato	Noi avemmo macchiato
Tu avesti macchiato	Voi aveste macchiato
Lui/Lei ebbe macchiato	Loro ebbero macchiato

CONDIZIONALE

Condizionale Presente

Io macchierei	Noi macchieremmo
Tu macchieresti	Voi macchiereste
Lui/Lei macchierebbe	Loro macchierebbero

Condizionale Passato

Io avrei macchiato	Noi avremmo macchiato
Tu avresti macchiato	Voi avreste macchiato
Lui/Lei avrebbe macchiato	Loro avrebbero macchiato

CONGIUNTIVO

Congiuntivo Presente

Io macchi	Noi macchiamo
Tu macchi	Voi macchiate
Lui/Lei macchi	Loro macchino

Congiuntivo Passato

Io abbia macchiato	Noi abbiamo macchiato
Tu abbia macchiato	Voi abbiate macchiato
Lui/Lei abbia macchiato	Loro abbiano macchiato

Congiuntivo Imperfetto

Io macchiassi	Noi macchiassimo
Tu macchiassi	Voi macchiaste
Lui/Lei macchiasse	Loro macchiassero

Congiuntivo Trapassato

Io avessi macchiato	Noi avessimo macchiato
Tu avessi macchiato	Voi aveste macchiato
Lui/Lei avesse macchiato	Loro avessero macchiato

IMPERATIVO

(Tu) macchia!   (Lei) macchi!   (Noi) macchiamo!   (Voi) macchiate!   (Loro) macchino!

I bambini hanno macchiato tutti i vestiti.
The children stained all their clothes.

Credevo che avessero macchiato il divano.
I thought that they had stained the sofa.

Ti macchierai il vestito se non stai attenta.
You will stain your dress if you are not careful.

215

MALTRATTARE   *to mistreat*

Inf. maltrattare   *Part. pres.* maltrattante   *Part. pass.* maltrattato   *Ger.* maltrattando

INDICATIVO

Presente

Io maltratto	Noi maltrattiamo
Tu maltratti	Voi maltrattate
Lui/Leu maltratta	Loro maltrattano

Imperfetto

Io maltrattavo	Noi maltrattavamo
Tu maltrattavi	Voi maltrattavate
Lui/Lei maltrattava	Loro maltrattavano

Passato Prossimo

Io ho maltrattato	Noi abbiamo maltrattato
Tu hai maltrattato	Voi avete maltrattato
Lui/Lei ha maltrattato	Loro hanno maltrattato

Trapassato Prossimo

Io avevo maltrattato	Noi avevamo maltrattato
Tu avevi maltrattato	Voi avevate maltrattato
Lui/Lei aveva maltrattato	Loro avevano maltrattato

Futuro

Io maltratterò	Noi maltratteremo
Tu maltratterai	Voi maltratterete
Lui/Lei maltratterà	Loro maltratteranno

Passato Remoto

Io maltrattai	Noi maltrattammo
Tu maltrattasti	Voi) maltrattaste
Lui/Lei maltrattò	Loro maltrattarono

Futuro Anteriore

Io avrò maltrattato	Noi avremo maltrattato
Tu avrai maltrattato	Voi avrete maltrattato
Lui/Lei avrà maltrattato	Loro avranno maltrattato

Trapassato Remoto

Io ebbi maltrattato	Noi avemmo maltrattato
Tu avesti maltrattato	Voi aveste maltrattato
Lui/Lei ebbe maltrattato	Loro ebbero maltrattato

CONDIZIONALE

Condizionale Presente

Io maltratterei	Noi maltratteremmo
Tu maltratteresti	Voi maltrattereste
Lui/Lei maltratterebbe	Loro maltratterebbero

Condizionale Passato

Io avrei maltrattato	Noi avremmo maltrattato
Tu avresti maltrattato	Voi avreste maltrattato
Lui/Lei avrebbe maltrattato	Loro avrebbero maltrattato

CONGIUNTIVO

Congiuntivo Presente

Io maltratti	Noi maltrattiamo
Tu maltratti	Voi maltrattiate
Lui/Lei maltratti	Loro maltrattino

Congiuntivo Passato

Io abbia maltrattato	Noi abbiamo maltrattato
Tu abbia maltrattato	Voi abbiate maltrattato
Lui/Lei abbia maltrattato	Loro abbiano maltrattato

Congiuntivo Imperfetto

Io maltrattassi	Noi maltrattassimo
Tu maltrattassi	Voi maltrattaste
Lui/Lei maltrattasse	Loro maltrattassero

Congiuntivo Trapassato

Io avessi maltrattato	Noi avessimo maltrattato
Tu avessi maltrattato	Voi aveste maltrattato
Lui/Lei avesse maltrattato	Loro avessero maltrattato

IMPERATIVO

(Tu) maltratta!   (Lei) maltratti!   (Noi) maltrattiamo!   (Voi) maltrattate!   (Loro) maltrattino!

I ragazzini maltrattarono gli animali.
The boys mistreated the animals.

Lei l'ha lasciato perché la maltrattava.
She left him because he treated her badly.

Tanti adulti maltrattano i propri genitori.
A lot of adults mistreat their own parents.

Inf. mancare *Part. pres.* mancante *Part. pass.* mancato *Ger.* mancando

INDICATIVO

Presente

Io manco	Noi manchiamo
Tu manchi	Voi mancate
Lui/Lei manca	Loro mancano

Imperfetto

Io mancavo	Noi mancavamo
Tu mancavi	Voi mancavate
Lui/Lei mancava	Loro mancavano

Passato Prossimo

Io sono mancato/a	Noi siamo mancati/e
Tu sei mancato/a	Voi siete mancati/e
Lui/Lei è mancato/a	Loro sono mancati/e

Trapassato Prossimo

Io ero mancato/a	Noi eravamo mancati/e
Tu eri mancato/a	Voi eravate mancati/e
Lui/Lei era mancato/a	Loro erano mancati/e

Futuro

Io mancherò	Noi mancheremo
Tu mancherai	Voi mancherete
Lui/Lei mancherà	Loro mancheranno

Passato Remoto

Io mancai	Noi mancammo
Tu mancasti	Voi mancaste
Lui/Lei mancò	Loro mancarono

Futuro Anteriore

Io sarò mancato/a	Noi saremo mancati/e
Tu sarai mancato/a	Voi sarete mancati/e
Lui/Lei sarà mancato/a	Loro saranno mancati/e

Trapassato Remoto

Io fui mancato/a	Noi fummo mancati/e
Tu fosti mancato/a	Voi foste mancati/e
Lui/Lei fu mancato/a	Loro furono mancati/e

CONDIZIONALE

Condizionale Presente

Io mancherei	Noi mancheremmo
Tu mancheresti	Voi manchereste
Lui/Lei mancherebbe	Loro mancherebbero

Condizionale Passato

Io sarei mancato/a	Noi saremmo mancati/e
Tu saresti mancato/a	Voi sareste mancati/e
Lui/Lei sarebbe mancato/a	Loro sarebbero mancati/e

CONGIUNTIVO

Congiuntivo Presente

Io manchi	Noi manchiamo
Tu manchi	Voi manchiate
Lui/Lei manchi	Loro manchino

Congiuntivo Passato

Io sia mancato/a	Noi siamo mancati/e
Tu sia mancato/a	Voi siate mancati/e
Lui/Lei sia mancato/a	Loro siano mancati/e

Congiuntivo Imperfetto

Io mancassi	Noi mancassimo
Tu mancassi	Voi mancaste
Lui/Lei mancasse	Loro mancassero

Congiuntivo Trapassato

Io fossi mancato/a	Noi fossimo mancati/e
Tu fossi mancato/a	Voi foste mancati/e
Lui/Lei fosse mancato/a	Loro fossero mancati/e

IMPERATIVO

(Tu) manca! (Lei) manchi! (Noi) manchiamo! (Voi) mancate! (Loro) manchino!

Mancava sempre dalla classe.
He was always missing from class.

Mi mancano tre esami alla laurea.
I am three exams short of graduating.

Mi mancherà molto il mio fidanzato quando parte.
I will miss my fiancé a lot when he leaves.

Inf. mandare   *Part. pres.* mandante   *Part. pass.* mandato   *Ger.* mandando

INDICATIVO

Presente

Io mando	Noi mandiamo
Tu mandi	Voi mandate
Lui/Lei manda	Loro mandano

Imperfetto

Io mandavo	Noi mandavamo
Tu mandavi	Voi mandavate
Lui/Lei mandava	Loro mandavano

Passato Prossimo

Io ho mandato	Noi abbiamo mandato
Tu hai mandato	Voi avete mandato
Lui/Lei ha mandato	Loro hanno mandato

Trapassato Prossimo

Io avevo mandato	Noi avevamo mandato
Tu avevi mandato	Voi avevate mandato
Lui/Lei aveva mandato	Loro avevano mandato

Futuro

Io manderò	Noi manderemo
Tu manderai	Voi manderete
Lui/Lei manderà	Loro manderanno

Passato Remoto

Io mandai	Noi mandammo
Tu mandasti	Voi mandaste
Lui/Lei mandò	Loro mandarono

Futuro Anteriore

Io avrò mandato	Noi avremo mandato
Tu avrai mandato	Voi avrete mandato
Lui/Lei avrà mandato	Loro avranno mandato

Trapassato Remoto

Io ebbi mandato	Noi avemmo mandato
Tu avesti mandato	Voi aveste mandato
Lui/Lei ebbe mandato	Loro ebbero mandato

CONDIZIONALE

Condizionale Presente

Io manderei	Noi manderemmo
Tu manderesti	Voi mandereste
Lui/Lei manderebbe	Loro manderebbero

Condizionale Passato

Io avrei mandato	Noi avremmo mandato
Tu avresti mandato	Voi avreste mandato
Lui/Lei avrebbe mandato	Loro avrebbero mandato

CONGIUNTIVO

Congiuntivo Presente

Io mandi	Noi mandiamo
Tu mandi	Voi mandiate
Lui/Lei mandi	Loro mandino

Congiuntivo Passato

Io abbia mandato	Noi abbiamo mandato
Tu abbia mandato	Voi abbiate mandato
Lui/Lei abbia mandato	Loro abbiano mandato

Congiuntivo Imperfetto

Io mandassi	Noi mandassimo
Tu mandassi	Voi mandaste
Lui/Lei mandasse	Loro mandassero

Congiuntivo Trapassato

Io avessi mandato	Noi avessimo mandato
Tu avessi mandato	Voi aveste mandato
Lui/Lei avesse mandato	Loro avessero mandato

IMPERATIVO

(Tu) manda!   (Lei) mandi!   (Noi) mandiamo!   (Voi) mandate!   (Loro) mandino!

Non vi manderò le sedie se non mi pagate prima.
I will not send you all the chairs unless you pay me first.

Le autorità manderebbero quell'uomo in prigione se fosse colpevole.
The authorities could send that man to jail if he is found guilty.

L'hanno mandato in Svizzera a studiare.
They sent him to Switzerland to study.

Inf. mangiare *Part. pres.* mangiante *Part. pass.* mangiato *Ger.* mangiando

INDICATIVO

Presente

Io mangio	Noi mangiamo
Tu mangi	Voi mangiate
Lui/Lei mangia	Loro mangiano

Imperfetto

Io mangiavo	Noi mangiavamo
Tu mangiavi	Voi mangiavate
Lui/Lei mangiava	Loro mangiavano

Passato Prossimo

Io ho mangiato	Noi abbiamo mangiato
Tu hai mangiato	Voi avete mangiato
Lui/Lei ha mangiato	Loro hanno mangiato

Trapassato Prossimo

Io avevo mangiato	Noi avevamo mangiato
Tu avevi mangiato	Voi avevate mangiato
Lui/Lei aveva mangiato	Loro avevano mangiato

Futuro

Io mangerò	Noi mangeremo
Tu mangerai	Voi mangerete
Lui/Lei mangerà	Loro mangeranno

Passato Remoto

Io mangiai	Noi mangiammo
Tu mangiasti	Voi mangiaste
Lui/Lei mangiò	Loro mangiarono

Futuro Anteriore

Io avrò mangiato	Noi avremo mangiato
Tu avrai mangiato	Voi avrete mangiato
Lui/Lei avrà mangiato	Loro avranno mangiato

Trapassato Remoto

Io ebbi mangiato	Noi avemmo mangiato
Tu avesti mangiato	Voi aveste mangiato
Lui/Lei ebbe mangiato	Loro ebbero mangiato

CONDIZIONALE

Condizionale Presente

Io mangerei	Noi mangeremmo
Tu mangeresti	Voi mangereste
Lui/Lei mangerebbe	Loro mangerebbero

Condizionale Passato

Io avrei mangiato	Noi avremmo mangiato
Tu avresti mangiato	Voi avreste mangiato
Lui/Lei avrebbe mangiato	Loro avrebbero mangiato

CONGIUNTIVO

Congiuntivo Presente

Io mangi	Noi mangiamo
Tu mangi	Voi mangiate
Lui/Lei mangi	Loro mangino

Congiuntivo Passato

Io abbia mangiato	Noi abbiamo mangiato
Tu abbia mangiato	Voi abbiate mangiato
Lui/Lei abbia mangiato	Loro abbiano mangiato

Congiuntivo Imperfetto

Io mangiassi	Noi mangiassimo
Tu mangiassi	Voi mangiaste
Lui/Lei mangiasse	Loro mangiassero

Congiuntivo Trapassato

Io avessi mangiato	Noi avessimo mangiato
Tu avessi mangiato	Voi aveste mangiato
Lui/Lei avesse mangiato	Loro avessero mangiato

IMPERATIVO

(Tu) mangia! (Lei) mangi! (Noi) mangiamo! (Voi) mangiate! (Loro) mangino!

Che cosa si mangia a pranzo?
What are we eating for lunch (What's for lunch)?

Sono stati mangiati dalle zanzare.
They were eaten alive by the mosquitos.

Mangia! Ti fa bene!
Eat! It's good for you.

Inf. manifestare *Part. pres.* manifestante *Part. pass.* manifestato *Ger.* manifestando

INDICATIVO

Presente

Io manifesto	Noi manifestiamo
Tu manifesti	Voi manifestate
Lui/Lei manifesta	Loro manifestano

Imperfetto

Io manifestavo	Noi manifestavamo
Tu manifestavi	Voi manifestavate
Lui/Lei manifestava	Loro manifestavano

Passato Prossimo

Io ho manifestato	Noi abbiamo manifestato
Tu hai manifestato	Voi avete manifestato
Lui/Lei ha manifestato	Loro hanno manifestato

Trapassato Prossimo

Io avevo manifestato	Noi avevamo manifestato
Tu avevi manifestato	Voi avevate manifestato
Lui/Lei aveva manifestato	Loro avevano manifestato

Futuro

Io manifesterò	Noi manifesteremo
Tu manifesterai	Voi manifesterete
Lui/Lei manifesterà	Loro manifesteranno

Passato Remoto

Io manifestai	Noi manifestammo
Tu manifestasti	Voi manifestaste
Lui/Lei manifestò	Loro manifestarono

Futuro Anteriore

Io avrò manifestato	Noi avremo manifestato
Tu avrai manifestato	Voi avrete manifestato
Lui/Lei avrà manifestato	Loro avranno manifestato

Trapassato Remoto

Io ebbi manifestato	Noi avemmo manifestato
Tu avesti manifestato	Voi aveste manifestato
Lui/Lei ebbe manifestato	Loro ebbero manifestato

CONDIZIONALE

Condizionale Presente

Io manifesterei	Noi manifesteremmo
Tu manifesteresti	Voi manifestereste
Lui/Lei manifesterebbe	Loro manifesterebbero

Condizionale Passato

Io avrei manifestato	Noi avremmo manifestato
Tu avresti manifestato	Voi avreste manifestato
Lui/Lei avrebbe manifestato	Loro avrebbero manifestato

CONGIUNTIVO

Congiuntivo Presente

Io manifesti	Noi manifestiamo
Tu manifesti	Voi manifestiate
Lui/Lei manifesti	Loro manifestino

Congiuntivo Passato

Io abbia manifestato	Noi abbiamo manifestato
Tu abbia manifestato	Voi abbiate manifestato
Lui/Lei abbia manifestato	Loro abbiano manifestato

Congiuntivo Imperfetto

Io manifestassi	Noi manifestassimo
Tu manifestassi	Voi manifestaste
Lui/Lei manifestasse	Loro manifestassero

Congiuntivo Trapassato

Io avessi manifestato	Noi avessimo manifestato
Tu avessi manifestato	Voi aveste manifestato
Lui/Lei avesse manifestato	Loro avessero manifestato

IMPERATIVO

(Tu) manifesta! (Lei) manifesti! (Noi) manifestiamo! (Voi) manifestate! (Loro) manifestino!

Molti cittadini manifestarono contro il governo nel '68.
Many citizens demonstrated against the government in '68.

Manifesterebbe il suo disdegno se sentisse parolacce.
He would show his contempt if he hears swear words.

Immagino che manifesterà il suo disgusto per quello che porto.
I imagine that he will show disgust for what I am wearing.

MANTENERE *to maintain, to stand by, to keep*

Inf. mantenere *Part. pres.* mantenente *Part. pass.* mantenuto *Ger.* mantenendo

INDICATIVO

Presente

Io mantengo	Noi manteniamo
Tu mantieni	Voi mantenete
Lui/Lei mantiene	Loro mantengono

Imperfetto

Io mantenevo	Noi mantenevamo
Tu mantenevi	Voi mantenevate
Lui/Lei manteneva	Loro mantenevano

Passato Prossimo

Io ho mantenuto	Noi abbiamo mantenuto
Tu hai mantenuto	Voi avete mantenuto
Lui/Lei ha mantenuto	Loro hanno mantenuto

Trapassato Prossimo

Io avevo mantenuto	Noi avevamo mantenuto
Tu avevi mantenuto	Voi avevate mantenuto
Lui/Lei aveva mantenuto	Loro avevano mantenuto

Futuro

Io manterrò	Noi manterremo
Tu manterrai	Voi manterrete
Lui/Lei manterrà	Loro manterranno

Passato Remoto

Io mantenni	Noi mantenemmo
Tu mantenesti	Voi manteneste
Lui/Lei mantenne	Loro mantennero

Futuro Anteriore

Io avrò mantenuto	Noi avremo mantenuto
Tu avrai mantenuto	Voi avrete mantenuto
Lui/Lei avrà mantenuto	Loro avranno mantenuto

Trapassato Remoto

Io ebbi mantenuto	Noi avemmo mantenuto
Tu avesti mantenuto	Voi aveste mantenuto
Lui/Lei ebbe mantenuto	Loro ebbero mantenuto

CONDIZIONALE

Condizionale Presente

Io manterrei	Noi manterremmo
Tu manterresti	Voi manterreste
Lui/Lei manterrebbe	Loro manterrebbero

Condizionale Passato

Io avrei mantenuto	Noi avremmo mantenuto
Tu avresti mantenuto	Voi avreste mantenuto
Lui/Lei avrebbe mantenuto	Loro avrebbero mantenuto

CONGIUNTIVO

Congiuntivo Presente

Io mantenga	Noi manteniamo
Tu mantenga	Voi manteniate
Lui/Lei mantenga	Loro mantengano

Congiuntivo Passato

Io avrei mantenuto	Noi avremmo mantenuto
Tu avresti mantenuto	Voi avreste mantenuto
Lui/Lei avrebbe mantenuto	Loro avrebbero mantenuto

Congiuntivo Imperfetto

Io mantenessi	Noi mantenessimo
Tu mantenessi	Voi manteneste
Lui/Lei mantenesse	Loro mantenessero

Congiuntivo Trapassato

Io avessi mantenuto	Noi avessimo mantenuto
Tu avessi mantenuto	Voi aveste mantenuto
Lui/Lei avesse mantenuto	Loro avessero mantenuto

IMPERATIVO

(Tu) mantieni! (Lei) mantenga! (Noi) manteniamo! (Voi) mantenete! (Loro) mantengano!

Manteneva la calma anche dopo l'incidente.
He kept his calm even after the accident.

Lei si mantenne giovane anche a un'età avanzata.
She kept herself young even at an advanced age.

Mantengo tutte le mie promesse.
I stand by all my promises.

Inf. mascherare   *Part. pres.* mascherante   *Part. pass.* mascherato   *Ger.* mascherando

INDICATIVO

Presente

Io maschero	Noi mascheriamo
Tu mascheri	Voi mascherate
Lui/Lei maschera	Loro mascherano

Imperfetto

Io mascheravo	Noi mascheravamo
Tu mascheravi	Voi mascheravate
Lui/Lei mascherava	Loro mascheravano

Passato Prossimo

Io ho mascherato	Noi abbiamo mascherato
Tu hai mascherato	Voi avete mascherato
Lui/Lei ha mascherato	Loro hanno mascherato

Trapassato Prossimo

Io avevo mascherato	Noi avevamo mascherato
Tu avevi mascherato	Voi avevate mascherato
Lui/Lei aveva mascherato	Loro avevano mascherato

Futuro

Io maschererò	Noi maschereremo
Tu maschererai	Voi maschererete
Lui/Lei maschererà	Loro maschereranno

Passato Remoto

Io mascherai	Noi mascherammo
Tu mascherasti	Voi mascheraste
Lui/Lei mascherò	Loro mascherarono

Futuro Anteriore

Io avrò mascherato	Noi avremo mascherato
Tu avrai mascherato	Voi avrete mascherato
Lui/Lei avrà mascherato	Loro avranno mascherato

Trapassato Remoto

Io ebbi mascherato	Noi avemmo mascherato
Tu avesti mascherato	Voi aveste mascherato
Lui/Lei ebbe mascherato	Loro ebbero mascherato

CONDIZIONALE

Condizionale Presente

Io maschererei	Noi maschereremmo
Tu maschereresti	Voi mascherereste
Lui/Lei maschererebbe	Loro maschererebbero

Condizionale Passato

Io avrei mascherato	Noi avremmo mascherato
Tu avresti mascherato	Voi avreste mascherato
Lui/Lei avrebbe mascherato	Loro avrebbero mascherato

CONGIUNTIVO

Congiuntivo Presente

Io mascheri	Noi mascheriamo
Tu mascheri	Voi mascheriate
Lui/Lei mascheri	Loro mascherino

Congiuntivo Passato

Io abbia mascherato	Noi abbiamo mascherato
Tu abbia mascherato	Voi abbiate mascherato
Lui/Lei abbia mascherato	Loro abbiano mascherato

Congiuntivo Imperfetto

Io mascherassi	Noi mascherassimo
Tu mascherassi	Voi mascheraste
Lui/Lei mascherasse	Loro mascherassero

Congiuntivo Trapassato

Io avessi mascherato	Noi avessimo mascherato
Tu avessi mascherato	Voi aveste mascherato
Lui/Lei avesse mascherato	Loro avessero mascherato

IMPERATIVO

(Tu) maschera!   (Lei) mascheri!   (Noi) mascheriamo!   (Voi) mascherate!   (Loro) mascherino!

Per carnevale a Venezia tanti mascherano i loro visi.
For Carnival in Venice many people mask their faces.

Se non avessero mascherato gli effetti della medicina non si troverebbero in questa situazione.
If they hadn't concealed the effects of the medicine, they wouldn't find themselves in this position.

Hanno mascherato i bambini come tanti uccellini.
They masked the children as many little birds.

Inf. mentire   *Part. pres.* mentente   *Part. pass.* mentito   *Ger.* mentendo

INDICATIVO

Presente

Io mento	Noi mentiamo
Tu menti	Voi mentite
Lui/Lei mente	Loro mentono

Imperfetto

Io mentivo	Noi mentivamo
Tu mentivi	Voi mentivate
Lui/Lei mentiva	Loro mentivano

Passato Prossimo

Io ho mentito	Noi abbiamo mentito
Tu hai mentito	Voi avete mentito
Lui/Lei ha mentito	Loro hanno mentito

Trapassato Prossimo

Io avevo mentito	Noi avevamo mentito
Tu avevi mentito	Voi avevate mentito
Lui/Lei aveva mentito	Loro avevano mentito

Futuro

Io mentirò	Noi mentiremo
Tu mentirai	Voi mentirete
Lui/Lei mentirà	Loro mentiranno

Passato Remoto

Io mentii	Noi mentimmo
Tu mentisti	Voi mentiste
Lui/Lei mentì	Loro mentirono

Futuro Anteriore

Io avrò mentito	Noi avremo mentito
Tu avrai mentito	Voi avrete mentito
Lui/Lei avrà mentito	Loro avranno mentito

Trapassato Remoto

Io ebbi mentito	Noi avemmo mentito
Tu avesti mentito	Voi aveste mentito
Lui/Lei ebbe mentito	Loro ebbero mentito

CONDIZIONALE

Condizionale Presente

Io mentirei	Noi mentiremmo
Tu mentiresti	Voi mentireste
Lui/Lei mentirebbe	Loro mentirebbero

Condizionale Passato

Io avrei mentito	Noi avremmo mentito
Tu avresti mentito	Voi avreste mentito
Lui/Lei avrebbe mentito	Loro avrebbero mentito

CONGIUNTIVO

Congiuntivo Presente

Io menta	Noi mentiamo
Tu menta	Voi mentiate
Lui/Lei menta	Loro mentano

Congiuntivo Passato

Io abbia mentito	Noi abbiamo mentito
Tu abbia mentito	Voi abbiate mentito
Lui/Lei abbia mentito	Loro abbiano mentito

Congiuntivo Imperfetto

Io mentissi	Noi mentissimo
Tu mentissi	Voi mentiste
Lui/Lei mentisse	Loro mentissero

Congiuntivo Trapassato

Io avessi mentito	Noi avessimo mentito
Tu avessi mentito	Voi aveste mentito
Lui/Lei avesse mentito	Loro avessero mentito

IMPERATIVO

(Tu) menti!   (Lei) menta!   (Noi) mentiamo!   (Voi) mentite!   (Loro) mentano!

Da giovane aveva sempre mentito.
As a young man he had always lied.

Lei non sa mentire. È troppo sincera.
She is a bad liar. She is too honest.

Non mentirò per nessuno, anche se perdo un amico.
I will not lie for anyone, even if I lose a friend.

Inf. meritare *Part. pres.* meritante *Part. pass.* meritato *Ger.* meritando

INDICATIVO

Presente

Io merito	Noi meritiamo
Tu meriti	Voi meritate
Lui/Lei merita	Loro meritano

Imperfetto

Io meritavo	Noi meritavamo
Tu meritavi	Voi meritavate
Lui/Lei meritava	Loro meritavano

Passato Prossimo

Io ho meritato	Noi abbiamo meritato
Tu hai meritato	Voi avete meritato
Lui/Lei ha meritato	Loro hanno meritato

Trapassato Prossimo

Io avevo meritato	Noi avevamo meritato
Tu avevi meritato	Voi avevate meritato
Lui/Lei aveva meritato	Loro avevano meritato

Futuro

Io meriterò	Noi meriteremo
Tu meriterai	Voi meriterete
Lui/Lei meriterà	Loro meriteranno

Passato Remoto

Io meritai	Noi meritammo
Tu meritasti	Voi meritaste
Lui/Lei meritò	Loro meritarono

Futuro Anteriore

Io avrò meritato	Noi avremo meritato
Tu avrai meritato	Voi avrete meritato
Lui/Lei avrà meritato	Loro avranno meritato

Trapassato Remoto

Io ebbi meritato	Noi avemmo meritato
Tu avesti meritato	Voi aveste meritato
Lui/Lei ebbe meritato	Loro ebbero meritato

CONDIZIONALE

Condizionale Presente

Io meriterei	Noi meriteremmo
Tu meriteresti	Voi meritereste
Lui/Lei meriterebbe	Loro meriterebbero

Condizionale Passato

Io avrei meritato	Noi avremmo meritato
Tu avresti meritato	Voi avreste meritato
Lui/Lei avrebbe meritato	Loro avrebbero meritato

CONGIUNTIVO

Congiuntivo Presente

Io meriti	Noi meritiamo
Tu meriti	Voi meritiate
Lui/Lei meriti	Loro meritino

Congiuntivo Passato

Io abbia meritato	Noi abbiamo meritato
Tu abbia meritato	Voi abbiate meritato
Lui/Lei abbia meritato	Loro abbiano meritato

Congiuntivo Imperfetto

Io meritassi	Noi meritassimo
Tu meritassi	Voi meritaste
Lui/Lei meritasse	Loro meritassero

Congiuntivo Trapassato

Io avessi meritato	Noi avessimo meritato
Tu avessi meritato	Voi aveste meritato
Lui/Lei avesse meritato	Loro avessero meritato

IMPERATIVO

(Tu) merita! (Lei) meriti! (Noi) meritiamo! (Voi) meritate! (Loro) meritino!

Io non meritavo il premio ricevuto dal comune.
I didn't merit the award I received from the town.

Sono questioni che non meritano la nostra attenzione.
These are issues that are unworthy of our attention.

Pensavano che non meritasse l'aumento di stipendio.
They thought he didn't merit a raise in salary.

METTERE   *to place, to set (an object)*

Inf. mettere   *Part. pres.* mettente   *Part. pass.* messo   *Ger.* mettendo

INDICATIVO

Presente

Io metto	Noi mettiamo
Tu metti	Voi mettete
Lui/Lei mette	Loro mettono

Imperfetto

Io mettevo	Noi mettevamo
Tu mettevi	Voi mettevate
Lui/Lei metteva	Loro mettevano

Passato Prossimo

Io ho messo	Noi abbiamo messo
Tu hai messo	Voi avete messo
Lui/Lei ha messo	Loro hanno messo

Trapassato Prossimo

Io avevo messo	Noi avevamo messo
Tu avevi messo	Voi avevamo messo
Lui/Lei aveva messo	Loro avevano messo

Futuro

Io metterò	Noi metteremo
Tu metterai	Voi metterete
Lui/Lei metterà	Loro metteranno

Passato Remoto

Io misi	Noi mettemmo
Tu mettesti	Voi metteste
Lui/Lei mise	Loro misero

Futuro Anteriore

Io avrò messo	Noi avremo messo
Tu avrai messo	Voi avrete messo
Lui/Lei avrà messo	Loro avranno messo

Trapassato Remoto

Io ebbi messo	Noi avemmo messo
Tu avesti messo	Voi aveste messo
Lui/Lei ebbe messo	Loro ebbero messo

CONDIZIONALE

Condizionale Presente

Io metterei	Noi metteremmo
Tu metteresti	Voi mettereste
Lui/Lei metterebbe	Loro metterebbero

Condizionale Passato

Io avrei messo	Noi avremmo messo
Tu avresti messo	Voi avreste messo
Lui/Lei avrebbe messo	Loro avrebbero messo

CONGIUNTIVO

Congiuntivo Presente

Io metta	Noi mettiamo
Tu metta	Voi mettiate
Lui/Lei metta	Loro mettano

Congiuntivo Passato

Io abbia messo	Noi abbiamo messo
Tu abbia messo	Voi abbiate messo
Lui/Lei abbia messo	Loro abbiano messo

Congiuntivo Imperfetto

Io mettessi	Noi mettessimo
Tu mettessi	Voi metteste
Lui/Lei mettesse	Loro mettessero

Congiuntivo Trapassato

Io avessi messo	Noi avessimo messo
Tu avessi messo	Voi aveste messo
Lui/Lei avesse messo	Loro avessero messo

IMPERATIVO

(Tu) metti!   (Lei) metta!   (Noi) mettiamo!   (Voi) mettete!   (Loro) mettano!

Hanno messo le posate a tavola.
They put the utensils on the table.

Gianni, metti un annuncio sul giornale domani!
Gianni, put an announcement in the paper tomorrow!

Avevano messo l'impiegato alla prova, ma non era all'altezza del lavoro.
They had put the employee to the test, but he didn't meet the standards of the job.

Inf. mordere *Part. pres.* mordente *Part. pass.* morso *Ger.* mordendo

INDICATIVO

Presente

Io mordo	Noi mordiamo
Tu mordi	Voi mordete
Lui/Lei morde	Loro mordono

Imperfetto

Io mordevo	Noi mordevamo
Tu mordevi	Voi mordevate
Lui/Lei mordeva	Loro mordevano

Passato Prossimo

Io ho morso	Noi abbiamo morso
Tu hai morso	Voi avete morso
Lui/Lei ha morso	Loro hanno morso

Trapassato Prossimo

Io avevo morso	Noi avevamo morso
Tu avevi morso	Voi avevate morso
Lui/Lei aveva morso	Loro avevano morso

Futuro

Io morderò	Noi morderemo
Tu moderai	Voi morderete
Lui/Lei morderà	Loro morderanno

Passato Remoto

Io morsi	Noi mordemmo
Tu modesti	Voi mordeste
Lui/Lei morse	Loro morsero

Futuro Anteriore

Io avrò morso	Noi avremo morso
Tu avrai morso	Voi avrete morso
Lui/Lei avrà morso	Loro avranno morso

Trapassato Remoto

Io ebbi morso	Noi avemmo morso
Tu avesti morso	Voi aveste morso
Lui/Lei ebbe morso	Loro ebbero morso

CONDIZIONALE

Condizionale Presente

Io morderei	Noi morderemmo
Tu morderesti	Voi mordereste
Lui/Lei morderebbe	Loro morderebbero

Condizionale Passato

Io avrei morso	Noi avremmo morso
Tu avresti morso	Voi avreste morso
Lui/Lei avrebbe morso	Loro avrebbero morso

CONGIUNTIVO

Congiuntivo Presente

Io morda	Noi mordiamo
Tu morda	Voi mordiate
Lui/Lei morda	Loro mordano

Congiuntivo Passato

Io abbia morso	Noi abbiamo morso
Tu abbia morso	Voi abbiate morso
Lui/Lei abbia morso	Loro abbiano morso

Congiuntivo Imperfetto

Io mordessi	Noi mordessimo
Tu mordessi	Voi mordeste
Lui/Lei mordesse	Loro mordessero

Congiuntivo Trapassato

Io avessi morso	Noi avessimo morso
Tu avessi morso	Voi aveste morso
Lui/Lei avesse morso	Loro avessero morso

IMPERATIVO

(Tu) mordi! (Lei) morda! (Noi) mordiamo! (Voi) mordete! (Loro) mordano!

Ieri il freddo mordeva.
Yesterday it was biting cold.

Quando morse il pane, un suo dente si spaccò.
When he bit the bread, one of his teeth cracked.

I bambini mordono i loro compagni molto spesso.
Children very often bite their companions.

MORIRE   *to die*

Inf. morire   *Part. pres.* morente   *Part. pass.* morto   *Ger.* morendo

INDICATIVO

Presente

Io muoio	Noi moriamo
Tu muori	Voi morite
Lui/Lei muore	Loro muoiono

Imperfetto

Io morivo	Noi morivamo
Tu morivi	Voi morivate
Lui/Lei moriva	Loro morivano

Passato Prossimo

Io sono morto/a	Noi siamo morti/e
Tu sei morto/a	Voi siete morti/e
Lui/Lei è morto/a	Loro sono morti/e

Trapassato Prossimo

Io ero morto/a	Noi eravamo morti/e
Tu eri morto/a	Voi eravate morti/e
Lui/Lei era morto/a	Loro erano morti/e

Futuro

Io morirò	Noi moriremo
Tu morirai	Voi morirete
Lui/Lei morirà	Loro moriranno

Passato Remoto

Io morii	Noi morimmo
Tu moriresti	Voi moriste
Lui/Lei morì	Loro morirono

Futuro Anteriore

Io sarò morto/a	Noi saremo morti/e
Tu sarai morto/a	Voi sarete morti/e
Lui/Lei sarà morto/a	Loro saranno morti/e

Trapassato Remoto

Io fui morto/a	Noi fummo morti/e
Tu fosti morto/a	Voi foste morti/e
Lui/Lei fu morto/a	Loro furono morti/e

CONDIZIONALE

Condizionale Presente

Io morirei	Noi moriremmo
Tu moriresti	Voi morireste
Lui/Lei morirebbe	Loro morirebbero

Condizionale Passato

Io sarei morto/a	Noi saremmo morti/e
Tu saresti morto/a	Voi sareste morti/e
Lui/Lei sarebbe morto/a	Loro sarebbero morti/e

CONGIUNTIVO

Congiuntivo Presente

Io muoia	Noi moriamo
Tu muoia	Voi moriate
Lui/Lei muoia	Loro muoiano

Congiuntivo Passato

Io sia morto/a	Noi siamo morti/e
Tu sia morto/a	Voi siate morti/e
Lui/Lei sia morto/a	Loro siano morti/e

Congiuntivo Imperfetto

Io morissi	Noi morissimo
Tu morissi	Voi moriste
Lui/Lei morisse	Loro morissero

Congiuntivo Trapassato

Io fossi morto/a	Noi fossimo morti/e
Tu fosti morto/a	Voi foste morti/e
Lui/Lei fosse morto/a	Loro fossero morti/e

IMPERATIVO

(Tu) muori!   (Lei) muoia!   (Noi) moriamo!   (Voi) morite!   (Loro) muoiano!

Morì da eroe durante la guerra.
He died a hero during the war.

Credevo che il loro nonno fosse morto la settimana scorsa.
I thought that their grandfather had died last week.

Sto morendo di freddo!
I'm freezing cold.

Inf. mostrare *Part. pres.* mostrante *Part. pass.* mostrato *Ger.* mostrando

INDICATIVO

Presente

Io mostro	Noi mostriamo
Tu mostri	Voi mostrate
Lui/Lei mostra	Loro mostrano

Imperfetto

Io mostravo	Noi mostravamo
Tu mostravi	Voi mostravate
Lui/Lei mostrava	Lor mostravano

Passato Prossimo

Io ho mostrato	Noi abbiamo mostrato
Tu hai mostrato	Voi avete mostrato
Lui/Lei ha mostrato	Loro hanno mostrato

Trapassato Prossimo

Io avevo mostrato	Noi avevamo mostrato
Tu avevi mostrato	Voi avevate mostrato
Lui/Lei aveva mostrato	Loro avevano mostrato

Futuro

Io mostrerò	Noi mostreremo
Tu mostrerai	Voi mostrerete
Lui/Lei mostrerà	Loro mostreranno

Passato Remoto

Io mostrai	Noi mostrammo
Tu mostrasti	Voi mostraste
Lui/Lei mostrò	Loro mostrarono

Futuro Anteriore

Io avrò mostrato	Noi avremo mostrato
Tu avrai mostrato	Tu avrete mostrato
Lui/Lei avrà mostrato	Loro avranno mostrato

Trapassato Remoto

Io ebbi mostrato	Noi avemmo mostrato
Tu avesti mostrato	Voi aveste mostrato
Lui/Lei ebbe mostrato	Loro ebbero mostrato

CONDIZIONALE

Condizionale Presente

Io mostrerei	Noi mostreremmo
Tu mostreresti	Voi mostrereste
Lui/Lei mostrerebbe	Loro mostrerebbero

Condizionale Passato

Io avrei mostrato	Noi avremmo mostrato
Tu avresti mostrato	Voi avreste mostrato
Lui/Lei avrebbe mostrato	Loro avrebbero mostrato

CONGIUNTIVO

Congiuntivo Presente

Io mostri	Noi mostriamo
Tu mostri	Voi mostriate
Lui/Lei mostri	Loro mostrino

Congiuntivo Passato

Io abbia mostrato	Noi abbiamo mostrato
Tu abbia mostrato	Voi abbiate mostrato
Lui/Lei abbia mostrato	Loro abbiano mostrato

Congiuntivo Imperfetto

Io mostrassi	Noi mostrassimo
Tu mostrassi	Voi mostraste
Lui/Lei mostrasse	Loro mostrassero

Congiuntivo Trapassato

Io avessi mostrato	Noi avessimo mostrato
Tu avessi mostrato	Voi aveste mostrato
Lui/Lei avesse mostrato	Loro avessero mostrato

IMPERATIVO

(Tu) mostra!   (Lei) mostri!   (Noi) mostriamo!   (Voi) mostrate!   (Loro) mostrino!

Mi ha mostrato il funzionamento del computer.
She showed me how the computer worked.

Non mostrava nessun'emozione quando l'hanno condannato all'ergastolo.
He showed no emotion when they sentenced him to life in prison.

I bambini avevano mostrato la lingua alla maestra.
The children had stuck their tongue out at the teacher.

MUTARE   *to change, to shed*

Inf. mutare   *Part. pres.* mutante   *Part. pass.* mutato   *Ger.* mutando

INDICATIVO

Presente

Io muto	Noi mutiamo
Tu muti	Voi mutate
Lui/Lei muta	Loro mutano

Imperfetto

Io mutavo	Noi mutavamo
Tu mutavi	Voi mutavate
Lui/Lei mutava	Loro mutavano

Passato Prossimo

Io ho mutato	Noi abbiamo mutato
Tu hai mutato	Voi avete mutato
Lui/Lei ha mutato	Loro hanno mutato

Trapassato Prossimo

Io avevo mutato	Noi avevamo mutato
Tu avevi mutato	Voi avevate mutato
Lui/Lei aveva mutato	Loro avevano mutato

Futuro

Io muterò	Noi muteremo
Tu muterai	Voi muterete
Lui/Lei muterà	Loro muteranno

Passato Remoto

Io mutai	Noi mutammo
Tu mutasti	Voi mutaste
Lui/Lei mutò	Loro mutarono

Futuro Anteriore

Io avrò mutato	Noi avremo mutato
Tu avrai mutato	Voi avrete mutato
Lui/Lei avrà mutato	Loro avranno mutato

Trapassato Remoto

Io ebbi mutato	Noi avemmo mutato
Tu avesti mutato	Voi aveste mutato
Lui/Lei ebbe mutato	Loro ebbero mutato

CONDIZIONALE

Condizionale Presente

Io muterei	Noi muteremmo
Tu muteresti	Voi mutereste
Lui/Lei muterebbe	Loro muterebbero

Condizionale Passato

Io avrei mutato	Noi avremmo mutato
Tu avresti mutato	Voi avreste mutato
Lui/Lei avrebbe mutato	Loro avrebbero mutato

CONGIUNTIVO

Congiuntivo Presente

Io muti	Noi mutiamo
Tu muti	Voi mutiate
Lui/Lei muti	Loro mutino

Congiuntivo Passato

Io abbia mutato	Noi abbiamo mutato
Tu abbia mutato	Voi abbiate mutato
Lui/Lei abbia mutato	Loro abbiano mutato

Congiuntivo Imperfetto

Io mutassi	Noi mutassimo
Tu mutassi	Voi mutaste
Lui/Lei mutasse	Loro mutassero

Congiuntivo Trapassato

Io avessi mutato	Noi avessimo mutato
Tu avessi mutato	Voi aveste mutato
Lui/Lei avesse mutato	Loro avessero mutato

IMPERATIVO

(Tu) muta!   (Lei) muti!   (Noi) mutiamo!   (Voi) mutate!   (Loro) mutino!

I serpenti **mutano** la pelle da quattro a otto volte l'anno.
*Snakes **shed their skin** from four to eight times a year.*

Tutti gli **uccelli allo zoo** avevano mutato le penne per l'autunno.
*All the **birds in the zoo** had molted by fall.*

Mi **rincresce che non** possiate mutare il disegno del salotto.
*I'm sorry **that you all** cannot change the design of the living room.*

Inf. narrare *Part. pres.* narrante *Part. pass.* narrato *Ger.* narrando

INDICATIVO

Presente

Io narro	Noi narriamo
Tu narri	Voi narrate
Lui/Lei narra	Loro narrano

Imperfetto

Io narravo	Noi narravamo
Tu narravi	Voi narravate
Lui/Lei narrava	Loro narravano

Passato Prossimo

Io ho narrato	Noi abbiamo narrato
Tu hai narrato	Voi avete narrato
Lui/Lei ha narrato	Loro hanno narrato

Trapassato Prossimo

Io avevo narrato	Noi avevamo narrato
Tu avevi narrato	Voi avevate narrato
Lui/Lei aveva narrato	Loro avevano narrato

Futuro

Io narrerò	Noi narreremo
Tu narrerai	Voi narrerete
Lui/Lei narrerà	Loro narreranno

Passato Remoto

Io narrai	Noi narrammo
Tu narrasti	Voi narraste
Lui/Lei narrò	Loro narrarono

Futuro Anteriore

Io avrò narrato	Noi avremo narrato
Tu avrai narrato	Voi avrete narrato
Lui/Le avrà narrato	Loro avranno narrato

Trapassato Remoto

Io ebbi narrato	Noi avemmo narrato
Tu avesti narrato	Voi aveste narrato
Lui/Lei ebbe narrato	Loro ebbero narrato

CONDIZIONALE

Condizionale Presente

Io narrerei	Noi narreremmo
Tu narreresti	Voi narrereste
Lui/Lei narrerebbe	Loro narrerebbero

Condizionale Passato

Io avrei narrato	Noi avremmo narrato
Tu avresti narrato	Voi avreste narrato
Lui/Lei avrebbe narrato	Loro avrebbero narrato

CONGIUNTIVO

Congiuntivo Presente

Io narri	Noi narriamo
Tu narri	Voi narriate
Lui/Lei narri	Loro narrino

Congiuntivo Passato

Io abbia narrato	Noi abbiamo narrato
Tu abbia narrato	Voi abbiate narrato
Lui/Lei abbia narrato	Loro abbiano narrato

Congiuntivo Imperfetto

Io narrassi	Noi narrassimo
Tu narrassi	Voi narraste
Lui/Lei narrasse	Loro narrassero

Congiuntivo Trapassato

Io avessi narrato	Noi avessimo narrato
Tu avessi narrato	Voi aveste narrato
Lui/Lei avesse narrato	Loro avessero narrato

IMPERATIVO

(Tu) narra! (Lei) narri! (Noi) narriamo! (Voi) narrate! (Loro) narrino!

Vorrei che narrassi una favola ai bambini dell'asilo.
I would like you to tell the kindergarteners a fairy tale.

Dopo che avrò narrato i fatti, ti farò avere il resoconto.
After I have recounted the facts, I will give you the written account.

Sarebbe opportuno narrare tutto alla polizia.
It would be appropriate to tell everything to the police.

NASCERE   *to be born*

Inf. nascere   *Part. pres.* nascente   *Part. pass.* nato   *Ger.* nascendo

INDICATIVO

Presente

Io nasco	Noi nasciamo
Tu nasci	Voi nascete
Lui/Lei nasce	Loro nascono

Imperfetto

Io nascevo	Noi nascevamo
Tu nascevi	Voi nascevate
Lui/Lei nasceva	Loro nascevano

Passato Prossimo

Io sono nato/a	Noi siamo nati/e
Tu sei nato/a	Voi siete nati/e
Lui/Lei è nato/a	Loro sono nati/e

Trapassato Prossimo

Io ero nato/a	Noi eravamo nati/e
Tu eri nato/a	Voi eravate nati/e
Lui/Lei era nato/a	Loro erano nati/e

Futuro

Io nascerò	Noi nasceremo
Tu nascerai	Voi nascerete
Lui/Lei nascerà	Loro nasceranno

Passato Remoto

Io nacqui	Noi nascemmo
Tu nascesti	Voi nasceste
Lui/Lei nacque	Loro nacquero

Futuro Anteriore

Io sarò nato/a	Noi saremo nati/e
Tu sarai nato/a	Voi sarete nati/e
Lui/Lei sarà nato/a	Loro saranno nati/e

Trapassato Remoto

Io fui nato/a	Noi fummo nati/e
Tu fosti nato/a	Voi foste nati/e
Lui/Lei fu nato/a	Loro furono nati/e

CONDIZIONALE

Condizionale Presente

Io nascerei	Noi nasceremmo
Tu nasceresti	Voi nascereste
Lui/Lei nascerebbe	Loro nascerebbero

Condizionale Passato

Io sarei nato/a	Noi saremmo nati/e
Tu saresti nato/a	Voi sareste nati/e
Lui/Lei sarebbe nato/a	Loro sarebbero nati/e

CONGIUNTIVO

Congiuntivo Presente

Io nasca	Noi nasciamo
Tu nasca	Voi nasciate
Lui/Lei nasca	Loro nascano

Congiuntivo Passato

Io sia nato/a	Noi siamo nati/e
Tu sia nato/a	Voi siate nati/e
Lui/Lei sia nato/a	Loro siano nati/e

Congiuntivo Imperfetto

Io nascessi	Noi nascessimo
Tu nascessi	Voi nasceste
Lui/Lei nascesse	Loro nascessero

Congiuntivo Trapassato

Io fossi nato/a	Noi fossimo nati/e
Tu fossi nato/a	Voi foste nati/e
Lui/Lei fosse nato/a	Loro fossero nati/e

IMPERATIVO

(Tu) nasci   (Lei) nasca!   (Noi) nasciamo!   (Voi) nascete!   (Loro) nascano!

Dante nacque nel 1265 a Firenze.
Dante was born in 1265 in Florence.

Quando nascerà il bambino?
When will the baby be born?

Non sono nata ieri!
I wasn't born yesterday.

NASCONDERE *to hide, to conceal*

Inf. nascondere *Part. pres.* nascondente *Part. pass.* nascosto *Ger.* nascondendo

INDICATIVO

Presente

Io nascondo	Noi nascondiamo
Tu nascondi	Voi nascondete
Lui/Lei nasconde	Loro nascondono

Imperfetto

Io nascondevo	Noi nascondevamo
Tu nascondevi	Voi nascondevate
Lui/Lei nascondeva	Loro nascondevano

Passato Prossimo

Io ho nascosto	Noi abbiamo nascosto
Tu hai nascosto	Voi avete nascosto
Lui/Lei ha nascosto	Loro hanno nascosto

Trapassato Prossimo

Io avevo nascosto	Noi avevamo nascosto
Tu avevi nascosto	Voi avevate nascosto
Lui/Lei aveva nascosto	Loro avevano nascosto

Futuro

Io nasconderò	Noi nasconderemo
Tu nasconderai	Voi nasconderete
Lui/Lei nasconderà	Loro nasconderanno

Passato Remoto

Io nascosi	Noi nascondemmo
Tu nascondesti	Voi nascondeste
Lui/Lei nascose	Loro nascosero

Futuro Anteriore

Io avrò nascosto	Noi avremo nascosto
Tu avrai nascosto	Voi avrete nascosto
Lui/Lei avrà nascosto	Loro avranno nascosto

Trapassato Remoto

Io ebbi nascosto	Noi avemmo nascosto
Tu avesti nascosto	Voi aveste nascosto
Lui/Lei ebbe nascosto	Loro ebbero nascosto

CONDIZIONALE

Condizionale Presente

Io nasconderei	Noi nasconderemmo
Tu nasconderesti	Voi nascondereste
Lui/Lei nasconderebbe	Loro nasconderebbero

Condizionale Passato

Io avrei nascosto	Noi avremmo nascosto
Tu avresti nascosto	Voi avreste nascosto
Lui/Lei avrebbe nascosto	Loro avrebbero nascosto

CONGIUNTIVO

Congiuntivo Presente

Io nasconda	Noi nascondiamo
Tu nasconda	Voi nascondiate
Lui/Lei nasconda	Loro nascondano

Congiuntivo Passato

Io abbia nascosto	Noi abbiamo nascosto
Tu abbia nascosto	Voi abbiate nascosto
Lui/Lei abbia nascosto	Loro abbiano nascosto

Congiuntivo Imperfetto

Io nascondessi	Noi nascondessimo
Tu nascondessi	Voi nascondeste
Lui/Lei nascondesse	Loro nascondessero

Congiuntivo Trapassato

Io avessi nascosto	Noi avessimo nascosto
Tu avessi nascosto	Voi aveste nascosto
Lui/Lei avesse nascosto	Loro avessero nascosto

IMPERATIVO

(Tu) nascondi! (Lei) nasconda! (Noi) nascondiamo! (Voi) nascondete! (Loro) nascondano!

Ha nascosto il viso tra le mani.
She hid her face between her hands.

Se nascondeste qualcosa a me non mi fiderei più di voi.
If you all hid something from me, I would no longer trust you.

Mia madre nascondeva tutti i suoi gioielli in una vecchia scarpa.
My mother hid all her jewelry in an old shoe.

NAUFRAGARE   *to sink, to be shipwrecked*

Inf. naufragare   *Part. pres.* naufragante   *Part. pass.* naufragato   *Ger.* naufragando

INDICATIVO

Presente

Io naufrago	Noi naufraghiamo
Tu naufraghi	Voi naufragate
Lui/Lei naufraga	Loro naufragano

Imperfetto

Io naufragavo	Noi naufragavamo
Tu naufragavi	Voi naufragavate
Lui/Lei naufragava	Loro naufragavano

Passato Prossimo

Io ho naufragato	Noi abbiamo naufragato
Tu hai naufragato	Voi avete naufragato
Lui/Lei ha naufragato	Loro hanno naufragato

Trapassato Prossimo

Io avevo naufragato	Noi avevamo naufragato
Tu avevi naufragato	Voi avevate naufragato
Lui/Lei aveva naufragato	Loro avevano naufragato

Futuro

Io naufragherò	Noi naufragheremo
Tu naufragherai	Voi naufragherete
Lui/Lei naufragherà	Loro naufragheranno

Passato Remoto

Io naufragai	Noi naufragammo
Tu naufragasti	Voi naufragaste
Lui/Lei naufragò	Loro naufragarono

Futuro Anteriore

Io avrò naufragato	Noi avremo naufragato
Tu avrai naufragato	Voi avrete naufragato
Lui/Lei avrà naufragato	Loro avranno naufragato

Trapassato Remoto

Io ebbi naufragato	Noi avemmo naufragato
Tu avesti naufragato	Voi aveste naufragato
Lui/Lei ebbe naufragato	Loro ebbero naufragato

CONDIZIONALE

Condizionale Presente

Io naufragherei	Noi naufragheremmo
Tu naufragheresti	Voi naufraghereste
Lui/Lei naufragherebbe	Loro naufragherebbero

Condizionale Passato

Io avrei naufragato	Noi avremmo naufragato
Tu avresti naufragato	Voi avreste naufragato
Lui/Lei avrebbe naufragato	Loro avrebbero naufragato

CONGIUNTIVO

Congiuntivo Presente

Io naufraghi	Noi naufraghiamo
Tu naufraghi	Voi naufraghiate
Lui/Lei naufraghi	Loro naufraghino

Congiuntivo Passato

Io abbia naufragato	Noi abbiamo naufragato
Tu abbia naufragato	Voi abbiate naufragato
Lui/Lei abbia naufragato	Loro abbiano naufragato

Congiuntivo Imperfetto

Io naufragassi	Noi naufragassimo
Tu naufragassi	Voi naufragaste
Lui/Lei naufragasse	Loro naufragassero

Congiuntivo Trapassato

Io avessi naufragato	Noi avessimo naufragato
Tu avessi naufragato	Voi aveste naufragato
Lui/Lei avesse naufragato	Loro avessero naufragato

IMPERATIVO

(Tu) naufraga!   (Lei) naufraghi!   (Noi) naufraghiamo!   (Voi) naufragate!   (Loro) naufraghino!

Negli anni passati tante navi naufragarono con il brutto tempo.
In years past a lot of ships sank in bad weather.

Quel matrimonio sta naufragando.
That marriage is on the rocks.

Pensava che avessero naufragato nei mari dell'India.
She thought they had been shipwrecked in the seas of India.

Inf. navigare　*Part. pres.* navigante　*Part. pass.* navigato　*Ger.* navigando

INDICATIVO

Presente

Io navigo	Noi navighiamo
Tu navighi	Voi navigate
Lui/Lei naviga	Loro navigano

Imperfetto

Io navigavo	Noi navigavamo
Tu navigavi	Voi navigavate
Lui/Lei navigava	Loro navigavano

Passato Prossimo

Io ho navigato	Noi abbiamo navigato
Tu hai navigato	Voi avete navigato
Lui/Lei ha navigato	Loro hanno navigato

Trapassato Prossimo

Io avevo navigato	Noi avevamo navigato
Tu avevi navigato	Voi avevate navigato
Lui/Lei aveva navigato	Loro avevano navigato

Futuro

Io navigherò	Noi navigheremo
Tu navigherai	Voi navigherete
Lui/Lei navigherà	Loro navigheranno

Passato Remoto

Io navigai	Noi navigammo
Tu navigasti	Voi navigaste
Lui/Lei navigò	Loro navigarono

Futuro Anteriore

Io avrò navigato	Noi avremo navigato
Tu avrai navigato	Voi avrete navigato
Lui/Lei avrà navigato	Loro avranno navigato

Trapassato Remoto

Io ebbi navigato	Noi avemmo navigato
Tu avesti navigato	Voi aveste navigato
Lui/Lei ebbe navigato	Loro ebbero navigato

CONDIZIONALE

Condizionale Presente

Io navigherei	Noi navigheremmo
Tu navigheresti	Voi navighereste
Lui/Lei navigherebbe	Loro navigherebbero

Condizionale Passato

Io avrei navigato	Noi avremmo navigato
Tu avresti navigato	Voi avreste navigato
Lui/Lei avrebbe navigato	Loro avrebbero navigato

CONGIUNTIVO

Congiuntivo Presente

Io navighi	Noi navighiamo
Tu navighi	Voi navighiate
Lui/Lei navighi	Loro navighino

Congiuntivo Passato

Io abbia navigato	Noi abbiamo navigato
Tu abbia navigato	Voi abbiate navigato
Lui/Lei abbia navigato	Loro abbiano navigato

Congiuntivo Imperfetto

Io navigassi	Noi navigassimo
Tu navigassi	Voi navigaste
Lui/Lei navigasse	Loro navigassero

Congiuntivo Trapassato

Io avessi navigato	Noi avessimo navigato
Tu avessi navigato	Voi aveste navigato
Lui/Lei avesse navigato	Loro avessero navigato

IMPERATIVO

(Tu) naviga!　(Lei) navighi!　(Noi) navighiamo!　(Voi) navigate!　(Loro) navighino!

Dopo che ebbero navigato i mari dell'India, si diressero verso i mari della Cina.
After they had sailed the Indian Ocean, they made for Chinese waters.

Navigavano controvento quando la barca si capovolse.
They were sailing against the wind when the boat capsized.

Molti navigano su internet per avere delle informazioni.
Many people surf the web to get information.

NEGARE   *to deny*

Inf. negare   *Part. pres.* negante   *Part. pass.* negato   *Ger.* negando

INDICATIVO

Presente

Io nego	Noi neghiamo
Tu neghi	Voi negate
Lui/Lei nega	Loro negano

Imperfetto

Io negavo	Noi negavamo
Tu negavi	Voi negavate
Lui/Lei negava	Loro negavano

Passato Prossimo

Io ho negato	Noi abbiamo negato
Tu hai negato	Voi avete negato
Lui/Lei ha negato	Loro hanno negato

Trapassato Prossimo

Io avevo negato	Noi avevamo negato
Tu avevi negato	Voi avevate negato
Lui/Lei aveva negato	Loro avevano negato

Futuro

Io negherò	Noi negheremo
Tu negherai	Voi negherete
Lui/Lei negherà	Loro negheranno

Passato Remoto

Io negai	Noi negammo
Tu negasti	Voi negaste
Lui/Lei negò	Loro negarono

Futuro Anteriore

Io avrò negato	Noi avremo negato
Tu avrai negato	Voi avrete negato
Lui/Lei avrà negato	Loro avranno negato

Trapassato Remoto

Io ebbi negato	Noi avemmo negato
Tu avesti negato	Voi aveste negato
Lui/Lei ebbe negato	Loro ebbero negato

CONDIZIONALE

Condizionale Presente

Io negherei	Noi negheremmo
Tu negheresti	Voi neghereste
Lui/Lei negherebbe	Loro negherebbero

Condizionale Passato

Io avrei negato	Noi avremmo negato
Tu avresti negato	Voi avreste negato
Lui/Lei avrebbe negato	Loro avrebbero negato

CONGIUNTIVO

Congiuntivo Presente

Io neghi	Noi neghiamo
Tu neghi	Voi neghiate
Lui/Lei neghi	Loro neghino

Congiuntivo Passato

Io abbia negato	Noi abbiamo negato
Tu abbia negato	Voi abbiate negato
Lui/Lei abbia negato	Loro abbiano negato

Congiuntivo Imperfetto

Io negassi	Noi negassimo
Tu negassi	Voi negaste
Lui/Lei negasse	Loro negassero

Congiuntivo Trapassato

Io avessi negato	Noi avessimo negato
Tu avessi negato	Voi aveste negato
Lui/Lei avesse negato	Loro avessero negato

IMPERATIVO

(Tu) nega!   (Lei) neghi!   (Noi) neghiamo!   (Voi) negate!   (Loro) neghino!

Non neghiamo la sua popolarità, ma è antipatico lo stesso.
We don't deny his popularity, but he is still unpleasant.

Ci negherebbero i nostri diritti se non lottassimo.
They would deny us our rights, if we didn't fight.

Hanno negato di aver bevuto tutto il vino.
They denied that they had drunk all the wine.

Inf. negoziare *Part. pres.* negoziante *Part. pass.* negoziato *Ger.* negoziando

INDICATIVO

Presente

Io negozio	Noi negoziamo
Tu negozi	Voi negoziate
Lui/Lei negozia	Loro negoziano

Imperfetto

Io negoziavo	Noi negoziavamo
Tu negoziavi	Voi negoziavate
Lui/Lei negoziava	Loro negoziavano

Passato Prossimo

Io ho negoziato	Noi abbiamo negoziato
Tu hai negoziato	Voi avete negoziato
Lui/Lei ha negoziato	Loro hanno negoziato

Trapassato Prossimo

Io avevo negoziato	Noi avevamo negoziato
Tu avevi negoziato	Voi avevate negoziato
Lui/Lei aveva negoziato	Loro avevano negoziato

Futuro

Io negozierò	Noi negozieremo
Tu negozierai	Voi negozierete
Lui/Lei negozierà	Loro negozieranno

Passato Remoto

Io negoziai	Noi negoziammo
Tu negoziasti	Voi negoziaste
Lui/Lei negoziò	Loro negoziarono

Futuro Anteriore

Io avrò negoziato	Noi avremo negoziato
Tu avrai negoziato	Voi avrete negoziato
Lui/Lei avrà negoziato	Loro avranno negoziato

Trapassato Remoto

Io ebbi negoziato	Noi avemmo negoziato
Tu avesti negoziato	Voi aveste negoziato
Lui/Lei ebbe negoziato	Loro ebbero negoziato

CONDIZIONALE

Condizionale Presente

Io negozierei	Noi negozieremmo
Tu negozieresti	Voi negoziereste
Lui/Lei negozierebbe	Loro negozierebbero

Condizionale Passato

Io avrei negoziato	Noi avremmo negoziato
Tu avresti negoziato	Voi avreste negoziato
Lui/Lei avrebbe negoziato	Loro avrebbero negoziato

CONGIUNTIVO

Congiuntivo Presente

Io negozi	Noi negoziamo
Tu negozi	Voi negoziate
Lui/Lei negozi	Loro negozino

Congiuntivo Passato

Io abbia negoziato	Noi abbiamo negoziato
Tu abbia negoziato	Voi abbiate negoziato
Lui/Lei abbia negoziato	Loro abbiano negoziato

Congiuntivo Imperfetto

Io negoziassi	Noi negoziassimo
Tu negoziassi	Voi negoziaste
Lui/Lei negoziasse	Loro negoziassero

Congiuntivo Trapassato

Io avessi negoziato	Noi avessimo negoziato
Tu avessi negoziato	Voi aveste negoziato
Lui/Lei avesse negoziato	Loro avessero negoziato

IMPERATIVO

(Tu) negozia!   (Lei) negozi!   (Noi) negoziamo!   (Voi) negoziate!   (Loro) negozino!

Dopo la Seconda Guerra Mondiale, negoziarono un accordo per la pace.
After World War II, they negotiated a peace accord.

Domani negozierò un affare con i nostri concorrenti.
Tomorrow I will transact business with our competitors.

Negoziano in tessili.
They trade in textiles.

NEUTRALIZZARE   *to neutralize*

Inf. neutralizzare   *Part. pres.* neutralizzante   *Part. pass.* neutralizzato   *Ger.* neutralizzando

INDICATIVO

Presente

Io neutralizzo	Noi neutralizziamo
Tu neutralizzi	Voi neutralizzate
Lui/Lei neutralizza	Loro neutralizzano

Imperfetto

Io neutralizzavo	Noi neutralizzavamo
Tu neutralizzavi	Voi neutralizzavate
Lui/Lei neutralizzava	Loro neutralizzavano

Passato Prossimo

Io ho neutralizzato	Noi abbiamo neutralizzato
Tu hai neutralizzato	Voi avete neutralizzato
Lui/Lei ha neutralizzato	Loro hanno neutralizzato

Trapassato Prossimo

Io avevo neutralizzato	Noi avevamo neutralizzato
Tu avevi neutralizzato	Voi avevate neutralizzato
Lui/Lei aveva neutralizzato	Loro avevano neutralizzato

Futuro

Io neutralizzerò	Noi neutralizzeremo
Tu neutralizzerai	Voi neutralizzerete
Lui/Lei neutralizzerà	Loro neutralizzeranno

Passato Remoto

Io neutralizzai	Noi neutralizzammo
Tu neutralizzasti	Voi neutralizzaste
Lui/Lei neutralizzò	Loro neutralizzarono

Futuro Anteriore

Io avrò neutralizzato	Noi avremo neutralizzato
Tu avrai neutralizzato	Voi avrete neutralizzato
Lui/Lei avrà neutralizzato	Loro avranno neutralizzato

Trapassato Remoto

Io ebbi neutralizzato	Noi avemmo neutralizzato
Tu avesti neutralizzato	Voi aveste neutralizzato
Lui/Lei ebbe neutralizzato	Loro ebbero neutralizzato

CONDIZIONALE

Condizionale Presente

Io neutralizzerei	Noi neutralizzeremmo
Tu neutralizzeresti	Voi neutralizzereste
Lui/Lei neutralizzerebbe	Loro neutralizzerebbero

Condizionale Passato

Io avrei neutralizzato	Noi avremmo neutralizzato
Tu avresti neutralizzato	Voi avreste neutralizzato
Lui/Lei avrebbe neutralizzato	Loro avrebbero neutralizzato

CONGIUNTIVO

Congiuntivo Presente

Io neutralizzi	Noi neutralizziamo
Tu neutralizzi	Voi neutralizziate
Lui/Lei neutralizzi	Loro neutralizzino

Congiuntivo Passato

Io abbia neutralizzato	Noi abbiamo neutralizzato
Tu abbia neutralizzato	Voi abbiate neutralizzato
Lui/Lei abbia neutralizzato	Loro abbiano neutralizzato

Congiuntivo Imperfetto

Io neutralizzassi	Noi neutralizzassimo
Tu neutralizzassi	Voi neutralizzaste
Lui/Lei neutralizzasse	Loro neutralizzassero

Congiuntivo Trapassato

Io avessi neutralizzato	Noi avessimo neutralizzato
Tu avessi neutralizzato	Voi aveste neutralizzato
Lui/Lei avesse neutralizzato	Loro avessero neutralizzato

IMPERATIVO

(Tu) neutralizza!   (Lei) neutralizzi!   (Noi) neutralizziamo!   (Voi) neutralizzate!   (Loro) neutralizzino!

Sono riusciti a neutralizzare gli elementi chimici.
They were able to neutralize the chemical elements.

Ha neutralizzato l'influenza di quel ciarlatano.
He neutralized the influence of that charlatan.

La polizia neutralizzerebbe i più violenti se fosse necessario.
The police would kill the most violent if it was necessary.

Inf. noleggiare *Part. pres.* noleggiante *Part. pass.* noleggiato *Ger.* noleggiando

INDICATIVO

Presente		Imperfetto	
Io noleggio	Noi noleggiamo	Io noleggiavo	Noi noleggiavamo
Tu noleggi	Voi noleggiate	Tu noleggiavi	Voi noleggiavate
Lui/Lei noleggia	Loro noleggiano	Lui/Lei noleggiava	Loro noleggiavano

Passato Prossimo		Trapassato Prossimo	
Io ho noleggiato	Noi abbiamo noleggiato	Io avevo noleggiato	Noi avevamo noleggiato
Tu hai noleggiato	Voi avete noleggiato	Tu avevi noleggiato	Voi avevate noleggiato
Lui/Lei ha noleggiato	Loro hanno noleggiato	Lui/Lei aveva noleggiato	Loro avevano noleggiato

Futuro		Passato Remoto	
Io noleggerò	Noi noleggeremo	Io noleggiai	Noi noleggiammo
Tu noleggerai	Voi noleggerete	Tu noleggiasti	Voi noleggiaste
Lui/Lei noleggerà	Loro noleggeranno	Lui/Lei noleggiò	Loro noleggiarono

Futuro Anteriore		Trapassato Remoto	
Io avrò noleggiato	Noi avremo noleggiato	Io ebbi noleggiato	Noi avemmo noleggiato
Tu avrai noleggiato	Voi avrete noleggiato	Tu avesti noleggiato	Voi aveste noleggiato
Lui/Lei avrà noleggiato	Loro avranno noleggiato	Lui/Lei ebbe noleggiato	Loro ebbero noleggiato

CONDIZIONALE

Condizionale Presente		Condizionale Passato	
Io noleggerei	Noi noleggeremmo	Io avrei noleggiato	Noi avremmo noleggiato
Tu noleggeresti	Voi noleggereste	Tu avresti noleggiato	Voi avreste noleggiato
Lui/Lei noleggerebbe	Loro noleggerebbero	Lui/Lei avrebbe noleggiato	Loro avrebbero noleggiato

CONGIUNTIVO

Congiuntivo Presente		Congiuntivo Passato	
Io noleggi	Noi noleggiamo	Io abbia noleggiato	Noi abbiamo noleggiato
Tu noleggi	Voi noleggiate	Tu abbia noleggiato	Voi abbiate noleggiato
Lui/Lei noleggi	Loro noleggino	Lui/Lei abbia noleggiato	Loro abbiano noleggiato

Congiuntivo Imperfetto		Congiuntivo Trapassato	
Io noleggiassi	Noi noleggiassimo	Io avessi noleggiato	Noi avessimo noleggiato
Tu noleggiassi	Voi noleggiaste	Tu avessi noleggiato	Voi aveste noleggiato
Lui/Lei noleggiasse	Loro noleggiassero	Lui/Lei avesse noleggiato	Loro avessero noleggiato

IMPERATIVO

(Tu) noleggia!   (Lei) noleggi!   (Noi) noleggiamo!   (Voi) noleggiate!   (Loro) noleggino!

Si noleggiano macchine.
Cars for rent.

Per viaggiare in Europa, abbiamo noleggiato una macchina.
To travel in Europe, we rented a car.

Abbiamo deciso di noleggiare dei mobili perché non avevamo niente in casa.
We decided to rent some furniture because we didn't have anything in the house.

Inf. nominare   *Part. pres.* nominante   *Part. pass.* nominato   *Ger.* nominando

INDICATIVO

Presente		Imperfetto	
Io nomino	Noi nominiamo	Io nominavo	Noi nominavamo
Tu nomini	Voi nominate	Tu nominavi	Voi nominavate
Lui/Lei nomina	Loro nominano	Lui/Lei nominava	Loro nominavano

Passato Prossimo		Trapassato Prossimo	
Io ho nominato	Noi abbiamo nominato	Io avevo nominato	Noi avevamo nominato
Tu hai nominato	Voi avete nominato	Tu avevi nominato	Voi avevate nominato
Lui/Lei ha nominato	Loro hanno nominato	Lui/Lei aveva nominato	Loro avevano nominato

Futuro		Passato Remoto	
Io nominerò	Noi nomineremo	Io nominai	Noi nominammo
Tu nominerai	Voi nominerete	Tu nominasti	Voi nominaste
Lui/Lei nominerà	Loro nomineranno	Lui/Lei nominò	Loro nominarono

Futuro Anteriore		Trapassato Remoto	
Io avrò nominato	Noi avremo nominato	Io ebbi nominato	Noi avemmo nominato
Tu avrai nominato	Voi avrete nominato	Tu avesti nominato	Voi aveste nominato
Lui/Lei avrà nominato	Loro avranno nominato	Lui/Lei ebbe nominato	Loro ebbero nominato

CONDIZIONALE

Condizionale Presente		Condizionale Passato	
Io nominerei	Noi nomineremmo	Io avrei nominato	Noi avremmo nominato
Tu nomineresti	Voi nominereste	Tu avresti nominato	Voi avreste nominato
Lui/Leu nominerebbe	Loro nominerebbero	Lui/Lei avrebbe nominato	Loro avrebbero nominato

CONGIUNTIVO

Congiuntivo Presente		Congiuntivo Passato	
Io nomini	Noi nominiamo	Io abbia nominato	Noi abbiamo nominato
Tu nomini	Voi nominiate	Tu abbia nominato	Voi abbiate nominato
Lui/Lei nomini	Loro nominino	Lui/Lei abbia nominato	Loro abbiano nominato

Congiuntivo Imperfetto		Congiuntivo Trapassato	
Io nominassi	Noi nominassimo	Io avessi nominato	Noi avessimo nominato
Tu nominassi	Voi nominaste	Tu avessi nominato	Voi aveste nominato
Lui/Lei nominasse	Loro nominassero	Lui/Lei avesse nominato	Loro avessero nominato

IMPERATIVO

(Tu) nomina!   (Lei) nomini!   (Noi) nominiamo!   (Voi) nominate!   (Loro) nominino!

Se avessero nominato lui come candidato avremmo vinto.
If they had nominated him as candidate, we would have won.

Non l'ho mai sentito nominare.
I have never heard of him.

Credo che abbia nominato Michele come suo erede.
I believe Michele has been named his heir.

Inf. notare *Part. pres.* notante *Part. pass.* notato *Ger.* notando

INDICATIVO

Presente

Io noto	Noi notiamo
Tu noti	Voi notate
Lui/Lei nota	Loro notano

Imperfetto

Io notavo	Noi notavamo
Tu notavi	Voi notavate
Lui/Lei notava	Loro notavano

Passato Prossimo

Io ho notato	Noi abbiamo notato
Tu hai notato	Voi avete notato
Lui/Lei ha notato	Loro hanno notato

Trapassato Prossimo

Io avevo notato	Noi avevamo notato
Tu avevi notato	Voi avevate notato
Lui/Lei aveva notato	Loro avevano notato

Futuro

Io noterò	Noi noteremo
Tu noterai	Voi noterete
Lui/Lei noterà	Loro noteranno

Passato Remoto

Io notai	Noi notammo
Tu notasti	Voi notaste
Lui/Lei notò	Loro notarono

Futuro Anteriore

Io avrò notato	Noi avremo notato
Tu avrai notato	Voi avrete notato
Lui/Lei avrà notato	Loro avranno notato

Trapassato Remoto

Io ebbi notato	Noi avemmo notato
Tu avesti notato	Voi aveste notato
Lui/Lei ebbe notato	Loro ebbero notato

CONDIZIONALE

Condizionale Presente

Io noterei	Noi noteremmo
Tu noteresti	Voi notereste
Lui/Lei noterebbe	Loro noterebbero

Condizionale Passato

Io avrei notato	Noi avremmo notato
Tu avresti notato	Voi avreste notato
Lui/Lei avrebbe notato	Loro avrebbero notato

CONGIUNTIVO

Congiuntivo Presente

Io noti	Noi notiamo
Tu noti	Voi notiate
Lui/Lei noti	Loro notino

Congiuntivo Passato

Io abbia notato	Noi abbiamo notato
Tu abbia notato	Voi abbiate notato
Lui/Lei abbia notato	Loro abbiano notato

Congiuntivo Imperfetto

Io notassi	Noi notassimo
Tu notassi	Voi notaste
Lui/Lei notasse	Loro notassero

Congiuntivo Trapassato

Io avessi notato	Noi avessimo notato
Tu avessi notato	Voi aveste notato
Lui/Lei avesse notato	Loro avessero notato

IMPERATIVO

(Tu) nota! (Lei) noti! (Noi) notiamo! (Voi) notate! (Loro) notino!

Non abbiamo notato niente di strano.
We didn't notice anything strange.

È interessante notare come avete rinnovato la casa.
It is interesting to note how you renovated the house.

Dopo che ebbe notato la situazione, fece di tutto per aiutare.
After he noticed the situation, he did everything to help.

NUOCERE   *to harm*

Inf. nuocere   *Part. pres.* nuocente   *Part. pass.* nuociuto   *Ger.* nuocendo

INDICATIVO

Presente

Io nuoccio	Noi nuociamo
Tu nuoci	Voi nuocete
Lui/Lei nuoce	Loro nuocciono

Imperfetto

Io nuocevo	Noi nuocevamo
Tu nuocevi	Voi nuocevate
Lui/Lei nuoceva	Loro nuocevano

Passato Prossimo

Io ho nuociuto	Noi abbiamo nuociuto
Tu hai nuociuto	Voi avete nuociuto
Lui/Lei ha nuociuto	Loro hanno nuociuto

Trapassato Prossimo

Io avevo nuociuto	Noi avevamo nuociuto
Tu avevi nuociuto	Voi avevate nuociuto
Lui/Lei aveva nuociuto	Loro avevano nuociuto

Futuro

Io nuocerò	Noi nuoceremo
Tu nuocerai	Voi nuocerete
Lui/Lei nuocerà	Loro nuoceranno

Passato Remoto

Io nocqui	Noi nuocemmo
Tu nuocesti	Voi nuoceste
Lui/Lei nocque	Loro nocquero

Futuro Anteriore

Io avrò nuociuto	Noi avremo nuociuto
Tu avrai nuociuto	Voi avrete nuociuto
Lui/Lei avrà nuociuto	Loro avranno nuociuto

Trapassato Prossimo

Io ebbi nuociuto	Noi avemmo nuociuto
Tu avesti nuociuto	Voi aveste nuociuto
Lui/Lei ebbe nuociuto	Loro ebbero nuociuto

CONDIZIONALE

Condizionale Presente

Io nuocerei	Noi nuoceremmo
Tu nuoceresti	Voi nuocereste
Lui/Lei nuocerebbe	Loro nuocerebbero

Condizionale Passato

Io avrei nuociuto	Noi avremmo nuociuto
Tu avresti nuociuto	Voi avreste nuociuto
Lui/Lei avrebbe nuociuto	Loro avrebbero nuociuto

CONGIUNTIVO

Congiuntivo Presente

Io nuoccia	Noi nuociamo
Tu nuoccia	Voi nuociate
Lui/Lei nuoccia	Loro nuocciano

Congiuntivo Passato

Io abbia nuociuto	Noi abbiamo nuociuto
Tu abbia nuociuto	Voi abbiate nuociuto
Lui/Lei abbia nuociuto	Loro abbiano nuociuto

Congiuntivo Imperfetto

Io nuocessi	Noi nuocessimo
Tu nuocessi	Voi nuoceste
Lui/Lei nuocesse	Loro nuocessero

Congiuntivo Trapassato

Io avessi nuociuto	Noi avessimo nuociuto
Tu avessi nuociuto	Voi aveste nuociuto
Lui/Lei avesse nuociuto	Loro avessero nuociuto

IMPERATIVO

(Tu) nuoci!   (Lei) nuoccia!   (Noi) nuociamo!   (Voi) nuocete!   (Loro) nuocciano!

Le sigarette nuocciono alla salute.
Cigarettes harm your health.

Non tutto il male viene per nuocere.
Every cloud has a silver lining.

Quello che fece nocque alla sua reputazione.
His reputation was harmed by what he did.

Inf. nuotare *Part. pres.* nuotante *Part. pass.* nuotato *Ger.* nuotando

INDICATIVO

Presente

Io nuoto	Noi nuotiamo
Tu nuoti	Voi nuotate
Lui/Lei nuota	Loro nuotano

Imperfetto

Io nuotavo	Noi nuotavamo
Tu nuotavi	Voi nuotavate
Lui/Lei nuotava	Loro nuotavano

Passato Prossimo

Io ho nuotato	Noi abbiamo nuotato
Tu hai nuotato	Voi avete nuotato
Lui/Lei ha nuotato	Loro hanno nuotato

Trapassato Prossimo

Io avevo nuotato	Noi avevamo nuotato
Tu avevi nuotato	Voi avevate nuotato
Lui/Lei aveva nuotato	Loro avevano nuotato

Futuro

Io nuoterò	Noi nuoteremo
Tu nuoterai	Voi nuoterete
Lui/Lei nuoterà	Loro nuoteranno

Passato Remoto

Io nuotai	Noi nuotammo
Tu nuotasti	Voi nuotaste
Lui/Lei nuotò	Loro nuotarono

Futuro Anteriore

Io avrò nuotato	Noi avremo nuotato
Tu avrai nuotato	Voi avrete nuotato
Lui/Lei avrà nuotato	Loro avranno nuotato

Trapassato Remoto

Io ebbi nuotato	Noi avemmo nuotato
Tu avesti nuotato	Voi aveste nuotato
Lui/Lei ebbe nuotato	Loro ebbero nuotato

CONDIZIONALE

Condizionale Presente

Io nuoterei	Noi nuoteremmo
Tu nuoteresti	Voi nuotereste
Lui/Lei nuoterebbe	Loro nuoterebbero

Condizionale Passato

Io avrei nuotato	Noi avremmo nuotato
Tu avresti nuotato	Voi avreste nuotato
Lui/Lei avrebbe nuotato	Loro avrebbero nuotato

CONGIUNTIVO

Congiuntivo Presente

Io nuoti	Noi nuotiamo
Tu nuoti	Voi nuotiate
Lui/Lei nuoti	Loro nuotino

Congiuntivo Passato

Io abbia nuotato	Noi abbiamo nuotato
Tu abbia nuotato	Voi abbiate nuotato
Lui/Lei abbia nuotato	Loro abbiano nuotato

Congiuntivo Imperfetto

Io nuotassi	Noi nuotassimo
Tu nuotassi	Voi nuotaste
Lui/Lei nuotasse	Loro nuotassero

Congiuntivo Trapassato

Io avessi nuotato	Noi avessimo nuotato
Tu avessi nuotato	Voi aveste nuotato
Lui/Lei avesse nuotato	Loro avessero nuotato

IMPERATIVO

(Tu) nuota!   (Lei) nuoti!   (Noi) nuotiamo!   (Voi) nuotate!   (Loro) nuotino!

È possibile che abbia nuotato cento metri?
Is it possible that she swam a hundred meters?

Per la gara dovevano nuotare a farfalla.
They had to swim the butterfly stroke for the competition.

I peperoni nuotavano nell'olio.
The peppers were swimming in oil.

Inf. nutrire   *Part. pres.* nutrente   *Part. pass.* nutrito   *Ger.* nutrendo

INDICATIVO

Presente

Io nutro	Noi nutriamo
Tu nutri	Voi nutrite
Lui/Lei nutre	Loro nutrono

Imperfetto

Io nutrivo	Noi nutrivamo
Tu nutrivi	Voi nutrivate
Lui/Lei nutriva	Loro nutrivano

Passato Prossimo

Io ho nutrito	Noi abbiamo nutrito
Tu hai nutrito	Voi avete nutrito
Lui/Lei ha nutrito	Loro hanno nutrito

Trapassato Prossimo

Io avevo nutrito	Noi avevamo nutrito
Tu avevi nutrito	Voi avevate nutrito
Lui/Lei aveva nutrito	Loro avevano nutrito

Futuro

Io nutrirò	Noi nutriremo
Tu nutrirai	Voi nutrirete
Lui/Lei nutrirà	Loro nutriranno

Passato Remoto

Io nutrii	Noi nutrimmo
Tu nutristi	Voi nutriste
Lui/Lei nutrì	Loro nutrirono

Futuro Anteriore

Io avrò nutrito	Noi avremo nutrito
Tu avrai nutrito	Voi avrete nutrito
Lui/Lei avrà nutrito	Loro avranno nutrito

Trapassato Remoto

Io ebbi nutrito	Noi avemmo nutrito
Tu avesti nutrito	Voi aveste nutrito
Lui/Lei ebbe nutrito	Loro ebbero nutrito

CONDIZIONALE

Condizionale Presente

Io nutrirei	Noi nutriremmo
Tu nutriresti	Voi nutrireste
Lui/Lei nutrirebbe	Loro nutrirebbero

Condizionale Passato

Io avrei nutrito	Noi avremmo nutrito
Tu avresti nutrito	Voi avreste nutrito
Lui/Lei avrebbe nutrito	Loro avrebbero nutrito

CONGIUNTIVO

Congiuntivo Presente

Io nutra	Noi nutriamo
Tu nutra	Voi nutriate
Lui/Lei nutra	Loro nutrano

Congiuntivo Passato

Io abbia nutrito	Noi abbiamo nutrito
Tu abbia nutrito	Voi abbiate nutrito
Lei/Lei abbia nutrito	Loro abbiano nutrito

Congiuntivo Imperfetto

Io nutrissi	Noi nutrissimo
Tu nutrissi	Voi nutriste
Lui/Lei nutrisse	Loro nutrissero

Congiuntivo Trapassato

Io avessi nutrito	Noi avessimo nutrito
Tu avessi nutrito	Voi aveste nutrito
Lui/Lei avesse nutrito	Loro avessero nutrito

IMPERATIVO

(Tu) nutri!   (Lei) nutra!   (Noi) nutriamo!   (Voi) nutrite!   (Loro) nutrano!

Ogni sabato nutro le mie piante.
Every Saturday I feed my plants.

Nutriva i suoi bambini solo di cibo freschissimo.
She fed her children only the freshest food.

Ha nutrito per anni la speranza di sposare Luisa.
He fostered the hope of marrying Luisa for many years.

OBBLIGARE
to obligate, to oblige

Inf. obbligare *Part. pres.* obbligante *Part. pass.* obbligato *Ger.* obbligando

INDICATIVO

Presente		Imperfetto	
Io obbligo	Noi obblighiamo	Io obbligavo	Noi obbligavamo
Tu obblighi	Voi obbligate	Tu obbligavi	Voi obbligavate
Lui/Lei obbliga	Loro obbligano	Lui/Lei obbligava	Loro obbligavano

Passato Prossimo		Trapassato Prossimo	
Io ho obbligato	Noi abbiamo obbligato	Io avevo obbligato	Noi avevamo obbligato
Tu hai obbligato	Voi avete obbligato	Tu avevi obbligato	Voi avevate obbligato
Lui/Lei ha obbligato	Loro hanno obbligato	Lui/Lei aveva obbligato	Loro avevano obbligato

Futuro		Passato Remoto	
Io obbligherò	Noi obbligheremo	Io obbligai	Noi obbligammo
Tu obbligherai	Voi obbligherete	Tu obbligasti	Voi obbligaste
Lui/Lei obbligherà	Loro obbligheranno	Lui/Lei obbligò	Loro obbligarono

Futuro Anteriore		Trapassato Remoto	
Io avrò obbligato	Noi avremo obbligato	Io ebbi obbligato	Noi avemmo obbligato
Tu avrai obbligato	Voi avrete obbligato	Tu avesti obbligato	Voi aveste obbligato
Lui/Lei avrà obbligato	Loro avranno obbligato	Lui/Lei ebbe obbligato	Loro ebbero obbligato

CONDIZIONALE

Condizionale Presente		Condizionale Passato	
Io obbligherei	Noi obbligheremmo	Io avrei obbligato	Noi avremmo obbligato
Tu obbligheresti	Voi obblighereste	Tu avresti obbligato	Voi avreste obbligato
Lui/Lei obbligherebbe	Loro obbligherebbero	Lui/Lei avrebbe obbligato	Loro avrebbero obbligato

CONGIUNTIVO

Congiuntivo Presente		Congiuntivo Passato	
Io obblighi	Noi obblighiamo	Io abbia obbligato	Noi abbiamo obbligato
Tu obblighi	Voi obblighiate	Tu abbia obbligato	Voi abbiate obbligato
Lui/Lei obblighi	Loro obblighino	Lui/Lei abbia obbligato	Loro abbiano obbligato

Congiuntivo Imperfetto		Congiuntivo Trapassato	
Io obbligassi	Noi obbligassimo	Io avessi obbligato	Noi avessimo obbligato
Tu obbligassi	Voi obbligaste	Tu avessi obbligato	Voi aveste obbligato
Lui/Lei obbligasse	Loro obbligassero	Lui/Lei avesse obbligato	Loro avessero obbligato

IMPERATIVO

(Tu) obbliga!   (Lei) obblighi!   (Noi) obblighiamo!   (Voi) obbligate!   (Loro) obblighino!

Lo hanno obbligato a finire la relazione.
They forced him to finish the project.

Penso che abbiano obbligato il primo ministro a dimettersi.
I think they had forced the prime minister to resign.

Molti genitori obbligano i loro figli ad andare alle feste.
Many parents obligate their children to attend parties.

OCCORRERE *to need (something), to be necessary*

Inf. occorrere *Part. pres.* occorrente *Part. pass.* occorso *Ger.* occorrendo

INDICATIVO

Presente

Io occorro	Noi occorriamo
Tu occorri	Voi occorrete
Lui/Lei occorre	Loro occorrono

Imperfetto

Io occorrevo	Noi occorrevamo
Tu occorrevi	Voi occorrevate
Lui/Lei occorreva	Loro occorrevano

Passato Prossimo

Io sono occorso/a	Noi siamo occorsi/e
Tu sei occorso/a	Voi siete occorsi/e
Lui/Lei è occorso/a	Loro sono occorsi/e

Trapassato Prossimo

Io ero occorso/a	Noi eravamo occorsi/e
Tu eri occorso/a	Voi eravate occorsi/e
Lui/Lei era occorso/a	Loro erano occorsi/e

Futuro

Io occorrerò	Noi occorreremo
Tu occorrerai	Voi occorrerete
Lui/Lei occorrerà	Loro occorreranno

Passato Remoto

Io occorsi	Noi occorremmo
Tu occorresti	Voi occorreste
Lui/Lei occorse	Loro occorsero

Futuro Anteriore

Io sarò occorso/a	Noi saremo occorsi/e
Tu sarai occorso/a	Voi sarete occorsi/e
Lui/Lei sarà occorso/a	Loro saranno occorsi/e

Trapassato Remoto

Io fui occorso/a	Noi fummo occorsi/e
Tu fosti occorso/a	Voi foste occorsi/e
Lui/Lei fu occorso/a	Loro furono occorsi/e

CONDIZIONALE

Condizionale Presente

Io occorrerei	Noi occorreremmo
Tu occorreresti	Voi occorrereste
Lui/Lei occorrerebbe	Loro occorrerebbero

Condizionale Passato

Io sarei occorso/a	Noi saremmo occorsi/e
Tu saresti occorso/a	Voi sareste occorsi/e
Lui/Lei sarebbe occorso/a	Loro sarebbero occorsi/e

CONGIUNTIVO

Congiuntivo Presente

Io occorra	Noi occorriamo
Tu occorra	Voi occorriate
Lui/Lei occorra	Loro occorrano

Congiuntivo Passato

Io sia occorso/a	Noi siamo occorsi/e
Tu sia occorso/a	Voi siate occorsi/e
Lui/Lei sia occorso/a	Loro siano occorsi/e

Congiuntivo Imperfetto

Io occorressi	Noi occorressimo
Tu occorressi	Voi occorreste
Lui/Lei occorresse	Loro occorressero

Congiuntivo Trapassato

Io fossi occorso/a	Noi fossimo occorsi/e
Tu fossi occorso/a	Voi foste occorsi/e
Lui/Lei fosse occorso/a	Loro fossero occorsi/e

IMPERATIVO

(Tu) occorri!   (Lei) occorra!   (Noi) occorriamo!   (Voi) occorrete!   (Loro) occorrano!

Mi occorreranno tre bottiglie di vino rosso perché sono rimasta senza.
I will need three bottles of red wine because I don't have any left.

Gli occorrevano soldi per pagare il mutuo della casa.
He needed money in order to pay the mortgage.

Occorre che tu faccia il pesto per la pasta.
You need to do the pesto sauce for the pasta.

ODIARE   *to hate, to detest*

Inf. odiare   *Part. pres.* odiante   *Part. pass.* odiato   *Ger.* odiando

INDICATIVO

Presente

Io odio	Noi odiamo
Tu odii	Voi odiate
Lui/Lei odia	Loro odiano

Imperfetto

Io odiavo	Noi odiavamo
Tu odiavi	Voi odiavate
Lui/Lei odiava	Lor odiavano

Passato Prossimo

Io ho odiato	Noi abbiamo odiato
Tu hai odiato	Voi avete odiato
Lui/Lei ha odiato	Loro hanno odiato

Trapassato Prossimo

Io avevo odiato	Noi avevamo odiato
Tu avevi odiato	Voi avevate odiato
Lui/Lei aveva odiato	Loro avevano odiato

Futuro

Io odierò	Noi odieremo
Tu odierai	Voi odierete
Lui/Lei odierà	Loro odieranno

Passato Remoto

Io odiai	Noi odiammo
Tu odiasti	Voi odiaste
Lui/Lei odiò	Loro odiarono

Futuro Anteriore

Io avrò odiato	Noi avremo odiato
Tu avrai odiato	Voi avrete odiato
Lui/Lei avrà odiato	Loro avranno odiato

Trapassato Remoto

Io ebbi odiato	Noi avemmo odiato
Tu avesti odiato	Voi aveste odiato
Lui/Lei ebbe odiato	Loro ebbero odiato

CONDIZIONALE

Condizionale Presente

Io odierei	Noi odieremmo
Tu odieresti	Voi odiereste
Lui/Lei odierebbe	Loro odierebbero

Condizionale Passato

Io avrei odiato	Noi avremmo odiato
Tu avresti odiato	Voi avreste odiato
Lui/Lei avrebbe odiato	Loro avrebbero odiato

CONGIUNTIVO

Congiuntivo Presente

Io odii	Noi odiamo
Tu odii	Voi odiate
Lui/Lei odii	Loro odiino

Congiuntivo Passato

Io abbia odiato	Noi abbiamo odiato
Tu abbia odiato	Voi abbiate odiato
Lui/Lei abbia odiato	Loro abbiano odiato

Condizionale Imperfetto

Io odiassi	Noi odiassimo
Tu odiassi	Voi odiaste
Lui/Lei odiasse	Loro odiassero

Congiuntivo Trapassato

Io avessi odiato	Noi avessimo odiato
Tu avessi odiato	Voi aveste odiato
Lui avesse odiato	Loro avessero odiato

IMPERATIVO

(Tu) odia!   (Lei) odii!   (Noi) odiamo!   (Voi) odiate!   (Loro) odiino!

Odiavamo la destra nelle ultime elezioni.
We hated the right in the last elections.

Non ero il tipo da odiare gli altri.
I was not the type to hate others.

Odiano i pettegoli.
They can't stand gossip.

Inf. offendere   *Part. pres.* offendente   *Part. pass.* offeso   *Ger.* offendendo

INDICATIVO

Presente

Io offendo	Noi offendiamo
Tu offendi	Voi offendete
Lui/Lei offende	Loro offendono

Imperfetto

Io offendevo	Noi offendevamo
Tu offendevi	Voi offendevate
Lui/Lei offendeva	Loro offendevano

Passato Prossimo

Io ho offeso	Noi abbiamo offeso
Tu hai offeso	Voi avete offeso
Lui/Lei ha offeso	Loro hanno offeso

Trapassato Prossimo

Io avevo offeso	Noi avevamo offeso
Tu avevi offeso	Voi avevate offeso
Lui/Lei aveva offeso	Loro avevano offeso

Futuro

Io offenderò	Noi offenderemo
Tu offenderai	Voi offenderete
Lui/Lei offenderà	Loro offenderanno

Passato Remoto

Io offesi	Noi offendemmo
Tu offendesti	Voi offendeste
Lui/Lei offese	Loro offesero

Futuro Anteriore

Io avrò offeso	Noi avremo offeso
Tu avrai offeso	Voi avrete offeso
Lui/Lei avrà offeso	Loro avranno offeso

Trapassato Remoto

Io ebbi offeso	Noi avemmo offeso
Tu avesti offeso	Voi aveste offeso
Lui/Lei ebbe offeso	Loro ebbero offeso

CONDIZIONALE

Condizionale Presente

Io offenderei	Noi offenderemmo
Tu offenderesti	Voi offendereste
Lui/Lei offenderebbe	Loro offenderebbero

Condizionale Passato

Io avrei offeso	Noi avremmo offeso
Tu avresti offeso	Voi avreste offeso
Lui/Lei avrebbe offeso	Loro avrebbero offeso

CONGIUNTIVO

Congiuntivo Presente

Io offenda	Noi offendiamo
Tu offenda	Voi offendiate
Lui/Lei offenda	Loro offendano

Congiuntivo Passato

Io abbia offeso	Noi abbiamo offeso
Tu abbia offeso	Voi abbiate offeso
Lui/Lei abbia offeso	Loro abbiano offeso

Congiuntivo Imperfetto

Io offendessi	Noi offendessimo
Tu offendessi	Voi offendeste
Lui/Lei offendesse	Loro offendessero

Congiuntivo Trapassato

Io avessi offeso	Noi avessimo offeso
Tu avessi offeso	Voi aveste offeso
Lui/Lei avesse offeso	Loro avessero offeso

IMPERATIVO

(Tu) offendi!   (Lei) offenda!   (Noi) offendiamo!   (Voi) offendete!   (Loro) offendano!

Li ha offesi lasciando la cena in anticipo.
He offended them by leaving the dinner early.

Penso che loro abbiano offeso la sensibilità pubblica.
I think that they offended the public sentiment.

Perché offenderesti i tuoi migliori amici?
Why would you offend you best friends?

Inf. offrire   *Part. pres.* offrente   *Part. pass.* offerto   *Ger.* offrendo

INDICATIVO

Presente		Imperfetto	
Io offro	Noi offriamo	Io offrivo	Noi offrivamo
Tu offri	Voi offrite	Tu offrivi	Voi offrivate
Lui/Lei offre	Loro offrono	Lui/Lei offriva	Loro offrivano

Passato Prossimo		Trapassato Prossimo	
Io ho offerto	Noi abbiamo offerto	Io avevo offerto	Noi avevamo offerto
Tu hai offerto	Voi avete offerto	Tu avevi offerto	Voi avevate offerto
Lui/Lei ha offerto	Loro hanno offerto	Lui/Lei aveva offerto	Loro avevano offerto

Futuro		Passato Remoto	
Io offrirò	Noi offriremo	Io offrii	Noi offrimmo
Tu offrirai	Voi offrirete	Tu offristi	Voi offriste
Lui/Lei offrirà	Loro offriranno	Lui/Lei offrì	Loro offrirono

Futuro Anteriore		Trapassato Remoto	
Io avrò offerto	Noi avremo offerto	Io ebbi offerto	Noi avemmo offerto
Tu avrai offerto	Voi avrete offerto	Tu avesti offerto	Voi aveste offerto
Lui/Lei avrà offerto	Loro avranno offerto	Lui/Lei ebbe offerto	Loro ebbero offerto

CONDIZIONALE

Condizionale Presente		Condizionale Passato	
Io offrirei	Noi offriremmo	Io avrei offerto	Noi avremmo offerto
Tu offriresti	Voi offrireste	Tu avresti offerto	Voi avreste offerto
Lui/Lei offrirebbe	Loro offrirebbero	Lui/Lei avrebbe offerto	Loro avrebbero offerto

CONGIUNTIVO

Congiuntivo Presente		Congiuntivo Passato	
Io offra	Noi offriamo	Io abbia offerto	Noi abbiamo offerto
Tu offra	Voi offriate	Tu abbia offerto	Voi abbiate offerto
Lui/Lei offra	Loro offrano	Lui/Lei abbia offerto	Loro abbiano offerto

Congiuntivo Imperfetto		Congiuntivo Trapassato	
Io offrissi	Noi offrissimo	Io avessi offerto	Noi avessimo offerto
Tu offrissi	Voi offriste	Tu avessi offerto	Voi aveste offerto
Lui/Lei offrisse	Loro offrissero	Lui/Lei avesse offerto	Loro avessero offerto

IMPERATIVO

(Tu) offri!   (Lei) offra!   (Noi) offriamo!   (Voi) offrite!   (Loro) offrano!

Offrigli del caffè e biscotti!
Offer them some coffee and cookies!

Vorrei che offrissero un rifugio a questi poveri immigranti.
I would like them to offer refuge to these poor immigrants.

Il mercato offrirà buone possibilità di successo.
The market will offer good possibilities for success.

Inf. omettere *Part. pres.* omettente *Part. pass.* omesso *Ger.* omettendo

INDICATIVO

Presente

Io ometto	Noi omettiamo
Tu ometti	Voi omettete
Lui/Lei omette	Loro omettono

Imperfetto

Io omettevo	Noi omettevamo
Tu omettevi	Voi omettevate
Lui/Lei ometteva	Loro omettevano

Passato Prossimo

Io ho omesso	Noi abbiamo omesso
Tu hai omesso	Voi avete omesso
Lui/Lei ha omesso	Loro hanno omesso

Trapassato Prossimo

Io avevo omesso	Noi avevamo omesso
Tu avevi omesso	Voi avevate omesso
Lui/Lei aveva omesso	Loro avevano omesso

Futuro

Io ometterò	Noi ometteremo
Tu ometterai	Voi ometterete
Lui/Lei ometterà	Loro ometteranno

Passato Remoto

Io omisi	Noi omettemmo
Tu omettesti	Voi ommetteste
Lui/Lei omise	Loro omisero

Futuro Anteriore

Io avrò omesso	Noi avremo omesso
Tu avrai omesso	Voi avrete omesso
Lui/Lei avrà omesso	Loro avranno omesso

Trapassato Remoto

Io ebbi omesso	Noi avemmo omesso
Tu avesti omesso	Voi aveste omesso
Lui/Lei ebbe omesso	Loro ebbero omesso

CONDIZIONALE

Condizionale Presente

Io ometterei	Noi ometteremmo
Tu ometteresti	Voi omettereste
Lui/Lei ometterebbe	Loro ometterebbero

Condizionale Passato

Io avrei omesso	Noi avremmo omesso
Tu avresti omesso	Voi avreste omesso
Lui/Lei avrebbe omesso	Loro avrebbero omesso

CONGIUNTIVO

Congiuntivo Presente

Io ometta	Noi omettiamo
Tu ometta	Voi omettiate
Lui/Lei ometta	Loro omettano

Congiuntivo Passato

Io abbia omesso	Noi abbiamo omesso
Tu abbia omesso	Voi abbiate omesso
Lui/Lei abbia omesso	Loro abbiano omesso

Congiuntivo Imperfetto

Io omettessi	Noi omettessimo
Tu omettessi	Voi ometteste
Lui/Lei omettesse	Loro omettessero

Congiuntivo Trapassato

Io avessi omesso	Noi avessimo omesso
Tu avessi omesso	Voi aveste omesso
Lui/Lei avesse omesso	Loro avessero omesso

IMPERATIVO

(Tu) ometti!   (Lei) ometta!   (Noi) omettiamo!   (Voi) omettete!   (Loro) omettano!

Hanno omesso alcune parole dal testo.
They omitted some words from the text.

È vero che omise le ragazze dal coro?
Is it true that he left the girls out of the chorus?

Avranno omesso di mettere i pacchi nel magazzino?
Could they have forgotten to put the packages in the warehouse?

Inf. onorare *Part. pres.* onorante *Part. pass.* onorato *Ger.* onorando

INDICATIVO

Presente

Io onoro	Noi onoriamo
Tu onori	Voi onorate
Lui/Lei onora	Loro onorano

Imperfetto

Io onoravo	Noi onoravamo
Tu onoravi	Voi onoravate
Lui/Lei onorava	Loro onoravano

Passato Prossimo

Io ho onorato	Noi abbiamoonorato
Tu hai onorato	Voi avete onorato
Lui/Lei ha onorato	Loro hanno onorato

Trapassato Prossimo

Io avevo onorato	Noi avevamo onorato
Tu avevi onorato	Voi avevate onorato
Lui/Lei aveva onorato	Loro avevano onorato

Futuro

Io onorerò	Noi onoreremo
Tu onorerai	Voi onorerete
Lui/Lei onorerà	Loro onoreranno

Passato Remoto

Io onorai	Noi onorammo
Tu onorasti	Voi onoraste
Lui/Lei onorò	Loro onorarono

Futuro Anteriore

Io avrò onorato	Noi avremo onorato
Tu avrai onorato	Voi avrete onorato
Lui/Lei avrà onorato	Loro avranno onorato

Trapassato Remoto

Io ebbi onorato	Noi avemmo onorato
Tu avesti onorato	Voi aveste onorato
Lui/Lei ebbe onorato	Loro ebbero onorato

CONDIZIONALE

Condizionale Presente

Io onorerei	Noi onoreremmo
Tu onoreresti	Voi onorereste
Lui/Lei onorerebbe	Loro onorerebbero

Condizionale Passato

Io avrei onorato	Noi avremmo onorato
Tu avresti onorato	Voi avreste onorato
Lui/Lei avrebbe onorato	Loro avrebbero onorato

CONGIUNTIVO

Congiuntivo Presente

Io onori	Noi onoriamo
Tu onori	Voi onoriate
Lui/Lei onori	Loro onorino

Congiuntivo Passato

Io abbia onorato	Noi abbiamo onorato
Tu abbia onorato	Voi abbiate onorato
Lui/Lei abbia onorato	Loro abbiano onorato

Congiuntivo Imperfetto

Io onorassi	Noi onorassimo
Tu onorassi	Voi onoraste
Lui/Lei onorasse	Loro onorassero

Congiuntivo Trapassato

Io avessi onorato	Noi avessimo onorato
Tu avessi onorato	Voi aveste onorato
Lui/Lei avesse onorato	Loro avessero onorato

IMPERATIVO

(Tu) onora! (Lei) onori! (Noi) onoriamo! (Voi) onorate! (Loro) onorino!

Onorarono i veterani della Seconda Guerra Mondiale.
They honored the World War II veterans.

Li avrebbe onorati della propria presenza, ma non la volevano più vedere.
She would have graced them with her presence, but they didn't want to see her anymore.

Il tuo coraggio ti onora.
Your courage does you credit.

OPERARE   *to operate, to work*

Inf. operare   *Part. pres.* operante   *Part. pass.* operato   *Ger.* operando

INDICATIVO

Presente

Io opero	Noi operiamo
Tu operai	Voi operate
Lui/Lei opera	Loro operano

Imperfetto

Io operavo	Noi operavamo
Tu operavi	Voi operavate
Lui/Lei operava	Loro operavano

Passato Prossimo

Io ho operato	Noi abbiamo operato
Tu hai operato	Voi avete operato
Lui/Lei ha operato	Loro hanno operato

Trapassato Prossimo

Io avevo operato	Noi avevamo operato
Tu avevi operato	Voi avevate operato
Lui/Lei aveva operato	Loro avevano operato

Futuro

Io opererò	Noi opereremo
Tu opererai	Voi opererete
Lui/Lei opererà	Loro opereranno

Passato Remoto

Io operai	Noi operammo
Tu operasti	Voi operaste
Lui/Lei operò	Loro operarono

Futuro Anteriore

Io avrò operato	Noi avremo operato
Tu avrai operato	Voi avrete operato
Lui/Lei avrà operato	Loro avranno operato

Trapassato Remoto

Io ebbi operato	Noi avemmo operato
Tu avesti operato	Voi aveste operato
Lui/Lei ebbe operato	Loro ebbero operato

CONDIZIONALE

Condizionale Presente

Io opererei	Noi opereremmo
Tu opereresti	Voi operereste
Lui/Lei opererebbe	Loro opererebbero

Condizionale Passato

Io avrei operato	Noi avremmo operato
Tu avresti operato	Voi avreste operato
Lui/Lei avrebbe operato	Loro avrebbero operato

CONGIUNTIVO

Congiuntivo Presente

Io operi	Noi operiamo
Tu operi	Voi operiate
Lui/Lei operi	Loro operino

Congiuntivo Passato

Io abbia operato	Noi abbiamo operato
Tu abbia operato	Voi abbiate operato
Lui/Lei abbia operato	Loro abbiano operato

Congiuntivo Imperfetto

Io operassi	Noi operassimo
Tu operassi	Voi operaste
Lui/lei operasse	Loro operassero

Congiuntivo Trapassato

Io avessi operato	Noi avessimo operato
Tu avessi operato	Voi aveste operato
Lui/Lei avesse operato	Loro avessero operato

IMPERATIVO

(Tu) opera!   (Lei) operi!   (Noi) operiamo!   (Voi) operate!   (Loro) operino!

Il chirurgo l'ha operato al polmone.
The surgeon operated on his lung.

Opereranno nel settore delle vendite.
They will work in the sales division.

Mi aspetto che abbia già operato mio cugino.
I expect that he has already operated on my cousin.

ORDINARE *to order, to tidy up, to arrange*

Inf. ordinare *Part. pres.* ordinante *Part. pass.* ordinato *Ger.* ordinando

INDICATIVO

Presente

Io ordino	Noi ordiniamo
Tu ordini	Voi ordinate
Lui/Lei ordina	Loro ordinano

Imperfetto

Io ordinavo	Noi ordinavamo
Tu ordinavi	Voi ordinavate
Lui/Lei ordinava	Lui ordinavano

Passato Prossimo

Io ho ordinato	Noi abbiamo ordinato
Tu hai ordinato	Voi avete ordinato
Lui/Lei ha ordinato	Loro hanno ordinato

Trapassato Prossimo

Io avevo ordinato	Noi avevamo ordinato
Tu avevi ordinato	Voi avevate ordinato
Lui/Lei aveva ordinato	Loro avevano ordinato

Futuro

Io ordinerò	Noi ordineremo
Tu ordinerai	Voi ordinerete
Lui/Lei ordinerà	Loro ordineranno

Passato Remoto

Io ordinai	Noi ordinammo
Tu ordinasti	Voi ordinaste
Lui/Lei ordinò	Loro ordinarono

Futuro Anteriore

Io avrò ordinato	Noi avremo ordinato
Tu avrai ordinato	Voi avrete ordinato
Lui/Lei avrà ordinato	Loro avranno ordinato

Trapassato Remoto

Io ebbi ordinato	Noi avemmo ordinato
Tu avesti ordinato	Voi aveste ordinato
Lui/Lei ebbe ordinato	Loro ebbero ordinato

CONDIZIONALE

Condizionale Presente

Io ordinerei	Noi ordineremmo
Tu ordineresti	Voi ordinereste
Lui/Lei ordinerebbe	Loro ordinerebbero

Condizionale Passato

Io avrei ordinato	Noi avremmo ordinato
Tu avresti ordinato	Voi avreste ordinato
Lui/Lei avrebbe ordinato	Loro avrebbero ordinato

CONGIUNTIVO

Congiuntivo Presente

Io ordini	Noi ordiniamo
Tu ordini	Voi ordiniate
Lui/Lei ordini	Loro ordinino

Congiuntivo Passato

Io abbia ordinato	Noi abbiamo ordinato
Tu abbia ordinato	Voi abbiate ordinato
Lui/Lei abbia ordinato	Loro abbiano ordinato

Congiuntivo Imperfetto

Io ordinassi	Noi ordinassimo
Tu ordinassi	Voi ordinaste
Lui/Lei ordinasse	Loro ordinassero

Congiuntivo Trapassato

Io avessi ordinato	Noi avessimo ordinato
Tu avessi ordinato	Voi aveste ordinato
Lui/Lei avesse ordinato	Loro avessero ordinato

IMPERATIVO

(Tu) ordina!　(Lei) ordini!　(Noi) ordiniamo!　(Voi) ordinate!　(Loro) ordinino!

Abbiamo ordinato l'armadio dopo tanto tempo.
We tidied up the closet after a long time.

Si era già seduto quando ordinò la bistecca.
He had already seated himself when he ordered the steak.

Desiderava che ordinassero i libri per la biblioteca.
He wanted them to order the books for the library.

Inf. organizzare *Part. pres.* organizzante *Part. pass.* organizzato *Ger.* organizzando

INDICATIVO

Presente		Imperfetto	
Io organizzo	Noi organizziamo	Io organizzavo	Noi organizzavamo
Tu organizzi	Voi organizzate	Tu organizzavi	Voi organizzavate
Lui/Lei organizza	Loro organizzano	Lui/Lei organizzava	Loro organizzavano

Passato Prossimo		Trapassato Prossimo	
Io ho organizzato	Noi abbiamo organizzato	Io avevo organizzato	Noi avevamo organizzato
Tu hai organizzato	Voi avete organizzato	Tu avevi organizzato	Voi avevate organizzato
Lui/Lei ha organizzato	Loro hanno organizzato	Lui/Lei aveva organizzato	Loro avevano organizzato

Futuro		Passato Remoto	
Io organizzerò	Noi organizzeremo	Io organizzai	Noi organizzammo
Tu organizzerai	Voi organizzerete	Tu organizzasti	Voi organizzaste
Lui/Lei organizzerà	Loro organizzeranno	Lui/Lei organizzò	Loro organizzarono

Futuro Anteriore		Trapassato Remoto	
Io avrò organizzato	Noi avremo organizzato	Io ebbi organizzato	Noi avemmo organizzato
Tu avrai organizzato	Voi avrete organizzato	Tu avesti organizzato	Voi aveste organizzato
Lui/Lei avrà organizzato	Loro avranno organizzato	Lui/Lei ebbe organizzato	Loro ebbero organizzato

CONDIZIONALE

Condizionale Presente		Condizionale Passato	
Io organizzerei	Noi organizzeremmo	Io avrei organizzato	Noi avremmo organizzato
Tu organizzeresti	Voi organizzereste	Tu avresti organizzato	Voi avreste organizzato
Lui/Lei organizzerebbe	Loro organizzerebbero	Lui/Lei avrebbe organizzato	Loro avrebbero organizzato

CONGIUNTIVO

Congiuntivo Presente		Congiuntivo Passato	
Io organizzi	Noi organizziamo	Io abbia organizzato	Noi abbiamo organizzato
Tu organizzi	Voi organizziate	Tu abbia organizzato	Voi abbiate organizzato
Lui/Lei organizzi	Loro organizzino	Lui/Lei abbia organizzato	Loro abbiano organizzato

Congiuntivo Imperfetti		Congiuntivo Trapassato	
Io organizzassi	Noi organizzassimo	Io avessi organizzato	Noi avessimo organizzato
Tu organizzassi	Voi organizzaste	Tu avessi organizzato	Voi aveste organizzato
Lui/Lei organizzasse	Loro organizzassero	Lui/Lei avesse organizzato	Loro avessero organizzato

IMPERATIVO

(Tu) organizza! (Lei) organizzi! (Noi) organizziamo! (Voi) organizzate! (Loro) organizzino!

Organizzarono una bellissima serata.
They organized a lovely evening.

Dopo che avremo organizzato il viaggio, parleremo degli alberghi.
After we have arranged the trip, we'll talk about the hotels.

Hanno organizzato una manifestazione contro il governo.
They organized a demonstration against the government.

Inf. osare *Part. pres.* osante *Part. pass.* osato *Ger.* osando

INDICATIVO

Presente		Imperfetto	
Io oso	Noi osiamo	Io osavo	Noi osavamo
Tu osi	Voi osate	Tu osavi	Voi osavate
Lui/Lei osa	Loro osano	Lui/Lei osava	Loro osavano

Passato Prossimo		Trapassato Prossimo	
Io ho osato	Noi abbiamo osato	Io avevo osato	Noi avevamo osato
Tu hai osato	Voi avete osato	Tu avevi osato	Voi avevate osato
Lui/Lei ha osato	Loro hanno osato	Lui/Lei aveva osato	Loro avevano osato

Futuro		Passato Remoto	
Io oserò	Noi oseremo	Io osai	Noi osammo
Tu oserai	Voi oserete	Tu osasti	Voi osaste
Lui/Lei oserà	Loro oseranno	Lui/Lei osò	Loro osarono

Futuro Anteriore		Trapassato Remoto	
Io avrò osato	Noi avremo osato	Io ebbi osato	Noi avemmo osato
Tu avrai osato	Voi avrete osato	Tu avesti osato	Voi aveste osato
Lui/Lei avrà osato	Loro avranno osato	Lui/Lei ebbe osato	Loro ebbero osato

CONDIZIONALE

Condizionale Presente		Condizionale Passato	
Io oserei	Noi oseremmo	Io avrei osato	Noi avremmo osato
Tu oseresti	Voi osereste	Tu avresti osato	Voi avreste osato
Lui/Lei oserebbe	Loro oserebbero	Lui/Lei avrebbe osato	Loro avrebbero osato

CONGIUNTIVO

Congiuntivo Presente		Congiuntivo Passato	
Io osi	Noi osiamo	Io abbia osato	Noi abbiamo osato
Tu osi	Voi osiate	Tu abbia osato	Voi abbiate osato
Lui/Lei osi	Loro osino	Lui/Lei abbia osato	Loro abbiano osato

Congiuntivo Imperfetto		Congiuntivo Trapassato	
Io osassi	Noi osassimo	Io avessi osato	Noi avessimo osato
Tu osassi	Voi osaste	Tu avessi osato	Voi aveste osato
Lui/Lei osasse	Loro osassero	Lui/Lei avesse osato	Loro avessero osato

IMPERATIVO

(Tu) osa!   (Lei) osi!   (Noi) osiamo!   (Voi) osate!   (Loro) osino!

Non osare parlarmi in quel modo!
Don't you dare talk to me that way!

Oserei dire che fosse meglio non mangiare quella torta.
I would suggest that it would be better not to eat that cake.

Non avrebbe osato domandare. Le pareva che lui stesse di malumore.
She wouldn't have dared to ask. It seemed to her that he was in a bad mood.

Inf. osservare *Part. pres.* osservante *Part. pass.* osservato *Ger.* osservando

INDICATIVO

Presente

Io osservo	Noi osserviamo
Tu osservi	Voi osservate
Lui/Lei osserva	Loro osservano

Imperfetto

Io osservavo	Noi osservavamo
Tu osservavi	Voi osservavate
Lui/Lei osservava	Loro osservavano

Passato Prossimo

Io ho osservato	Noi abbiamo osservato
Tu hai osservato	Voi avete osservato
Lui/Lei ha osservato	Loro hanno osservato

Trapassato Prossimo

Io avevo osservato	Noi avevamo osservato
Tu avevi osservato	Voi avevate osservato
Lui/Lei aveva osservato	Loro avevano osservato

Futuro

Io osserverò	Noi osserveremo
Tu osserverai	Voi osserverete
Lui/Lei osserverà	Loro osserveranno

Passato Remoto

Io osservai	Noi osservammo
Tu osservasti	Voi osservaste
Lui/Lei osservò	Loro osservarono

Futuro Anteriore

Io avrò osservato	Noi avremo osservato
Tu avrai osservato	Voi avrete osservato
Lui/Lei avrà osservato	Loro avranno osservato

Trapassato Remoto

Io ebbi osservato	Noi avemmo osservato
Tu avesti osservato	Voi aveste osservato
Lui/Lei ebbe osservato	Loro ebbero osservato

CONDIZIONALE

Condizionale Presente

Io osserverei	Noi osserveremmo
Tu osserveresti	Voi osservereste
Lui/Lei osserverebbe	Loro osserverebbero

Condizionale Passato

Io avrei osservato	Noi avremmo osservato
Tu avresti osservato	Voi avreste osservato
Lui/Lei avrebbe osservato	Loro avrebbero osservato

CONGIUNTIVO

Congiuntivo Presente

Io osservi	Noi osserviamo
Tu osservi	Voi osserviate
Lui/Lei osservi	Loro osservino

Condizionale Passato

Io abbia osservato	Noi abbiamo osservato
Tu abbia osservato	Voi abbiate osservato
Lui/Lei abbia osservato	Loro abbiano osservato

Congiuntivo Imperfetto

Io osservassi	Noi osservassimo
Tu osservassi	Voi osservaste
Lui/Lei osservasse	Loro osservassero

Congiuntivo Trapassato

Io avessi osservato	Noi avessimo osservato
Tu avessi osservato	Voi aveste osservato
Lui/Lei avesse osservato	Loro avessero osservato

IMPERATIVO

(Tu) osserva! (Lei) osservi! (Noi) osserviamo! (Voi) osservate! (Loro) osservino!

Osservavamo mentre cercarono di farlo parlare.
We observed while they tried to get him to talk.

Gli scienziati hanno osservato qualcosa al microscopio.
The scientists observed something through the microscope.

Gli automobilisti canadesi osservano le regole stradali.
Canadian motorists observe the rules of the road.

OTTENERE   *to obtain, to achieve, to get*

Inf. ottenere   *Part. pres.* ottenente   *Part. pass.* ottenuto   *Ger.* ottenendo

INDICATIVO

Presente

Io ottengo	Noi otteniamo
Tu ottieni	Voi ottenete
Lui/Lei ottiene	Loro ottengono

Imperfetto

Io ottenevo	Noi ottenevamo
Tu ottenevi	Voi ottenevate
Lui/Lei otteneva	Loro ottenevano

Passato Prossimo

Io ho ottenuto	Noi abbiamo ottenuto
Tu hai ottenuto	Voi avete ottenuto
Lui/Lei ha ottenuto	Loro hanno ottenuto

Trapassato Prossimo

Io avevo ottenuto	Noi avevamo ottenuto
Tu avevi ottenuto	Voi avevate ottenuto
Lui/Lei aveva ottenuto	Loro avevano ottenuto

Futuro

Io otterrò	Noi otterremo
Tu otterrai	Voi otterrete
Lui/Lei otterrà	Loro otterranno

Passato Remoto

Io ottenni	Noi ottenemmo
Tu ottenesti	Voi otteneste
Lui/Lei ottenne	Loro ottennero

Futuro Anteriore

Io avrò ottenuto	Noi avremo ottenuto
Tu avrai ottenuto	Voi avrete ottenuto
Lui/Lei avrà ottenuto	Loro avranno ottenuto

Trapassato Remoto

Io ebbi ottenuto	Noi avemmo ottenuto
Tu avesti ottenuto	Voi aveste ottenuto
Lui/Lei ebbe ottenuto	Loro ebbero ottenuto

CONDIZIONALE

Condizionale Presente

Io otterrei	Noi otterremmo
Tu otterresti	Voi otterreste
Lui/Lei otterrebbe	Loro otterrebbero

Condizionale Passato

Io avrei ottenuto	Noi avremmo ottenuto
Tu avresti ottenuto	Voi avreste ottenuto
Lui/Lei avrebbe ottenuto	Loro avrebbero ottenuto

CONGIUNTIVO

Congiuntivo Presente

Io ottenga	Noi otteniamo
Tu ottenga	Voi otteniate
Lui/Lei ottenga	Loro ottengano

Congiuntivo Passato

Io abbia ottenuto	Noi abbiamo ottenuto
Tu abbia ottenuto	Voi abbiate ottenuto
Lui/Lei abbia ottenuto	Loro abbiano ottenuto

Congiuntivo Imperfetto

Io ottenessi	Noi ottenessimo
Tu ottenessi	Voi otteneste
Lui/Lei ottenesse	Loro ottenessero

Congiuntivo Trapassato

Io avessi ottenuto	Noi avessimo ottenuto
Tu avessi ottenuto	Voi aveste ottenuto
Lui/Lei avesse ottenuto	Loro avessero ottenuto

IMPERATIVO

(Tu) ottieni!   (Lei) ottenga!   (Noi) otteniamo!   (Voi) ottenete!   (Loro) ottengano!

Credevo che lei avesse ottenuto molto successo.
I believed that she had had great success.

Ottennero un accordo nelle ore piccole.
They achieved an agreement late at night.

I ladri hanno ottenuto accesso al negozio da una finestra.
The thieves gained access to the store through a window.

PAGARE   *to pay*

Inf. pagare *Part. pres.* pagante *Part. pass.* pagato *Ger.* pagando

INDICATIVO

Presente
Io pago	Noi paghiamo
Tu paghi	Voi pagate
Lui/Lei paga	Loro pagano

Imperfetto
Io pagavo	Noi pagavamo
Tu pagavi	Voi pagavate
Lui/Lei pagava	Loro pagavano

Passato Prossimo
Io ho pagato	Noi abbiamo pagato
Tu hai pagato	Voi avete pagato
Lui/Lei ha pagato	Loro hanno pagato

Trapassato Prossimo
Io avevo pagato	Noi avevamo pagato
Tu avevi pagato	Voi avevate pagato
Lui/Lei aveva pagato	Loro avevano pagato

Futuro
Io pagherò	Noi pagheremo
Tu pagherai	Voi pagherete
Lui/Lei pagherà	Loro pagheranno

Passato Remoto
Io pagai	Noi pagammo
Tu pagasti	Voi pagaste
Lui/Lei pagò	Loro pagarono

Futuro Anteriore
Io avrò pagato	Noi avremo pagato
Tu avrai pagato	Voi avrete pagato
Lui/Lei avrà pagato	Loro avranno pagato

Trapassato Remoto
Io ebbi pagato	Noi avemmo pagato
Tu avesti pagato	Voi aveste pagato
Lui/Lei ebbe pagato	Loro ebbero pagato

CONDIZIONALE

Condizionale Presente
Io pagherei	Noi pagheremmo
Tu pagheresti	Voi paghereste
Lui/Lei pagherebbe	Loro pagherebbero

Condizionale Passato
Io avrei pagato	Noi avremmo pagato
Tu avresti pagato	Voi avreste pagato
Lui/Lei avrebbe pagato	Loro avrebbero pagato

CONGIUNTIVO

Congiuntivo Presente
Io paghi	Noi paghiamo
Tu paghi	Voi paghiate
Lui/Lei paghi	Loro paghino

Congiuntivo Passato
Io abbia pagato	Noi abbiamo pagato
Tu abbia pagato	Voi abbiate pagato
Lui/Lei abbia pagato	Loro abbiano pagato

Congiuntivo Imperfetto
Io pagassi	Noi pagassimo
Tu pagassi	Voi pagaste
Lui/Lei pagasse	Loro pagassero

Congiuntivo Trapassato
Io avessi pagato	Noi avessimo pagato
Tu avessi pagato	Voi aveste pagato
Lui/Lei avesse pagato	Loro avessero pagato

IMPERATIVO

(Tu) paga!   (Lei) paghi!   (Noi) paghiamo!   (Voi) pagate!   (Loro) paghino!

Fatemi pagare il conto!
Let me pay the bill!

Il crimine non paga.
Crime doesn't pay.

Avrebbero pagato tramite assegno, ma non l'avevano a portata di mano.
They would have paid by check, but they didn't have any on hand.

Inf. paragonare   *Part. pres.* paragonante   *Part. pass.* paragonato   *Ger.* paragonando

INDICATIVO

Presente

Io paragono	Noi paragoniamo
Tu paragoni	Voi paragonate
Lui/Lei paragona	Loro paragonano

Imperfetto

Io paragonavo	Noi paragonavamo
Tu paragonavi	Voi paragonavate
Lui/Lei paragonava	Loro paragonavano

Passato Prossimo

Io ho paragonato	Noi abbiamo paragonato
Tu hai paragonato	Voi avete paragonato
Lui/Lei ha paragonato	Loro hanno paragonato

Trapassato Prossimo

Io avevo paragonato	Noi avevamo paragonato
Tu avevi paragonato	Voi avevate paragonato
Lui/Lei aveva paragonato	Loro avevano paragonato

Futuro

Io paragonerò	Noi paragoneremo
Tu paragonerai	Voi paragonerete
Lui/Lei paragonerà	Noi paragoneranno

Passato Remoto

Io paragonai	Noi paragonammo
Tu paragonasti	Voi paragonaste
Lui/Lei paragonò	Loro paragonarono

Futuro Anteriore

Io avrò paragonato	Noi avremo paragonato
Tu avrai paragonato	Voi avrete paragonato
Lui/Lei avrà paragonato	Loro avranno paragonato

Trapassato Remoto

Io ebbi paragonato	Noi avemmo paragonato
Tu avesti paragonato	Voi aveste paragonato
Lui/Lei ebbe paragonato	Loro ebbero paragonato

CONDIZIONALE

Condizionale Presente

Io paragonerei	Noi paragoneremmo
Tu paragoneresti	Voi paragonereste
Lui/Lei paragonerebbe	Loro paragonerebbero

Condizionale Passato

Io avrei paragonato	Noi avremmo paragonato
Tu avresti paragonato	Voi avreste paragonato
Lui/Lei avrebbe paragonato	Loro avrebbero paragonato

CONGIUNTIVO

Congiuntivo Presente

Io paragoni	Noi paragoniamo
Tu paragoni	Voi paragoniate
Lui/Lei paragoni	Loro paragonino

Congiuntivo Passato

Io abbia paragonato	Noi abbiamo paragonato
Tu abbia paragonato	Voi abbiate paragonato
Lui/Lei abbia paragonato	Loro abbiano paragonato

Congiuntivo Imperfetto

Io paragonassi	Noi paragonassimo
Tu paragonassi	Voi paragonaste
Lui/Lei paragonasse	Loro paragonassero

Congiuntivo Trapassato

Io avessi paragonato	Noi avessimo paragonato
Tu avessi paragonato	Voi aveste paragonato
Lui/Lei avesse paragonato	Loro avessero paragonato

IMPERATIVO

(Tu) paragona!   (Lei) paragoni!   (Noi) paragoniamo!   (Voi) paragonate!   (Loro) paragonino!

Gli studenti universitari paragonano spesso i loro appunti.
University students often compare their notes.

Paragoniamo i nostri programmi preferiti!
Let's compare our favorite programs!

Se paragonassero le loro opinioni scoprirebbero di avere molto in comune.
If they were to compare their opinions, they would find that they have a lot in common.

PARCHEGGIARE   *to park*

Inf. parcheggiare   *Part. pres.* parcheggiante   *Part. pass.* parcheggiato   *Ger.* parcheggiando

INDICATIVO

Presente

Io parcheggio	Noi parcheggiamo		
Tu parcheggi	Voi parcheggiate		
Lui/Lei parcheggia	Loro parcheggiano		

Imperfetto

Io parcheggiavo	Noi parcheggiavamo
Tu parcheggiavi	Voi parcheggiavate
Lui/Lei parcheggiava	Loro parcheggiavano

Passato Prossimo

Io ho parcheggiato	Noi abbiamo parcheggiato
Tu hai parcheggiato	Voi avete parcheggiato
Lui/Lei ha parcheggiato	Loro hanno parcheggiato

Trapassato Prossimo

Io avevo parcheggiato	Noi avevamo parcheggiato
Tu avevi parcheggiato	Voi avevate parcheggiato
Lui/Lei aveva parcheggiato	Loro avevano parcheggiato

Futuro

Io parcheggerò	Noi parcheggeremo
Tu parcheggerai	Voi parcheggerete
Lui/Lei parcheggerà	Loro parcheggeranno

Passato Remoto

Io parcheggiai	Noi parcheggiammo
Tu parcheggiasti	Voi parcheggiaste
Lui/Lei parcheggiò	Loro parcheggiarono

Futuro Anteriore

Io avrò parcheggiato	Noi avremo parcheggiato
Tu avrai parcheggiato	Voi avrete parcheggiato
Lui/Lei avrà parcheggiato	Loro avranno parcheggiato

Trapassato Remoto

Io ebbi parcheggiato	Noi avemmo parcheggiato
Tu avesti parcheggiato	Voi aveste parcheggiato
Lui/Lei ebbe parcheggiato	Loro ebbero parcheggiato

CONDIZIONALE

Condizionale Presente

Io parcheggerei	Noi parcheggeremmo
Tu parcheggeresti	Voi parcheggereste
Lui/Lei parcheggerebbe	Loro parcheggerebbero

Condizionale Passato

Io avrei parcheggiato	Noi avremmo parcheggiato
Tu avresti parcheggiato	Voi avreste parcheggiato
Lui/Lei avrebbe parcheggiato	Loro avrebbero parcheggiato

CONGIUNTIVO

Congiuntivo Presente

Io parcheggi	Noi parcheggiamo
Tu parcheggi	Voi parcheggiate
Lui/Lei parcheggi	Loro parcheggino

Congiuntivo Passato

Io abbia parcheggiato	Noi abbiamo parcheggiato
Tu abbia parcheggiato	Voi abbiate parcheggiato
Lui/Lei abbia parcheggiato	Loro abbiano parcheggiato

Congiuntivo Imperfetto

Io parcheggiassi	Noi parcheggiassimo
Tu parcheggiassi	Voi parcheggiaste
Lui/Lei parcheggiasse	Loro parcheggiassero

Congiuntivo Trapassato

Io avessi parcheggiato	Noi avessimo parcheggiato
Tu avessi parcheggiato	Voi aveste parcheggiato
Lui/Lei avesse parcheggiato	Loro avessero parcheggiato

IMPERATIVO

(Tu) parcheggia!   (Lei) parcheggi!   (Noi) parcheggiamo!   (Voi) parcheggiate!   (Loro) parcheggino!

Era impossibile parcheggiare la macchina in centro.
It was impossible to park the car downtown.

In molti paesi tante persone parcheggiano in doppia fila.
In many countries a lot of people double park.

Avrei parcheggiato la macchina in garage, ma c'era già un'altra macchina.
I would have parked the car in the garage, but there was already another car there.

PARERE   *to appear, to seem*

Inf. parere   *Part. pres.* parvente   *Part. pass.* parso   *Ger.* parendo

INDICATIVO

Presente		Imperfetto	
Io paio	Noi paiamo	Io parevo	Noi parevamo
Tu pari	Voi parete	Tu parevi	Voi parevate
Lui/Lei pare	Loro paiano	Lui/Lei pareva	Loro parevano

Passato Prossimo		Trapassato Prossimo	
Io sono parso/a	Noi siamo parsi/e	Io ero parso/a	Noi eravamo parsi/e
Tu sei parso/a	Voi siete parsi/e	Tu eri parso/a	Voi eravate parsi/e
Lui/Lei è parso/a	Loro sono parsi/e	Lui/Lei era parso/a	Loro erano parsi/e

Futuro		Passato Remoto	
Io parrò	Noi parremo	Io parvi	Noi paremmo
Tu parrai	Voi parrete	Tu paresti	Voi pareste
Lui/Lei parrà	Loro parranno	Lui/Lei parve	Loro parvero

Futuro Anteriore		Trapassato Remoto	
Io sarò parso/a	Noi saremo parsi/e	Io fui parso/a	Noi fummo parsi/e
Tu sarai parso/a	Voi sarete parsi/e	Tu fosti parso/a	Voi foste parsi/e
Lui/Lei sarà parso/a	Loro saranno parsi/e	Lui/Lei fu parso/a	Loro furono parsi/e

CONDIZIONALE

Condizionale Presente		Condizionale Passato	
Io parrei	Noi parremmo	Io sarei parso/a	Noi saremmo parsi/e
Tu parresti	Voi parreste	Tu saresti parso/a	Voi sareste parsi/e
Lui/Lei parrebbe	Noi parrebbero	Lui/Lei sarebbe parso/a	Loro sarebbero parsi/e

CONGIUNTIVO

Congiuntivo Presente		Congiuntivo Passato	
Io paia	Noi paiamo	Io sia parso/a	Noi siamo parsi/e
Tu paia	Voi paiate	Tu sia parso/a	Voi siate parsi/e
Lui/Lei paia	Loro paiano	Lui/Lei sia parso/a	Loro siano parsi/e

Congiuntivo Imperfetto		Congiuntivo Trapassato	
Io paressi	Noi paressimo	Io fossi parso/a	Noi fossimo parsi/e
Tu paressi	Voi pareste	Tu fossi parso/a	Voi foste parsi/e
Lui/Lei paresse	Loro paressero	Lui/Lei fosse parso/a	Loro fossero parsi/e

IMPERATIVO

—   —   —   —   —

Il viaggio mi è parso molto corto.
The trip seemed very short to me.

Che te ne pare di questo libro?
What do you think about this book?

Ha fatto quello che le pareva.
She did what she felt like.

Inf. parlare   *Part. pres.* parlante   *Part. pass.* parlato   *Ger.* parlando

INDICATIVO

Presente

Io parlo	Noi parliamo
Tu parli	Voi parlate
Lui/Lei parla	Loro parlano

Imperfetto

Io parlavo	Noi parlavamo
Tu parlavi	Voi parlavate
Lui/Lei parlava	Loro parlavano

Passato Prossimo

Io ho parlato	Noi abbiamo parlato
Tu hai parlato	Voi avete parlato
Lui/Lei ha parlato	Loro hanno parlato

Trapassato Prossimo

Io avevo parlato	Noi avevamo parlato
Tu avevi parlato	Voi avevate parlato
Lui/Lei aveva parlato	Loro avevano parlato

Futuro

Io parlerò	Noi parleremo
Tu parlerai	Voi parlerete
Lui/Lei parlerà	Loro parleranno

Passato Remoto

Io parlai	Noi parlammo
Tu parlasti	Voi parlaste
Lui/Lei parlò	Loro parlarono

Futuro Anteriore

Io avrò parlato	Noi avremo parlato
Tu avrai parlato	Voi avrete parlato
Lui/Lei avrà parlato	Loro avranno parlato

Trapassato Remoto

Io ebbi parlato	Noi avemmo parlato
Tu avesti parlato	Voi aveste parlato
Lui/Lei ebbe parlato	Loro ebbero parlato

CONDIZIONALE

Condizionale Presente

Io parlerei	Noi parleremmo
Tu parleresti	Voi parlereste
Lui/Lei parlerebbe	Loro parlerebbero

Condizionale Passato

Io avrei parlato	Noi avremmo parlato
Tu avresti parlato	Voi avreste parlato
Lui/Lei avrebbe parlato	Loro avrebbero parlato

CONGIUNTIVO

Congiuntivo Presente

Io parli	Noi parliamo
Tu parli	Voi parliate
Lui/Lei parli	Loro parlino

Congiuntivo Passato

Io abbia parlato	Noi abbiamo parlato
Tu abbia parlato	Voi abbiate parlato
Lui/Lei abbia parlato	Loro abbiano parlato

Congiuntivo Imperfetto

Io parlassi	Noi parlassimo
Tu parlassi	Voi parlaste
Lui/Lei parlasse	Loro parlassero

Congiuntivo Trapassato

Io avessi parlato	Noi avessimo parlato
Tu avessi parlato	Voi aveste parlato
Lui/Lei avesse parlato	Loro avessero parlato

IMPERATIVO

(Tu) parla!   (Lei) parli!   (Noi) parliamo!   (Voi) parlate!   (Loro) parlino!

Il bambino ha iniziato a parlare.
The child has begun to speak.

Sto parlando con te!
I am talking to you!

Ne parleremo tra due ore.
We will talk about it in two hours.

PARTECIPARE   *to share, to participate*

Inf. partecipare   *Part. pres.* partecipante   *Part. pass.* partecipato   *Ger.* partecipando

INDICATIVO

Presente		Imperfetto	
Io partecipo	Noi partecipiamo	Io partecipavo	Noi partecipavamo
Tu partecipi	Voi partecipate	Tu partecipavi	Voi partecipavate
Lui/Lei partecipa	Loro partecipano	Lui/Lei partecipava	Loro partecipavano

Passato Prossimo		Trapassato Prossimo	
Io ho partecipato	Noi abbiamo partecipato	Io avevo partecipato	Noi avevamo partecipato
Tu hai partecipato	Voi avete partecipato	Tu avevi partecipato	Voi avevate partecipato
Lui/Lei ha partecipato	Loro hanno partecipato	Lui/Lei aveva partecipato	Loro avevano partecipato

Futuro		Passato Remoto	
Io parteciperò	Noi parteciperemo	Io partecipai	Noi partecipammo
Tu parteciperai	Voi parteciperete	Tu partecipasti	Voi partecipaste
Lui/Lei parteciperà	Noi parteciperanno	Lui/Lei partecipò	Lor parteciparono

Futuro Anteriore		Trapassato Remoto	
Io avrò partecipato	Noi avremo partecipato	Io ebbi partecipato	Noi avemmo partecipato
Tu avrai partecipato	Voi avrete partecipato	Tu avesti partecipato	Voi aveste partecipato
Lui/Lei avrà partecipato	Loro avranno partecipato	Lui/Lei ebbe partecipato	Loro ebbero partecipato

CONDIZIONALE

Condizionale Presente		Condizionale Passato	
Io parteciperei	Noi parteciperemmo	Io avrei partecipato	Noi avremmo partecipato
Tu parteciperesti	Voi partecipereste	Tu avresti partecipato	Voi avreste partecipato
Lui/Lei parteciperebbe	Loro parteciperebbero	Lui/Lei avrebbe partecipato	Loro avrebbero partecipato

CONGIUNTIVO

Congiuntivo Presente		Congiuntivo Passato	
Io partecipi	Noi partecipiamo	Io abbia partecipato	Noi abbiamo partecipato
Tu partecipi	Voi partecipiate	Tu abbia partecipato	Voi abbiate partecipato
Lui/Lei partecipi	Loro partecipino	Lui/Lei abbia partecipato	Loro abbiano partecipato

Congiuntivo Imperfetto		Congiuntivo Trapassato	
Io partecipassi	Noi partecipassimo	Io avessi partecipato	Noi avessimo partecipato
Tu partecipassi	Voi partecipaste	Tu avessi partecipato	Voi aveste partecipato
Lui/Lei partecipasse	Loro partecipassero	Lui/Lei avesse partecipato	Loro avessero partecipato

IMPERATIVO

(Tu) partecipa!   (Lei) partecipi!   (Noi) partecipiamo!   (Voi) partecipate!   (Loro) partecipino!

Non partecipano molto in classe.
They don't participate a lot in class.

Non vorrei che tu partecipassi alle spese.
I wouldn't want you to share in the expenses.

Domani parteciperò alla manifestazione.
I will participate in the demonstration tomorrow.

Inf. partire *Part. pres.* partente *Part. pass.* partito *Ger.* partendo

INDICATIVO

Presente

Io parto	Noi partiamo
Tu parti	Voi partite
Lui/Lei parte	Loro partono

Imperfetto

Io partivo	Noi partivamo
Tu partivi	Voi partivate
Lui/Lei partiva	Loro partivano

Passato Prossimo

Io sono partito/a	Noi siamo partiti/e
Tu sei partito/a	Voi siete partiti/e
Lui/Lei è partito/a	Loro sono partiti/e

Trapassato Prossimo

Io ero partito/a	Noi eravamo partiti/e
Tu eri partito/a	Voi eravate partiti/e
Lui/Lei era partito/a	Loro erano partiti/e

Futuro

Io partirò	Noi partiremo
Tu partirai	Voi partirete
Lui/Lei partirà	Loro partiranno

Passato Remoto

Io partii	Noi partimmo
Tu partisti	Voi partiste
Lui/Lei partì	Loro partirono

Futuro Anteriore

Io sarò partito/a	Noi saremo partiti/e
Tu sarai partito/a	Voi sarete partiti/e
Lui/Lei sarà partito/a	Loro saranno partiti/e

Trapassato Remoto

Io fui partito/a	Noi fummo partiti/e
Tu fosti partito/a	Voi foste partiti/e
Lui/Lei fu partito/a	Loro furono partiti/e

CONDIZIONALE

Condizionale Presente

Io partirei	Noi partiremmo
Tu partiresti	Voi partireste
Lui/Lei partirebbe	Loro partirebbero

Condizionale Passato

Io sarei partito/a	Noi saremmo partiti/e
Tu saresti partito/a	Voi sareste partiti/e
Lui/Lei sarebbe partito/a	Loro sarebbero partiti/e

CONGIUNTIVO

Congiuntivo Presente

Io parta	Noi partiamo
Tu parta	Voi partiate
Lui/Lei parta	Loro partano

Congiuntivo Passato

Io sia partito/a	Noi siamo partiti/e
Tu sia partito/a	Voi siate partiti/e
Lui/Lei sia partito/a	Loro siano partiti/e

Congiuntivo Imperfetto

Io partissi	Noi partissimo
Tu partissi	Voi partiste
Lui/Lei partisse	Loro partissero

Congiuntivo Trapassato

Io fossi partito/a	Noi fossimo partiti/e
Tu fossi partito/a	Voi foste partiti/e
Lui/Lei fosse partito/a	Loro fossero partiti/e

IMPERATIVO

(Tu) parti!   (Lei) parta!   (Noi) partiamo!   (Voi) partite!   (Loro) partano!

Sono partiti per la Svizzera ieri sera.
They left for Switzerland last night.

Quando partono, non li ferma più nessuno.
Once they get going there is no stopping them.

Pensavo che fosse già partita.
I thought that she would have already left.

PASSARE   *to pass, to spend*

Inf. passare   *Part. pres.* passante   *Part. pass.* passato   *Ger.* passando

INDICATIVO

Presente

Io passo	Noi passiamo
Tu passi	Voi passate
Lui/Lei passa	Loro passano

Imperfetto

Io passavo	Noi passavamo
Tu passavi	Voi passavate
Lui/Lei passava	Loro passavano

Passato Prossimo

Io ho passato	Noi abbiamo passato
Tu hai passato	Voi avete passato
Lui/Lei ha passato	Loro hanno passato

Trapassato Prossimo

Io avevo passato	Noi avevamo passato
Tu avevi passato	Voi avevate passato
Lui/Lei aveva passato	Loro avevano passato

Futuro

Io passerò	Noi passeremo
Tu passerai	Voi passerete
Lui/Lei passerà	Loro passeranno

Passato Remoto

Io passai	Noi passammo
Tu passasti	Voi passaste
Lui/Lei passò	Loro passarono

Futuro Anteriore

Io avrò passato	Noi avremo passato
Tu avrai passato	Voi avrete passato
Lui/Lei avrà passato	Loro avranno passato

Trapassato Remoto

Io ebbi passato	Noi avemmo passato
Tu avesti passato	Voi aveste passato
Lui/Lei ebbe passato	Loro ebbero passato

CONDIZIONALE

Condizionale Presente

Io passerei	Noi passeremmo
Tu passeresti	Voi passereste
Lui/Lei passerebbe	Loro passerebbero

Condizionale Passato

Io avrei passato	Noi avremmo passato
Tu avresti passato	Voi avreste passato
Lui/Lei avrebbe passato	Loro avrebbero passato

CONGIUNTIVO

Congiuntivo Presente

Io passi	Noi passiamo
Tu passi	Voi passiate
Lui/Lei passi	Loro passino

Congiuntivo Passato

Io abbia passato	Noi abbiamo passato
Tu abbia passato	Voi abbiate passato
Lui/Lei abbia passato	Loro abbiano passato

Congiuntivo Imperfetto

Io passassi	Noi passassimo
Tu passassi	Voi passaste
Lui/Lei passasse	Loro passassero

Congiuntivo Trapassato

Io avessi passato	Noi avessimo passato
Tu avessi passato	Voi aveste passato
Lui/Lei avesse passato	Loro avessero passato

IMPERATIVO

(Tu) passa!   (Lei) passi!   (Noi) passiamo!   (Voi) passate!   (Loro) passino!

Passiamo adesso la linea ai nostri colleghi di **Milano**.
We pass the line now to our colleagues in Milan.

Ho passato una bella serata con i miei **amici**.
I spent a wonderful evening with my friends.

Ti passerò subito il Signor Vignolini.
I will connect you to Mr. Vignolini right away.

Inf. peggiorare *Part. pres.* peggiorante *Part. pass.* peggiorato *Ger.* peggiorando

INDICATIVO

Presente

Io peggioro	Noi peggioriamo
Tu peggiori	Voi peggiorate
Lui/Lei peggiora	Loro peggiorano

Imperfetto

Io peggioravo	Noi peggioravamo
Tu peggioravi	Voi peggioravate
Lui/Lei peggiorava	Loro peggioravano

Passato Prossimo

Io sono peggiorato/a	Noi siamo peggiorati/e
Tu sei peggiorato/a	Voi siete peggiorati/e
Lui/Lei è peggiorato/a	Loro sono peggiorati/e

Trapassato Prossimo

Io ero peggiorato/a	Noi eravamo peggiorati/e
Tu eri peggiorato/a	Voi eravate peggiorati/e
Lui/Lei era peggiorato/a	Loro erano peggiorati/e

Futuro

Io peggiorerò	Noi peggioreremo
Tu peggiorerai	Voi peggiorerete
Lui/Lei peggiorerà	Loro peggioreranno

Passato Remoto

Io peggiorai	Noi peggiorammo
Tu peggiorasti	Voi peggioraste
Lui/Lei peggiorò	Loro peggiorarono

Futuro Anteriore

Io sarò peggiorato/a	Noi saremo peggiorati/e
Tu sarai peggiorato/a	Voi sarete peggiorati/e
Lui/Lei sarà peggiorato/a	Loro saranno peggiorati/e

Trapassato Remoto

Io fui peggiorato/a	Noi fummo peggiorati/e
Tu fosti peggiorato/a	Voi foste peggiorati/e
Lui/Lei fu peggiorato/a	Loro furono peggiorati/e

CONDIZIONALE

Condizionale Presente

Io peggiorerei	Noi peggioreremmo
Tu peggioreresti	Voi peggiorereste
Lui/Lei peggiorerebbe	Loro peggiorerebbero

Condizionale Passato

Io sarei peggiorato/a	Noi saremmo peggiorati/e
Tu saresti peggiorato/a	Voi sareste peggiorati/e
Lui/Lei sarebbe peggiorato/a	Loro sarebbero peggiorati/e

CONGIUNTIVO

Congiuntivo Presente

Io peggiori	Noi peggioriamo
Tu peggiori	Voi peggioriate
Lui/Lei peggiori	Loro peggiorino

Congiuntivo Passato

Io sia peggiorato/a	Noi siamo peggiorati/e
Tu sia peggiorato/a	Voi siate peggiorati/e
Lui/Lei sia peggiorato/a	Loro siano peggiorati/e

Congiuntivo Imperfetto

Io peggiorassi	Noi peggiorassimo
Tu peggiorassi	Voi peggioraste
Lui/Lei peggiorasse	Loro peggiorassero

Congiuntivo Trapassato

Io fossi peggiorato/a	Noi fossimo peggiorati/e
Tu fossi peggiorato/a	Voi foste peggiorati/e
Lui/Lei fosse peggiorato/a	Loro fossero peggiorati/e

IMPERATIVO

(Tu) peggiora!   (Lei) peggiori!   (Noi) peggioriamo!   (Voi) peggiorate!   (Loro) peggiorino!

Il tempo sta peggiorando.
The weather is getting worse.

Quando mia madre era in ospedale, peggiorò prima di migliorare.
When my mother was in the hospital, she got worse before she got better.

Più durava più il terremoto peggiorava.
The earthquake worsened the longer it lasted.

PENSARE   *to think*

Inf. pensare *Part. pres.* pensante *Part. pass.* pensato *Ger.* pensando

INDICATIVO

Presente

Io penso	Noi pensiamo
Tu pensi	Voi pensate
Lui/Lei pensa	Loro pensano

Imperfetto

Io pensavo	Noi pensavamo
Tu pensavi	Voi pensavate
Lui/Lei pensava	Loro pensavano

Passato Prossimo

Io ho pensato	Noi abbiamo pensato
Tu hai pensato	Voi avete pensato
Lui/Lei ha pensato	Loro hanno pensato

Trapassato Prossimo

Io avevo pensato	Noi avevamo pensato
Tu avevi pensato	Voi avevate pensato
Lui/Lei aveva pensato	Loro avevano pensato

Futuro

Io penserò	Noi penseremo
Tu penserai	Voi penserete
Lui/Lei penserà	Loro penseranno

Passato Remoto

Io pensai	Noi pensammo
Tu pensasti	Voi pensaste
Lui/Lei pensò	Loro pensarono

Futuro Anteriore

Io avrò pensato	Noi avremo pensato
Tu avrai pensato	Voi avrete pensato
Lui/Lei avrà pensato	Loro avranno pensato

Trapassato Remoto

Io ebbi pensato	Noi avemmo pensato
Tu avesti pensato	Voi aveste pensato
Lui/Lei ebbe pensato	Loro ebbero pensato

CONDIZIONALE

Condizionale Presente

Io penserei	Noi penseremmo
Tu penseresti	Voi pensereste
Lui/Lei penserebbe	Loro penserebbero

Condizionale Passato

Io avrei pensato	Noi avremmo pensato
Tu avresti pensato	Voi avreste pensato
Lui/Lei avrebbe pensato	Loro avrebbero pensato

CONGIUNTIVO

Congiuntivo Presente

Io pensi	Noi pensiamo
Tu pensi	Voi pensiate
Lui/Lei pensi	Loro pensino

Congiuntivo Passato

Io abbia pensato	Noi abbiamo pensato
Tu abbia pensato	Voi abbiate pensato
Lui/Lei abbia pensato	Loro abbiano pensato

Congiuntivo Imperfetto

Io pensassi	Noi pensassimo
Tu pensassi	Voi pensaste
Lui/Lei pensasse	Loro pensassero

Congiuntivo Trapassato

Io avessi pensato	Noi avessimo pensato
Tu avessi pensato	Voi aveste pensato
Lui/Lei avesse pensato	Loro avessero pensato

IMPERATIVO

(Tu) pensa!   (Lei) pensi!   (Noi) pensiamo!   (Voi) pensate   (Loro) pensino!

Pensavano che avesse torto.
They thought he was wrong.

Solo a pensarci mi sento meglio.
Just thinking about it makes me feel better.

Non ci avevamo neanche pensato.
We hadn't even thought about it.

PERCORRERE   *to walk, to cover (a distance)*

Inf. percorrere   *Part. pres.* percorrente   *Part. pass.* percorso   *Ger.* percorrendo

INDICATIVO

Presente

Io percorro	Noi percorriamo
Tu percorri	Voi percorrete
Lui/Lei percorre	Loro percorrono

Imperfetto

Io percorrevo	Noi percorrevamo
Tu percorrevi	Voi percorrevate
Lui/Lei percorreva	Loro percorrevano

Passato Prossimo

Io ho percorso	Noi abbiamo percorso
Tu hai percorso	Voi avete percorso
Lui/Lei ha percorso	Loro hanno percorso

Trapassato Prossimo

Io avevo percorso	Noi avevamo percorso
Tu avevi percorso	Voi avevate percorso
Lui/Lei aveva percorso	Loro avevano percorso

Futuro

Io percorrerò	Noi percorreremo
Tu percorrerai	Voi percorrerete
Lui/Lei percorrerà	Loro percorreranno

Passato Remoto

Io percorsi	Noi percorremmo
Tu percorresti	Voi percorreste
Lui/Lei percorse	Loro percorsero

Futuro Anteriore

Io avrò percorso	Noi avremo percorso
Tu avrai percorso	Voi avrete percorso
Lui/Lei avrà percorso	Loro avranno percorso

Trapassato Remoto

Io ebbi percorso	Noi avemmo percorso
Tu avesti percorso	Voi aveste percorso
Lui/Lei ebbe percorso	Loro ebbero percorso

CONDIZIONALE

Condizionale Presente

Io percorrerei	Noi percorreremmo
Tu percorreresti	Voi percorrereste
Lui/Lei percorrerebbe	Loro percorrerebbero

Condizionale Passato

Io avrei percorso	Noi avremmo percorso
Tu avresti percorso	Voi avreste percorso
Lui/Lei avrebbe percorso	Loro avrebbero percorso

CONGIUNTIVO

Congiuntivo Presente

Io percorra	Noi percorriamo
Tu percorra	Voi percorriate
Lui/Lei percorra	Loro percorrano

Congiuntivo Passato

Io abbia percorso	Noi abbiamo percorso
Tu abbia percorso	Voi abbiate percorso
Lui/Lei abbia percorso	Loro abbiano percorso

Congiuntivo Imperfetto

Io percorressi	Noi percorressimo
Tu percorressi	Voi percorreste
Lui/Lei percorresse	Loro percorressero

Congiuntivo Trapassato

Io avessi percorso	Noi avessimo percorso
Tu avessi percorso	Voi aveste percorso
Lui/Lei avesse percorso	Loro avessero percorso

IMPERATIVO

(Tu) percorri!   (Lei) percorra!   (Noi) percorriamo!   (Voi) percorrete!   (Loro) percorrano!

Avevano percorso due chilometri insieme quando si accorsero di essersi persi.
They had walked two kilometers together when they became aware of being lost.

Il treno ha percorso tutta l'Italia prima di arrivare a Milano.
The train covered all of Italy before arriving in Milan.

Un brivido mi percorse la schiena quando l'ho visto.
A chill ran down my spine when I saw him.

PERCUOTERE *to beat, to hit, to strike*

Inf. percuotere *Part. pres.* percuotente *Part. pass.* percosso *Ger.* percuotendo

INDICATIVO

Presente

Io percuoto	Noi percuotiamo
Tu percuoti	Voi percuotete
Lui/Lei percuote	Loro percuotono

Imperfetto

Io percuotevo	Noi percuotevamo
Tu percuotevi	Voi percuotevate
Lui/Lei percuoteva	Loro percuotevano

Passato Prossimo

Io ho percosso	Noi abbiamo percosso
Tu hai percosso	Voi avete percosso
Lui/Lei ha percosso	Loro avevano percosso

Trapassato Prossimo

Io avevo percosso	Noi avevamo percosso
Tu avevi percosso	Voi avevate percosso
Lui/Lei aveva percosso	Loro avevano percosso

Futuro

Io percuoterò	Noi percuoteremo
Tu percuoterai	Voi percuoterete
Lui/Lei percuoterà	Loro percuoteranno

Passato Remoto

Io percossi	Noi percuotemmo
Tu percuotesti	Voi percuoteste
Lui/Lei percosse	Loro percossero

Futuro Anteriore

Io avrò percosso	Noi avremo percosso
Tu avrai percosso	Voi avrete percosso
Lui/Lei avrà percosso	Loro avranno percosso

Trapassato Remoto

Io ebbi percosso	Noi avemmo percosso
Tu avesti percosso	Voi aveste percosso
Lui/Lei ebbe percosso	Loro ebbero percosso

CONDIZIONALE

Condizionale Presente

Io percuoterei	Noi percuoteremmo
Tu percuoteresti	Voi percuotereste
Lui/Lei percuoterebbe	Loro percuoterebbero

Condizionale Passato

Io avrei percosso	Noi avremmo percosso
Tu avresti percosso	Voi avreste percosso
Lui/Lei avrebbe percosso	Loro avrebbero percosso

CONGIUNTIVO

Congiuntivo Presente

Io percuota	Noi percuotiamo
Tu percuota	Voi percuotiate
Lui/Lei percuota	Loro percuotano

Congiuntivo Passato

Io abbia percosso	Noi abbiamo percosso
Tu abbia percosso	Voi abbiate percosso
Lui/Lei abbia percosso	Loro abbiano percosso

Congiuntivo Imperfetto

Io percuotessi	Noi percuotessimo
Tu percuotessi	Voi percuoteste
Lui/Lei percuotesse	Loro percuotessero

Congiuntivo Trapassato

Io avessi percosso	Noi avessimo percosso
Tu avessi percosso	Voi aveste percosso
Lui/Lei avesse percosso	Loro avessero percosso

IMPERATIVO

(Tu) percuoti! (Lei) percuota! (Noi) percuotiamo! (Voi) percuotete! (Loro) percuotano!

Tanti bambini, avendo buon senso, non percuotono i compagni all'asilo.
A lot of children in kindergarten, having common sense, don't hit their companions.

Molti hanno percosso i senzatetto perché sono vulnerabili.
Many have beaten the homeless because they are vulnerable.

Se l'avessero percosso, sarebbe stato molto male.
If they had beaten him, he would have been badly off.

PERDERE   *to lose, to miss*

Inf. perdere   *Part. pres.* perdente   *Part. pass.* perso   *Ger.* perdendo

INDICATIVO

Presente

Io perdo	Noi perdiamo
Tu perdi	Voi perdete
Lui/Lei perde	Loro perdono

Imperfetto

Io perdevo	Noi perdevamo
Tu perdevi	Voi perdevate
Lui/Lei perdeva	Loro perdevano

Passato Prossimo

Io ho perso	Noi abbiamo perso
Tu hai perso	Voi avete perso
Lui/Lei ha perso	Loro hanno perso

Trapassato Prossimo

Io avevo perso	Noi avevamo perso
Tu avevi perso	Voi avevate perso
Lui/Lei aveva perso	Loro avevano perso

Futuro

Io perderò	Noi perderemo
Tu perderai	Voi perderete
Lui/Lei perderà	Loro perderanno

Passato Remoto

Io persi	Noi perdemmo
Tu perdesti	Voi perdeste
Lui/Lei perse	Loro persero

Futuro Anteriore

Io avrò perso	Noi avremo perso
Tu avrai perso	Voi avrete perso
Lui/Lei avrà perso	Loro avranno perso

Trapassato Remoto

Io ebbi perso	Noi avemmo perso
Tu avesti perso	Voi aveste perso
Lui/Lei ebbe perso	Loro ebbero perso

CONDIZIONALE

Condizionale Presente

Io perderei	Noi perderemmo
Tu perderesti	Voi perdereste
Lui/Lei perderebbe	Loro perderebbero

Condizionale Passato

Io avrei perso	Noi avremmo perso
Tu avresti perso	Voi avreste perso
Lui/Lei avrebbe perso	Loro avrebbero perso

CONGIUNTIVO

Congiuntivo Presente

Io perda	Noi perdiamo
Tu perda	Voi perdiate
Lui/Lei perda	Loro perdano

Congiuntivo Passato

Io abbia perso	Noi abbiamo perso
Tu abbia perso	Voi abbiate perso
Lui/Lei abbia perso	Loro abbiano perso

Congiuntivo Imperfetto

Io perdessi	Noi perdessimo
Tu perdessi	Voi perdeste
Lui/Lei perdesse	Loro perdessero

Congiuntivo Trapassato

Io avessi perso	Noi avessimo perso
Tu avessi perso	Voi aveste perso
Lui/Lei avesse perso	Loro avessero perso

IMPERATIVO

(Tu) perdi!   (Lei) perda!   (Noi) perdiamo!   (Voi) perdete!   (Loro) perdano!

Non perdere la speranza! Domani è un altro giorno.
Don't lose hope! Tomorrow is another day.

La Lazio ha perso contro la Roma.
The Lazio team lost to the Rome one.

Perdevano l'autobus ogni mattina perché si svegliavano in ritardo.
They missed the bus every morning because they woke up late.

PERDONARE *to forgive*

Inf. perdonare *Part. pres.* perdonante *Part. pass.* perdonato *Ger.* Perdonando

INDICATIVO

Presente

Io perdono	Noi perdoniamo
Tu perdoni	Voi perdonate
Lui/Lei perdona	Loro perdonano

Imperfetto

Io perdonavo	Noi perdonavamo
Tu perdonavi	Voi perdonavate
Lui/Lei perdonava	Loro perdonavano

Passato Prossimo

Io ho perdonato	Noi abbiamo perdonato
Tu hai perdonato	Voi avete perdonato
Lui/Lei ha perdonato	Loro hanno perdonato

Trapassato Prossimo

Io avevo perdonato	Noi avevamo perdonato
Tu avevi perdonato	Voi avevate perdonato
Lui/Lei aveva perdonato	Loro avevano perdonato

Futuro

Io perdonerò	Noi perdoneremo
Tu perdonerai	Voi perdonerete
Lui/Lei perdonerà	Loro perdoneranno

Passato Remoto

Io perdonai	Noi perdonammo
Tu perdonasti	Voi perdonaste
Lui/Lei perdonò	Loro perdonarono

Futuro Anteriore

Io avrò perdonato	Noi avremo perdonato
Tu avrai perdonato	Voi avrete perdonato
Lui/Lei avrà perdonato	Loro avranno perdonato

Trapassato Remoto

Io ebbi perdonato	Noi avemmo perdonato
Tu avesti perdonato	Voi aveste perdonato
Loro ebbe perdonato	Loro ebbero perdonato

CONDIZIONALE

Condizionale Presente

Io perdonerei	Noi perdoneremmo
Tu perdoneresti	Voi perdonereste
Lui/Lei perdonerebbe	Loro perdonerebbero

Condizionale Passato

Io avrei perdonato	Noi avremmo perdonato
Tu avresti perdonato	Voi avreste perdonato
Lui/Lei avrebbe perdonato	Loro avrebbero perdonato

Congiuntivo

Congiuntivo Presente

Io perdoni	Noi perdoniamo
Tu perdoni	Voi perdoniate
Lui/Lei perdoni	Loro perdonino

Congiuntivo Passato

Io abbia perdonato	Noi abbiamo perdonato
Tu abbia perdonato	Voi abbiate perdonato
Lui/Lei abbia perdonato	Loro abbiano perdonato

Congiuntivo Imperfetto

Io perdonassi	Noi perdonassimo
Tu perdonassi	Voi perdonaste
Lui/Lei perdonasse	Loro perdonassero

Congiuntivo Trapassato

Io avessi perdonato	Noi avessimo perdonato
Tu avessi perdonato	Voi aveste perdonato
Lui/Lei avesse perdonato	Loro avessero perdonato

IMPERATIVO

(Tu) perdona! (Lei) perdoni! (Noi) perdoniamo! (Voi) perdonate! (Loro) perdonino!

Ti avrei perdonato se mi avessi detto la verità.
I would have forgiven you, if you had told me the truth.

Soffre di una malattia che non perdona.
She suffers from an incurable illness.

Come si fa a perdonare uno così?
How can one forgive someone like him?

PERMETTERE   *to permit, to allow*

Inf. permettere   *Part. pres.* permettente   *Part. pass.* permesso   *Ger.* permettendo

INDICATIVO

Presente
Io permetto	Noi permettiamo
Tu permetti	Voi permettete
Lui/Lei permette	Loro permettono

Imperfetto
Io permettevo	Noi permettevamo
Tu permettevi	Voi permettevate
Lui/Lei permetteva	Loro permettevano

Passato Prossimo
Io ho permesso	Noi abbiamo permesso
Tu hai permesso	Voi avete permesso
Lui/Lei ha permesso	Loro hanno permesso

Trapassato Prossimo
Io avevo permesso	Noi avevamo permesso
Tu avevi permesso	Voi avevate permesso
Lui/Lei aveva permesso	Loro avevano permesso

Futuro
Io permetterò	Noi permetteremo
Tu permetterai	Voi permetterete
Lui/Lei permetterà	Loro permetteranno

Passato Remoto
Io permisi	Noi permettemmo
Tu permettesti	Voi permetteste
Lui/Lei permise	Loro permisero

Futuro Anteriore
Io avrò permesso	Noi avremo permesso
Tu avrai permesso	Voi avrete permesso
Lui/Lei avrà permesso	Loro avranno permesso

Trapassato Remoto
Io ebbi permesso	Noi avemmo permesso
Tu avesti permesso	Voi aveste permesso
Lui/Lei ebbe permesso	Loro ebbero permesso

CONDIZIONALE

Condizionale Presente
Io permetterei	Noi permetteremmo
Tu permetteresti	Voi permettereste
Lui/Lei permetterebbe	Loro permetterebbero

Condizionale Passato
Io avrei permesso	Noi avremmo permesso
Tu avresti permesso	Voi avreste permesso
Lui/Lei avrebbe permesso	Loro avrebbero permesso

CONGIUNTIVO

Congiuntivo Presente
Io permetta	Noi permettiamo
Tu permetta	Voi permettiate
Lui/Lei permetta	Loro permettano

Congiuntivo Passato
Io abbia permesso	Noi abbiamo permesso
Tu abbia permesso	Voi abbiate permesso
Lui/Lei abbia permesso	Loro abbiano permesso

Congiuntivo Imperfetto
Io permettessi	Noi permettessimo
Tu permettessi	Voi permetteste
Lui/Lei permettesse	Loro permettessero

Congiuntivo Trapassato
Io avessi permesso	Noi avessimo permesso
Tu avessi permesso	Voi aveste permesso
Lui/Lei avesse permesso	Loro avessero permesso

IMPERATIVO
(Tu) permetti!   (Lei) permetta!   (Noi) permettiamo!   (Voi) permettete!   (Loro) permettano!

Da bambino i miei genitori non mi permettevano di giocare in salotto.
As a child, my parents didn't allow me to play in the living room.

Le autorità permisero alla gente di entrare nelle proprie case.
The authorities allowed people to enter their own houses.

Tempo permettendo, andremo in spiaggia domani.
Weather permitting, we will go to the beach tomorrow.

Inf. pesare *Part. pres.* pesante *Part. pass.* pesato *Ger.* pesando

INDICATIVO

Presente

Io peso	Noi pesiamo
Tu pesi	Voi pesate
Lui/Lei pesa	Loro pesano

Imperfetto

Io pesavo	Noi pesavamo
Tu pesavi	Voi pesavate
Lui/Lei pesava	Loro pesavano

Passato Prossimo

Io ho pesato	Noi abbiamo pesato
Tu hai pesato	Voi avete pesato
Lui/Lei ha pesato	Loro hanno pesato

Trapassato Prossimo

Io avevo pesato	Noi avevamo pesato
Tu avevi pesato	Voi avevate pesato
Lui/Lei aveva pesato	Loro avevano pesato

Futuro

Io peserò	Noi peseremo
Tu peserai	Voi peserete
Lui/Lei peserà	Loro peseranno

Passato Remoto

Io pesai	Noi pesammo
Tu pesasti	Voi pesaste
Lui/Lei pesò	Loro pesarono

Futuro Anteriore

Io avrò pesato	Noi avremo pesato
Tu avrai pesato	Voi avrete pesato
Lui/Lei avrà pesato	Loro avranno pesato

Trapassato Remoto

Io ebbi pesato	Noi avemmo pesato
Tu avesti pesato	Voi aveste pesato
Lui/Lei ebbe pesato	Loro ebbero pesato

CONDIZIONALE

Condizionale Presente

Io peserei	Noi peseremmo
Tu peseresti	Voi pesereste
Lui/Lei peserebbe	Loro peserebbero

Condizionale Passato

Io avrei pesato	Noi avremmo pesato
Tu avresti pesato	Voi avreste pesato
Lui/Lei avrebbe pesato	Loro avrebbero pesato

CONGIUNTIVO

Congiuntivo Presente

Io pesi	Noi pesiamo
Tu pesi	Voi pesiate
Lui/Lei pesi	Loro pesino

Congiuntivo Passato

Io abbia pesato	Noi abbiamo pesato
Tu abbia pesato	Voi abbiate pesato
Lui/Lei abbia pesato	Loro abbiano pesato

Congiuntivo Imperfetto

Io pesassi	Noi pesassimo
Tu pesassi	Voi pesaste
Lui/Lei pesasse	Loro pesassero

Congiuntivo Trapassato

Io avessi pesato	Noi avessimo pesato
Tu avessi pesato	Voi aveste pesato
Lui/Lei avesse pesato	Loro avessero pesato

IMPERATIVO

(Tu) pesa! (Lei) pesi! (Noi) pesiamo! (Voi) pesate! (Loro) pesino!

Il macellaio ha pesato la carne, ma era troppa.
The butcher weighed the meat, but it was too much.

Mamma mia! Peso più di 100 chili!
Good grief! I weigh more than 100 kilos!

Le sue parole mi peseranno.
His words will weigh on me.

Inf. pettinarsi *Part. pres.* pettinantesi *Part. pass.* pettinato *Ger.* pettinandosi

INDICATIVO

Presente

Io mi pettino	Noi ci pettiniamo
Tu ti pettini	Voi vi pettinate
Lui/Lei si pettina	Loro si pettinano

Imperfetto

Io mi pettinavo	Noi ci pettinavamo
Tu ti pettinavi	Voi vi pettinavate
Lui/Lei si pettinava	Loro si pettinavano

Passato Prossimo

Io mi sono pettinato/a	Noi ci siamo pettinati/e
Tu ti sei pettinato/a	Voi vi siete pettinati/e
Lui/Lei si è pettinato/a	Loro si sono pettinati/e

Trapassato Prossimo

Io mi ero pettinato/a	Noi ci eravamo pettinati/e
Tu ti eri pettinato/a	Voi vi eravate pettinati/e
Lui/Lei si era pettinato/a	Loro si erano pettinati/e

Futuro

Io mi pettinerò	Noi ci pettineremo
Tu ti pettinerai	Voi vi pettinerete
Lui/Lei si pettinerà	Loro si pettineranno

Passato Remoto

Io mi pettinai	Noi ci pettinammo
Tu ti pettinasti	Voi vi pettinaste
Lui/Lei si pettinò	Loro si pettinarono

Futuro Anteriore

Io mi sarò pettinato/a	Noi ci saremo pettinati/e
Tu ti sarai pettinato/a	Voi vi sarete pettinati/e
Lui/Lei si sarà pettinato/a	Loro si saranno pettinati/e

Trapassato Remoto

Io mi fui pettinato/a	Noi ci fummo pettinati/e
Tu ti fosti pettinato/a	Voi vi foste pettinati/e
Lui/Lei si fu pettinato/a	Loro si furono pettinati/e

CONDIZIONALE

Condizionale Presente

Io mi pettinerei	Noi ci pettineremmo
Tu ti pettineresti	Voi vi pettinereste
Lui/Lei si pettinerebbe	Loro si pettinerebbero

Condizionale Passato

Io mi sarei pettinato/a	Noi ci saremmo pettinati/e
Tu ti saresti pettinato/a	Voi vi sareste pettinati/a
Lui/Lei si sarebbe pettinato/a	Loro si sarebbero pettinati/e

CONGIUNTIVO

Congiuntivo Presente

Io mi pettini	Noi ci pettiniamo
Tu ti pettini	Voi vi pettiniate
Lui/Lei si pettini	Loro si pettinino

Congiuntivo Passato

Io mi sia pettinato/a	Noi ci siamo pettinatoi/e
Tu ti sia pettinato/a	Voi vi siate pettinati/e
Lui/Lei si sia pettinato/a	Loro si siano pettinati/e

Congiuntivo Imperfetto

Io mi pettinassi	Noi ci pettinassimo
Tu ti pettinassi	Voi vi pettinaste
Lui/Lei si pettinasse	Loro si pettinassero

Congiuntivo Trapassato

Io mi fossi pettinato/a	Noi ci fossimo pettinati/e
Tu ti fossi pettinato/a	Voi vi foste pettinati/e
Lui/Lei si fosse pettinato/a	Loro si fossero pettinati/e

IMPERATIVO

(Tu) pettinati! (Lei) si pettini! (Noi) pettiniamoci! (Voi) pettinatevi! (Loro) si pettinino!

Ti pettini prima di andare a letto?
Do you comb your hair before going to bed?

Si fa pettinare da sua sorella.
Her sister styles her hair.

Non mi pettinavo molto nel passato.
I didn't comb my hair much in the past.

PIACERE   *to like*

Inf. piacere   *Part. pres.* piacente   *Part. pass.* piaciuto   *Ger.* piacendo

INDICATIVO

Presente

Io piaccio	Noi piacciamo
Tu piaci	Voi piacete
Lui/Lei piace	Loro piacciono

Imperfetto

Io piacevo	Noi piacevamo
Tu piacevi	Voi piacevate
Lui/Lei piaceva	Loro piacevano

Passato Prossimo

Io sono piaciuto/a	Noi siamo piaciuti/e
Tu sei piaciuto/a	Voi siete piaciuti/e
Lui/Lei è piaciuto/a	Loro sono piaciuti/e

Trapassato Prossimo

Io ero piaciuto/a	Noi eravamo piaciuti/e
Tu eri piaciuto/a	Voi eravate piaciuti/e
Lui/Lei era piaciuto/a	Loro erano piaciuti/e

Futuro

Io piacerò	Noi piaceremo
Tu piacerai	Voi piacerete
Lui/Lei piacerà	Loro piaceranno

Passato Remoto

Io piacqui	Noi piacemmo
Tu piacesti	Voi piaceste
Lui/Lei piacque	Loro piacquero

Futuro Anteriore

Io sarò piaciuto/a	Noi saremo piaciuti/e
Tu sarai piaciuto/a	Voi sarete piaciuti/e
Lui/Lei sarà piaciuto/a	Loro saranno piaciuti/e

Trapassato Remoto

Io fui piaciuto/a	Noi fummo piaciuti/e
Tu fosti piaciuto/a	Voi foste piaciuti/e
Lui/Lei fu piaciuto/a	Loro furono piaciuti/e

CONDIZIONALE

Condizionale Presente

Io piacerei	Noi piaceremmo
Tu piaceresti	Voi piacereste
Lui/Lei piacerebbe	Loro piacerebbero

Condizionale Passato

Io sarei piaciuto/a	Noi saremmo piaciuti/e
Tu saresti piaciuto/a	Voi sareste piaciuti/e
Lui/Lei sarebbe piaciuto/a	Loro sarebbero piaciuti/e

CONGIUNTIVO

Congiuntivo Presente

Io piaccia	Noi piacciamo
Tu piaccia	Voi piacciate
Lui/Lei piaccia	Loro piacciano

Congiuntivo Passato

Io sia piaciuto/a	Noi siamo piaciuti/e
Tu sia piaciuto/a	Voi siate piaciuti/e
Lui/Lei sia piaciuto/a	Loro siano piaciuti/e

Congiuntivo Imperfetto

Io piacessi	Noi piacessimo
Tu piacessi	Voi piaceste
Lui/Lei piacesse	Loro piacessero

Congiuntivo Trapassato

Io fossi piaciuto/a	Noi fossimo piaciuti/e
Tu fossi piaciuto/a	Voi foste piaciuti/e
Lui/Lei fosse piaciuto/a	Loro fossero piaciuti/e

IMPERATIVO

(Tu) piaci!   (Lei) piaccia!   (Noi) piacciamo!   (Voi) piacete!   (Loro) piacciano!

Mi piace tanto viaggiare in altri paesi.
I like to travel a lot in other countries.

Le piaceva uscire con gli intellettuali.
She liked to go out with intellectuals.

Gli sarebbe piaciuta di più se fosse stata più generosa con il suo tempo.
He would have liked her more if she had been more generous with her time.

PIANGERE   *to cry, to mourn*

Inf. piangere   *Part. pres.* piangente   *Part. pass.* pianto   *Ger.* piangendo

INDICATIVO

Presente

Io piango	Noi piangiamo
Ti piangi	Voi piangete
Lui/Lei piange	Loro piangono

Imperfetto

Io piangevo	Noi piangevamo
Tu piangevi	Voi piangevate
Lui/Lei piangeva	Loro piangevano

Passato Prossimo

Io ho pianto	Noi abbiamo pianto
Tu hai pianto	Voi avete pianto
Lui/Lei ha pianto	Loro hanno pianto

Trapassato Prossimo

Io avevo pianto	Noi avevamo pianto
Tu avevi pianto	Voi avevate pianto
Lui/Lei aveva pianto	Loro avevano pianto

Futuro

Io piangerò	Noi piangeremo
Tu piangerai	Voi piangerete
Lui/Lei piangerà	Loro piangeranno

Passato Remoto

Io piansi	Noi piangemmo
Tu piangesti	Voi piangeste
Lui/Lei pianse	Loro piansero

Futuro Anteriore

Io avrò pianto	Noi avremo pianto
Tu avrai pianto	Voi avrete pianto
Lui/Lei avrà pianto	Loro avranno pianto

Trapassato Remoto

Io ebbi pianto	Noi avemmo pianto
Tu avesti pianto	Voi aveste pianto
Lui/Lei ebbe pianto	Loro ebbero pianto

CONDIZIONALE

Condizionale Presente

Io piangerei	Noi piangeremmo
Tu piangeresti	Voi piangereste
Lui/Lei piangerebbe	Loro piangerebbero

Condizionale Passato

Io avrei pianto	Noi avremmo pianto
Tu avresti pianto	Voi avreste pianto
Lui/Lei avrebbe pianto	Loro avrebbero pianto

CONGIUNTIVO

Congiuntivo Presente

Io pianga	Noi piangiamo
Tu pianga	Voi piangiate
Lui/Lei pianga	Loro piangano

Congiuntivo Passato

Io abbia pianto	Noi abbiamo pianto
Tu abbia pianto	Voi abbiate pianto
Lui/Lei abbia pianto	Loro abbiano pianto

Congiuntivo Imperfetto

Io piangessi	Noi piangessimo
Tu piangessi	Voi piangeste
Lui/Lei piangesse	Loro piangessero

Congiuntivo Trapassato

Io avessi pianto	Noi avessimo pianto
Tu avessi pianto	Voi aveste pianto
Lui/Lei avesse pianto	Loro avessero pianto

IMPERATIVO

(Tu) piangi!   (Lei) pianga!   (Noi) piangiamo!   (Voi) piangete!   (Loro) piangano!

Lei si è messa a piangere quando ha saputo della morte.
She started crying when she found out about the death.

Mi piange il cuore a doverle comunicare le notizie.
It breaks my heart to have to tell her the news.

Piansi per la perdita del mio cane Giò.
I mourned the loss of my dog Giò.

PIANTARE *to plant, to dump (a person)*

Inf. piantare *Part. pres.* piantante *Part. pass.* piantato *Ger.* piantando

INDICATIVO

Presente

Io pianto	Noi piantiamo
Tu pianti	Voi piantate
Lui/Lei pianta	Loro piantano

Imperfetto

Io piantavo	Noi piantavamo
Tu piantavi	Voi piantavate
Lui/Lei piantava	Loro piantavano

Passato Prossimo

Io ho piantato	Noi abbiamo piantato
Tu hai piantato	Voi avete piantato
Lui/Lei ha piantato	Loro hanno piantato

Trapassato Prossimo

Io avevo piantato	Noi avevamo piantato
Tu avevi piantato	Voi avevate piantato
Lui/Lei aveva piantato	Loro avevano piantato

Futuro

Io pianterò	Noi pianteremo
Tu pianterai	Voi pianterete
Lui/Lei pianterà	Loro pianteranno

Passato Remoto

Io piantai	Noi piantammo
Tu piantasti	Voi piantaste
Lui/Lei piantò	Loro piantarono

Futuro Anteriore

Io avrò piantato	Noi avremo piantato
Tu avrai piantato	Voi avrete piantato
Lui/Lei avrà piantato	Loro avranno piantato

Trapassato Remoto

Io ebbi piantato	Noi avemmo piantato
Tu avesti piantato	Voi aveste piantato
Lui/Lei ebbe piantato	Loro ebbero piantato

CONDIZIONALE

Condizionale Presente

Io pianterei	Noi pianteremmo
Tu pianteresti	Voi piantereste
Lui/Lei pianterebbe	Loro pianterebbero

Condizionale Passato

Io avrei piantato	Noi avremmo piantato
Tu avresti piantato	Voi avreste piantato
Lui/Lei avrebbe piantato	Loro avrebbero piantato

CONGIUNTIVO

Congiuntivo Presente

Io pianti	Noi piantiamo
Tu pianti	Voi piantiate
Lui/Lei pianti	Loro piantino

Congiuntivo Passato

Io abbia piantato	Noi abbiamo piantato
Tu abbia piantato	Voi abbiate piantato
Lui/Lei abbia piantato	Loro abbiano piantato

Congiuntivo Imperfetto

Io piantassi	Noi piantassimo
Tu piantassi	Voi piantaste
Lui/Lei piantasse	Loro piantassero

Congiuntivo Trapassato

Io avessi piantato	Noi avessimo piantato
Tu avessi piantato	Voi aveste piantato
Lui/Lei avesse piantato	Loro avessero piantato

IMPERATIVO

(Tu) pianta!   (Lei) pianti!   (Noi) piantiamo!   (Voi) piantate!   (Loro) piantino!

Gli Etruschi piantarono le viti prima dei Romani.
The Etruscans planted vines before the Romans.

Lui l'ha piantata perché si era innamorato di un'altra.
He dumped her because he had fallen in love with another.

Piantala di dire sciocchezze!
Stop talking nonsense!

Inf. porre   *Part. pres.* ponente   *Part. pass.* posto   *Ger.* ponendo

INDICATIVO

Presente

Io pongo	Noi poniamo
Tu poni	Voi ponete
Lui/Lei pone	Loro pongono

Imperfetto

Io ponevo	Noi ponevamo
Tu ponevi	Voi ponevate
Lui/Lei poneva	Loro ponevano

Passato Prossimo

Io ho posto	Noi abbiamo posto
Tu hai posto	Voi avete posto
Lui/Lei ha posto	Loro hanno posto

Trapassato Prossimo

Io avevo posto	Noi avevamo posto
Tu avevi posto	Voi avevate posto
Lui/Lei aveva posto	Loro avevano posto

Futuro

Io porrò	Noi porremo
Tu porrai	Voi porrete
Lui/Lei porrà	Loro porranno

Passato Remoto

Io posi	Noi ponemmo
Tu ponesti	Voi poneste
Lui/Lei pose	Loro posero

Futuro Anteriore

Io avrò posto	Noi avremo posto
Tu avrai posto	Voi avrete posto
Lui/Lei avrà posto	Loro avranno posto

Trapassato Remoto

Io ebbi posto	Noi avemmo posto
Tu avesti posto	Voi aveste posto
Lui/Lei ebbe posto	Loro ebbero posto

CONDIZIONALE

Condizionale Presente

Io porrei	Noi porremmo
Tu porresti	Voi porreste
Lui/Lei porrebbe	Loro porrebbero

Condizionale Passato

Io avrei posto	Noi avremmo posto
Tu avresti posto	Voi avreste posto
Lui/Lei avrebbe posto	Loro avrebbero posto

CONGIUNTIVO

Congiuntivo Presente

Io ponga	Noi poniamo
Tu ponga	Voi poniate
Lui/Lei ponga	Loro pongano

Congiuntivo Passato

Io abbia posto	Noi abbiamo posto
Tu abbia posto	Voi abbiate posto
Lui/Lei abbia posto	Loro abbiano posto

Congiuntivo Imperfetto

Io ponessi	Noi ponessimo
Tu ponessi	Voi poneste
Lui/Lei ponesse	Loro ponessero

Congiuntivo Trapassato

Io avessi posto	Noi avessimo posto
Tu avessi posto	Voi aveste posto
Lui/Lei avesse posto	Loro avessero posto

IMPERATIVO

(Tu) poni!   (Lei) ponga!   (Noi) poniamo!   (Voi) ponete!   (Loro) pongano!

Poni il caso che **tu non riesca a** finire il libro. Quali sarebbero le conseguenze?
Assume that you aren't able to finish the book. What would be the consequences?

Potresti porre **questi bicchieri** a tavola per favore?
Could you please put these glasses on the table?

Lui avrebbe **posto la sua firma** se ci fosse stata la clausola richiesta.
He would have signed it, if the required clause had been included.

PORTARE   *to take, to wear, to bring*

Inf. portare   *Part. pres.* portante   *Part. pass.* portato   *Ger.* portando

INDICATIVO

Presente

Io porto	Noi portiamo
Tu porti	Voi portate
Lui/Lei porta	Loro portano

Imperfetto

Io portavo	Noi portavamo
Tu portavi	Voi portavate
Lui/Lei portava	Loro portavano

Passato Prossimo

Io ho portato	Noi abbiamo portato
Tu hai portato	Voi avete portato
Lui/Lei ha portato	Loro hanno portato

Trapassato Prossimo

Io avevo portato	Noi avevamo portato
Tu avevi portato	Voi avevate portato
Lui/Lei aveva portato	Loro avevano portato

Futuro

Io porterò	Noi porteremo
Tu porterai	Voi porterete
Lui/Lei porterà	Loro porteranno

Passato Remoto

Io portai	Noi portammo
Tu portasti	Voi portaste
Lui/Lei portò	Loro portarono

Futuro Anteriore

Io avrò portato	Noi avremo portato
Tu avrai portato	Voi avrete portato
Lui/Lei avrà portato	Loro avranno portato

Trapassato Remoto

Io ebbi portato	Noi avemmo portato
Tu avesti portato	Voi aveste portato
Lui/Lei ebbe portato	Loro ebbero portato

CONDIZIONALE

Condizionale Presente

Io porterei	Noi porteremmo
Ti porteresti	Voi portereste
Lui/Lei porterebbe	Loro porterebbero

Condizionale Passato

Io avrei portato	Noi avremmo portato
Tu avresti portato	Voi avreste portato
Lui/Lei avrebbe portato	Loro avrebbero portato

CONGIUNTIVO

Congiuntivo Presente

Io porti	Noi portiamo
Tu porti	Voi portiate
Lui/Lei porti	Loro portino

Congiuntivo Passato

Io abbia portato	Noi abbiamo portato
Tu abbia portato	Voi abbiate portato
Lui/Lei abbia portato	Loro abbiano portato

Congiuntivo Imperfetto

Io portassi	Noi portassimo
Tu portassi	Voi portaste
Lui/Lei portasse	Loro portassero

Congiuntivo Trapassato

Io avessi portato	Noi avessimo portato
Tu avessi portato	Voi aveste portato
Lui/Lei avesse portato	Loro avessero portato

IMPERATIVO

(Tu) porta!   (Lei) porti!   (Noi) portiamo!   (Voi) portate!   (Loro) portino!

Io portavo sempre i jeans quando frequentavo l'università.
I always wore jeans when I was going to college.

Ti porterò con me al concerto.
I will take you with me to the concert.

Portarono delle lasagne a cena anche se non ne avevo bisogno.
They brought lasagna to dinner even though I didn't need it.

Inf. possedere *Part. pres.* possedente *Part. pass.* posseduto *Ger.* possedendo

INDICATIVO

Presente

Io possiedo	Noi possediamo
Tu possiedi	Voi possedete
Lui/Lei possiede	Loro possiedono

Imperfetto

Io possedevo	Noi possedevamo
Tu possedevi	Voi possedevate
Lui/Lei possedeva	Loro possedevano

Passato Prossimo

Io ho posseduto	Noi abbiamo posseduto
Tu hai posseduto	Voi avete posseduto
Lui/Lei ha posseduto	Loro hanno posseduto

Trapassato Prossimo

Io avevo posseduto	Noi avevamo posseduto
Tu avevi posseduto	Voi avevate posseduto
Lui/Lei aveva posseduto	Loro avevano posseduto

Futuro

Io possiederò	Noi possiederemo
Tu possiederai	Voi possiederete
Lui/Lei possiederà	Loro possiederanno

Passato Remoto

Io possedei	Noi possedemmo
Tu possedesti	Voi possedeste
Lui/Lei possedé	Loro possederono

Futuro Anteriore

Io avrò posseduto	Noi avremo posseduto
Tu avrai posseduto	Voi avrete posseduto
Lui/Lei avrà posseduto	Loro avranno posseduto

Trapassato Remoto

Io ebbi posseduto	Noi avemmo posseduto
Tu avesti posseduto	Voi aveste posseduto
Lui/Lei ebbe posseduto	Loro ebbero posseduto

CONDIZIONALE

Condizionale Presente

Io possiederei	Noi possiederemmo
Tu possiederesti	Voi possiedereste
Lui/Lei possiederebbe	Loro possiederebbero

Condizionale Passato

Io avrei posseduto	Noi avremmo posseduto
Tu avresti posseduto	Voi avreste posseduto
Lui/Lei avrebbe posseduto	Loro avrebbero posseduto

CONGIUNTIVO

Congiuntivo Presente

Io possieda	Noi possediamo
Tu possieda	Voi possediate
Lui/Lei possieda	Loro possiedano

Condizionale Passato

Io abbia posseduto	Noi abbiamo posseduto
Tu abbia posseduto	Voi abbiate posseduto
Lui/Lei abbia posseduto	Loro abbiano posseduto

Congiuntivo Imperfetto

Io possedessi	Noi possedessimo
Tu possedessi	Voi possedeste
Lui/Lei possedesse	Loro possedessero

Congiuntivo Trapassato

Io avessi posseduto	Noi avessimo posseduto
Tu avessi posseduto	Voi aveste posseduto
Lui/Lei avesse posseduto	Loro avessero posseduto

IMPERATIVO

(Tu) possiedi! (Lei) possieda! (Noi) possediamo! (Voi) possedete! (Loro) possiedano!

Era molto generoso con gli altri perché possedeva una fortuna.
He was very generous with others because he possessed a fortune.

Il candidato possedé i requisiti per il lavoro.
The candidate possessed the requirements for the job.

Possedevano tre macchine, ma adesso ne hanno solo una.
They owned three cars, but now they only have one of them.

Inf. potere   *Part. pres.* potente   *Part. pass.* potuto   *Ger.* potendo

INDICATIVO

Presente

Io posso	Noi possiamo
Tu puoi	Voi potete
Lui/Lei può	Loro possono

Imperfetto

Io potevo	Noi potevamo
Tu potevi	Voi potevate
Lui/Lei poteva	Loro potevano

Passato Prossimo

Io ho potuto	Noi abbiamo potuto
Tu hai potuto	Voi avete potuto
Lui/Lei ha potuto	Loro hanno potuto

Trapassato Prossimo

Io avevo potuto	Noi avevamo potuto
Tu avevi potuto	Voi avevate potuto
Lui/Lei aveva potuto	Loro avevano potuto

Futuro

Io potrò	Noi potremo
Tu potrai	Voi potrete
Lui/Lei potrà	Loro potranno

Passato Remoto

Io potei	Noi potemmo
Tu potesti	Voi poteste
Lui/Lei poté	Loro poterono

Futuro Anteriore

Io avrò potuto	Noi avremo potuto
Tu avrai potuto	Voi avrete potuto
Lui/Lei avrà potuto	Loro avranno potuto

Trapassato Remoto

Io ebbi potuto	Noi avemmo potuto
Tu avesti potuto	Voi aveste potuto
Lui/Lei ebbe potuto	Loro ebbero potuto

CONDIZIONALE

Condizionale Presente

Io potrei	Noi potremmo
Tu potresti	Voi potreste
Lui/Lei potrebbe	Loro potrebbero

Condizionale Passato

Io avrei potuto	Noi avremmo potuto
Tu avresti potuto	Voi avreste potuto
Lui/Lei avrebbe potuto	Loro avrebbero potuto

CONGIUNTIVO

Congiuntivo Presente

Io possa	Noi possiamo
Tu possa	Voi possiate
Lui/Lei possa	Loro possano

Congiuntivo Passato

Io abbia potuto	Noi abbiamo potuto
Tu abbia potuto	Voi abbiate potuto
Lui/Lei abbia potuto	Loro abbiano potuto

Congiuntivo Imperfetto

Io potessi	Noi potessimo
Tu potessi	Voi poteste
Lui/Lei potesse	Loro potessero

Congiuntivo Trapassato

Io avessi potuto	Noi avessimo potuto
Tu avessi potuto	Voi aveste potuto
Lui/Lei avesse potuto	Loro avessero potuto

IMPERATIVO

—

Se me lo posso permettere comprerò una **nuova macchi**na.
If I can afford it, I will buy a new car.

Puoi sempre cambiare i vestiti prima di uscire.
You can always change your clothes before going out.

Non avresti potuto dirmelo subito?
Couldn't you have told me right away?

Inf. pranzare *Part. pres.* pranzante *Part. pass.* pranzato *Ger.* pranzando

INDICATIVO

Presente

Io pranzo	Noi pranziamo
Tu pranzi	Voi pranzate
Lui/Lei pranza	Loro pranzano

Imperfetto

Io pranzavo	Noi pranzavamo
Tu pranzavi	Voi pranzavate
Lui/Lei pranzava	Loro pranzavano

Passato Prossimo

Io ho pranzato	Noi abbiamo pranzato
Tu hai pranzato	Voi avete pranzato
Lui/Lei ha pranzato	Loro hanno pranzato

Trapassato Prossimo

Io avevo pranzato	Noi avevamo pranzato
Tu avevi pranzato	Voi avevate pranzato
Lui/Lei aveva pranzato	Loro avevano pranzato

Futuro

Io pranzerò	Noi pranzeremo
Tu pranzerai	Voi pranzerete
Lui/Lei pranzerà	Loro pranzeranno

Passato Remoto

Io pranzai	Noi pranzammo
Tu pranzasti	Voi pranzaste
Lui/Lei pranzò	Loro pranzarono

Futuro Anteriore

Io avrò pranzato	Noi avremo pranzato
Tu avrai pranzato	Voi avrete pranzato
Lui/Lei avrà pranzato	Loro avranno pranzato

Trapassato Remoto

Io ebbi pranzato	Noi avemmo pranzato
Tu avesti pranzato	Voi aveste pranzato
Lui/Lei ebbe pranzato	Loro ebbero pranzato

CONDIZIONALE

Condizionale Presente

Io pranzerei	Noi pranzeremmo
Tu pranzeresti	Voi pranzereste
Lui/Lei pranzerebbe	Loro pranzerebbero

Condizionale Passato

Io avrei pranzato	Noi avremmo pranzato
Tu avresti pranzato	Voi avreste pranzato
Lui/Lei avrebbe pranzato	Loro avrebbero pranzato

CONGIUNTIVO

Congiuntivo Presente

Io pranzi	Noi pranziamo
Tu pranzi	Voi pranziate
Lui/Lei pranzi	Loro pranzino

Congiuntivo Passato

Io abbia pranzato	Noi abbiamo pranzato
Tu abbia pranzato	Voi abbiate pranzato
Lui/Lei abbia pranzato	Loro abbiano pranzato

Congiuntivo Imperfetto

Io pranzassi	Noi pranzassimo
Tu pranzassi	Voi pranzaste
Lui/Lei pranzasse	Loro pranzassero

Congiuntivo Trapassato

Io avessi pranzato	Noi avessimo pranzato
Tu avessi pranzato	Voi aveste pranzato
Lui/Lei avesse pranzato	Loro avessero pranzato

IMPERATIVO

(Tu) pranza! (Lei) pranzi! (Noi) pranziamo! (Voi) pranzate! (Loro) pranzino!

Ieri abbiamo pranzato a casa.
Yesterday we had lunch at home.

Penso che lei abbia pranzato con il suo fidanzato.
I believe that she had lunch with her fiancé.

Avrebbero pranzato con noi se qualcuno glielo avesse chiesto.
They would have had lunch with us, if someone had asked them.

Inf. praticare *Part. pres.* praticante *Part. pass.* praticato *Ger.* praticando

INDICATIVO

Presente

Io pratico	Noi pratichiamo
Tu pratichi	Voi praticate
Lui/Lei pratica	Loro praticano

Imperfetto

Io praticavo	Noi praticavamo
Tu praticavi	Voi praticavate
Lui/Lei praticava	Loro praticavano

Passato Prossimo

Io ho praticato	Noi abbiamo praticato
Tu hai praticato	Voi avete praticato
Lui/Lei ha praticato	Loro hanno praticato

Trapassato Prossimo

Io avevo praticato	Noi avevamo praticato
Tu avevi praticato	Voi avevate praticato
Lui/Lei aveva praticato	Loro avevano praticato

Futuro

Io praticherò	Noi praticheremo
Tu praticherai	Voi praticherete
Lui/Lei praticherà	Loro praticheranno

Passato Remoto

Io praticai	Noi praticammo
Tu praticasti	Voi praticaste
Lui/Lei praticò	Loro praticarono

Futuro Anteriore

Io avrò praticato	Noi avremo praticato
Tu avrai praticato	Voi avrete praticato
Lui/Lei avrà praticato	Loro avranno praticato

Trapassato Prossimo

Io ebbi praticato	Noi avemmo praticato
Tu avesti praticato	Voi aveste praticato
Lui/Lei ebbe praticato	Loro ebbero praticato

CONDIZIONALE

Condizionale Presente

Io praticherei	Noi praticheremmo
Tu praticheresti	Voi pratichereste
Lui/Lei praticherebbe	Loro praticherebbe

Condizionale Passato

Io avrei praticato	Noi avremmo praticato
Tu avresti praticato	Voi avreste praticato
Lui/Lei avrebbe praticato	Loro avrebbero praticato

CONGIUNTIVO

Congiuntivo Presente

Io pratichi	Noi pratichiamo
Tu pratichi	Voi pratichiate
Lui/Lei pratichi	Loro pratichino

Congiuntivo Passato

Io abbia praticato	Noi abbiamo praticato
Tu abbia praticato	Voi abbiate praticato
Lui/Lei abbia praticato	Loro abbiano praticato

Congiuntivo Imperfetto

Io praticassi	Noi praticassimo
Tu praticassi	Voi praticaste
Lui/Lei praticasse	Loro praticassero

Congiuntivo Trapassato

Io avessi praticato	Noi avessimo praticato
Tu avessi praticato	Voi aveste praticato
Lui/Lei avesse praticato	Loro avessero praticato

IMPERATIVO

(Tu) pratica!   (Lei) pratichi!   (Noi) pratichiamo!   (Voi) praticate!   (Loro) pratichino!

Lei praticò la medicina prima di andare in pensione.
She practiced medicine before going into retirement.

Loro praticano il cattolicesimo.
They practice Catholicism.

Negli Stati Uniti è comune praticare l'insegnamento prima di trovare un lavoro in una scuola.
In the United States it is common to practice teaching before finding a job in a school.

Inf. preferire *Part. pres.* preferente *Part. pass.* preferito *Ger.* preferendo

INDICATIVO

Presente

Io preferisco	Noi preferiamo
Tu preferisci	Voi preferite
Lui/Lei preferisce	Loro preferiscono

Imperfetto

Io preferivo	Noi preferivamo
Tu preferivi	Voi preferivate
Lui/Lei preferiva	Loro preferivano

Passato Prossimo

Io ho preferito	Noi abbiamo preferito
Tu hai preferito	Voi avete preferito
Lui/Lei ha preferito	Loro hanno preferito

Trapassato Prossimo

Io avevo preferito	Noi avevamo preferito
Tu avevi preferito	Voi avevate preferito
Lui/Lei aveva preferito	Loro avevano preferito

Futuro

Io preferirò	Noi preferiremo
Tu preferirai	Voi preferirete
Lui/Lei preferirà	Loro preferiranno

Passato Remoto

Io preferii	Noi preferimmo
Tu preferisti	Voi preferiste
Lui/Lei preferì	Loro preferirono

Futuro Anteriore

Io avrò preferito	Noi avremo preferito
Tu avrai preferito	Voi avrete preferito
Lui/Lei avrà preferito	Loro avranno preferito

Trapassato Remoto

Io ebbi preferito	Noi avemmo preferito
Tu avesti preferito	Voi aveste preferito
Lui/Lei ebbe preferito	Loro ebbero preferito

CONDIZIONALE

Condizionale Presente

Io preferirei	Noi preferiremmo
Tu preferiresti	Voi preferireste
Lui/Lei preferirebbe	Loro preferirebbero

Condizionale Passato

Io avrei preferito	Noi avremmo preferito
Tu avresti preferito	Voi avreste preferito
Lui/Lei avrebbe preferito	Loro avrebbero preferito

CONGIUNTIVO

Congiuntivo Presente

Io preferisca	Noi preferiamo
Tu preferisca	Voi preferiate
Lui/Lei preferisca	Loro preferiscano

Congiuntivo Passato

Io abbia preferito	Noi abbiamo preferito
Tu abbia preferito	Voi abbiate preferito
Lui/Lei abbia preferito	Loro abbiano preferito

Congiuntivo Imperfetto

Io preferissi	Noi preferissimo
Tu preferissi	Voi preferiste
Lui/Lei preferisse	Loro preferissero

Congiuntivo Trapassato

Io avessi preferito	Noi avessimo preferito
Tu avessi preferito	Voi aveste preferito
Lui/Lei avesse preferito	Loro avessero preferito

IMPERATIVO

(Tu) preferisci!   (Lei) preferisca!   (Noi) preferiamo!   (Voi) preferite!   (Loro) preferiscano!

Preferiremmo che tu facessi quello che ti abbiamo chiesto.
We would prefer that you do what we asked you to do.

Preferisco non dire chi mi ha dato questo regalo.
I prefer not to say who gave me this gift.

È possibile che tu preferisca andare in un ristorante cinese?
Is it possible that you prefer to go to a Chinese restaurant?

Inf. prelevare *Part. pres.* prelevante *Part. pass.* prelevato *Ger.* prelevando

INDICATIVO

Presente

Io prelevo	Noi preleviamo
Tu prelevi	Voi prelevate
Lui/Lei preleva	Loro prelevano

Imperfetto

Io prelevavo	Noi prelevavamo
Tu prelevavi	Voi prelevavate
Lui/Lei prelevava	Loro prelevavano

Passato Prossimo

Io ho prelevato	Noi abbiamo prelevato
Tu hai prelevato	Voi avete prelevato
Lui/Lei ha prelevato	Loro hanno prelevato

Trapassato Prossimo

Io avevo prelevato	Noi avevamo prelevato
Tu avevi prelevato	Voi avevate prelevato
Lui/Lei aveva prelevato	Loro avevano prelevato

Futuro

Io preleverò	Noi preleveremo
Tu preleverai	Voi preleverete
Lui/Lei preleverà	Loro preleveranno

Passato Remoto

Io prelevai	Noi prelevammo
Tu prelevasti	Voi prelevaste
Lui/Lei prelevò	Loro prelevarono

Futuro Anteriore

Io avrò prelevato	Noi avremo prelevato
Tu avrai prelevato	Voi avrete prelevato
Lui/Lei avrà prelevato	Loro avranno prelevato

Trapassato Remoto

Io ebbi prelevato	Noi avemmo prelevato
Tu avesti prelevato	Voi aveste prelevato
Lui/Lei ebbe prelevato	Loro ebbero prelevato

CONDIZIONALE

Condizionale Presente

Io preleverei	Noi preleveremmo
Tu preleveresti	Voi prelevereste
Lui/Lei preleverebbe	Loro preleverebbero

Condizionale Passato

Io avrei prelevato	Noi avremmo prelevato
Tu avresti prelevato	Voi avreste prelevato
Lui/Lei avrebbe prelevato	Loro avrebbero prelevato

CONGIUNTIVO

Congiuntivo Presente

Io prelevi	Noi preleviamo
Tu prelevi	Voi preleviate
Lui/Lei prelevi	Loro prelevino

Congiuntivo Passato

Io abbia prelevato	Noi abbiamo prelevato
Tu abbia prelevato	Voi abbiate prelevato
Lui/Lei abbia prelevato	Loro abbiano prelevato

Congiuntivo Imperfetto

Io prelevassi	Noi prelevassimo
Tu prelevassi	Voi prelevaste
Lui/Lei prelevasse	Loro prelevassero

Congiuntivo Trapassato

Io avessi prelevato	Noi avessimo prelevato
Tu avessi prelevato	Voi aveste prelevato
Lui/Lei avesse prelevato	Loro avessero prelevato

IMPERATIVO

(Tu) preleva! (Lei) prelevi! (Noi) preleviamo! (Voi) prelevate! (Loro) prelevino!

Preleveranno molti soldi dal conto corrente per il loro figlio?
Will they withdraw a lot of money from their checking account for their son?

I carabinieri hanno prelevato dei campioni per l'analisi.
The carabinieri took some samples for analysis.

Dopo che ebbe prelevato la posta, si mise a leggerla.
After she had collected the mail, she started to read it.

PRENDERE   *to take, to get*

P

Inf. prendere   *Part. pres.* prendente   *Part. pass.* preso   *Ger.* prendendo

INDICATIVO

Presente
Io prendo	Noi prendiamo
Tu prendi	Voi prendete
Lui/Lei prende	Loro prendono

Imperfetto
Io prendevo	Noi prendevamo
Tu prendevi	Voi prendevate
Lui/Lei prendeva	Loro prendevano

Passato Prossimo
Io ho preso	Noi abbiamo preso
Tu hai preso	Voi avete preso
Lui/Lei ha preso	Loro hanno preso

Trapassato Prossimo
Io avevo preso	Noi avevamo preso
Tu avevi preso	Voi avevate preso
Lui/Lei aveva preso	Loro avevano preso

Futuro
Io prenderò	Noi prenderemo
Tu prenderai	Voi prenderete
Lui/Lei prenderà	Loro prenderanno

Passato Remoto
Io presi	Noi prendemmo
Tu prendesti	Voi prendeste
Lui/Lei prese	Loro presero

Futuro Anteriore
Io avrò preso	Noi avremo preso
Tu avrai preso	Voi avrete preso
Lui/Lei avrà preso	Loro avranno preso

Trapassato Remoto
Io ebbi preso	Noi avemmo preso
Tu avesti preso	Voi aveste preso
Lui/Lei ebbe preso	Loro ebbero preso

CONDIZIONALE

Condizionale Presente
Io prenderei	Noi prenderemmo
Tu prenderesti	Voi prenderete
Lui/Lei prenderebbe	Loro prenderebbero

Condizionale Passato
Io avrei preso	Noi avremmo preso
Tu avresti preso	Voi avreste preso
Lui/Lei avrebbe preso	Loro avrebbero preso

CONGIUNTIVO

Congiuntivo Presente
Io prenda	Noi prendiamo
Tu prenda	Voi prendiate
Lui/Lei prenda	Loro prendano

Congiuntivo Passato
Io abbia preso	Noi abbiamo preso
Tu abbia preso	Voi abbiate preso
Lui/Lei abbia preso	Loro abbiano preso

Congiuntivo Imperfetto
Io prendessi	Noi prendessimo
Tu prendessi	Voi prendeste
Lui/Lei prendesse	Loro prendessero

Congiuntivo Trapassato
Io avessi preso	Noi avessimo preso
Tu avessi preso	Voi aveste preso
Lui/Lei avesse preso	Loro avessero preso

IMPERATIVO
(Tu) prendi!   (Lei) prenda!   (Noi) prendiamo!   (Voi) prendete !   (Loro) prendano!

Prendo mia madre per il braccio in modo che non caschi.
I take my mother by the arm so that she doesn't fall.

Prenderanno dei libri sulle guerre napoleoniche da studiare.
They will take out books on the Napoleonic wars to study.

Se avessero preso l'aereo ieri sarebbero a Parigi a quest'ora.
If they had taken the plane yesterday, they would be in Paris by now.

285

Inf. prenotare   *Part. pres.* prenotante   *Part. pass.* prenotato   *Ger.* prenotando

INDICATIVO

Presente

Io prenoto	Noi prenotiamo
Tu prenoti	Voi prenotate
Lui/Lei prenota	Loro prenotano

Imperfetto

Io prenotavo	Noi prenotavamo
Tu prenotavi	Voi prenotavate
Lui/Lei prenotava	Loro prenotavano

Passato Prossimo

Io ho prenotato	Noi abbiamo prenotato
Tu hai prenotato	Voi avete prenotato
Lui/Lei ha prenotato	Loro hanno prenotato

Trapassato Prossimo

Io avevo prenotato	Noi avevamo prenotato
Tu avevi prenotato	Voi avevate prenotato
Lui/Lei aveva prenotato	Loro avevano prenotato

Futuro

Io prenoterò	Noi prenoteremo
Tu prenoterai	Voi prenoterete
Lui/Lei prenoterà	Loro prenoteranno

Passato Remoto

Io prenotai	Noi prenotammo
Tu prenotasti	Voi prenotaste
Lui/Lei prenotò	Loro prenotarono

Futuro Anteriore

Io avrò prenotato	Noi avremo prenotato
Tu avrai prenotato	Voi avrete prenotato
Lui/Lei avrà prenotato	Loro avranno prenotato

Trapassato Remoto

Io ebbi prenotato	Noi avemmo prenotato
Tu avesti prenotato	Voi aveste prenotato
Lui/Lei ebbe prenotato	Loro ebbero prenotato

CONDIZIONALE

Condizionale Presente

Io prenoterei	Noi prenoteremmo
Tu prenoteresti	Voi prenotereste
Lui/Lei prenoterebbe	Loro prenoterebbero

Condizionale Passato

Io avrei prenotato	Noi avremmo prenotato
Tu avresti prenotato	Voi avreste prenotato
Lui/Lei avrebbe prenotato	Loro avrebbero prenotato

CONGIUNTIVO

Congiuntivo Presente

Io prenoti	Noi prenotiamo
Tu prenoti	Voi prenotiate
Lui/Lei prenoti	Loro prenotino

Congiuntivo Passato

Io abbia prenotato	Noi abbiamo prenotato
Tu abbia prenotato	Voi abbiate prenotato
Lui/Lei abbia prenotato	Loro abbiano prenotato

Congiuntivo Imperfetto

Io prenotassi	Noi prenotassimo
Tu prenotassi	Voi prenotaste
Lui/Lei prenotasse	Loro prenotassero

Congiuntivo Trapassato

Io avessi prenotato	Noi avessimo prenotato
Tu avessi prenotato	Voi aveste prenotato
Lui/Lei avesse prenotato	Loro avessero prenotato

IMPERATIVO

(Tu) prenota!   (Lei) prenoti!   (Noi) prenotiamo   (Voi) prenotate!   (Loro) prenotino!

Abbiamo prenotato una villa nella campagna toscana.
We reserved a villa in the Tuscan countryside.

La linea aerea prenotò oltre misura il volo.
The airline overbooked the flight.

Volevano che prenotassi una camera doppia.
They wanted me to reserve a double room.

PREOCCUPARSI *to worry*

Inf. preoccuparsi *Part. pres.* preoccupantesi *Part. pass.* preoccupato *Ger.* preoccupandosi

INDICATIVO

Presente

Io mi preoccupo	Noi ci preoccupiamo
Tu ti preoccupi	Voi vi preoccupate
Lui/Lei si preoccupa	Loro si preoccupano

Imperfetto

Io mi preoccupavo	Noi ci preoccupavamo
Tu ti preoccupavi	Voi vi preoccupavate
Lui/Lei si preoccupava	Loro si preoccupavano

Passato Prossimo

Io mi sono preoccupato/a	Noi ci siamo preoccupati/e
Tu ti sei preoccupato/a	Voi vi siete preoccupati/e
Lui/Lei si è preoccupato/a	Loro si sono preoccupati/e

Trapassato Prossimo

Io mi ero preoccupato/a	Noi ci eravamo preoccupati/e
Tu ti eri preoccupato/a	Voi vi eravate preoccupati/e
Lui/Lei si era preoccupato/a	Loro si erano preoccupati/e

Futuro

Io mi preoccuperò	Noi ci preoccuperemo
Tu ti preoccuperai	Voi vi preoccuperete
Lui/Lei si preoccuperà	Loro si preoccuperanno

Passato Remoto

Io mi preoccupai	Noi ci preoccupammo
Tu ti preoccupasti	Voi vi preoccupaste
Lui/Lei si preoccupò	Loro si preoccuparono

Futuro Anteriore

Io mi sarò preoccupato/a	Noi ci saremo preoccupati/e
Tu ti sarai preoccupato/a	Voi vi sarete preoccupati/e
Lui/Lei si sarà preoccupato/a	Loro si saranno preoccupati/e

Trapassato Remoto

Io mi fui preoccupato/a	Noi ci fummo preoccupati/e
Tu ti fosti preoccupato/a	Voi vi foste preoccupati/e
Lui/Lei si fu preoccupato/a	Loro si furono preoccupati/e

CONDIZIONALE

Condizionale Presente

Io mi preoccuperei	Noi ci preoccuperemmo
Tu ti preoccuperesti	Voi vi preoccupereste
Lui/Lei si preoccuperebbe	Loro si preoccuperebbero

Condizionale Passato

Io mi sarei preoccupato/a	Noi ci saremmo preoccupati/e
Tu ti saresti preoccupato/a	Voi vi sareste preoccupati/e
Lui/Lei si sarebbe preoccupato/a	Loro si sarebbero preoccupati/e

CONGIUNTIVO

Congiuntivo Presente

Io mi preoccupi	Noi ci preoccupiamo
Tu ti preoccupi	Voi vi preoccupiate
Lui/Lei si preoccupi	Loro si preoccupino

Congiuntivo Passato

Io mi sia preoccupato/a	Noi ci siamo preoccupati/e
Tu ti sia preoccupato/a	Voi vi siate preoccupati/e
Lui/Lei si sia preoccupato/a	Loro si siano preoccupati/e

Congiuntivo Imperfetto

Io mi preoccupassi	Noi ci preoccupassimo
Tu ti preoccupassi	Voi vi preoccupaste
Lui/Lei si preoccupasse	Loro si preoccupassero

Congiuntivo Trapassato

Io mi fossi preoccupato/a	Noi ci fossimo preoccupati/e
Tu ti fossi preoccupato/a	Voi vi foste preoccupati/e
Lui/Lei si fosse preoccupato/a	Loro si fossero preoccupati/e

IMPERATIVO

(Tu) preoccupati! (Lei) si preoccupi! (Noi) preoccupiamoci! (Voi) preoccupatevi! (Loro) si preoccupino!

Ci eravamo molto preoccupati quando non è arrivato nostro figlio.
We were very worried when our son didn't arrive.

Mi preoccupavo molto per i soldi da giovane.
I was very worried about money when I was younger.

Pensi che si siano preoccupati per la mancanza di cibo?
Do you think that they were worried about the lack of food?

PREPARARE   *to prepare, to make*

Inf. preparare *Part. pres.* preparante *Part. pass.* preparato *Ger.* preparando

INDICATIVO

Presente		Imperfetto	
Io preparo	Noi prepariamo	Io preparavo	Noi preparavamo
Tu prepari	Voi preparate	Tu preparavi	Voi preparavate
Lui/Lei prepara	Loro preparano	Lui/Lei preparava	Loro preparavano

Passato Prossimo		Trapassato Prossimo	
Io ho preparato	Noi abbiamo preparato	Io avevo preparato	Noi avevamo preparato
Tu hai preparato	Voi avete preparato	Tu avevi preparato	Voi avevate preparato
Lui/Lei ha preparato	Loro hanno preparato	Lui/Lei aveva preparato	Loro avevano preparato

Futuro		Passato Remoto	
Io preparerò	Noi prepareremo	Io preparai	Noi preparammo
Tu preparerai	Voi preparerete	Tu preparasti	Voi preparaste
Lui/Lei preparerà	Loro prepareranno	Lui/Lei preparò	Loro prepararono

Futuro Anteriore		Trapassato Remoto	
Io avrò preparato	Noi avremo preparato	Io ebbi preparato	Noi avemmo preparato
Tu avrai preparato	Voi avrete preparato	Tu avesti preparato	Voi aveste preparato
Lui/Lei avrà preparato	Loro avranno preparato	Lui/Lei ebbe preparato	Loro ebbero preparato

CONDIZIONALE

Condizionale Presente		Condizionale Passato	
Io preparerei	Noi prepareremmo	Io avrei preparato	Noi avremmo preparato
Tu prepareresti	Voi preparereste	Tu avresti preparato	Voi avreste preparato
Lui/Lei preparerebbe	Loro preparerebbero	Lui/Lei avrebbe preparato	Loro avrebbero preparato

CONGIUNTIVO

Congiuntivo Presente		Congiuntivo Passato	
Io prepari	Noi prepariamo	Io abbia preparato	Noi abbiamo preparato
Tu prepari	Voi prepariate	Tu abbia preparato	Voi abbiate preparato
Lui/Lei prepari	Lui/Lei preparino	Lui/Lei abbia preparato	Loro abbiano preparato

Congiuntivo Imperfetto		Congiuntivo Trapassato	
Io preparassi	Noi preparassimo	Io avessi preparato	Noi avessimo preparato
Tu preparassi	Voi preparaste	Tu avessi preparato	Voi aveste preparato
Lui/Lei preparasse	Loro preparassero	Lui/Lei avesse preparato	Loro avessero preparato

IMPERATIVO

(Tu) prepara!   (Lei) prepari!   (Noi) prepariamo!   (Voi) preparate!   (Loro) preparino!

Prepareranno la terra da coltivare domani.
They will prepare the ground for planting tomorrow.

A mia madre piaceva preparare un grande pranzo la domenica.
My mother liked to prepare a large meal on Sundays.

Quando avrò preparato la valigia, partiremo.
When I have packed the suitcase, we will leave.

Inf. presentare   *Part. pres.* presentante   *Part. pass.* presentato   *Ger.* presentando

INDICATIVO

Presente

Io presento	Noi presentiamo
Tu presenti	Voi presentate
Lui/Lei presenta	Loro presentano

Imperfetto

Io presentavo	Noi presentavamo
Tu presentavi	Voi presentavate
Lui/Lei presentava	Loro presentavano

Passato Prossimo

Io ho presentato	Noi abbiamo presentato
Tu hai presentato	Voi avete presentato
Lui/Lei ha presentato	Loro hanno presentato

Trapassato Prossimo

Io avevo presentato	Noi avevamo presentato
Tu avevi presentato	Voi avevate presentato
Lui/Lei aveva presentato	Loro avevano presentato

Futuro

Io presenterò	Noi presenteremo
Tu presenterai	Voi presenterete
Lui/Lei presenterà	Loro presenteranno

Passato Remoto

Io presentai	Noi presentammo
Tu presentasti	Voi presentaste
Lui/Lei presentò	Loro presentarono

Futuro Anteriore

Io avrò presentato	Noi avremo presentato
Tu avrai presentato	Voi avrete presentato
Lui/Lei avrà presentato	Loro avranno presentato

Trapassato Remoto

Io ebbi presentato	Noi avemmo presentato
Tu avesti presentato	Voi aveste presentato
Lui/Lei ebbe presentato	Loro ebbero presentato

CONDIZIONALE

Condizionale Presente

Io presenterei	Noi presenteremmo
Tu presenteresti	Voi presentereste
Lui/Lei presenterebbe	Loro presenterebbero

Condizionale Passato

Io avrei presentato	Noi avremmo presentato
Tu avresti presentato	Voi avreste presentato
Lui/Lei avrebbe presentato	Loro avrebbero presentato

CONGIUNTIVO

Congiuntivo Presente

Io presenti	Noi presentiamo
Tu presenti	Voi presentiate
Lui/Lei presenti	Loro presentino

Congiuntivo Passato

Io abbia presentato	Noi abbiamo presentato
Tu abbia presentato	Voi abbiate presentato
Lui/Lei abbia presentato	Loro abbiano presentato

Congiuntivo Imperfetto

Io presentassi	Noi presentassimo
Tu presentassi	Voi presentaste
Lui/Lei presentasse	Loro presentassero

Congiuntivo Trapassato

Io avessi presentato	Noi avessimo presentato
Tu avessi presentato	Voi aveste presentato
Lui/Lei avesse presentato	Loro avessero presentato

IMPERATIVO

(Tu) presenta!   (Lei) presenti!   (Noi) presentiamo!   (Voi) presentate!   (Loro) presentino!

Vorrei presentarle mio figlio.
I would like to introduce you to my son.

Quella compagnia presenta sempre dei problemi.
That company always presents problems.

Mentre stavano presentando il prossimo candidato, partì un colpo.
While they were presenting the next candidate, a shot rang out.

PRESTARE   *to lend*

Inf. prestare   *Part. pres.* prestante   *Part. pass.* prestato   *Ger.* prestando

INDICATIVO

Presente

Io presto	Noi prestiamo
Tu presti	Voi prestate
Lui/Lei presta	Loro prestano

Imperfetto

Io prestavo	Noi prestavamo
Tu prestavi	Voi prestavate
Lui/Lei prestava	Loro prestavano

Passato Prossimo

Io ho prestato	Noi abbiamo prestato
Tu hai prestato	Voi avete prestato
Lui/Lei ha prestato	Loro hanno prestato

Trapassato Prossimo

Io avevo prestato	Noi avevamo prestato
Tu avevi prestato	Voi avevate prestato
Lui/Lei aveva prestato	Loro avevano prestato

Futuro

Io presterò	Noi presteremo
Tu presterai	Voi presterete
Lui/Lei presterà	Loro presteranno

Passato Remoto

Io prestai	Noi prestammo
Tu prestasti	Voi prestaste
Lui/Lei prestò	Loro prestarono

Futuro Anteriore

Io avrò prestato	Noi avremo prestato
Tu avrai prestato	Voi avrete prestato
Lui/Lei avrà prestato	Loro avranno prestato

Trapassato Remoto

Io ebbi prestato	Noi avemmo prestato
Tu avesti prestato	Voi aveste prestato
Lui/Lei ebbe prestato	Loro ebbero prestato

CONDIZIONALE

Condizionale Presente

Io presterei	Noi presteremmo
Tu presteresti	Voi prestereste
Lui/Lei presterebbe	Loro presterebbero

Condizionale Passato

Io avrei prestato	Noi avremmo prestato
Tu avresti prestato	Voi avreste prestato
Lui/Lei avrebbe prestato	Loro avrebbero prestato

CONGIUNTIVO

Congiuntivo Presente

Io presti	Noi prestiamo
Tu presti	Voi prestiate
Lui/Lei presti	Loro prestino

Congiuntivo Passato

Io abbia prestato	Noi abbiamo prestato
Tu abbia prestato	Voi abbiate prestato
Lui/Lei abbia prestato	Loro abbiano prestato

Congiuntivo Imperfetto

Io prestassi	Noi prestassimo
Tu prestassi	Voi prestaste
Lui/Lei prestasse	Loro prestassero

Congiuntivo Trapassato

Io avessi prestato	Noi avessimo prestato
Tu avessi prestato	Voi aveste prestato
Lui/Lei avesse prestato	Loro avessero prestato

IMPERATIVO

(Tu) presta!   (Lei) presti!   (Noi) prestiamo!   (Voi) prestate!   (Loro) prestino!

I miei mi hanno prestato dei soldi per pagare il mutuo.
My parents lent me money to pay the mortgage.

Se vuoi, ti presterò i miei CD per la festa.
If you want, I will loan you my CDs for the party.

Penso che gli abbiano prestato un milione di euro per pagare il danno alla casa.
I think that they lent him a million euros to pay for the damage to the house.

Inf. pretendere   *Part. pres.* pretendente   *Part. pass.* preteso   *Ger.* pretendendo

INDICATIVO

Presente

Io pretendo	Noi pretendiamo
Tu pretendi	Voi pretendete
Lui/Lei pretende	Loro pretendono

Imperfetto

Io pretendevo	Noi pretendevamo
Tu pretendevi	Voi pretendevate
Lui/Lei pretendeva	Loro pretendevano

Passato Prossimo

Io ho preteso	Noi abbiamo preteso
Tu hai preteso	Voi avete preteso
Lui/Lei ha preteso	Loro hanno preteso

Trapassato Prossimo

Io avevo preteso	Noi avevamo preteso
Tu avevi preteso	Voi avevate preteso
Lui/Lei aveva preteso	Loro avevano preteso

Futuro

Io pretenderò	Noi pretenderemo
Tu pretenderai	Voi pretenderete
Lui/Lei pretenderà	Loro pretenderanno

Passato Remoto

Io pretesi	Noi pretendemmo
Tu pretendesti	Voi pretendeste
Lui/Lei pretese	Loro pretesero

Futuro Anteriore

Io avrò preteso	Noi avremo preteso
Tu avrai preteso	Voi avrete preteso
Lui/Lei avrà preteso	Loro avranno preteso

Trapassato Remoto

Io ebbi preteso	Noi avemmo preteso
Tu avesti preteso	Voi aveste preteso
Lui/Lei ebbe preteso	Loro ebbero preteso

CONDIZIONALE

Condizionale Presente

Io pretenderei	Noi pretenderemmo
Tu pretenderesti	Voi pretendereste
Lui/Lei pretenderebbe	Loro pretenderebbero

Condizionale Passato

Io avrei preteso	Noi avremmo preteso
Tu avresti preteso	Voi avreste preteso
Lui/Lei avrebbe preteso	Loro avrebbero preteso

CONGIUNTIVO

Congiuntivo Presente

Io pretenda	Noi pretendiamo
Tu pretenda	Voi pretendiate
Lui/Lei pretenda	Loro pretendano

Congiuntivo Passato

Io abbia preteso	Noi abbiamo preteso
Tu abbia preteso	Voi abbiate preteso
Lui/Lei abbia preteso	Loro abbiano preteso

Congiuntivo Imperfetto

Io pretendessi	Noi pretendessimo
Tu pretendessi	Voi pretendeste
Lui/Lei pretendesse	Loro pretendessero

Congiuntivo Trapassato

Io avessi preteso	Noi avessimo preteso
Tu avessi preteso	Voi aveste preteso
Lui/Lei avesse preteso	Loro avessero preteso

IMPERATIVO

(Tu) pretendi!   (Lei) pretenda!   (Noi) pretendiamo!   (Voi) prendete!   (Loro) pretendano!

Pretese che tutti facessero la pulizia delle gabbie degli animali.
He demanded that everyone clean up the animal cages.

Pretendono di essere degli esperti in chimica!
They purport to be experts in chemistry.

Non pretendere di farmi passare per scemo.
Don't take me for a fool.

PROIBIRE *to prohibit, to forbid*

Inf. proibire *Part. pres.* proibente *Part. pass.* proibito *Ger.* proibendo

INDICATIVO

Presente

Io proibisco	Noi proibiamo
Tu proibisci	Voi proibite
Lui/Lei proibisce	Loro proibiscono

Imperfetto

Io proibivo	Noi proibivamo
Tu proibivi	Voi proibivate
Lui/Lei proibiva	Loro proibivano

Passato Prossimo

Io ho proibito	Noi abbiamo proibito
Tu hai proibito	Voi avete proibito
Lui/Lei ha proibito	Loro hanno proibito

Trapassato Prossimo

Io avevo proibito	Noi avevamo proibito
Tu avevi proibito	Voi avevate proibito
Lui/Lei aveva proibito	Loro avevano proibito

Futuro

Io proibirò	Noi proibiremo
Tu proibirai	Voi proibirete
Lui/Lei proibirà	Loro proibiranno

Passato Remoto

Io proibii	Noi proibimmo
Tu proibisti	Voi proibiste
Lui/Lei proibì	Loro proibirono

Futuro Anteriore

Io avrò proibito	Noi avremo proibito
Tu avrai proibito	Voi avrete proibito
Lui/Lei avrà proibito	Loro avranno proibito

Trapassato Remoto

Io ebbi proibito	Noi avemmo proibito
Tu avesti proibito	Voi aveste proibito
Lui/Lei ebbe proibito	Loro ebbero proibito

CONDIZIONALE

Condizionale Presente

Io proibirei	Noi proibiremmo
Tu proibiresti	Voi proibireste
Lui/Lei proibirebbe	Loro proibirebbero

Condizionale Passato

Io avrei proibito	Noi avremmo proibito
Tu avresti proibito	Voi avreste proibito
Lui/Lei avrebbe proibito	Loro avrebbero proibito

CONGIUNTIVO

Congiuntivo Presente

Io proibisca	Noi proibiamo
Tu proibisca	Voi proibiate
Lui/Lei proibisca	Loro proibiscano

Congiuntivo Passato

Io abbia proibito	Noi abbiamo proibito
Tu abbia proibito	Voi abbiate proibito
Lui/Lei abbia proibito	Loro abbiano proibito

Congiuntivo Imperfetto

Io proibissi	Noi proibissimo
Tu proibissi	Voi proibiste
Lui/Lei proibisse	Loro proibissero

Congiuntivo Trapassato

Io avessi proibito	Noi avessimo proibito
Tu avessi proibito	Voi aveste proibito
Lui/Lei avesse proibito	Loro avessero proibito

IMPERATIVO

(Tu) proibisci!   (Lei) proibisca!   (Noi) proibiamo!   (Voi) proibite!   (Loro) proibiscano!

Ti proibisco di uscire con quel ragazzo!
I forbid you to go out with that boy!

La sua religione le ha proibito di sposare uno di un'altra.
Her religion prohibited her from marry someone from another.

Se non gli avessero proibito di vedere la sua ragazza non sarebbe scappato via da casa.
If they hadn't forbidden him from seeing his girlfriend, he would not have run away from home.

PROMETTERE   *to promise*

Inf. promettere   *Part. pres.* promettente   *Part. pass.* promesso   *Ger.* promettendo

INDICATIVO

Presente

Io prometto	Noi promettiamo
Tu prometti	Voi promettete
Lui/Lei promette	Loro promettono

Imperfetto

Io promettevo	Noi promettevamo
Tu promettevi	Voi promettevate
Lui/Lei prometteva	Loro promettevano

Passato Prossimo

Io ho promesso	Noi abbiamo promesso
Tu hai promesso	Voi avete promesso
Lui/Lei ha promesso	Loro hanno promesso

Trapassato Prossimo

Io avevo promesso	Noi avevamo promesso
Tu avevi promesso	Voi avevate promesso
Lui/Lei aveva promesso	Loro avevano promesso

Futuro

Io prometterò	Noi prometteremo
Tu prometterai	Voi prometterete
Lui/Lei prometterà	Loro prometteranno

Passato Remoto

Io promisi	Noi promettemmo
Tu promettesti	Voi prometteste
Lui/Lei promise	Loro promisero

Futuro Anteriore

Io avrò promesso	Noi avremo promesso
Tu avrai promesso	Voi avrete promesso
Lui/Lei avrà promesso	Loro avranno promesso

Trapassato Remoto

Io ebbi promesso	Noi avemmo promesso
Tu avesti promesso	Voi aveste promesso
Lui/Lei ebbe promesso	Loro ebbero promesso

CONDIZIONALE

Condizionale Presente

Io prometterei	Noi prometteremmo
Tu prometteresti	Voi promettereste
Lui/Lei prometterebbe	Loro prometterebbero

Condizionale Passato

Io avrei promesso	Noi avremmo promesso
Tu avresti promesso	Voi avreste promesso
Lui/Lei avrebbe promesso	Loro avrebbero promesso

CONGIUNTIVO

Congiuntivo Presente

Io prometta	Noi promettiamo
Tu prometta	Voi promettiate
Lui/Lei prometta	Loro promettano

Congiuntivo Passato

Io abbia promesso	Noi abbiamo promesso
Tu abbia promesso	Voi abbiate promesso
Lui/Lei abbia promesso	Loro abbiano promesso

Congiuntivo Imperfetto

Io promettessi	Noi promettessimo
Tu promettessi	Voi prometteste
Lui/Lei promettesse	Loro promettessero

Congiuntivo Trapassato

Io avessi promesso	Noi avessimo promesso
Tu avessi promesso	Voi aveste promesso
Lui/Lei avesse promesso	Loro avessero promesso

IMPERATIVO

(Tu) prometti!   (Lei) prometta!   (Noi) promettiamo!   (Voi) promettete!   (Loro) promettano!

Abbiamo **promesso** l'un l'altra di essere leali per tutta la vita.
We promised to be loyal to each other our entire lives.

Ci aveva **promesso** che sarebbe venuto.
He promised us that he would come.

Promise la sua unica figlia al conte in cambio di terreno.
He promised his only daughter to the count in exchange for land.

PRONUNCIARE *to pronounce*

Inf. pronunciare *Part. pres.* pronunciante *Part. pass.* pronunciato *Ger.* pronunciando

INDICATIVO

Presente

Io pronuncio	Noi pronunciamo
Tu pronunci	Voi pronunciate
Lui/Lei pronuncia	Loro pronunciano

Imperfetto

Io pronunciavo	Noi pronunciavamo
Tu pronunciavi	Voi pronunciavate
Lui/Lei pronunciava	Loro pronunciavano

Passato Prossimo

Io ho pronunciato	Noi abbiamo pronunciato
Tu hai pronunciato	Voi avete pronunciato
Lui/ha pronunciato	Loro hanno pronunciato

Trapassato Prossimo

Io avevo pronunciato	Noi avevamo pronunciato
Tu avevi pronunciato	Voi avevate pronunciato
Lui/Lei aveva pronunciato	Loro avevano pronunciato

Futuro

Io pronuncerò	Noi pronunceremo
Tu pronuncerai	Voi pronuncerete
Lui/Lei pronuncerà	Loro pronunceranno

Passato Remoto

Io pronunciai	Noi pronunciammo
Tu pronunciasti	Voi pronunciaste
Lui/Lei pronunciò	Loro pronunciarono

Futuro Anteriore

Io avrò pronunciato	Noi avremo pronunciato
Tu avrai pronunciato	Voi avrete pronunciato
Lui/Lei avrà pronunciato	Loro avranno pronunciato

Trapassato Remoto

Io ebbi pronunciato	Noi avemmo pronunciato
Tu avesti pronunciato	Voi aveste pronunciato
Lui/Lei ebbe pronunciato	Loro ebbero pronunciato

CONDIZIONALE

Condizionale Presente

Io pronuncerei	Noi pronunceremmo
Tu pronunceresti	Voi pronuncereste
Lui/Lei pronuncerebbe	Loro pronuncerebbero

Condizionale Passato

Io avrei pronunciato	Noi avremmo pronunciato
Tu avresti pronunciato	Voi avreste pronunciato
Lui/Lei avrebbe pronunciato	Loro avrebbero pronunciato

CONGIUNTIVO

Congiuntivo Presente

Io pronunci	Noi pronunciamo
Tu pronunci	Voi pronunciate
Lui/Lei pronunci	Loro pronuncino

Congiuntivo Passato

Io abbia pronunciato	Noi abbiamo pronunciato
Tu abbia pronunciato	Voi abbiate pronunciato
Lui/Lei abbia pronunciato	Loro abbiano pronunciato

Congiuntivo Imperfetto

Io pronunciassi	Noi pronunciassimo
Tu pronunciassi	Voi pronunciaste
Lui/Lei pronunciasse	Loro pronunciassero

Congiuntivo Trapassato

Io avessi pronunciato	Noi avessimo pronunciato
Tu avessi pronunciato	Voi aveste pronunciato
Lui/Lei avesse pronunciato	Loro avessero pronunciato

IMPERATIVO

(Tu) pronuncia!   (Lei) pronunci!   (Noi) pronunciamo!   (Voi) pronunciate!   (Loro) pronuncino!

Gli studenti trovano difficoltà a pronunciare il cinese.
Students have difficulty pronouncing Chinese.

I nuovi preti pronunciarono i loro voti.
The new priests pronounced their vows.

I turisti pronunciavano tutto male.
The tourists pronounced everything badly.

PROTEGGERE   *to protect*

Inf. proteggere   *Part. pres.* proteggente   *Part. pass.* protetto   *Ger.* proteggendo

INDICATIVO

Presente

Io proteggo	Noi proteggiamo
Tu proteggi	Voi proteggete
Lui/Lei protegge	Loro proteggono

Imperfetto

Io proteggevo	Noi proteggevamo
Tu proteggevi	Voi proteggevate
Lui/Lei proteggeva	Loro proteggevano

Passato Prossimo

Io ho protetto	Noi abbiamo protetto
Tu hai protetto	Voi avete protetto
Lui/Lei ha protetto	Loro hanno protetto

Trapassato Prossimo

Io avevo protetto	Noi avevamo protetto
Tu avevi protetto	Voi avevate protetto
Lui/Lei aveva protetto	Loro avevano protetto

Futuro

Io proteggerò	Noi proteggeremo
Tu proteggerai	Voi proteggerete
Lui/Lei proteggerà	Loro proteggeranno

Passato Remoto

Io protessi	Noi proteggemmo
Tu proteggesti	Voi proteggeste
Lui/Lei protesse	Loro protessero

Futuro Anteriore

Io avrò protetto	Noi avremo protetto
Tu avrai protetto	Voi avrete protetto
Lui/Lei avrà protetto	Loro avranno protetto

Trapassato Remoto

Io ebbi protetto	Noi avemmo protetto
Tu avesti protetto	Voi aveste protetto
Lui/Lei ebbe protetto	Loro ebbero protetto

CONDIZIONALE

Condizionale Presente

Io proteggerei	Noi proteggeremmo
Tu proteggeresti	Voi proteggereste
Lui/Lei proteggerebbe	Loro proteggerebbero

Condizionale Passato

Io avrei protetto	Noi avremmo protetto
Tu avresti protetto	Voi avreste protetto
Lui/Lei avrebbe protetto	Loro avrebbero protetto

CONGIUNTIVO

Congiuntivo Presente

Io protegga	Noi proteggiamo
Tu protegga	Voi proteggiate
Lui/Lei protegga	Loro proteggano

Congiuntivo Passato

Io abbia protetto	Noi abbiamo protetto
Tu abbia protetto	Voi abbiate protetto
Lui/Lei abbia protetto	Loro abbiano protetto

Congiuntivo Imperfetto

Io proteggessi	Noi proteggessimo
Tu proteggessi	Voi proteggeste
Lui/Lei proteggesse	Loro proteggessero

Congiuntivo Trapassato

Io avessi protetto	Noi avessimo protetto
Tu avessi protetto	Voi aveste protetto
Lui/Lei avesse protetto	Loro avessero protetto

IMPERATIVO

(Tu) proteggi!   (Lei) protegga!   (Noi) proteggiamo!   (Voi) proteggete!   (Loro) proteggano!

Molte persone proteggono la pelle dal sole in spiaggia.
Many people protect their skin from the sun at the beach.

Sua madre l'ha protetta dal male quando era bambina.
Her mother protected her from harm when she was a child.

Se lui la proteggesse il rapporto potrebbe essere felice.
If he protects her, the relationship could be a happy one.

PROVARE *to try, to feel, to rehearse*

Inf. provare *Part. pres.* provante *Part. pass.* provato *Ger.* provando

INDICATIVO

Presente

Io provo	Noi proviamo
Tu provi	Voi provate
Lui/Lei prova	Loro provano

Imperfetto

Io provavo	Noi provavamo
Tu provavi	Voi provavate
Lui/Lei provava	Loro provavano

Passato Prossimo

Io ho provato	Noi abbiamo provato
Tu hai provato	Voi avete provato
Lui/Lei ha provato	Loro hanno provato

Trapassato Prossimo

Io avevo provato	Noi avevamo provato
Tu avevi provato	Voi avevate provato
Lui/Lei aveva provato	Loro avevano provato

Futuro

Io proverò	Noi proveremo
Tu proverai	Voi proverete
Lui/Lei proverà	Loro proveranno

Passato Remoto

Io provai	Noi provammo
Tu provasti	Voi provaste
Lui/Lei provò	Loro provarono

Futuro Anteriore

Io avrò provato	Noi avremo provato
Tu avrai provato	Voi avrete provato
Lui/Lei avrà provato	Loro avranno provato

Trapassato Remoto

Io ebbi provato	Noi avemmo provato
Tu avesti provato	Voi aveste provato
Lui/Lei ebbe provato	Loro ebbero provato

CONDIZIONALE

Condizionale Presente

Io proverei	Noi proveremmo
Tu proveresti	Voi provereste
Lui/Lei proverebbe	Loro proverebbero

Condizionale Passato

Io avrei provato	Noi avremmo provato
Tu avresti provato	Voi avreste provato
Lui/Lei avrebbe provato	Loro avrebbero provato

CONGIUNTIVO

Congiuntivo Presente

Io provi	Noi proviamo
Tu provi	Voi proviate
Lui/Lei provi	Loro provino

Congiuntivo Passato

Io abbia provato	Noi abbiamo provato
Tu abbia provato	Voi abbiate provato
Lui/Lei abbia provato	Loro abbiano provato

Congiuntivo Imperfetto

Io provassi	Noi provassimo
Tu provassi	Voi provaste
Lui/Lei provasse	Loro provassero

Congiuntivo Trapassato

Io avessi provato	Noi avessimo provato
Tu avessi provato	Voi aveste provato
Lui/Lei avesse provato	Loro avessero provato

IMPERATIVO

(Tu) prova! (Lei) provi! (Noi) proviamo! (Voi) provate ! (Loro) provino!

Abbiamo provato varie volte di mettere in moto la **macchina, ma** senza successo.
We tried several times to start the car, but without success.

Io provavo molto amore per mia moglie.
I felt a lot of love for my wife.

Provarono la scena molte volte, finché non fu perfetta.
They rehearsed the scene many times, until it was perfect.

PULIRE   *to clean*

Inf. pulire   *Part. pres.* pulente   *Part. pass.* pulito   *Ger.* pulendo

INDICATIVO

Presente

Io pulisco	Noi puliamo
Tu pulisci	Voi pulite
Lui/Lei pulisce	Loro puliscono

Imperfetto

Io pulivo	Noi pulivamo
Tu pulivi	Voi pulivate
Lui/Lei puliva	Loro pulivano

Passato Prossimo

Io ho pulito	Noi abbiamo pulito
Tu hai pulito	Voi avete pulito
Lui/Lei ha pulito	Loro hanno pulito

Trapassato Prossimo

Io avevo pulito	Noi avevamo pulito
Tu avevi pulito	Voi avevate pulito
Lui/Lei aveva pulito	Loro avevano pulito

Futuro

Io pulirò	Noi puliremo
Tu pulirai	Voi pulirete
Lui/Lei pulirà	Loro puliranno

Passato Remoto

Io pulii	Noi pulimmo
Tu pulisti	Voi puliste
Lui/Lei pulì	Loro pulirono

Futuro Anteriore

Io avrò pulito	Noi avremo pulito
Tu avrai pulito	Voi avrete pulito
Lui/Lei avrà pulito	Loro avranno pulito

Trapassato Remoto

Io ebbi pulito	Noi avemmo pulito
Tu avesti pulito	Voi aveste pulito
Lui/Lei ebbe pulito	Loro ebbero pulito

CONDIZIONALE

Condizionale Presente

Io pulirei	Noi puliremmo
Tu puliresti	Voi pulireste
Lui/Lei pulirebbe	Loro pulirebbero

Condizionale Passato

Io avrei pulito	Noi avremmo pulito
Tu avresti pulito	Voi avreste pulito
Lui/Lei avrebbe pulito	Loro avrebbero pulito

CONGIUNTIVO

Congiuntivo Presente

Io pulisca	Noi puliamo
Tu pulisca	Voi puliate
Lui/Lei pulisca	Loro puliscano

Congiuntivo Passato

Io abbia pulito	Noi abbiamo pulito
Tu abbia pulito	Voi abbiate pulito
Lui/Lei abbia pulito	Loro abbiano pulito

Congiuntivo Imperfetto

Io pulissi	Noi pulissimo
Tu pulissi	Voi puliste
Lui/Lei pulisse	Loro pulissero

Congiuntivo Trapassato

Io avessi pulito	Noi avessimo pulito
Tu avessi pulito	Voi aveste pulito
Lui/Lei avesse pulito	Loro avessero pulito

IMPERATIVO

(Tu) pulisci!   (Lei) pulisca!   (Noi) puliamo!   (Voi) pulite!   (Loro) puliscano!

Dopo che ebbero pulito la casa, andarono a cena.
After they had cleaned the house, they went out to dinner.

Si arrabbiò perché il marito puliva la macchina invece di aiutarla in casa.
She got angry because her husband was cleaning the car instead of helping her in the house.

Si deve pulire il cane ogni settimana.
One should clean the dog every week.

Inf. punire *Part. pres.* punente *Part. pass.* punito *Ger.* punendo

INDICATIVO

Presente

Io punisco	Noi puniamo
Tu punisci	Voi punite
Lui/Lei punisce	Loro puniscono

Imperfetto

Io punivo	Noi punivamo
Tu punivi	Voi punivate
Lui/Lei puniva	Loro punivano

Passato Prossimo

Io ho punito	Noi abbiamo punito
Tu hai punito	Voi avete punito
Lui/Lei ha punito	Loro hanno punito

Trapassato Prossimo

Io avevo punito	Noi avevamo punito
Tu avevi punito	Voi avevate punito
Lui/Lei aveva punito	Loro avevano punito

Futuro

Io punirò	Noi puniremo
Tu punirai	Voi punirete
Lui/Lei punirà	Loro puniranno

Passato Remoto

Io punii	Noi punimmo
Tu punisti	Voi puniste
Lui/Lei punì	Loro punirono

Futuro Anteriore

Io avrò punito	Noi avremo punito
Tu avrai punito	Voi avrete punito
Lui/Lei avrà punito	Loro avranno punito

Trapassato Remoto

Io ebbi punito	Noi avemmo punito
Tu avesti punito	Voi aveste punito
Lui/Lei ebbe punito	Loro ebbero punito

CONDIZIONALE

Condizionale Presente

Io punirei	Noi puniremmo
Tu puniresti	Voi punireste
Lui/Lei punirebbe	Loro punirebbero

Condizionale Passato

Io avrei punito	Noi avremmo punito
Tu avresti punito	Voi avreste punito
Lui/Lei avrebbe punito	Loro avrebbero punito

CONGIUNTIVO

Congiuntivo Presente

Io punisca	Noi puniamo
Tu punisca	Voi puniate
Lui/Lei punisca	Loro puniscano

Congiuntivo Passato

Io abbia punito	Noi abbiamo punito
Tu abbia punito	Voi abbiate punito
Lui/Lei abbia punito	Loro abbiano punito

Congiuntivo Imperfetto

Io punissi	Noi punissimo
Tu punissi	Voi puniste
Lui/Lei punisse	Loro punissero

Congiuntivo Trapassato

Io avessi punito	Noi avessimo punito
Tu avessi punito	Voi aveste punito
Lui/Lei avesse punito	Loro avessero punito

IMPERATIVO

(Tu) punisci!   (Lei) punisca   (Noi) puniamo!   (Voi) punite!   (Loro) puniscano!

Perché hai punito quella ragazzina?
Why did you punish that little girl?

Nel passato si punivano i ragazzini severamente se non ubbidivano.
In the past little boys were punished severely if they disobeyed.

Ci sono altre maniere di punire i bambini oggigiorno.
There are other ways of punishing children nowadays.

Inf. puntare *Part. pres.* puntante *Part. pass.* puntato *Ger.* puntando

INDICATIVO

Presente

Io punto	Noi puntiamo
Tu punti	Voi puntate
Lui/Lei punta	Loro puntano

Imperfetto

Io puntavo	Noi puntavamo
Tu puntavi	Voi puntavate
Lui/Lei puntava	Loro puntavano

Passato Prossimo

Io ho puntato	Noi abbiamo puntato
Tu hai puntato	Voi avete puntato
Lui/Lei ha puntato	Loro hanno puntato

Trapassato Prossimo

Io avevo puntato	Noi avevamo puntato
Tu avevi puntato	Voi avevate puntato
Lui/Lei aveva puntato	Loro avevano puntato

Futuro

Io punterò	Noi punteremo
Tu punterai	Voi punterete
Lui/Lei punterà	Loro punteranno

Passato Remoto

Io puntai	Noi puntammo
Tu puntasti	Voi puntaste
Lui/Lei puntò	Loro puntarono

Futuro Anteriore

Io avrò puntato	Noi avremo puntato
Tu avrai puntato	Voi avrete puntato
Lui/Lei avrà puntato	Loro avranno puntato

Trapassato Remoto

Io ebbi puntato	Noi avemmo puntato
Tu avesti puntato	Voi aveste puntato
Lui/Lei ebbe puntato	Loro ebbero puntato

CONDIZIONALE

Condizionale Presente

Io punterei	Noi punteremmo
Tu punteresti	Voi puntereste
Lui/Lei punterebbe	Loro punterebbero

Condizionale Passato

Io avrei puntato	Noi avremmo puntato
Tu avresti puntato	Voi avreste puntato
Lui/Lei avrebbe puntato	Loro avrebbero puntato

CONGIUNTIVO

Congiuntivo Presente

Io punti	Noi puntiamo
Tu punti	Voi puntiate
Lui/Lei punti	Loro puntino

Congiuntivo Passato

Io abbia puntato	Noi abbiamo puntato
Tu abbia puntato	Voi abbiate puntato
Lui/Lei abbia puntato	Loro abbiano puntato

Congiuntivo Imperfetto

Io puntassi	Noi puntassimo
Tu puntassi	Voi puntaste
Lui/Lei puntasse	Loro puntassero

Congiuntivo Trapassato

Io avessi puntato	Noi avessimo puntato
Tu avessi puntato	Voi aveste puntato
Lui/Lei avesse puntato	Loro avessero puntato

IMPERATIVO

(Tu) punta!   (Lei) punti!   (Noi) puntiamo!   (Voi) puntate!   (Loro) puntino!

Puntammo tutti i nostri soldi sul rosso.
We bet all our money on red.

Hanno puntato la pistola alla testa e poi gli hanno sparato.
They pointed the gun at his head and then they shot him.

Dopo che avevano puntato verso sud, procederono a passi veloci.
After they had turned south, they proceeded rapidly on foot.

Inf. quadrare *Part. pres.* quadrante *Part. pass.* quadrato *Ger.* quadrando

INDICATIVO

Presente

Io quadro	Noi quadriamo
Tu quadri	Voi quadrate
Lui/Lei quadra	Loro quadrano

Imperfetto

Io quadravo	Noi quadravamo
Tu quadravi	Voi quadravate
Lui/Lei quadrava	Loro quadravano

Passato Prossimo

Io ho quadrato	Noi abbiamo quadrato
Tu hai quadrato	Voi avete quadrato
Lui/Lei ha quadrato	Loro hanno quadrato

Trapassato Prossimo

Io avevo quadrato	Noi avevamo quadrato
Tu avevi quadrato	Voi avevate quadrato
Lui/Lei aveva quadrato	Loro avevano quadrato

Futuro

Io quadrerò	Noi quadreremo
Tu quadrerai	Voi quadrerete
Lui/Lei quadrerà	Loro quadreranno

Passato Remoto

Io quadrai	Noi quadrammo
Tu quadrasti	Voi quadraste
Lui/Lei quadrò	Loro quadrarono

Futuro Anteriore

Io avrò quadrato	Noi avremo quadrato
Tu avrai quadrato	Voi avrete quadrato
Lui/Lei avrà quadrato	Loro avranno quadrato

Trapassato Remoto

Io ebbi quadrato	Noi avemmo quadrato
Tu avesti quadrato	Voi aveste quadrato
Lui/Lei ebbe quadrato	Loro ebbero quadrato

CONDIZIONALE

Condizionale Presente

Io quadrerei	Noi quadreremmo
Tu quadreresti	Voi quadrerete
Lui/Lei quadrerebbe	Loro quadrerebbero

Condizionale Passato

Io avrei quadrato	Noi avremmo quadrato
Tu avresti quadrato	Voi avreste quadrato
Lui/Lei avrebbe quadrato	Loro avrebbero quadrato

CONGIUNTIVO

Congiuntivo Presente

Io quadri	Noi quadriamo
Tu quadri	Voi quadriate
Lui/Lei quadri	Loro quadrino

Congiuntivo Passato

Io abbia quadrato	Noi abbiamo quadrato
Tu abbia quadrato	Voi abbiate quadrato
Lui/Lei abbia quadrato	Loro abbiano quadrato

Congiuntivo Imperfetto

Io quadrassi	Noi quadrassimo
Tu quadrassi	Voi quadraste
Lui/Lei quadrasse	Loro quadrassero

Congiuntivo Trapassato

Io avessi quadrato	Noi avessimo quadrato
Tu avessi quadrato	Voi aveste quadrato
Lui/Lei avesse quadrato	Loro avessero quadrato

IMPERATIVO

(Tu) quadra!   (Lei) quadri!   (Noi) quadriamo!   (Voi) quadrate!   (Loro) quadrino!

C'è qualcosa che non quadra in questa storia.
Something doesn't add up in this story.

La bolletta non quadrava l'ultima volta che l'ho controllata.
The bill didn't add up the last time I checked it.

Se i conti quadrassero non mi troverei in questa situazione.
If things balanced out, I wouldn't find myself in this situation.

QUALIFICARE   *to qualify, to describe*

Inf. qualificare   *Part. pres.* qualificante   *Part. pass.* qualificato   *Ger.* qualificando

INDICATIVO

Presente

Io qualifico	Noi qualifichiamo
Tu qualifichi	Voi qualificate
Lui/Lei qualifica	Loro qualificano

Imperfetto

Io qualificavo	Noi qualificavamo
Tu qualificavi	Voi qualificavate
Lui/Lei qualificava	Loro qualificavano

Passato Prossimo

Io ho qualificato	Noi abbiamo qualificato
Tu hai qualificato	Voi avete qualificato
Lui/Lei ha qualificato	Loro hanno qualificato

Trapassato Prossimo

Io avevo qualificato	Noi avevamo qualificato
Tu avevi qualificato	Voi avevate qualificato
Lui/Lei aveva qualificato	Loro avevano qualificato

Futuro

Io qualificherò	Noi qualificheremo
Tu qualificherai	Voi qualificherete
Lui/Lei qualificherà	Loro qualificheranno

Passato Remoto

Io qualificai	Noi qualificammo
Tu qualificasti	Voi qualificaste
Lui/Lei qualificò	Loro qualificarono

Futuro Anteriore

Io avrò qualificato	Noi avremo qualificato
Tu avrai qualificato	Voi avrete qualificato
Lui/Lei avrà qualificato	Loro avranno qualificato

Trapassato Remoto

Io ebbi qualificato	Noi avemmo qualificato
Tu avesti qualificato	Voi aveste qualificato
Lui/Lei ebbe qualificato	Loro ebbero qualificato

CONDIZIONALE

Condizionale Presente

Io qualificherei	Noi qualificheremmo
Tu qualificheresti	Voi qualifichereste
Lui/Lei qualificherebbe	Loro qualificherebbero

Condizionale Passato

Io avrei qualificato	Noi avremmo qualificato
Tu avresti qualificato	Voi avreste qualificato
Lui/Lei avrebbe qualificato	Loro avrebbero qualificato

CONGIUNTIVO

Congiuntivo Presente

Io qualifichi	Noi qualifichiamo
Tu qualifichi	Voi qualifichiate
Lui/Lei qualifichi	Loro qualifichino

Congiuntivo Passato

Io abbia qualificato	Noi abbiamo qualificato
Tu abbia qualificato	Voi abbiate qualificato
Lui/Lei abbia qualificato	Loro abbiano qualificato

Congiuntivo Imperfetto

Io qualificassi	Noi qualificassimo
Tu qualificassi	Voi qualificaste
Lui/Lei qualificasse	Loro qualificassero

Congiuntivo Trapassato

Io avessi qualificato	Noi avessimo qualificato
Tu avessi qualificato	Voi aveste qualificato
Lui/Lei avesse qualificato	Loro avessero qualificato

IMPERATIVO

(Tu) qualifica!   (Lei) qualifichi!   (Noi) qualifichiamo!   (Voi) qualificate!   (Loro) qualifichino!

Lo qualificherei come uno che sa fare.
I would describe him as someone who knows what he is doing.

Sarebbe qualificato per il posto in Giappone.
He would be qualified for the position in Japan.

Ha qualificato i giocatori per la squadra della Roma.
He qualified the players for the Rome team.

301

Inf. quantificare *Part. pres.* quantificante *Part. pass.* quantificato *Ger.* quantificando

INDICATIVO

Presente

Io quantifico	Noi quantifichiamo
Tu quantifichi	Voi quantificate
Lui/Lei quantifica	Loro quantificano

Imperfetto

Io quantificavo	Noi quantificavamo
Tu quantificavi	Voi quantificavate
Lui/Lei quantificava	Loro quantificavano

Passato Prossimo

Io ho quantificato	Noi abbiamo quantificato
Tu hai quantificato	Voi avete quantificato
Lui/Lei ha quantificato	Loro hanno quantificato

Trapassato Prossimo

Io avevo quantificato	Noi avevamo quantificato
Tu avevi quantificato	Voi avevate quantificato
Lui/Lei aveva quantificato	Loro avevano quantificato

Futuro

Io quantificherò	Noi quantificheremo
Tu quantificherai	Voi quantificherete
Lui/Lei quantificherà	Loro quantificheranno

Passato Remoto

Io quantificai	Noi quantificammo
Tu quantificasti	Voi quantificaste
Lui/Lei quantificò	Loro quantificarono

Futuro Anteriore

Io avrò quantificato	Noi avremo quantificato
Tu avrai quantificato	Voi avrete quantificato
Lui/Lei avrà quantificato	Loro avranno quantificato

Trapassato Remoto

Io ebbi quantificato	Noi avemmo quantificato
Tu avesti quantificato	Voi aveste quantificato
Lui/Lei ebbe quantificato	Loro ebbero quantificato

CONDIZIONALE

Condizionale Presente

Io quantificherei	Noi quantificheremmo
Tu quantificheresti	Voi quantifichereste
Lui/Lei quantificherebbe	Loro quantificherebbero

Condizionale Passato

Io avrei quantificato	Noi avremmo quantificato
Tu avresti quantificato	Voi avreste quantificato
Lui/Lei avrebbe quantificato	Loro avrebbero quantificato

CONGIUNTIVO

Congiuntivo Presente

Io quantifichi	Noi quantifichiamo
Tu quantifichi	Voi quantifichiate
Lui/Lei quantifichi	Loro quantifichino

Congiuntivo Passato

Io abbia quantificato	Noi abbiamo quantificato
Tu abbia quantificato	Voi abbiate quantificato
Lui/Lei abbia quantificato	Loro abbiano quantificato

Congiuntivo Imperfetto

Io quantificassi	Noi quantificassimo
Tu quantificassi	Voi quantificaste
Lui/Lei quantificasse	Loro quantificassero

Congiuntivo Trapassato

Io avessi quantificato	Noi avessimo quantificato
Tu avessi quantificato	Voi aveste quantificato
Lui/Lei avesse quantificato	Loro avessero quantificato

IMPERATIVO

(Tu) quantifica! (Lei) quantifichi! (Noi) quantifichiamo! (Voi) quantificate! (Loro) quantifichino!

Si riservano di quantificare i danni.
They reserve the right to assess the damages.

Vorresti che quantificassi le scatole nel magazzino?
Would you like me to determine the number of boxes in the warehouse?

Gli architetti quantificarono le dimensioni del nuovo palazzo.
The architects quantified the dimensions of the new building.

QUESTIONARE   *to argue, to quarrel, to dispute*

Inf. questionare   *Part. pres.* questionante   *Part. pass.* questionato   *Ger.* questionando

INDICATIVO

Presente

Io questiono	Noi questioniamo
Tu questioni	Voi questionate
Lui/Lei questiona	Loro questionano

Imperfetto

Io questionavo	Noi questionavamo
Tu questionavi	Voi questionavate
Lui/Lei questionava	Loro questionavano

Passato Prossimo

Io ho questionato	Noi abbiamo questionato
Tu hai questionato	Voi avete questionato
Lui/Lei ha questionato	Loro hanno questionato

Trapassato Prossimo

Io avevo questionato	Noi avevamo questionato
Tu avevi questionato	Voi avevate questionato
Lui/Lei aveva questionato	Loro avevano questionato

Futuro

Io questionerò	Noi questioneremo
Tu questionerai	Voi questionerete
Lui/Lei questionerà	Loro questioneranno

Passato Remoto

Io questionai	Noi questionammo
Tu questionasti	Voi questionaste
Lui/Lei questionò	Loro questionarono

Futuro Anteriore

Io avrò questionato	Noi avremo questionato
Tu avrai questionato	Voi avrete questionato
Lui/Lei avrà questionato	Loro avranno questionato

Trapassato Remoto

Io ebbi questionato	Noi avemmo questionato
Tu avesti questionato	Voi aveste questionato
Lui/Lei ebbe questionato	Loro ebbero questionato

CONDIZIONALE

Condizionale Presente

Io questionerei	Noi questioneremmo
Tu questioneresti	Voi questionereste
Lui/Lei questionerebbe	Loro questionerebbero

Condizionale Passato

Io avrei questionato	Noi avremmo questionato
Tu avresti questionato	Voi avreste questionato
Lui/Lei avrebbe questionato	Loro avrebbero questionato

CONGIUNTIVO

Congiuntivo Presente

Io questioni	Noi questioniamo
Tu questioni	Voi questioniate
Lui/Lei questioni	Loro questionino

Congiuntivo Passato

Io abbia questionato	Noi abbiamo questionato
Tu abbia questionato	Voi abbiate questionato
Lui/Lei abbia questionato	Loro abbiano questionato

Congiuntivo Imperfetto

Io questionassi	Noi questionassimo
Tu questionassi	Voi questionaste
Lui/Lei questionasse	Loro questionassero

Congiuntivo Trapassato

Io avessi questionato	Noi avessimo questionato
Tu avessi questionato	Voi aveste questionato
Lui/Lei avesse questionato	Loro avessero questionato

IMPERATIVO

(Tu) questiona!   (Lei) questioni!   (Noi) questioniamo!   (Voi) questionate!   (Loro) questionino!

Hanno questionato così tanto che hanno deciso di divorziare.
They argued so much that they decided to divorce.

Durante la riunione i dirigenti questionarono a lungo.
During the meeting, the managers argued for a long time.

Se non avessi questionato con mio padre non mi sarei trovato a casa senza poter uscire.
If I hadn't quarreled with my father, I wouldn't have found myself at home unable to go out.

Inf. quietare *Part. pres.* quietante *Part. pass.* quietato *Ger.* quietando

INDICATIVO

Presente

Io quieto	Noi quietiamo
Tu quieti	Voi quietate
Lui/Lei quieta	Loro quietano

Imperfetto

Io quietavo	Noi quietavamo
Tu quietavi	Voi quietavate
Lui/Lei quietava	Loro quietavano

Passato Prossimo

Io ho quietato	Noi abbiamo quietato
Tu hai quietato	Voi avete quietato
Lui/Lei ha quietato	Loro hanno quietato

Trapassato Prossimo

Io avevo quietato	Noi avevamo quietato
Tu avevi quietato	Voi avevate quietato
Lui/Lei aveva quietato	Loro avevano quietato

Futuro

Io quieterò	Noi quieteremo
Tu quieterai	Voi quieterete
Lui/Lei quieterà	Loro quieteranno

Passato Remoto

Io quietai	Noi quietammo
Tu quietasti	Voi quietaste
Lui/Lei quietò	Loro quietarono

Futuro Anteriore

Io avrò quietato	Noi avremo quietato
Tu avrai quietato	Voi avrete quietato
Lui/Lei avrà quietato	Loro avranno quietato

Trapassato Remoto

Io ebbi quietato	Noi avemmo quietato
Tu avesti quietato	Voi aveste quietato
Lui/Lei ebbe quietato	Loro ebbero quietato

CONDIZIONALE

Condizionale Presente

Io quieterei	Noi quieteremmo
Tu quieteresti	Voi quietereste
Lui/Lei quieterebbe	Loro quieterebbero

Condizionale Passato

Io avrei quietato	Noi avremmo quietato
Tu avresti quietato	Voi avreste quietato
Lui/Lei avrebbe quietato	Loro avrebbero quietato

CONGIUNTIVO

Congiuntivo Presente

Io quieti	Noi quietiamo
Tu quieti	Voi quietiate
Lui/Lei quieti	Loro quietino

Congiuntivo Passato

Io abbia quietato	Noi abbiamo quietato
Tu abbia quietato	Voi abbiate quietato
Lui/Lei abbia quietato	Loro abbiano quietato

Congiuntivo Imperfetto

Io quietassi	Noi quietassimo
Tu quietassi	Voi quietaste
Lui/Lei quietasse	Loro quietassero

Congiuntivo Trapassato

Io avessi quietato	Noi avessimo quietato
Tu avessi quietato	Voi aveste quietato
Lui/Lei avesse quietato	Loro avessero quietato

IMPERATIVO

(Tu) quieta! (Lei) quieti! (Noi) quietiamo! (Voi) quietate! (Loro) quietino!

Dobbiamo cercare di quietare quelli meno fortunati di noi.
We have to try to soothe those less fortunate than us.

Dopo che avremo quietato i nostri, potremo discutere sul da fare.
After we have calmed our parents, we will discuss what to do.

Stava quietando il figlio quando suo marito arrivò.
She was calming down her son when her husband arrived.

Inf. raccogliere   *Part. pres.* raccogliente   *Part. pass.* raccolto   *Ger.* raccogliendo

INDICATIVO

Presente

Io raccolgo	Noi raccogliamo
Tu raccogli	Voi raccogliete
Lui/Lei raccoglie	Loro raccolgono

Imperfetto

Io raccoglievo	Noi raccoglievamo
Tu raccoglievi	Voi raccoglievate
Lui/Lei raccoglieva	Loro raccoglievano

Passato Prossimo

Io ho raccolto	Noi abbiamo raccolto
Tu hai raccolto	Voi avete raccolto
Lui/Lei ha raccolto	Loro hanno raccolto

Trapassato Prossimo

Io avevo raccolto	Noi avevamo raccolto
Tu avevi raccolto	Voi avevate raccolto
Lui/Lei aveva raccolto	Loro avevano raccolto

Futuro

Io raccoglierò	Noi raccoglieremo
Tu raccoglierai	Voi raccoglierete
Lui/Lei raccoglierà	Loro raccoglieranno

Passato Remoto

Io raccolsi	Noi raccogliemmo
Tu raccogliesti	Voi raccoglieste
Lui/Lei raccolse	Loro raccolsero

Futuro Anteriore

Io avrò raccolto	Noi avremo raccolto
Tu avrai raccolto	Voi avrete raccolto
Lui/Lei avrà raccolto	Loro avranno raccolto

Trapassato Remoto

Io ebbi raccolto	Noi avemmo raccolto
Tu avesti raccolto	Voi aveste raccolto
Lui/Lei ebbe raccolto	Loro ebbero raccolto

CONDIZIONALE

Condizionale Presente

Io raccoglierei	Noi raccoglieremmo
Tu raccoglieresti	Voi raccogliereste
Lui/Lei raccoglierebbe	Loro raccoglierebbero

Condizionale Passato

Io avrei raccolto	Noi avremmo raccolto
Tu avresti raccolto	Voi avreste raccolto
Lui/Lei avrebbe raccolto	Loro avrebbero raccolto

CONGIUNTIVO

Congiuntivo Presente

Io raccolga	Noi raccogliamo
Tu raccolga	Voi raccogliate
Lui/Lei raccolga	Loro raccolgano

Congiuntivo Passato

Io abbia raccolto	Noi abbiamo raccolto
Tu abbia raccolto	Voi abbiate raccolto
Lui/Lei abbia raccolto	Loro abbiano raccolto

Congiuntivo Imperfetto

Io raccogliessi	Noi raccogliessimo
Tu raccogliessi	Voi raccoglieste
Lui/Lei raccogliesse	Loro raccogliessero

Congiuntivo Trapassato

Io avessi raccolto	Noi avessimo raccolto
Tu avessi raccolto	Voi aveste raccolto
Lui/Lei avesse raccolto	Loro avessero raccolto

IMPERATIVO

(Tu) raccogli!   (Lei) raccolga!   (Noi) raccogliamo!   (Voi) raccogliete!   (Loro) raccolgano!

Raccolgo spesso le conchiglie sulla spiaggia.
I often collect shells at the beach.

Domani dovremo finire di raccogliere l'uva.
Tomorrow we will have to finish harvesting the grapes.

Hanno raccolto le proprie forze e poi hanno attaccato i nemici di nuovo.
They gathered their strength and then once again attacked their enemies.

Inf. raccomandare *Part. pres.* raccomandante *Part. pass.* raccomandato *Ger.* raccomandando

INDICATIVO

Presente

Io raccomando	Noi raccomandiamo
Tu raccomandi	Voi raccomandate
Lui/Lei raccomanda	Loro raccomandano

Imperfetto

Io raccomandavo	Noi raccomandavamo
Tu raccomandavi	Voi raccomandavate
Lui/Lei raccomandava	Loro raccomandavano

Passato Prossimo

Io ho raccomandato	Noi abbiamo raccomandato
Tu hai raccomandato	Voi avete raccomandato
Lui/Lei ha raccomandato	Loro hanno raccomandato

Trapassato Prossimo

Io avevo raccomandato	Noi avevamo raccomandato
Tu avevi raccomandato	Voi avevate raccomandato
Lui/Lei aveva raccomandato	Loro avevano raccomandato

Futuro

Io raccomanderò	Noi raccomanderemo
Tu raccomanderai	Voi raccomanderete
Lui/Lei raccomanderà	Loro raccomanderanno

Passato Remoto

Io raccomandai	Noi raccomandammo
Tu raccomandasti	Voi raccomandaste
Lui/Lei raccomandò	Loro raccomandarono

Futuro Anteriore

Io avrò raccomandato	Noi avremo raccomandato
Tu avrai raccomandato	Voi avrete raccomandato
Lui/Lei avrà raccomandato	Loro avranno raccomandato

Trapassato Remoto

Io ebbi raccomandato	Noi avemmo raccomandato
Tu avesti raccomandato	Voi aveste raccomandato
Lui/Lei ebbe raccomandato	Loro ebbero raccomandato

CONDIZIONALE

Condizionale Presente

Io raccomanderei	Noi raccomanderemmo
Tu raccomanderesti	Voi raccomandereste
Lui/Lei raccomanderebbe	Loro raccomanderebbero

Condizionale Passato

Io avrei raccomandato	Noi avremmo raccomandato
Tu avresti raccomandato	Voi avreste raccomandato
Lui/Lei avrebbe raccomandato	Loro avrebbero raccomandato

CONGIUNTIVO

Congiuntivo Presente

Io raccomandi	Noi raccomandiamo
Tu raccomandi	Voi raccomandiate
Lui/Lei raccomandi	Loro raccomandino

Congiuntivo Passato

Io abbia raccomandato	Noi abbiamo raccomandato
Tu abbia raccomandato	Voi abbiate raccomandato
Lui/Lei abbia raccomandato	Loro abbiano raccomandato

Congiuntivo Imperfetto

Io raccomandassi	Noi raccomandassimo
Tu raccomandassi	Voi raccomandaste
Lui/Lei raccomandasse	Loro raccomandassero

Congiuntivo Trapassato

Io avessi raccomandato	Noi avessimo raccomandato
Tu avessi raccomandato	Voi aveste raccomandato
Lui/Lei avesse raccomandato	Loro avessero raccomandato

IMPERATIVO

(Tu) raccomanda!   (Lei) raccomandi!   (Noi) raccomandiamo!   (Voi) raccomandate!   (Loro) raccomandino!

Raccomandiamo che voi compriate quella macchina.
We recommend that you all buy that car.

La dottoressa mi ha raccomandato di rimanere a letto.
The doctor advised me to stay in bed.

Avevo raccomandato il mio amico al manager.
I had recommended my friend to the manager.

RACCONTARE *to tell (a story), to recount*

Inf. raccontare *Part. pres.* raccontante *Part. pass.* raccontato *Ger.* raccontando

INDICATIVO

Presente

Io racconto	Noi raccontiamo
Tu racconti	Voi raccontate
Lui/Lei racconta	Loro raccontano

Imperfetto

Io raccontavo	Noi raccontavamo
Tu raccontavi	Voi raccontavate
Lui/Lei raccontava	Loro raccontavano

Passato Prossimo

Io ho raccontato	Noi abbiamo raccontato
Tu hai raccontato	Voi avete raccontato
Lui/Lei ha raccontato	Loro hanno raccontato

Trapassato Prossimo

Io avevo raccontato	Noi avevamo raccontato
Tu avevi raccontato	Voi avevate raccontato
Lui/Lei aveva raccontato	Loro avevano raccontato

Futuro

Io racconterò	Noi racconteremo
Tu racconterai	Voi racconterete
Lui/Lei racconterà	Loro racconteranno

Passato Remoto

Io raccontai	Noi raccontammo
u raccontasti	Voi raccontaste
Lui/Lei raccontò	Loro raccontarono

Futuro Anteriore

Io avrò raccontato	Noi avremo raccontato
Tu avrai raccontato	Voi avrete raccontato
Lui/Lei avrà raccontato	Loro avranno raccontato

Trapassato Remoto

Io ebbi raccontato	Noi avemmo raccontato
Tu avesti raccontato	Voi aveste raccontato
Lui/Lei ebbe raccontato	Loro ebbero raccontato

CONDIZIONALE

Condizionale Presente

Io racconterei	Noi racconteremmo
Tu racconteresti	Voi raccontereste
Lui/Lei racconterebbe	Loro racconterebbero

Condizionale Passato

Io avrei raccontato	Noi avremmo raccontato
Tu avresti raccontato	Voi avreste raccontato
Lui/Lei avrebbe raccontato	Loro avrebbero raccontato

CONGIUNTIVO

Congiuntivo Presente

Io racconti	Noi raccontiamo
Tu racconti	Voi raccontiate
Lui/Lei racconti	Loro raccontino

Congiuntivo Passato

Io abbia raccontato	Noi abbiamo raccontato
Tu abbia raccontato	Voi abbiate raccontato
Lui/Lei abbia raccontato	Loro abbiano raccontato

Congiuntivo Imperfetto

Io raccontassi	Noi raccontassimo
Tu raccontassi	Voi raccontaste
Lui/Lei raccontasse	Loro raccontassero

Congiuntivo Trapassato

Io avessi raccontato	Noi avessimo raccontato
Tu avessi raccontato	Voi aveste raccontato
Lui/Lei avesse raccontato	Loro avessero raccontato

IMPERATIVO

(Tu) racconta!   (Lei) racconti!   (Noi) raccontiamo!   (Voi) raccontate!   (Loro) raccontino!

La mamma le raccontava sempre una storia prima di dormire.
Mom always read her a story before bed.

Raccontarono tante bugie.
They told a lot of lies.

Racconterà delle storie di tutti i colori.
She'll tell all sorts of stories.

RADDOPPIARE   *to double*

Inf. raddoppiare   *Part. pres.* raddoppiante   *Part. pass.* raddoppiato   *Ger.* raddoppiando

INDICATIVO

Presente

Io raddoppio	Noi raddoppiamo
Tu raddoppi	Voi raddoppiate
Lui/Lei raddoppia	Loro raddoppiano

Imperfetto

Io raddoppiavo	Noi raddoppiavamo
Tu raddoppiavi	Voi raddoppiavate
Lui/Lei raddoppiava	Loro raddoppiavano

Passato Prossimo

Io ho raddoppiato	Noi abbiamo raddoppiato
Tu hai raddoppiato	Voi avete raddoppiato
Lui/Lei ha raddoppiato	Loro hanno raddoppiato

Trapassato Prossimo

Io avevo raddoppiato	Noi avevamo raddoppiato
Tu avevi raddoppiato	Voi avevate raddoppiato
Lui/Lei aveva raddoppiato	Loro avevano raddoppiato

Futuro

Io raddoppierò	Noi raddoppieremo
Tu raddoppierai	Voi raddoppierete
Lui/Lei raddoppierà	Loro raddoppieranno

Passato Remoto

Io raddoppiai	Noi raddoppiammo
Tu raddoppiasti	Voi raddoppiaste
Lui/Lei raddoppiò	Loro raddoppiarono

Futuro Anteriore

Io avrò raddoppiato	Noi avremo raddoppiato
Tu avrai raddoppiato	Voi avrete raddoppiato
Lui/Lei avrà raddoppiato	Loro avranno raddoppiato

Trapassato Remoto

Io ebbi raddoppiato	Noi avemmo raddoppiato
Tu avesti raddoppiato	Voi aveste raddoppiato
Lui/Lei ebbe raddoppiato	Loro ebbero raddoppiato

CONDIZIONALE

Condizionale Presente

Io raddoppierei	Noi raddoppieremmo
Tu raddoppieresti	Voi raddoppiereste
Lui/Lei raddoppierebbe	Loro raddoppierebbero

Condizionale Passato

Io avrei raddoppiato	Noi avremmo raddoppiato
Tu avresti raddoppiato	Voi avreste raddoppiato
Lui/Lei avrebbe raddoppiato	Loro avrebbero raddoppiato

CONGIUNTIVO

Congiuntivo Presente

Io raddoppi	Noi raddoppiamo
Tu raddoppi	Voi raddoppiate
Lui/Lei raddoppi	Loro raddoppino

Congiuntivo Passato

Io abbia raddoppiato	Noi abbiamo raddoppiato
Tu abbia raddoppiato	Voi abbiate raddoppiato
Lui/Lei abbia raddoppiato	Loro abbiano raddoppiato

Congiuntivo Imperfetto

Io raddoppiassi	Noi raddoppiassimo
Tu raddoppiassi	Voi raddoppiaste
Lui/Lei raddoppiasse	Loro raddoppiassero

Congiuntivo Trapassato

Io avessi raddoppiato	Noi avessimo raddoppiato
Tu avessi raddoppiato	Voi aveste raddoppiato
Lui/Lei avesse raddoppiato	Loro avessero raddoppiato

IMPERATIVO

(Tu) raddoppia!   (Lei) raddoppi!   (Noi) raddoppiamo!   (Voi) raddoppiate!   (Loro) raddoppino!

Raddoppiate l'attenzione! C'è pericolo avanti!
Be twice as careful! There is danger ahead!

Ho raddoppiato le vendite quest'anno.
I doubled my sales this year.

Se avesse raddoppiato gli sforzi non avrebbe fallito.
If he had double his efforts, he wouldn't have failed.

Inf. rafforzare *Part. pres.* rafforzante *Part. pass.* rafforzato *Ger.* rafforzando

INDICATIVO

Presente

Io rafforzo	Noi rafforziamo
Tu rafforzi	Voi rafforzate
Lui/Lei rafforza	Loro rafforzano

Imperfetto

Io rafforzavo	Noi rafforzavamo
Tu rafforzavi	Voi rafforzavate
Lui/Lei rafforzava	Loro rafforzavano

Passato Prossimo

Io ho rafforzato	Noi abbiamo rafforzato
Tu hai rafforzato	Voi avete rafforzato
Lui/Lei ha rafforzato	Loro hanno rafforzato

Trapassato Prossimo

Io avevo rafforzato	Noi avevamo rafforzato
Tu avevi rafforzato	Voi avevate rafforzato
Lui/Lei aveva rafforzato	Loro avevano rafforzato

Futuro

Io rafforzerò	Noi rafforzeremo
Tu rafforzerai	Voi rafforzerete
Lui/Lei rafforzerà	Loro rafforzeranno

Passato Remoto

Io rafforzai	Noi rafforzammo
Tu rafforzasti	Voi rafforzaste
Lui/Lei rafforzò	Loro rafforzarono

Futuro Anteriore

Io avrò rafforzato	Noi avremo rafforzato
Tu avrai rafforzato	Voi avrete rafforzato
Lui/Lei avrà rafforzato	Loro avranno rafforzato

Trapassato Remoto

Io ebbi rafforzato	Noi avemmo rafforzato
Tu avesti rafforzato	Voi aveste rafforzato
Lui/Lei ebbe rafforzato	Loro ebbero rafforzato

CONDIZIONALE

Condizionale Presente

Io rafforzerei	Noi rafforzeremmo
Tu rafforzeresti	Voi rafforzereste
Lui/Lui rafforzerebbe	Loro rafforzerebbero

Condizionale Passato

Io avrei rafforzato	Noi avremmo rafforzato
Tu avresti rafforzato	Voi avreste rafforzato
Lui/Lei avrebbe rafforzato	Loro avrebbero rafforzato

CONGIUNTIVO

Congiuntivo Presente

Io rafforzi	Noi rafforziamo
Tu rafforzi	Voi rafforziate
Lui/Lei rafforzi	Loro rafforzino

Congiuntivo Passato

Io abbia rafforzato	Noi abbiamo rafforzato
Tu abbia rafforzato	Voi abbiate rafforzato
Lui/Lei abbia rafforzato	Loro abbiano rafforzato

Congiuntivo Imperfetto

Io rafforzassi	Noi rafforzassimo
Tu rafforzassi	Voi rafforzaste
Lui/Lei rafforzasse	Loro rafforzassero

Congiuntivo Trapassato

Io avessi rafforzato	Noi avessimo rafforzato
Tu avessi rafforzato	Voi aveste rafforzato
Lui/Lei avesse rafforzato	Loro avessero rafforzato

IMPERATIVO

(Tu) rafforza! (Lei) rafforzi! (Noi) rafforziamo! (Voi) rafforzate! (Loro) rafforzino!

Rafforzarono l'edificio dopo il terremoto.
They reinforced the building after the earthquake.

Penso che lui abbia rafforzato il suo potere.
I think that he strengthened his power.

Per rafforzare i risultati dell'esperimento abbiamo fatto ulteriori analisi.
To reinforce the results of the the experiment we carried out further analyses.

Inf. raffreddarsi *Part. pres.* raffreddantesi *Part. pass.* raffreddato *Ger.* raffreddandosi

INDICATIVO

Presente

Io mi raffreddo	Noi ci raffreddiamo
Tu ti raffreddi	Voi vi raffreddate
Lui/Lei si raffredda	Loro si raffreddano

Imperfetto

Io mi raffreddavo	Noi ci raffreddavamo
Tu ti raffreddavi	Voi vi raffreddavate
Lui/Lei si raffreddava	Loro raffreddavano

Passato Prossimo

Io mi sono raffreddato/a	Noi ci siamo raffreddati/e
Tu ti sei raffreddato/a	Voi vi siete raffreddati/e
Lui/Lei si è raffreddato/a	Loro si sono raffreddati/e

Trapassato Prossimo

Io mi ero raffreddato/a	Noi ci eravamo raffreddati/e
Tu ti eri raffreddato/a	Voi vi eravate raffreddati/e
Lui/Lei si era raffreddato/a	Loro si erano raffreddati/e

Futuro

Io mi raffredderò	Noi ci raffredderemo
Tu ti raffredderai	Voi vi raffredderete
Lui/Lei si raffredderà	Loro si raffredderanno

Passato Remoto

Io mi raffreddai	Noi ci raffreddammo
Tu ti raffreddasti	Voi vi raffreddaste
Lui/Lei si raffreddò	Loro si raffreddarono

Futuro Anteriore

Io mi sarò raffreddato/a	Noi ci saremo raffreddati/e
Tu ti sarai raffreddato/a	Voi vi sarete raffreddata/e
Lui/Lei si sarà raffreddato/a	Loro si saranno raffreddati/e

Trapassato Remoto

Io mi fui raffreddato/a	Noi ci fummo raffreddati/e
Tu ti fosti raffreddato/a	Voi vi foste raffreddati/e
Lui/Lei si fu raffreddato/a	Loro si furono raffreddati/e

CONDIZIONALE

Condizionale Presente

Io mi raffredderei	Noi ci raffredderemmo
Tu ti raffredderesti	Voi vi raffreddereste
Lui/Lei si raffredderebbe	Loro si raffredderebbero

Condizionale Passato

Io mi sarei raffreddato/a	Noi ci saremmo raffreddati/e
Tu ti saresti raffreddato/a	Voi vi sareste raffreddati/e
Lui/Lei si sarebbe raffreddato/a	Loro si sarebbero raffreddati/e

CONGIUNTIVO

Congiuntivo Presente

Io mi raffreddi	Noi ci raffreddiamo
Tu ti raffreddi	Voi vi raffreddiate
Lui/Lei si raffreddi	Loro si raffreddino

Congiuntivo Passato

Io mi sia raffreddato/a	Noi ci siamo raffreddati/e
Tu ti sia raffreddato/a	Voi vi siate raffreddati/e
Lui/Lei si sia raffreddato/a	Loro si siano raffreddati/e

Congiuntivo Imperfetto

Io mi raffreddassi	Noi ci raffreddassimo
Tu ti raffreddassi	Voi vi raffreddaste
Lui/Lei si raffreddasse	Loro si raffreddassero

Congiuntivo Trapassato

Io mi fossi raffreddato/a	Noi ci fossimo raffreddati/e
Tu ti fossi raffreddato/a	Voi vi foste raffreddati/e
Lui/Lei si fosse raffreddato/a	Loro si fossero raffreddati/e

IMPERATIVO

(Tu) raffreddati! (Lei) si raffreddi! (Noi) raffreddiamoci! (Voi) raffreddatevi! (Loro) si raffreddino!

Ci siamo raffreddati ieri e oggi dobbiamo stare a letto.
We caught a cold yesterday and today we have to stay in bed.

Le lasagne si raffredderanno se non vengono mangiate subito.
The lasagna will get cold if it is not eaten right away.

Lasciamo raffreddare il pane prima di tagliarlo.
Let's leave the bread to cool before we cut it.

RAPPRESENTARE *to represent, to depict, to perform*

Inf. rappresentare *Part. pres.* rappresentante *Part. pass.* rappresentato *Ger.* rappresentando

INDICATIVO

Presente

Io rappresento	Noi rappresentiamo
Tu rappresenti	Voi rappresentate
Lui/Lei rappresenta	Loro rappresentano

Imperfetto

Io rappresentavo	Noi rappresentavamo
Tu rappresentavi	Voi rappresentavate
Lui/Lei rappresentava	Loro rappresentavano

Passato Prossimo

Io ho rappresentato	Noi abbiamo rappresentato
Tu hai rappresentato	Voi avete rappresentato
Lui/Lei ha rappresentato	Loro hanno rappresentato

Trapassato Prossimo

Io avevo rappresentato	Noi avevamo rappresentato
Tu avevi rappresentato	Voi avevate rappresentato
Lui aveva rappresentato	Loro avevano rappresentato

Futuro

Io rappresenterò	Noi rappresenteremo
Tu rappresenterai	Voi rappresenterete
Lui/Lei rappresenterà	Loro rappresenteranno

Passato Remoto

Io rappresentai	Noi rappresentammo
Tu rappresentasti	Voi rappresentaste
Lui/Lei rappresentò	Loro rappresentarono

Futuro Anteriore

Io avrò rappresentato	Noi avremo rappresentato
Tu avrai rappresentato	Voi avrete rappresentato
Lui/Lei avrà rappresentato	Loro avranno rappresentato

Trapassato Remoto

Io ebbi rappresentato	Noi avemmo rappresentato
Tu avesti rappresentato	Voi aveste rappresentato
Lui/Lei ebbe rappresentato	Loro ebbero rappresentato

CONDIZIONALE

Condizionale Presente

Io rappresenterei	Noi rappresenteremmo
Tu rappresenteresti	Voi rappresentereste
Lui/Lei rappresenterebbe	Loro rappresenterebbero

Condizionale Passato

Io avrei rappresentato	Noi avremmo rappresentato
Tu avresti rappresentato	Voi avreste rappresentato
Lui/Lei avrebbe rappresentato	Loro avrebbero rappresentato

CONGIUNTIVO

Congiuntivo Presente

Io rappresenti	Noi rappresentiamo
Tu rappresenti	Voi rappresentiate
Lui/Lei rappresenti	Loro rappresentino

Congiuntivo Passato

Io abbia rappresentato	Noi abbiamo rappresentato
Tu abbia rappresentato	Voi abbiate rappresentato
Lui/Lei abbia rappresentato	Loro abbiano rappresentato

Congiuntivo Imperfetto

Io rappresentassi	Noi rappresentassimo
Tu rappresentassi	Voi rappresentaste
Lui/Lei rappresentasse	Loro rappresentassero

Congiuntivo Trapassato

Io avessi rappresentato	Noi avessimo rappresentato
Tu avessi rappresentato	Voi aveste rappresentato
Lui/Lei avesse rappresentato	Loro avessero rappresentato

IMPERATIVO

(Tu) rappresenta! (Lei) rappresenti! (Noi) rappresentiamo! (Voi) rappresentate! (Loro) rappresentino!

Il quadro di Raffaello rappresentava un autoritratto dell'artista.
Raffaello's painting depicted a self-portrait of the artist.

L'avvocato rappresentò l'assassino del primo ministro.
The lawyer represented the prime minister's murderer.

Stasera rappresenteranno Amleto al teatro comunale.
Tonight they will perform Hamlet at the city theater.

Inf. rassegnarsi *Part. pres.* rassegnantesi *Part. pass.* rassegnato *Ger.* rassegnandosi

INDICATIVO

Presente

Io mi rassegno	Noi ci rassegniamo
Tu ti rassegni	Voi vi rassegnate
Lui/Lei si rassegna	Loro si rassegnano

Imperfetto

Io mi rassegnavo	Noi ci rassegnavamo
Tu ti rassegnavi	Voi vi rassegnavate
Lui/Lei si rassegnava	Loro si rassegnavano

Passato Prossimo

Io mi sono rassegnato/a	Noi ci siamo rassegnati/e
Tu ti sei rassegnato/a	Voi vi siete rassegnati/e
Lui/Lei si è rassegnato/a	Loro si sono rassegnati/e

Trapassato Prossimo

Io mi ero rassegnato/a	Noi ci eravamo rassegnati/e
Tu ti eri rassegnato/a	Voi vi eravate rassegnati/e
Lui/Lei si era rassegnato/a	Loro si erano rassegnati/e

Futuro

Io mi rassegnerò	Noi ci rassegneremo
Tu ti rassegnerai	Voi vi rassegnerete
Lui/Lei si rassegnerà	Loro si rassegneranno

Passato Remoto

Io mi rassegnai	Noi ci rassegnammo
Tu ti rassegnasti	Voi vi rassegnaste
Lui/Lei si rassegnò	Loro si rassegnarono

Futuro Anteriore

Io mi sarò rassegnato/a	Noi ci saremo rassegnati/e
Tu ti sarai rassegnato/a	Voi vi sarete rassegnati/e
Lui/Lei si sarà rassegnato/a	Loro si saranno rassegnati/e

Trapassato Remoto

Io mi fui rassegnato/a	Noi ci fummo rassegnati/e
Tu ti fosti rassegnato/a	Voi vi foste rassegnati/e
Lui/Lei si fu rassegnato/a	Loro si furono rassegnati/e

CONDIZIONALE

Condizionale Presente

Io mi rassegnerei	Noi ci rassegneremmo
Tu ti rassegneresti	Voi vi rassegnereste
Lui/Lei si rassegnerebbe	Loro si rassegnerebbero

Condizionale Passato

Io mi sarei rassegnato/a	Noi ci saremmo rassegnati/e
Tu ti saresti rassegnato/a	Voi vi sareste rassegnati/e
Lui/Lei si sarebbe rassegnato/a	Loro si sarebbero rassegnati/e

CONGIUNTIVO

Congiuntivo Presente

Io mi rassegni	Noi ci rassegniamo
Tu ti rassegni	Voi vi rassegniate
Lui/Lei si rassegni	Loro si rassegnino

Congiuntivo Passato

Io mi sia rassegnato/a	Noi ci siamo rassegnati/e
Tu ti sia rassegnato/a	Voi vi siate rassegnati/e
Lui/Lei si sia rassegnato/a	Loro si siano rassegnati/e

Congiuntivo Imperfetto

Io mi rassegnassi	Noi ci rassegnassimo
Tu ti rassegnassi	Voi vi rassegnaste
Lui/Lei si rassegnasse	Loro si rassegnassero

Congiuntivo Trapassato

Io mi fossi rassegnato/a	Noi ci fossimo rassegnati/e
Tu ti fossi rassegnato/a	Voi vi foste rassegnati/e
Lui/Lei si fosse rassegnato/a	Loro si fossero rassegnati/e

IMPERATIVO

(Tu) rassegnati! (Lei) si rassegni! (Noi) rassegniamoci! (Voi) rassegnatevi! (Loro) si rassegnino!

Mi sono rassegnato al suo comportamento.
I've resigned myself to her behavior.

Se mi rassegnassi sarebbe meglio per la mia salute.
If I resign myself, it would be better for my health.

Ogni giorno gli impiegati si rassegnavano ai capricci del manager.
Every day the employees put up with the manager's quirks.

REALIZZARE   *to realize, to achieve*

R

Inf. realizzare   *Part. pres.* realizzante   *Part. pass.* realizzato   *Ger.* realizzando

INDICATIVO

Presente
Io realizzo	Noi realizziamo
Tu realizzi	Voi realizzate
Lui/Lei realizza	Loro realizzano

Imperfetto
Io realizzavo	Noi realizzavamo
Tu realizzavi	Voi realizzavate
Lui/Lei realizzava	Noi realizzavano

Passato Prossimo
Io ho realizzato	Noi abbiamo realizzato
Tu hai realizzato	Voi avete realizzato
Lui/Lei ha realizzato	Loro hanno realizzato

Trapassato Prossimo
Io avevo realizzato	Noi avevamo realizzato
Tu avevi realizzato	Voi avevate realizzato
Lui/Lei aveva realizzato	Loro avevano realizzato

Futuro
Io realizzerò	Noi realizzeremo
Tu realizzerai	Voi realizzerete
Lui/Lei realizzerà	Loro realizzeranno

Passato Remoto
Io realizzai	Noi realizzammo
Tu realizzasti	Voi realizzaste
Lui/Lei realizzò	Loro realizzarono

Futuro Anteriore
Io avrò realizzato	Noi avremo realizzato
Tu avrai realizzato	Voi avrete realizzato
Lui/Lei avrà realizzato	Loro avranno realizzato

Trapassato Remoto
Io ebbi realizzato	Noi avemmo realizzato
Tu avesti realizzato	Voi aveste realizzato
Lui/Lei ebbe realizzato	Loro ebbero realizzato

CONDIZIONALE

Condizionale Presente
Io realizzerei	Noi realizzeremmo
Tu realizzeresti	Voi realizzereste
Lui/Lei realizzerebbe	Loro realizzerebbero

Condizionale Passato
Io avrei realizzato	Noi avremmo realizzato
Tu avresti realizzato	Voi avreste realizzato
Lui/Lei avrebbe realizzato	Loro avrebbero realizzato

CONGIUNTIVO

Congiuntivo Presente
Io realizzi	Noi realizziamo
Tu realizzi	Voi realizziate
Lui/Lei realizzi	Loro realizzino

Congiuntivo Passato
Io abbia realizzato	Noi abbiamo realizzato
Tu abbia realizzato	Voi abbiate realizzato
Lui/Lei abbia realizzato	Loro abbiano realizzato

Congiuntivo Imperfetto
Io realizzassi	Noi realizzassimo
Tu realizzassi	Voi realizzaste
Lui/Lei realizzasse	Loro realizzassero

Congiuntivo Trapassato
Io avessi realizzato	Noi avessimo realizzato
Tu avessi realizzato	Voi aveste realizzato
Lui/Lei avesse realizzato	Loro avessero realizzato

IMPERATIVO
(Tu) realizza!   (Lei) realizzi!   (Noi) realizziamo!   (Voi) realizzate!   (Loro) realizzino!

Dopo che avevano realizzato il disegno, potevano cominciare i lavori.
After they had achieved the design, they were able to start the work.

Vorremmo che realizzaste le vostre ambizioni.
We would like you all to realize your ambitions.

Dopo tanto tempo e lavoro, realizzarono il loro sogno.
After a lot of time and work, they realized their dream.

Inf. recitare   *Part. pres.* recitante   *Part. pass.* recitato   *Ger.* recitando

INDICATIVO

Presente		Imperfetto	
Io recito	Noi recitiamo	Io recitavo	Noi recitavamo
Tu reciti	Voi recitate	Tu recitavi	Voi recitavate
Lui/Lei recita	Loro recitano	Lui/Lei recitava	Loro recitavano

Passato Prossimo		Trapassato Remoto	
Io ho recitato	Noi abbiamo recitato	Io avevo recitato	Noi avevamo recitato
Tu hai recitato	Voi avete recitato	Tu avevi recitato	Voi avevate recitato
Lui/Lei ha recitato	Loro hanno recitato	Lui/Lei aveva recitato	Loro avevano recitato

Futuro		Passato Remoto	
Io reciterò	Noi reciteremo	Io recitai	Noi recitammo
Tu reciterai	Voi reciterete	Tu recitasti	Voi recitaste
Lui/Lei reciterà	Loro reciteranno	Lui/Lei recitò	Loro recitarono

Futuro Anteriore		Trapassato Remoto	
Io avrò recitato	Noi avremo recitato	Io ebbi recitato	Noi avemmo recitato
Tu avrai recitato	Voi avrete recitato	Tu avesti recitato	Voi aveste recitato
Lui/Lei avrà recitato	Loro avranno recitato	Lui/Lei ebbe recitato	Loro ebbero recitato

CONDIZIONALE

Condizionale Presente		Condizionale Passato	
Io reciterei	Noi reciteremmo	Io avrei recitato	Noi avremmo recitato
Tu reciteresti	Voi recitereste	Tu avresti recitato	Voi avreste recitato
Lui/Lei reciterebbe	Loro reciterebbero	Lui/Lei avrebbe recitato	Loro avrebbero recitato

CONGIUNTIVO

Congiuntivo Presente		Congiuntivo Passato	
Io reciti	Noi recitiamo	Io abbia recitato	Noi abbiamo recitato
Tu reciti	Voi recitiate	Tu abbia recitato	Voi abbiate recitato
Lui/Lei reciti	Loro recitino	Lui/Lei abbia recitato	Loro abbiano recitato

Congiuntivo Imperfetto		Congiuntivo Trapassato	
Io recitassi	Noi recitassimo	Io avessi recitato	Noi avessimo recitato
Tu recitassi	Voi recitaste	Tu avessi recitato	Voi aveste recitato
Lui/Lei recitasse	Loro recitassero	Lui/Lei avesse recitato	Loro avessero recitato

IMPERATIVO

(Tu) recita!   (Lei) reciti!   (Noi) recitiamo!   (Voi) recitate!   (Loro) recitino!

Vittorio Gassman, l'attore, ha recitato la *Divina Commedia.*
Vittorio Gassman, the actor, recited the Divine Comedy.

Quando avremo fatto le prove, reciteremo il dramma.
When we have rehearsed, we will act out the play.

I bambini recitarono la poesia.
The children recited the poem.

Inf. regalare **Part. pres.** regalante **Part. pass.** regalato **Ger.** regalando

INDICATIVO

Presente		**Imperfetto**	
Io regalo	Noi regaliamo	Io regalavo	Noi regalavamo
Tu regali	Voi regalate	Tu regalavi	Voi regalavate
Lui/Lei regala	Loro regalano	Lui/Lei regalava	Loro regalavano

Passato Prossimo		**Trapassato Prossimo**	
Io ho regalato	Noi abbiamo regalato	Io avevo regalato	Noi avevamo regalato
Tu hai regalato	Voi avete regalato	Tu avevi regalato	Voi avevate regalato
Lui/Lei ha regalato	Loro hanno regalato	Lui/Lei aveva regalato	Loro avevano regalato

Futuro		**Passato Remoto**	
Io regalerò	Noi regaleremo	Io regalai	Noi regalammo
Tu regalerai	Voi regalerete	Tu regalasti	Voi regalaste
Lui/Lei regalerà	Loro regaleranno	Lui/Lei regalò	Loro regalarono

Futuro Anteriore		**Trapassato Remoto**	
Io avrò regalato	Noi avremo regalato	Io ebbi regalato	Noi avemmo regalato
Tu avrai regalato	Voi avrete regalato	Tu avesti regalato	Voi aveste regalato
Lui/Lei avrà regalato	Loro avranno regalato	Lui/Lei ebbe regalato	Loro ebbero regalato

CONDIZIONALE

Condizionale Presente		**Condizionale Passato**	
Io regalerei	Noi regaleremmo	Io avrei regalato	Noi avremmo regalato
Tu regaleresti	Voi regalereste	Tu avresti regalato	Voi avreste regalato
Lui/Lei regalerebbe	Loro regalerebbero	Lui/Lei avrebbe regalato	Loro avrebbero regalato

CONGIUNTIVO

Congiuntivo Presente		**Congiuntivo Passato**	
Io regali	Noi regaliamo	Io abbia regalato	Noi abbiamo regalato
Tu regali	Voi regaliate	Tu abbia regalato	Voi abbiate regalato
Lui/Lei regali	Loro regalino	Lui/Lei abbia regalato	Loro abbiano regalato

Congiuntivo Imperfetto		**Congiuntivo Trapassato**	
Io regalassi	Noi regalassimo	Io avessi regalato	Noi avessimo regalato
Tu regalassi	Voi regalaste	Tu avessi regalato	Voi aveste regalato
Lui/Lei regalasse	Loro regalassero	Lui/Lei avesse regalato	Loro avessero regalato

IMPERATIVO

(Tu) regala!   (Lei) regali!   (Noi) regaliamo!   (Voi) regalate!   (Loro) regalino!

Mio marito mi ha regalato una macchina!
My husband gave me the gift of a car!

In quel negozio regalano praticamente i vestiti.
They are practically giving clothes away in that shop.

Penso che le abbia regalato una televisione.
I think that he gave her a television.

Inf. rendere *Part. pres.* rendente *Part. pass.* reso *Ger.* rendendo

INDICATIVO

Presente

Io rendo	Noi rendiamo
Tu rendi	Voi rendete
Lui/Lei rende	Loro rendono

Imperfetto

Io rendevo	Noi rendevamo
Tu rendevi	Voi rendevate
Lui/Lei rendeva	Loro rendevano

Passato Prossimo

Io ho reso	Noi abbiamo reso
Tu hai reso	Voi avete reso
Lui/Lei ha reso	Loro hanno reso

Trapassato Prossimo

Io avevo reso	Noi avevamo reso
Tu avevi reso	Voi avevate reso
Lui/Lei aveva reso	Loro avevano reso

Futuro

Io renderò	Noi renderemo
Tu renderai	Voi renderete
Lui/Lei renderà	Loro renderanno

Passato Remoto

Io resi	Noi rendemmo
Tu rendesti	Voi rendeste
Lui/Lei rese	Loro resero

Futuro Anteriore

Io avrò reso	Noi avremo reso
Tu avrai reso	Voi avrete reso
Lui/Lei avrà reso	Loro avranno reso

Trapassato Remoto

Io ebbi reso	Noi avemmo reso
Tu avesti reso	Voi aveste reso
Lui/Lei ebbe reso	Loro ebbero reso

CONDIZIONALE

Condizionale Presente

Io renderei	Noi renderemmo
Tu renderesti	Voi rendereste
Lui/Lei renderebbe	Loro renderebbero

Condizionale Passato

Io avrei reso	Noi avremmo reso
Tu avresti reso	Voi avreste reso
Lui/Lei avrebbe reso	Loro avrebbero reso

CONGIUNTIVO

Congiuntivo Presente

Io renda	Noi rendiamo
Tu renda	Voi rendiate
Lui/Lei renda	Loro rendano

Congiuntivo Passato

Io abbia reso	Noi abbiamo reso
Tu abbia reso	Voi abbiate reso
Lui/Lei abbia reso	Loro abbiano reso

Congiuntivo Imperfetto

Io rendessi	Noi rendessimo
Tu rendessi	Voi rendeste
Lui/Lei rendesse	Loro rendessero

Congiuntivo Trapassato

Io avessi reso	Noi avessimo reso
Tu avessi reso	Voi aveste reso
Lui/Lei avesse reso	Loro avessero reso

IMPERATIVO

(Tu) rendi! (Lei) renda! (Noi) rendiamo! (Voi) rendete! (Loro) rendano!

Ti rendiamo la macchina che ci avevi prestato.
We are returning the car that you lent us.

Le azioni renderanno almeno il 10% il prossimo anno.
The stocks will yield at least 10% within the next year.

L'ho resa contenta con una cena per il suo compleanno.
I made her happy with a dinner for her birthday.

RESCINDERE   *to rescind, to terminate*

Inf. rescindere   *Part. pres.* rescindente   *Part. pass.* rescisso   *Ger.* rescindendo

INDICATIVO

Presente

Io rescindo	Noi rescindiamo
Tu rescindi	Voi rescindete
Lui/Lei rescinde	Loro rescindono

Imperfetto

Io rescindevo	Noi rescindevamo
Tu rescindevi	Voi rescindevate
Lui/Lei rescindeva	Loro rescindevano

Passato Prossimo

Io ho rescisso	Noi abbiamo rescisso
Tu hai rescisso	Voi avete rescisso
Lui/Lei ha rescisso	Loro hanno rescisso

Trapassato Prossimo

Io avevo rescisso	Noi avevamo rescisso
Tu avevi rescisso	Voi avevate rescisso
Lui/Lei aveva rescisso	Loro avevano rescisso

Futuro

Io rescinderò	Noi rescinderemo
Tu rescinderai	Voi rescinderete
Lui/Lei rescinderà	Loro rescinderanno

Passato Remoto

Io rescissi	Noi rescindemmo
Tu rescindesti	Voi rescindeste
Lui/Lei rescisse	Loro rescissero

Futuro Anteriore

Io avrò rescisso	Noi avremo rescisso
Tu avrai rescisso	Voi avrete rescisso
Lui/Lei avrà rescisso	Loro avranno rescisso

Trapassato Remoto

Io ebbi rescisso	Noi avemmo rescisso
Tu avesti rescisso	Voi aveste rescisso
Lui/Lei ebbe rescisso	Loro ebbero rescisso

CONDIZIONALE

Condizionale Presente

Io rescinderei	Noi rescinderemmo
Tu rescinderesti	Voi rescindereste
Lui/Lei rescinderebbe	Loro rescinderebbero

Condizionale Passato

Io avrei rescisso	Noi avremmo rescisso
Tu avresti rescisso	Voi avreste rescisso
Lui/Lei avrebbe rescisso	Loro avrebbero rescisso

CONGIUNTIVO

Congiuntivo Presente

Io rescinda	Noi rescindiamo
Tu rescinda	Voi rescindiate
Lui/Lei rescinda	Loro rescindano

Congiuntivo Passato

Io abbia rescisso	Noi abbiamo rescisso
Tu abbia rescisso	Voi abbiate rescisso
Lui/Lei abbia rescisso	Loro abbiano rescisso

Congiuntivo Imperfetto

Io rescindessi	Noi rescindessimo
Tu rescindessi	Voi rescindeste
Lui/Lei rescindesse	Loro rescindessero

Congiuntivo Trapassato

Io avessi rescisso	Noi avessimo rescisso
Tu avessi rescisso	Voi aveste rescisso
Lui/Lei avesse rescisso	Loro avessero rescisso

IMPERATIVO

(Tu) rescindi!   (Lei) rescinda!   (Noi) rescindiamo!   (Voi) rescindete!   (Loro) rescindano!

Hanno rescisso il contratto tra le due ditte.
They terminated the contract between the two companies.

Vorrei che rescindessero subito l'accordo di pace.
I would like them to immediately terminate the peace accord.

Mi sai dire se abbiano rescisso la legge contro l'immigrazione?
Can you tell me if they have rescinded the law against immigration?

Inf. respingere *Part. pres.* respingente *Part. pass.* respinto *Ger.* respingendo

INDICATIVO

Presente

Io respingo	Noi respingiamo
Tu respingi	Voi respingete
Lui/Lei respinge	Loro respingono

Imperfetto

Io respingevo	Noi respingevamo
Tu respingevi	Voi respingevate
Lui/Lei respingeva	Loro respingevano

Passato Prossimo

Io ho respinto	Noi abbiamo respinto
Tu hai respinto	Voi avete respinto
Lui/Lei ha respinto	Loro hanno respinto

Trapassato Prossimo

Io avevo respinto	Noi avevamo respinto
Tu avevi respinto	Voi avevate respinto
Lui/Lei aveva respinto	Loro avevano respinto

Futuro

Io respingerò	Noi respingeremo
Tu respingerai	Voi respingerete
Lui/Lei respingerà	Loro respingeranno

Passato Remoto

Io respinsi	Noi respingemmo
Tu respingesti	Voi respingeste
Lui/Lei respinse	Loro respinsero

Futuro Anteriore

Io avrò respinto	Noi avremo respinto
Tu avrai respinto	Voi avrete respinto
Lui/Lei avrà respinto	Loro avranno respinto

Trapassato Remoto

Io ebbi respinto	Noi avemmo respinto
Tu avesti respinto	Voi aveste respinto
Lui/Lei ebbe respinto	Loro ebbero respinto

CONDIZIONALE

Condizionale Presente

Io respingerei	Noi respingeremmo
Tu respingeresti	Voi respingereste
Lui/Lei respingerebbe	Loro respingerebbero

Condizionale Passato

Io avrei respinto	Noi avremmo respinto
Tu avresti respinto	Voi avrete respinto
Lui/Lei avrebbe respinto	Loro avrebbero respinto

CONGIUNTIVO

Congiuntivo Presente

Io respinga	Noi respingiamo
Tu respinga	Voi respingiate
Lui/Lei respinga	Loro respingano

Congiuntivo Passato

Io abbia respinto	Noi abbiamo respinto
Tu abbia respinto	Voi abbiate respinto
Lui/Lei abbia respinto	Loro abbiano respinto

Congiuntivo Imperfetto

Io respingessi	Noi respingessimo
Tu respingessi	Voi respingeste
Lui/Lei respingesse	Loro respingessero

Congiuntivo Trapassato

Io avessi respinto	Noi avessimo respinto
Tu avessi respinto	Voi aveste respinto
Lui/Lei avesse respinto	Loro avessero respinto

IMPERATIVO

(Tu) respingi!   (Lei) respinga!   (Noi) respingiamo!   (Voi) respingete!   (Loro) respingano!

Gli Americani respinsero gli Inglesi durante la rivoluzione.
The Americans repelled the English during the revolution.

Ho respinto l'offerta di lavoro in Cina.
I rejected the offer of a job in China.

Penso che lei abbia respinto l'uomo che la corteggiava.
I believe she rejected the man who was courting her.

Inf. respirare   *Part. pres.* respirante   *Part. pass.* respirato   *Ger.* respirando

INDICATIVO

Presente

Io respiro	Noi respiriamo
Tu respiri	Voi respirate
Lui/Lei respira	Loro respirano

Imperfetto

Io respiravo	Noi respiravamo
Tu respiravi	Voi respiravate
Lui/Lei respirava	Loro respiravano

Passato Prossimo

Io ho respirato	Noi abbiamo respirato
Tu hai respirato	Voi avete respirato
Lui/Lei ha respirato	Loro hanno respirato

Trapassato Prossimo

Io avevo respirato	Noi avevamo respirato
Tu avevi respirato	Voi avevate respirato
Lui/Lei aveva respirato	Loro avevano respirato

Futuro

Io respirerò	Noi respireremo
Tu respirerai	Voi respirerete
Lui/Lei respirerà	Loro respireranno

Passato Remoto

Io respirai	Noi respirammo
Tu respirasti	Voi respiraste
Lui/Lei respirò	Loro respirarono

Futuro Anteriore

Io avrò respirato	Noi avremo respirato
Tu avrai respirato	Voi avrete respirato
Lui/Lei avrà respirato	Loro avranno respirato

Trapassato Remoto

Io ebbi respirato	Noi avemmo respirato
Tu avesti respirato	Voi aveste respirato
Lui/Lei ebbe respirato	Loro ebbero respirato

CONDIZIONALE

Condizionale Presente

Io respirerei	Noi respireremmo
Tu respireresti	Voi respirereste
Lui/Lei respirerebbe	Loro respirerebbero

Condizionale Passato

Io avrei respirato	Noi avremmo respirato
Tu avresti respirato	Voi avreste respirato
Lui/Lei avrebbe respirato	Loro avrebbero respirato

CONGIUNTIVO

Congiuntivo Presente

Io respiri	Noi respiriamo
Tu respiri	Voi respiriate
Lui/Lei respiri	Loro respirino

Congiuntivo Passato

Io abbia respirato	Noi abbiamo respirato
Tu abbia respirato	Voi abbiate respirato
Lui/Lei abbia respirato	Loro abbiano respirato

Congiuntivo Imperfetto

Io respirassi	Noi respirassimo
Tu respirassi	Voi respiraste
Lui/Lei respirasse	Loro respirassero

Congiuntivo Trapassato

Io avessi respirato	Noi avessimo respirato
Tu avessi respirato	Voi aveste respirato
Lui/Lei avesse respirato	Loro avessero respirato

IMPERATIVO

(Tu) respira!   (Lei) respiri!   (Noi) respiriamo!   (Voi) respirate!   (Loro) respirino!

Sarà difficile che respirino in quella caverna.
It will be difficult for them to breathe in that cave.

Ragazzi, siamo in una classe di yoga! Respirate!
People, we are in a yoga class! Breathe!

Con quell'afa non si respirava!
With that mugginess, it was hard to breathe!

Inf. restare *Part. pres.* restante *Part. pass.* restato *Ger.* restando

INDICATIVO

Presente

Io resto	Noi restiamo
Tu resti	Voi restate
Lui/Lei resta	Loro restano

Imperfetto

Io restavo	Noi restavamo
Tu restavi	Voi restavate
Lui/Lei restava	Loro restavano

Passato Prossimo

Io sono restato/a	Noi siamo restati/e
Tu sei restato/a	Voi siete restati/e
Lui/Lei è restato/a	Loro sono restati/e

Trapassato Prossimo

Io ero restato/a	Noi eravamo restati/e
Tu eri restato/a	Voi eravate restati/e
Lui/Lei era restato/a	Loro erano restati/e

Futuro

Io resterò	Noi resteremo
Tu resterai	Voi resterete
Lui/Lei resterà	Loro resteranno

Passato Remoto

Io restai	Noi restammo
Tu restasti	Voi restaste
Lui/Lei restò	Loro restarono

Futuro Anteriore

Io sarò restato/a	Noi saremo restati/e
Tu sarai restato/a	Voi sarete restati/e
Lui/Lei sarà restato/a	Loro saranno restati/e

Trapassato Remoto

Io fui restato/a	Noi fummo restati/e
Tu fosti restato/a	Voi foste restati/e
Lui/Lei fu restato/a	Loro furono restati/e

CONDIZIONALE

Condizionale Presente

Io resterei	Noi resteremmo
Tu resteresti	Voi restereste
Lui/Lei resterebbe	Loro resterebbero

Condizionale Passato

Io sarei restato/a	Noi saremmo restati/e
Tu saresti restato/a	Voi sareste restati/e
Lui/Lei sarebbe restato/a	Loro sarebbero restati/e

CONGIUNTIVO

Congiuntivo Presente

Io resti	Noi restiamo
Tu resti	Voi restiate
Lui/Lei resti	Loro restino

Congiuntivo Passato

Io sia restato/a	Noi siamo restati/e
Tu sia restato/a	Voi siate restati/e
Lui/Lei sia restato/a	Loro siano restati/e

Congiuntivo Imperfetto

Io restassi	Noi restassimo
Tu restassi	Voi restaste
Lui/Lei restasse	Loro restassero

Congiuntivo Trapassato

Io fossi restato/a	Noi fossimo restati/e
Tu fossi restato/a	Voi foste restati/e
Lui/Lei fosse restato/a	Loro fossero restati/e

IMPERATIVO

(Tu) resta!   (Lei) resti!   (Noi) restiamo!   (Voi) restate!   (Loro) restino!

Oggi resterò a casa perché non mi sento bene.
Today I'll stay home because I don't feel well.

Sono restato fermo nella mia decisione.
I remained firm in my decision.

Loro restarono senza fiato dopo la corsa.
They struggled to breathe after the race.

RESTITUIRE   *to return, to repay, to restore (memory)*

Inf. restituire *Part. pres.* restituente *Part. pass.* restituito *Ger.* restituendo

INDICATIVO

Presente

Io restituisco	Noi restituiamo
Tu restituisci	Voi restituite
Lui/Lei restituisce	Loro restituiscono

Imperfetto

Io restituivo	Noi restituivamo
Tu restituivi	Voi restituivate
Lei/Lui restituiva	Loro restituivano

Passato Prossimo

Io ho restituito	Noi abbiamo restituito
Tu hai restituito	Voi avete restituito
Lui/Lei ha restituito	Loro hanno restituito

Trapassato Prossimo

Io avevo restituito	Noi avevamo restituito
Tu avevi restituito	Voi avevate restituito
Lui/Lei aveva restituito	Loro avevano restituito

Futuro

Io restituirò	Noi restituiremo
Tu restituirai	Voi restituirete
Lui/Lei restituirà	Loro restituiranno

Passato Remoto

Io restituii	Noi restituimmo
Tu restituisti	Voi restituiste
Lui/Lei restituì	Loro restituirono

Futuro Anteriore

Io avrò restituito	Noi avremo restituito
Tu avrai restituito	Voi avrete restituito
Lui/Lei avrà restituito	Loro avranno restituito

Trapassato Remoto

Io ebbi restituito	Noi avemmo restituito
Tu avesti restituito	Voi aveste restituito
Lui/Lei ebbe restituito	Loro ebbero restituito

CONDIZIONALE

Condizionale Presente

Io restituirei	Noi restituiremmo
Tu restituiresti	Voi restituireste
Lui/Lei restituirebbe	Loro restituirebbero

Condizionale Passato

Io avrei restituito	Noi avremmo restituito
Tu avresti restituito	Voi avreste restituito
Lui/Lei avrebbe restituito	Loro avrebbero restituito

CONGIUNTIVO

Congiuntivo Presente

Io restituisca	Noi restituiamo
Tu restituisca	Voi restituiate
Lui/Lei restituisca	Loro restituiscano

Congiuntivo Passato

Io abbia restituito	Noi abbiamo restituito
Tu abbia restituito	Voi abbiate restituito
Lui/Lei abbia restituito	Loro abbiano restituito

Congiuntivo Imperfetto

Io restituissi	Noi restituissimo
Tu restituissi	Voi restituiste
Lui/Lei restituisse	Loro restituissero

Congiuntivo Trapassato

Io avessi restituito	Noi avessimo restituito
Tu avessi restituito	Voi aveste restituito
Lui/Lei avesse restituito	Loro avessero restituito

IMPERATIVO

(Tu) restituisci!   (Lei) restituisca!   (Noi) restituiamo!   (Voi) restituite!   (Loro) restituiscano!

Mi potresti restituire quei CD che ti ho prestato?
Could you return those CDs I lent you?

Lui mi deve 200 euro. Spero che me li restituisca tra poco.
He owes me 200 euros. I hope that he repays me soon.

Ho restituito il vestito perché non mi stava bene.
I returned the dress because it didn't fit me well.

Inf. ricevere   *Part. pres.* ricevente   *Part. pass.* ricevuto   *Ger.* ricevendo

INDICATIVO

Presente		Imperfetto	
Io ricevo	Noi riceviamo	Io ricevevo	Noi ricevevamo
Tu ricevi	Voi ricevete	Tu ricevevi	Voi ricevevate
Lui/Lei riceve	Loro ricevono	Lui/Lei riceveva	Loro ricevevano

Passato Prossimo		Trapassato Prossimo	
Io ho ricevuto	Noi abbiamo ricevuto	Io avevo ricevuto	Noi avevamo ricevuto
Tu hai ricevuto	Voi avete ricevuto	Tu avevi ricevuto	Voi avevate ricevuto
Lui/Lei ha ricevuto	Loro hanno ricevuto	Lui/Lei aveva ricevuto	Loro avevano ricevuto

Futuro		Passato Remoto	
Io riceverò	Noi riceveremo	Io ricevei	Noi ricevemmo
Tu riceverai	Voi riceverete	Tu ricevesti	Voi riceveste
Lui/Lei riceverà	Lor riceveranno	Lui/Lei ricevé	Loro riceverono

Futuro Anteriore		Trapassato Remoto	
Io avrò ricevuto	Noi avremo ricevuto	Io ebbi ricevuto	Noi avemmo ricevuto
Tu avrai ricevuto	Voi avrete ricevuto	Tu avesti ricevuto	Voi aveste ricevuto
Lui/Lei avrà ricevuto	Loro avranno ricevuto	Lui/Lei ebbe ricevuto	Loro ebbero ricevuto

CONDIZIONALE

Condizionale Presente		Condizionale Passato	
Io riceverei	Noi riceveremmo	Io avrei ricevuto	Noi avremmo ricevuto
Tu riceveresti	Voi ricevereste	Tu avresti ricevuto	Voi avreste ricevuto
Lui/Lei riceverebbe	Loro riceverebbero	Lui/Lei avrebbe ricevuto	Loro avrebbero ricevuto

CONGIUNTIVO

Congiuntivo Presente		Congiuntivo Passato	
Io riceva	Noi riceviamo	Io abbia ricevuto	Noi abbiamo ricevuto
Tu riceva	Voi riceviate	Tu abbia ricevuto	Voi abbiate ricevuto
Lui/Lei riceva	Lor ricevano	Lui/Lei abbia ricevuto	Loro abbiano ricevuto

Congiuntivo Imperfetto		Congiuntivo Trapassato	
Io ricevessi	Noi ricevessimo	Io avessi ricevuto	Noi avessimo ricevuto
Tu ricevessi	Voi riceveste	Tu avessi ricevuto	Voi aveste ricevuto
Lui/Lei ricevesse	Loro ricevessero	Lui/Lei avesse ricevuto	Loro avessero ricevuto

IMPERATIVO

(Tu) ricevi!   (Lei) riceva!   (Noi) riceviamo!   (Voi) ricevete!   (Loro) ricevano!

Il dentista riceve i pazienti solo tra l'una e le sei del pomeriggio.
The dentist receives patients only between one and six PM.

Hanno ricevuto delle notizie sulla nascita di una bambina.
They received news of the birth of a girl.

Il presidente riceverà la delegazione domani mattina.
The president will receive the delegation tomorrow morning.

RICHIEDERE   *to ask, to request, to require*

Inf. richiedere   *Part. pres.* richiedente   *Part. pass.* richiesto   *Ger.* richiedendo

INDICATIVO

Presente

Io richiedo	Noi richiediamo
Tu richiedi	Voi richiedete
Lui/Lei richiede	Loro richiedono

Imperfetto

Io richiedevo	Noi richiedevamo
Tu richiedevi	Voi richiedevate
Lui/Lei richiedeva	Loro richiedevano

Passato Prossimo

Io ho richiesto	Noi abbiamo richiesto
Tu hai richiesto	Voi avete richiesto
Lui/Lei ha richiesto	Loro hanno richiesto

Trapassato Prossimo

Io avevo richiesto	Noi avevamo richiesto
Tu avevi richiesto	Voi avevate richiesto
Lui/Lei aveva richiesto	Loro avevano richiesto

Futuro

Io richiederò	Noi richiederemo
Tu richiederai	Voi richiederete
Lui/Lei richiederà	Loro richiederanno

Passato Remoto

Io richiesi	Noi richiedemmo
Tu richiedesti	Voi richiedeste
Lui/Lei richiese	Loro richiesero

Futuro Anteriore

Io avrò richiesto	Noi avremo richiesto
Tu avrai richiesto	Voi avrete richiesto
Lui/Lei avrà richiesto	Loro avranno richiesto

Trapassato Remoto

Io ebbi richiesto	Noi avemmo richiesto
Tu avesti richiesto	Voi aveste richiesto
Lui/Lei ebbe richiesto	Loro ebbero richiesto

CONDIZIONALE

Condizionale Presente

Io richiederei	Noi richiederemmo
Tu richiederesti	Voi richiedereste
Lui/Lei richiederebbe	Loro richiederebbero

Condizionale Passato

Io avrei richiesto	Noi avremmo richiesto
Tu avresti richiesto	Voi avreste richiesto
Lui/Lei avrebbe richiesto	Loro avrebbero richiesto

CONGIUNTIVO

Congiuntivo Presente

Io richieda	Noi richiediamo
Tu richieda	Voi richiediate
Lui/Lei richieda	Loro richiedano

Congiuntivo Passato

Io abbia richiesto	Noi abbiamo richiesto
Tu abbia richiesto	Voi abbiate richiesto
Lui/Lei abbia richiesto	Loro abbiano richiesto

Congiuntivo Imperfetto

Io richiedessi	Noi richiedessimo
Tu richiedessi	Voi richiedeste
Lui/Lei richiedesse	Loro richiedessero

Congiuntivo Trapassato

Io avessi richiesto	Noi avessimo richiesto
Tu avessi richiesto	Voi aveste richiesto
Lui/Lei avesse richiesto	Loro avessero richiesto

IMPERATIVO

(Tu) richiedi!   (Lei) richieda!   (Noi) richiediamo!   (Voi) richiedete!   (Loro) richiedano!

Richiediamo un po' di attenzione per favore!
We ask a little attention please!

Hanno richiesto una prenotazione in anticipo.
They required a reservation ahead of time.

Richiesero il significato perché non avevano sentito la spiegazione.
They asked for the meaning again because they hadn't heard the explanation.

Inf. riconoscere *Part. pres.* riconoscente *Part. pass.* riconosciuto *Ger.* riconoscendo

INDICATIVO

Presente

Io riconosco	Noi riconosciamo
Tu riconosci	Voi riconoscete
Lui/Lei riconosce	Loro riconoscono

Imperfetto

Io riconoscevo	Noi riconoscevamo
Tu riconoscevi	Voi riconoscevate
Lui/Lei riconosceva	Loro riconoscevano

Passato Prossimo

Io ho riconosciuto	Noi abbiamo riconosciuto
Tu hai riconosciuto	Voi avete riconosciuto
Lui/Lei ha riconosciuto	Loro hanno riconosciuto

Trapassato Prossimo

Io avevo riconosciuto	Noi avevamo riconosciuto
Tu avevi riconosciuto	Voi avevate riconosciuto
Lui/Lei aveva riconosciuto	Loro avevano riconosciuto

Futuro

Io riconoscerò	Noi riconosceremo
Tu riconoscerai	Voi riconoscerete
Lui/Lei riconoscerà	Loro riconosceranno

Passato Remoto

Io riconobbi	Noi riconoscemmo
Tu riconoscesti	Voi riconosceste
Lui/Lei riconobbe	Loro riconobbero

Futuro Anteriore

Io avrò riconosciuto	Noi avremo riconosciuto
Tu avrai riconosciuto	Voi avrete riconosciuto
Lui/Lei avrà riconosciuto	Loro avranno riconosciuto

Trapassato Remoto

Io ebbi riconosciuto	Noi avemmo riconosciuto
Tu avesti riconosciuto	Voi aveste riconosciuto
Lui/Lei ebbe riconosciuto	Loro ebbero riconosciuto

CONDIZIONALE

Condizionale Presente

Io riconoscerei	Noi riconosceremmo
Tu riconosceresti	Voi riconoscereste
Lui/Lei riconoscerebbe	Loro riconoscerebbero

Condizionale Passato

Io avrei riconosciuto	Noi avremmo riconosciuto
Tu avresti riconosciuto	Voi avreste riconosciuto
Lui/Lei avrebbe riconosciuto	Loro avrebbero riconosciuto

CONGIUNTIVO

Congiuntivo Presente

Io riconosca	Noi riconosciamo
Tu riconosca	Voi riconosciate
Lui/Lei riconosca	Loro riconoscano

Congiuntivo Passato

Io abbia riconosciuto	Noi abbiamo riconosciuto
Tu abbia riconosciuto	Voi abbiate riconosciuto
Lui/Lei abbia riconosciuto	Loro abbiano riconosciuto

Congiuntivo Imperfetto

Io riconoscessi	Noi riconoscessimo
Tu riconoscessi	Voi riconosceste
Lui/Lei riconoscesse	Loro riconoscessero

Congiuntivo Trapassato

Io avessi riconosciuto	Noi avessimo riconosciuto
Tu avessi riconosciuto	Voi aveste riconosciuto
Lui/Lei avesse riconosciuto	Loro avessero riconosciuto

IMPERATIVO

(Tu) riconosci! (Lei) riconosca! (Noi) riconosciamo! (Voi) riconoscete! (Loro) riconoscano!

Quando l'ebbero riconosciuto, si misero a parlare.
When they had recognized him, they started talking.

Riconoscono di aver mentito al professore.
They admitted to having lied to the professor.

Volevo che mi riconoscessero come responsabile del circolo.
I wanted them to recognize me as the head of the club.

Inf. ricordare   *Part. pres.* ricordante   *Part. pass.* ricordato   *Ger.* ricordando

INDICATIVO

Presente

Io ricordo	Noi ricordiamo
Tu ricordi	Voi ricordate
Lui/Lei si ricorda	Loro ricordano

Imperfetto

Io ricordavo	Noi ricordavamo
Tu ricordavi	Voi ricordavate
Lui/Lei ricordava	Loro ricordavano

Passato Prossimo

Io ho ricordato	Noi abbiamo ricordato
Tu hai ricordato	Voi avete ricordato
Lui/Lei ha ricordato	Loro hanno ricordato

Trapassato Prossimo

Io avevo ricordato	Noi avevamo ricordato
Tu avevi ricordato	Voi avevate ricordato
Lui/Lei aveva ricordato	Loro avevano ricordato

Futuro

Io ricorderò	Noi ricorderemo
Tu ricorderai	Voi ricorderete
Tu ricorderà	Loro ricorderanno

Passato Remoto

Io ricordai	Noi ricordammo
Tu ricordasti	Voi ricordaste
Lui/Lei ricordò	Loro ricordarono

Futuro Anteriore

Io avrò ricordato	Noi avremo ricordato
Tu avrai ricordato	Voi avrete ricordato
Lui/Lei avrà ricordato	Loro avranno ricordato

Trapassato Remoto

Io ebbi ricordato	Noi avemmo ricordato
Tu avesti ricordato	Voi aveste ricordato
Lui/Lei ebbe ricordato	Loro ebbero ricordato

CONDIZIONALE

Condizionale Presente

Io ricorderei	Noi ricorderemmo
Tu ricorderesti	Voi ricordereste
Lui/Lei ricorderebbe	Loro ricorderebbero

Condizionale Passato

Io avrei ricordato	Noi avremmo ricordato
Tu avresti ricordato	Voi avreste ricordato
Lui/Lei avrebbe ricordato	Loro avrebbero ricordato

CONGIUNTIVO

Congiuntivo Presente

Io ricordi	Noi ricordiamo
Tu ricordi	Voi ricordiate
Lui/Lei ricordi	Loro ricordino

Congiuntivo Passato

Io abbia ricordato	Noi abbiamo ricordato
Tu abbia ricordato	Voi abbiate ricordato
Lui/Lei abbia ricordato	Loro abbiano ricordato

Congiuntivo Imperfetto

Io ricordassi	Noi ricordassimo
Tu ricordassi	Voi ricordaste
Lui/Lei ricordasse	Loro ricordassero

Congiuntivo Trapassato

Io avessi ricordato	Noi avessimo ricordato
Tu avessi ricordato	Voi aveste ricordato
Lui/Lei avesse ricordato	Loro avessero ricordato

IMPERATIVO

(Tu) ricorda!   (Lei) ricordi!   (Noi) ricordiamo!   (Voi) ricordate!   (Loro) ricordino!

Ti ricordi quando siamo andati in Portogallo?
Do you remember when we went to Portugal?

Ricordami alla professoressa!
Remember me to the professor!

Tu mi ricordi mio fratello.
You remind me of my brother.

Inf. ridere   *Part. pres.* ridente   *Part. pass.* riso   *Ger.* ridendo

INDICATIVO

Presente

Io rido	Noi ridiamo
Tu ridi	Voi ridete
Lui/Lei ride	Loro ridono

Imperfetto

Io ridevo	Noi ridevamo
Tu ridevi	Voi ridevate
Lui/Lei rideva	Loro ridevano

Passato Prossimo

Io ho riso	Noi abbiamo riso
Tu hai riso	Voi avete riso
Lui/Lei ha riso	Loro hanno riso

Trapassato Prossimo

Io avevo riso	Noi avevamo riso
Tu avevi riso	Voi avevate riso
Lui/Lei aveva riso	Loro avevano riso

Futuro

Io riderò	Noi rideremo
Tu riderai	Voi riderete
Lui/Lei riderà	Loro rideranno

Passato Remoto

Io risi	Noi ridemmo
Tu ridesti	Voi rideste
Lui/Lei rise	Loro risero

Futuro Anteriore

Io avrò riso	Noi avremo riso
Tu avrai riso	Voi avrete riso
Lui/Lei avrà riso	Loro avranno riso

Trapassato Remoto

Io ebbi riso	Noi avemmo riso
Tu avesti riso	Voi aveste riso
Lui/Lei ebbe riso	Loro ebbero riso

CONDIZIONALE

Condizionale Presente

Io riderei	Noi rideremmo
Tu rideresti	Voi ridereste
Lui/Lei riderebbe	Loro riderebbero

Condizionale Passato

Io avrei riso	Noi avremmo riso
Tu avresti riso	Voi avreste riso
Lui/Lei avrebbe riso	Loro avrebbero riso

CONGIUNTIVO

Congiuntivo Presente

Io rida	Noi ridiamo
Tu rida	Voi ridiate
Lui/Lei rida	Loro ridano

Congiuntivo Passato

Io abbia riso	Noi abbiamo riso
Tu abbia riso	Voi abbiate riso
Lui/Lei abbia riso	Loro abbiano riso

Congiuntivo Imperfetto

Io ridessi	Noi ridessimo
Tu ridessi	Voi rideste riso
Lui/Lei ridesse	Loro ridessero

Congiuntivo Trapassato

Io avessi riso	Noi avessimo riso
Tu avessi riso	Voi aveste riso
Lui/Lei avesse riso	Loro avessero riso

IMPERATIVO

(Tu) ridi!   (Lei) rida!   (Noi) ridiamo!   (Voi) ridete!   (Loro) ridano!

Dopo il discorso gli hanno riso in faccia.
After the speech they laughed in his face.

Quel comico era capace di farci ridere.
That comedian was capable of making us laugh.

Ride bene chi ride ultimo.
He who laughs last laughs the longest.

Inf. ridurre *Part. pres.* riducente *Part. pass.* ridotto *Ger.* riducendo

INDICATIVO

Presente

Io riduco	Noi riduciamo
Tu riduci	Voi riducete
Lui/Lei riduce	Loro riducono

Imperfetto

Io riducevo	Noi riducevamo
Tu riducevi	Voi riducevate
Lui/Lei riduceva	Loro riducevano

Passato Prossimo

Io ho ridotto	Noi abbiamo ridotto
Tu hai ridotto	Voi avete ridotto
Lui/Lei ha ridotto	Loro hanno ridotto

Trapassato Prossimo

Io avevo ridotto	Noi avevamo ridotto
Tu avevi ridotto	Voi avevate ridotto
Lui/Lei aveva ridotto	Loro avevano ridotto

Futuro

Io ridurrò	Noi ridurremo
Tu ridurrai	Voi ridurrete
Lui/Lei ridurrà	Loro ridurranno

Passato Remoto

Io ridussi	Noi riducemmo
Tu riducesti	Voi riduceste
Lui/Lei ridusse	Loro ridussero

Futuro Anteriore

Io avrò ridotto	Noi avremo ridotto
Tu avrai ridotto	Voi avrete ridotto
Lui/Lei avrà ridotto	Loro avranno ridotto

Trapassato Remoto

Io ebbi ridotto	Noi avemmo ridotto
Tu avesti ridotto	Voi aveste ridotto
Lui/Lei ebbe ridotto	Loro ebbero ridotto

CONDIZIONALE

Condizionale Presente

Io ridurrei	Noi ridurremmo
Tu ridurresti	Voi ridurreste
Lui/Lei ridurrebbe	Loro ridurrebbero

Condizionale Passato

Io avrei ridotto	Noi avremmo ridotto
Tu avresti ridotto	Voi avreste ridotto
Lui/Lei avrebbe ridotto	Loro avrebbero ridotto

CONGIUNTIVO

Congiuntivo Presente

Io riduca	Noi riduciamo
Tu riduca	Voi riduciate
Lui/Lei riduca	Loro riducano

Congiuntivo Passato

Io abbia ridotto	Noi abbiamo ridotto
Tu abbia ridotto	Voi abbiate ridotto
Lui/Lei abbia ridotto	Loro abbiano ridotto

Congiuntivo Imperfetto

Io riducessi	Noi riducessimo
Tu riducessi	Voi riduceste
Lui/Lei riducesse	Loro riducessero

Congiuntivo Trapassato

Io avessi ridotto	Noi avessimo ridotto
Tu avessi ridotto	Voi aveste ridotto
Lui/Lei avesse ridotto	Loro avessero ridotto

IMPERATIVO

(Tu) riduci!   (Lei) riduca!   (Noi) riduciamo!   (Voi) riducete!   (Loro) riducano!

Le autorità ridussero il limite di velocità in quel paesino.
The authorities reduced the speed limit in that small town.

Volevano che i figli riducessero il consumo d'alcol.
They wanted their children to reduce the consumption of alcohol.

Se avessi ridotto il peso forse avresti potuto competere.
If you had reduced your weight, maybe you would have been able to compete.

Inf. rientrare *Part. pres.* rientrante *Part. pass.* rientrato *Ger.* rientrando

INDICATIVO

Presente

Io rientro	Noi rientriamo
Tu rientri	Voi rientrate
Lui/Lei rientra	Loro rientrano

Imperfetto

Io rientravo	Noi rientravamo
Tu rientravi	Voi rientravate
Lui/Lei rientrava	Loro rientravano

Passato Prossimo

Io sono rientrato/a	Noi siamo rientrati/e
Tu sei rientrato/a	Voi siete rientrati/e
Lui/Lei è rientrato/a	Loro sono rientrati/e

Trapassato Prossimo

Io ero rientrato/a	Noi eravamo rientrati/e
Tu eri rientrato/a	Voi eravate rientrati/e
Lui/Lei era rientrato/a	Loro erano rientrati/e

Futuro

Io rientrerò	Noi rientreremo
Tu rientrerai	Voi rientrerete
Lui/Lei rientrerà	Loro rientreranno

Passato Remoto

Io rientrai	Noi rientrammo
Tu rientrasti	Voi rientraste
Lui/Lei rientrò	Loro rientrarono

Futuro Anteriore

Io sarò rientrato/a	Noi saremo rientrati/e
Tu sarai rientrato/a	Voi sarete rientrati/e
Lui/Lei sarà rientrato/a	Loro saranno rientrati/e

Trapassato Remoto

Io fui rientrato/a	Noi fummo rientrati/e
Tu fosti rientrato/a	Voi foste rientrati/e
Lui/Lei fu rientrato/a	Loro furono rientrati/e

CONDIZIONALE

Condizionale Presente

Io rientrerei	Noi rientreremmo
Tu rientreresti	Voi rientrereste
Lui/Lei rientrerebbe	Loro rientrerebbero

Condizionale Passato

Io sarei rientrato/a	Noi saremmo rientrati/e
Tu saresti rientrato/a	Voi sareste rientrati/e
Lui/Lei sarebbe rientrato/a	Loro sarebbero rientrati/e

CONGIUNTIVO

Congiuntivo Presente

Io rientri	Noi rientriamo
Tu rientri	Voi rientriate
Lui/Lei rientri	Loro rientrino

Congiuntivo Passato

Io sia rientrato/a	Noi siamo rientrati/e
Tu sia rientrato/a	Voi siate rientrati/e
Lui/Lei sia rientrato/a	Loro siano rientrati/e

Congiuntivo Imperfetto

Io rientrassi	Noi rientrassimo
Tu rientrassi	Voi rientraste
Lui/Lei rientrasse	Loro rientrassero

Congiuntivo Trapassato

Io fossi rientrato/a	Noi fossimo rientrati/e
Tu fossi rientrato/a	Voi foste rientrati/e
Lui/Lei fosse rientrato/a	Loro fossero rientrati/e

IMPERATIVO

(Tu) rientra! (Lei) rientri! (Noi) rientriamo! (Voi) rientrate! (loro) rientrino!

Dopo che fummo rientrati, ci preparasti la colazione.
After we had returned, you prepared breakfast for us.

Rientrerò dal lavoro intorno alle sei di sera.
I will return from work around 6:00 PM.

I miei sono rientrati dalla festa molto tardi.
My parents came back from the party very late.

Inf. rifiutare *Part. pres.* rifiutante *Part. pass.* rifiutato *Ger.* rifiutando

INDICATIVO

Presente

Io rifiuto	Noi rifiutiamo
Tu rifiuti	Voi rifiutate
Lui/Lei rifiuta	Loro rifiutano

Imperfetto

Io rifiutavo	Noi rifiutavamo
Tu rifiutavi	Voi rifiutavate
Lui/Lei rifiutava	Loro rifiutavano

Passato Prossimo

Io ho rifiutato	Noi abbiamo rifiutato
Tu hai rifiutato	Voi avete rifiutato
Lui/Lei ha rifiutato	Loro hanno rifiutato

Trapassato Prossimo

Io avevo rifiutato	Noi avevamo rifiutato
Tu avevi rifiutato	Voi avevate rifiutato
Lui/Lei aveva rifiutato	Loro avevano rifiutato

Futuro

Io rifiuterò	Noi rifiuteremo
Tu rifiuterai	Voi rifiuterete
Lui/Lei rifiuterà	Loro rifiuteranno

Passato Remoto

Io rifiutai	Noi rifiutammo
Tu rifiutasti	Voi rifiutaste
Lui/Lei rifiutò	Loro rifiutarono

Futuro Anteriore

Io avrò rifiutato	Noi avremo rifiutato
Tu avrai rifiutato	Voi avrete rifiutato
Lui/Lei avrà rifiutato	Loro avranno rifiutato

Trapassato Remoto

Io ebbi rifiutato	Noi avemmo rifiutato
Tu avesti rifiutato	Voi aveste rifiutato
Lui/Lei ebbe rifiutato	Loro ebbero rifiutato

CONDIZIONALE

Condizionale Presente

Io rifiuterei	Noi rifiuteremmo
Tu rifiuteresti	Voi rifiutereste
Lui/Lei rifiuterebbe	Loro rifiuterebbero

Condizionale Passato

Io avrei rifiutato	Noi avremmo rifiutato
Tu avresti rifiutato	Voi avreste rifiutato
Lui/Lei avrebbe rifiutato	Loro avrebbero rifiutato

CONGIUNTIVO

Congiuntivo Presente

Io rifiuti	Noi rifiutiamo
Tu rifiuti	Voi rifiutiate
Lui/Lei rifiuti	Loro rifiutino

Congiuntivo Passato

Io abbia rifiutato	Noi abbiamo rifiutato
Tu abbia rifiutato	Voi abbiate rifiutato
Lui/Lei abbia rifiutato	Loro abbiano rifiutato

Congiuntivo Imperfetto

Io rifiutassi	Noi rifiutassimo
Tu rifiutassi	Voi rifiutaste
Lui/Lei rifiutasse	Lor rifiutassero

Congiuntivo Trapassato

Io avessi rifiutato	Noi avessimo rifiutato
Tu avessi rifiutato	Voi aveste rifiutato
Lui/Lei avesse rifiutato	Loro avessero rifiutato

IMPERATIVO

(Tu) rifiuta! (Lei) rifiuti! (Noi) rifiutiamo! (Voi) rifiutate! (Loro) rifiutino!

Quando mi hanno offerto il posto, l'ho rifiutato.
When they offered me the job, I turned it down.

Quando ebbe sentito le accuse, rifiutò l'evidenza.
When he had heard the accusations, he rejected the evidence.

Avevano rifiutato di farmi entrare al night.
They had refused to let me enter the nightclub.

329

Inf. rilassarsi   *Part. pres.* rilassantesi   *Part. pass.* rilassatosi   *Ger.* rilassandosi

INDICATIVO

Presente

Io mi rilasso	Noi ci rilassiamo
Tu ti rilassi	Voi vi rilassate
Lui/Lei si rilassa	Loro si rilassano

Imperfetto

Io mi rilassavo	Noi ci rilassavamo
Tu ti rilassavi	Voi vi rilassavate
Lui/Lei si rilassava	Loro si rilassavano

Passato Prossimo

Io mi sono rilassato/a	Noi ci siamo rilassati/e
Tu ti sei rilassato/a	Voi vi siete rilassati/e
Lui/ Lei si è rilassato/a	Loro si sono rilassati/e

Trapassato Prossimo

Io mi ero rilassato/a	Noi ci eravamo rilassati/e
Tu ti eri rilassato/a	Voi vi eravate rilassati/e
Lui/Lei si era rilassato/a	Loro si erano rilassati/e

Futuro

Io mi rilasserò	Noi ci rilasseremo
Tu ti rilasserai	Voi vi rilasserete
Lui/Lei si rilasserà	Loro si rilasseranno

Passato Remoto

Io mi rilassai	Noi ci rilassammo
Tu ti rilassasti	Voi vi rilassaste
Lui/Lei si rilassò	Loro si rilassarono

Futuro Anteriore

Io mi sarò rilassato/a	Noi ci saremo rilassati/e
Tu ti sarai rilassato/a	Voi vi sarete rilassati/e
Lui/Lei si sarà rilassato/a	Loro si saranno rilassati/e

Trapassato Remoto

Io mi fui rilassato/a	Noi ci fummo rilassati/e
Tu ti fosti rilassato/a	Voi vi foste rilassati/e
Lui/Lei si fu rilassato/a	Loro si furono rilassati/e

CONDIZIONALE

Condizionale Presente

Io mi rilasserei	Noi ci rilasseremmo
Tu ti rilasseresti	Voi vi rilassereste
Lui/Lei si rilasserebbe	Loro si rilasserebbero

Condizionale Passato

Io mi sarei rilassato/a	Noi ci saremmo rilassati/e
Tu ti saresti rilassato/a	Voi vi sareste rilassati/e
Lui/Lei si sarebbe rilassato/a	Loro si sarebbero rilassati/e

CONGIUNTIVO

Congiuntivo Presente

Io mi rilassi	Noi ci rilassiamo
Tu ti rilassi	Voi vi rilassiate
Lui/Lei si rilassi	Loro si rilassino

Congiuntivo Passato

Io mi sia rilassato/a	Noi ci siamo rilassati/e
Tu ti sia rilassato/a	Voi vi siate rilassati/e
Lui/Lei si sia rilassato/a	Loro si siano rilassati/e

Congiuntivo Imperfetto

Io mi rilassassi	Noi ci rilassassimo
Tu ti rilassassi	Voi vi rilassaste
Lui/Lei si rilassasse	Loro si rilassassero

Congiuntivo Trapassato

Io mi fossi rilassato/a	Noi ci fossimo rilassati/e
Tu ti fossi rilassato/a	Voi vi foste rilassati/e
Lui/Lei si fosse rilassato/a	Loro si fossero rilassati/e

IMPERATIVO

(Tu) rilassati!   (Lei) si rilassi!   (Noi) rilassiamoci!   (Voi) rilassatevi!   (Loro) si rilassino!

Era una persona che sapeva rilassarsi.
She was a person who knew how to relax.

Dopo aver fatto i pesi, si è rilassato per un po'.
After lifting weights, he relaxed for a while.

Rilassarsi è la chiave della meditazione.
Relaxing is the key to meditation.

RIMANERE   *to remain, to stay*

Inf. rimanere *Part. pres.* rimanente *Part. pass.* rimasto *Ger.* rimanendo

INDICATIVO

Presente

Io rimango	Noi rimaniamo
Tu rimani	Voi rimanete
Lui/Lei rimane	Loro rimangano

Imperfetto

Io rimanevo	Noi rimanevamo
Tu rimanevi	Voi rimanevate
Lui/Lei rimaneva	Loro rimanevano

Passato Prossimo

Io sono rimasto/a	Noi siamo rimasti/e
Tu sei rimasto/a	Voi siete rimasti/e
Lui/Lei è rimasto/a	Loro sono rimasti/e

Trapassato Prossimo

Io ero rimasto/a	Noi eravamo rimasti/e
Tu eri rimasto/a	Voi eravate rimasti/e
Lui/Lei era rimasto/a	Loro erano rimasti/e

Futuro

Io rimarrò	Noi rimarremo
Tu rimarrai	Voi rimarrete
Lui/Lei rimarrà	Loro rimarranno

Passato Remoto

Io rimasi	Noi rimanemmo
Tu rimanesti	Voi rimaneste
Lui/Lei rimase	Loro rimasero

Futuro Anteriore

Io sarò rimasto/a	Noi saremo rimasti/e
Tu sarai rimasto/a	Voi sarete rimasti/e
Lui/Lei sarà rimasto/a	Loro saranno rimasti/e

Trapassato Remoto

Io fui rimasto/a	Noi fummo rimasti/e
Tu fosti rimasto/a	Voi foste rimasti/e
Lui/Lei fu rimasto/a	Loro furono rimasti/e

CONDIZIONALE

Condizionale Presente

Io rimarrei	Noi rimarremmo
Tu rimarresti	Voi rimarreste
Lui/Lei rimarrebbe	Loro rimarrebbero

Condizionale Passato

Io sarei rimasto/a	Noi saremmo rimasti/e
Tu saresti rimasto/a	Voi sareste rimasti/e
Lui/Lei sarebbe rimasto/a	Loro sarebbero rimasti/e

CONGIUNTIVO

Congiuntivo Presente

Io rimanga	Noi rimaniamo
Tu rimanga	Voi rimaniate
Lui/Lei rimanga	Loro rimangano

Congiuntivo Passato

Io sia rimasto/a	Noi siamo rimasti/e
Tu sia rimasto/a	Voi siate rimasti/e
Lui/Lei sia rimasto/a	Loro siano rimasti/e

Congiuntivo Imperfetto

Io rimanessi	Noi rimanessimo
Tu rimanessi	Voi rimaneste
Tu rimanesse	Loro rimanessero

Congiuntivo Trapassato

Io fossi rimasto/a	Noi fossimo rimasti/e
Tu fossi rimasto/a	Voi foste rimasti/e
Lui/Lei fosse rimasto/a	Loro fossero rimasti/e

IMPERATIVO

(Tu) rimani!   (Lei) rimanga!   (Noi) rimaniamo!   (Voi) rimanete!   (Loro) rimangano!

Rimani dove sei e ti verrò a prendere!
Stay where you are and I will come and get you!

Sarebbe bello se rimanessimo a casa una volta ogni tanto.
It would be nice if we stayed home every once in a while.

Rimase senza soldi e di conseguenza non poteva venire con noi a Milano.
He had no money and as a result couldn't come to Milan with us.

RINCORRERE *to go after, to chase after*

Inf. rincorrere *Part. pres.* rincorrente *Part. pass.* rincorso *Ger.* rincorrendo

INDICATIVO

Presente		**Imperfetto**	
Io rincorro	Noi rincorriamo	Io rincorrevo	Noi rincorrevamo
Tu rincorri	Voi rincorrete	Tu rincorrevi	Voi rincorrevate
Lui/Lei rincorre	Loro rincorrono	Lui/Lei rincorreva	Loro rincorrevano

Passato Prossimo		**Trapassato Prossimo**	
Io ho rincorso	Noi abbiamo rincorso	Io avevo rincorso	Noi avevamo rincorso
Tu hai rincorso	Voi avete rincorso	Tu avevi rincorso	Voi avevate rincorso
Lui/Lei ha rincorso	Loro hanno rincorso	Lui/Lei aveva rincorso	Loro avevano rincorso

Futuro		**Passato Remoto**	
Io rincorrerò	Noi rincorreremo	Io rincorsi	Noi rincorremmo
Tu rincorrerai	Voi rincorrerete	Tu rincorresti	Voi rincorreste
Lui/Lei rincorrerà	Loro rincorreranno	Lui/Lei rincorse	Loro rincorsero

Futuro Anteriore		**Trapassato Remoto**	
Io avrò rincorso	Noi avremo rincorso	Io ebbi rincorso	Noi avemmo rincorso
Tu avrai rincorso	Voi avrete rincorso	Tu avesti rincorso	Voi aveste rincorso
Lui/Lei avrà rincorso	Loro avranno rincorso	Lui/Lei ebbe rincorso	Loro ebbero rincorso

CONDIZIONALE

Condizionale Presente		**Condizionale Passato**	
Io rincorrerei	Noi rincorreremmo	Io avrei rincorso	Noi avremmo rincorso
Tu rincorreresti	Voi rincorrereste	Tu avresti rincorso	Voi avreste rincorso
Lui/Lei rincorrerebbe	Loro rincorrerebbero	Lui/Lei avrebbe rincorso	Loro avrebbero rincorso

CONGIUNTIVO

Congiuntivo Presente		**Congiuntivo Passato**	
Io rincorra	Noi rincorriamo	Io abbia rincorso	Noi abbiamo rincorso
Tu rincorra	Voi rincorriate	Tu abbia rincorso	Voi abbiate rincorso
Lui/Lei rincorra	Loro rincorrano	Lui/Lei abbia rincorso	Loro abbiano rincorso

Congiuntivo Imperfetto		**Congiuntivo Trapassato**	
Io rincorressi	Noi rincorressimo	Io avessi rincorso	Noi avessimo rincorso
Tu rincorressi	Voi rincorreste	Tu avessi rincorso	Voi aveste rincorso
Lui/Lei rincorresse	Loro rincorressero	Lui/Lei avesse rincorso	Loro avessero rincorso

IMPERATIVO

(Tu) rincorri! (Lei) rincorra! (Noi) rincorriamo! (Voi) rincorrete! (Loro) rincorrano!

Non sono il tipo che rincorre le ragazze.
I am not the type of man to chase after girls.

Io rincorro solo i miei sogni.
I only go after my own dreams.

Se fosse stato diverso avrebbe rincorso il lavoro che voleva davvero.
If he had been different, he would have gone after the job he really wanted.

RINGRAZIARE   *to thank*

Inf. ringraziare   *Part. pres.* ringraziante   *Part. pass.* ringraziato   *Ger.* ringraziando

INDICATIVO

Presente

Io ringrazio	Noi ringraziamo
Tu ringrazi	Voi ringraziate
Lui/Lei ringrazia	Loro ringraziano

Imperfetto

Io ringraziavo	Noi ringraziavamo
Ti ringraziavi	Voi ringraziavate
Lui/Lei ringraziava	Loro ringraziavano

Passato Prossimo

Io ho ringraziato	Noi abbiamo ringraziato
Tu hai ringraziato	Voi avete ringraziato
Lui/Lei ha ringraziato	Loro hanno ringraziato

Trapassato Prossimo

Io avevo ringraziato	Noi avevamo ringraziato
Tu avevi ringraziato	Voi avevate ringraziato
Lui/Lei aveva ringraziato	Loro avevano ringraziato

Futuro

Io ringrazierò	Noi ringrazieremo
Tu ringrazierai	Voi ringrazierete
Lui/Lei ringrazierà	Loro ringrazieranno

Passato Remoto

Io ringraziai	Noi ringraziammo
Tu ringraziasti	Voi ringraziaste
Lui/Lei ringraziò	Loro ringraziarono

Futuro Anteriore

Io avrò ringraziato	Noi avremo ringraziato
Tu avrai ringraziato	Voi avrete ringraziato
Lui/Lei avrà ringraziato	Loro avranno ringraziato

Trapassato Remoto

Io ebbi ringraziato	Noi avemmo ringraziato
Tu avesti ringraziato	Voi aveste ringraziato
Lui/Lei ebbe ringraziato	Loro ebbero ringraziato

CONDIZIONALE

Condizionale Presente

Io ringrazierei	Noi ringrazieremmo
Tu ringrazieresti	Voi ringraziereste
Lui/Lei ringrazierebbe	Loro ringrazierebbero

Condizionale Passato

Io avrei ringraziato	Noi avremmo ringraziato
Tu avresti ringraziato	Voi avreste ringraziato
Lui/Lei avrebbe ringraziato	Loro avrebbero ringraziato

CONGIUNTIVO

Congiuntivo Presente

Io ringrazi	Noi ringraziamo
Tu ringrazi	Voi ringraziate
Lui/Lei ringrazi	Loro ringrazino

Congiuntivo Passato

Io abbia ringraziato	Noi abbiamo ringraziato
Tu abbia ringraziato	Voi abbiate ringraziato
Lui/Lei abbia ringraziato	Loro abbiano ringraziato

Congiuntivo Imperfetto

Io ringraziassi	Noi ringraziassimo
Tu ringraziassi	Voi ringraziaste
Lui/Lei ringraziasse	Loro ringraziassero

Congiuntivo Trapassato

Io avessi ringraziato	Noi avessimo ringraziato
Tu avessi ringraziato	Voi aveste ringraziato
Lui/Lei avesse ringraziato	Loro avessero ringraziato

IMPERATIVO

(Tu) ringrazia!   (Lei) ringrazi!   (Noi) ringraziamo!   (Voi) ringraziate!   (Loro) ringrazino!

Tutti gli ospiti ringraziarono la famiglia dopo la cena.
All the guests thanked the family after the dinner.

Avremmo ringraziato la signorina ma se n'è andata prima che potessimo.
We would have thanked the young lady, but she left before we could.

Ringrazia il cielo che non hanno parlato dell'incidente.
Thank heavens that they didn't talk about the accident.

RINNOVARE   *to renew, to renovate*

Inf. rinnovare   *Part. pres.* rinnovante   *Part. pass.* rinnovato   *Ger.* rinnovando

INDICATIVO

Presente

Io rinnovo	Noi rinnoviamo
Tu rinnovi	Voi rinnovate
Lui/Lei rinnova	Loro rinnovano

Imperfetto

Io rinnovavo	Noi rinnovavamo
Tu rinnovavi	Voi rinnovavate
Lui/Lei rinnovava	Loro rinnovavano

Passato Prossimo

Io ho rinnovato	Noi abbiamo rinnovato
Tu hai rinnovato	Voi avete rinnovato
Lui/Lei ha rinnovato	Loro hanno rinnovato

Trapassato Prossimo

Io avevo rinnovato	Noi avevamo rinnovato
Tu avevi rinnovato	Voi avevate rinnovato
Lui/Lei aveva rinnovato	Loro avevano rinnovato

Futuro

Io rinnoverò	Noi rinnoveremo
Tu rinnoverai	Voi rinnoverete
Lui/Lei rinnoverà	Loro rinnoveranno

Passato Remoto

Io rinnovai	Noi rinnovammo
Tu rinnovasti	Voi rinnovaste
Lui/Lei rinnovò	Loro rinnovarono

Futuro Anteriore

Io avrò rinnovato	Noi avremo rinnovato
Tu avrai rinnovato	Voi avrete rinnovato
Lui/Lei avrà rinnovato	Loro avranno rinnovato

Trapassato Remoto

Io ebbi rinnovato	Noi avemmo rinnovato
Tu avesti rinnovato	Voi aveste rinnovato
Lui/Lei ebbe rinnovato	Loro ebbero rinnovato

CONDIZIONALE

Condizionale Presente

Io rinnoverei	Noi rinnoveremmo
Tu rinnoveresti	Voi rinnovereste
Lui/Lei rinnoverebbe	Loro rinnoverebbero

Condizionale Passato

Io avrei rinnovato	Noi avremmo rinnovato
Tu avresti rinnovato	Voi avreste rinnovato
Lui/Lei avrebbe rinnovato	Loro avrebbero rinnovato

CONGIUNTIVO

Congiuntivo Presente

Io rinnovi	Noi rinnoviamo
Tu rinnovi	Voi rinnoviate
Lui/Lei rinnovi	Loro rinnovino

Congiuntivo Passato

Io abbia rinnovato	Noi abbiamo rinnovato
Tu abbia rinnovato	Voi abbiate rinnovato
Lui/Lei abbia rinnovato	Loro abbiano rinnovato

Congiuntivo Imperfetto

Io rinnovassi	Noi rinnovassimo
Tu rinnovassi	Voi rinnovaste
Lui/Lei rinnovasse	Loro rinnovassero

Congiuntivo Trapassato

Io avessi rinnovato	Noi avessimo rinnovato
Tu avessi rinnovato	Voi aveste rinnovato
Lui/Lei avesse rinnovato	Loro avessero rinnovato

IMPERATIVO

(Tu) rinnova!   (Lei) rinnovi!   (Noi) rinnoviamo!   (Voi) rinnovate!   (Loro) rinnovino!

Rinnoveremo il bagno quest'estate.
We'll renovate the bathroom this summer.

Vorrei che mio marito rinnovasse l'abbonamento.
I would like my husband to renew the subscription.

Mentre stava rinnovando il passaporto, ha incontrato il suo professore.
While she was renewing her passport, she bumped into her professor.

Inf. rinunciare   *Part. pres.* rinunciante   *Part. pass.* rinunciato   *Ger.* rinunciando

INDICATIVO

Presente

Io rinuncio	Noi rinunciamo
Tu rinunci	Voi rinunciate
Lui/Lei rinuncia	Loro rinunciano

Imperfetto

Io rinunciavo	Noi rinunciavamo
Tu rinunciavi	Voi rinunciavate
Lui/Lei rinunciava	Loro rinunciavano

Passato Prossimo

Io ho rinunciato	Noi abbiamo rinunciato
Tu hai rinunciato	Voi avete rinunciato
Lui/Lei ha rinunciato	Loro hanno rinunciato

Trapassato Prossimo

Io avevo rinunciato	Noi avevamo rinunciato
Tu avevi rinunciato	Voi avevate rinunciato
Lui/Lei aveva rinunciato	Loro avevano rinunciato

Futuro

Io rinuncerò	Noi rinunceremo
Tu rinuncerai	Voi rinuncerete
Lui/Lei rinuncerà	Loro rinunceranno

Passato Remoto

Io rinunciai	Noi rinunciammo
Tu rinunciasti	Voi rinunciaste
Lui/Lei rinunciò	Loro rinunciarono

Futuro Anteriore

Io avrò rinunciato	Noi avremo rinunciato
Tu avrai rinunciato	Voi avrete rinunciato
Lui/Lei avrà rinunciato	Loro avranno rinunciato

Trapassato Remoto

Io ebbi rinunciato	Noi avemmo rinunciato
Tu avesti rinunciato	Voi aveste rinunciato
Lui/Lei ebbe rinunciato	Loro ebbero rinunciato

CONDIZIONALE

Condizionale Presente

Io rinuncerei	Noi rinunceremmo
Tu rinunceresti	Voi rinuncereste
Lui/Lei rinuncerebbe	Loro rinuncerebbero

Condizionale Passato

Io avrei rinunciato	Noi avremmo rinunciato
Tu avresti rinunciato	Voi avreste rinunciato
Lui/Lei avrebbe rinunciato	Loro avrebbero rinunciato

CONGIUNTIVO

Congiuntivo Presente

Io rinunci	Noi rinunciamo
Tu rinunci	Voi rinunciate
Lui/Lei rinunci	Loro rinuncino

Congiuntivo Passato

Io abbia rinunciato	Noi abbiamo rinunciato
Tu abbia rinunciato	Voi abbiate rinunciato
Lui/Lei abbia rinunciato	Loro abbiano rinunciato

Congiuntivo Imperfetto

Io rinunciassi	Noi rinunciassimo
Tu rinunciassi	Voi rinunciaste
Lui/Lei rinunciasse	Loro rinunciassero

Congiuntivo Trapassato

Io avessi rinunciato	Noi avessimo rinunciato
Tu avessi rinunciato	Voi aveste rinunciato
Lui/Lei avesse rinunciato	Loro avessero rinunciato

IMPERATIVO

(Tu) rinuncia!   (Lei) rinunci!   (Noi) rinunciamo!   (Voi) rinunciate!   (Loro) rinuncino!

Voleva che gli altri rinunciassero a fumare.
He wanted the others to renounce smoking.

Era troppo costoso, così rinunciò al viaggio.
It was too expensive , so he cancelled the trip.

Avrebbe rinunciato all'intervento chirurgico se non fosse stato per l'appoggio di sua moglie.
He would have given up the operation, if it had not been for the support of his wife.

Inf. rinvenire *Part. pres.* rinvenente *Part. pass.* rinvenuto *Ger.* rinvenendo

INDICATIVO

Presente

Io rinvengo	Noi rinveniamo
Tu rinvieni	Voi rinvenite
Lui/Lei rinviene	Loro rinvengono

Imperfetto

Io rinvenivo	Noi rinvenivamo
Tu rinvenivi	Voi rinvenivate
Lui/Lei rinveniva	Loro rinvenivano

Passato Prossimo

Io sono rinvenuto/a	Noi siamo rinvenuti/e
Tu sei rinvenuto/a	Voi siete rinvenuti/e
Lui/Lei è rinvenuto/a	Loro sono rinvenuti/e

Trapassato Prossimo

Io ero rinvenuto/a	Noi eravamo rinvenuti/e
Tu eri rinvenuto/a	Voi eravate rinvenuti/e
Lui/Lei era rinvenuto/a	Loro erano rinvenuti/e

Futuro

Io rinverrò	Noi rinverremo
Tu rinverrai	Voi rinverrete
Lui/Lei rinverrà	Loro rinverranno

Passato Remoto

Io rinvenni	Noi rinvenimmo
Tu rinvenisti	Voi rinveniste
Lui/Lei rinvenne	Loro rinvennero

Futuro Anteriore

Io sarò rinvenuto/a	Noi saremo rinvenuti/e
Tu sarai rinvenuto/a	Voi sarete rinvenuti/e
Lui/Lei sarà rinvenuto/a	Loro saranno rinvenuti/e

Trapassato Remoto

Io fui rinvenuto/a	Noi fummo rinvenuti/e
Tu fosti rinvenuto/a	Voi foste rinvenuti/e
Lui/Lei fu rinvenuto/a	Loro furono rinvenuti/e

CONDIZIONALE

Condizionale Presente

Io rinverrei	Noi rinverremmo
Tu rinverresti	Voi rinverreste
Lui/Lei rinverrebbe	Loro rinverrebbero

Condizionale Passato

Io sarei rinvenuto/a	Noi saremmo rinvenuti/e
Tu saresti rinvenuto/a	Voi sareste rinvenuti/e
Lui/Lei sarebbe rinvenuto/a	Loro sarebbero rinvenuti/e

CONGIUNTIVO

Congiuntivo Presente

Io rinvenga	Noi rinveniamo
Tu rinvenga	Voi rinveniate
Lui/Lei rinvenga	Loro rinvengano

Congiuntivo Passato

Io sia rinvenuto/a	Noi siamo rinvenuti/e
Tu sia rinvenuto/a	Voi siate rinvenuti/e
Lui/Lei sia rinvenuto/a	Loro siano rinvenuti/e

Congiuntivo Passato

Io rinvenissi	Noi rinvenissimo
Tu rinvenissi	Voi rinveniste
Lui/Lei rinvenisse	Loro rinvenissero

Congiuntivo Trapassato

Io fossi rinvenuto/a	Noi fossimo rinvenuti/e
Tu fossi rinvenuto/a	Voi foste rinvenuti/e
Lui/Lei fosse rinvenuto/a	Loro fossero rinvenuti/e

IMPERATIVO

(Tu) rinvieni!   (Lei) rinvenga!   (Noi) rinveniamo!   (Voi) rinvenite!   (Loro) rinvengano!

Spero che siano rinvenuti dopo l'incidente.
I hope that they regained consciousness after the accident.

Se fossi rinvenuta subito avrei visto il mio aggressore.
If I had immediately regained consciousness, I would have seen my mugger.

Non sono riusciti a rinvenire l'uomo investito da una macchina.
They were unable to revive the man hit by the car.

Inf. ripassare *Part. pres.* ripassante *Part. pass.* ripassato *Ger.* ripassando

INDICATIVO

Presente

Io ripasso	Noi ripassiamo
Tu ripassi	Voi ripassate
Lui/Lei ripassa	Loro ripassano

Imperfetto

Io ripassavo	Noi ripassavamo
Tu ripassavi	Voi ripassavate
Lui/Lei ripassava	Loro ripassavano

Passato Prossimo

Io ho ripassato	Noi abbiamo ripassato
Tu hai ripassato	Voi avete ripassato
Lui/Lei ha ripassato	Loro hanno ripassato

Trapassato Prossimo

Io avevo ripassato	Noi avevamo ripassato
Tu avevi ripassato	Voi avevate ripassato
Lui/Lei aveva ripassato	Loro avevano ripassato

Futuro

Io ripasserò	Noi ripasseremo
Tu ripasserai	Voi ripasserete
Lui/Lei ripasserà	Loro ripasseranno

Passato Remoto

Io ripassai	Noi ripassammo
Tu ripassasti	Voi ripassaste
Lui/Lei ripassò	Loro ripassarono

Futuro Anteriore

Io avrò ripassato	Noi avremo ripassato
Tu avrai ripassato	Voi avrete ripassato
Lui/Lei avrà ripassato	Loro avranno ripassato

Trapassato Remoto

Io ebbi ripassato	Noi avemmo ripassato
Tu avesti ripassato	Voi aveste ripassato
Lui/Lei ebbe ripassato	Loro ebbero ripassato

CONDIZIONALE

Condizionale Presente

Io ripasserei	Noi ripasseremmo
Tu ripasseresti	Voi ripassereste
Lui/Lei ripasserebbe	Loro ripasserebbero

Condizionale Passato

Io avrei ripassato	Noi avremmo ripassato
Tu avresti ripassato	Voi avreste ripassato
Lui/Lei avrebbe ripassato	Loro avrebbero ripassato

CONGIUNTIVO

Congiuntivo Presente

Io ripassi	Noi ripassiamo
Tu ripassi	Voi ripassiate
Lui/Lei ripassi	Loro ripassino

Congiuntivo Passato

Io abbia ripassato	Noi abbiamo ripassato
Tu abbia ripassato	Voi abbiate ripassato
Lui/Lei abbia ripassato	Loro abbiano ripassato

Congiuntivo Imperfetto

Io ripassassi	Noi ripassassimo
Tu ripassassi	Voi ripassaste
Lui/Lei ripassasse	Loro ripassassero

Congiuntivo Trapassato

Io avessi ripassato	Noi avessimo ripassato
Tu avessi ripassato	Voi aveste ripassato
Lui/Lei avesse ripassato	Loro avessero ripassato

IMPERATIVO

(Tu) ripassa! (Lei) ripassi! (Noi) ripassiamo! (Voi) ripassate! (Loro) ripassino!

La maestra ha ripassato tutti i verbi dell'esame.
The teacher reviewed all of the verbs on the exam.

La casa aveva bisogno di riparazioni, così ripassammo le pareti con la vernice.
The house needed work, so we repainted the walls.

Vogliono che ripassi i lavori da fare.
They want him to go over the work to be done.

RIPERCORRERE *to retrace*

Inf. ripercorrere *Part. pres.* ripercorrente *Part. pass.* ripercorso *Ger.* ripercorrendo

INDICATIVO

Presente

Io ripercorro	Noi ripercorriamo
Tu ripercorri	Voi ripercorrete
Lui/Lei ripercorre	Loro ripercorrono

Imperfetto

Io ripercorrevo	Noi ripercorrevamo
Tu ripercorrevi	Voi ripercorrevate
Lui/Lei ripercorreva	Loro ripercorrevano

Passato Prossimo

Io ho ripercorso	Noi abbiamo ripercorso
Tu hai ripercorso	Voi avete ripercorso
Lui/Lei ha ripercorso	Loro hanno ripercorso

Trapassato Prossimo

Io avevo ripercorso	Noi avevamo ripercorso
Tu avevi ripercorso	Voi avevate ripercorso
Lui/Lei aveva ripercorso	Loro avevano ripercorso

Futuro

Io ripercorrerò	Noi ripercorreremo
Tu ripercorrerai	Voi ripercorrerete
Lui/Lei ripercorrerà	Loro ripercorreranno

Passato Remoto

Io ripercorsi	Noi ripercorremmo
Tu ripercorresti	Voi ripercorreste
Lui/Lei ripercorse	Loro ripercorsero

Futuro Anteriore

Io avrò ripercorso	Noi avremo ripercorso
Tu avrai ripercorso	Voi avrete ripercorso
Lui/Lei avrà ripercorso	Loro avranno ripercorso

Trapassato Remoto

Io ebbi ripercorso	Noi avemmo ripercorso
Tu avesti ripercorso	Voi aveste ripercorso
Lui/Lei ebbe ripercorso	Loro ebbero ripercorso

CONDIZIONALE

Condizionale Presente

Io ripercorrerei	Noi ripercorreremmo
Tu ripercorreresti	Voi ripercorrereste
Lui/Lei ripercorrerebbe	Loro ripercorrerebbero

Condizionale Passato

Io avrei ripercorso	Noi avremmo ripercorso
Tu avresti ripercorso	Voi avreste ripercorso
Lui/Lei avrebbe ripercorso	Loro avrebbero ripercorso

CONGIUNTIVO

Congiuntivo Presente

Io ripercorra	Noi ripercorriamo
Tu ripercorra	Voi ripercorriate
Lui/Lei ripercorra	Loro ripercorrano

Congiuntivo Passato

Io abbia ripercorso	Noi abbiamo ripercorso
Tu abbia ripercorso	Voi abbiate ripercorso
Lui/Lei abbia ripercorso	Loro abbiano ripercorso

Congiuntivo Imperfetto

Io ripercorressi	Noi ripercorressimo
Tu ripercorressi	Voi ripercorreste
Lui/Lei ripercorresse	Loro ripercorressero

Congiuntivo Trapassato

Io avessi ripercorso	Noi avessimo ripercorso
Tu avessi ripercorso	Voi aveste ripercorso
Lui/Lei avesse ripercorso	Loro avessero ripercorso

IMPERATIVO

(Tu) ripercorri! (Lei) ripercorra! (Noi) ripercorriamo! (Voi) ripercorrete! (Loro) ripercorrano!

Il professore ha ripercorso la storia dell'Egitto.
The professor retraced the history of Egypt.

Dopo che ebbero ripercorso il sentiero, riuscirono a trovare il ragazzo perso.
After they had retraced the trail, they managed to find the lost boy.

Ripercorrere l'evoluzione di una cellula richiede tempo.
Retracing the evolution of a cell takes time.

Inf. riportare   *Part. pres.* riportante   *Part. pass.* riportato   *Ger.* riportando

INDICATIVO

Presente		Imperfetto	
Io riporto	Noi riportiamo	Io riportavo	Noi riportavamo
Tu riporti	Voi riportate	Tu riportavi	Voi riportavate
Lui/Lei riporta	Loro riportano	Lui/Lei riportava	Loro riportavano

Passato Prossimo		Trapassato Prossimo	
Io ho riportato	Noi abbiamo riportato	Io avevo riportato	Noi avevamo riportato
Tu hai riportato	Voi avete riportato	Tu avevi riportato	Voi avevate riportato
Lui/Lei ha riportato	Loro hanno riportato	Lui/Lei aveva riportato	Loro avevano riportato

Futuro		Passato Remoto	
Io riporterò	Noi riporteremo	Io riportai	Noi riportammo
Tu riporterai	Voi riporterete	Tu riportasti	Voi riportaste
Lui/Lei riporterà	Loro riporteranno	Lui/Lei riportò	Loro riportarono

Futuro Anteriore		Trapassato Remoto	
Io avrò riportato	Noi avremo riportato	Io ebbi riportato	Noi avemmo riportato
Tu avrai riportato	Voi avrete riportato	Tu avesti riportato	Voi aveste riportato
Lui/Lei avrà riportato	Loro avranno riportato	Lui/Lei ebbe riportato	Loro ebbero riportato

CONDIZIONALE

Condizionale Presente		Condizionale Passato	
Io riporterei	Noi riporteremmo	Io avrei riportato	Noi avremmo riportato
Tu riporteresti	Voi riportereste	Tu avresti riportato	Voi avreste riportato
Lui/Lei riporterebbe	Loro riporterebbero	Lui/Lei avrebbe riportato	Loro avrebbero riportato

CONGIUNTIVO

Congiuntivo Presente		Congiuntivo Passato	
Io riporti	Noi riportiamo	Io abbia riportato	Noi abbiamo riportato
Tu riporti	Voi riportiate	Tu abbia riportato	Voi abbiate riportato
Lui/Lei riporti	Loro riportino	Lui/Lei abbia riportato	Loro abbiano riportato

Congiuntivo Imperfetto		Congiuntivo Trapassato	
Io riportassi	Noi riportassimo	Io avessi riportato	Noi avessimo riportato
Tu riportassi	Voi riportaste	Tu avessi riportato	Voi aveste riportato
Lui/Lei riportasse	Loro riportassero	Lui/Lei avesse riportato	Loro avessero riportato

IMPERATIVO

(Tu) riporta!   (Lei) riporti!   (Noi) riportiamo!   (Voi) riportate!   (Loro) riportino!

Dopo la conferenza, mi hanno riportato a casa.
After the conference, they brought me home.

Riportò delle ferite molto gravi.
He suffered very serious injuries.

Quando mio nonno mi aveva riportato con la memoria indietro molti anni, ho capito meglio la nostra famiglia.
After grandfather took me back many years, I better understood our family.

339

Inf. riposare   *Part. pres.* riposante   *Part. pass.* riposato   *Ger.* riposando

INDICATIVO

Presente

Io riposo	Noi riposiamo
Tu riposi	Voi riposate
Lui/Lei riposa	Loro riposano

Imperfetto

Io riposavo	Noi riposavamo
Tu riposavi	Voi riposavate
Lui/Lei riposava	Loro riposavano

Passato Prossimo

Io ho risposato	Noi abbiamo riposato
Ti hai riposato	Voi avete riposato
Lui/Lei ha riposato	Loro hanno riposato

Trapassato Prossimo

Io avevo riposato	Noi avevamo riposato
Tu avevi riposato	Voi avevate riposato
Lui/Lei aveva riposato	Loro avevano riposato

Futuro

Io riposerò	Noi riposeremo
Tu riposerai	Voi riposerete
Lui/Lei riposerà	Loro riposeranno

Passato Remoto

Io riposai	Noi riposammo
Tu riposasti	Voi riposaste
Lui/Lei riposò	Loro riposarono

Futuro Anteriore

Io avrò riposato	Noi avremo riposato
Tu avrai riposato	Voi avrete riposato
Lui/Lei avrà riposato	Loro avranno riposato

Trapassato Remoto

Io ebbi riposato	Noi avemmo riposato
Tu avesti riposato	Voi aveste riposato
Lui/Lei ebbe riposato	Loro ebbero riposato

CONDIZIONALE

Condizionale Presente

Io riposerei	Noi riposeremmo
Tu riposeresti	Voi riposereste
Lui/Lei riposerebbe	Loro riposerebbero

Condizionale Passato

Io avrei riposato	Noi avremmo riposato
Tu avresti riposato	Voi avreste riposato
Lui/Lei avrebbe riposato	Loro avrebbero riposato

CONGIUNTIVO

Congiuntivo Presente

Io riposi	Noi riposiamo
Tu riposi	Voi riposiate
Lui/Lei riposi	Loro riposino

Congiuntivo Passato

Io abbia riposato	Noi abbiamo riposato
Tu abbia riposato	Voi abbiate riposato
Lui/Lei abbia riposato	Loro abbiano riposato

Congiuntivo Imperfetto

Io riposassi	Noi riposassimo
Tu riposassi	Voi riposaste
Lui/Lei riposasse	Lor riposassero

Congiuntivo Trapassato

Io avessi riposato	Noi avessimo riposato
Tu avessi riposato	Voi aveste riposato
Lui/Lei avesse riposato	Loro avessero riposato

IMPERATIVO

(Tu) riposa!   (Lei) riposi!   (Noi) riposiamo!   (Voi) riposate!   (Loro) riposino!

Mia zia riposa in pace adesso.
My aunt now rests in peace.

Ho davvero bisogno di riposare dopo aver lavorato tanto.
I really need to rest after having worked so much.

Durante le vacanze hanno riposato per molti giorni.
During the vacation they rested for many days.

RIPRODURRE   *to reproduce, to duplicate*

Inf. riprodurre   *Part. pres.* riproducente   *Part. pass.* riprodotto   *Ger.* riproducendo

INDICATIVO

Presente

Io riproduco	Noi riproduciamo
Tu riproduci	Voi riproducete
Lui/Lei riproduce	Loro riproducono

Imperfetto

Io riproducevo	Noi riproducevamo
Tu riproducevi	Voi riproducevate
Lui/Lei riproduceva	Loro riproducevano

Passato Prossimo

Io ho riprodotto	Noi abbiamo riprodotto
Tu hai riprodotto	Voi avete riprodotto
Lui/Lei ha riprodotto	Loro hanno riprodotto

Trapassato Prossimo

Io avevo riprodotto	Noi avevamo riprodotto
Tu avevi riprodotto	Voi avevate riprodotto
Lui/Lei aveva riprodotto	Loro avevano riprodotto

Futuro

Io riprodurrò	Noi riprodurremo
Tu riprodurrai	Voi riprodurrete
Lui/Lei riprodurrà	Loro riprodurranno

Passato Remoto

Io riprodussi	Noi riproducemmo
Tu riproducesti	Voi riproduceste
Lui/Lei riprodusse	Loro riprodussero

Futuro Anteriore

Io avrò riprodotto	Noi avremo riprodotto
Tu avrai riprodotto	Voi avete riprodotto
Lui/Lei avrà riprodotto	Loro avranno riprodotto

Trapassato Remoto

Io ebbi riprodotto	Noi avemmo riprodotto
Tu avesti riprodotto	Voi aveste riprodotto
Lui/Lei ebbe riprodotto	Loro ebbero riprodotto

CONDIZIONALE

Condizionale Presente

Io riprodurrei	Noi riprodurremmo
Tu riprodurresti	Voi riprodurreste
Lui/Lei riprodurrebbe	Loro riprodurrebbero

Condizionale Passato

Io avrei riprodotto	Noi avremmo riprodotto
Tu avresti riprodotto	Voi avreste riprodotto
Lui/Lei avrebbe riprodotto	Loro avrebbero riprodotto

CONGIUNTIVO

Congiuntivo Presente

Io riproduca	Noi riproduciamo
Tu riproduca	Voi riproduciate
Lui/Lei riproduca	Loro riproducano

Congiuntivo Passato

Io abbia riprodotto	Noi abbiamo riprodotto
Tu abbia riprodotto	Voi abbiate riprodotto
Lui/Lei abbia riprodotto	Loro abbiano riprodotto

Congiuntivo Imperfetto

Io riproducessi	Noi riproducessimo
Tu riproducessi	Voi riproduceste
Lui/Lei riproducesse	Loro riproducessero

Congiuntivo Trapassato

Io avessi riprodotto	Noi avessimo riprodotto
Tu avessi riprodotto	Voi aveste riprodotto
Lui/Lei avesse riprodotto	Loro avessero riprodotto

IMPERATIVO

(Tu) riproduci!   (Lei) riproduca!   (Noi) riproduciamo!   (Voi) riproducete!   (Loro) riproducano!

Riprodussero quel quadro fino all'ultimo dettaglio.
They duplicated that painting down to the last detail.

Ho riprodotto il DNA di quell'organismo.
I reproduced the DNA of that organism.

Se riuscissi a capire la sua evoluzione magari lo potrei riprodurre.
If I could manage to understand its evolution, maybe I could reproduce it.

341

Inf. risparmiare   *Part. pres.* risparmiante   *Part. pass.* risparmiato   *Ger.* risparmiando

INDICATIVO

Presente		Imperfetto	
Io risparmio	Noi rispariamo	Io risparmiavo	Noi risparmiavamo
Tu risparmi	Voi risparmiate	Tu risparmiavi	Voi risparmiavate
Lui/Lei risparmia	Loro risparmiano	Lui/Lei risparmiava	Loro risparmiavano

Passato Prossimo		Trapassato Prossimo	
Io ho risparmiato	Noi abbiamo risparmiato	Io avevo risparmiato	Noi avevamo risparmiato
Tu hai risparmiato	Voi avete risparmiato	Tu avevi risparmiato	Voi avevate risparmiato
Lui/Lei ha risparmiato	Loro hanno risparmiato	Lui/Lei aveva risparmiato	Loro avevano risparmiato

Futuro		Passato Remoto	
Io risparmierò	Noi risparmieremo	Io risparmiai	Noi risparmiammo
Tu risparmierai	Voi risparmierete	Tu risparmiasti	Voi risparmiaste
Lui/Lei risparmierà	Loro risparmieranno	Lui/Lei risparmiò	Loro risparmiarono

Futuro Anteriore		Trapassato Remoto	
Io avrò risparmiato	Noi avremo risparmiato	Io ebbi risparmiato	Noi avemmo risparmiato
Tu avrai risparmiato	Voi avrete risparmiato	Tu avesti risparmiato	Voi aveste risparmiato
Lui/Lei avrà risparmiato	Loro avranno risparmiato	Lui/Lei ebbe risparmiato	Loro ebbero risparmiato

CONDIZIONALE

Condizionale Presente		Condizionale Passato	
Io risparmierei	Noi risparmieremmo	Io avrei risparmiato	Noi avremmo risparmiato
Tu risparmieresti	Voi risparmiereste	Tu avresti risparmiato	Voi avreste risparmiato
Lui/Lei risparmierebbe	Loro risparmierebbero	Lui/Lei avrebbe risparmiato	Loro avrebbero risparmiato

CONGIUNTIVO

Congiuntivo Presente		Congiuntivo Passato	
Io risparmi	Noi risparmiamo	Io abbia risparmiato	Noi abbiamo risparmiato
Tu risparmi	Voi rispariate	Tu abbia risparmiato	Voi abbiate risparmiato
Lui/Lei risparmi	Loro risparmino	Lui/Lei abbia risparmiato	Loro abbiano risparmiato

Congiuntivo Imperfetto		Congiuntivo Trapassato	
Io risparmiassi	Noi risparmiassimo	Io avessi risparmiato	Noi avessimo risparmiato
Tu risparmiassi	Voi risparmiaste	Tu avessi risparmiato	Voi aveste risparmiato
Lui/Lei risparmiasse	Loro risparmiassero	Lui/Lei avesse risparmiato	Loro avessero risparmiato

IMPERATIVO

(Tu) risparmia!   (Lei) risparmi!   (Noi) risparmiamo!   (Voi) risparmiate!   (Loro) risparmino!

Non ho risparmiato molti soldi nella mia vita.
I haven't saved much money in my life.

La critica non gli avevano mai risparmiato il loro disdegno.
The critics have never spared him their contempt.

Se avessi risparmiato di più avrei potuto vivere una vita più agiata.
If I had saved more, I could have lived a more comfortable life.

RISPETTARE   *to respect, to honor*

Inf. rispettare   *Part. pres.* rispettante   *Part. pass.* rispettato   *Ger.* rispettando

INDICATIVO

Presente

Io rispetto	Noi rispettiamo
Tu rispetti	Voi rispettate
Lui/Lei rispetta	Loro rispettano

Imperfetto

Io rispettavo	Noi rispettavamo
Tu rispettavi	Voi rispettavate
Lui/Lei rispettava	Loro rispettavano

Passato Prossimo

Io ho rispettato	Noi abbiamo rispettato
Tu hai rispettato	Voi avete rispettato
Lui/Lei ha rispettato	Loro hanno rispettato

Trapassato Prossimo

Io avevo rispettato	Noi avevamo rispettato
Tu avevi rispettato	Voi avevate rispettato
Lui/Lei aveva rispettato	Loro avevano rispettato

Futuro

Io rispetterò	Noi rispetteremo
Tu rispetterai	Voi rispetterete
Lui/Lei rispetterà	Loro rispetteranno

Passato Remoto

Io rispettai	Noi rispettammo
Tu rispettasti	Voi rispettaste
Lui/Lei rispettò	Loro rispettarono

Futuro Anteriore

Io avrò rispettato	Noi avremo rispettato
Tu avrai rispettato	Voi avrete rispettato
Lui/Lei avrà rispettato	Loro avranno rispettato

Trapassato Remoto

Io ebbi rispettato	Noi avemmo rispettato
Tu avesti rispettato	Voi aveste rispettato
Lui/Lei ebbe rispettato	Loro ebbero rispettato

CONDIZIONALE

Condizionale Presente

Io rispetterei	Noi rispetteremmo
Tu rispetteresti	Voi rispettereste
Lui/Lei rispetterebbe	Loro rispetterebbero

Condizionale Passato

Io avrei rispettato	Noi avremmo rispettato
Tu avresti rispettato	Voi avreste rispettato
Lui/Lei avrebbe rispettato	Loro avrebbero rispettato

CONGIUNTIVO

Congiuntivo Presente

Io rispetti	Noi rispettiamo
Tu rispetti	Voi rispettiate
Lui/Lei rispetti	Loro rispettino

Congiuntivo Passato

Io abbia rispettato	Noi abbiamo rispettato
Tu abbia rispettato	Voi abbiate rispettato
Lui/Lei abbia rispettato	Loro abbiano rispettato

Congiuntivo Imperfetto

Io rispettassi	Noi rispettassimo
Tu rispettassi	Voi rispettaste
Lui/Lei rispettasse	Loro rispettassero

Congiuntivo Trapassato

Io avessi rispettato	Noi avessimo rispettato
Tu avessi rispettato	Voi aveste rispettato
Lui/Lei avesse rispettato	Loro avessero rispettato

IMPERATIVO

(Tu) rispetta!   (Lei) rispetti!   (Noi) rispettiamo!   (Voi) rispettate!   (Loro) rispettino!

Non ho molto rispetto per quel candidato.
I don't have a lot of respect for that candidate.

Cosa Nostra comprende degli uomini che rispettano i capi.
The Cosa Nostra includes men who honor their leaders.

Nel mondo di oggi è necessario che si rispetti l'ambiente.
In today's world it is necessary to respect the environment.

RISPONDERE *to answer, to reply*

Inf. rispondere *Part. pres.* rispondente *Part. pass.* risposto *Ger.* rispondendo

INDICATIVO

Presente

Io rispondo	Noi rispondiamo
Tu rispondi	Voi rispondete
Lui/Lei risponde	Loro rispondono

Imperfetto

Io rispondevo	Noi rispondevamo
Tu rispondevi	Voi rispondevate
Lui/Lei rispondeva	Loro rispondevano

Passato Prossimo

Io ho risposto	Noi abbiamo risposto
Tu hai risposto	Voi avete risposto
Lui/Lei ha risposto	Loro hanno risposto

Trapassato Prossimo

Io avevo risposto	Noi avevamo risposto
Tu avevi risposto	Voi avevate risposto
Lui/Lei aveva risposto	Loro avevano risposto

Futuro

Io risponderò	Noi risponderemo
Tu risponderai	Voi risponderete
Lui/Lei risponderà	Loro risponderanno

Passato Remoto

Io risposi	Noi rispondemmo
Tu rispondesti	Voi rispondeste
Lui/Lei rispose	Loro risposero

Futuro Anteriore

Io avrò risposto	Noi avremo risposto
Tu avrai risposto	Voi avrete risposto
Lui/Lei avrà risposto	Loro avranno risposto

Trapassato Remoto

Io ebbi risposto	Noi avemmo risposto
Tu avesti risposto	Voi aveste risposto
Lui/Lei ebbe risposto	Loro ebbero risposto

CONDIZIONALE

Condizionale Presente

Io risponderei	Noi risponderemmo
Tu risponderesti	Voi rispondereste
Lui/Lei risponderebbe	Loro risponderebbero

Condizionale Passato

Io avrei risposto	Noi avremmo risposto
Tu avresti risposto	Voi avreste risposto
Lui/Lei avrebbe risposto	Loro avrebbero risposto

CONGIUNTIVO

Congiuntivo Presente

Io risponda	Noi rispondiamo
Tu risponda	Voi rispondiate
Lui/Lei risponda	Loro rispondano

Congiuntivo Passato

Io abbia risposto	Noi abbiamo risposto
Tu abbia risposto	Voi abbiate risposto
Lui/Lei abbia risposto	Loro abbiano risposto

Congiuntivo Imperfetto

Io rispondessi	Noi rispondessimo
Tu rispondessi	Voi rispondeste
Lui/Lei rispondesse	Loro rispondessero

Congiuntivo Trapassato

Io avessi risposto	Noi avessimo risposto
Tu avessi risposto	Voi aveste risposto
Lui/Lei avesse risposto	Loro avessero risposto

IMPERATIVO

(Tu) rispondi! (Lei) risponda! (noi) rispondiamo! (Voi) rispondete! (Loro) rispondano!

Passo i miei giorni lavorativi rispondendo alle mail.
I spend my workdays answering emails.

Se non avesse provocato tutto quel caos non avrebbe dovuto **rispondere** delle proprie azioni.
*If she hadn't provoked all that confusion, she wouldn't have **had to answer** for her actions.*

Non rispose quando gli feci quella domanda.
He didn't answer when I asked him that question.

Inf. ritornare   *Part. pres.* ritornante   *Part. pass.* ritornato   *Ger.* ritornando

INDICATIVO

Presente

Io ritorno	Noi ritorniamo
Tu ritorni	Voi ritornate
Lui/Lei ritorna	Loro ritornano

Imperfetto

Io ritornavo	Noi ritornavamo
Tu ritornavi	Voi ritornavate
Lui/Lei ritornava	Loro ritornavano

Passato Prossimo

Io sono ritornato/a	Noi siamo ritornati/e
Tu sei ritornato/a	Voi siete ritornati/e
Lui/Lei è ritornato/a	Loro sono ritornati/e

Trapassato Prossimo

Io ero ritornato/a	Noi eravamo ritornati/e
Tu eri ritornato/a	Voi eravate ritornati/e
Lui/Lei era ritornato/a	Loro erano ritornati/e

Futuro

Io ritornerò	Noi ritorneremo
Tu ritornerai	Voi ritornerete
Lui/Lei ritornerà	Loro ritorneranno

Passato Remoto

Io ritornai	Noi ritornammo
Tu ritornasti	Voi ritornaste
Lui/Lei ritornò	Loro ritornarono

Futuro Anteriore

Io sarò ritornato/a	Noi saremo ritornati/e
Tu sarai ritornato/a	Voi sarete ritornati/e
Lui/Lei sarà ritornato/a	Loro saranno ritornati/e

Trapassato Remoto

Io fui ritornato/a	Noi fummo ritornati/e
Tu fosti ritornato/a	Voi foste ritornati/e
Lui/Lei fu ritornato/a	Loro furono ritornati/e

CONDIZIONALE

Condizionale Presente

Io ritornerei	Noi ritorneremmo
Tu ritorneresti	Voi ritornereste
Lui/Lei ritornerebbe	Loro ritornerebbero

Condizionale Passato

Io sarei ritornato/a	Noi saremmo ritornati/e
Tu saresti ritornato/a	Voi sareste ritornati/e
Lui/Lei sarebbe ritornato/a	Loro sarebbero ritornati/e

CONGIUNTIVO

Congiuntivo Presente

Io ritorni	Noi ritorniamo
Tu ritorni	Voi ritorniate
Lui/Lei ritorni	Loro ritornino

Congiuntivo Passato

Io sia ritornato/a	Noi siamo ritornati/e
Tu sia ritornato/a	Voi siate ritornati/e
Lui/Lei sia ritornato/a	Loro siano ritornati/e

Congiuntivo Imperfetto

Io ritornassi	Noi ritornassimo
Tu ritornassi	Voi ritornaste
Lui/Lei ritornasse	Loro ritornassero

Congiuntivo Trapassato

Io fossi ritornato/a	Noi fossimo ritornati/e
Tu fossi ritornato/a	Voi foste ritornati/e
Lui/Lei fosse ritornato/a	Loro fossero ritornati/e

IMPERATIVO

(Tu) ritorna!   (Lei) ritorni!   (Noi) ritorniamo!   (Voi) ritornate!   (Loro) ritornino!

Saranno ritornati dal Giappone ieri sera.
They probably returned from Japan last night.

In generale, ritorniamo a casa alle 5 del pomeriggio.
Generally speaking we return home around 5:00PM.

È ritornato alla ribalta dopo un lungo periodo d'assenza.
He returned to center stage after a long period of absence.

Inf. ritrarre *Part. pres.* ritraente *Part. pass.* ritratto *Ger.* ritraendo

INDICATIVO

Presente

Io ritraggo	Noi ritraiamo
Tu ritrai	Voi ritraete
Lui/Lei ritrae	Loro ritraggono

Imperfetto

Io ritraevo	Noi ritraevamo
Tu ritraevi	Voi ritraevate
Lui/Lei ritraeva	Loro ritraevano

Passato Prossimo

Io ho ritratto	Noi abbiamo ritratto
Tu hai ritratto	Voi avete ritratto
Lui/Lei ha ritratto	Loro hanno ritratto

Trapassato Prossimo

Io avevo ritratto	Noi avevamo ritratto
Tu avevi ritratto	Voi avevate ritratto
Lui/Lei aveva ritratto	Loro avevano ritratto

Futuro

Io ritrarrò	Noi ritrarremo
Tu ritrarrai	Voi ritrarrete
Lui/Lei ritrarrà	Loro ritrarranno

Passato Remoto

Io ritrassi	Noi ritraemmo
Tu ritraesti	Voi ritraeste
Lui/Lei ritrasse	Loro ritrassero

Futuro Anteriore

Io avrò ritratto	Noi avremo ritratto
Tu avrai ritratto	Voi avrete ritratto
Lui/Lei avrà ritratto	Loro avranno ritratto

Trapassato Remoto

Io ebbi ritratto	Noi avemmo ritratto
Tu avesti ritratto	Voi aveste ritratto
Lui/Lei ebbe ritratto	Loro ebbero ritratto

CONDIZIONALE

Condizionale Presente

Io ritrarrei	Noi ritrarremmo
Tu ritrarresti	Voi ritrarreste
Lui/Lei ritrarrebbe	Loro ritrarrebbero

Condizionale Passato

Io avrei ritratto	Noi avremmo ritratto
Tu avresti ritratto	Voi avreste ritratto
Lui avrebbe ritratto	Loro avrebbero ritratto

CONGIUNTIVO

Congiuntivo Presente

Io ritragga	Noi ritraiamo
Tu ritragga	Voi ritraiate
Lui/Lei ritragga	Loro ritraggano

Congiuntivo Passato

Io abbia ritratto	Noi abbiamo ritratto
Tu abbia ritratto	Voi abbiate ritratto
Lui/Lei abbia ritratto	Loro abbiano ritratto

Congiuntivo Imperfetto

Io ritraessi	Noi ritraessimo
Tu ritraessi	Voi ritraeste
Lui/Lei ritraesse	Loro ritraessero

Congiuntivo Trapassato

Io avessi ritratto	Noi avessimo ritratto
Tu avessi ritratto	Voi aveste ritratto
Lui/Lei avesse ritratto	Loro avessero ritratto

IMPERATIVO

(Tu) ritrai! (Lei) ritragga! (Noi) ritraiamo! (Voi) ritraete! (Loro) ritraggano!

Ritraggo quello che ho detto perché mi sono reso conto di aver sbagliato.
I am retracting what I said because I realize that I had made a mistake.

Si è fatto ritrarre da un artista famoso.
He had himself painted by a well-known artist.

L'aquila ha ritratto gli artigli dopo aver mangiato la preda.
The eagle retracted its claws after having eaten its prey.

Inf. riunire   *Part. pres.* riunente   *Part. pass.* riunito   *Ger.* riunendo

INDICATIVO

Presente

Io riunisco	Noi riuniamo
Tu riunisci	Voi riunite
Lui/Lei riunisce	Loro riuniscono

Imperfetto

Io riunivo	Noi riunivamo
Tu riunivi	Voi riunivate
Lui/Lei riuniva	Loro riunivano

Passato Prossimo

Io ho riunito	Noi abbiamo riunito
Tu hai riunito	Voi avete riunito
Lui/Lei ha riunito	Loro hanno riunito

Trapassato Prossimo

Io avevo riunito	Noi avevamo riunito
Tu avevi riunito	Voi avevate riunito
Lui/Lei aveva riunito	Loro avevano riunito

Futuro

Io riunirò	Noi riuniremo
Tu riunirai	Voi riunirete
Lui/Lei riunirà	Loro riuniranno

Passato Remoto

Io riunii	Noi riunimmo
Tu riunisti	Voi riuniste
Lui/Lei riunì	Loro riunirono

Futuro Anteriore

Io avrò riunito	Noi avremo riunito
Tu avrai riunito	Voi avrete riunito
Lui/Lei avrà riunito	Loro avranno riunito

Trapassato Remoto

Io ebbi riunito	Noi avemmo riunito
Tu avesti riunito	Voi aveste riunito
Lui/Lei ebbe riunito	Loro ebbero riunito

CONDIZIONALE

Condizionale Presente

Io riunirei	Noi riuniremmo
Tu riuniresti	Voi riunireste
Lui/Lei riunirebbe	Loro riunirebbero

Condizionale Passato

Io avrei riunito	Noi avremmo riunito
Tu avresti riunito	Voi avreste riunito
Lui/Lei avrebbe riunito	Loro avrebbero riunito

CONGIUNTIVO

Congiuntivo Presente

Io riunisca	Noi riuniamo
Tu riunisca	Voi riuniate
Lui/Lei riunisca	Loro riuniscano

Condizionale Passato

Io abbia riunito	Noi abbiamo riunito
Tu abbia riunito	Voi abbiate riunito
Lui/Lei abbia riunito	Loro abbiano riunito

Congiuntivo Imperfetto

Io riunissi	Noi riunissimo
Tu riunissi	Voi riuniste
Lui/Lei riunisse	Loro riunissero

Congiuntivo Trapassato

Io avessi riunito	Noi avessimoriunito
Tu avessi riunito	Voi aveste riunito
Lui/Lei avesse riunito	Loro avessero riunito

IMPERATIVO

(Tu) riunisci!   (Lei) riunisca!   (Noi) riuniamo!   (Voi) riunite!   (Loro) riuniscano!

Hanno riunito gli impiegati per fare l'annuncio.
They assembled the employees to make the announcement.

Dobbiamo riunirci agli altri, altrimenti non sapremo di cosa parlano.
We need to join the others, otherwise we won't know what they are talking about.

I delegati riuniranno le informazioni per l'assemblea.
The delegates will gather the information for the assembly.

Inf. rivedere *Part. pres.* rivedente *Part. pass.* rivisto *Ger.* rivedendo

INDICATIVO

Presente		Imperfetto	
Io rivedo	Noi rivediamo	Io rivedevo	Noi rivedevamo
Tu rivedi	Voi rivedete	Tu rivedevi	Voi rivedevate
Lui/Lei rivede	Loro rivedono	Lui/Lei rivedeva	Loro rivedevano

Passato Prossimo		Trapassato Prossimo	
Io ho rivisto	Noi abbiamo rivisto	Io avevo rivisto	Noi avevamo rivisto
Tu hai rivisto	Voi avete rivisto	Tu avevi rivisto	Voi avevate rivisto
Lui/Lei ha rivisto	Loro avevano rivisto	Lui/Lei aveva rivisto	Loro avevano rivisto

Futuro		Passato Remoto	
Io rivedrò	Noi rivedremo	Io rividi	Noi rivedemmo
Tu rivedrai	Voi rivedrete	Tu rivedesti	Voi rivedeste
Lui/Lei rivedrà	Loro rivedranno	Lui/Lei rivide	Loro rividero

Futuro Anteriore		Trapassato Remoto	
Io avrò rivisto	Noi avremo rivisto	Io ebbi rivisto	Noi avemmo rivisto
Tu avrai rivisto	Voi avrete rivisto	Tu avesti rivisto	Voi aveste rivisto
Lui/Lei avrà rivisto	Loro avranno rivisto	Lui/Lei ebbe rivisto	Loro ebbero rivisto

CONDIZIONALE

Condizionale Presente		Condizionale Passato	
Io rivedrei	Noi rivedremmo	Io avrei rivisto	Noi avremmo rivisto
Tu rivedresti	Voi rivedreste	Tu avresti rivisto	Voi avreste rivisto
Lui/Lei rivedrebbe	Loro rivedrebbero	Lui/Lei avrebbe rivisto	Loro avrebbero rivisto

CONGIUNTIVO

Congiuntivo Presente		Congiuntivo Passato	
Io riveda	Noi rivediamo	Io abbia rivisto	Noi abbiamo rivisto
Tu riveda	Voi rivediate	Tu abbia rivisto	Voi abbiate rivisto
Lui/Lei riveda	Loro rivedano	Lui/Lei abbia rivisto	Loro abbiano rivisto

Congiuntivo Imperfetto		Congiuntivo Trapassato	
Io rivedessi	Noi rivedessimo	Io avessi rivisto	Noi avessimo rivisto
Tu rivedessi	Voi rivedeste	Tu avessi rivisto	Voi aveste rivisto
Lui/Lei rivedesse	Loro rivedessero	Lui/Lei avesse rivisto	Loro avessero rivisto

IMPERATIVO

(Tu) rivedi! (Lei) riveda! (Noi) rivediamo! (Voi) rivedete! (Loro) rivedano!

La rivede ancora in quel vestito rosso.
He can still see her in that red dress.

Rivediamo le correzioni! Ci sarà qualche sbaglio.
Let's go over the corrections! There will be some mistakes.

Il ragioniere ha rivisto i conti e tutto pareva normale.
The accountant went over the accounts and everything appeared normal.

RODERE   *to gnaw, to corrode*

Inf. rodere   *Part. pres.* rodente   *Part. pass.* roso   *Ger.* rodendo

INDICATIVO

Presente

Io rodo	Noi rodiamo
Tu rodi	Voi rodete
Lui/Lei rode	Loro rodono

Imperfetto

Io rodevo	Noi rodevamo
Tu rodevi	Voi rodevate
Lui/Lei rodeva	Loro rodevano

Passato Prossimo

Io ho roso	Noi abbiamo roso
Tu hai roso	Voi avete roso
Lui/Lei ha roso	Loro hanno roso

Trapassato Prossimo

Io avevo roso	Noi avevamo roso
Tu avevi roso	Voi avevate roso
Lui/Lei aveva roso	Loro avevano roso

Futuro

Io roderò	Noi roderemo
Tu roderai	Voi roderete
Lui/Lei roderà	Loro roderanno

Passato Remoto

Io rosi	Noi rodemmo
Tu rodesti	Voi rodeste
Lui/Lei rose	Loro rosero

Futuro Anteriore

Io avrò roso	Noi avremo roso
Tu avrai roso	Voi avrete roso
Lui/Lei avrà roso	Loro avranno roso

Trapassato Remoto

Io ebbi roso	Noi avemmo roso
Tu avesti roso	Voi aveste roso
Lui/Lei ebbe roso	Loro ebbero roso

CONDIZIONALE

Condizionale Presente

Io roderei	Noi roderemmo
Tu roderesti	Voi rodereste
Lui/Lei roderebbe	Loro roderebbero

Condizionale Passato

Io avrei roso	Noi avremmo roso
Tu avresti roso	Voi avreste roso
Lui/Lei avrebbe roso	Loro avrebbero roso

CONGIUNTIVO

Congiuntivo Presente

Io roda	Noi rodiamo
Tu roda	Voi rodiate
Lui/Lei roda	Loro rodano

Congiuntivo Passato

Io abbia roso	Noi abbiamo roso
Tu abbia roso	Voi abbiate roso
Lui/Lei abbia roso	Loro abbiano roso

Congiuntivo Imperfetto

Io rodessi	Noi rodessimo
Tu rodessi	Voi rodeste
Lui/Lei rodesse	Loro rodessero

Congiuntivo Trapassato

Io avessi roso	Noi avessimo roso
Tu avessi roso	Voi aveste roso
Lui/Lei avesse roso	Loro avessero roso

IMPERATIVO

(Tu) rodi!   (Lei) roda!   (Noi) rodiamo!   (Voi) rodete!   (Loro) rodano!

Il castoro rodeva alcuni rami per costruire una diga.
The beaver gnawed some branches to build a dam.

Aveva dei dubbi che gli rodevano.
He had some doubts that gnawed at him.

Lei rose dalla gelosia.
She was tortured by jealousy.

Inf. rompere *Part. pres.* rompente *Part. pass.* rotto *Ger.* rompendo

INDICATIVO

Presente

Io rompo	Noi rompiamo
Tu rompi	Voi rompete
Lui/Lei rompe	Loro rompono

Imperfetto

Io rompevo	Noi rompevamo
Tu rompevi	Voi rompevate
Lui/Lei rompeva	Loro rompevano

Passato Prossimo

Io ho rotto	Noi abbiamo rotto
Tu hai rotto	Voi avete rotto
Lui/Lei ha rotto	Loro hanno rotto

Trapassato Prossimo

Io avevo rotto	Noi avevamo rotto
Tu avevi rotto	Voi avevate rotto
Lui/Lei aveva rotto	Loro avevano rotto

Futuro

Io romperò	Noi romperemo
Tu romperai	Voi romperete
Lui/Lei romperà	Loro romperanno

Passato Remoto

Io ruppi	Noi rompemmo
Tu rompesti	Voi rompeste
Lui/Lei ruppe	Loro ruppero

Futuro Anteriore

Io avrò rotto	Noi avremo rotto
Tu avrai rotto	Voi avrete rotto
Lui/Lei avrà rotto	Loro avranno rotto

Trapassato Remoto

Io ebbi rotto	Noi avemmo rotto
Tu avesti rotto	Voi aveste rotto
Lui/Lei ebbe rotto	Loro ebbero rotto

CONDIZIONALE

Condizionale Presente

Io romperei	Noi romperemmo
Tu romperesti	Voi rompereste
Lui/Lei romperebbe	Loro romperebbero

Condizionale Passato

Io avrei rotto	Noi avremmo rotto
Tu avresti rotto	Voi avreste rotto
Lui/Lei avrebbe rotto	Loro avrebbero rotto

CONGIUNTIVO

Congiuntivo Presente

Io rompa	Noi rompiamo
Tu rompa	Voi rompiate
Lui/Lei rompa	Loro rompano

Congiuntivo Passato

Io abbia rotto	Noi abbiamo rotto
Tu abbia rotto	Voi abbiate rotto
Lui/Lei abbia rotto	Loro abbiano rotto

Congiuntivo Imperfetto

Io rompessi	Noi rompessimo
Tu rompessi	Voi rompeste
Lui/Lei rompesse	Loro rompessero

Congiuntivo Trapassato

Io avessi rotto	Noi avessimo rotto
Tu avessi rotto	Voi aveste rotto
Lui/Lei avesse rotto	Loro avessero rotto

IMPERATIVO

(Tu) rompi!   (Lei) rompa!   (Noi) rompiamo!   (Voi) rompete!   (Loro) rompano!

Il fiume romperà gli argini se non provvediamo a fermarlo.
The river will overflow its banks if we don't take steps to stop it.

I bambini rompono molti giocattoli senza accorgersene.
Children break a lot toys without being aware of it.

Il vaso è caduto dalle mie mani e si è rotto in mille pezzi.
The vase fell out of my hands and broke into a million pieces.

Inf. rubare   *Part. pres.* rubante   *Part. pass.* rubato   *Ger.* rubando

INDICATIVO

Presente

Io rubo	Noi rubiamo
Tu rubi	Voi rubate
Lui/Lei ruba	Loro rubano

Imperfetto

Io rubavo	Noi rubavamo
Tu rubavi	Voi rubavate
Lui/Lei rubava	Loro rubavano

Passato Prossimo

Io ho rubato	Noi abbiamo rubato
Tu hai rubato	Voi avete rubato
Lui/Lei ha rubato	Loro hanno rubato

Trapassato Prossimo

Io avevo rubato	Noi avevamo rubato
Tu avevi rubato	Voi avevate rubato
Lui/Lei aveva rubato	Loro avevano rubato

Futuro

Io ruberò	Noi ruberemo
Tu ruberai	Voi ruberete
Lui/Lei ruberà	Loro ruberanno

Passato Remoto

Io rubai	Noi rubammo
Tu rubasti	Voi rubaste
Lui/Lei rubò	Loro rubarono

Futuro Anteriore

Io avrò rubato	Noi avremo rubato
Tu avrai rubato	Voi avrete rubato
Lui/Lei avrà rubato	Loro avranno rubato

Trapassato Remoto

Io ebbi rubato	Noi avemmo rubato
Tu avesti rubato	Voi aveste rubato
Lui/Lei ebbe rubato	Loro ebbero rubato

CONDIZIONALE

Condizionale Presente

Io ruberei	Noi ruberemmo
Tu ruberesti	Voi rubereste
Lui/Lei ruberebbe	Loro ruberebbero

Condizionale Passato

Io avrei rubato	Noi avremmo rubato
Tu avresti rubato	Voi avreste rubato
Lui/Lei avrebbe rubato	Loro avrebbero rubato

CONGIUNTIVO

Congiuntivo Presente

Io rubi	Noi rubiamo
Tu rubi	Voi rubiate
Lui/Lei rubi	Loro rubino

Congiuntivo Passato

Io abbia rubato	Noi abbiamo rubato
Tu abbia rubato	Voi abbiate rubato
Lui/Lei abbia rubato	Loro abbiano rubato

Congiuntivo Imperfetto

Io rubassi	Noi rubassimo
Tu rubassi	Voi rubaste
Lui/Lei rubasse	Loro rubassero

Congiuntivo Trapassato

Io avessi rubato	Noi avessimo rubato
Tu avessi rubato	Voi aveste rubato
Lui/Lei avesse rubato	Loro avessero rubato

IMPERATIVO

(Tu) ruba!   (Lei) rubi!   (Noi) rubiamo!   (Voi) rubate!   (Loro) rubino!

Non avrebbero rubato il pane se non fossero affamati.
They wouldn't have stolen the bread if they had not been starving.

Lei mi ha rubato il lavoro e adesso non so che cosa fare.
She stole my job and now I don't know what to do.

Posso rubarti un momento?
Can I steal a minute of your time?

Inf. salire *Part. pres.* salente *Part. pass.* salito *Ger.* salendo

INDICATIVO

Presente

Io salgo	Noi saliamo
Tu sali	Voi salite
Lui/Lei sale	Loro salgono

Imperfetto

Io salivo	Noi salivamo
Tu salivi	Voi salivate
Lui/Lei saliva	Loro salivano

Passato Prossimo

Io sono salito/a	Noi siamo saliti/e
Tu sei salito/a	Voi siete saliti/e
Lui è salito/a	Loro sono saliti/e

Trapassato Prossimo

Io ero salito/a	Noi eravamo saliti/e
Tu eri salito/a	Voi eravate saliti/e
Lui era salito/a	Loro erano saliti/e

Futuro

Io salirò	Noi saliremo
Tu salirai	Voi salirete
Lui/Lei salirà	Loro saliranno

Passato Remoto

Io salii	Noi salimmo
Tu salisti	Voi saliste
Lui/Lei salì	Loro salirono

Futuro Anteriore

Io sarò salito/a	Noi saremo saliti/e
Tu sarai salito/a	Voi sarete saliti/e
Lui/Lei sarà salito/a	Loro saranno saliti/e

Trapassato Remoto

Io fui salito/a	Noi fummo saliti/e
Tu fosti salito/a	Voi foste saliti/e
Lui/Lei fu salito/a	Loro furono saliti/e

CONDIZIONALE

Condizionale Presente

Io salirei	Noi saliremmo
Tu saliresti	Voi salireste
Lui/Lei salirebbe	Loro salirebbero

Condizionale Passato

Io sarei salito/a	Noi saremmo saliti/e
Tu saresti salito/a	Voi sareste saliti/e
Lui/Lei sarebbe salito/a	Loro sarebbero saliti/e

CONGIUNTIVO

Congiuntivo Presente

Io salga	Noi saliamo
Tu salga	Voi saliate
Lui/Lei salga	Loro salgano

Congiuntivo Passato

Io sia salito/a	Noi siamo saliti/e
Tu sia salito/a	Voi siate saliti/e
Lui/Lei sia salito/a	Loro siano saliti/e

Congiuntivo Imperfetto

Io salissi	Noi salissimo
Tu salissi	Voi saliste
Lui/Lei salisse	Loro salissero

Congiuntivo Trapassato

Io fossi salito/a	Noi fossimo saliti/e
Tu fossi salito/a	Voi foste saliti/e
Lui/Lei fosse salito/a	Loro fossero saliti/e

IMPERATIVO

(Tu) sali! (Lei) salga! (Noi) saliamo! (Voi) salite! (Loro) salgano!

Non potevo salire in autobus perché era affollatissimo.
I couldn't get on the bus because it was very crowded.

Non era mai salito su una nave prima d'allora.
He had never been on a ship before then.

L'aria calda saliva pian piano nel centro di yoga.
The air rose very slowly in the yoga studio.

SALTARE   *to jump, to leap*

Inf. saltare   *Part. pres.* saltante   *Part. pass.* saltato   *Ger.* saltando

INDICATIVO

Presente

Io salto	Noi saltiamo
Tu salti	Voi saltate
Lui/Lei salta	Loro saltano

Imperfetto

Io saltavo	Noi saltavamo
Tu saltavi	Voi saltavate
Lui/Lei saltava	Loro saltavano

Passato Prossimo

Io sono saltato/a	Noi siamo saltati/e
Tu sei saltato/a	Voi siete saltati/e
Lui/Lei è saltato/a	Loro sono saltati/e

Trapassato Prossimo

Io ero saltato/a	Noi eravamo saltati/e
Tu eri saltato/a	Voi eravate saltati/e
Lui/Lei era saltato/a	Loro erano saltati/e

Futuro

Io salterò	Noi salteremo
Tu salterai	Voi salterete
Lui/Lei salterà	Loro salteranno

Trapassato Remoto

Io saltai	Noi saltammo
Tu saltasti	Voi saltaste
Lui/Lei saltò	Loro saltarono

Futuro Anteriore

Io sarò saltato/a	Noi saremo saltati/e
Tu sarai saltato/a	Voi sarete saltati/e
Lui/Lei sarà saltato/a	Loro saranno saltati/e

Trapassato Remoto

Io fui saltato/a	Noi fummo saltati/e
Tu fosti saltato/a	Voi foste saltati/e
Lui/Lei fu saltato/a	Loro furono saltati/e

CONDIZIONALE

Condizionale Presente

Io salterei	Noi salteremmo
Tu salteresti	Voi saltereste
Lui/Lei salterebbe	Loro salterebbero

Condizionale Passato

Io sarei saltato/a	Noi saremmo saltati/e
Tu saresti saltato/a	Voi sareste saltati/e
Lui/Lei sarebbe saltato/a	Loro sarebbero saltati/e

CONGIUNTIVO

Congiuntivo Presente

Io salti	Noi saltiamo
Tu salti	Voi saltiate
Lui/Lei salti	Loro saltino

Congiuntivo Passato

Io sia saltato/a	Noi siamo saltati/e
Tu sia saltato/a	Voi siate saltati/e
Lui/Lei sia saltato/a	Loro siano saltati/e

Congiuntivo Imperfetto

Io saltassi	Noi saltassimo
Tu saltassi	Voi saltaste
Lui/Lei saltasse	Loro saltassero

Congiuntivo Trapassato

Io fossi saltato/a	Noi fossimo saltati/e
Tu fossi saltato/a	Voi foste saltati/e
Lui/Lei fosse saltato/a	Loro fossero saltati/e

IMPERATIVO

(Tu) salta!   (Lei) salti!   (Noi) saltiamo!   (Voi) saltate!   (Loro) saltino!

Purtroppo abbiamo sentito che è saltato dalla finestra.
Unfortunately we heard that he had jumped out of the window.

A New York ci sono molti scoiattoli che saltano di ramo in ramo.
There many squirrels in New York that jump from branch to branch.

Da dove salti fuori?
Where did you come from?

SALUTARE *to greet, to say goodbye*

Inf. salutare *Part. pres.* salutante *Part. pass.* salutato *Ger.* salutando

INDICATIVO

Presente

Io saluto	Noi salutiamo
Tu saluti	Voi salutate
Lui/Lei saluta	Loro salutano

Imperfetto

Io salutavo	Noi salutavamo
Tu salutavi	Voi salutavate
Lui/Lei salutava	Loro salutavano

Passato Prossimo

Io ho salutato	Noi abbiamo salutato
Tu hai salutato	Voi avete salutato
Lui/Lei ha salutato	Loro hanno salutato

Trapassato Prossimo

Io avevo salutato	Noi avevamo salutato
Tu avevi salutato	Voi avevate salutato
Lui/Lei aveva salutato	Loro avevano salutato

Futuro

Io saluterò	Noi saluteremo
Tu saluterai	Voi saluterete
Lui/Lei saluterà	Loro saluteranno

Passato Remoto

Io salutai	Noi salutammo
Tu salutasti	Voi salutaste
Lui/Lei salutò	Loro salutarono

Futuro Anteriore

Io avrò salutato	Noi avremo salutato
Tu avrai salutato	Voi avrete salutato
Lui/Lei avrà salutato	Loro avranno salutato

Trapassato Remoto

Io ebbi salutato	Noi avemmo salutato
Tu avesti salutato	Voi aveste salutato
Lui/Lei ebbe salutato	Loro ebbero salutato

CONDIZIONALE

Condizionale Presente

Io saluterei	Noi saluteremmo
Tu saluteresti	Voi salutereste
Lui/Lei saluterebbe	Loro saluterebbero

Condizionale Passato

Io avrei salutato	Noi avremmo salutato
Tu avresti salutato	Voi avreste salutato
Lui/Lei avrebbe salutato	Loro avrebbero salutato

CONGIUNTIVO

Congiuntivo Presente

Io saluti	Noi salutiamo
Tu saluti	Voi salutiate
Lui/Lei saluti	Lor salutino

Congiuntivo Passato

Io abbia salutato	Noi abbiamo salutato
Tu abbia salutato	Voi abbiate salutato
Lui/Lei abbia salutato	Loro abbiano salutato

Congiuntivo Imperfetto

Io salutassi	Noi salutassimo
Tu salutassi	Voi salutaste
Lui/Lei salutasse	Loro salutassero

Congiuntivo Trapassato

Io avessi salutato	Noi avessimo salutato
Tu avessi salutato	Voi aveste salutato
Lui/Lei avesse salutato	Loro avessero salutato

IMPERATIVO

(Tu) saluta! (Lei) saluti! (Noi) salutiamo! (Voi) salutate! (Loro) salutino!

Se ne andò senza nemmeno salutare.
He left without even saying goodbye.

Quando mia madre è partita, l'ho salutata con affetto.
When my mother left, I said goodbye to her affectionately.

Ho salutato i miei amici al loro arrivo in piazza.
I greeted my friends on their arrival in the square.

Inf. salvare   *Part. pres.* salvante   *Part. pass.* salvato   *Ger.* salvando

INDICATIVO

Presente

Io salvo	Noi salviamo
Tu salvi	Voi salvate
Lui/Lei salva	Loro salvano

Imperfetto

Io salvavo	Noi salvavamo
Tu salvavi	Voi salvavate
Lui/Lei salvava	Loro salvavano

Passato Prossimo

Io ho salvato	Noi abbiamo salvato
Tu hai salvato	Voi avete salvato
Lui/Lei ha salvato	Loro hanno salvato

Trapassato Prossimo

Io avevo salvato	Noi avevamo salvato
Tu avevi salvato	Voi avevate salvato
Lui/Lei aveva salvato	Loro avevano salvato

Futuro

Io salverò	Noi salveremo
Tu salverai	Voi salverete
Lui/Lei salverà	Loro salveranno

Passato Remoto

Io salvai	Noi salvammo
Tu salvasti	Voi salvaste
Lui/Lei salvò	Loro salvarono

Futuro Anteriore

Io avrò salvato	Noi avremo salvato
Tu avrai salvato	Voi avrete salvato
Lui/Lei avrà salvato	Loro avranno salvato

Trapassato Remoto

Io ebbi salvato	Noi avemmo salvato
Tu avesti salvato	Voi aveste salvato
Lui/Lei ebbe salvato	Loro ebbero salvato

CONDIZIONALE

Condizionale Presente

Io salverei	Noi salveremmo
Tu salveresti	Voi salvereste
Lui/Lei salverebbe	Noi salverebbero

Condizionale Passato

Io avrei salvato	Noi avremmo salvato
Tu avresti salvato	Voi avreste salvato
Lui/Lei avrebbe salvato	Loro avrebbero salvato

CONGIUNTIVO

Congiuntivo Presente

Io salvi	Noi salviamo
Tu salvi	Voi salviate
Lui/Lei salvi	Loro salvino

Congiuntivo Passato

Io abbia salvato	Noi abbiamo salvato
Tu abbia salvato	Voi abbiate salvato
Lui/Lei abbia salvato	Loro abbiano salvato

Congiuntivo Imperfetto

Io salvassi	Noi salvassimo
Tu salvassi	Voi salvaste
Lui/Lei salvasse	Loro salvassero

Congiuntivo Trapassato

Io avessi salvato	Noi avessimo salvato
Tu avessi salvato	Voi aveste salvato
Lui/Lei avesse salvato	Loro avessero salvato

IMPERATIVO

(Tu) salva!   (Lei) salvi!   (Noi) salviamo!   (Voi) salvate!   (Loro) salvino!

Dopo l'esplosione tutti hanno cercato di salvare le vittime.
After the explosion, everyone tried to rescue the victims.

Salvò la baracca dopo aver preso un prestito.
He saved the house after having gotten a loan.

Credo che abbia salvato la vita alla sua ragazza.
I believe that he saved his girlfriend's life.

Inf. sapere   *Part. pres.* sapiente   *Part. pass.* saputo   *Ger.* sapendo

INDICATIVO

Presente		Imperfetto	
Io so	Noi sappiamo	Io sapevo	Noi sapevamo
Tu sai	Voi sapete	Tu sapevi	Voi sapevate
Lui/Lei sa	Loro sanno	Lui sapeva	Loro sapevano

Passato Prossimo		Trapassato Prossimo	
Io ho saputo	Noi abbiamo saputo	Io avevo saputo	Noi avevamo saputo
Tu hai saputo	Voi avete saputo	Tu avevi saputo	Voi avevate saputo
Lui/Lei ha saputo	Loro hanno saputo	Lui/Lei aveva saputo	Loro avevano saputo

Futuro		Passato Remoto	
Io saprò	Noi sapremo	Io seppi	Noi sapemmo
Tu saprai	Voi saprete	Tu sapesti	Voi sapeste
Lui/Lei saprà	Loro sapranno	Lui/Lei seppe	Loro seppero

Futuro Anteriore		Trapassato Remoto	
Io avrò saputo	Noi avremo saputo	Io ebbi saputo	Noi avemmo saputo
Tu avrai saputo	Voi avrete saputo	Tu avesti saputo	Voi aveste saputo
Lui/Lei avrà saputo	Loro avranno saputo	Lui/Lei ebbe saputo	Loro ebbero saputo

CONDIZIONALE

Condizionale Presente		Condizionale Passato	
Io saprei	Noi sapremmo	Io avrei saputo	Noi avremmo saputo
Tu sapresti	Voi sapreste	Tu avresti saputo	Voi avreste saputo
Lui/Lei saprebbe	Loro saprebbero	Lui/Lei avrebbe saputo	Loro avrebbero saputo

CONGIUNTIVO

Congiuntivo Presente		Congiuntivo Passato	
Io sappia	Noi sappiamo	Io abbia saputo	Noi abbiamo saputo
Tu sappia	Voi sappiate	Tu abbia saputo	Voi abbiate saputo
Lui/Lei sappia	Loro sappiano	Lui/Lei abbia saputo	Loro abbiano saputo

Congiuntivo Imperfetto		Congiuntivo Trapassato	
Io sapessi	Noi sapessimo	Io avessi saputo	Noi avessimo saputo
Tu sapessi	Voi sapeste	Tu avessi saputo	Voi aveste saputo
Lui/Lei sapesse	Loro sapessero	Lui/Lei avesse saputo	Loro avessero saputo

IMPERATIVO

(Tu) sappi!   (Lei) sappia!   (Noi) sappiamo!   (Voi) sappiate!   (Loro) sappiano!

Se tu avessi saputo quello che avrebbe fatto, lo avresti sostenuto lo stesso?
If you had known what he would do, would you have supported him all the same?

Ho saputo che soffre di meningite.
I found out that he suffers from meningitis.

Ebbe l'incidente perché non sapeva guidare.
She had the accident because she didn't know how to drive.

SBAGLIARE   *to make a mistake, to get it wrong*

Inf. sbagliare   *Part. pres.* sbagliante   *Part. pass.* sbagliato   *Ger.* sbagliando

INDICATIVO

Presente

Io sbaglio	Noi sbagliamo
Tu sbagli	Voi sbagliate
Lui/Lei sbaglia	Loro sbagliano

Imperfetto

Io sbagliavo	Noi sbagliavamo
Tu sbagliavi	Voi sbagliavate
Lui/Lei sbagliava	Loro sbagliavano

Passato Prossimo

Io ho sbagliato	Noi abbiamo sbagliato
Tu hai sbagliato	Voi avete sbagliato
Lui/Lei ha sbagliato	Loro hanno sbagliato

Trapassato Prossimo

Io avevo sbagliato	Noi avevamo sbagliato
Tu avevi sbagliato	Voi avevate sbagliato
Lui/Lei aveva sbagliato	Loro avevano sbagliato

Futuro

Io sbaglierò	Noi sbaglieremo
Tu sbaglierai	Voi sbaglierete
Lui/Lei sbaglierà	Loro sbaglieranno

Passato Remoto

Io sbagliai	Noi sbagliammo
Tu sbagliasti	Voi sbagliaste
Lui/Lei sbagliò	Loro sbagliarono

Futuro Anteriore

Io avrò sbagliato	Noi avremo sbagliato
Tu avrai sbagliato	Voi avrete sbagliato
Lui/Lei avrà sbagliato	Loro avranno sbagliato

Trapassato Remoto

Io ebbi sbagliato	Noi avemmo sbagliato
Tu avesti sbagliato	Voi aveste sbagliato
Lui/Lei ebbe sbagliato	Loro ebbero sbagliato

CONDIZIONALE

Condizionale Presente

Io sbaglierei	Noi sbaglieremmo
Tu sbaglieresti	Voi sbagliereste
Lui/Lei sbaglierebbe	Loro sbaglierebbero

Condizionale Passato

Io avrei sbagliato	Noi avremmo sbagliato
Tu avresti sbagliato	Voi avreste sbagliato
Lui/Lei avrebbe sbagliato	Loro avrebbero sbagliato

CONGIUNTIVO

Congiuntivo Presente

Io sbagli	Noi sbagliamo
Tu sbagli	Voi sbagliate
Lui/Lei sbagli	Loro sbaglino

Congiuntivo Passato

Io abbia sbagliato	Noi abbiamo sbagliato
Tu abbia sbagliato	Voi abbiate sbagliato
Lui/Lei abbia sbagliato	Loro abbiano sbagliato

Congiuntivo Imperfetto

Io sbagliassi	Noi sbagliassimo
Tu sbagliassi	Voi sbagliaste
Lei/Lui sbagliasse	Loro sbagliassero

Congiuntivo Trapassato

Io avessi sbagliato	Noi avessimo sbagliato
Tu avessi sbagliato	Voi aveste sbagliato
Lui/Lei avesse sbagliato	Loro avessero sbagliato

IMPERATIVO

(Tu) sbaglia!   (Lei) sbagli!   (Noi) sbagliamo!   (Voi) sbagliate!   (Loro) sbaglino!

Gli studenti universitari sbagliano spesso le risposte.
University students often get answers wrong.

Sbagliando s'impara.
One learns from one's mistakes.

Ho sbagliato strada.
I went the wrong way.

Inf. sbrigarsi   *Part. pres.* sbrigantesi   *Part. pass.* sbrigato   *Ger.* sbrigandosi

INDICATIVO

Presente

Io mi sbrigo	Noi ci sbrighiamo
Tu ti sbrighi	Voi vi sbrigate
Lui/Lei si sbriga	Loro si sbrigano

Imperfetto

Io mi sbrigavo	Noi ci sbrigavamo
Tu ti sbrigavi	Voi vi sbrigavate
Lui/Lei si sbrigava	Loro sbrigavano

Passato Prossimo

Io mi sono sbrigato/a	Noi ci siamo sbrigati/e
Tu ti sei sbrigato/a	Voi vi siete sbrigati/e
Lui/Lei si è sbrigato/a	Loro si sono sbrigati/e

Trapassato Prossimo

Io mi ero sbrigato/a	Noi ci eravamo sbrigati/e
Tu ti eri sbrigato/a	Voi vi eravate sbrigati/e
Lui/Lei si era sbrigato/a	Loro si erano sbrigati/e

Futuro

Io mi sbrigherò	Noi ci sbrigheremo
Tu ti sbrigherai	Voi vi sbrigherete
Lui/Lei si sbrigherà	Loro si sbrigheranno

Passato Remoto

Io mi sbrigai	Noi ci sbrigammo
Tu ti sbrigasti	Voi vi sbrigaste
Lui/Lei si sbrigò	Loro si sbrigarono

Futuro Anteriore

Io mi sarò sbrigato/a	Noi ci saremo sbrigati/e
Tu ti sarai sbrigato/a	Voi vi sarete sbrigati/e
Lui/Lei si sarà sbrigato/a	Loro si saranno sbrigati/e

Trapassato Remoto

Io mi fui sbrigato/a	Noi ci fummo sbrigati/e
Tu ti fosti sbrigato/a	Voi vi foste sbrigati/e
Lui/Lei si fu sbrigato/a	Loro si furono sbrigati/e

CONDIZIONALE

Condizionale Presente

Io mi sbrigherei	Noi ci sbrigheremmo
Tu ti sbrigheresti	Voi vi sbrighereste
Lui/Lei si sbrigherebbe	Loro si sbrigherebbero

Condizionale Passato

Io mi sarei sbrigato/a	Noi ci saremmo sbrigati/e
Tu ti saresti sbrigato/a	Voi vi sareste sbrigati/e
Lui/Lei si sarebbe sbrigato/a	Loro si sarebbero sbrigati/e

CONGIUNTIVO

Congiuntivo Presente

Io mi sbrighi	Noi ci sbrighiamo
Tu ti sbrighi	Voi vi sbrighiate
Lui/Lei si sbrighi	Loro si sbrighino

Congiuntivo Passato

Io mi sia sbrigato/a	Noi ci siamo sbrigati/e
Tu ti sia sbrigato/a	Voi vi siate sbrigati/e
Lui/Lei si sia sbrigato/a	Loro si siano sbrigati/e

Congiuntivo Imperfetto

Io mi sbrigassi	Noi ci sbrigassimo
Tu ti sbrigassi	Voi vi sbrigaste
Lui/Lei si sbrigasse	Loro si sbrigassero

Congiuntivo Trapassato

Io mi fossi sbrigato/a	Noi ci fossimo sbrigati/e
Tu ti fossi sbrigato/a	Voi vi foste sbrigati/e
Lui/Lei si fosse sbrigato/a	Loro si fossero sbrigati/e

IMPERATIVO

(Tu) sbrigati!   (Lei) si sbrighi!   (Noi) sbrighiamoci!   (Voi) sbrigatevi!   (Loro) si sbrighino!

Mi sono sbrigata ad arrivare in orario.
I hurried to arrive on time.

Sbrigatevi ragazzi! La mamma vi aspetta in macchina.
Hurry up, kids! Your mother is waiting for you in the car.

Se ci sbrighiamo, riusciamo a entrare prima che inizi lo spettacolo.
If we hurry, we'll manage to enter before the show begins.

SCADERE   *to expire, to be due*

Inf. scadere *Part. pres.* scadente *Part. pass.* scaduto *Ger.* scadendo

INDICATIVO

Presente

Io scado	Noi scadiamo
Tu scadi	Voi scadete
Lui/Lei scade	Loro scadono

Imperfetto

Io scadevo	Noi scadevamo
Tu scadevi	Voi scadevate
Lui/Lei scadeva	Loro scadevano

Passato Prossimo

Io sono scaduto/a	Noi siamo scaduti/e
Tu sei scaduto/a	Voi siete scaduti/e
Lui/Lei è scaduto/a	Loro sono scaduti/e

Trapassato Prossimo

Io ero scaduto/a	Noi eravamo scaduti/e
Tu eri scaduto/a	Voi eravate scaduti/e
Lui/Lei era scaduto/a	Loro erano scaduti/e

Futuro

Io scadrò	Noi scadremo
Tu scadrai	Voi scadrete
Lui/Lei scadrà	Loro scadranno

Passato Remoto

Io scaddi	Noi scademmo
Tu scadesti	Voi scadeste
Lui/Lei scadde	Loro scaddero

Futuro Anteriore

Io sarò scaduto/a	Noi saremo scaduti/e
Tu sarai scaduto/a	Voi sarete scaduti/e
Lui/Lei sarà scaduto/a	Loro saranno scaduti/e

Trapassato Remoto

Io fui scaduto/a	Noi fummo scaduti/e
Tu fosti scaduto/a	Voi foste scaduti/e
Lui/Lei fu scaduto/a	Loro furono scaduti/e

CONDIZIONALE

Condizionale Presente

Io scadrei	Noi scadremmo
Tu scadresti	Voi scadreste
Lui/Lei scadrebbe	Loro scadrebbero

Condizionale Passato

Io sarei scaduto/a	Noi saremmo scaduti/e
Tu saresti scaduto/a	Voi sareste scaduti/e
Lui/Lei sarebbe scaduto/a	Loro sarebbero scaduti/e

CONGIUNTIVO

Congiuntivo Presente

Io scada	Noi scadiamo
Tu scada	Voi scadiate
Lui/Lei scada	Loro scadano

Congiuntivo Passato

Io sia scaduto/a	Noi siamo scaduti/e
Tu sia scaduto/a	Voi siate scaduti/e
Lui/Lei sia scaduto/a	Loro siano scaduti/e

Congiuntivo Imperfetto

Io scadessi	Noi scadessimo
Tu scadessi	Voi scadeste
Lui/Lei scadesse	Loro scadessero

Congiuntivo Trapassato

Io fossi scaduto/a	Noi fossimo scaduti/e
Tu fossi scaduto/a	Voi foste scaduti/e
Lui/Lei fosse scaduto/a	Loro fossero scaduti/e

IMPERATIVO

(Tu) scadi!   (Lei) scada!   (Noi) scadiamo!   (Voi) scadete!   (Loro) scadano!

Il tempo per pagare il mutuo è scaduto.
The time to pay the mortgage has expired.

La medicina nell'armadietto scadrà fra una settimana.
The medicine in the medicine cabinet will expire in a week.

La tua tesi non mi è arrivata e il tempo sta per scadere.
Your thesis has not arrived and the time is about to run out.

Inf. scansare *Part. pres.* scansante *Part. pass.* scansato *Ger.* scansando

INDICATIVO

Presente

Io scanso	Noi scansiamo
Tu scansi	Voi scansate
Lui/Lei scansa	Loro scansano

Imperfetto

Io scansavo	Noi scansavamo
Tu scansavi	Voi scansavate
Lui/Lei scansava	Loro scansavano

Passato Prossimo

Io ho scansato	Noi abbiamo scansato
Tu hai scansato	Voi avete scansato
Lui/Lei ha scansato	Loro hanno scansato

Trapassato Prossimo

Io avevo scansato	Noi avevamo scansato
Tu avevi scansato	Voi avevate scansato
Lui/Lei aveva scansato	Loro avevano scansato

Futuro

Io scanserò	Noi scanseremo
Tu scanserai	Voi scanserete
Lui/Lei scanserà	Loro scanseranno

Passato Remoto

Io scansai	Noi scansammo
Tu scansasti	Voi scansaste
Lui/Lei scansò	Loro scansarono

Futuro Anteriore

Io avrò scansato	Noi avremo scansato
Tu avrai scansato	Voi avrete scansato
Lui/Lei avrà scansato	Loro avranno scansato

Trapassato Remoto

Io ebbi scansato	Noi avemmo scansato
Tu avesti scansato	Voi aveste scansato
Lui/Lei ebbe scansato	Loro ebbero scansato

CONDIZIONALE

Condizionale Presente

Io scanserei	Noi scanseremmo
Tu scanseresti	Voi scansereste
Lui/Lei scanserebbe	Loro scanserebbero

Condizionale Passato

Io avrei scansato	Noi avremmo scansato
Tu avresti scansato	Voi avreste scansato
Lui/Lei avrebbe scansato	Loro avrebbero scansato

CONGIUNTIVO

Congiuntivo Presente

Io scansi	Noi scansiamo
Tu scansi	Voi scansiate
Lui/Lei scansi	Loro scansino

Congiuntivo Passato

Io abbia scansato	Noi abbiamo scansato
Tu abbia scansato	Voi abbiate scansato
Lui/Lei abbia scansato	Loro abbiano scansato

Congiuntivo Imperfetto

Io scansassi	Noi scansassimo
Tu scansassi	Voi scansaste
Lui/Lei scansasse	Loro scansassero

Congiuntivo Trapassato

Io avessi scansato	Noi avessimo scansato
Tu avessi scansato	Voi aveste scansato
Lui/Lei avesse scansato	Loro avessero scansato

IMPERATIVO

(Tu) scansa!   (Lei) scansi!   (Noi) scansiamo!   (Voi) scansate!   (Loro) scansino!

Il piano mi dava fastidio lì, allora l'ho scansato da un'altra parte.
The piano irritated me there, so I moved it to another area.

Se avessi scansato il colpo non saresti in queste condizioni.
If you had dodged the blow, you wouldn't be in this condition.

Era molto bravo a scansare le sue responsabilità.
He was very good at avoiding his responsibilities.

SCAPPARE   *to escape, to flee*

Inf. scappare   *Part. pres.* scappante   *Part. pass.* scappato   *Ger.* scappando

INDICATIVO

Presente

Io scappo	Noi scappiamo
Tu scappi	Voi scappate
Lui/Lei scappa	Loro scappano

Imperfetto

Io scappavo	Noi scappavamo
Tu scappavi	Voi scappavate
Lui/Lei scappava	Loro scappavano

Passato Prossimo

Io sono scappato/a	Noi siamo scappati/e
Tu sei scappato/a	Voi siete scappati/e
Lui/Lei è scappato/a	Loro sono scappati/e

Trapassato Prossimo

Io ero scappato/a	Noi eravamo scappati/e
Tu eri scappato/a	Voi eravate scappati/e
Lui/Lei era scappato/a	Loro erano scappati/e

Futuro

Io scapperò	Noi scapperemo
Tu scapperai	Voi scapperete
Lui/Lei scapperà	Loro scapperanno

Passato Remoto

Io scappai	Noi scappammo
Tu scappasti	Voi scappaste
Lui/Lei scappò	Loro scapparono

Futuro Anteriore

Io sarò scappato/a	Noi saremo scappati/e
Tu sarai scappato/a	Voi sarete scappati/e
Lui/Lei sarà scappato/a	Loro saranno scappati/e

Trapassato Remoto

Io fui scappato/a	Noi fummo scappati/e
Tu fosti scappato/a	Voi foste scappati/e
Lui/Lei fu scappato/a	Loro furono scappati/e

CONDIZIONALE

Condizionale Presente

Io scapperei	Noi scapperemmo
Tu scapperesti	Voi scappereste
Lui/Lei scapperebbe	Loro scapperebbero

Condizionale Passato

Io sarei scappato/a	Noi saremmo scappati/e
Tu saresti scappato/a	Voi sareste scappati/e
Lui/Lei sarebbe scappato/a	Loro sarebbero scappati/e

CONGIUNTIVO

Congiuntivo Presente

Io scappi	Noi scappiamo
Tu scappi	Voi scappiate
Lui/Lei scappi	Loro scappino

Congiuntivo Passato

Io sia scappato/a	Noi siamo scappati/e
Tu sia scappato/a	Voi siate scappati/e
Lui/Lei sia scappato/a	Loro siano scappati/e

Congiuntivo Imperfetto

Io scappassi	Noi scappassimo
Tu scappassi	Voi scappaste
Lui/Lei scappasse	Loro scappassero

Congiuntivo Trapassato

Io fossi scappato/a	Noi fossimo scappati/e
Tu fossi scappato/a	Voi foste scappati/e
Lui/Lei fosse scappato/a	Loro fossero scappati/e

IMPERATIVO

(Tu) scappa!   (Lei) scappi!   (Noi) scappiamo!   (Voi) scappate!   (Loro) scappino!

Dopo che ebbi visto il fantasma, scappai.
After I had seen the ghost, I fled.

Mi dispiace, mi era scappato di mente che avevamo un appuntamento.
I'm sorry, it slipped my mind that we had an appointment.

Che facciamo? Da qui non scappiamo.
What should we do? We can't get out of here.

SCATTARE *to take a photo*

Inf. scattare *Part. pres.* scattante *Part. pass.* scattato *Ger.* scattando

INDICATIVO

Presente

Io scatto	Noi scattiamo
Tu scatti	Voi scattate
Lui/Lei scatta	Loro scattano

Imperfetto

Io scattavo	Noi scattavamo
Tu scattavi	Voi scattavate
Lui/Lei scattava	Loro scattavano

Passato Prossimo

Io ho scattato	Noi abbiamo scattato
Tu hai scattato	Voi avete scattato
Lui/Lei ha scattato	Loro hanno scattato

Trapassato Prossimo

Io avevo scattato	Noi avevamo scattato
Tu avevi scattato	Voi avevate scattato
Lui/Lei aveva scattato	Loro avevano scattato

Futuro

Io scatterò	Noi scatteremo
Tu scatterai	Voi scatterete
Lui/Lei scatterà	Loro scatteranno

Passato Remoto

Io scattai	Noi scattammo
Tu scattasti	Voi scattaste
Lui/Lei scattò	Loro scattarono

Futuro Anteriore

Io avrò scattato	Noi avremo scattato
Tu avrai scattato	Voi avrete scattato
Lui/Lei avrà scattato	Loro avranno scattato

Trapassato Remoto

Io ebbi scattato	Noi avemmo scattato
Tu avesti scattato	Voi aveste scattato
Lui/Lei ebbe scattato	Loro ebbero scattato

CONDIZIONALE

Condizionale Presente

Io scatterei	Noi scatteremmo
Tu scatteresti	Voi scattereste
Lui/Lei scatterebbe	Loro scatterebbero

Condizionale Passato

Io avrei scattato	Noi avremmo scattato
Tu avresti scattato	Voi avreste scattato
Lui/Lei avrebbe scattato	Loro avrebbero scattato

CONGIUNTIVO

Congiuntivo Presente

Io scatti	Noi scattiamo
Tu scatti	Voi scattiate
Lui/Lei scatti	Loro scattino

Congiuntivo Passato

Io abbia scattato	Noi abbiamo scattato
Tu abbia scattato	Voi abbiate scattato
Lui/Lei abbia scattato	Loro abbiano scattato

Congiuntivo Imperfetto

Io scattassi	Noi scattassimo
Tu scattassi	Voi scattaste
Lui/Lei scattasse	Loro scattassero

Congiuntivo Trapassato

Io avessi scattato	Noi avessimo scattato
Tu avessi scattato	Voi aveste scattato
Lui/Lei avesse scattato	Loro avessero scattato

IMPERATIVO

(Tu) scatta!   (Lei) scatti!   (Noi) scattiamo!   (Voi) scattate!   (Loro) scattino!

I turisti scattano sempre molte foto.
The tourists always take a lot photos.

Se avessi saputo che non sarei tornato in Tailandia avrei scattato più foto.
If I knew that I wouldn't be returning to Thailand, I would have taken more photos.

Mio padre scattò delle foto che oggi mi sono preziose.
My father took pictures that today are precious to me.

SCEGLIERE   *to choose, to select*

Inf. scegliere   *Part. pres.* scegliente   *Part. pass.* scelto   *Ger.* scegliendo

INDICATIVO

Presente

Io scelgo	Noi scegliamo
Tu scegli	Voi scegliete
Lui/Lei sceglie	Loro scelgono

Imperfetto

Io sceglievo	Noi sceglievamo
Tu sceglievi	Voi sceglievate
Lui/Lei sceglieva	Loro sceglievano

Passato Prossimo

Io ho scelto	Noi abbiamo scelto
Tu hai scelto	Voi avete scelto
Lui/Lei ha scelto	Loro hanno scelto

Trapassato Prossimo

Io avevo scelto	Noi avevamo scelto
Tu avevi scelto	Voi avevate scelto
Lui/Lei aveva scelto	Loro avevano scelto

Futuro

Io sceglierò	Noi sceglieremo
Tu sceglierai	Voi sceglierete
Lui/Lei sceglierà	Loro sceglieranno

Passato Remoto

Io scelsi	Noi scegliemmo
Tu scegliesti	Voi sceglieste
Lui/Lei scelse	Loro scelsero

Futuro Anteriore

Io avrò scelto	Noi avremo scelto
Tu avrai scelto	Voi avrete scelto
Lui/Lei avrà scelto	Loro avranno scelto

Trapassato Remoto

Io ebbi scelto	Noi avemmo scelto
Tu avesti scelto	Voi aveste scelto
Lui/Lei ebbe scelto	Loro ebbero scelto

CONDIZIONALE

Condizionale Presente

Io sceglierei	Noi sceglieremmo
Tu sceglieresti	Voi scegliereste
Lui/Lei sceglierebbe	Loro sceglierebbero

Condizionale Passato

Io avrei scelto	Noi avremmo scelto
Tu avresti scelto	Voi avreste scelto
Lui/Lei avrebbe scelto	Loro avrebbero scelto

CONGIUNTIVO

Congiuntivo Presente

Io scelga	Noi scegliamo
Tu scelga	Voi scegliate
Lui/Lei scelga	Loro scelgano

Congiuntivo Passato

Io abbia scelto	Noi abbiamo scelto
Tu abbia scelto	Voi abbiate scelto
Lui/Lei abbia scelto	Loro abbiano scelto

Congiuntivo Imperfetto

Io scegliessi	Noi scegliessimo
Tu scegliessi	Voi sceglieste
Lui/Lei scegliesse	Loro scegliessero

Congiuntivo Trapassato

Io avessi scelto	Noi avessimo scelto
Tu avessi scelto	Voi aveste scelto
Lui/Lei avesse scelto	Loro avessero scelto

IMPERATIVO

(Tu) scegli!   (Lei) scelga!   (Noi) scegliamo!   (Voi) scegliete!   (Loro) scelgano!

Che cosa vogliamo fare? Scegliamo il teatro o la discoteca!
What should we do? Let's choose the theater or the nightclub!

Hanno scelto di fare delle cose che gli hanno portato fortuna.
They chose to do things that brought them good luck.

Scelsero dei vestiti azzurri per le damigelle.
They chose blue dresses for the bridesmaids.

SCHERZARE   *to joke, to kid*

Inf. scherzare   *Part. pres.* scherzante   *Part. pass.* scherzato   *Ger.* scherzando

INDICATIVO

Presente

Io scherzo	Noi scherziamo
Tu scherzi	Voi scherzate
Lui/Lei scherza	Loro scherzano

Imperfetto

Io scherzavo	Noi scherzavamo
Tu scherzavi	Voi scherzavate
Lui/Lei scherzava	Loro scherzavano

Passato Prossimo

Io ho scherzato	Noi abbiamo scherzato
Tu hai scherzato	Voi avete scherzato
Lui/Lei ha scherzato	Loro hanno scherzato

Trapassato Prossimo

Io avevo scherzato	Noi avevamo scherzato
Tu avevi scherzato	Voi avevate scherzato
Lui/Lei aveva scherzato	Loro avevano scherzato

Futuro

Io scherzerò	Noi scherzeremo
Tu scherzerai	Voi scherzerete
Lui/Lei scherzerà	Loro scherzeranno

Passato Remoto

Io scherzai	Noi scherzammo
Tu scherzasti	Voi scherzaste
Lui/Lei scherzò	Loro scherzarono

Futuro Anteriore

Io avrò scherzato	Noi avremo scherzato
Tu avrai scherzato	Voi avrete scherzato
Lui/Lei avrà scherzato	Loro avranno scherzato

Trapassato Prossimo

Io ebbi scherzato	Noi avemmo scherzato
Tu avesti scherzato	Voi aveste scherzato
Lui/Lei ebbe scherzato	Loro ebbero scherzato

CONDIZIONALE

Condizionale Presente

Io scherzerei	Noi scherzeremmo
Tu scherzeresti	Voi scherzereste
Lui/Lei scherzerebbe	Loro scherzerebbero

Condizionale Passato

Io avrei scherzato	Noi avremmo scherzato
Tu avresti scherzato	Voi avreste scherzato
Lui/Lei avrebbe scherzato	Loro avrebbero scherzato

CONGIUNTIVO

Congiuntivo Presente

Io scherzi	Noi scherziamo
Tu scherzi	Voi scherziate
Lui/Lei scherzi	Loro scherzino

Congiuntivo Passato

Io abbia scherzato	Noi abbiamo scherzato
Tu abbia scherzato	Voi abbiate scherzato
Lui/Lei abbia scherzato	Loro abbiano scherzato

Congiuntivo Imperfetto

Io scherzassi	Noi scherzassimo
Tu scherzassi	Voi scherzaste
Lui/Lei scherzasse	Loro scherzassero

Congiuntivo Trapassato

Io avessi scherzato	Noi avessimo scherzato
Tu avessi scherzato	Voi aveste scherzato
Lui/Lei avesse scherzato	Loro avessero scherzato

IMPERATIVO

(Tu) scherza!   (Lei) scherzi!   (Noi) scherziamo!   (Voi) scherzate!   (Loro) scherzino!

Quelli sono molto disposti a scherzare!
Those guys are very inclined to joke around!

Non si scherza con la Camorra.
One doesn't joke around with the Camorra.

Stai scherzando?
Are you kidding?

Inf. sciare   *Part. pres.* sciante   *Part. pass.* sciato   *Ger.* sciando

INDICATIVO

Presente

Io scio	Noi sciamo
Tu scii	Voi sciate
Lui scia	Loro sciano

Imperfetto

Io sciavo	Noi sciavamo
Tu sciavi	Voi sciavate
Lui/Lei sciava	Loro sciavano

Passato Prossimo

Io ho sciato	Noi abbiamo sciato
Tu hai sciato	Voi avete sciato
Lui/Lei ha sciato	Loro hanno sciato

Trapassato Prossimo

Io avevo sciato	Noi avevamo sciato
Tu avevi sciato	Voi avevate sciato
Lui/Lei aveva sciato	Loro avevano sciato

Futuro

Io scierò	Noi scieremo
Tu scierai	Voi scierete
Lui/Lei scierà	Loro scieranno

Passato Remoto

Io sciai	Noi sciammo
Tu sciasti	Voi sciaste
Lui/Lei sciò	Loro sciarono

Futuro Anteriore

Io avrò sciato	Noi avremo sciato
Tu avrai sciato	Voi avrete sciato
Lui/Lei avrà sciato	Loro avranno sciato

Trapassato Remoto

Io ebbi sciato	Noi avemmo sciato
Tu avesti sciato	Voi aveste sciato
Lui/Lei ebbe sciato	Loro ebbero sciato

CONDIZIONALE

Condizionale Presente

Io scierei	Noi scieremmo
Tu scieresti	Voi sciereste
Lui/Lei scierebbe	Loro scierebbero

Condizionale Passato

Io avrei sciato	Noi avremmo sciato
Tu avresti sciato	Voi avreste sciato
Lui/Lei avrebbe sciato	Loro avrebbero sciato

CONGIUNTIVO

Congiuntivo Presente

Io scii	Noi sciamo
Tu scii	Voi sciate
Lui/Lei scii	Loro sciino

Congiuntivo Passato

Io abbia sciato	Noi abbiamo sciato
Tu abbia sciato	Voi abbiate sciato
Lui/Lei abbia sciato	Loro abbiano sciato

Congiuntivo Imperfetto

Io sciassi	Noi sciassimo
Tu sciassi	Voi sciaste
Lui/Lei sciasse	Loro sciassero

Congiuntivo Trapassato

Io avessi sciato	Noi avessimo sciato
Tu avessi sciato	Voi aveste sciato
Lui/Lei avesse sciato	Loro avessero sciato

IMPERATIVO

(Tu) scia!   (Lei) scii!   (Noi) sciamo!   (Voi) sciate!   (Loro) sciino!

Ho imparato a sciare quando avevo cinque anni.
I learned how to ski when I was five years old.

Sciavano spesso a Cortina d'Ampezzo.
They often skied at Cortina d'Ampezzo.

È bello che lui abbia sciato con tutta la famiglia.
It's great that he skied with his entire family.

Inf. scommettere *Part. pres.* scommettente *Part. pass.* scommesso *Ger.* scommettendo

INDICATIVO

Presente

Io scommetto	Noi scommettiamo
Tu scommetti	Voi scommettete
Lui/Lei scommette	Loro scommettono

Imperfetto

Io scommettevo	Noi scommettevamo
Tu scommettevi	Voi scommettevate
Lui/Lei scommetteva	Loro scommettevano

Passato Prossimo

Io ho scommesso	Noi abbiamo scommesso
Tu hai scommesso	Voi avete scommesso
Lui/Lei ha scommesso	Loro hanno scommesso

Trapassato Prossimo

Io avevo scommesso	Noi avevamo scommesso
Tu avevi scommesso	Voi avevate scommesso
Lui/Lei aveva scommesso	Loro avevano scommesso

Futuro

Io scommetterò	Noi scommetteremo
Tu scommetterai	Voi scommetterete
Lui/Lei scommetterà	Loro scommetteranno

Passato Remoto

Io scommisi	Noi scommettemmo
Tu scommettesti	Voi scommetteste
Lui/Lei scommise	Loro scommisero

Futuro Anteriore

Io avrò scommesso	Noi avremo scommesso
Tu avrai scommesso	Voi avrete scommesso
Lui/Lei avrà scommesso	Loro avranno scommesso

Trapassato Remoto

Io ebbi scommesso	Noi avemmo scommesso
Tu avesti scommesso	Voi aveste scommesso
Lui/Lei ebbe scommesso	Loro ebbero scommesso

CONDIZIONALE

Condizionale Presente

Io commetterei	Noi scommetteremmo
Tu scommetteresti	Voi scommettereste
Lui/Lei scommetterebbe	Loro scommetterebbero

Condizionale Passato

Io avrei scommesso	Noi avremmo scommesso
Tu avresti scommesso	Voi avreste scommesso
Lui/Lei avrebbe scommesso	Loro avrebbero scommesso

CONGIUNTIVO

Congiuntivo Presente

Io scommetta	Noi scommettiamo
Tu scommetta	Voi scommettiate
Lui/Lei scommetta	Loro scommettano

Congiuntivo Passato

Io abbia scommesso	Noi abbiamo scommesso
Tu abbia scommesso	Voi abbiate scommesso
Lui/Lei abbia scommesso	Loro abbiano scommesso

Congiuntivo Imperfetto

Io scommettessi	Noi scommettessimo
Tu scommettessi	Voi scommetteste
Lui/Lei scommettesse	Loro scommettessero

Congiuntivo Trapassato

Io avessi scommesso	Noi avessimo scommesso
Tu avessi scommesso	Voi aveste scommesso
Lui/Lei avesse scommesso	Loro avessero scommesso

IMPERATIVO

(Tu) scommetti!   (Lei) scommetta!   (Noi) scommettiamo!   (Voi) scommettete!   (Loro) scommettano!

Aveva la brutta abitudine di scommettere sui cavalli.
He had the bad habit of betting on horses.

Scommetto che non fanno in tempo ad arrivare.
I bet they won't arrive in time.

Ci avrei scommesso che era arrabbiatissima.
I could have bet that she was very angry.

Inf. sconfiggere   *Part. pres.* sconfiggente   *Part. pass.* sconfitto   *Ger.* sconfiggendo

INDICATIVO

Presente		Imperfetto	
Io sconfiggo	Noi sconfiggiamo	Io sconfiggevo	Noi sconfiggevamo
Tu sconfiggi	Voi sconfiggete	Tu sconfiggevi	Voi sconfiggevate
Lui/Lei sconfigge	Loro sconfiggono	Lui/Lei sconfiggeva	Loro sconfiggevano

Passato Prossimo		Trapassato Prossimo	
Io ho sconfitto	Noi abbiamo sconfitto	Io avevo sconfitto	Noi avevamo sconfitto
Tu hai sconfitto	Voi avete sconfitto	Tu avevi sconfitto	Voi avevate sconfitto
Lui/Lei ha sconfitto	Loro hanno sconfitto	Lui/Lei aveva sconfitto	Loro avevano sconfitto

Futuro		Passato Remoto	
Io sconfiggerò	Noi sconfiggeremo	Io sconfissi	Noi sconfiggemmo
Tu sconfiggerai	Voi sconfiggerete	Tu sconfiggesti	Voi sconfiggeste
Lui/Lei sconfiggerà	Loro sconfiggeranno	Lui/Lei sconfisse	Loro sconfissero

Futuro Anteriore		Trapassato Remoto	
Io avrò sconfitto	Noi avremo sconfitto	Io ebbi sconfitto	Noi avemmo sconfitto
Tu avrai sconfitto	Voi avrete sconfitto	Tu avesti sconfitto	Voi aveste sconfitto
Lui/Lei avrà sconfitto	Loro avranno sconfitto	Lui/Lei ebbe sconfitto	Loro ebbero sconfitto

CONDIZIONALE

Condizionale Presente		Condizionale Passato	
Io sconfiggerei	Noi sconfiggeremmo	Io avrei sconfitto	Noi avremmo sconfitto
Tu sconfiggeresti	Voi sconfiggereste	Tu avresti sconfitto	Voi avreste sconfitto
Lui/Lei sconfiggerebbe	Loro sconfiggerebbero	Lui/Lei avrebbe sconfitto	Loro avrebbero sconfitto

CONGIUNTIVO

Congiuntivo Presente		Congiuntivo Presente	
Io sconfigga	Noi sconfiggiamo	Io abbia sconfitto	Noi abbiamo sconfitto
Tu sconfigga	Vi sconfiggiate	Tu abbia sconfitto	Voi abbiate sconfitto
Lui/Lei sconfigga	Loro sconfiggano	Lui/Lei abbia sconfitto	Loro abbiano sconfitto

Congiuntivo Imperfetto		Congiuntivo Trapassato	
Io sconfiggessi	Noi sconfiggessimo	Io avessi sconfitto	Noi avessimo sconfitto
Tu sconfiggessi	Voi sconfiggeste	Tu avessi sconfitto	Voi aveste sconfitto
Lui/Lei sconfiggesse	Loro sconfiggessero	Lui/Lei avesse sconfitto	Loro avessero sconfitto

IMPERATIVO

(Tu) sconfiggi!   (Lei) sconfigga!   (Noi) sconfiggiamo!   (Voi) sconfiggete!   (Loro) sconfiggano!

Le truppe di Vittorio Emmanuele sconfissero i nemici.
Victor Emmanuel's troops defeated the enemy.

I dottori hanno sconfitto l'epidemia di streptococco.
The doctors beat back the outbreak of streptococcus.

Se avessi sconfitto i suoi pregiudizi forse saremmo potuti stare insieme senza litigare.
If I had overcome his prejudices, maybe we would have been able to stay together without fighting.

SCOPRIRE *to discover, to expose*

Inf. scoprire *Part. pres.* scoprente *Part. pass.* scoperto *Ger.* scoprendo

INDICATIVO

Presente

Io scopro	Noi scopriamo
Tu scopri	Voi scoprite
Lui/Lei scopre	Loro scoprono

Imperfetto

Io scoprivo	Noi scoprivamo
Tu scoprivi	Voi scoprivate
Lui/Lei scopriva	Loro scoprivano

Passato Prossimo

Io ho scoperto	Noi abbiamo scoperto
Tu hai scoperto	Voi avete scoperto
Lui/Lei ha scoperto	Loro hanno scoperto

Trapassato Prossimo

Io avevo scoperto	Noi avevamo scoperto
Tu avevi scoperto	Voi avevate scoperto
Lui/Lei aveva scoperto	Loro avevano scoperto

Futuro

Io scoprirò	Noi scopriremo
Tu scoprirai	Voi scoprirete
Lui/Lei scoprirà	Loro scopriranno

Passato Remoto

Io scoprii	Noi scoprimmo
Tu scopristi	Voi scopriste
Lui/Lei scoprì	Loro scoprirono

Futuro Anteriore

Io avrò scoperto	Noi avremo scoperto
Tu avrai scoperto	Voi avrete scoperto
Lui/Lei avrà scoperto	Loro avranno scoperto

Trapassato Remoto

Io ebbi scoperto	Noi avemmo scoperto
Tu avesti scoperto	Voi aveste scoperto
Lui/Lei ebbe scoperto	Loro ebbero scoperto

CONDIZIONALE

Condizionale Presente

Io scoprirei	Noi scopriremmo
Tu scopriresti	Voi scoprireste
Lui/Lei scoprirebbe	Loro scoprirebbero

Condizionale Passato

Io avrei scoperto	Noi avremmo scoperto
Tu avresti scoperto	Voi avreste scoperto
Lui/Lei avrebbe scoperto	Loro avrebbero scoperto

CONGIUNTIVO

Congiuntivo Presente

Io scopra	Noi scopriamo
Tu scopra	Voi scopriate
Lui/Lei scopra	Loro scoprano

Congiuntivo Passato

Io abbia scoperto	Noi abbiamo scoperto
Tu abbia scoperto	Voi abbiate scoperto
Lui/Lei abbia scoperto	Loro abbiano scoperto

Congiuntivo Imperfetto

Io scoprissi	Noi scoprissimo
Tu scoprissi	Voi scopriste
Lui/Lei scoprisse	Loro scoprissero

Congiuntivo Trapassato

Io avessi scoperto	Noi avessimo scoperto
Tu avessi scoperto	Voi aveste scoperto
Lui/Lei avesse scoperto	Loro avessero scoperto

IMPERATIVO

(Tu) scopri! (Lei) scopra! (Noi) scopriamo! (Voi) scoprite! (Loro) scoprano!

Gli archeologi scoprirono delle tombe vicino a Gerusalemme.
The archaeologists discovered some tombs near Jerusalem.

Abbiamo scoperto la vera ragione del suo comportamento.
We discovered the real reason of his behavior.

Se non avesse scoperto la regina avrebbe vinto la partita.
If he hadn't exposed the queen, he would have won the game.

SCORRERE   *to flow, to go over, to scroll*

Inf. scorrere   *Part. pres.* scorrente   *Part. pass.* scorso   *Ger.* scorrendo

INDICATIVO

Presente

Io scorro	Noi scorriamo
Tu scorri	Voi scorrete
Lui/Lei scorre	Loro scorrono

Imperfetto

Io scorrevo	Noi scorrevamo
Tu scorrevi	Voi scorrevate
Lui/Lei scorreva	Loro scorrevano

Passato Prossimo

Io ho scorso	Noi abbiamo scorso
Tu hai scorso	Voi avete scorso
Lui/Lei ha scorso	Loro hanno scorso

Trapassato Prossimo

Io avevo scorso	Noi avevamo scorso
Tu avevi scorso	Voi avevate scorso
Lui/Lei aveva scorso	Loro avevano scorso

Futuro

Io scorrerò	Noi scorreremo
Tu scorrerai	Voi scorrerete
Lui/Lei scorrerà	Loro scorreranno

Passato Remoto

Io scorsi	Noi scorremmo
Tu scorresti	Voi scorreste
Lui/Lei scorse	Loro scorsero

Futuro Anteriore

Io avrò scorso	Noi avremo scorso
Tu avrai scorso	Voi avremo scorso
Lui/Lei avrà scorso	Loro avranno scorso

Trapassato Remoto

Io ebbi scorso	Noi avemmo scorso
Tu avesti scorso	Voi aveste scorso
Lui/Lei ebbe scorso	Loro ebbero scorso

CONDIZIONALE

Condizionale Presente

Io scorrerei	Noi scorreremmo
Tu scorreresti	Voi scorreste
Lui/Lei scorrerebbe	Loro scorrerebbero

Condizionale Passato

Io avrei scorso	Noi avremmo scorso
Tu avresti scorso	Voi avreste scorso
Lui/Lei avrebbe scorso	Loro avrebbero scorso

CONGIUNTIVO

Congiuntivo Presente

Io scorra	Noi scorriamo
Tu scorra	Voi scorriate
Lui/Lei scorra	Loro scorrano

Congiuntivo Passato

Io abbia scorso	Noi abbiamo scorso
Tu abbia scorso	Voi abbiate scorso
Lui/Lei abbia scorso	Loro abbiano scorso

Congiuntivo Imperfetto

Io scorressi	Noi scorressimo
Tu scorressi	Voi scorreste
Lui/Lei scorresse	Loro scorressero

Congiuntivo Trapassato

Io avessi scorso	Noi avessimo scorso
Tu avessi scorso	Voi aveste scorso
Lui/Lei avesse scorso	Loro avessero scorso

IMPERATIVO

(Tu) scorri!   (Lei) scorra!   (Noi) scorriamo!   (Voi) scorrete!   (Loro) scorrano!

Scorriamo la lista per vedere se c'è il suo nome!
Let's go over the list to see if his name is there!

Dovresti stare attento, perché il fiume scorrerà rapidamente durante questa stagione.
You should be careful, because the river will flow rapidly during this season.

Puoi scorrere un documento dall'alto in basso al computer.
You can scroll a document from top to bottom on a computer.

Inf. scrivere *Part. pres.* scrivente *Part. pass.* scritto *Ger.* scrivendo

INDICATIVO

Presente

Io scrivo	Noi scriviamo
Tu scrivi	Voi scrivete
Lui/Lei scrive	Loro scrivono

Imperfetto

Io scrivevo	Noi scrivevamo
Tu scrivevi	Voi scrivevate
Lui/Lei scriveva	Loro scrivevano

Passato Prossimo

Io ho scritto	Noi abbiamo scritto
Tu hai scritto	Voi avete scritto
Lui/Lei ha scritto	Loro hanno scritto

Trapassato Prossimo

Io avevo scritto	Noi avevamo scritto
Tu avevi scritto	Voi avevate scritto
Lui/Lei aveva scritto	Loro avevano scritto

Futuro

Io scriverò	Noi scriveremo
Tu scriverai	Voi scriverete
Lui/Lei scriverà	Loro scriveranno

Passato Remoto

Io scrissi	Noi scrivemmo
Tu scrivesti	Voi scriveste
Lui/Lei scrisse	Loro scrissero

Futuro Anteriore

Io avrò scritto	Noi avremo scritto
Tu avrai scritto	Voi avrete scritto
Lui/Lei avrà scritto	Loro avranno scritto

Trapassato Remoto

Io ebbi scritto	Noi avemmo scritto
Tu avesti scritto	Voi aveste scritto
Lui/Lei ebbe scritto	Loro ebbero scritto

CONDIZIONALE

Condizionale Presente

Io scriverei	Noi scriveremmo
Tu scriveresti	Voi scrivereste
Lui/Lei scriverebbe	Loro scriverebbero

Condizionale Passato

Io avrei scritto	Noi avremmo scritto
Tu avresti scritto	Voi avreste scritto
Lui/Lei avrebbe scritto	Loro avrebbero scritto

CONGIUNTIVO

Congiuntivo Presente

Io scriva	Noi scriviamo
Tu scriva	Voi scriviate
Lui/Lei scriva	Loro scrivano

Congiuntivo Passato

Io abbia scritto	Noi abbiamo scritto
Tu abbia scritto	Voi abbiate scritto
Lui/Lei abbia scritto	Loro abbiano scritto

Congiuntivo Imperfetto

Io scrivessi	Noi scrivessimo
Tu scrivessi	Voi scriveste
Lui/Lei scrivesse	Loro scrivessero

Congiuntivo Trapassato

Io avessi scritto	Noi avessimo scritto
Tu avessi scritto	Voi aveste scritto
Lui/Lei avesse scritto	Loro avessero scritto

IMPERATIVO

(Tu) scrivi!   (Lei) scriva!   (Noi) scriviamo!   (Voi) scrivete!   (Loro) scrivano!

Dante scrisse *La Divina Commedia* per descrivere società dell'epoca.
Dante wrote The Divine Comedy *to describe the society of the time.*

Le ho scritto una mail, ma lei non mi ha ancora risposto.
I wrote her an email, but she hasn't responded yet.

Lui scrive malissimo, non si capisce la sua calligrafia.
He writes very badly, one cannot understand his calligraphy.

Inf. scuotere   *Part. pres.* scuotente   *Part. pass.* scosso   *Ger.* scuotendo

INDICATIVO

Presente

Io scuoto	Noi scuotiamo
Tu scuoti	Voi scuotete
Lui/Lei scuote	Lor scuotono

Imperfetto

Io scuotevo	Noi scuotevamo
Tu scuotevi	Voi scuotevate
Lui/Lei scuoteva	Loro scuotevano

Passato Prossimo

Io ho scosso	Noi abbiamo scosso
Tu hai scosso	Voi avete scosso
Lui/Lei ha scosso	Loro hanno scosso

Trapassato Prossimo

Io avevo scosso	Noi avevamo scosso
Tu avevi scosso	Voi avevate scosso
Lui/Lei aveva scosso	Loro avevano scosso

Futuro

Io scuoterò	Noi scuoteremo
Tu scuoterai	Voi scuoterete
Lui/Lei scuoterà	Loro scuoteranno

Passato Remoto

Io scossi	Noi scuotemmo
Tu scuotesti	Voi scuoteste
Lui/Lei scosse	Loro scossero

Futuro Anteriore

Io avrò scosso	Noi avremo scosso
Tu avrai scosso	Voi avrete scosso
Lui/Lei avrà scosso	Loro avranno scosso

Trapassato Remoto

Io ebbi scosso	Noi avemmo scosso
Tu avesti scosso	Voi aveste scosso
Lui/Lei ebbe scosso	Loro ebbero scosso

CONDIZIONALE

Condizionale Presente

Io scuoterei	Noi scuoteremmo
Tu scuoteresti	Voi scuotereste
Lui/Lei scuoterebbe	Loro scuoterebbero

Condizionale Passato

Io avrei scosso	Noi avremmo scosso
Tu avresti scosso	Voi avreste scosso
Lui/Lei avrebbe scosso	Loro avrebbero scosso

CONGIUNTIVO

Congiuntivo Presente

Io scuota	Noi scuotiamo
Tu scuota	Voi scuotiate
Lui/Lei scuota	Loro scuotano

Congiuntivo Passato

Io abbia scosso	Noi abbiamo scosso
Tu abbia scosso	Voi abbiate scosso
Lui/Lei abbia scosso	Loro abbiano scosso

Congiuntivo Imperfetto

Io scuotessi	Noi scuotessimo
Tu scuotessi	Voi scuoteste
Lui/Lei scuotesse	Loro scuotessero

Congiuntivo Trapassato

Io avessi scosso	Noi avessimo scosso
Tu avessi scosso	Voi aveste scosso
Lui/Lei avesse scosso	Loro avessero scosso

IMPERATIVO

(Tu) scuoti!   (Lei) scuota!   (Noi) scuotiamo!   (Voi) scuotete!   (Loro) scuotano!

Le notizie mi hanno scosso.
The news shook me.

Il vento scuoterà la barca se andiamo oggi a fare la vela.
The wind will shake the boat if we go sailing today.

Non è permesso scuotere i bambini a scuola.
It is not permissible to shake children in school.

SCUSARSI *to excuse oneself, to apologize*

Inf. scusarsi *Part. pres.* scusantesi *Part. pass.* scusato *Ger.* scusandosi

INDICATIVO

Presente

Io mi scuso	Noi ci scusiamo
Tu ti scusi	Voi vi scusate
Lui/Lei si scusa	Loro si scusano

Imperfetto

Io mi scusavo	Noi ci scusavamo
Tu ti scusavi	Voi vi scusavate
Lui/Lei si scusava	Loro si scusavano

Passato Prossimo

Io mi sono scusato/a	Noi ci siamo scusati/e
Tu ti sei scusato/a	Voi vi siete scusati/e
Lui/Lei si è scusato/a	Loro si sono scusati/e

Trapassato Prossimo

Io mi ero scusato/a	Noi ci eravamo scusati/e
Tu ti eri scusato/a	Voi vi eravate scusati/e
Lui/Lei si era scusato/a	Loro si erano scusati/e

Futuro

Io mi scuserò	Noi ci scuseremo
Tu ti scuserai	Voi vi scuserete
Lui/Lei si scuserà	Loro si scuseranno

Passato Remoto

Io mi scusai	Noi ci scusammo
Tu ti scusasti	Voi vi scusaste
Lui/Lei si scusò	Loro si scusarono

Futuro Anteriore

Io mi sarò scusato/a	Noi ci saremo scusati/e
Tu ti sarai scusato/a	Voi vi sarete scusati/e
Lui/Lei si sarà scusato/a	Loro si saranno scusati/e

Trapassato Remoto

Io mi fui scusato/a	Noi ci fummo scusati/e
Tu ti fosti scusato/a	Voi vi foste scusati/e
Lui/Lei si fu scusato/a	Loro si furono scusati/e

CONDIZIONALE

Condizionale Presente

Io mi scuserei	Noi ci scuseremmo
Tu ti scuseresti	Voi vi scurereste
Lui/Lei si scuserebbe	Loro si scuserebbero

Condizionale Passato

Io mi sarei scusato/a	Noi ci saremmo scusati/e
Tu ti saresti scusato/a	Voi vi sareste scusati/e
Lui/Lei si sarebbe scusato/a	Loro si sarebbero scusati/e

CONGIUNTIVO

Congiuntivo Presente

Io mi scusi	Noi ci scusiamo
Tu ti scusi	Voi vi scusiate
Lui/Lei si scusi	Loro si scusino

Congiuntivo Passato

Io mi sia scusato/a	Noi ci siamo scusati/e
Tu ti sia scusato/a	Voi vi siate scusati/e
Lui/Lei si sia scusato/a	Loro si siano scusati/e

Congiuntivo Imperfetto

Io mi scusassi	Noi ci scusassimo
Tu ti scusassi	Voi vi scusaste
Lui/Lei si scusasse	Loro si scusassero

Congiuntivo Trapassato

Io mi fossi scusato/a	Noi ci fossimo scusati/e
Tu tu fossi scusato/a	Voi vi foste scusati/e
Lui/Lei si fosse scusato/a	Loro si fossero scusati/e

IMPERATIVO

(Tu) scusati! (Lei) si scusi (Noi) scusiamoci! (Voi) scusatevi! (Loro) si scusino!

Mi sono scusato per aver urtato la signora.
I said I was sorry when I bumped into the lady.

Si sarebbe scusato anticipatamente se avesse saputo che le sue parole li avrebbero offesi.
He would have excused himself in advance, if he had known that his words would upset them.

Si scusò di averla offesa.
He apologized for having offended her.

SEDERSI   *to sit down*

Inf. sedersi   *Part. pres.* sedentesi   *Part. pass.* seduto   *Ger.* sedendosi

INDICATIVO

Presente

Io mi siedo	Noi ci sediamo
Tu ti siedi	Voi vi sedete
Lui/Lei si siede	Loro si siedono

Imperfetto

Io mi sedevo	Noi ci sedevamo
Tu ti sedevi	Voi vi sedevate
Lui/Lei si sedeva	Loro si sedevano

Passato Prossimo

Io mi sono seduto/a	Noi ci siamo seduti/e
Tu ti sei seduto/a	Voi vi siete seduti/e
Lui/Lei si è seduto/a	Loro si sono seduti/e

Trapassato Prossimo

Io mi ero seduto/a	Noi ci siamo seduti/e
Tu ti eri seduto/a	Voi vi eravate seduti/e
Lui/Lei si era seduto/a	Loro si erano seduti/e

Futuro

Io mi sederò	Noi ci sederemo
Tu ti sederai	Voi vi sederete
Lui/Lei si sederà	Loro si sederanno

Passato Remoto

Io mi sedei	Noi ci sedemmo
Tu ti sedesti	Voi vi sedeste
Lui/Lei si sedé	Loro si sederono

Futuro Anteriore

Io mi sarò seduto/a	Noi ci saremo seduti/e
Tu ti sarai seduto/a	Voi vi sarete seduti/e
Lui/Lei si sarà seduto/a	Loro si saranno seduti/e

Trapassato Remoto

Io mi fui seduto/a	Noi ci fummo seduti/e
Tu ti fosti seduto/a	Voi vi foste seduti/e
Lui/Lei si fu seduto/a	Loro si furono seduti/e

CONDIZIONALE

Condizionale Presente

Io mi sederei	Noi ci sederemmo
Tu ti sederesti	Voi vi sederesti
Lui/Lei si sederebbe	Loro si sederebbero

Condizionale Passato

Io mi sarei seduto/a	Noi ci saremmo seduti/e
Tu ti saresti seduto/a	Voi vi sareste seduti/e
Lui/Lei si sarebbe seduto/a	Loro si sarebbero seduti/e

CONGIUNTIVO

Congiuntivo Presente

Io mi sieda	Noi ci sediamo
Tu ti sieda	Voi vi sediate
Lui/Lei si sieda	Loro si siedano

Congiuntivo Passato

Io mi sia seduto/a	Noi ci siamo seduti/e
Tu ti sia seduto/a	Voi vi siate seduti/e
Lui/Lei si sia seduto/a	Loro si siano seduti/e

Congiuntivo Imperfetto

Io mi sedessi	Noi ci sedessimo
Tu ti sedessi	Voi vi sedeste
Lui/Lei si sedesse	Loro si sedessero

Congiuntivo Trapassato

Io mi fossi seduto/a	Noi ci fossimo seduti/e
Tu ti fossi seduto/a	Voi vi foste seduti/e
Lui/Lei si fosse seduto/a	Loro si fossero seduti/e

IMPERATIVO

(Tu) siediti!   (Lei) si sieda!   (Noi) sediamoci!   (Voi) sedetevi!   (Loro) si siedano!

Ci siamo **tutti seduti** a tavola per la cena di Pasqua.
*We all sat **down** at the table for Easter dinner.*

Signori, si siedano là per favore!
*Ladies and **gentlemen**, please sit over there!*

Mi avrebbe **raccontato** tutti i pettegolezzi, se ci **fossimo** seduti acconto.
*She would **have told** me all the gossip, if we had sat next to each other.*

Inf. sedurre   *Part. pres.* seducente   *Part. pass.* sedotto   *Ger.* seducendo

INDICATIVO

Presente		Imperfetto	
Io seduco	Noi seduciamo	Io seducevo	Noi seducevamo
Tu seduci	Voi seducete	Tu seducevi	Voi seducevate
Lui/Lei seduce	Loro seducono	Lui/Lei seduceva	Loro seducevano

Passato Prossimo		Trapassato Prossimo	
Io ho sedotto	Noi abbiamo sedotto	Io avevo sedotto	Noi avevamo sedotto
Tu hai sedotto	Voi avete sedotto	Tu avevi sedotto	Voi avevate sedotto
Lui/Lei ha sedotto	Loro hanno sedotto	Lui/Lei aveva sedotto	Loro avevano sedotto

Futuro		Passato Remoto	
Io sedurrò	Noi sedurremo	Io sedussi	Noi seducemmo
Tu sedurrai	Voi sedurrete	Tu seducesti	Voi seduceste
Lui/Lei sedurrà	Loro sedurranno	Lui/Lei sedusse	Loro seducessero

Futuro Anteriore		Trapassato Remoto	
Io avrò sedotto	Noi avremo sedotto	Io ebbi sedotto	Noi avemmo sedotto
Tu avrai sedotto	Voi avrete sedotto	Tu avesti sedotto	Voi aveste sedotto
Lui/Lei avrà sedotto	Loro avranno sedotto	Lui/Lei ebbe sedotto	Loro ebbero sedotto

CONDIZIONALE

Condizionale Presente		Condizionale Passato	
Io sedurrei	Noi sedurremmo	Io avrei sedotto	Noi avremmo sedotto
Tu sedurresti	Voi sedurreste	Tu avresti sedotto	Voi avreste sedotto
Lui/Lei sedurrebbe	Loro sedurrebbero	Lui/Lei avrebbe sedotto	Loro avrebbero sedotto

CONGIUNTIVO

Congiuntivo Presente		Congiuntivo Passato	
Io seduca	Noi seduciamo	Io abbia sedotto	Noi abbiamo sedotto
Tu seduca	Voi seduciate	Tu abbia sedotto	Voi abbiate sedotto
Lui/Lei seduca	Loro seducano	Lui/Lei abbia sedotto	Loro abbiano sedotto

Congiuntivo Imperfetto		Congiuntivo Trapassato	
Io seducessi	Noi seducessimo	Io avessi sedotto	Noi avessimo sedotto
Tu seducessi	Voi seduceste	Tu avessi sedotto	Voi aveste sedotto
Lui/Lei seducesse	Loro seducessero	Lui/Lei avesse sedotto	Loro avessero sedotto

IMPERATIVO

(Tu) seduci!   (Lei) seduca!   (Noi) seduciamo!   (Voi) seducete!   (Loro) seducano!

Lei è molto a brava a sedurre gli altri.
She is very good at charming others.

Ha la fama di aver sedotto molte donne.
He has the reputation of having seduced many women.

Ha un sorriso che seduce.
She has an inviting smile.

Inf. segnare   *Part. pres.* segnante   *Part. pass.* segnato   *Ger.* segnando

INDICATIVO

Presente

Io segno	Noi segniamo
Tu segni	Voi segnate
Lui/Lei segna	Loro segnano

Imperfetto

Io segnavo	Noi segnavamo
Tu segnavi	Voi segnavate
Lui/Lei segnava	Loro segnavano

Passato Prossimo

Io ho segnato	Noi abbiamo segnato
Tu hai segnato	Voi avete segnato
Lui/Lei ha segnato	Loro hanno segnato

Trapassato Prossimo

Io avevo segnato	Noi avevamo segnato
Tu avevi segnato	Voi avevate segnato
Lui/Lei aveva segnato	Loro avevano segnato

Futuro

Io segnerò	Noi segneremo
Tu segnerai	Voi segnerete
Lui/Lei segnerà	Loro segneranno

Passato Remoto

Io segnai	Noi segnammo
Tu segnasti	Voi segnaste
Lui/Lei segnò	Loro segnarono

Futuro Anteriore

Io avrò segnato	Noi avremo segnato
Tu avrai segnato	Voi avrete segnato
Lui/Lei avrà segnato	Loro avranno segnato

Trapassato Remoto

Io ebbi segnato	Noi avemmo segnato
Tu avesti segnato	Voi aveste segnato
Lui/Lei ebbe segnato	Loro ebbero segnato

CONDIZIONALE

Condizionale Presente

Io segnerei	Noi segneremmo
Tu segneresti	Voi segnereste
Lui/Lei segnerebbe	Loro segnerebbero

Condizionale Passato

Io avrei segnato	Noi avremmo segnato
Tu avresti segnato	Voi avreste segnato
Lui/Lei avrebbe segnato	Loro avrebbero segnato

CONGIUNTIVO

Congiuntivo Presente

Io segni	Noi segniamo
Tu segni	Voi segniate
Lui/Lei segni	Loro segnino

Congiuntivo Passato

Io abbia segnato	Noi abbiamo segnato
Tu abbia segnato	Voi abbiate segnato
Lui/Lei abbia segnato	Loro abbiano segnato

Congiuntivo Imperfetto

Io segnassi	Noi segnassimo
Tu segnassi	Voi segnaste
Lui/Lei segnasse	Loro segnassero

Congiuntivo Trapassato

Io avessi segnato	Noi avessimo segnato
Tu avessi segnato	Voi aveste segnato
Lui/Lei avesse segnato	Loro avessero segnato

IMPERATIVO

(Tu) segna!   (Lei) segni!   (Noi) segniamo!   (Voi) segnate!   (Loro) segnino!

L'esplosione ha segnato l'inizio della guerra.
The explosion signaled the beginning of the war.

Devo sempre segnare i miei appuntamenti, altrimenti mi dimentico tutto.
I always have to mark down my appointments, otherwise I forget everything.

Mi segnò di procedure lungo la strada.
He signaled me to proceed along the road.

Inf. seguire *Part. pres.* seguente *Part. pass.* seguito *Ger.* seguendo

INDICATIVO

Presente

Io seguo	Noi seguiamo
Tu segui	Voi seguite
Lui/Lei segue	Loro seguono

Imperfetto

Io seguivo	Noi seguivamo
Tu seguivi	Voi seguivate
Lui/Lei seguiva	Loro seguivano

Passato Prossimo

Io ho seguito	Noi abbiamo seguito
Tu hai seguito	Voi avete seguito
Lui/Lei ha seguito	Lora hanno seguito

Trapassato Prossimo

Io avevo seguito	Noi avevamo seguito
Tu avevi seguito	Voi avevate seguito
Lui/Lei aveva seguito	Loro avevano seguito

Futuro

Io seguirò	Noi seguiremo
Tu seguirai	Voi seguirete
Lui/Lei seguirà	Loro seguiranno

Passato Remoto

Io seguii	Noi seguimmo
Tu seguisti	Voi seguiste
Lui/Lei seguì	Loro seguirono

Futuro Anteriore

Io avrò seguito	Noi avremo seguito
Tu avrai seguito	Voi avrete seguito
Lui/Lei avrà seguito	Loro avranno seguito

Trapassato Remoto

Io ebbi seguito	Noi avemmo seguito
Tu avesti seguito	Voi aveste seguito
Lui/Lei ebbe seguito	Loro ebbero seguito

CONDIZIONALE

Condizionale Presente

Io seguirei	Noi seguiremmo
Tu seguiresti	Voi seguireste
Lui/Lei seguirebbe	Loro seguirebbero

Condizionale Passato

Io avrei seguito	Noi avremmo seguito
Tu avresti seguito	Voi avreste seguito
Lui/Lei avrebbe seguito	Loro avrebbero seguito

CONGIUNTIVO

Congiuntivo Presente

Io segua	Noi seguiamo
Tu segua	Voi seguiate
Lui/Lei segua	Loro seguano

Congiuntivo Passato

Io abbia seguito	Noi abbiamo seguito
Tu abbia seguito	Voi abbiate seguito
Lui/Lei abbia seguito	Loro abbiano seguito

Congiuntivo Imperfetto

Io seguissi	Noi seguissimo
Tu seguissi	Voi seguiste
Lui/Lei seguisse	Loro seguissero

Congiuntivo Trapassato

Io avessi seguito	Noi avessimo seguito
Tu avessi seguito	Voi aveste seguito
Lui/Lei avesse seguito	Loro avessero seguito

IMPERATIVO

(Tu) segui! (Lei) segua! (Noi) seguiamo! (Voi) seguite! (Loro) seguano!

Ho sempre seguito il mio istinto.
I have always followed my instinct.

La seguiva con i suoi occhi.
He followed her with his eyes.

Sarebbe meglio se seguissi le istruzioni del manuale.
It would be better if you followed the manual's instructions.

SEMBRARE *to seem*

Inf. sembrare   *Part. pres.* sembrante   *Part. pass.* sembrato   *Ger.* sembrando

INDICATIVO

Presente

Io sembro	Noi sembriamo
Tu sembri	Voi sembrate
Lui/Lei sembra	Loro sembrano

Imperfetto

Io sembravo	Noi sembravamo
Tu sembravi	Voi sembravate
Lui/Lei sembrava	Loro sembravano

Passato Prossimo

Io sono sembrato/a	Noi siamo sembrati/e
Tu sei sembrato/a	Voi siete sembrati/e
Lui/Lei è sembrato/a	Loro sono sembrati/e

Trapassato Prossimo

Io ero sembrato/a	Noi eravamo sembrati/e
Tu eri sembrato/a	Voi eravate sembrati/e
Lui/Lei era sembrato/a	Loro erano sembrati/e

Futuro

Io sembrerò	Noi sembreremo
Tu sembrerai	Voi sembrerete
Lui/Lei sembrerà	Loro sembreranno

Passato Remoto

Io sembrai	Noi sembrammo
Tu sembrasti	Voi sembraste
Lui/Lei sembrò	Loro sembrarono

Futuro Anteriore

Io sarò sembrato/a	Noi saremo sembrati/e
Tu sarai sembrato/a	Voi sarete sembrati/e
Lui/Lei sarà sembrato/a	Loro saranno sembrati/e

Trapassato Remoto

Io fui sembrato/a	Noi fummo sembrati/e
Tu fosti sembrato/a	Voi foste sembrati/e
Lui/Lei fu sembrato/a	Loro furono sembrati/e

CONDIZIONALE

Condizionale Presente

Io sembrerei	Noi sembreremmo
Tu sembreresti	Voi sembrereste
Lui/Lei sembrerebbe	Loro sembrerebbero

Condizionale Passato

Io sarei sembrato/a	Noi saremmo sembrati/e
Tu saresti sembrato/a	Voi sareste sembrati/e
Lui/Lei sarebbe sembrato/a	Loro sarebbero sembrati/e

CONGIUNTIVO

Congiuntivo Presente

Io sembri	Noi sembriamo
Tu sembri	Voi sembriate
Lui/Lei sembri	Loro sembrino

Congiuntivo Passato

Io sia sembrato/a	Noi siamo sembrati/e
Tu sia sembrato/a	Voi siate sembrati/e
Lui/Lei sia sembrato/a	Loro siano sembrati/e

Congiuntivo Imperfetto

Io sembrassi	Noi sembrassimo
Tu sembrassi	Voi sembraste
Lui/Lei sembrasse	Loro sembrassero

Congiuntivo Trapassato

Io fossi sembrato/a	Noi fossimo sembrati/e
Tu fossi sembrato/a	Voi foste sembrati/e
Lui/Lei fosse sembrato/a	Loro fossero sembrati/e

IMPERATIVO

(Tu) sembra!   (Lei) sembri!   (Noi) sembriamo!   (Voi) sembrate!   (Loro) sembrino!

Mi sembri un po' triste.
You seem a little sad to me.

Arrivare a questa decisione sembrava difficile.
Coming to this decision seemed difficult.

Non era così stupido come sembrava all'inizio.
He wasn't as stupid as he seemed initially.

Inf. sentire *Part. pres.* sentente *Part. pass.* sentito *Ger.* sentendo

INDICATIVO

Presente		Imperfetto	
Io sento	Noi sentiamo	Io sentivo	Noi sentivamo
Tu senti	Voi sentite	Tu sentivi	Voi sentivate
Lui/Lei sente	Loro sentono	Lui/Lei sentiva	Loro sentivano

Passato Prossimo		Trapassato Prossimo	
Io ho sentito	Noi abbiamo sentito	Io avevo sentito	Noi avevamo sentito
Tu hai sentito	Voi avete sentito	Tu avevi sentito	Voi avevate sentito
Lui/Lei ha sentito	Loro hanno sentito	Lui/Lei aveva sentito	Loro avevano sentito

Futuro		Passato Remoto	
Io sentirò	Noi sentiremo	Io sentii	Noi sentimmo
Tu sentirai	Voi sentirete	Tu sentisti	Voi sentiste
Lui/Lei sentirà	Loro sentiranno	Lui/Lei sentì	Loro sentirono

Futuro Anteriore		Trapassato Remoto	
Io avrò sentito	Noi avremo sentito	Io ebbi sentito	Noi avemmo sentito
Tu avrai sentito	Voi avrete sentito	Tu avesti sentito	Voi aveste sentito
Lui/Lei avrà sentito	Loro avranno sentito	Lui/Lei ebbe sentito	Loro ebbero sentito

CONDIZIONALE

Condizionale Presente		Condizionale Passato	
Io sentirei	Noi sentiremmo	Io avrei sentito	Noi avremmo sentito
Tu sentiresti	Voi sentireste	Tu avresti sentito	Voi avreste sentito
Lui/Lei sentirebbe	Loro sentirebbero	Lui/Lei avrebbe sentito	Loro avrebbero sentito

CONGIUNTIVO

Congiuntivo Presente		Congiuntivo Passato	
Io senta	Noi sentiamo	Io abbia sentito	Noi abbiamo sentito
Tu senta	Voi sentiate	Tu abbia sentito	Voi abbiate sentito
Lui/Lei senta	Loro sentano	Lui/Lei abbia sentito	Loro abbiano sentito

Congiuntivo Imperfetto		Congiuntivo Trapassato	
Io sentissi	Noi sentissimo	Io avessi sentito	Noi avessimo sentito
Tu sentissi	Voi sentiste	Tu avessi sentito	Voi aveste sentito
Lui/Lei sentisse	Loro sentissero	Lui/Lei avesse sentito	Loro avessero sentito

IMPERATIVO

(Tu) senti! (Lei) senta! (Noi) sentiamo! (Voi) sentite! (Loro) sentano!

Lui non sente bene da quell'orecchio.
He doesn't hear well from that ear.

Non l'abbiamo mai sentito dire una cosa simile.
We have never heard him say such a thing.

Sentirono qualcosa di bagnato sotto il lavandino.
They felt something wet under the sink.

SEPPELLIRE   *to bury*

Inf. seppellire   *Part. pres.* seppellente   *Part. pass.* seppellito   *Ger.* seppellendo

INDICATIVO

Presente

Io seppellisco	Noi seppelliamo
Tu seppellisci	Voi seppellite
Lui/Lei seppellisce	Loro seppelliscono

Imperfetto

Io seppellivo	Noi seppellivamo
Tu seppellivi	Voi seppellivate
Lui/Lei seppelliva	Loro seppellivano

Passato Prossimo

Io ho seppellito	Noi abbiamo seppellito
Tu hai seppellito	Voi avete seppellito
Lui/Lei ha seppellito	Loro hanno seppellito

Trapassato Prossimo

Io avevo seppellito	Noi avevamo seppellito
Tu avevi seppellito	Voi avevate seppellito
Lui/Lei aveva seppellito	Loro avevano seppellito

Futuro

Io seppellirò	Noi seppelliremo
Tu seppellirai	Voi seppellirete
Lui/Lei seppellirà	Loro seppelliranno

Passato Remoto

Io seppellii	Noi seppellimmo
Tu seppellisti	Voi seppelliste
Lui/Lei seppellì	Loro seppellirono

Futuro Anteriore

Io avrò seppellito	Noi avremo seppellito
Tu avrai seppellito	Voi avrete seppellito
Lui/Lei avrà seppellito	Loro avranno seppellito

Trapassato Remoto

Io ebbi seppellito	Noi avemmo seppellito
Tu avesti seppellito	Voi aveste seppellito
Lui/Lei ebbe seppellito	Loro ebbero seppellito

CONDIZIONALE

Condizionale Presente

Io seppellirei	Noi seppelliremmo
Tu seppelliresti	Voi seppellireste
Lui/Lei seppellirebbe	Loro seppellirebbero

Condizionale Passato

Io avrei seppellito	Noi avremmo seppellito
Tu avresti seppellito	Voi avreste seppellito
Lui/Lei avrebbe seppellito	Loro avrebbero seppellito

CONGIUNTIVO

Congiuntivo Presente

Io seppellisca	Noi seppelliamo
Tu seppellisca	Voi seppelliate
Lui/Lei seppellisca	Loro seppelliscano

Congiuntivo Passato

Io abbia seppellito	Noi abbiamo seppellito
Tu abbia seppellito	Voi abbiate seppellito
Lui/Lei abbia seppellito	Loro abbiano seppellito

Congiuntivo Imperfetto

Io seppellissi	Noi seppellissimo
Tu seppellissi	Voi seppelliste
Lui/Lei seppellisse	Loro seppellissero

Congiuntivo Trapassato

Io avessi seppellito	Noi avessimo seppellito
Tu avessi seppellito	Voi aveste seppellito
Lui/Lei avesse seppellito	Loro avessero seppellito

IMPERATIVO

(Tu) seppellisci!   (Lei) seppellisca!   (Noi) seppelliamo!   (Voi) seppellite!   (Loro) seppelliscano!

Ieri hanno seppellito la loro povera mamma.
Yesterday they buried their poor mother.

Non aveva fiducia nelle banche, così seppelliva sempre i soldi in giardino.
He didn't trust banks, so he always buried his money in the garden.

Voleva essere seppellito in mare.
He wanted to be buried at sea.

Inf. serrare   *Part. pres.* serrante   *Part. pass.* serrato   *Ger.* serrando

INDICATIVO

Presente

Io serro	Noi serriamo
Tu serri	Voi serrate
Lui/Lei serra	Loro serrano

Imperfetto

Io serravo	Noi serravamo
Tu serravi	Voi serravate
Lui/Lei serrava	Loro serravano

Passato Prossimo

Io ho serrato	Noi abbiamo serrato
Tu hai serrato	Voi avete serrato
Lui/Lei ha serrato	Loro hanno serrato

Trapassato Prossimo

Io avevo serrato	Noi avevamo serrato
Tu avevi serrato	Voi avevate serrato
Lui/Lei aveva serrato	Loro avevano serrato

Futuro

Io serrerò	Noi serreremo
Tu serrerai	Voi serrerete
Lui/Lei serrerà	Loro serreranno

Passato Remoto

Io serrai	Noi serrammo
Tu serrasti	Voi serraste
Lui/Lei serrò	Loro serrarono

Futuro Anteriore

Io avrò serrato	Noi avremo serrato
Tu avrai serrato	Voi avrete serrato
Lui/Lei avrà serrato	Loro avranno serrato

Trapassato Remoto

Io ebbi serrato	Noi avemmo serrato
Tu avesti serrato	Voi aveste serrato
Lui/Lei ebbe serrato	Loro ebbero serrato

CONDIZIONALE

Condizionale Presente

Io serrerei	Noi serreremmo
Tu serreresti	Voi serrereste
Lui/Lei serrerebbe	Loro serrerebbero

Condizionale Passato

Io avrei serrato	Noi avremmo serrato
Tu avresti serrato	Voi avreste serrato
Lui/Lei avrebbe serrato	Loro avrebbero serrato

CONGIUNTIVO

Congiuntivo Presente

Io serri	Noi serriamo
Tu serri	Voi serriate
Lui/Lei serri	Loro serrino

Congiuntivo Passato

Io abbia serrato	Noi abbiamo serrato
Tu abbia serrato	Voi abbiate serrato
Lui/Lei abbia serrato	Loro abbiano serrato

Congiuntivo Imperfetto

Io serrassi	Noi serrassimo
Tu serrassi	Voi serraste
Lui/Lei serrasse	Loro serrassero

Congiuntivo Trapassato

Io avessi serrato	Noi avessimo serrato
Tu avessi serrato	Voi aveste serrato
Lui/Lei avesse serrato	Loro avessero serrato

IMPERATIVO

(Tu) serra!   (Lei) serri!   (Noi) serriamo!   (Voi) serrate!   (Loro) serrino!

In alcune parti degli Stati Uniti non si serrano le porte.
In some parts of the United States, one doesn't lock the doors.

Appena ebbe visto la sua avversaria, serrò le labbra.
As soon as she had seen her adversary, she tightened her lips.

Ha serrato i pugni davanti al pericolo.
He clenched his fists in the face of danger.

SERVIRE   *to serve*

Inf. servire   *Part. pres.* servente   *Part. pass.* servito   *Ger.* servendo

INDICATIVO

Presente

Io servo	Noi serviamo
Tu servi	Voi servite
Lui/Lei serve	Loro servono

Imperfetto

Io servivo	Noi servivamo
Tu servivi	Voi servivate
Lui/Lei serviva	Loro servivano

Passato Prossimo

Io ho servito	Noi abbiamo servito
Tu hai servito	Voi avete servito
Lui/Lei ha servito	Loro hanno servito

Trapassato Prossimo

Io avevo servito	Noi avevamo servito
Tu avevi servito	Voi avevate servito
Lui/Lei aveva servito	Loro avevano servito

Futuro

Io servirò	Noi serviremo
Tu servirai	Voi servirete
Lui/Lei servirà	Loro serviranno

Passato Remoto

Io servii	Noi servimmo
Tu servisti	Voi serviste
Lui/Lei servì	Loro servirono

Futuro Anteriore

Io avrò servito	Noi avremo servito
Tu avrai servito	Voi avrete servito
Lui/Lei avrà servito	Loro avranno servito

Trapassato Remoto

Io ebbi servito	Noi avemmo servito
Tu avesti servito	Voi aveste servito
Lui/Lei ebbe servito	Loro ebbero servito

CONDIZIONALE

Condizionale Presente

Io servirei	Noi serviremmo
Tu serviresti	Voi servireste
Lui/Lei servirebbe	Loro servirebbero

Condizionale Passato

Io avrei servito	Noi avremmo servito
Tu avresti servito	Voi avreste servito
Lui/Lei avrebbe servito	Loro avrebbero servito

CONGIUNTIVO

Congiuntivo Presente

Io serva	Noi serviamo
Tu serva	Voi serviate
Lui/Lei serva	Loro servano

Congiuntivo Passato

Io abbia servito	Noi abbiamo servito
Tu abbia servito	Voi abbiate servito
Lui/Lei abbia servito	Loro abbiano servito

Congiuntivo Imperfetto

Io servissi	Noi servissimo
Tu servissi	Voi serviste
Lui/Lei servisse	Loro servissero

Congiuntivo Trapassato

Io avessi servito	Noi avessimo servito
Tu avessi servito	Voi aveste servito
Lui/Lei avesse servito	Loro avessero servito

IMPERATIVO

(Tu) servi!   (Lei) serva!   (Noi) serviamo!   (Voi) servite!   (Loro) servano!

In che cosa posso servirla?
How can I help you?

Se non avessi servito le lasagne forse gli ospiti avrebbero mangiato più arrosto.
If I had not served the lasagna maybe the guests would have eaten more roast.

Servono molto lentamente in quest'osteria.
They serve very slowly in this osteria.

SFORZARE *to strain, to compel*

Inf. sforzare *Part. pres.* sforzante *Part. pass.* sforzato *Ger.* sforzando

INDICATIVO

Presente

Io sforzo	Noi sforziamo
Tu sforzi	Voi sforzate
Lui/Lei sforza	Loro sforzano

Imperfetto

Io sforzavo	Noi sforzavamo
Tu sforzavi	Voi sforzavate
Lui/Lei sforzava	Loro sforzavano

Passato Prossimo

Io ho sforzato	Noi abbiamo sforzato
Tu hai sforzato	Voi avete sforzato
Lui/Lei ha sforzato	Loro hanno sforzato

Trapassato Prossimo

Io avevo sforzato	Noi avevamo sforzato
Tu avevi sforzato	Voi avevate sforzato
Lui/Lei aveva sforzato	Loro avevano sforzato

Futuro

Io sforzerò	Noi sforzeremo
Tu sforzerai	Voi sforzerete
Lui/Lei sforzerà	Loro sforzeranno

Passato Remoto

Io sforzai	Noi sforzammo
Tu sforzasti	Voi sforzaste
Lui/Lei sforzò	Loro sforzarono

Futuro Anteriore

Io avrò sforzato	Noi avremo sforzato
Tu avrai sforzato	Voi avrete sforzato
Lui/Lei avrà sforzato	Loro avranno sforzato

Trapassato Remoto

Io ebbi sforzato	Noi avemmo sforzato
Tu avesti sforzato	Voi aveste sforzato
Lui/Lei ebbe sforzato	Loro ebbero sforzato

CONDIZIONALE

Condizionale Presente

Io sforzerei	Noi sforzeremmo
Tu sforzeresti	Voi sforzereste
Lui/Lei sforzerebbe	Loro sforzerebbero

Condizionale Passato

Io avrei sforzato	Noi avremmo sforzato
Tu avresti sforzato	Voi avreste sforzato
Lui/Lei avrebbe sforzato	Loro avrebbero sforzato

CONGIUNTIVO

Congiuntivo Presente

Io sforzi	Noi sforziamo
Tu sforzi	Voi sforziate
Lui/Lei sforzi	Loro sforzino

Congiuntivo Passato

Io abbia sforzato	Noi abbiamo sforzato
Tu abbia sforzato	Voi abbiate sforzato
Lui/Lei abbia sforzato	Loro abbiano sforzato

Congiuntivo Imperfetto

Io sforzassi	Noi sforzassimo
Tu sforzassi	Voi sforzaste
Lui/Lei sforzasse	Loro sforzassero

Congiuntivo Trapassato

Io avessi sforzato	Noi avessimo sforzato
Tu avessi sforzato	Voi aveste sforzato
Lui/Lei avesse sforzato	Loro avessero sforzato

IMPERATIVO

(Tu) sforza! (Lei) sforzi! (Noi) sforziamo! (Voi) sforzate (Loro) sforzino!

Hanno sforzato la ragazzina a mangiare i suoi spinaci.
They forced the little girl to eat her spinach.

Sforzarono gli occhi per vedere un po' meglio.
They strained their eyes to see a little better.

Penso che abbiano sforzato i bambini ad alzarsi.
I believe that they compelled the children to get up.

SFRUTTARE   *to exploit, to take advantage of*

Inf. sfruttare   *Part. pres.* sfruttante   *Part. pass.* sfruttato   *Ger.* sfruttando

INDICATIVO

Presente

Io sfrutto	Noi sfruttiamo
Tu sfrutti	Voi sfruttate
Lui/Lei sfrutta	Loro sfruttano

Imperfetto

Io sfruttavo	Noi sfruttavamo
Tu sfrattavi	Voi sfruttavate
Lui/Lei sfruttava	Loro sfruttavano

Passato Prossimo

Io ho sfruttato	Noi abbiamo sfruttato
Tu hai sfruttato	Voi avete sfruttato
Lui/Lei ha sfruttato	Loro hanno sfruttato

Trapassato Prossimo

Io avevo sfruttato	Noi avevamo sfruttato
Tu avevi sfruttato	Voi avevate sfruttato
Lui/Lei aveva sfruttato	Loro avevano sfruttato

Futuro

Io sfrutterò	Noi sfrutteremo
Tu sfrutterai	Voi sfrutterete
Lui/Lei sfrutterà	Noi sfrutteranno

Passato Remoto

Io sfruttai	Noi sfruttammo
Tu sfruttasti	Voi sfruttaste
Lui/Lei sfruttò	Loro sfruttarono

Futuro Anteriore

Io avrò sfruttato	Noi avremo sfruttato
Tu avrai sfruttato	Voi avrete sfruttato
Lui/Lei avrà sfruttato	Loro avranno sfruttato

Trapassato Remoto

Io ebbi sfruttato	Noi avemmo sfruttato
Tu avesti sfruttato	Voi aveste sfruttato
Lui/Lei ebbe sfruttato	Loro ebbero sfruttato

CONDIZIONALE

Condizionale Presente

Io sfrutterei	Noi sfrutteremmo
Tu sfrutteresti	Voi sfruttereste
Lui/Lei sfrutterebbe	Loro sfrutterebbero

Condizionale Passato

Io avrei sfruttato	Noi avremmo sfruttato
Tu avresti sfruttato	Voi avreste sfruttato
Lui/Lei avrebbe sfruttato	Loro avrebbero sfruttato

CONGIUNTIVO

Congiuntivo Presente

Io sfrutti	Noi sfruttiamo
Tu sfrutti	Voi sfruttiate
Lui/Lei sfrutti	Loro sfruttino

Congiuntivo Passato

Io abbia sfruttato	Noi abbiamo sfruttato
Tu abbia sfruttato	Voi abbiate sfruttato
Lui/Lei abbia sfruttato	Loro abbiano sfruttato

Congiuntivo Imperfetto

Io sfruttassi	Noi sfruttassimo
Tu sfruttassi	Voi sfruttaste
Lui/Lei sfruttasse	Loro sfruttassero

Congiuntivo Trapassato

Io avessi sfruttato	Noi avessimo sfruttato
Tu avessi sfruttato	Voi aveste sfruttato
Lui/Lei avesse sfruttato	Loro avessero sfruttato

IMPERATIVO

(Tu) sfrutta!   (Lei) sfrutti!   (Noi) sfruttiamo!   (Voi) sfruttate!   (Loro) sfruttino!

Ha sfruttato il mercato e adesso si trova in prigione.
He exploited the market and now he is in jail.

Sfruttava sempre la sua gentilezza.
He always took advantage of her kindness.

Pensavano che lei avesse delle buone qualità, ma in verità sfruttava le informazioni datele.
They thought she had good qualities, but in truth she exploited the information she was given.

Inf. sfuggire   *Part. pres.* sfuggente   *Part. pass.* sfuggito   *Ger.* sfuggendo

INDICATIVO

Presente		Imperfetto	
Io sfuggo	Noi sfuggiamo	Io sfuggivo	Noi sfuggivamo
Tu sfuggi	Voi sfuggite	Tu sfuggivi	Voi sfuggivate
Lui/Lei sfugge	Loro sfuggono	Lui/Lei sfuggiva	Loro sfuggivano

Passato Prossimo		Trapassato Prossimo	
Io sono sfuggito/a	Noi siamo sfuggiti/e	Io ero sfuggito/a	Noi eravamo sfuggiti/e
Tu sei sfuggito/a	Voi siete sfuggiti/e	Tu eri sfuggito/a	Voi eravate sfuggiti/e
Lui/Lei `e sfuggito/a	Loro sono sfuggiti/e	Lui/Lei era sfuggito/a	Loro erano sfuggiti/e

Futuro		Passato Remoto	
Io sfuggirò	Noi sfuggiremo	Io sfuggii	Noi sfuggimmo
Tu sfuggirai	Voi sfuggirete	Tu sfuggisti	Voi sfuggiste
Lui/Lei sfuggirà	Loro sfuggiranno	Lui/Lei sfuggì	Loro sfuggirono

Futuro Anteriore		Trapassato Remoto	
Io sarò sfuggito/a	Noi saremo sfuggiti/e	Io fui sfuggito/a	Noi fummo sfuggiti/e
Tu sarai sfuggito/a	Voi sarete sfuggiti/e	Tu fosti sfuggito/a	Voi foste sfuggiti/e
Lui/Lei sarà sfuggito/a	Loro saranno sfuggiti/e	Lui/Lei fu sfuggito/a	Loro furono sfuggiti/e

CONDIZIONALE

Condizionale Presente		Condizionale Passato	
Io sfuggirei	Noi sfuggiremmo	Io sarei sfuggito/a	Noi saremmo sfuggiti/e
Tu sfuggiresti	Voi sfuggireste	Tu saresti sfuggito/a	Voi sareste sfuggiti/e
Lui/Lei sfuggirebbe	Loro sfuggirebbero	Lui/Lei sarebbe sfuggito/a	Loro sarebbero sfuggiti/e

CONGIUNTIVO

Congiuntivo Presente		Congiuntivo Passato	
Io sfugga	Noi sfuggiamo	Io sia sfuggito/a	Noi siamo sfuggiti/e
Tu sfugga	Voi sfuggiate	Tu sia sfuggito/a	Voi siate sfuggiti/e
Lui/Lei sfugga	Loro sfuggano	Lui/Lei sia sfuggito/a	Loro siano sfuggiti/e

Congiuntivo Imperfetto		Congiuntivo Trapassato	
Io sfuggissi	Noi sfuggissimo	Io fossi sfuggito/a	Noi fossimo sfuggiti/e
Tu sfuggissi	Voi sfuggiste	Tu fossi sfuggito/a	Voi foste sfuggiti/e
Lui/Lei sfuggisse	Loro sfuggissero	Lui/Lei fosse sfuggito/a	Loro fossero sfuggiti/e

IMPERATIVO

(Tu) sfuggi!   (Lei) sfugga!   (Noi) sfuggiamo!   (Voi) sfuggite!   (Loro) sfuggano!

Sfuggirono dagli elefanti disordinati.
They escaped the stampeding elephants.

Mi è sfuggito il suo segreto e adesso non mi parla più.
Her secret slipped out and now she no longer speaks to me.

Si aspetta che sfuggano se c'è pericolo di andare in prigione.
He expects them to escape if there is danger of going to prison.

Inf. sistemare   *Part. pres.* sistemante   *Part. pass.* sistemato   *Ger.* sistemando

INDICATIVO

Presente

Io sistemo	Noi sistemiamo
Tu sistemi	Voi sistemate
Lui/Lei sistema	Loro sistemano

Imperfetto

Io sistemavo	Noi sistemavamo
Tu sistemavi	Voi sistemavate
Lui/Lei sistemava	Loro sistemavano

Passato Prossimo

Io ho sistemato	Noi abbiamo sistemato
Tu hai sistemato	Voi avete sistemato
Lui/Lei ha sistemato	Loro hanno sistemato

Trapassato Prossimo

Io avevo sistemato	Noi avevamo sistemato
Tu avevi sistemato	Voi avevate sistemato
Lui/Lei aveva sistemato	Loro avevano sistemato

Futuro

Io sistemerò	Noi sistemeremo
Tu sistemerai	Voi sistemerete
Lui/Lei sistemerà	Loro sistemeranno

Passato Remoto

Io sistemai	Noi sistemammo
Tu sistemasti	Voi sistemaste
Lui/Lei sistemò	Loro sistemarono

Futuro Anteriore

Io avrò sistemato	Noi avremo sistemato
Tu avrai sistemato	Voi avrete sistemato
Lui/Lei avrà sistemato	Loro avranno sistemato

Trapassato Remoto

Io ebbi sistemato	Noi avemmo sistemato
Tu avesti sistemato	Voi aveste sistemato
Lui/Lei ebbe sistemato	Loro ebbero sistemato

CONDIZIONALE

Condizionale Presente

Io sistemerei	Noi sistemeremmo
Tu sistemeresti	Voi sistemereste
Lui/Lei sistemerebbe	Loro sistemerebbero

Condizionale Passato

Io avrei sistemato	Noi avremmo sistemato
Tu avresti sistemato	Voi avreste sistemato
Lui/Lei avrebbe sistemato	Loro avrebbero sistemato

CONGIUNTIVO

Congiuntivo Presente

Io sistemi	Noi sistemiamo
Tu sistemi	Voi sistemiate
Lui/Lei sistemi	Loro sistemino

Congiuntivo Passato

Io abbia sistemato	Noi abbiamo sistemato
Tu abbia sistemato	Voi abbiate sistemato
Lui/Lei abbia sistemato	Loro abbaino sistemato

Congiuntivo Imperfetto

Io sistemassi	Noi sistemassimo
Tu sistemassi	Voi sistemaste
Lui/Lei sistemasse	Loro sistemassero

Congiuntivo Trapassato

Io avessi sistemato	Noi avessimo sistemato
Tu avessi sistemato	Voi aveste sistemato
Lui/Lei avesse sistemato	Loro avessero sistemato

IMPERATIVO

(Tu) sistema!   (Lei) sistemi!   (Noi) sistemiamo!   (Voi) sistemate!   (Loro) sistemino!

Devo sistemare la casa oggi perché vengono ospiti.
I have to tidy up my house today because guests are coming.

Aveva sistemato tutte le sue cose in modo da poter partire l'indomani.
He had arranged all his things so as to be able to leave the following day.

Pensavano di poterli sistemare nell'attico.
They thought they could accommodate them in the attic.

SMETTERE *to stop, to quit*

Inf. smettere *Part. pres.* smettente *Part. pass.* smesso *Ger.* smettendo

INDICATIVO

Presente

Io smetto	Noi smettiamo
Tu smetti	Voi smettete
Lui/Lei smette	Loro smettono

Imperfetto

Io smettevo	Noi smettevamo
Tu smettevi	Voi smettevate
Lui/Lei smetteva	Loro smettevano

Passato Prossimo

Io ho smesso	Noi abbiamo smesso
Tu hai smesso	Voi avete smesso
Lui/Lei ha smesso	Loro hanno smesso

Trapassato Prossimo

Io avevo smesso	Noi avevamo smesso
Tu avevi smesso	Voi avevate smesso
Lui/Lei aveva smesso	Loro avevano smesso

Futuro

Io smetterò	Noi smetteremo
Tu smetterai	Voi smetterete
Lui/Lei smetterà	Loro smetteranno

Passato Remoto

Io smisi	Noi smettemmo
Tu smettesti	Voi smetteste
Lui/Lei smise	Loro smisero

Futuro Anteriore

Io avrò smesso	Noi avremo smesso
Tu avrai smesso	Voi avrete smesso
Lui/Lei avrà smesso	Loro avranno smesso

Trapassato Remoto

Io ebbi smesso	Noi avemmo smesso
Tu avesti smesso	Voi aveste smesso
Lui/Lei ebbe smesso	Loro ebbero smesso

CONDIZIONALE

Condizionale Presente

Io smetterei	Noi smetteremmo
Tu smetteresti	Voi smettereste
Lui/Lei smetterebbe	Loro smetterebbero

Condizionale Passato

Io avrei smesso	Noi avremmo smesso
Tu avresti smesso	Voi avreste smesso
Lui/Lei avrebbe smesso	Loro avrebbero smesso

CONGIUNTIVO

Congiuntivo Presente

Io smetta	Noi smettiamo
Tu smetta	Voi smettiate
Lui/Lei smetta	Loro smettano

Congiuntivo Passato

Io abbia smesso	Noi abbiamo smesso
Tu abbia smesso	Voi abbiate smesso
Lui/Lei abbia smesso	Loro abbiano smesso

Congiuntivo Imperfetto

Io smettessi	Noi smettessimo
Tu smettessi	Voi smetteste
Lui/Lei smettesse	Loro smettessero

Congiuntivo Trapassato

Io avessi smesso	Noi avessimo smesso
Tu avessi smesso	Voi aveste smesso
Lui/Lei avesse smesso	Loro avessero smesso

IMPERATIVO

(Tu) smetti! (Lei) smetta! (Noi) smettiamo! (Voi) smettete! (Loro) smettano!

Dopo tre ore di studio, smisi per preparare qualcosa da mangiare.
After three hours of study, I stopped to prepare something to eat.

Smettila di lamentarti!
Stop complaining!

Penso che abbiano smesso di lavorare per oggi.
I think they have stopped working for today.

Inf. soddisfare *Part. pres.* soddisfacente *Part. pass.* soddisfatto *Ger.* soddisfacendo

INDICATIVO

Presente

Io soddisfaccio	Noi soddisfacciamo
Tu soddisfai	Voi soddisfate
Lui/Lei soddisfa	Loro soddisfanno

Imperfetto

Io soddisfacevo	Noi soddisfacevamo
Tu soddisfacevi	Voi soddisfacevate
Lui/Lei soddisfaceva	Loro soddisfacevano

Passato Prossimo

Io ho soddisfatto	Noi abbiamo soddisfatto
Tu hai soddisfatto	Voi avete soddisfatto
Lui/Lei ha soddisfatto	Loro hanno soddisfatto

Trapassato Prossimo

Io avevo soddisfatto	Noi avevamo soddisfatto
Tu avevi soddisfatto	Voi avevate soddisfatto
Lui/Lei aveva soddisfatto	Loro avevano soddisfatto

Futuro

Io soddisfarò	Noi soddisfaremo
Tu soddisfarai	Voi soddisfarete
Lui/Lei soddisfarà	Loro soddisfaranno

Passato Remoto

Io soddisfeci	Noi soddisfacemmo
Tu soddisfacesti	Voi soddisfaceste
Lui/Lei soddisfece	Loro soddisfecero

Futuro Anteriore

Io avrò soddisfatto	Noi avremo soddisfatto
Tu avrai soddisfatto	Voi avrete soddisfatto
Lui/Lei avrà soddisfatto	Loro avranno soddisfatto

Trapassato Remoto

Io ebbi soddisfatto	Noi avemmo soddisfatto
Tu avesti soddisfatto	Voi aveste soddisfatto
Lui/Lei ebbe soddisfatto	Loro ebbero soddisfatto

CONDIZIONALE

Condizionale Presente

Io soddisfarei	Noi soddisfaremmo
Tu soddisfaresti	Voi soddisfareste
Lui/Lei soddisfarebbe	Loro soddisfarebbero

Condizionale Passato

Io avrei soddisfatto	Noi avremmo soddisfatto
Tu avresti soddisfatto	Voi avreste soddisfatto
Lui/Lei avrebbe soddisfatto	Loro avrebbero soddisfatto

CONGIUNTIVO

Congiuntivo Presente

Io soddisfaccia	Noi soddisfacciamo
Tu soddisfaccia	Voi soddisfacciate
Lui/Lei soddisfaccia	Loro soddisfacciano

Congiuntivo Passato

Io abbia soddisfatto	Noi abbiamo soddisfatto
Tu abbia soddisfatto	Voi abbiate soddisfatto
Lui/Lei abbia soddisfatto	Loro abbiano soddisfatto

Congiuntivo Imperfetto

Io soddisfacessi	Noi soddisfacessimo
Tu soddisfacessi	Voi soddisfaceste
Lui/Lei soddisfacesse	Loro soddisfacessero

Congiuntivo Trapassato

Io avessi soddisfatto	Noi avessimo soddisfatto
Tu avessi soddisfatto	Voi aveste soddisfatto
Lui/Lei avesse soddisfatto	Loro avessero soddisfatto

IMPERATIVO

(Tu) soddisfa! (Lei) soddisfaccia! (Noi) soddisfacciamo! (Voi) soddisfate! (Loro) soddisfacciano!

Abbiamo soddisfatto la nostra voglia di cioccolata.
We satisfied our desire for chocolate.

Non soddisfece i bisogni dei suoi genitori.
She didn't fulfill the needs of her parents.

Era un candidato che non aveva soddisfatto l'elettorato.
He was a candidate who had not satisfied the voters.

SOFFRIGGERE   *to sauté, to brown*

Inf. soffriggere   *Part. pres.* soffriggente   *Part. pass.* soffritto   *Ger.* soffriggendo

INDICATIVO

Presente

Io soffriggo	Noi soffriggiamo
Tu soffriggi	Voi soffriggete
Lui/Lei soffrigge	Loro soffriggono

Imperfetto

Io soffriggevo	Noi soffriggevamo
Tu soffriggevi	Voi soffriggevate
Lui/Lei soffriggeva	Loro soffriggevano

Passato Prossimo

Io ho soffritto	Noi abbiamo soffritto
Tu hai soffritto	Voi avete soffritto
Lui/Lei ha soffritto	Loro hanno soffritto

Trapassato Prossimo

Io avevo soffritto	Noi avevamo soffritto
Tu avevi soffritto	Voi avevate soffritto
Lui/Lei aveva soffritto	Loro avevano soffritto

Futuro

Io soffriggerò	Noi soffriggeremo
Tu soffriggerai	Voi soffriggerete
Lui/Lei soffriggerà	Loro soffriggeranno

Passato Remoto

Io soffrissi	Noi soffriggemmo
Tu soffriggesti	Voi soffriggeste
Lui/Lui soffrisse	Loro soffrissero

Futuro Anteriore

Io avrò soffritto	Noi avremo soffritto
Tu avrai soffritto	Voi avrete soffritto
Lui/Lei avrà soffritto	Loro avranno soffritto

Trapassato Remoto

Io ebbi soffritto	Noi avemmo soffritto
Tu avesti soffritto	Voi aveste soffritto
Lui/Lei ebbe soffritto	Loro ebbero soffritto

CONDIZIONALE

Condizionale Presente

Io soffriggerei	Noi soffriggeremmo
Tu soffriggeresti	Voi soffriggereste
Lui/Lei soffriggerebbe	Loro soffriggerebbero

Condizionale Passato

Io avrei soffritto	Noi avremmo soffritto
Tu avresti soffritto	Voi avreste soffritto
Lui/Lei avrebbe soffritto	Loro avrebbero soffritto

CONGIUNTIVO

Congiuntivo Presente

Io soffrigga	Noi soffriggiamo
Tu soffrigga	Voi soffriggiate
Lui/Lei soffrigga	Loro soffriggano

Congiuntivo Passato

Io abbia soffritto	Noi abbiamo soffritto
Tu abbia soffritto	Voi abbiate soffritto
Lui/Lei abbia soffritto	Loro abbiano soffritto

Congiuntivo Imperfetto

Io soffriggessi	Noi soffriggessimo
Tu soffriggessi	Voi soffriggeste
Lui/Lei soffriggesse	Loro soffriggessero

Congiuntivo Trapassato

Io avessi soffritto	Noi avessimo soffritto
Tu avessi soffritto	Voi aveste soffritto
Lui/Lei avesse soffritto	Loro avessero soffritto

IMPERATIVO

(Tu) soffriggi!   (Lei) soffrigga!   (Noi) soffriggiamo!   (Voi) soffriggete!   (Loro) soffriggano!

Durante la mia infanzia mia madre soffriggeva le verdure.
During my childhood, my mother sautéed the vegetables.

Penso che abbia soffritto quel pesce.
I think he sautéed that fish.

Se soffriggessimo le melanzane avrebbero più sapore.
If we were to sauté the eggplant, it would be tastier.

SOFFRIRE   *to suffer, to tolerate, to endure*

Inf. soffrire   *Part. pres.* soffrente   *Part. pass.* sofferto   *Ger.* soffrendo

INDICATIVO

Presente

Io soffro	Noi soffriamo
Tu soffri	Voi soffrite
Lui/Lei soffre	Loro soffrono

Imperfetto

Io soffrivo	Noi soffrivamo
Tu soffrivi	Voi soffrivate
Lui/Lei soffriva	Loro soffrivano

Passato Prossimo

Io ho sofferto	Noi abbiamo sofferto
Tu hai sofferto	Voi avete sofferto
Lui/Lei ha sofferto	Loro hanno sofferto

Trapassato Prossimo

Io avevo sofferto	Noi avevamo sofferto
Tu avevi sofferto	Voi avevate sofferto
Lui/Lei aveva sofferto	Loro avevano sofferto

Futuro

Io soffrirò	Noi soffriremo
Tu soffrirai	Voi soffrirete
Lui/Lei soffrirà	Loro soffriranno

Passato Remoto

Io soffersi	Noi soffrimmo
Tu soffristi	Voi soffriste
Lui/Lei sofferse	Loro soffersero

Futuro Anteriore

Io avrò sofferto	Noi avremo sofferto
Tu avrai sofferto	Voi avrete sofferto
Lui/Lei avrà sofferto	Loro avranno sofferto

Trapassato Remoto

Io ebbi sofferto	Noi avemmo sofferto
Tu avesti sofferto	Voi aveste sofferto
Lui/Lei ebbe sofferto	Loro ebbero sofferto

CONDIZIONALE

Condizionale Presente

Io soffrirei	Noi soffriremmo
Tu soffriresti	Voi soffrireste
Lui/Lei soffrirebbe	Loro soffrirebbero

Condizionale Passato

Io avrei sofferto	Noi avremmo sofferto
Tu avresti sofferto	Voi avreste sofferto
Lui/Lei avrebbe sofferto	Loro avrebbero sofferto

CONGIUNTIVO

Congiuntivo Presente

Io soffra	Noi soffriamo
Tu soffra	Voi soffriate
Lui/Lei soffra	Loro soffrano

Congiuntivo Passato

Io abbia sofferto	Noi abbiamo sofferto
Tu abbia sofferto	Voi abbiate sofferto
Lui/Lei abbia sofferto	Loro abbiano sofferto

Congiuntivo Imperfetto

Io soffrissi	Noi soffrissimo
Tu soffrissi	Voi soffriste
Lui/Lei soffrisse	Loro soffrissero

Congiuntivo Trapassato

Io avessi sofferto	Noi avessimo sofferto
Tu avessi sofferto	Voi aveste sofferto
Lui/Lei avesse sofferto	Loro avessero sofferto

IMPERATIVO

(Tu) soffri!   (Lei) soffra!   (Noi) soffriamo!   (Voi) soffrite!   (Loro) soffrano!

Mi dispiace che tu abbia sofferto così tanto nella tua vita.
I'm sorry that you suffered so much in your lifetime.

Non la posso soffrire.
I can't tolerate her.

Le piante hanno sofferto per la mia negligenza.
The plants suffered from my negligence.

Inf. sognare   *Part. pres.* sognante   *Part. pass.* sognato   *Ger.* sognando

INDICATIVO

Presente

Io sogno	Noi sogniamo
Tu sogni	Voi sognate
Lui/Lei sogna	Loro sognano

Imperfetto

Io sognavo	Noi sognavamo
Tu sognavi	Voi sognavate
Lui/Lei sognava	Loro sognavano

Passato Prossimo

Io ho sognato	Noi abbiamo sognato
Tu hai sognato	Voi avete sognato
Lui/Lei ha sognato	Loro hanno sognato

Trapassato Prossimo

Io avevo sognato	Noi avevamo sognato
Tu avevi sognato	Voi avevate sognato
Lui/Lei aveva sognato	Loro avevano sognato

Futuro

Io sognerò	Noi sogneremo
Tu sognerai	Voi sognerete
Lui/Lei sognerà	Loro sogneranno

Passato Remoto

Io sognai	Noi sognammo
Tu sognasti	Voi sognaste
Lui/Lei sognò	Loro sognarono

Futuro Anteriore

Io avrò sognato	Noi avremo sognato
Tu avrai sognato	Voi avrete sognato
Lui/Lei avrà sognato	Loro avranno sognato

Trapassato Remoto

Io ebbi sognato	Noi avemmo sognato
Tu avesti sognato	Voi aveste sognato
Lui/Lei ebbe sognato	Loro ebbero sognato

CONDIZIONALE

Condizionale Presente

Io sognerei	Noi sogneremmo
Tu sogneresti	Voi sognereste
Lui/Lei sognerebbe	Loro sognerebbero

Congiuntivo Passato

Io avrei sognato	Noi avremmo sognato
Tu avresti sognato	Voi avreste sognato
Lui/Lei avrebbe sognato	Loro avrebbero sognato

CONGIUNTIVO

Congiuntivo Presente

Io sogni	Noi sogniamo
Tu sogni	Voi sogniate
Lui/Lei sogni	Loro sognino

Congiuntivo Passato

Io abbia sognato	Noi abbiamo sognato
Tu abbia sognato	Voi abbiate sognato
Lui/Lei abbia sognato	Loro abbiano sognato

Congiuntivo Imperfetto

Io sognassi	Noi sognassimo
Tu sognassi	Voi sognaste
Lui/Lei sognasse	Loro sognassero

Congiuntivo Trapassato

Io avessi sognato	Noi avessimo sognato
Tu avessi sognato	Voi aveste sognato
Lui/Lei avesse sognato	Loro avessero sognato

IMPERATIVO

(Tu) sogna!   (Lei) sogni!   (Noi) sogniamo!   (Voi) sognate!   (Loro) sognino!

Sogna di tornare in Italia.
She dreams of returning to Italy.

Ieri notte ho sognato qualcosa di molto strano.
Last night I dreamt of something very strange.

Penso di aver sognato la mia famiglia, ma adesso non mi ricordo niente.
I think I dreamt about my family, but now I don't remember anything.

Inf. sopportare   *Part. pres.* sopportante   *Part. pass.* sopportato   *Ger.* sopportando

INDICATIVO

Presente

Io sopporto	Noi sopportiamo
Tu sopporti	Voi sopportate
Lui/Lei sopporta	Loro sopportano

Imperfetto

Io sopportavo	Noi sopportavamo
Tu sopportavi	Voi sopportavate
Lui/Lei sopportava	Loro sopportavano

Passato Prossimo

Io ho sopportato	Noi abbiamo sopportato
Tu hai sopportato	Voi avete sopportato
Lui/Lei ha sopportato	Loro hanno sopportato

Trapassato Prossimo

Io avevo sopportato	Noi avevamo sopportato
Tu avevi sopportato	Voi avevate sopportato
Lui/Lei aveva sopportato	Loro avevano sopportato

Futuro

Io sopporterò	Noi sopporterete
Tu sopporterai	Voi sopporterete
Lui/Lei sopporterà	Loro sopporteranno

Passato Remoto

Io sopportai	Noi sopportammo
Tu sopportasti	Voi sopportaste
Lui/Lei sopportò	Loro sopportarono

Futuro Anteriore

Io avrò sopportato	Noi avremo sopportato
Tu avrai sopportato	Voi avrete sopportato
Lui/Lei avrà sopportato	Loro avranno sopportato

Trapassato Remoto

Io ebbi sopportato	Noi avemmo sopportato
Tu avesti sopportato	Voi aveste sopportato
Lui/Lei ebbe sopportato	Loro ebbero sopportato

CONDIZIONALE

Condizionale Presente

Io sopporterei	Noi sopporteremmo
Tu sopporteresti	Voi sopportereste
Lui/Lei sopporterebbe	Loro sopporterebbero

Condizionale Passato

Io avrei sopportato	Noi avremmo sopportato
Tu avresti sopportato	Voi avreste sopportato
Lui/Lei avrebbe sopportato	Loro avrebbero sopportato

CONGIUNTIVO

Congiuntivo Presente

Io sopporti	Noi sopportiamo
Tu sopporti	Voi sopportiate
Lui/Lei sopporti	Loro sopportino

Congiuntivo Passato

Io abbia sopportato	Noi abbiamo sopportato
Tu abbia sopportato	Voi abbiate sopportato
Lui/Lei abbia sopportato	Loro abbiano sopportato

Congiuntivo Imperfetto

Io sopportassi	Noi sopportassimo
Tu sopportassi	Voi sopportaste
Lui/Lei sopportasse	Loro sopportassero

Congiuntivo Trapassato

Io avessi sopportato	Noi avessimo sopportato
Tu avessi sopportato	Voi aveste sopportato
Lui/Lei avesse sopportato	Loro avessero sopportato

IMPERATIVO

(Tu) sopporta!   (Lei) sopporti!   (Noi) sopportiamo!   (Voi) sopportate!   (Loro) sopportino!

Non sopportano il peso che devono portare.
They can't endure the weight that they have to carry.

Ho sopportato abbastanza bene le lunghe ore al lavoro.
I endured the long work hours pretty well.

Mi hanno detto che lui non avrebbe sopportato le critiche del suo lavoro.
They told me that he wouldn't put up with criticism of his work.

SOPRAVVIVERE *to survive*

Inf. sopravvivere *Part. pres.* sopravvivente *Part. pass.* sopravvissuto *Ger.* sopravvivendo

INDICATIVO

Presente

Io sopravvivo	Noi sopravviviamo
Tu sopravvivi	Voi sopravvivete
Lui/Lei sopravvive	Loro sopravvivono

Imperfetto

Io sopravvivevo	Noi sopravvivevamo
Tu sopravvivevi	Voi sopravvivevate
Lui/Lei sopravviveva	Loro sopravvivevano

Passato Prossimo

Io ho sopravvissuto	Noi abbiamo sopravvissuto
Tu hai sopravvissuto	Voi avete sopravvissuto
Lui/Lei ha sopravvissuto	Loro hanno sopravvissuto

Trapassato Prossimo

Io avevo sopravvissuto	Noi avevamo sopravvissuto
Tu avevi sopravvissuto	Voi avevate sopravvissuto
Lui/Lei aveva sopravvissuto	Loro avevano sopravvissuto

Futuro

Io sopravvivrò	Noi sopravvivremo
Tu sopravvivrai	Voi sopravvivrete
Lui/Lei sopravvivrà	Loro sopravvivranno

Passato Remoto

Io sopravvissi	Noi sopravvivemmo
Tu sopravvivesti	Voi sopravviveste
Lui/Lei sopravvisse	Loro sopravvivessero

Futuro Anteriore

Io avrò sopravvissuto	Noi avremo sopravvissuto
Tu avrai sopravvissuto	Voi avrete sopravvissuto
Lui/Lei avrà sopravvissuto	Loro avranno sopravvissuto

Trapassato Remoto

Io ebbi sopravvissuto	Noi avemmo sopravvissuto
Tu avesti sopravvissuto	Voi aveste sopravvissuto
Lui/Lei ebbe sopravvissuto	Loro ebbero sopravvissuto

CONDIZIONALE

Condizionale Presente

Io sopravvivrei	Noi sopravvivremmo
Tu sopravvivresti	Voi sopravvivreste
Lui/Lei sopravvivrebbe	Loro sopravvivrebbero

Condizionale Passato

Io avrei sopravvissuto	Noi avremmo sopravvissuto
Tu avresti sopravvissuto	Voi avreste sopravvissuto
Lui/Lei avrebbe sopravvissuto	Loro avrebbero sopravvissuto

CONGIUNTIVO

Congiuntivo Presente

Io sopravviva	Noi sopravviviamo
Tu sopravviva	Voi sopravviviate
Lui/Lei sopravviva	Loro sopravvivano

Congiuntivo Passato

Io abbia sopravvissuto	Noi abbiamo sopravvissuto
Tu abbia sopravvissuto	Voi abbiate sopravvissuto
Lui/Lei abbia sopravvissuto	Loro abbiano sopravvissuto

Congiuntivo Imperfetto

Io sopravvivessi	Noi sopravvivessimo
Tu sopravvivessi	Voi sopravviveste
Lui/Lei sopravvivesse	Loro sopravvivessero

Congiuntivo Trapassato

Io avessi sopravvissuto	Noi avessimo sopravvissuto
Tu avessi sopravvissuto	Voi aveste sopravvissuto
Lui/Lei avesse sopravvissuto	Loro avessero sopravvissuto

IMPERATIVO

(Tu) sopravvivi!	(Lei) sopravviva!	(Noi) sopravviviamo!	(Voi) sopravvivete!	(Loro) sopravvivano!

È mia intenzione sopravvivere a quest'esame.
It is my intention to survive this exam.

Loro hanno sopravvissuto alla catastrofe in **Giappone**.
They survived the catastrophe in Japan.

Sopravvivrai alle tue sorelle perché **mangi** così bene.
You will outlive your sisters because you eat so well.

Inf. sorpassare   *Part. pres.* sorpassante   *Part. pass.* sorpassato   *Ger.* sorpassando

INDICATIVO

Presente

Io sorpasso	Noi sorpassiamo
Tu sorpassi	Voi sorpassate
Lui/Lei sorpassa	Loro sorpassano

Imperfetto

Io sorpassavo	Noi sorpassavamo
Tu sorpassavi	Voi sorpassavate
Lui/Lei sorpassava	Loro sorpassavano

Passato Prossimo

Io ho sorpassato	Noi abbiamo sorpassato
Tu hai sorpassato	Voi avete sorpassato
Lui/Lei ha sorpassato	Loro hanno sorpassato

Trapassato Prossimo

Io avevo sorpassato	Noi avevamo sorpassato
Tu avevi sorpassato	Voi avevate sorpassato
Lui/Lei aveva sorpassato	Loro avevano sorpassato

Futuro

Io sorpasserò	Noi sorpasseremo
Tu sorpasserai	Voi sorpasserete
Lui/Lei sorpasserà	Loro sorpasseranno

Passato Remoto

Io sorpassai	Noi sorpassammo
Tu sorpassati	Voi sorpassaste
Lui/Lei sorpassò	Loro sorpassarono

Futuro Anteriore

Io avrò sorpassato	Noi avremo sorpassato
Tu avrai sorpassato	Voi avrete sorpassato
Lui/Lei avrà sorpassato	Loro avranno sorpassato

Trapassato Remoto

Io ebbi sorpassato	Noi avemmo sorpassato
Tu avesti sorpassato	Voi aveste sorpassato
Lui/Lei ebbe sorpassato	Loro ebbero sorpassato

CONDIZIONALE

Condizionale Presente

Io sorpasserei	Noi sorpasseremmo
Tu sorpasseresti	Voi sorpassereste
Lui/Lei sorpasserebbe	Loro sorpasserebbero

Condizionale Passato

Io avrei sorpassato	Noi avremmo sorpassato
Tu avresti sorpassato	Voi avreste sorpassato
Lui/Lei avrebbe sorpassato	Loro avrebbero sorpassato

CONGIUNTIVO

Congiuntivo Presente

Io sorpassi	Noi sorpassiamo
Tu sorpassi	Voi sorpassiate
Lui/Lei sorpassi	Loro sorpassino

Congiuntivo Passato

Io abbia sorpassato	Noi abbiamo sorpassato
Tu abbia sorpassato	Voi abbiate sorpassato
Lui/Lei abbia sorpassato	Loro abbiano sorpassato

Congiuntivo Imperfetto

Io sorpassassi	Noi sorpassassimo
Tu sorpassassi	Voi sorpassaste
Lui/Lei sorpassasse	Loro sorpassassero

Congiuntivo Trapassato

Io avessi sorpassato	Noi avessimo sorpassato
Tu avessi sorpassato	Voi aveste sorpassato
Lui/Lei avesse sorpassato	Loro avessero sorpassato

IMPERATIVO

(Tu) sorpassa!   (Lei) sorpassi!   (Noi) sorpassiamo!   (Voi) sorpassate!   (Loro) sorpassino!

Sulle strade tedesche ci sono molti automobilisti che sorpassano ad alta velocità.
On German roads, there are many motorists who pass at a high speed.

Il fiume sorpassava sempre i suoi argini a primavera.
The river always overflowed its banks in the spring.

Se avesse corso meglio avrebbe sorpassato il suo amico.
If he had run better, he would have overtaken his friend.

393

SORPRENDERE   *to surprise*

Inf. sorprendere   *Part. pres.* sorprendente   *Part. pass.* sorpreso   *Ger.* sorprendendo

INDICATIVO

Presente

Io sorprendo	Noi sorprendiamo
Tu sorprendi	Voi sorprendete
Lui/Lei sorprende	Loro sorprendono

Imperfetto

Io sorprendevo	Noi sorprendevamo
Tu sorprendevi	Voi sorprendevate
Lui/Lei sorprendeva	Loro sorprendevano

Passato Prossimo

Io ho sorpreso	Noi abbiamo sorpreso
Tu hai sorpreso	Voi avete sorpreso
Lui/Lei ha sorpreso	Loro hanno sorpreso

Trapassato Prossimo

Io avevo sorpreso	Noi avevamo sorpreso
Tu avevi sorpreso	Voi avevate sorpreso
Lui/Lei aveva sorpreso	Loro avevano sorpreso

Futuro

Io sorprenderò	Noi sorprenderemo
Tu sorprenderai	Vi sorprenderete
Lui/Lei sorprenderà	Loro sorprenderanno

Passato Remoto

Io sorpresi	Noi sorprendemmo
Tu sorprendesti	Voi sorprendeste
Lui/Lei sorprese	Loro sorpresero

Futuro Anteriore

Io avrò sorpreso	Noi avremo sorpreso
Tu avrai sorpreso	Voi avrete sorpreso
Lui/Lei avrà sorpreso	Loro avranno sorpreso

Trapassato Remoto

Io ebbi sorpreso	Noi avemmo sorpreso
Tu aveste sorpreso	Voi aveste sorpreso
Lui/Lei ebbe sorpreso	Loro ebbero sorpreso

CONDIZIONALE

Condizionale Presente

Io sorprenderei	Noi sorprenderemmo
Tu sorprenderesti	Voi sorprendereste
Lui/Lei sorprenderebbe	Loro sorprenderebbero

Condizionale Passato

Io avrei sorpreso	Noi avremmo sorpreso
Tu avresti sorpreso	Voi avreste sorpreso
Lui/Lei avrebbe sorpreso	Loro avrebbero sorpreso

CONGIUNTIVO

Congiuntivo Presente

Io sorprenda	Noi sorprendiamo
Tu sorprenda	Voi sorprendiate
Lui/Lei sorprenda	Loro sorprendano

Congiuntivo Passato

Io abbia sorpreso	Noi abbiamo sorpreso
Tu abbia sorpreso	Voi abbiate sorpreso
Lui/Lei abbia sorpreso	Loro abbiano sorpreso

Congiuntivo Imperfetto

Io sorprendessi	Noi sorprendessimo
Tu sorprendessi	Voi sorprendeste
Lui/Lei sorprendesse	Loro sorprendessero

Congiuntivo Trapassato

Io avessi sorpreso	Noi avessimo sorpreso
Tu avessi sorpreso	Voi aveste sorpreso
Lui/Lei avesse sorpreso	Loro avessero sorpreso

IMPERATIVO

(Tu) sorprendi!   (Lei) sorprenda!   (Noi) sorprendiamo!   (Voi) sorprendete!   (Loro) sorprendano!

I miei amici mi hanno sorpreso con una festa di compleanno.
My friends surprised me with a birthday party.

La polizia lo sorprese a rubare dei computer.
The police surprised him robbing some computers.

Non mi sorprende affatto che loro non siano venuti.
I am not surprised at all that they didn't come.

SORRIDERE   *to smile*

Inf. sorridere   *Part. pres.* sorridente   *Part. pass.* sorriso   *Ger.* sorridendo

INDICATIVO

Presente

Io sorrido	Noi sorridiamo
Tu sorridi	Voi sorridete
Lui/Lei sorride	Loro sorridono

Imperfetto

Io sorridevo	Noi sorridevamo
Tu sorridevi	Voi sorridevate
Lui/Lei sorrideva	Loro sorridevano

Passato Prossimo

Io ho sorriso	Noi abbiamo sorriso
Tu hai sorriso	Voi abbiate sorriso
Lui/Lei ha sorriso	Loro hanno sorriso

Trapassato Prossimo

Io avevo sorriso	Noi avevamo sorriso
Tu avevi sorriso	Voi avevate sorriso
Lui/Lei aveva sorriso	Loro avevano sorriso

Futuro

Io sorriderò	Noi sorrideremo
Tu sorriderai	Voi sorriderete
Lui/Lei sorriderà	Loro sorrideranno

Passato Remoto

Io sorrisi	Noi sorridemmo
Tu sorridesti	Voi sorrideste
Lui/Lei sorrise	Loro sorrisero

Futuro Anteriore

Io avrò sorriso	Noi avremo sorriso
Tu avrai sorriso	Voi avrete sorriso
Lui/Lei avrà sorriso	Loro avranno sorriso

Trapassato Remoto

Io ebbi sorriso	Noi avemmo sorriso
Tu avesti sorriso	Voi aveste sorriso
Lui/Lei ebbe sorriso	Loro ebbero sorriso

CONDIZIONALE

Condizionale Presente

Io sorriderei	Noi sorrideremmo
Tu sorrideresti	Voi sorridereste
Lui/Lei sorriderebbe	Loro sorriderebbero

Condizionale Passato

Io avrei sorriso	Noi avremmo sorriso
Tu avresti sorriso	Voi avreste sorriso
Lui/Lei avrebbe sorriso	Loro avrebbero sorriso

CONGIUNTIVO

Congiuntivo Presente

Io sorrida	Noi sorridiamo
Tu sorrida	Voi sorridiate
Lui/Lei sorrida	Loro sorridano

Congiuntivo Passato

Io abbia sorriso	Noi abbiamo sorriso
Tu abbia sorriso	Voi abbiate sorriso
Lui/Lei abbia sorriso	Loro abbiano sorriso

Congiuntivo Imperfetto

Io sorridessi	Noi sorridessimo
Tu sorridessi	Voi sorrideste
Lui/Lei sorridesse	Loro sorridessero

Congiuntivo Trapassato

Io avessi sorriso	Noi avessimo sorriso
Tu avessi sorriso	Voi aveste sorriso
Lui/Lei avesse sorriso	Loro avessero sorriso

IMPERATIVO

(Tu) sorridi!   (Lei) sorrida!   (Noi) sorridiamo!   (Voi) sorridete!   (Loro) sorridano!

Lei è il tipo che sorride sempre.
She is the type that always smiles.

Tutti mi sorridevano molto negli Stati Uniti.
Everyone smiled a lot at me in the United States.

Non mi piacciono le persone che mi dicono di sorridere.
I don't like the people that tell me to smile.

Inf. sospendere   *Part. pres.* sospendente   *Part. pass.* sospeso   *Ger.* sospendendo

INDICATIVO

Presente

Io sospendo	Noi sospendiamo
Tu sospendi	Voi sospendete
Lui/Lei sospende	Loro sospendono

Imperfetto

Io sospendevo	Noi sospendevamo
Tu sospendevi	Voi sospendevate
Lui/Lei sospendeva	Loro sospendevano

Passato Prossimo

Io ho sospeso	Noi abbiamo sospeso
Tu hai sospeso	Voi avete sospeso
Lui/Lei ha sospeso	Loro hanno sospeso

Trapassato Prossimo

Io avevo sospeso	Noi avevamo sospeso
Tu avevi sospeso	Voi avevate sospeso
Lui/Lei aveva sospeso	Loro avevano sospeso

Futuro

Io sospenderò	Noi sospenderemo
Tu sospenderai	Voi sospenderete
Lui/Lei sospenderà	Loro sospenderanno

Passato Remoto

Io sospesi	Noi sospendemmo
Tu sospendesti	Voi sospendeste
Lui/Lei sospese	Loro sospesero

Futuro Anteriore

Io avrò sospeso	Noi avremo sospeso
Tu avrai sospeso	Voi avrete sospeso
Lui/Lei avrà sospeso	Loro avranno sospeso

Trapassato Remoto

Io ebbi sospeso	Noi avemmo sospeso
Tu avesti sospeso	Voi aveste sospeso
Lui/Lei ebbe sospeso	Loro ebbero sospeso

CONDIZIONALE

Condizionale Presente

Io sospenderei	Noi sospenderemmo
Tu sospenderesti	Voi sospendereste
Lui/Lei sospenderebbe	Loro sospenderebbero

Condizionale Passato

Io avrei sospeso	Noi avremmo sospeso
Tu avresti sospeso	Voi avreste sospeso
Lui/Lei avrebbe sospeso	Loro avrebbero sospeso

CONGIUNTIVO

Congiuntivo Presente

Io sospenda	Noi sospendiamo
Tu sospenda	Voi sospendiate
Lui/Lei sospenda	Loro sospendano

Congiuntivo Passato

Io abbia sospeso	Noi abbiamo sospeso
Tu abbia sospeso	Voi abbiate sospeso
Lui/Lei abbia sospeso	Loro abbiano sospeso

Congiuntivo Imperfetto

Io sospendessi	Noi sospendessimo
Tu sospendessi	Voi sospendeste
Lui/Lei sospendesse	Loro sospendessero

Congiuntivo Trapassato

Io avessi sospeso	Noi avessimo sospeso
Tu avessi sospeso	Voi aveste sospeso
Lui/Lei avesse sospeso	Loro avessero sospeso

IMPERATIVO

(Tu) sospendi!   (Lei) sospenda!   (Noi) sospendiamo!   (Voi) sospendete!   (Loro) sospendano!

Che ne dici? Sospendiamo questo quadro sopra il caminetto?
What do you think? Should we hang this picture over the fireplace?

Credevo che l'avessero sospeso dal lavoro per quello che fece.
I thought they had suspended him from work for what he did.

Avranno sospeso la pubblicazione del libro.
They must have suspended the publication of the book.

SOSPINGERE   *to drive, to incite, to push*

Inf. sospingere   *Part. pres.* sospingente   *Part. pass.* sospinto   *Ger.* sospingendo

INDICATIVO

Presente

Io sospingo	Noi sospingiamo
Tu sospingi	Voi sospingete
Lui/Lei sospinge	Loro sospingono

Imperfetto

Io sospingevo	Noi sospingevamo
Tu sospingevi	Voi sospingevate
Lui/Lei sospingeva	Loro sospingevano

Passato Prossimo

Io ho sospinto	Noi abbiamo sospinto
Tu hai sospinto	Voi avete sospinto
Lui/Lei ha sospinto	Loro hanno sospinto

Trapassato Prossimo

Io avevo sospinto	Noi avevamo sospinto
Tu avevi sospinto	Voi avevate sospinto
Lui/Lei aveva sospinto	Loro avevano sospinto

Futuro

Io sospingerò	Noi sospingeremo
Tu sospingerai	Voi sospingerete
Lui/Lei sospingerà	Loro sospingeranno

Passato Remoto

Io sospinsi	Noi sospingemmo
Tu sospingesti	Voi sospingeste
Lui/Lei sospinse	Loro sospinsero

Futuro Anteriore

Io avrò sospinto	Noi avremo sospinto
Tu avrai sospinto	Voi avrete sospinto
Lui/Lei avrà sospinto	Loro avranno sospinto

Trapassato Remoto

Io ebbi sospinto	Noi avemmo sospinto
Tu avesti sospinto	Voi aveste sospinto
Lui/Lei ebbe sospinto	Loro ebbero sospinto

CONDIZIONALE

Condizionale Presente

Io sospingerei	Noi sospingeremmo
Tu sospingeresti	Voi sospingereste
Lui/Lei sospingerebbe	Loro sospingerebbero

Condizionale Passato

Io avrei sospinto	Noi avremmo sospinto
Tu avresti sospinto	Voi avreste sospinto
Lui/Lei avrebbe sospinto	Loro avrebbero sospinto

CONGIUNTIVO

Congiuntivo Presente

Io sospinga	Noi sospingiamo
Tu sospinga	Voi sospingiate
Lui/Lei sospinga	Loro sospingano

Congiuntivo Passato

Io abbia sospinto	Noi abbiamo sospinto
Tu abbia sospinto	Voi abbiate sospinto
Lui/Lei abbia sospinto	Loro abbiano sospinto

Congiuntivo Imperfetto

Io sospingessi	Noi sospingessimo
Tu sospingessi	Voi sospingeste
Lui/Lei sospingesse	Loro sospingessero

Congiuntivo Trapassato

Io avessi sospinto	Noi avessimo sospinto
Tu avessi sospinto	Voi aveste sospinto
Lui/Lei avesse sospinto	Loro avessero sospinto

IMPERATIVO

(Tu) sospingi!   (Lei) sospinga!   (Noi) sospingiamo!   (Voi) sospingete!   (Loro) sospingano!

Abbiamo sospinto i ragazzi a partecipare.
We urged the boys to participate.

Una brezza leggera sospinse la barca verso la riva.
A light breeze pushed the boat towards the shore.

Vorrei che sospingeste la gente a votare.
I would like you all to incite the people to vote.

SOSTENERE *to sustain, to support*

Inf. sostenere *Part. pres.* sostenente *Part. pass.* sostenuto *Ger.* sostenendo

INDICATIVO

Presente

Io sostengo	Noi sosteniamo
Tu sostieni	Voi sostenete
Lui/Lei sostiene	Loro sostengono

Imperfetto

Io sostenevo	Noi sostenevamo
Tu sostenevi	Voi sostenevate
Lui/Lei sosteneva	Loro sostenevano

Passato Prossimo

Io ho sostenuto	Noi abbiamo sostenuto
Tu hai sostenuto	Voi avete sostenuto
Lui/Lei ha sostenuto	Loro hanno sostenuto

Trapassato Prossimo

Io avevo sostenuto	Noi avevamo sostenuto
Tu avevi sostenuto	Voi avevate sostenuto
Lui/Lei aveva sostenuto	Loro avevano sostenuto

Futuro

Io sosterrò	Noi sosterremo
Tu sosterrai	Voi sosterrete
Lui/Lei sosterrà	Loro sosterranno

Passato Remoto

Io sostenni	Noi sostenemmo
Tu sostenesti	Voi sosteneste
Lui/Lei sostenne	Loro sostennero

Futuro Anteriore

Io avrò sostenuto	Noi avremo sostenuto
Tu avrai sostenuto	Voi avrete sostenuto
Lui/Lei avrà sostenuto	Loro avranno sostenuto

Trapassato Remoto

Io ebbi sostenuto	Noi avemmo sostenuto
Tu avesti sostenuto	Voi aveste sostenuto
Lui/Lei ebbe sostenuto	Loro ebbero sostenuto

CONDIZIONALE

Condizionale Presente

Io sosterrei	Noi sosterremmo
Tu sosterresti	Voi sosterreste
Lui/Lei sosterrebbe	Loro sosterrebbero

Condizionale Passato

Io avrei sostenuto	Noi avremmo sostenuto
Tu avresti sostenuto	Voi avreste sostenuto
Lui/Lei avrebbe sostenuto	Loro avrebbero sostenuto

CONGIUNTIVO

Congiuntivo Presente

Io sostenga	Noi sosteniamo
Tu sostenga	Voi sosteniate
Lui/Lei sostenga	Loro sostengano

Congiuntivo Passato

Io abbia sostenuto	Noi abbiamo sostenuto
Tu abbia sostenuto	Voi abbiate sostenuto
Lui/Lei abbia sostenuto	Loro abbiano sostenuto

Congiuntivo Imperfetto

Io sostenessi	Noi sostenessimo
Tu sostenessi	Voi sosteneste
Lui/Lei sostenesse	Loro sostenessero

Congiuntivo Trapassato

Io avessi sostenuto	Noi avessimo sostenuto
Tu avessi sostenuto	Voi aveste sostenuto
Lui/Lei avesse sostenuto	Loro avessero sostenuto

IMPERATIVO

(Tu) sostieni! (Lei) sostenga! (Noi) sosteniamo! (Voi) sostenete! (Loro) sostengano!

Lui sostiene sempre bene una conversazione.
He always sustains a conversation well.

Non sostenevo lo stress in quell'ufficio.
I couldn't endure the stress in that office.

Se avesse sostenuto le loro opinioni oggi avrebbe un lavoro.
If he had supported their opinions, today he would have a job.

SOSTITUIRE   *to substitute, to replace*

Inf. sostituire   *Part. pres.* sostituente   *Part. pass.* sostituito   *Ger.* sostituendo

INDICATIVO

Presente

Io sostituisco	Noi sostituiamo
Tu sostituisci	Voi sostituite
Lui/Lei sostituisce	Loro sostituiscono

Imperfetto

Io sostituivo	Noi sostituivamo
Tu sostituivi	Voi sostituivate
Lui/Lei sostituiva	Loro sostituivano

Passato Prossimo

Io ho sostituito	Noi abbiamo sostituito
Tu hai sostituito	Voi avete sostituito
Lui/Lei ha sostituito	Loro hanno sostituito

Trapassato Prossimo

Io avevo sostituito	Noi avevamo sostituito
Tu avevi sostituito	Voi avevate sostituito
Lui/Lei aveva sostituito	Loro avevano sostituito

Futuro

Io sostituirò	Noi sostituiremo
Tu sostituirai	Voi sostituirete
Lui/Lei sostituirà	Loro sostituiranno

Passato Remoto

Io sostituii	Noi sostituimmo
Tu sostituisti	Voi sostituiste
Lui/Lei sostituì	Loro sostituirono

Futuro Anteriore

Io avrò sostituito	Noi avremo sostituito
Tu avrai sostituito	Voi avrete sostituito
Lui/Lei avrà sostituito	Loro avranno sostituito

Trapassato Remoto

Io ebbi sostituito	Noi avemmo sostituito
Tu avesti sostituito	Voi aveste sostituito
Lui/Lei ebbe sostituito	Loro ebbero sostituito

CONDIZIONALE

Condizionale Presente

Io sostituirei	Noi sostituiremmo
Tu sostituiresti	Voi sostituireste
Lui/Lei sostituirebbe	Loro sostituirebbero

Condizionale Passato

Io avrei sostituito	Noi avremmo sostituito
Tu avresti sostituito	Voi avreste sostituito
Lui/Lei avrebbe sostituito	Loro avrebbero sostituito

CONGIUNTIVO

Congiuntivo Presente

Io sostituisca	Noi sostituiamo
Tu sostituisca	Voi sostituiate
Lui/Lei sostituisca	Loro sostituiscano

Congiuntivo Passato

Io abbia sostituito	Noi abbiamo sostituito
Tu abbia sostituito	Voi abbiate sostituito
Lui/Lei abbia sostituito	Loro abbiano sostituito

Congiuntivo Imperfetto

Io sostituissi	Noi sostituissimo
Tu sostituissi	Voi sostituiste
Lui/Lei sostituisse	Loro sostituissero

Congiuntivo Trapassato

Io avessi sostituito	Noi avessimo sostituito
Tu avessi sostituito	Voi aveste sostituito
Lui/Lei avesse sostituito	Loro avessero sostituito

IMPERATIVO

(Tu) sostituisci!   (Lei) sostituisca!   (Noi) sostituiamo!   (Voi) sostituite!   (Loro) sostituiscano!

Sostituire Maria con Luisa non è la soluzione del problema.
Substituting Maria for Luisa is not the solution to the problem.

Non vorrebbero sostituire l'impiegato. È molto bravo.
They don't want replace the employee. He is very good.

Sostituiremo il nostro vecchio tappeto tra poco.
We will replace our old rug shortly.

SOTTOMETTERE *to subdue, to subject*

Inf. sottomettere *Part. pres.* sottomettente *Part. pass.* sottomesso *Ger.* sottomettendo

INDICATIVO

Presente

Io sottometto	Noi sottomettiamo
Tu sottometti	Voi sottomettete
Lui/Lei sottomette	Loro sottomettono

Imperfetto

Io sottomettevo	Noi sottomettevamo
Tu sottomettevi	Voi sottomettevate
Lui/Lei sottometteva	Loro sottomettevano

Passato Prossimo

Io ho sottomesso	Noi abbiamo sottomesso
Tu hai sottomesso	Voi avete sottomesso
Lui/Lei ha sottomesso	Loro hanno sottomesso

Trapassato Prossimo

Io avevo sottomesso	Noi avevamo sottomesso
Tu avevi sottomesso	Voi avevate sottomesso
Lui/Lei aveva sottomesso	Loro avevano sottomesso

Futuro

Io sottometterò	Noi sottometteremo
Tu sottometterai	Voi sottometterete
Lui/Lei sottometterà	Loro sottometteranno

Passato Remoto

Io sottomisi	Noi sottomettemmo
Tu sottomettesti	Voi sottometteste
Lui/Lei sottomise	Loro sottomisero

Futuro Anteriore

Io avrò sottomesso	Noi avremo sottomesso
Tu avrai sottomesso	Voi avrete sottomesso
Lui/Lei avrà sottomesso	Loro avranno sottomesso

Trapassato Remoto

Io ebbi sottomesso	Noi avemmo sottomesso
Tu avesti sottomesso	Voi aveste sottomesso
Lui/Lei ebbe sottomesso	Loro ebbero sottomesso

CONDIZIONALE

Condizionale Presente

Io sottometterei	Noi sottometteremmo
Tu sottometteresti	Voi sottomettereste
Lui/Lei sottometterebbe	Loro sottometterebbero

Condizionale Passato

Io avrei sottomesso	Noi avremmo sottomesso
Tu avresti sottomesso	Voi avreste sottomesso
Lui/Lei avrebbe sottomesso	Loro avrebbero sottomesso

CONGIUNTIVO

Congiuntivo Presente

Io sottometta	Noi sottomettiamo
Tu sottometta	Voi sottomettiate
Lui/Lei sottometta	Loro sottomettano

Congiuntivo Passato

Io abbia sottomesso	Noi abbiamo sottomesso
Tu abbia sottomesso	Voi abbiate sottomesso
Lui/Lei abbia sottomesso	Loro abbiano sottomesso

Congiuntivo Imperfetto

Io sottomettessi	Noi sottomettessimo
Tu sottomettessi	Voi sottometteste
Lui/Lei sottomettesse	Loro sottomettessero

Congiuntivo Trapassato

Io avessi sottomesso	Noi avessimo sottomesso
Tu avessi sottomesso	Voi aveste sottomesso
Lui/Lei avesse sottomesso	Loro avessero sottomesso

IMPERATIVO

(Tu) sottometti! (Lei) sottometta! (Noi) sottomettiamo! (Voi) sottomettete! (Loro) sottomettano!

Gli Italiani sottomisero gli Etiopi all'inizio del secolo.
The Italians subjected the Ethiopians at the beginning of the century.

Lei ha sottomesso tutti i suoi fidanzati alla sua volontà.
She subjected all her boyfriends to her will.

Se sottomettessi i cani ci sarebbe più pace in casa.
If I subdue the dogs, we would have more peace in the house.

SOTTOPORRE *to subject, to undergo*

Inf. sottoporre   *Part. pres.* sottoponente   *Part. pass.* sottoposto   *Ger. sottoponendo*

INDICATIVO

Presente

Io sottopongo	Noi sottoponiamo
Tu sottoponi	Voi sottoponete
Lui/Lei sottopone	Loro sottopongono

Imperfetto

Io sottoponevo	Noi sottoponevamo
Tu sottoponevi	Voi sottoponevate
Lui/Lei sottoponeva	Loto sottoponevamo

Passato Prossimo

Io ho sottoposto	Noi abbiamo sottoposto
Tu hai sottoposto	Voi avete sottoposto
Lui/Lei ha sottoposto	Loro hanno sottoposto

Trapassato Prossimo

Io avevo sottoposto	Noi avevamo sottoposto
Tua avevi sottoposto	Voi avevate sottoposto
Lui/Lei aveva sottoposto	Loro avevano sottoposto

Futuro

Io sottoporrò	Noi sottoporremo
Tu sottoporrai	Voi sottoporrete
Lui/Lei sottoporrà	Loro sottoporranno

Passato Remoto

Io sottoposi	Noi sottoponemmo
Tu sottoponesti	Voi sottoponeste
Lui/Lei sottopose	Loro sottoposero

Futuro Anteriore

Io avrò sottoposto	Noi avremo sottoposto
Tu avrai sottoposto	Voi avrete sottoposto
Lui/Lei avrà sottoposto	Loro avranno sottoposto

Trapassato Remoto

Io ebbi sottoposto	Noi avemmo sottoposto
Tu avesti sottoposto	Voi aveste sottoposto
Lui/Lei ebbe sottoposto	Loro ebbero sottoposto

CONDIZIONALE

Condizionale Presente

Io sottoporrei	Noi sottoporremmo
Tu sottoporresti	Voi sottoporreste
Lui/Lei sottoporrebbe	Loro sottoporrebbero

Condizionale Passato

Io avrei sottoposto	Noi avremmo sottoposto
Tu avresti sottoposto	Voi avreste sottoposto
Lui/Lei avrebbe sottoposto	Loro avrebbero sottoposto

CONGIUNTIVO

Congiuntivo Presente

Io sottoponga	Noi sottoponiamo
Tu sottoponga	Voi sottoponiate
Lui/Lei sottoponga	Lor sottopongano

Congiuntivo Passato

Io abbia sottoposto	Noi abbiamo sottoposto
Tu abbia sottoposto	Voi abbiate sottoposto
Lui/Lei abbia sottoposto	Loro abbiano sottoposto

Congiuntivo Imperfetto

Io sottoponessi	Noi sottoponessimo
Tu sottoponessi	Voi sottoponeste
Lui/Lei sottoponesse	Loro sottoponessero

Congiuntivo Trapassato

Io avessi sottoposto	Noi avessimo sottoposto
Tu avessi sottoposto	Voi aveste sottoposto
Lui/Lei avesse sottoposto	Loro avessero sottoposto

IMPERATIVO

(Tu) sottoponi!   (Lei) sottoponga!   (Noi) sottoponiamo!   (Voi) sottoponete!   (Loro) sottopongano!

L'hanno sottoposto a un intervento.
They subjected him to an operation.

Dobbiamo sottoporre i nostri cittadini a una dieta.
We have to subject our citizens to a diet.

Dopo che l'avremo sottoposta a un esame cardiaco, decideremo se si deve operare.
After we have had her undergo a cardiac exam, we'll decide whether to operate.

SOTTOSCRIVERE
to underwrite, to sign, to subscribe

Inf. sottoscrivere   *Part. pres.* sottoscrivente   *Part. pass.* sottoscritto   *Ger.* sottoscrivendo

INDICATIVO

Presente

Io sottoscrivo	Noi sottoscriviamo
Tu sottoscrivi	Voi sottoscrivete
Lui/Lei sottoscrive	Loro sottoscrivono

Imperfetto

Io sottoscrivevo	Noi sottoscrivevamo
Tu sottoscrivevi	Voi sottoscrivevate
Lui/Lei sottoscriveva	Loro sottoscrivevano

Passato Prossimo

Io ho sottoscritto	Noi abbiamo sottoscritto
Tu hai sottoscritto	Voi avete sottoscritto
Lui/Lei ha sottoscritto	Loro hanno sottoscritto

Trapassato Prossimo

Io avevo sottoscritto	Noi avevamo sottoscritto
Tu avevi sottoscritto	Voi avevate sottoscritto
Lui/Lei aveva sottoscritto	Loro avevano sottoscritto

Futuro

Io sottoscriverò	Noi sottoscriveremo
Tu sottoscriverai	Voi sottoscriverete
Lui/Lei sottoscriverà	Loro sottoscriveranno

Passato Remoto

Io sottoscrissi	Noi sottoscrivemmo
Tu sottoscrivesti	Voi sottoscriveste
Lui/Lei sottoscrisse	Loro sottoscrissero

Futuro Anteriore

Io avrò sottoscritto	Noi avremo sottoscritto
Tu avrai sottoscritto	Voi avrete sottoscritto
Lui/Lei avrà sottoscritto	Loro avranno sottoscritto

Trapassato Remoto

Io ebbi sottoscritto	Noi avemmo sottoscritto
Tu avesti sottoscritto	Voi aveste sottoscritto
Lui/Lei ebbe sottoscritto	Loro ebbero sottoscritto

CONDIZIONALE

Condizionale Presente

Io sottoscriverei	Noi sottoscriveremmo
Tu sottoscriveresti	Voi sottoscrivereste
Lui/Lei sottoscriverebbe	Loro sottoscriverebbero

Condizionale Passato

Io avrei sottoscritto	Noi avremmo sottoscritto
Tu avresti sottoscritto	Voi avreste sottoscritto
Lui/Lei avrebbe sottoscritto	Loro avrebbero sottoscritto

CONGIUNTIVO

Congiuntivo Presente

Io sottoscriva	Noi sottoscriviamo
Tu sottoscriva	Voi sottoscriviate
Lui/Lei sottoscriva	Loro sottoscrivano

Congiuntivo Passato

Io abbia sottoscritto	Noi abbiamo sottoscritto
Tu abbia sottoscritto	Voi abbiate sottoscritto
Lui/Lei abbia sottoscritto	Loro abbiano sottoscritto

Congiuntivo Imperfetto

Io sottoscrivessi	Noi sottoscrivessimo
Tu sottoscrivessi	Voi sottoscriveste
Lui/Lei sottoscrivesse	Loro sottoscrivessero

Congiuntivo Trapassato

Io avessi sottoscritto	Noi avessimo sottoscritto
Tu avessi sottoscritto	Voi aveste sottoscritto
Lui/Lei avesse sottoscritto	Loro avessero sottoscritto

IMPERATIVO

(Tu) sottoscrivi!   (Lei) sottoscriva!   (Noi) sottoscriviamo!   (Voi) sottoscrivete!   (Loro) sottoscrivano!

Hanno sottoscritto il contratto dopo molte discussioni.
They signed the contract after much discussion.

Vorrei che tu sottoscrivessi questa petizione.
I would like you to sign this petition.

Sottoscrissero la loro decisione con riluttanza.
They endorsed their decision reluctantly.

SOTTRARRE   *to subtract, to deduct*

Inf. sottrarre *Part. pres.* sottraente *Part. pass.* sottratto *Ger.* sottraendo

INDICATIVO

Presente

Io sottraggo	Noi sottraiamo
Tu sottrai	Voi sottraete
Lui/Lei sottrae	Loro sottraggono

Imperfetto

Io sottraevo	Noi sottraevamo
Tu sottraevi	Voi sottraevate
Lui/Lei sottraeva	Loro sottraevano

Passato Prossimo

Io ho sottratto	Noi abbiamo sottratto
Tu hai sottratto	Voi avete sottratto
Lui/Lei ha sottratto	Loro hanno sottratto

Trapassato Prossimo

Io avevo sottratto	Noi avevamo sottratto
Tu avevi sottratto	Voi avevate sottratto
Lui/Lei aveva sottratto	Loro avevano sottratto

Futuro

Io sottrarrò	Noi sottrarremmo
Tu sottrarrai	Voi sottrarrete
Lui/Lei sottrarrà	Loro sottrarranno

Passato Remoto

Io sottrassi	Noi sottraemmo
Tu sottraesti	Voi sottraeste
Lui/Lei sottrasse	Loro sottrassero

Futuro Anteriore

Io avrò sottratto	Noi avremo sottratto
Tu avrai sottratto	Voi avrete sottratto
Lui/Lei avrà sottratto	Loro avranno sottratto

Trapassato Remoto

Io ebbi sottratto	Noi avemmo sottratto
Tu avesti sottratto	Voi aveste sottratto
Lui/Lei ebbe sottratto	Loro ebbero sottratto

CONDIZIONALE

Condizionale Presente

Io sottrarrei	Noi sottrarremmo
Tu sottrarresti	Voi sottrarreste
Lui/Lei sottrarrebbe	Loro sottrarrebbero

Condizionale Passato

Io avrei sottratto	Noi avremmo sottratto
Tu avresti sottratto	Voi avreste sottratto
Lui/Lei avrebbe sottratto	Loro avrebbero sottratto

CONGIUNTIVO

Congiuntivo Presente

Io sottragga	Noi sottraiamo
Tu sottragga	Voi sottraiate
Lui/Lei sottragga	Loro sottraggano

Congiuntivo Passato

Io abbia sottratto	Noi abbiamo sottratto
Tu abbia sottratto	Voi abbiate sottratto
Lui/Lei abbia sottratto	Loro abbiano sottratto

Congiuntivo Imperfetto

Io sottraessi	Noi sottraessimo
Tu sottraessi	Voi sottraeste
Lui/Lei sottraesse	Loro sottraessero

Congiuntivo Trapassato

Io avessi sottratto	Noi avessimo sottratto
Tu avessi sottratto	Voi aveste sottratto
Lui/Lei avesse sottratto	Loro avessero sottratto

IMPERATIVO

(Tu) sottrai!   (Lei) sottragga!   (Noi) sottraiamo!   (Voi) sottraete!   (Loro) sottraggano!

Il duca sottrasse i beni ai contadini.
The duke seized the peasants' material goods.

Penso che sottraggano la pensione dallo stipendio.
I think that they deduct the pension from our wages.

Ha cercato di sottrarre i suoi figli alla loro madre.
He tried to take his children away from their mother.

Inf. sparare *Part. pres.* sparante *Part. pass.* sparato *Ger.* sparando

INDICATIVO

Presente

Io sparo	Noi spariamo
Tu spari	Voi sparate
Lui/Lei spara	Loro sparano

Imperfetto

Io sparavo	Noi sparavamo
Tu sparavi	Voi sparavate
Lui/Lei sparava	Loro sparavano

Passato Prossimo

Io ho sparato	Noi abbiamo sparato
Tu hai sparato	Voi avete sparato
Lui/Lei ha sparato	Loro hanno sparato

Trapassato Prossimo

Io avevo sparato	Noi avevamo sparato
Tu avevi sparato	Voi avevate sparato
Lui/Lei aveva sparato	Loro avevano sparato

Futuro

Io sparerò	Noi spareremo
Tu sparerai	Voi sparerete
Lui/Lei sparerà	Loro spareranno

Passato Remoto

Io sparai	Noi sparammo
Tu sparasti	Voi sparaste
Lui/Lei sparò	Loro spararono

Futuro Anteriore

Io avrò sparato	Noi avremo sparato
Tu avrai sparato	Voi avrete sparato
Lui/Lei avrà sparato	Loro avranno sparato

Trapassato Remoto

Io ebbi sparato	Noi avemmo sparato
Tu avesti sparato	Voi aveste sparato
Lui/Lei ebbe sparato	Loro ebbero sparato

CONDIZIONALE

Condizionale Presente

Io sparerei	Noi spareremmo
Tu spareresti	Voi sparereste
Lui/Lei sparerebbe	Loro sparerebbero

Condizionale Passato

Io avrei sparato	Noi avremmo sparato
Tu avresti sparato	Voi avreste sparato
Lui/Lei avrebbe sparato	Loro avrebbero sparato

CONGIUNTIVO

Congiuntivo Presente

Io spari	Noi spariamo
Tu spari	Voi spariate
Lui/Lei spari	Loro sparino

Congiuntivo Passato

Io abbia sparato	Noi abbiamo sparato
Tu abbia sparato	Voi abbiate sparato
Lui/Lei abbia sparato	Loro abbiano sparato

Congiuntivo Imperfetto

Io sparassi	Noi sparassimo
Tu sparassi	Voi sparaste
Lui/Lei sparasse	Loro sparassero

Congiuntivo Trapassato

Io avessi sparato	Noi avessimo sparato
Tu avessi sparato	Voi aveste sparato
Lui/Lei avesse sparato	Loro avessero sparato

IMPERATIVO

(Tu) spara! (Lei) spari! (Noi) spariamo! (Voi) sparate! (Loro) sparino!

Durante gli "anni di piombo" in Italia, spararono a molti politici.
During the "years of lead" in Italy, they shot many politicians.

Penso che gli abbiano sparato alle ginocchia.
I think they shot him in the knees.

I carabinieri hanno sparato a Giuliano.
The carabinieri fired on Giuliano.

Inf. sparecchiare   ***Part. pres.*** sparecchiante   ***Part. pass.*** sparecchiato   *Ger.* sparecchiando

INDICATIVO

Presente		Imperfetto	
Io sparecchio	Noi **sparecchiamo**	Io sparecchiavo	Noi sparecchiavamo
Tu sparecchi	Voi **sparecchiate**	Tu sparecchiavi	Voi sparecchiavate
Lui/Lei sparecchia	Loro **sparecchiano**	Lui/Lei sparecchiava	Loro sparecchiavano

Passato Prossimo		Trapassato Prossimo	
Io ho sparecchiato	Noi **abbiamo sparecchiato**	Io avevo sparecchiato	Noi avevamo sparecchiato
Tu hai sparecchiato	Voi **avete sparecchiato**	Tu avevi sparecchiato	Voi avevate sparecchiato
Lui/Lei ha sparecchiato	Loro **hanno sparecchiato**	Lui/Lei aveva sparecchiato	Loro avevano sparecchiato

Futuro		Passato Remoto	
Io sparecchierò	Noi **sparecchieremo**	Io sparecchiai	Noi sparecchiammo
Tu sparecchierai	Voi **sparecchierete**	Tu sparecchiasti	Voi sparecchiaste
Lui/Lei sparecchierà	Loro **sparecchieranno**	Lui/Lei sparecchiò	Loro sparacchiarono

Futuro Anteriore		Trapassato Remoto	
Io avrò sparecchiato	Noi **avremo sparecchiato**	Io ebbi sparecchiato	Noi avemmo sparecchiato
Tu avrai sparecchiato	Voi **avrete sparecchiato**	Tu avesti sparecchiato	Voi aveste sparecchiato
Lui/Lei avrà sparecchiato	Loro **avranno sparecchiato**	Lui/Lei ebbe sparecchiato	Loro ebbero sparecchiato

CONDIZIONALE

Condizionale Presente		Condizionale Passato	
Io sparecchierei	Noi **sparecchieremmo**	Io avrei sparecchiato	Noi avremmo sparecchiato
Tu sparecchieresti	Voi **sparecchiereste**	Tu avresti sparecchiato	Voi avreste sparecchiato
Lui/Lei sparacchierebbe	Loro **sparecchierebbero**	Lui/Lei avrebbe sparecchiato	Loro avrebbero sparecchiato

CONGIUNTIVO

Congiuntivo Presente		Congiuntivo Passato	
Io sparecchi	Noi **sparecchiamo**	Io abbia sparecchiato	Noi abbiamo sparecchiato
Tu sparecchi	Voi **sparecchiate**	Tu avesti sparecchiato	Voi abbiate sparecchiato
Lui/Lei sparecchi	Loro **sparecchino**	Lui/Lei abbia sparecchiato	Loro abbiano sparecchiato

Congiuntivo Imperfetto		Congiuntivo Trapassato	
Io sparecchiassi	Noi **sparecchiassimo**	Io avessi sparecchiato	Noi avessimo sparecchiato
Tu sparecchiassi	Voi **sparecchiaste**	Tu avessi sparecchiato	Voi aveste sparecchiato
Lui/Lei sparecchiasse	Loro **sparecchiassero**	Lui/Lei avesse sparecchiato	Loro avessero sparecchiato

IMPERATIVO

(Tu) sparecchia!   (Lei) **sparecchi!**   (Noi) sparecchiamo!   (Voi) sparecchiate!   (Loro) sparecchino!

Ragazzi, **sparecchiate** subito la tavola!
Kids, clear the table right away!

Quando **hanno sparecchiato** la tavola, hanno trovato un portafoglio.
When they cleared the table, they found a wallet.

Nei ristoranti **sparecchieranno** i tavoli prima che arrivi gente.
In restaurants they will clear the tables before people arrive.

SPAVENTARE *to frighten, to scare*

Inf. spaventare *Part. pres.* spaventante *Part. pass.* spaventato *Ger.* spaventando

INDICATIVO

Presente

Io spavento	Noi spaventiamo
Tu spaventi	Voi spaventate
Lui/Lei spaventa	Loro spaventano

Imperfetto

Io spaventavo	Noi spaventavamo
Tu spaventavi	Voi spaventavate
Lui/Lei spaventava	Loro spaventavano

Passato Prossimo

Io ho spaventato	Noi abbiamo spaventato
Tu hai spaventato	Voi avete spaventato
Lui/Lei ha spaventato	Loro hanno spaventato

Trapassato Prossimo

Io avevo spaventato	Noi avevamo spaventato
Tu avevi spaventato	Voi avevate spaventato
Lui/Lei aveva spaventato	Loro avevano spaventato

Futuro

Io spaventerò	Noi spaventeremo
Tu spaventerai	Voi spaventerete
Lui/Lei spaventerà	Loro spaventeranno

Passato Remoto

Io spaventai	Noi spaventammo
Tu spaventasti	Voi spaventaste
Lui/Lei spaventò	Loro spaventarono

Futuro Anteriore

Io avrò spaventato	Noi avremo spaventato
Tu avrai spaventato	Voi avrete spaventato
Lui/Lei avrà spaventato	Loro avranno spaventato

Trapassato Remoto

Io ebbi spaventato	Noi avemmo spaventato
Tu avesti spaventato	Voi aveste spaventato
Lui/Lei ebbe spaventato	Loro ebbero spaventato

CONDIZIONALE

Condizionale Presente

Io spaventerei	Noi spaventeremmo
Tu spaventeresti	Voi spaventereste
Lui/Lei spaventerebbe	Loro spaventerebbero

Condizionale Passato

Io avrei spaventato	Noi avremmo spaventato
Tu avesti spaventato	Voi avreste spaventato
Lui/Lei avrebbe spaventato	Loro avrebbero spaventato

CONGIUNTIVO

Congiuntivo Presente

Io spaventi	Noi spaventiamo
Tu spaventi	Voi spaventiate
Lui/Lei spaventi	Loro spaventino

Congiuntivo Passato

Io abbia spaventato	Noi abbiamo spaventato
Tu abbia spaventato	Voi abbiate spaventato
Lui/Lei abbia spaventato	Loro abbiano spaventato

Congiuntivo Imperfetto

Io spaventassi	Noi spaventassimo
Tu spaventassi	Voi spaventaste
Lui/Lei spaventasse	Loro spaventassero

Congiuntivo Trapassato

Io avessi spaventato	Noi avessimo spaventato
Tu avessi spaventato	Voi aveste spaventato
Lui/Lei avesse spaventato	Loro avessero spaventato

IMPERATIVO

(Tu) spaventa! (Lei) spaventi! (Noi) spaventiamo! (Voi) spaventate! (Loro) spaventino!

Hanno spaventato a morte i bambini con quella storia.
They scared the children to death with that story.

Quando furono ritornati a casa, spaventarono i ladri.
When they had returned home, they frightened the robbers.

È possibile che lui abbia spaventato tuo padre?
Is it possible that he frightened your father?

SPAZZOLARE *to brush, to polish off*

Inf. spazzolare *Part. pres.* spazzolante *Part. pass.* spazzolato *Ger.* spazzolando

INDICATIVO

Presente

Io spazzolo	Noi spazzoliamo
Tu spazzoli	Voi spazzolate
Lui/Lei spazzola	Loro spazzolano

Imperfetto

Io spazzolavo	Noi spazzolavamo
Tu spazzolavi	Voi spazzolavate
Lui/Lei spazzolava	Noi spazzolavano

Passato Prossimo

Io ho spazzolato	Noi abbiamo spazzolato
Tu hai spazzolato	Voi avete spazzolato
Lui/Lei ha spazzolato	Loro hanno spazzolato

Trapassato Prossimo

Io avevo spazzolato	Noi avevamo spazzolato
Tu avevi spazzolato	Voi avevate spazzolato
Lui/Lei aveva spazzolato	Loro avevano spazzolato

Futuro

Io spazzolerò	Noi spazzoleremo
Tu spazzolerai	Voi spazzolerete
Lui/Lei spazzolerà	Loro spazzoleranno

Passato Remoto

Io spazzolai	Noi spazzolammo
Tu spazzolasti	Voi spazzolaste
Lui/Lei spazzolò	Loro spazzolarono

Futuro Anteriore

Io avrò spazzolato	Noi avremo spazzolato
Tu avrai spazzolato	Voi avrete spazzolato
Lui/Lei avrà spazzolato	Loro avranno spazzolato

Trapassato Remoto

Io ebbi spazzolato	Noi avemmo spazzolato
Tu avesti spazzolato	Voi aveste spazzolato
Lui/Lei ebbe spazzolato	Loro ebbero spazzolato

CONDIZIONALE

Condizionale Presente

Io spazzolerei	Noi spazzoleremmo
Tu spazzoleresti	Voi spazzolereste
Lui/Lei spazzolerebbe	Loro spazzolerebbero

Condizionale Passato

Io avrei spazzolato	Noi avremmo spazzolato
Tu avresti spazzolato	Voi avreste spazzolato
Lui/Lei avrebbe spazzolato	Loro avrebbero spazzolato

CONGIUNTIVO

Congiuntivo Presente

Io spazzoli	Noi spazzoliamo
Tu spazzoli	Voi spazzoliate
Lui/Lei spazzoli	Loro spazzolino

Congiuntivo Passato

Io abbia spazzolato	Noi abbiamo spazzolato
Tu abbia spazzolato	Voi abbiate spazzolato
Lui/Lei abbia spazzolato	Loro abbiano spazzolato

Congiuntivo Imperfetto

Io spazzolassi	Noi spazzolassimo
Tu spazzolassi	Voi spazzolaste
Lui/Lei spazzolasse	Loro spazzolassero

Congiuntivo Trapassato

Io avessi spazzolato	Noi avessimo spazzolato
Tu avessi spazzolato	Voi aveste spazzolato
Lui/Lei avesse spazzolato	Loro avessero spazzolato

IMPERATIVO

(Tu) spazzola! (Lei) spazzoli! (Noi) spazzoliamo! (Voi) spazzolate! (Loro) spazzolino!

Mentre spazzolava i capelli, notò dei capelli grigi.
While she was brushing her hair, she noticed some grey.

Stavo spazzolando il cane per farlo più bello.
I was brushing the dog to make him prettier.

Ha spazzolato via tutti gli avanzi.
He polished off all the leftovers.

Inf. spedire *Part. pres.* spedente *Part. pass.* spedito *Ger.* spedendo

INDICATIVO

Presente		Imperfetto	
Io spedisco	Noi spediamo	Io spedivo	Noi spedivamo
Tu spedisci	Voi spedite	Tu spedivi	Voi spedivate
Lui/Lei spedisce	Loro spediscono	Lui/Lei spediva	Loro spedivano

Passato Prossimo		Trapassato Prossimo	
Io ho spedito	Noi abbiamo spedito	Io avevo spedito	Noi avevamo spedito
Tu hai spedito	Voi avete spedito	Tu avevi spedito	Voi avevate spedito
Lui/Lei ha spedito	Loro hanno spedito	Lui/Lei aveva spedito	Loro avevano spedito

Futuro		Passato Remoto	
Io spedirò	Noi spediremo	Io spedii	Noi spedimmo
Tu spedirai	Voi spedirete	Tu spedisti	Voi spediste
Lui/Lei spedirà	Loro spediranno	Lui/Lei spedì	Loro spedirono

Futuro Anteriore		Trapassato Remoto	
Io avrò spedito	Noi avremo spedito	Io ebbi spedito	Noi avemmo spedito
Tu avrai spedito	Voi avrete spedito	Tu avesti spedito	Voi aveste spedito
Lui/Lei avrà spedito	Loro avranno spedito	Lui/Lei ebbe spedito	Loro ebbero spedito

CONDIZIONALE

Condizionale Presente		Condizionale Passato	
Io spedirei	Noi spediremmo	Io avrei spedito	Noi avremmo spedito
Tu spediresti	Voi spedireste	Tu avresti spedito	Voi avreste spedito
Lui/Lei spedirebbe	Loro spedirebbero	Lui/Lei avrebbe spedito	Loro avrebbero spedito

CONGIUNTIVO

Congiuntivo Presente		Congiuntivo Passato	
Io spedisca	Noi spediamo	Io abbia spedito	Noi abbiamo spedito
Tu spedisca	Voi spediate	Tu abbia spedito	Voi abbiate spedito
Lui/Lei spedisca	Loro spediscano	Lui/Lei abbia spedito	Loro abbiano spedito

Congiuntivo Imperfetto		Congiuntivo Trapassato	
Io spedissi	Noi spedissimo	Io avessi spedito	Noi avessimo spedito
Tu spedissi	Voi spediste	Tu avessi spedito	Voi aveste spedito
Lui/Lei spedisse	Loro spedissero	Lui/Lei avesse spedito	Loro avessero spedito

IMPERATIVO

(Tu) spedisci!   (Lei) spedisca!   (Noi) spediamo!   (Voi) spedite!   (Loro) spediscano!

Mi spedirono una pacco di vestiti per la bambina.
They sent me a package of clothes for the little girl.

Lo spediranno in prigione dopo quello che ha fatto.
They will send him to prison after what he did.

Spedirò la lettera per raccomandata.
I will send the letter by registered mail.

SPENDERE   *to spend, to expend (energy)*

Inf. spendere   *Part. pres.* spendente   *Part. pass.* speso   *Ger.* spendendo

INDICATIVO

Presente

Io spendo	Noi spendiamo
Tu spendi	Voi spendete
Lui/Lei spende	Loro spendono

Imperfetto

Io spendevo	Noi spendevamo
Tu spendevi	Voi spendevate
Lui/Lei spendeva	Loro spendevano

Passato Prossimo

Io ho speso	Noi abbiamo speso
Tu hai speso	Voi avete speso
Lui/Lei ha speso	Loro hanno speso

Trapassato Prossimo

Io avevo speso	Noi avevamo speso
Tu avevi speso	Voi avevate speso
Lui/Lei aveva speso	Loro avevano speso

Futuro

Io spenderò	Noi spenderemo
Tu spenderai	Voi spenderete
Lui/Lei spenderà	Loro spenderanno

Passato Remoto

Io spesi	Noi spendemmo
Tu spendesti	Voi spendeste
Lui/Lei spese	Loro spesero

Futuro Anteriore

Io avrò speso	Noi avremo speso
Tu avrai speso	Voi avrete speso
Lui/Lei avrà speso	Loro avranno speso

Trapassato Remoto

Io ebbi speso	Noi avemmo speso
Tu avesti speso	Voi aveste speso
Lui/Lei ebbe speso	Loro ebbero speso

CONDIZIONALE

Condizionale Presente

Io spenderei	Noi spenderemmo
Tu spenderesti	Voi spendereste
Lui/Lei spenderebbe	Loro spederebbero

Condizionale Passato

Io avrei speso	Noi avremmo speso
Tu avresti speso	Voi avreste speso
Lui/Lei avrebbe speso	Loro avrebbero speso

CONGIUNTIVO

Congiuntivo Presente

Io spenda	Noi spendiamo
Tu spenda	Voi spediate
Lui/Lei spenda	Loro spendano

Congiuntivo Passato

Io abbia speso	Noi abbiamo speso
Tu abbia speso	Voi abbiate speso
Lui/Lei abbia speso	Loro abbiano speso

Congiuntivo Imperfetto

Io spendessi	Noi spendessimo
Tu spendessi	Voi spendeste
Lui/Lei spendesse	Loro spendessero

Congiuntivo Trapassato

Io avessi speso	Noi avessimo speso
Tu avessi speso	Voi aveste speso
Lui/Lei avesse speso	Loro avessero speso

IMPERATIVO

(Tu) spendi!   (Lei) spenda!   (Noi) spendiamo!   (Voi) spendete!   (Loro) spendano!

Ho speso molti soldi nei negozi ieri.
I spent a lot of money at the stores yesterday.

Dopo aver speso una fortuna non potevano più uscire.
After they had spent a lot of money they couldn't go out any more.

Signora, quanto vorrebbe spendere per un cappotto?
Madame, how much would you like to spend for a coat?

Inf. sperare   *Part. pres.* sperante   *Part. pass.* sperato   *Ger.* sperando

INDICATIVO

Presente

Io spero	Noi speriamo
Tu speri	Voi sperate
Lui/Lei spera	Loro sperano

Imperfetto

Io speravo	Noi speravamo
Tu speravi	Voi speravate
Lui/Lei sperava	Loro speravano

Passato Prossimo

Io ho sperato	Noi abbiamo sperato
Tu hai sperato	Voi avete sperato
Lui/Lei ha sperato	Loro hanno sperato

Trapassato Prossimo

Io avevo sperato	Noi avevamo sperato
Tu avevi sperato	Voi avevate sperato
Lui/Lei aveva sperato	Loro avevano sperato

Futuro

Io spererò	Noi spereremo
Tu spererai	Voi spererete
Lui/Lei spererà	Loro spereranno

Passato Remoto

Io sperai	Noi sperammo
Tu sperasti	Voi speraste
Lui/Lei sperò	Loro sperarono

Futuro Anteriore

Io avrò sperato	Noi avremo sperato
Tu avrai sperato	Voi avrete sperato
Lui/Lei avrà sperato	Loro avranno sperato

Trapassato Remoto

Io ebbi sperato	Noi avemmo sperato
Tu avesti sperato	Voi aveste sperato
Lui/Lei ebbe sperato	Loro ebbero sperato

CONDIZIONALE

Condizionale Presente

Io spererei	Noi spereremmo
Tu spereresti	Voi sperereste
Lui/Lei spererebbe	Loro spererebbero

Condizionale Passato

Io avrei sperato	Noi avremmo sperato
Tu avresti sperato	Voi avreste sperato
Lui/Lei avrebbe sperato	Loro avrebbero sperato

CONGIUNTIVO

Congiuntivo Presente

Io speri	Noi speriamo
Tu speri	Voi speriate
Lui/Lei speri	Loro sperino

Congiuntivo Passato

Io abbia sperato	Noi abbiamo sperato
Tu abbia sperato	Voi abbiate sperato
Lui/Lei abbia sperato	Loro abbiano sperato

Congiuntivo Imperfetto

Io sperassi	Noi sperassimo
Tu sperassi	Voi speraste
Lui/Lei sperasse	Loro sperassero

Congiuntivo Trapassato

Io avessi sperato	Noi avessimo sperato
Tu avessi sperato	Voi aveste sperato
Lui/Lei avesse sperato	Loro avessero

IMPERATIVO

(Tu) spera!   (Lei) speri!   (Noi) speriamo!   (Voi) sperate!   (Loro) sperino

Speravo che tu facessi quel lavoro.
I hoped that you would do that work.

Credo che loro sperino di guadagnare di più nel futuro.
I believe that they hope to earn more in the future.

Speri di completare il libro prima della settimana prossima?
Do you hope to complete the book before next week?

SPIEGARE   *to explain*

Inf. spiegare   *Part. pres.* spiegante   *Part. pass.* spiegato   *Ger.* spiegando

INDICATIVO

Presente

Io spiego	Noi spieghiamo
Tu spieghi	Voi spiegate
Lui/Lei spiega	Loro spiegano

Imperfetto

Io spiegavo	Noi spiegavamo
Tu spiegavi	Voi spiegavate
Lui/Lei spiegava	Loro spiegavano

Passato Prossimo

Io ho spiegato	Noi abbiamo spiegato
Tu hai spiegato	Voi avete spiegato
Lui/Lei ha spiegato	Loro hanno spiegato

Trapassato Prossimo

Io avevo spiegato	Noi avevamo spiegato
Tu avevi spiegato	Voi avevate spiegato
Lui/Lei aveva spiegato	Loro avevano spiegato

Futuro

Io spiegherò	Noi spiegheremo
Tu spiegherai	Voi spiegherete
Lui/Lei spiegherà	Loro spiegheranno

Passato Remoto

Io spiegai	Noi spiegammo
Tu spiegasti	Voi spiegaste
Lui/Lei spiegò	Loro spiegarono

Futuro Anteriore

Io avrò spiegato	Noi avremo spiegato
Tu avrai spiegato	Voi avrete spiegato
Lui/Lei avrà spiegato	Loro avranno spiegato

Trapassato Remoto

Io ebbi spiegato	Noi avemmo spiegato
Tu avesti spiegato	Voi aveste spiegato
Lui/Lei ebbe spiegato	Loro ebbero spiegato

CONDIZIONALE

Condizionale Presente

Io spiegherei	Noi spiegheremmo
Tu spiegheresti	Voi spieghereste
Lui/Lei spiegherebbe	Loro spiegherebbero

Condizionale Passato

Io avrei spiegato	Noi avremmo spiegato
Tu avresti spiegato	Voi avreste spiegato
Lui/Lei avrebbe spiegato	Loro avrebbero spiegato

CONGIUNTIVO

Congiuntivo Presente

Io spieghi	Noi spieghiamo
Tu spieghi	Voi spieghiate
Lui/Lei spieghi	Loro spieghino

Congiuntivo Passato

Io abbia spiegato	Noi abbiamo spiegato
Tu abbia spiegato	Voi abbiate spiegato
Lui/Lei abbia spiegato	Loro abbiano spiegato

Congiuntivo Imperfetto

Io spiegassi	Noi spiegassimo
Tu spiegassi	Voi spiegaste
Lui/Lei spiegasse	Loro spiegassero

Congiuntivo Trapassato

Io avessi spiegato	Noi avessimo spiegato
Tu avessi spiegato	Voi aveste spiegato
Lui/Lei avesse spiegato	Loro avessero spiegato

IMPERATIVO

(Tu) spiega!   (Lei) spieghi!   (Noi) spieghiamo!   (Voi) spiegate!   (Loro) spieghino!

Dopo che ebbi spiegato la lezione, andai a casa.
After I had explained the lesson, I went home.

Gli hanno spiegato quale strada prendere.
They explained to him which road to take.

Cercare di spiegare è solo uno spreco di tempo.
Trying to explain is only a waste of time.

SPINGERE *to push, to urge*

Inf. spingere *Part. pres.* spingente *Part. pass.* spinto *Ger.* spingendo

INDICATIVO

Presente

Io spingo	Noi spingiamo
Tu spingi	Voi spingete
Lui/Lei spinge	Loro spingono

Imperfetto

Io spingevo	Noi spingevamo
Tu spingevi	Voi spingevate
Lui/Lei spingeva	Loro spingevano

Passato Prossimo

Io ho spinto	Noi abbiamo spinto
Tu hai spinto	Voi avete spinto
Lui/Lei ha spinto	Loro hanno spinto

Trapassato Prossimo

Io avevo spinto	Noi avevamo spinto
Tu avevi spinto	Voi avevate spinto
Lui/Lei aveva spinto	Loro avevano spinto

Futuro

Io spingerò	Noi spingeremo
Tu spingerai	Voi spingerete
Lui/Lei spingerà	Loro spingeranno

Passato Remoto

Io spinsi	Noi spingemmo
Tu spingesti	Voi spingeste
Lui/Lei spinse	Loro spinsero

Futuro Anteriore

Io avrò spinto	Noi avremo spinto
Tu avrai spinto	Voi avrete spinto
Lui/Lei avrà spinto	Loro avranno spinto

Trapassato Remoto

Io ebbi spinto	Noi avemmo spinto
Tu avesti spinto	Voi aveste spinto
Lui/Lei ebbe spinto	Loro ebbero spinto

CONDIZIONALE

Condizionale Presente

Io spingerei	Noi spingeremmo
Tu spingeresti	Voi spingereste
Lui/Lei spingerebbe	Loro spingerebbero

Condizionale Passato

Io avrei spinto	Noi avremmo spinto
Tu avresti spinto	Voi avreste spinto
Lui/Lei avrebbe spinto	Loro avrebbero spinto

CONGIUNTIVO

Congiuntivo Presente

Io spinga	Noi spingiamo
Tu spinga	Voi spingiate
Lui/Lei spinga	Loro spingano

Congiuntivo Passato

Io abbia spinto	Noi abbiamo spinto
Tu abbia spinto	Voi abbiate spinto
Lui/Lei abbia spinto	Loro abbiano spinto

Congiuntivo Imperfetto

Io spingessi	Noi spingessimo
Tu spingessi	Voi spingeste
Lui/Lei spingesse	Loro spingessero

Congiuntivo Trapassato

Io avessi spinto	Noi avessimo spinto
Tu avessi spinto	Voi aveste spinto
Lui/Lei avesse spinto	Loro avessero spinto

IMPERATIVO

(Tu) spingi! (Lei) spinga! (Noi) spingiamo! (Voi) spingete! (Loro) spingano!

Mia madre spingeva la sedia a rotelle di mio padre.
My mother pushed my father's wheelchair.

Se tu non avessi spinto l'acceleratore non saremmo usciti di strada.
If you hadn't stepped on the accelerator, we would not have gone off the road.

Ho spinto mia figlia a studiare di più.
I urged my daughter to study more.

SPOGLIARSI *to undress*

Inf. spogliarsi   *Part. pres.* spogliantesi   *Part. pass.* spogliato   *Ger.* spogliandosi

INDICATIVO

Presente

Io mi spoglio	Noi ci spogliamo
Tu ti spogli	Voi vi spogliate
Lui/Lei si spoglia	Loro si spogliano

Imperfetto

Io mi spogliavo	Noi ci spogliavamo
Tu ti spogliavi	Voi vi spogliavate
Lui/Lei si spogliava	Loro si spogliavano

Passato Prossimo

Io mi sono spogliato/a	Noi ci siamo spogliati/e
Tu ti sei spogliato/a	Voi vi siete spogliati/e
Lui/Lei si è spogliato/a	Loro si sono spogliati/e

Trapassato Prossimo

Io mi ero spogliato/a	Noi ci eravamo spogliati/e
Tu ti eri spogliato/a	Voi vi eravate spogliati/e
Lui/Lei si era spogliato/a	Loro si erano spogliati/e

Futuro

Io mi spoglierò	Noi ci spoglieremo
Tu ti spoglierai	Voi vi spoglierete
Lui/Lei si spoglierà	Loro si spoglieranno

Passato Remoto

Io mi spogliai	Noi ci spogliammo
Tu ti spogliasti	Voi vi spogliaste
Lui/Lei si spogliò	Loro si spogliarono

Futuro Anteriore

Io mi sarò spogliato/a	Noi ci saremo spogliati/e
Tu ti sarai spogliato/a	Voi vi sarete spogliati/e
Lui/Lei si sarà spogliato/a	Loro si saranno spogliati/e

Trapassato Remoto

Io mi fui spogliato/a	Noi ci fummo spogliati/e
Tu ti fosti spogliato/a	Voi vi foste spogliati/e
Lui/Lei si fu spogliato/a	Loro si furono spogliati/e

CONDIZIONALE

Condizionale Presente

Io mi spoglierei	Noi ci spoglieremmo
Tu ti spoglieresti	Voi vi spogliereste
Lui/Lei si spoglierebbe	Loro si spoglierebbero

Condizionale Passato

Io mi sarei spogliato/a	Noi ci saremmo spogliati/e
Tu ti saresti spogliato/a	Voi vi sareste spogliati/e
Lui/Lei si sarebbe spogliato/a	Loro si sarebbero spogliati/e

CONGIUNTIVO

Congiuntivo Presente

Io mi spogli	Noi ci spogliamo
Tu ti spogli	Voi vi spogliate
Lui/Lei si spogli	Loro si spoglino

Congiuntivo Passato

Io mi sia spogliato/a	Noi ci siamo spogliati/e
Tu ti sia spogliato/a	Voi vi siate spogliati/e
Lui/Lei si sia spogliato/a	Loro si siano spogliati/e

Congiuntivo Imperfetto

Io mi spogliassi	Noi ci spogliassimo
Tu ti spogliassi	Voi vi spogliaste
Lui/Lei si spogliasse	Loro si spogliassero

Congiuntivo Trapassato

Io mi fossi spogliato/a	Noi ci fossimo spogliati/e
Tu ti fossi spogliato/a	Voi vi foste spogliati/e
Lui/Lei si fosse spogliato/a	Loro si fossero spogliati/e

IMPERATIVO

(Tu) spogliati!   (Lei) si spogli!   (Noi) spogliamoci!   (Voi) spogliatevi!   (Loro) si spoglino!

Ci siamo spogliate in fretta perché eravamo in ritardo.
We undressed quickly because we were late.

San Francesco si spogliò dei propri beni.
Saint Francis divested himself of his worldly possessions.

Bambini, spogliatevi subito! Andiamo a fare un po' di ginnastica!
Children, get undressed right away! Let's go do some exercise!

Inf. sposare *Part. pres.* sposante *Part. pass.* sposato *Ger.* sposando

INDICATIVO

Presente

Io sposo	Noi sposiamo
Tu sposi	Voi sposate
Lui/Lei sposa	Loro sposano

Imperfetto

Io sposavo	Noi sposavamo
Tu sposavi	Voi sposavate
Lui/Lei sposava	Loro sposavano

Passato Prossimo

Io ho sposato	Noi abbiamo sposato
Tu hai sposato	Voi avete sposato
Lui/Lei ha sposato	Loro hanno sposato

Trapassato Prossimo

Io avevo sposato	Noi avevamo sposato
Tu avevi sposato	Voi avevate sposato
Lui/Lei aveva sposato	Loro avevano sposato

Futuro

Io sposerò	Noi sposeremo
Tu sposerai	Voi sposerete
Lui/Lei sposerà	Loro sposeranno

Passato Remoto

Io sposai	Noi sposammo
Tu sposasti	Voi sposaste
Lui/Lei sposò	Loro sposarono

Futuro Anteriore

Io avrò sposato	Noi avremo sposato
Tu avrai sposato	Voi avrete sposato
Lui/Lei avrà sposato	Loro avranno sposato

Trapassato Remoto

Io ebbi sposato	Noi avemmo sposato
Tu avesti sposato	Voi aveste sposato
Lui/Lei ebbe sposato	Loro ebbero sposato

CONDIZIONALE

Condizionale Presente

Io sposerei	Noi sposeremmo
Tu sposeresti	Voi sposereste
Lui/Lei sposerebbe	Loro sposerebbero

Condizionale Passato

Io avrei sposato	Noi avremmo sposato
Tu avresti sposato	Voi avreste sposato
Lui/Lei avrebbe sposato	Loro avrebbero sposato

CONGIUNTIVO

Congiuntivo Presente

Io sposi	Noi sposiamo
Tu sposi	Voi sposiate
Lui/Lei sposi	Loro sposino

Congiuntivo Passato

Io abbia sposato	Noi abbiamo sposato
Tu abbia sposato	Voi abbiate sposato
Lui/Lei abbia sposato	Loro abbiano sposato

Congiuntivo Imperfetto

Io sposassi	Noi sposassimo
Tu sposassi	Voi sposaste
Lui/Lei sposasse	Loro sposassero

Congiuntivo Trapassato

Io avessi sposato	Noi avessimo sposato
Tu avessi sposato	Voi aveste sposato
Lui/Lei avesse sposato	Loro avessero sposato

IMPERATIVO

(Tu) sposa! (Lei) sposi! (Noi) sposiamo! (Voi) sposate! (Loro) sposino!

Lei ha sposato l'uomo dei suoi sogni.
She married the man of her dreams.

Il prete non sposò Romeo e Giulietta.
The priest did not marry Romeo and Juliette.

Se hai bisogno della carne, non devi sposare il macellaio.
If you need meat, you don't have to marry the butcher.

SPOSTARE   *to move*

Inf. spostare   *Part. pres.* spostante   *Part. pass.* spostato   *Ger.* spostando

INDICATIVO

Presente

Io sposto	Noi spostiamo
Tu sposti	Voi spostate
Lui/Lei sposta	Loro spostano

Imperfetto

Io spostavo	Noi spostavamo
Tu spostavi	Voi spostavate
Lui/Lei spostava	Loro spostavano

Passato Prossimo

Io ho spostato	Noi abbiamo spostato
Tu hai spostato	Voi avete spostato
Lui/Lei ha spostato	Loro hanno spostato

Trapassato Prossimo

Io avevo spostato	Noi avevamo spostato
Tu avevi spostato	Voi avevate spostato
Lui/Lei aveva spostato	Loro avevano spostato

Futuro

Io sposterò	Noi sposteremo
Tu sposterai	Voi sposterete
Lui/Lei sposterà	Loro sposteranno

Passato Remoto

Io spostai	Noi spostammo
Tu spostasti	Voi spostaste
Lui/Lei spostò	Loro spostarono

Futuro Anteriore

Io avrò spostato	Noi avremo spostato
Tu avrai spostato	Voi avrete spostato
Lui/Lei avrà spostato	Loro avranno spostato

Trapassato Remoto

Io ebbi spostato	Noi avemmo spostato
Tu avesti spostato	Voi aveste spostato
Lui/Lei ebbe spostato	Loro ebbero spostato

CONDIZIONALE

Condizionale Presente

Io sposterei	Noi sposteremmo
Tu sposteresti	Voi spostereste
Lui/Lei sposterebbe	Loro sposterebbero

Condizionale Passato

Io avrei spostato	Noi avremo spostato
Tu avresti spostato	Voi avreste spostato
Lui/Lei avrebbe spostato	Loro avrebbero spostato

CONGIUNTIVO

Congiuntivo Presente

Io sposti	Noi spostiamo
Tu sposti	Voi spostiate
Lui/Lei sposti	Loro spostino

Congiuntivo Passato

Io abbia spostato	Noi abbiamo spostato
Tu abbia spostato	Voi abbiate spostato
Lui/Lei abbia spostato	Loro abbiano spostato

Congiuntivo Imperfetto

Io spostassi	Noi spostassimo
Tu spostassi	Voi spostaste
Lui/Lei spostasse	Loro spostassero

Congiuntivo Trapassato

Io avessi spostato	Noi avessimo spostato
Tu avessi spostato	Voi aveste spostato
Lui/Lei avesse spostato	Loro avessero spostato

IMPERATIVO

(Tu) sposta!   (Lei) sposti!   (Noi) spostiamo!   (Voi) spostate!   (Loro) spostino!

Sposterei la conferenza al prossimo mese.
I would move the conference to next month.

Ogni anno, a marzo, si spostano gli orologi in avanti.
Every year in March the clocks are set ahead.

Lui ha spostato il peso da un piede all'altro.
He shifted his weight from one foot to the other.

Inf. sprecare *Part. pres.* sprecante *Part. pass.* sprecato *Ger.* sprecando

INDICATIVO

Presente

Io spreco	Noi sprechiamo
Tu sprechi	Voi sprecate
Lui/Lei spreca	Loro sprecano

Imperfetto

Io sprecavo	Noi sprecavamo
Tu sprecavi	Voi sprecavate
Lui/Lei sprecava	Loro sprecavano

Passato Prossimo

Io ho sprecato	Noi abbiamo sprecato
Tu hai sprecato	Voi avete sprecato
Lui/Lei ha sprecato	Loro hanno sprecato

Trapassato Prossimo

Io avevo sprecato	Noi avevamo sprecato
Tu avevi sprecato	Voi avevate sprecato
Lui/Lei aveva sprecato	Loro avevano sprecato

Futuro

Io sprecherò	Noi sprecheremo
Tu sprecherai	Voi sprecherete
Lui/Lei sprecherà	Loro sprecheranno

Passato Remoto

Io sprecai	Noi sprecammo
Tu sprecasti	Voi sprecaste
Lui/Lei sprecò	Loro sprecarono

Futuro Anteriore

Io avrò sprecato	Noi avremo sprecato
Tu avrai sprecato	Voi avrete sprecato
Lui/Lei avrà sprecato	Loro avranno sprecato

Trapassato Remoto

Io ebbi sprecato	Noi avemmo sprecato
Tu avesti sprecato	Voi aveste sprecato
Lui/Lei ebbe sprecato	Loro ebbero sprecato

CONDIZIONALE

Condizionale Presente

Io sprecherei	Noi sprecheremmo
Tu sprecheresti	Voi sprechereste
Lui/Lei sprecherebbe	Loro sprecherebbero

Condizionale Passato

Io avrei sprecato	Noi avremmo sprecato
Tu avresti sprecato	Voi avreste sprecato
Lui/Lei avrebbe sprecato	Loro avrebbero sprecato

CONGIUNTIVO

Congiuntivo Presente

Io sprechi	Noi sprechiamo
Tu sprechi	Voi sprechiate
Lui/Lei sprechi	Loro sprechino

Congiuntivo Passato

Io abbia sprecato	Noi abbiamo sprecato
Tu abbia sprecato	Voi abbiate sprecato
Lui/Lei abbia sprecato	Loro abbiano sprecato

Congiuntivo Imperfetto

Io sprecassi	Noi sprecassimo
Tu sprecassi	Voi sprecaste
Lui/Lei sprecasse	Loro sprecassero

Congiuntivo Trapassato

Io avessi sprecato	Noi avessimo sprecato
Tu avessi sprecato	Voi aveste sprecato
Lui/Lei avesse sprecato	Loro avessero sprecato

IMPERATIVO

(Tu) spreca! (Lei) sprechi! (Noi) sprechiamo! (Voi) sprecate! (Loro) sprechino!

Molte persone sprecano i soldi oggi.
Many people waste money today.

Se non avessi sprecato il tempo, non sarei stato in ritardo.
If I hadn't wasted time, I wouldn't have been late.

Aveva un gran talento, ma l'ha sprecato bevendo.
He had a great talent, but he squandered it by drinking.

STABILIRE   *to establish, to set*

Inf. stabilire   *Part. pres.* stabilente   *Part. pass.* stabilito   *Ger.* stabilendo

INDICATIVO

Presente

Io stabilisco	Noi stabiliamo
Tu stabilisci	Voi stabilite
Lui/Lei stabilisce	Loro stabiliscono

Imperfetto

Io stabilivo	Noi stabilivamo
Tu stabilivi	Voi stabilivate
Lui/Lei stabiliva	Loro stabilivano

Passato Prossimo

Io ho stabilito	Noi abbiamo stabilito
Tu hai stabilito	Voi avete stabilito
Lui/Lei ha stabilito	Loro hanno stabilito

Trapassato Prossimo

Io avevo stabilito	Noi avevamo stabilito
Tu avevi stabilito	Voi avevate stabilito
Lui/Lei aveva stabilito	Loro avevano stabilito

Futuro

Io stabilirò	Noi stabiliremo
Tu stabilirai	Voi stabilirete
Lui/Lei stabilirà	Loro stabiliranno

Passato Remoto

Io stabilii	Noi stabilimmo
Tu stabilisti	Voi stabiliste
Lui/Lei stabilì	Loro stabilirono

Futuro Anteriore

Io avrò stabilito	Noi avremo stabilito
Tu avrai stabilito	Voi avrete stabilito
Lui/Lei avrà stabilito	Loro avranno stabilito

Trapassato Remoto

Io ebbi stabilito	Noi avemmo stabilito
Tu avesti stabilito	Voi aveste stabilito
Lui/Lei ebbe stabilito	Loro ebbero stabilito

CONDIZIONALE

Condizionale Presente

Io stabilirei	Noi stabiliremmo
Tu stabiliresti	Voi stabilireste
Lui/Lei stabilirebbe	Loro stabilirebbero

Condizionale Passato

Io avrei stabilito	Noi avremmo stabilito
Tu avresti stabilito	Voi avreste stabilito
Lui/Lei avrebbe stabilito	Loro avrebbero stabilito

CONGIUNTIVO

Congiuntivo Presente

Io stabilisca	Noi stabiliamo
Tu stabilisca	Voi stabiliate
Lui/Lei stabilisca	Loro stabiliscano

Congiuntivo Passato

Io abbia stabilito	Noi abbiamo stabilito
Tu abbia stabilito	Voi abbiate stabilito
Lui/Lei abbia stabilito	Loro abbiano stabilito

Congiuntivo Imperfetto

Io stabilissi	Noi stabilissimo
Tu stabilissi	Voi stabiliste
Lui/Lei stabilisse	Loro stabilissero

Congiuntivo Trapassato

Io avessi stabilito	Noi avessimo stabilito
Tu avessi stabilito	Voi aveste stabilito
Lui/Lei avesse stabilito	Loro avessero stabilito

IMPERATIVO

(Tu) stabilisci!   (Lei) stabilisca!   (Noi) stabiliamo!   (Voi) stabilite!   (Loro) stabiliscano!

L'Egitto ha stabilito le leggi del nuovo governo.
Egypt established the laws of the new government.

Il proprietario stabilirà i prezzi dei prossimi saldi.
The owner will set the prices for the next sale.

Stabilimmo la nostra residenza nel quartiere Parioli a Roma.
We established our residence in the neighborhood of Parioli in Rome.

STAMPARE   *to print*

Inf. stampare   *Part. pres.* stampante   *Part. pass.* stampato   *Ger.* stampando

INDICATIVO

Presente

Io stampo	Noi stampiamo
Tu stampi	Voi stampate
Lui/Lei stampa	Loro stampano

Imperfetto

Io stampavo	Noi stampavamo
Tu stampavi	Voi stampavate
Lui/Lei stampava	Loro stampavano

Passato Prossimo

Io ho stampato	Noi abbiamo stampato
Tu hai stampato	Voi avete stampato
Lui/Lei ha stampato	Loro hanno stampato

Trapassato Prossimo

Io avevo stampato	Noi avevamo stampato
Tu avevi stampato	Voi avevate stampato
Lui/Lei aveva stampato	Loro avevano stampato

Futuro

Io stamperò	Noi stamperemo
Tu stamperai	Voi stamperete
Lui/Lei stamperà	Loro stamperanno

Passato Remoto

Io stampai	Noi stampammo
Tu stampasti	Voi stampaste
Lui/Lei stampò	Loro stamparono

Futuro Anteriore

Io avrò stampato	Noi avremo stampato
Tu avrai stampato	Voi avrete stampato
Lui/Lei avrà stampato	Loro avranno stampato

Trapassato Remoto

Io ebbi stampato	Noi avemmo stampato
Tu avesti stampato	Voi aveste stampato
Lui/Lei ebbe stampato	Loro ebbero stampato

CONDIZIONALE

Condizionale Presente

Io stamperei	Noi stamperemmo
Tu stamperesti	Voi stampereste
Lui/Lei stamperebbe	Loro stamperebbero

Condizionale Passato

Io avrei stampato	Noi avremmo stampato
Tu avresti stampato	Voi avreste stampato
Lui/Lei avrebbe stampato	Loro avrebbero stampato

CONGIUNTIVO

Congiuntivo Presente

Io stampi	Noi stampiamo
Tu stampi	Voi stampiate
Lui/Lei stampi	Loro stampino

Congiuntivo Passato

Io abbia stampato	Noi abbiamo stampato
Tu abbia stampato	Voi abbiate stampato
Lui/lei abbia stampato	Loro abbiano stampato

Congiuntivo Imperfetto

Io stampassi	Noi stampassimo
Tu stampassi	Voi stampaste
Lui/Lei stampasse	Loro stampassero

Congiuntivo Trapassato

Io avessi stampato	Noi avessimo stampato
Tu avessi stampato	Voi aveste stampato
Lui/Lei avesse stampato	Loro avessero stampato

IMPERATIVO

(Tu) stampa!   (Lei) stampi!   (Noi) stampiamo!   (Voi) stampate!   (Loro) stampino!

Stava stampando il contratto quando arrivai con il caffè.
She was printing the contract when I arrived with the coffee.

Era molto popolare stampare immagini sulle monetine.
It was very popular to imprint images on coins.

Stamperanno il libro la prossima settimana.
They will print the book next week.

Inf. stancarsi   *Part. pres.* stancantesi   *Part. pass.* stancato   *Ger.* stancandosi

INDICATIVO

Presente

Io mi stanco	Noi ci stanchiamo
Tu ti stanchi	Voi vi stancate
Lui/Lei si stanca	Loro si stancano

Imperfetto

Io mi stancavo	Noi ci stancavamo
Tu ti stancavi	Voi vi stancavate
Lui/Lei si stancava	Loro si stancavano

Passato Prossimo

Io mi sono stancato/a	Noi ci siamo stancati/e
Tu ti sei stancato/a	Voi vi siete stancati/e
Lui/Lei si è stancato/a	Loro si sono stancati/e

Trapassato Prossimo

Io mi ero stancato/a	Noi ci eravamo stancati/e
Tu ti eri stancato/a	Voi vi eravate stancati/e
Lui/Lei si era stancato/a	Loro si erano stancati/e

Futuro

Io mi stancherò	Noi ci stancheremo
Tu ti stancherai	Voi vi stancherete
Lui/Lei si stancherà	Loro si stancheranno

Passato Remoto

Io mi stancai	Noi ci stancammo
Tu ti stancasti	Voi vi stancaste
Lui/Lei si stancò	Loro si stancarono

Futuro Anteriore

Io mi sarò stancato/a	Noi ci saremo stancati/e
Tu ti sarai stancato/a	Voi vi sarete stancati/e
Lui/Lei si sarà stancato/a	Loro si saranno stancati/e

Trapassato Remoto

Io mi fui stancato/a	Noi ci fummo stancati/e
Tu ti fosti stancato/a	Voi vi foste stancati/e
Lui/Lei si fu stancato/a	Loro si furono stancati/e

CONDIZIONALE

Condizionale Presente

Io mi stancherei	Noi ci stancheremmo
Tu ti stancheresti	Voi vi stanchereste
Lui/Lei si stancherebbe	Loro si stancherebbero

Condizionale Passato

Io mi sarei stancato/a	Noi ci saremmo stancati/e
Tu ti saresti stancato/a	Voi vi sareste stancati/e
Lui/Lei si sarebbe stancato	Loro si sarebbe stancati/e

CONGIUNTIVO

Congiuntivo Presente

Io mi stanchi	Noi ci stanchiamo
Tu ti stanchi	Voi vi stanchiate
Lui/Lei si stanchi	Loro si stanchino

Congiuntivo Passato

Io mi sia stancato/a	Noi ci siamo stancati/e
Tu ti sia stancato/a	Voi vi siate stancati/e
Lui/Lei si sia stancato/a	Loro si siano stancati/e

Congiuntivo Imperfetto

Io mi stancassi	Noi ci stancassimo
Tu ti stancassi	Voi vi stancaste
Lui/Lei si stancasse	Loro si stancassero

Congiuntivo Trapassato

Io mi fossi stancato/a	Noi ci fossimo stancati/e
Tu ti fossi stancato/a	Voi vi foste stancati/e
Lui/Lei si fosse stancato/a	Loro si fossero stancati/e

IMPERATIVO

(Tu) stancati!   (Lei) si stanchi!   (Noi) stanchiamoci!   (Voi) stancatevi!   (Loro) si stanchino!

Mi sono molto stancata facendo quel lavoro.
I got very tired doing that work.

Si era molto stancata del suo fidanzato.
She had gotten very tired of her fiancé.

Mi rincresce che ti sia così stancato alla festa.
I'm sorry that you got so tired at the party.

STARE *to be, to stay*

Inf. stare *Part. pres.* stante *Part. pass.* stato *Ger.* stando

INDICATIVO

Presente

Io sto	Noi stiamo
Tu stai	Voi state
Lui/Lei sta	Noi stanno

Imperfetto

Io stavo	Noi stavamo
Tu stavi	Voi stavate
Lui/Lei stava	Loro stavano

Passato Prossimo

Io sono stato/a	Noi siamo stati/e
Tu sei stato/a	Voi siete stati/e
Lui/Lei è stato/a	Loro sono stati/e

Trapassato Prossimo

Io ero stato/a	Noi eravamo stati/e
Tu eri stato/a	Voi eravate stati/e
Lui/Lei era stato/a	Loro erano stati/e

Futuro

Io starò	Noi staremo
Tu starai	Voi starete
Lui/Lei starà	Loro staranno

Passato Remoto

Io stetti	Noi stemmo
Tu stesti	Voi steste
Lui/Lei stette	Loro stettero

Futuro Anteriore

Io starò stato/a	Noi staremo stati/e
Tu starai stato/a	Voi starete stati/e
Lui/Lei starà stato/a	Loro staranno stati/e

Trapassato Remoto

Io fui stato/a	Noi fummo stati/e
Tu fosti stato/a	Voi foste stati/e
Lui/Lei fu stato/a	Loro furono stati/e

CONDIZIONALE

Condizionale Presente

Io starei	Noi staremmo
Tu staresti	Voi stareste
Lui/Lei starebbe	Loro starebbero

Condizionale Passato

Io sarei stato/a	Noi saremmo stati/e
Tu saresti stato/a	Voi stareste stati/e
Lui/Lei sarebbe stato/a	Loro starebbero stati/e

CONGIUNTIVO

Congiuntivo Presente

Io stia	Noi stiamo
Tu stia	Voi stiate
Lui/Lei stia	Loro stiano

Congiuntivo Passato

Io sia stato/a	Noi stiamo stati/e
Tu sia stato/a	Voi siate stati/e
Lui/Lei sia stato/a	Loro siano stati/e

Congiuntivo Imperfetto

Io stessi	Noi stessimo
Tu stessi	Voi steste
Lui/Lei stesse	Loro stessero

Congiuntivo Trapassato

Io fossi stato/a	Noi fossimo stati/e
Tu fossi stato/a	Voi foste stati/e
Lui/Lei fosse stato/a	Loro fossero stati/e

IMPERATIVO

(Tu) sta'! (stai!)   (Lei) stia!   (Noi) stiamo!   (Voi) state!   (Loro) stiano!

Sto male oggi, allora non vado al lavoro.
I don't feel well today so I am not going to work.

Non vorrei che stessimo in casa tutto il giorno.
I wouldn't want us to stay home all day.

Non sta' a te dirmi cosa devo fare.
It's not up to you to tell me what to do.

Inf. starnutire *Part. pres.* starnutente *Part. pass.* starnutito *Ger.* starnutendo

INDICATIVO

Presente

Io starnutisco	Noi starnutiamo
Tu starnutisci	Voi starnutite
Lui/Lei starnutisce	Loro starnutiscono

Imperfetto

Io starnutivo	Noi starnutivamo
Tu starnutivi	Voi starnutivate
Lui/Lei starnutiva	Loro starnutivano

Passato Prossimo

Io ho starnutito	Noi abbiamo starnutito
Tu hai starnutito	Voi avete starnutito
Lui/Lei ha starnutito	Loro hanno starnutito

Trapassato Prossimo

Io avevo starnutito	Noi avevamo starnutito
Tu avevi starnutito	Voi avevate starnutito
Lui/Lei aveva starnutito	Loro avevano starnutito

Futuro

Io starnutirò	Noi starnutiremo
Tu starnutirai	Voi starnutirete
Lui/Lei starnutirà	Loro starnutiranno

Passato Remoto

Io starnutii	Noi starnutimmo
Tu starnutisti	Voi starnutiste
Lui/Lei starnutì	Loro starnutirono

Futuro Anteriore

Io avrò starnutito	Noi avremo starnutito
Tu avrai starnutito	Voi avrete starnutito
Lui/Lei avrà starnutito	Loro avranno starnutito

Trapassato Remoto

Io ebbi starnutito	Noi avemmo starnutito
Tu avesti starnutito	Voi aveste starnutito
Lui/Lei ebbe starnutito	Loro ebbero starnutito

CONDIZIONALE

Condizionale Presente

Io starnutirei	Noi starnutiremmo
Tu starnutiresti	Voi starnutereste
Lui/Lei starnutirebbe	Loro starnutirebbero

Condizionale Passato

Io avrei starnutito	Noi avremmo starnutito
Tu avresti starnutito	Voi avreste starnutito
Lui/Lei avrebbe starnutito	Loro avrebbero starnutito

CONGIUNTIVO

Congiuntivo Presente

Io starnutisca	Noi starnutiamo
Tu starnutisca	Voi starnutiate
Lui/Lei starnutisca	Loro starnutiscano

Congiuntivo Passato

Io abbia starnutito	Noi abbiamo starnutito
Tu abbia starnutito	Voi abbiate starnutito
Lui/Lei abbia starnutito	Loro abbiano starnutito

Congiuntivo Imperfetto

Io starnutissi	Noi starnutissimo
Tu starnutissi	Voi starnutiste
Lui/Lei starnutisse	Loro starnutissero

Congiuntivo Trapassato

Io avessi starnutito	Noi avessimo starnutito
Tu avessi starnutito	Voi aveste starnutito
Lui/Lei avesse starnutito	Loro avessero starnutito

IMPERATIVO

(Tu) starnutisci! (Lei) starnutisca! (Noi) starnutiamo! (Voi) starnutite! (Loro) starnutiscano!

Credo che gli venga un raffreddore perché starnutisce sempre.
I believe he is getting a cold because he is always sneezing.

Quando si è avvicinato ai fiori, ha cominciato a starnutire.
When he got near the flowers he started sneezing.

A volte è la polvere che fa starnutire.
Sometimes it is the dust that causes sneezing.

STENDERE   *to stretch (out), to spread out, to draw up*

Inf. stendere   *Part. pres.* stendente   *Part. pres.* steso   *Ger. stendendo*

INDICATIVO

Presente

Io stendo	Noi stendiamo
Tu stendi	Voi stendete
Lui/Lei stende	Loro stendono

Imperfetto

Io stendevo	Noi stendavamo
Tu stendevi	Voi stendavate
Lui/Lei stendeva	Loro stendevano

Passato Prossimo

Io ho steso	Noi abbiamo steso
Tu hai steso	Voi avete steso
Lui/Lei ha steso	Loro hanno steso

Trapassato Prossimo

Io avevo steso	Noi avevamo steso
Tu avevi steso	Voi avevate steso
Lui/Lei aveva steso	Loro avevano steso

Futuro

Io stenderò	Noi stenderemo
Tu stenderai	Voi stenderete
Lui/Lei stenderà	Loro stenderanno

Passato Remoto

Io stesi	Noi stendemmo
Tu stendesti	Voi stendeste
Lui/Lei stese	Loro stesero

Futuro Anteriore

Io avrò steso	Noi avremo steso
Tu avrai steso	Voi avrete steso
Lui/Lei avrà steso	Loro avranno steso

Trapassato Remoto

Io ebbi steso	Noi avemmo steso
Tu avesti steso	Voi aveste steso
Lui/Lei ebbe steso	Loro ebbero steso

CONDIZIONALE

Condizionale Presente

Io stenderei	Noi stenderemmo
Tu stenderesti	Voi stendereste
Lui/Lei stenderebbe	Loro stenderebbero

Condizionale Passato

Io avrei steso	Noi avremmo steso
Tu avresti steso	Voi avreste steso
Lui/Lei avrebbe steso	Loro avrebbero steso

CONGIUNTIVO

Congiuntivo Presente

Io stenda	Noi stendiamo
Tu stenda	Voi stendiate
Lui/Lei stenda	Loro stendano

Congiuntivo Passato

Io abbia steso	Noi abbiamo steso
Tu abbia steso	Voi abbiate steso
Lui/Lei abbia steso	Loro abbiano steso

Congiuntivo Imperfetto

Io stendessi	Noi stendessimo
Tu stendessi	Voi stendeste
Lui/Lei stendesse	Loro stendessero

Congiuntivo Trapassato

Io avessi steso	Noi avessimo steso
Tu avessi steso	Voi aveste steso
Lui/Lei avesse steso	Loro avessero steso

IMPERATIVO

(Tu) stendi!   (Lei) stenda!   (Noi) stendiamo!   (Voi) stendete!   (Loro) stendano!

Nei vecchi tempi, stendevano i panni al sole.
In the old days, they hung clothes in the sun.

Ho steso le braccia dopo tanto tempo davanti al computer.
I stretched out my arms after a long time at the computer.

Avranno già steso la vernice alle pareti.
They have probably painted the walls already.

Inf. stimolare   *Part. pres.* stimolante   *Part. pass.* stimolato   *Ger.* stimolando

INDICATIVO

Presente

Io stimolo	Noi stimoliamo
Tu stimoli	Voi stimolate
Lui/Lei stimola	Loro stimolano

Imperfetto

Io stimolavo	Noi stimolavamo
Tu stimolavi	Voi stimolavate
Lui/Lei stimolava	Loro stimolavano

Passato Prossimo

Io ho stimolato	Noi abbiamo stimolato
Tu hai stimolato	Voi avete stimolato
Lui/Lei ha stimolato	Loro hanno stimolato

Trapassato Prossimo

Io avevo stimolato	Noi avevamo stimolato
Tu avevi stimolato	Voi avevate stimolato
Lui/Lei aveva stimolato	Loro avevano stimolato

Futuro

Io stimolerò	Noi stimoleremo
Tu stimolerai	Voi stimolerete
Lui/Lei stimolerà	Loro stimoleranno

Passato Remoto

Io stimolai	Noi stimolammo
Tu stimolasti	Voi stimolaste
Lui/Lei stimolò	Loro stimolarono

Futuro Anteriore

Io avrò stimolato	Noi avremo stimolato
Tu avrai stimolato	Voi avrete stimolato
Lui/Lei avrà stimolato	Loro avranno stimolato

Trapassato Remoto

Io ebbi stimolato	Noi avemmo stimolato
Tu avesti stimolato	Voi aveste stimolato
Lui/Lei ebbe stimolato	Loro ebbero stimolato

CONDIZIONALE

Condizionale Presente

Io stimolerei	Noi stimoleremmo
Tu stimoleresti	Voi stimolereste
Lui/Lei stimolerebbe	Loro stimolerebbero

Condizionale Passato

Io avrei stimolato	Noi avremmo stimolato
Tu avresti stimolato	Voi avreste stimolato
Lui/Lei avrebbe stimolato	Loro avrebbero stimolato

CONGIUNTIVO

Congiuntivo Presente

Io stimoli	Noi stimoliamo
Tu stimoli	Voi stimoliate
Lui/Lei stimoli	Loro stimolino

Congiuntivo Passato

Io abbia stimolato	Noi abbiamo stimolato
Tu abbia stimolato	Voi abbiate stimolato
Lui/Lei abbia stimolato	Loro abbiano stimolato

Congiuntivo Imperfetto

Io stimolassi	Noi stimolassimo
Tu stimolassi	Voi stimolaste
Lui/Lei stimolasse	Loro stimolassero

Congiuntivo Trapassato

Io avessi stimolato	Noi avessimo stimolato
Tu avessi stimolato	Voi aveste stimolato
Lui/Lei avesse stimolato	Loro avessero stimolato

IMPERATIVO

(Tu) stimola!   (Lei) stimoli!   (Noi) stimoliamo!   (Voi) stimolate!   (Loro) stimolino!

Solo a guardare la torta mi stimola l'appetito.
Just looking at the cake stimulates my appetite.

Il suo discorso stimolò il mio interesse a imparare di più.
His speech stimulated my interest to learn more.

Non sapevo che lei mi avrebbe stimolato la curiosità.
I didn't know that she would have roused my curiosity.

Inf. stirare *Part. pres.* stirante *Part. pass.* stirato *Ger.* stirando

INDICATIVO

Presente

Io stiro	Noi stiriamo
Tu stiri	Voi stirate
Lui/Lei stira	Loro stirano

Imperfetto

Io stiravo	Noi stiravamo
Tu stiravi	Voi stiravate
Lui/Lei stirava	Loro stiravano

Passato Prossimo

Io ho stirato	Noi abbiamo stirato
Tu hai stirato	Voi avete stirato
Lui/Lei ha stirato	Loro hanno stirato

Trapassato Prossimo

Io avevo stirato	Noi avevamo stirato
Tu avevi stirato	Voi avevate stirato
Lui/Lei aveva stirato	Loro avevano stirato

Futuro

Io stirerò	Noi stireremo
Tu stirerai	Voi stirerete
Lui/Lei stirerà	Loro stireranno

Passato Remoto

Io stirai	Noi stirammo
Tu stirasti	Voi stiraste
Lui/Lei stirò	Loro stirarono

Futuro Anteriore

Io avrò stirato	Noi avremo stirato
Tu avrai stirato	Voi avrete stirato
Lui/Lei avrà stirato	Loro avranno stirato

Trapassato Remoto

Io ebbi stirato	Noi avemmo stirato
Tu avesti stirato	Voi aveste stirato
Lui/Lei ebbe stirato	Loro ebbero stirato

CONDIZIONALE

Condizionale Presente

Io stirerei	Noi stireremmo
Tu stireresti	Voi stirereste
Lui/Lei stirerebbe	Loro stirerebbero

Condizionale Passato

Io avrei stirato	Noi avremmo stirato
Tu avresti stirato	Voi avreste stirato
Lui/Lei avrebbe stirato	Loro avrebbero stirato

CONGIUNTIVO

Congiuntivo Presente

Io stiri	Noi stiriamo
Tu stiri	Voi stiriate
Lui/Lei stiri	Loro stirino

Congiuntivo Passato

Io abbia stirato	Noi abbiamo stirato
Tu abbia stirato	Voi abbiate stirato
Lui/Lei abbia stirato	Loro abbiano stirato

Congiuntivo Imperfetto

Io stirassi	Noi stirassimo
Tu stirassi	Voi stiraste
Lui/Lei stirasse	Loro stirassero

Congiuntivo Trapassato

Io avessi stirato	Noi avessimo stirato
Tu avessi stirato	Voi aveste stirato
Lui/Loro avesse stirato	Loro avessero stirato

IMPERATIVO

(Tu) stira!   (Lei) stiri!   (Noi) stiriamo!   (Voi) stirate!   (Loro) stirino!

La signora voleva che la domestica stirasse le camicie.
The lady wanted the housekeeper to iron the shirts.

Stirai le gambe dopo che mi fui alzato.
I stretched my legs after I had gotten up.

Hanno rovinato il mio vestito più elegante quando l'hanno stirato in tintoria.
They ruined my most elegant dress when they ironed it at the drycleaners.

STRESSARSI *to be stressed*

Inf. stressarsi *Part. pres.* stressantesi *Part. pass.* stressato *Ger.* stressandosi

INDICATIVO

Presente

Io mi stresso	Noi ci stressiamo
Tu ti stressi	Voi vi stressate
Lui/Lei si stressa	Loro si stressano

Imperfetto

Io mi stressavo	Noi ci stressavamo
Tu ti stressavi	Voi vi stressavate
Lui/Lei si stressava	Loro si stressavano

Passato Prossimo

Io mi sono stressato/a	Noi ci siamo stressati/e
Tu ti sei stressato/a	Voi vi siete stressati/e
Lui/Lei si è stressato/a	Loro si sono stressati/e

Trapassato Prossimo

Io mi ero stressato/a	Noi ci eravamo stressati/e
Tu ti eri stressato/a	Voi vi eravate stressati/e
Lui/Lei si era stressato/a	Loro si erano stressati/e

Futuro

Io mi stresserò	Noi ci stresseremo
Tu ti stresserai	Voi vi stresserete
Lui/Lei si stresserà	Loro si stresseranno

Passato Remoto

Io mi stressai	Noi ci stressammo
Tu ti stressasti	Voi vi stressaste
Lui/Lei si stressò	Loro si stressarono

Futuro Anteriore

Io mi sarò stressato/a	Noi ci saremo stressati/e
Tu ti sarai stressato/a	Voi vi sarete stressati/e
Lui/Lei si sarà stressato/a	Loro si saranno stressati/e

Trapassato Remoto

Io mi fui stressato/a	Noi ci fummo stressati/e
Tu ti fosti stressato/a	Voi vi foste stressati/e
Lui/Lei si fu stressato/a	Loro si furono stressati/e

CONDIZIONALE

Condizionale Presente

Io mi stresserei	Noi ci stresseremmo
Tu ti stresseresti	Voi vi stressereste
Lui/Lei si stresserebbe	Loro si stresserebbero

Condizionale Passato

Io mi sarei stressato/a	Noi ci saremmo stressati/e
Tu ti saresti stressato/a	Voi vi sareste stressati/e
Lui/Lei si sarebbe stressato/a	Loro si sarebbero stressati/e

CONGIUNTIVO

Congiuntivo Presente

Io mi stressi	Noi ci stressiamo
Tu ti stressi	Voi vi stressiate
Lui si stressi	Loro si stressino

Congiuntivo Passato

Io mi sia stressato/a	Noi ci siamo stressati/e
Tu ti sia stressato/a	Voi vi siate stressati/e
Lui/Lei si sia stressato/a	Loro si siano stressati/e

Congiuntivo Imperfetto

Io mi stressassi	Noi ci stressassimo
Tu ti stressassi	Voi vi stressaste
Lui/Lei si stressasse	Loro si stressassero

Congiuntivo Trapassato

Io mi fossi stressato/a	Noi ci fossimo stressati/e
Tu ti fossi stressato/a	Voi vi foste stressati/e
Lui/Lei si fosse stressato/a	Loro si fossero stressati/e

IMPERATIVO

(Tu) stressati!   (Lei) si stressi!   (Noi) stressiamoci!   (Voi) stressatevi!   (Loro) si stressino!

Mi sono così stressato che dovevo andare all'ospedale.
I got so stressed out that I had to go to the hospital.

Penso che lui si sia stressato per la morte di sua madre.
I think that he was stressed out by the death of his mother.

La mia amica si stressa ogni volta che entra in casa a causa degli scarafaggi che vede ogni tanto.
My friend gets stressed out every time she enters the house because of the cockroaches she sees every so often.

Inf. strofinare *Part. pres.* strofinante *Part. pass.* strofinato *Ger.* strofinando

INDICATIVO

Presente

Io strofino	Noi strofiniamo
Tu strofini	Voi strofinate
Lui/Lei strofina	Loro strofinano

Imperfetto

Io strofinavo	Noi strofinavamo
Tu strofinavi	Voi strofinavate
Lui/Lei strofinava	Loro strofinavano

Passato Prossimo

Io ho strofinato	Noi abbiamo strofinato
Tu hai strofinato	Voi avete strofinato
Lui/Lei ha strofinato	Loro hanno strofinato

Trapassato Prossimo

Io avevo strofinato	Noi avevamo strofinato
Tu avevi strofinato	Voi avevate strofinato
Lui/Lei aveva strofinato	Loro avevano strofinato

Futuro

Io strofinerò	Noi strofineremo
Tu strofinerai	Voi strofinerete
Lui/Lei strofinerà	Loro strofineranno

Passato Remoto

Io strofinai	Noi strofinammo
Tu strofinasti	Voi strofinaste
Lui/Lei strofinò	Loro strofinarono

Futuro Anteriore

Io avrò strofinato	Noi avremo strofinato
Tu avrai strofinato	Voi avrete strofinato
Lui/Lei avrà strofinato	Loro avranno strofinato

Trapassato Remoto

Io ebbi strofinato	Noi avemmo strofinato
Tu avesti strofinato	Voi aveste strofinato
Lui/Lei ebbe strofinato	Loro ebbero strofinato

CONDIZIONALE

Condizionale Presente

Io strofinerei	Noi strofineremmo
Tu strofineresti	Voi strofinereste
Lui/Lei strofinerebbe	Loro strofinerebbero

Condizionale Passato

Io avrei strofinato	Noi avremmo strofinato
Tu avresti strofinato	Voi avreste strofinato
Lui/Lei avrebbe strofinato	Loro avrebbero strofinato

CONGIUNTIVO

Congiuntivo Presente

Io strofini	Noi strofiniamo
Tu strofini	Voi strofiniate
Lui/Lei strofini	Loro strofinino

Congiuntivo Passato

Io abbia strofinato	Noi abbiamo strofinato
Tu abbia strofinato	Voi abbiate strofinato
Lui/Lei abbia strofinato	Loro abbiano strofinato

Congiuntivo Imperfetto

Io strofinassi	Noi strofinassimo
Tu strofinassi	Voi strofinaste
Lui/Lei strofinasse	Loro strofinassero

Congiuntivo Trapassato

Io avessi strofinato	Noi avessimo strofinato
Tu avessi strofinato	Voi aveste strofinato
Lui/Lei avesse strofinato	Loro avessero strofinato

IMPERATIVO

(Tu) strofina! (Lei) strofini! (Noi) strofiniamo! (Voi) strofinate! (Loro) strofinino!

È meglio che tu strofini la buccia della frutta con dell'acqua prima di mangiarla.
It is better that you wipe the fruit's skin with water before eating it.

Abbiamo strofinato tutti i mobili con la cera.
We wiped all the furniture with wax.

Strofinarono le piastrelle in bagno tutte le settimane.
They scrubbed the bathroom tiles every week.

STUDIARE *to study*

Inf. studiare *Part. pres.* studiante *Part. pass.* studiato *Ger.* studiando

INDICATIVO

Presente

Io studio	Noi studiamo
Tu studi	Voi studiate
Lui/Lei studia	Loro studiano

Imperfetto

Io studiavo	Noi studiavamo
Tu studiavi	Voi studiavate
Lui/Lei studiava	Loro studiavano

Passato Prossimo

Io ho studiato	Noi abbiamo studiato
Tu hai studiato	Voi avete studiato
Lui/Lei ha studiato	Loro hanno studiato

Trapassato Prossimo

Io avevo studiato	Noi avevamo studiato
Tu avevi studiato	Voi avevate studiato
Lui/Lei aveva studiato	Loro avevano studiato

Futuro

Io studierò	Noi studieremo
Tu studierai	Voi studierete
Lui/Lei studierà	Loro studieranno

Passato Remoto

Io studiai	Noi studiammo
Tu studiasti	Voi studiaste
Lui/Lei studiò	Loro studiarono

Futuro Anteriore

Io avrò studiato	Noi avremo studiato
Tu avrai studiato	Voi avrete studiato
Lui/Lei avrà studiato	Loro avranno studiato

Trapassato Remoto

Io ebbi studiato	Noi avemmo studiato
Tu avesti studiato	Voi aveste studiato
Lui/Lei ebbe studiato	Loro ebbero studiato

CONDIZIONALE

Condizionale Presente

Io studierei	Noi studieremmo
Tu studieresti	Voi studiereste
Lui/Lei studierebbe	Loro studierebbero

Condizionale Passato

Io avrei studiato	Noi avremmo studiato
Tu avresti studiato	Voi avreste studiato
Lui/Lei avrebbe studiato	Loro avrebbero studiato

CONGIUNTIVO

Congiuntivo Presente

Io studi	Noi studiamo
Tu studi	Voi studiate
Lui/Lei studi	Loro studino

Congiuntivo Passato

Io abbia studiato	Noi abbiamo studiato
Tu abbia studiato	Voi abbiate studiato
Lui/Lei abbia studiato	Loro abbiano studiato

Congiuntivo Imperfetto

Io studiassi	Noi studiassimo
Tu studiassi	Voi studiaste
Lui/Lei studiasse	Loro studiassero

Congiuntivo Trapassato

Io avessi studiato	Noi avessimo studiato
Tu avessi studiato	Voi aveste studiato
Lui/Lei avesse studiato	Loro avessero studiato

IMPERATIVO

(Tu) studia! (Lei) studi! (Noi) studiamo! (Voi) studiate! (Loro) studino!

Ho studiato tanto per il dottorato.
I studied a lot for my Ph.D.

Molti studenti non studiano abbastanza e poi si trovano in difficoltà.
Many students don't study enough and then they find themselves having difficulty.

Mia nonna non ebbe l'opportunità di studiare.
My grandmother didn't have the opportunity to study.

Inf. stupire *Part. pres.* stupente *Part. pass.* stupito *Ger.* stupendo

INDICATIVO

Presente

Io stupisco	Noi stupiamo
Tu stupisci	Voi stupite
Lui/Lei stupisce	Loro stupiscono

Imperfetto

Io stupivo	Noi stupivamo
Tu stupivi	Voi stupivate
Lui/Lei stupiva	Loro stupivano

Passato Prossimo

Io ho stupito	Noi abbiamo stupito
Tu hai stupito	Voi avete stupito
Lui/Lei ha stupito	Loro hanno stupito

Trapassato Prossimo

Io avevo stupito	Noi avevamo stupito
Tu avevi stupito	Voi avevate stupito
Lui/Lei aveva stupito	Loro avevano stupito

Futuro

Io stupirò	Noi stupiremo
Tu stupirai	Voi stupirete
Lui/Lei stupirà	Loro stupiranno

Passato Remoto

Io stupii	Noi stupimmo
Tu stupisti	Voi stupiste
Lui/Lei stupì	Loro stupirono

Futuro Anteriore

Io avrò stupito	Noi avremo stupito
Tu avrai stupito	Voi avrete stupito
Lui/Lei avrà stupito	Loro avranno stupito

Trapassato Remoto

Io ebbi stupito	Noi avemmo stupito
Tu avesti stupito	Voi aveste stupito
Lui/Lei ebbe stupito	Loro ebbero stupito

CONDIZIONALE

Condizionale Presente

Io stupirei	Noi stupiremmo
Tu stupiresti	Voi stupireste
Lui/Lei stupirebbe	Loro stupirebbero

Condizionale Passato

Io avrei stupito	Noi avremmo stupito
Tu avresti stupito	Voi avreste stupito
Lui/Lei avrebbe stupito	Loro avrebbero stupito

CONGIUNTIVO

Congiuntivo Presente

Io stupisca	Noi stupiamo
Tu stupisca	Voi stupiate
Lui/Lei stupisca	Loro stupiscano

Congiuntivo Passato

Io abbia stupito	Noi abbiamo stupito
Tu abbia stupito	Voi abbiate stupito
Lui/Lei abbia stupito	Loro abbiano stupito

Congiuntivo Imperfetto

Io stupissi	Noi stupissimo
Tu stupissi	Voi stupiste
Lui/Lei stupisse	Loro stupissero

Congiuntivo Trapassato

Io avessi stupito	Noi avessimo stupito
Tu avessi stupito	Voi aveste stupito
Lui/Lei avesse stupito	Loro avessero stupito

IMPERATIVO

(Tu) stupisci! (Lei) stupisca! (Noi) stupiamo! (Voi) stupite! (Loro) stupiscano!

Non mi stupisce per niente quando si tratta di lui.
It doesn't surprise me at all when it comes to him.

Lui ha stupito quella ragazza e adesso è innamorata cotta.
He enchanted that girl and now she is madly in love with him.

Dopo che avrà stupito il suo ragazzo con una festa di compleanno, gli darà anche un bel regalo.
After she has astonished her boyfriend with a birthday party, she will also give him a great gift.

SUCCEDERE   *to happen, to occur (only impersonal), to succeed*

Inf. succedere   *Part. pres.* succedente   *Part. pass.* successo   *Ger.* succedendo

INDICATIVO

Presente

Io succedo	Noi succediamo
Tu succedi	Voi succedete
Lui/Lei succede	Loro succedono

Imperfetto

Io succedevo	Noi succedevamo
Tu succedevi	Voi succedevate
Lui/Lei succedeva	Loro succedevano

Passato Prossimo

Io sono successo/a	Noi siamo successi/e
Tu sei successo/a	Voi siete successi/e
Lui/Lei è successo/a	Loro sono successi/e

Trapassato Prossimo

Io ero successo/a	Noi eravamo successi/e
Tu eri successo/a	Voi eravate successi/e
Lui/Lei è successo/a	Loro erano successi/e

Futuro

Io succederò	Noi succederemo
Tu succederai	Voi succederete
Lui/Lei succederà	Loro succederanno

Passato Remoto

Io successi	Noi succedemmo
Tu succedesti	Voi succedeste
Lui/Lei successe	Loro successero

Futuro Anteriore

Io sarò successo/a	Noi saremo successi/e
Tu sarai successo/a	Voi sarete successi/e
Lui/Lei sarà successo/a	Loro saranno successi/e

Trapassato Remoto

Io fui successo/a	Noi fummo successi/e
Tu fosti successo/a	Voi foste successi/e
Lui/Lei fu successo/a	Loro furono successi/e

CONDIZIONALE

Condizionale Presente

Io succederei	Noi succederemmo
Tu succederesti	Voi succedereste
Lui/Lei succederebbe	Loro succederebbero

Condizionale Passato

Io sarei successo/a	Noi saremmo successi/e
Tu saresti successo/a	Voi sareste successi/e
Lui/Lei sarebbe successo/aLo-	ro sarebbero successi/e

CONGIUNTIVO

Congiuntivo Presente

Io succeda	Noi succediamo
Tu succeda	Voi succediate
Lui/Lei succeda	Loro succedano

Congiuntivo Passato

Io sia successo/a	Noi siamo successi/e
Tu sia successo/a	Voi siate successi/e
Lui/Lei sia successo/a	Loro siano successi/e

Congiuntivo Imperfetto

Io succedessi	Noi succedessimo
Tu succedessi	Voi succedeste
Lui/Lei succedesse	Loro succedessero

Congiuntivo Trapassato

Io fossi successo/a	Noi fossero successi/e
Tu fossi successo/a	Voi foste successi/e
Lui/Lei fosse successo/a	Loro fossero successi/e

IMPERATIVO

(Tu) succedi!	(Lei) succeda!	(Noi) succediamo!	(Voi) succedete!	(Loro) succedano!

Non so che cosa sia successo, ma apparentemente è grave.
I don't know what happened, but apparently it is serious.

Che cosa potrebbe mai succedere in un giorno?
What could possibly happen in a day?

Purtroppo, mi succede sempre di essere in ritardo.
Unfortunately, I am often late.

SUGGERIRE *to suggest, to propose, to advise*

Inf. suggerire   *Part. pres.* suggerente   *Part. pass.* suggerito   *Ger.* suggerendo

INDICATIVO

Presente

Io suggerisco	Noi suggeriamo
Tu suggerisci	Voi suggerite
Lui/Lei suggerisce	Loro suggeriscono

Imperfetto

Io suggerivo	Noi suggerivamo
Tu suggerivi	Voi suggerivate
Lui/Lei suggeriva	Loro suggerivano

Passato Prossimo

Io ho suggerito	Noi abbiamo suggerito
Tu hai suggerito	Voi avete suggerito
Lui/Lei ha suggerito	Loro hanno suggerito

Trapassato Prossimo

Io avevo suggerito	Noi avevamo suggerito
Tu avevi suggerito	Voi avevate suggerito
Lui/Lei aveva suggerito	Loro avevano suggerito

Futuro

Io suggerirò	Noi suggeriremo
Tu suggerirai	Voi suggerirete
Lui/Lei suggerirà	Loro suggeriranno

Passato Remoto

Io suggerii	Noi suggerimmo
Tu suggeristi	Voi suggeriste
Lui/Lei suggerì	Loro suggerirono

Futuro Anteriore

Io avrò suggerito	Noi avremo suggerito
Tu avrai suggerito	Voi avrete suggerito
Lui/Lei avrà suggerito	Loro avranno suggerito

Trapassato Remoto

Io ebbi suggerito	Noi avemmo suggerito
Tu avesti suggerito	Voi aveste suggerito
Lui/Lei ebbe suggerito	Loro ebbero suggerito

CONDIZIONALE

Condizionale Presente

Io suggerirei	Noi suggeriremmo
Tu suggeriresti	Voi suggerireste
Lui/Lei suggerirebbe	Loro suggerirebbero

Condizionale Passato

Io avrei suggerito	Noi avremmo suggerito
Tu avresti suggerito	Voi avreste suggerito
Lui/Lei avrebbe suggerito	Loro avrebbero suggerito

CONGIUNTIVO

Congiuntivo Presente

Io suggerisca	Noi suggeriamo
Tu suggerisca	Voi suggeriate
Lui/Lei suggerisca	Loro suggeriscano

Congiuntivo Passato

Io abbia suggerito	Noi abbiamo suggerito
Tu abbia suggerito	Voi abbiate suggerito
Lui/Lei abbia suggerito	Loro abbiano suggerito

Congiuntivo Imperfetto

Io suggerissi	Noi suggerissimo
Tu suggerissi	Voi suggeriste
Lui/Lei suggerisse	Loro suggerissero

Congiuntivo Trapassato

Noi avessi suggerito	Noi avessimo suggerito
Voi avessi suggerito	Voi aveste suggerito
Lui/Lei avesse suggerito	Loro avessero suggerito

IMPERATIVO

(Tu) suggerisci!   (Lei) suggerisca!   (Noi) suggeriamo!   (Voi) suggerite!   (Loro) suggeriscano!

Suggerirei che non mangiassi il pesce in questo ristorante.
I would suggest that you don't eat the fish in this restaurant.

Il regista gli ha suggerito di non recitare in quel modo.
The director suggested that he not play the role in that way.

Le cose qui si mettono male. Suggerisco di andarcene.
Things here are looking bad. I suggest we leave.

SUONARE   *to play (an instrument)*

Inf. suonare   *Part. pres.* suonante   *Part. pass.* suonato   *Ger.* suonando

INDICATIVO

Presente

Io suono	Noi suoniamo
Tu suoni	Voi suonate
Lui/Lei suona	Loro suonano

Imperfetto

Io suonavo	Noi suonavamo
Tu suonavi	Voi suonavate
Lui/Lei suonava	Loro suonavano

Passato Prossimo

Io ho suonato	Noi abbiamo suonato
Tu hai suonato	Voi avete suonato
Lui/Lei ha suonato	Loro hanno suonato

Trapassato Prossimo

Io avevo suonato	Noi avevamo suonato
Tu avevi suonato	Voi avevate suonato
Lui/Lei aveva suonato	Loro avevano suonato

Futuro

Io suonerò	Noi suoneremo
Tu suonerai	Voi suonerete
Lui/Lei suonerà	Loro suoneranno

Passato Remoto

Io suonai	Noi suonammo
Tu suonasti	Voi suonaste
Lui/Lei suonò	Loro suonarono

Futuro Anteriore

Io avrò suonato	Noi avremo suonato
Tu avrai suonato	Voi avrete suonato
Lui/Lei avrà suonato	Loro avranno suonato

Trapassato Remoto

Io ebbi suonato	Noi avemmo suonato
Tu avesti suonato	Voi aveste suonato
Lui/Lei ebbe suonato	Loro ebbero suonato

CONDIZIONALE

Condizionale Presente

Io suonerei	Noi suoneremmo
Tu suoneresti	Voi suonereste
Lui/Lei suonerebbe	Loro suonerebbero

Condizionale Passato

Io avrei suonato	Noi avremmo suonato
Tu avresti suonato	Voi avreste suonato
Lui/Lei avrebbe suonato	Loro avrebbero suonato

CONGIUNTIVO

Congiuntivo Presente

Io suoni	Noi suoniamo
Tu suoni	Voi suoniate
Lui/Lei suoni	Loro suonino

Congiuntivo Passato

Io abbia suonato	Noi abbiamo suonato
Tu abbia suonato	Voi abbiate suonato
Lui/Lei abbia suonato	Loro abbiano suonato

Congiuntivo Imperfetto

Io suonassi	Noi suonassimo
Tu suonassi	Voi suonaste
Lui/Lei suonasse	Loro suonassero

Congiuntivo Trapassato

Io avessi suonato	Noi avessimo suonato
Tu avessi suonato	Voi aveste suonato
Lui/Lei avesse suonato	Loro avessero suonato

IMPERATIVO

(Tu) suona!   (Lei) suoni!   (Noi) suoniamo!   (Voi) suonate!   (Loro) suonino!

Suonava la chitarra da adolescente.
He played the guitar as a teenager.

Lei suona il violino in un'orchestra.
She plays the violin in an orchestra.

Vorrebbe tanto suonare il pianoforte come lavoro.
He would very much like to play the piano as a career.

Inf. superare *Part. pres.* superante *Part. pass.* superato *Ger.* superando

INDICATIVO

Presente		Imperfetto	
Io supero	Noi superiamo	Io superavo	Noi superavamo
Tu superi	Voi superate	Tu superavi	Voi superavate
Lui/Lei supera	Loro superano	Lui/Lei superava	Loro superavano

Passato Prossimo		Trapassato Prossimo	
Io ho superato	Noi abbiamo superato	Io avevo superato	Noi avevamo superato
Tu hai superato	Voi avete superato	Tu avevi superato	Voi avevate superato
Lui/Lei ha superato	Loro hanno superato	Lui/Lei aveva superato	Loro avevano superato

Futuro		Passato Remoto	
Io supererò	Noi supereremo	Io superai	Noi superammo
Tu supererai	Voi supererete	Tu superasti	Voi superaste
Lui/Lei supererà	Loro supereranno	Lui/Lei superò	Loro superarono

Futuro Anteriore		Trapassato Remoto	
Io avrò superato	Noi avremo superato	Io ebbi superato	Noi avemmo superato
Tu avrai superato	Voi avrete superato	Tu aveste superato	Voi aveste superato
Lui/Lei avrà superato	Loro avranno superato	Lui/Lei ebbe superato	Loro ebbero superato

CONDIZIONALE

Condizionale Presente		Condizionale Passato	
Io supererei	Noi supereremmo	Io avrei superato	Noi avremmo superato
Tu supereresti	Voi superereste	Tu avresti superato	Voi avreste superato
Lui/Lei supererebbe	Loro supererebbero	Lui/Lei avrebbe superato	Loro avrebbero superato

CONGIUNTIVO

Congiuntivo Presente		Congiuntivo Passato	
Io superi	Noi superiamo	Io abbia superato	Noi abbiamo superato
Tu superi	Voi superiate	Tu abbia superato	Voi abbiate superato
Lui/Lei superi	Loro superino	Lui/Lei abbia superato	Loro abbiano superato

Congiuntivo Imperfetto		Congiuntivo Trapassato	
Io superassi	Noi superassimo	Io avessi superato	Noi avessimo superato
Tu superassi	Voi superaste	Tu avessi superato	Voi aveste superato
Lui/Lei superasse	Loro superassero	Lui/Lei avesse superato	Loro avessero superato

IMPERATIVO

(Tu) supera!   (Lei) superi!   (Noi) superiamo!   (Voi) superate!   (Loro) superino!

Lui ha superato il limite di velocità di ben 30 chilometri.
He exceeded the speed limit by at least 30 kilometers.

Oggi ogni classe supera i 40 studenti.
Today every class has over 40 students.

Mio fratello mi supererà di 10 centimetri tra poco.
My brother will soon be 10 centimeters taller than me.

SUPPORRE   *to suppose, to assume*

Inf. supporre   *Part. pres.* supponente   *Part. pass.* supposto   *Ger.* supponendo

INDICATIVO

Presente

Io suppongo	Noi supponiamo
Tu supponi	Voi supponete
Lui/Lei suppone	Loro suppongono

Imperfetto

Io supponevo	Noi supponevamo
Tu supponevi	Voi supponevate
Lui/Lei supponeva	Loro supponevano

Passato Prossimo

Io ho supposto	Noi abbiamo supposto
Tu hai supposto	Voi avete supposto
Lui/Lei ha supposto	Loro hanno supposto

Trapassato Prossimo

Io avevo supposto	Noi avevamo supposto
Tu avevi supposto	Voi avevate supposto
Lui/Lei aveva supposto	Loro avevano supposto

Futuro

Io supporrò	Noi supporremo
Tu supporrai	Voi supporrete
Lui/Lei supporrà	Loro supporranno

Passato Remoto

Io supposi	Noi supponemmo
Tu supponesti	Voi supponeste
Lui/Lei suppose	Loro supposero

Futuro Anteriore

Io avrò supposto	Noi avremo supposto
Tu avrai supposto	Voi avrete supposto
Lui/Lei avrà supposto	Loro avranno supposto

Trapassato Remoto

Io ebbi supposto	Noi avemmo supposto
Tu avesti supposto	Voi aveste supposto
Lui/Lei ebbe supposto	Loro ebbero supposto

CONDIZIONALE

Condizionale Presente

Io supporrei	Noi supporremmo
Tu supporresti	Voi supporreste
Lui/Lei supporrebbe	Loro supporrebbero

Condizionale Passato

Io avrei supposto	Noi avremmo supposto
Tu avresti supposto	Voi avreste supposto
Lui/Lei avrebbe supposto	Loro avrebbero supposto

CONGIUNTIVO

Congiuntivo Presente

Io supponga	Noi supponiamo
Tu supponga	Voi supponiate
Lui/Lei supponga	Loro suppongano

Congiuntivo Passato

Io abbia supposto	Noi abbiamo supposto
Tu abbia supposto	Voi abbiate supposto
Lui/Lei abbia supposto	Loro abbiano supposto

Congiuntivo Imperfetto

Io supponessi	Noi supponessimo
Tu supponessi	Voi supponessero
Lui/Lei supponesse	Loro supponessero

Congiuntivo Trapassato

Io avessi supposto	Noi avessimo supposto
Tu avessi supposto	Voi aveste supposto
Lui/Lei avesse supposto	Loro avessero supposto

IMPERATIVO

(Tu) supponi!   (Lei) supponga!   (Noi) supponiamo!   (Voi) supponete!   (Loro) suppongano!

Supponevano che venisse con loro.
They assumed that he was coming with them.

Suppongo che lei l'abbia saputo da sua madre.
I suppose that she found it out from her mother.

Dopo che l'ebbe visto, suppose che avesse una fidanzata.
After she had seen him, she assumed that he had a fiancée.

SVEGLIARSI *to wake up*

Inf. svegliarsi   *Part. pres.* svegliantesi   *Part. pass.* svegliato   *Ger.* svegliandosi

INDICATIVO

Presente

Io mi sveglio	Noi ci svegliamo
Tu ti svegli	Voi vi svegliate
Lui/Lei si sveglia	Loro si svegliano

Imperfetto

Io mi svegliavo	Noi ci svegliavamo
Tu ti svegliavi	Voi vi svegliavate
Lui/Lei si svegliava	Loro si svegliavano

Passato Prossimo

Io mi sono svegliato/a	Noi ci siamo svegliati/e
Tu ti sei svegliato/a	Voi vi siete svegliati/e
Lui/Lei si è svegliato/a	Loro si sono svegliati/e

Trapassato Prossimo

Io mi ero svegliato/a	Noi ci eravamo svegliati/e
Tu ti eri svegliato/a	Voi vi eravate svegliati/e
Lui/Lei si era svegliato/a	Loro si erano svegliati/e

Futuro

Io mi sveglierò	Noi ci sveglieremo
Tu ti sveglierai	Voi vi sveglierete
Lui/Lei si sveglierà	Loro si sveglieranno

Passato Remoto

Io mi svegliai	Noi ci svegliammo
Tu ti svegliasti	Voi vi svegliaste
Lui/Lei si svegliò	Loro si svegliarono

Futuro Anteriore

Io mi sarò svegliato/a	Noi ci saremo svegliati/e
Tu ti sarai svegliato/a	Voi vi sarete svegliati/e
Lui/Lei si sarà svegliato/a	Loro si saranno svegliati/e

Trapassato Remoto

Io mi fui svegliato/a	Noi ci fummo svegliati/e
Tu ti fosti svegliato/a	Voi vi foste svegliati/e
Lui/Lei si fu svegliato/a	Loro si furono svegliati/e

CONDIZIONALE

Condizionale Presente

Io mi sveglierei	Noi ci sveglieremmo
Tu ti sveglieresti	Voi vi svegliereste
Lui/Lei si sveglierebbe	Loro si sveglierebbero

Condizionale Passato

Io mi sarei svegliato/a	Noi ci saremmo svegliati/e
Tu ti saresti svegliato/a	Voi vi sareste svegliati/e
Lui/Lei si sarebbe svegliato/a	Loro si sarebbero svegliati/e

CONGIUNTIVO

Congiuntivo Presente

Io mi svegli	Noi ci svegliamo
Tu ti svegli	Voi vi svegliate
Lui/Lei si svegli	Loro si sveglino

Congiuntivo Passato

Io mi sia svegliato/a	Noi ci siamo svegliati/e
Tu ti sia svegliato/a	Voi vi siate svegliati/e
Lui/Lei si sia svegliato/a	Loro si siano svegliati/e

Congiuntivo Imperfetto

Io mi svegliassi	Noi ci svegliassimo
Tu ti svegliassi	Voi vi svegliaste
Lui/Lei si svegliasse	Loro si svegliassero

Congiuntivo Trapassato

Io mi fossi svegliato/a	Noi ci fossimo svegliati/e
Tu ti fossi svegliato/a	Voi vi foste svegliati/e
Lui/Lei si fosse svegliato/a	Loro si fossero svegliati/e

IMPERATIVO

(Tu) svegliati!   (Lei) si svegli!   (Noi) svegliamoci!   (Voi) svegliatevi!   (Loro) si sveglino!

È molto difficile svegliarmi la mattina.
It is very difficult to wake me up in the morning.

Da quando ha avuto questo lavoro, si è dovuto svegliarsi alle 5 di mattina.
Since he has had this job, he has had to get up at 5.00 AM.

Se uno si svegliasse presto, si sentirebbe meglio.
If one were to get up early, one would feel better.

SVENIRE   *to faint*

Inf. svenire   *Part. pres.* svenente   *Part. pass.* svenuto   *Ger.* svenendo

INDICATIVO

Presente

Io svengo	Noi sveniamo
Tu svieni	Voi svenite
Lui/Lei sviene	Loro svengono

Imperfetto

Io svenivo	Noi svenivamo
Tu svenivi	Voi svenivate
Lui/Lei sveniva	Loro svenivano

Passato Prossimo

Io sono svenuto/a	Noi siamo svenuti/e
Tu sei svenuto/a	Voi siete svenuti/e
Lui/Lei è svenuto/a	Loro sono svenuti/e

Trapassato Prossimo

Io ero svenuto/a	Noi eravamo svenuti/e
Tu eri svenuto/a	Voi eravate svenuti/e
Lui/Lei era svenuto/a	Loro erano svenuti/e

Futuro

Io sverrò	Noi sverremo
Tu sverrai	Voi sverrete
Lui/Lei sverrà	Loro sverranno

Passato Remoto

Io svenni	Noi svenimmo
Tu svenisti	Voi sveniste
Lui/Lei svenne	Loro svennero

Futuro Anteriore

Io sarò svenuto/a	Noi saremo svenuti/e
Tu sarai svenuto/a	Voi sarete svenuti/e
Lui/Lei sarà svenuto/a	Loro saranno svenuti/e

Trapassato Remoto

Io fui svenuto/a	Noi fummo svenuti/e
Tu fosti svenuto/a	Voi foste svenuti/e
Lui/Lei fu svenuto/a	Loro furono svenuti/e

CONDIZIONALE

Condizionale Presente

Io sverrei	Noi sverremmo
Tu sverresti	Voi sverreste
Lui/Lei sverrebbe	Loro sverrebbero

Condizionale Passato

Io sarei svenuto/a	Noi saremmo svenuti/e
Tu saresti svenuto/a	Voi sareste svenuti/e
Lui/Lei sarebbe svenuto/a	Loro sarebbero svenuti/e

CONGIUNTIVO

Congiuntivo Presente

Io svenga	Noi sveniamo
Tu svenga	Voi sveniate
Lui/Lei svenga	Loro svengano

Congiuntivo Passato

Io sia svenuto/a	Noi siamo svenuti/e
Tu sia svenuto/a	Voi siate svenuti/e
Lui/Lei sia svenuto/a	Loro siano svenuti/e

Congiuntivo Imperfetto

Io svenissi	Noi svenissimo
Tu svenissi	Voi sveniste
Lui/Lei svenisse	Loro svenissero

Congiuntivo Trapassato

Io fossi svenuto/a	Noi fossimo svenuti/e
Tu fossi svenuto/a	Voi foste svenuti/e
Lui/Lei fosse svenuto/a	Loro fossero svenuti/e

IMPERATIVO

(Tu) svieni!   (Lei) svenga!   (Noi) sveniamo!   (Voi) svenite!   (Loro) svengano!

Mia sorella sveniva molto da adolescente.
My sister fainted a lot as an adolescent.

Quando mi hanno fatto una puntura, sono svenuta.
When they gave me an injection, I fainted.

Ebbe l'impressione che stava per svenire.
He felt like he was going to faint.

435

Inf. svolgere   *Part. pres.* svolgente   *Part. pass.* svolto   *Ger.* svolgendo

INDICATIVO

Presente

Io svolgo	Noi svolgiamo
Tu svolgi	Voi svolgete
Lui/Lei svolge	Loro svolgono

Imperfetto

Io svolgevo	Noi svolgevamo
Tu svolgevi	Voi svolgevate
Lui/Lei svolgeva	Loro svolgevano

Passato Prossimo

Io ho svolto	Noi abbiamo svolto
Tu hai svolto	Voi avete svolto
Lui/Lei ha svolto	Loro hanno svolto

Trapassato Prossimo

Io avevo svolto	Noi avevamo svolto
Tu avevi svolto	Voi avevate svolto
Lui/Lei aveva svolto	Loro avevano svolto

Futuro

Io svolgerò	Noi svolgeremo
Tu svolgerai	Voi svolgerete
Lui/Lei svolgerà	Loro svolgeranno

Passato Remoto

Io svolsi	Noi svolgemmo
Tu svolgesti	Voi svolgeste
Lui/Lei svolse	Loro svolsero

Futuro Anteriore

Io avrò svolto	Noi avremo svolto
Tu avrai svolto	Voi avrete svolto
Lui/Lei avrà svolto	Loro avranno svolto

Trapassato Remoto

Io ebbi svolto	Noi avemmo svolto
Tu avesti svolto	Voi aveste svolto
Lui/Lei ebbe svolto	Lui/Lei ebbero svolto

CONDIZIONALE

Condizionale Presente

Io svolgerei	Noi svolgeremmo
Tu svolgeresti	Voi svolgereste
Lui/Lei svolgerebbe	Loro svolgerebbero

Condizionale Passato

Io avrei svolto	Noi avremmo svolto
Tu avresti svolto	Voi avreste svolto
Lui/Lei avrebbe svolto	Loro avrebbero svolto

CONGIUNTIVO

Congiuntivo Presente

Io svolga	Noi svolgiamo
Tu svolga	Voi svolgiate
Lui/Lei svolga	Loro svolgano

Congiuntivo Passato

Io abbia svolto	Noi abbiamo svolto
Tu abbia svolto	Voi abbiate svolto
Lui/Lei abbia svolto	Loro abbiano svolto

Congiuntivo Imperfetto

Io svolgessi	Noi svolgessimo
Tu svolgessi	Voi svolgeste
Lui/Lei svolgesse	Loro svolgessero

Congiuntivo Trapassato

Io avessi svolto	Noi avessimo svolto
Tu avessi svolto	Voi aveste svolto
Lui/Lei avesse svolto	Loro avessero svolto

IMPERATIVO

(Tu) svolgi!   (Lei) svolga!   (Noi) svolgiamo!   (Voi) svolgete!   (Loro) svolgano!

Oggi ho delle attività da svolgere prima di poter uscire.
Today I have tasks to carry out before I can leave.

Penso che lui svolga un ruolo molto importante al lavoro.
I think that he has a very important role at work.

Loro hanno svolto un progetto per le donne maltrattate.
They developed a project for abused women.

TACERE   *to be silent, not to reveal*

Inf. tacere   *Part. pres.* tacente   *Part. pass.* taciuto   *Ger.* tacendo

INDICATIVO

Presente

Io taccio	Noi tacciamo
Tu taci	Voi tacete
Lui/Lei tace	Loro tacciono

Imperfetto

Io tacevo	Noi tacevamo
Tu tacevi	Voi tacevate
Lui/Lei taceva	Loro tacevano

Passato Prossimo

Io ho taciuto	Noi abbiamo taciuto
Tu hai taciuto	Voi avete taciuto
Lei/Lei ha taciuto	Loro hanno taciuto

Trapassato Prossimo

Io avevo taciuto	Noi avevamo taciuto
Tu avevi taciuto	Voi avevate taciuto
Lui/Lei aveva taciuto	Loro avevano taciuto

Futuro

Io tacerò	Noi taceremo
Tu tacerai	Voi tacerete
Lui/Lei tacerà	Loro taceranno

Passato Remoto

Io tacqui	Noi tacemmo
Tu tacesti	Voi taceste
Lui/Lei tacque	Loro tacquero

Futuro Anteriore

Io avrò taciuto	Noi avremo taciuto
Tu avrai taciuto	Voi avrete taciuto
Lui/Lei avrà taciuto	Loro avranno taciuto

Trapassato Remoto

Io ebbi taciuto	Noi avemmo taciuto
Tu avesti taciuto	Voi aveste taciuto
Lui/Lei ebbe taciuto	Loro ebbero taciuto

CONDIZIONALE

Condizionale Presente

Io tacerei	Noi taceremmo
Tu taceresti	Voi tacereste
Lui/Lei tacerebbe	Loro tacerebbero

Condizionale Passato

Io avrei taciuto	Noi avremmo taciuto
Tu avresti taciuto	Voi avreste taciuto
Lui/Lei avrebbe taciuto	Loro avrebbero taciuto

CONGIUNTIVO

Congiuntivo Presente

Io taccia	Noi tacciamo
Tu taccia	Voi tacciate
Lui/Lei taccia	Loro tacciano

Congiuntivo Passato

Io abbia taciuto	Noi abbiamo taciuto
Tu abbia taciuto	Voi abbiate taciuto
Lui/Lei abbia taciuto	Loro abbiano taciuto

Congiuntivo Imperfetto

Io tacessi	Noi tacessimo
Tu tacessi	Voi taceste
Lui/Lei tacesse	Loro tacessero

Congiuntivo Trapassato

Io avessi taciuto	Noi avessimo taciuto
Tu avessi taciuto	Voi aveste taciuto
Lui/Lei avesse taciuto	Loro avessero taciuto

IMPERATIVO

(Tu) taci!   (Lei) taccia!   (Noi) tacciamo!   (Voi) tacete!   (Loro) tacciano!

Avresti fatto meglio a tacere.
You would have done better to keep quiet.

Signori, tacciano per favore. Arriva il nostro relatore principale.
Ladies and gentlemen, silence please. Our keynote speaker is arriving.

L'orchestra tacque quando si presentò il conduttore.
The orchestra was silent when the conductor was presented.

437

Inf. tagliare *Part. pres.* tagliante *Part. pass.* tagliato *Ger.* tagliando

INDICATIVO

Presente

Io taglio	Noi tagliamo
Tu tagli	Voi tagliate
Lui/Lei taglia	Loro tagliano

Imperfetto

Io tagliavo	Noi tagliavamo
Tu tagliavi	Voi tagliavate
Lui/Lei tagliava	Loro tagliavano

Passato Prossimo

Io ho tagliato	Noi abbiamo tagliato
Tu hai tagliato	Voi avete tagliato
Lui/Lei ha tagliato	Loro hanno tagliato

Trapassato Prossimo

Io avevo tagliato	Noi avevamo tagliato
Tu avevi tagliato	Voi avevate tagliato
Lui/Lei aveva tagliato	Loro avevano tagliato

Futuro

Io taglierò	Noi taglieremo
Tu taglierai	Voi taglierete
Lui/Lei taglierà	Loro taglieranno

Passato Remoto

Io tagliai	Noi tagliammo
Tu tagliasti	Voi tagliaste
Lui/Lei tagliò	Loro tagliarono

Futuro Anteriore

Io avrò tagliato	Noi avremo tagliato
Tu avrai tagliato	Voi avrete tagliato
Lui/Lei avrà tagliato	Loro avranno tagliato

Trapassato Remoto

Io ebbi tagliato	Noi avemmo tagliato
Tu avesti tagliato	Voi aveste tagliato
Lui/Lei ebbe tagliato	Loro ebbero tagliato

CONDIZIONALE

Condizionale Presente

Io taglierei	Noi taglieremmo
Tu taglieresti	Voi tagliereste
Lui/Lei taglierebbe	Loro taglierebbero

Condizionale Passato

Io avrei tagliato	Noi avremmo tagliato
Tu avesti tagliato	Voi avreste tagliato
Lui/Lei avrebbe tagliato	Loro avrebbero tagliato

CONGIUNTIVO

Congiuntivo Presente

Io tagli	Noi tagliamo
Tu tagli	Voi tagliate
Lui/Lei tagli	Loro taglino

Congiuntivo Passato

Io abbia tagliato	Noi abbiamo tagliato
Tu abbia tagliato	Voi abbiate tagliato
Lui/Lei abbia tagliato	Loro abbiano tagliato

Congiuntivo Imperfetto

Io tagliassi	Noi tagliassimo
Tu tagliassi	Voi tagliaste
Lui/Lei tagliasse	Loro tagliassero

Congiuntivo Trapassato

Io avessi tagliato	Noi avessimo tagliato
Tu avessi tagliato	Voi aveste tagliato
Lui/Lei avesse tagliato	Loro avessero tagliato

IMPERATIVO

(Tu) taglia!   (Lei) tagli!   (Noi) tagliamo!   (Voi) tagliate!   (Loro) taglino!

Mia figlia mi ha tagliato con le forbici.
My daughter cut me with a pair of scissors.

Pensavo che tu avessi già tagliato le cipolle.
I thought you had already cut up the onions.

Se avesse tagliato i cespugli oggi non ci sarebbe bisogno di fare tutto in un giorno.
If he had pruned the bushes, today it would not be necessary to do it all in a day.

Inf. tamponare *Part. pres.* tamponante *Part. pass.* tamponato *Ger.* tamponando

INDICATIVO

Presente		Imperfetto	
Io tampono	Noi tamponiamo	Io tamponavo	Noi tamponavamo
Tu tamponi	Voi tamponate	Tu tamponavi	Voi tamponavate
Lui/Lei tampona	Loro tamponano	Lui/Lei tamponava	Loro tamponavano

Passato Prossimo		Trapassato Prossimo	
Io ho tamponato	Noi abbiamo tamponato	Io avevo tamponato	Noi avevamo tamponato
Tu hai tamponato	Voi avete tamponato	Tu avevi tamponato	Voi avevate tamponato
Lui/Lei ha tamponato	Loro hanno tamponato	Lui/Lei aveva tamponato	Loro avevano tamponato

Futuro		Passato Remoto	
Io tamponerò	Noi tamponeremo	Io tamponai	Noi tamponammo
Tu tamponerai	Voi tamponerete	Tu tamponasti	Voi tamponaste
Lui/Lei tamponerà	Loro tamponeranno	Lui/Lei tamponò	Loro tamponarono

Futuro Anteriore		Trapassato Remoto	
Io avrò tamponato	Noi avremo tamponato	Io ebbi tamponato	Noi avemmo tamponato
Tu avrai tamponato	Voi avrete tamponato	Tu avesti tamponato	Voi aveste tamponato
Lui/Lei avrà tamponato	Loro avranno tamponato	Lui/Lei ebbe tamponato	Loro ebbero tamponato

CONDIZIONALE

Condizionale Presente		Condizionale Passato	
Io tamponerei	Noi tamponeremmo	Io avrei tamponato	Noi avremmo tamponato
Tu tamponeresti	Voi tamponereste	Tu avresti tamponato	Voi avreste tamponato
Lui/Lei tamponerebbe	Loro tamponerebbero	Lui/Lei avrebbe tamponato	Loro avrebbero tamponato

CONGIUNTIVO

Congiuntivo Presente		Congiuntivo Passato	
Io tamponi	Noi tamponiamo	Io abbia tamponato	Noi abbiamo tamponato
Tu tamponi	Voi tamponiate	Tu abbia tamponato	Voi abbiate tamponato
Lui/Lei tamponi	Loro tamponino	Lui/Lei abbia tamponato	Loro abbiano tamponato

Congiuntivo Imperfetto		Congiuntivo Trapassato	
Io tamponassi	Noi tamponassimo	Io avessi tamponato	Noi avessimo tamponato
Tu tamponassi	Voi tamponaste	Tu avessi tamponato	Voi aveste tamponato
Lui/Lei tamponasse	Loro tamponassero	Lui/Lei avesse tamponato	Loro avessero tamponato

IMPERATIVO

(Tu) tampona! (Lei) tamponi! (Noi) tamponiamo! (Voi) tamponate! (Loro) tamponino!

Quando è tornato alla macchina, ha visto che qualcuno l'aveva tamponata.
When he returned to his car, he saw that someone had bumped into it.

Dopo che avemmo bevuto il vino, lo tamponai.
After we had drunk the wine, I corked it.

Il medico che aveva tamponato la ferita si sentiva sollevato.
The doctor that padded the wound felt relieved.

TASTARE *to touch, to feel (an object)*

Inf. tastare *Part. pres.* tastante *Part. pass.* tastato *Ger.* tastando

INDICATIVO

Presente

Io tasto	Noi tastiamo
Tu tasti	Voi tastate
Lui/Lei tasta	Loro tastano

Imperfetto

Io tastavo	Noi tastavamo
Tu tastavi	Voi tastavate
Lui/Lei tastava	Loro tastavano

Passato Prossimo

Io ho tastato	Noi abbiamo tastato
Tu hai tastato	Voi avete tastato
Lui/Lei ha tastato	Loro hanno tastato

Trapassato Prossimo

Io avevo tastato	Noi avevamo tastato
Tu avevi tastato	Voi avevate tastato
Lui/Lei aveva tastato	Loro avevano tastato

Futuro

Io tasterò	Noi tasteremo
Tu tasterai	Voi tasterete
Lui/Lei tasterà	Loro tasteranno

Passato Remoto

Io tastai	Noi tastammo
Tu tastasti	Voi tastaste
Lui/Lei tastò	Loro tastarono

Futuro Anteriore

Io avrò tastato	Noi avremo tastato
Tu avrai tastato	Voi avrete tastato
Lui/Lei avrà tastato	Loro avranno tastato

Trapassato Remoto

Io ebbi tastato	Noi avemmo tastato
Tu avesti tastato	Voi aveste tastato
Lui/Lei ebbe tastato	Loro ebbero tastato

CONDIZIONALE

Condizionale Presente

Io tasterei	Noi tasteremmo
Tu tasteresti	Voi tastereste
Lui/Lei tasterebbe	Loro tasterebbero

Condizionale Passato

Io avrei tastato	Noi avremmo tastato
Tu avresti tastato	Voi avreste tastato
Lui/Lei avrebbe tastato	Loro avrebbero tastato

CONGIUNTIVO

Congiuntivo Presente

Io tasti	Noi tastiamo
Tu tasti	Voi tastiate
Lui/Lei tasti	Loro tastino

Congiuntivo Passato

Io abbia tastato	Noi abbiamo tastato
Tu abbia tastato	Voi abbiate tastato
Lui/Lei abbia tastato	Loro abbiano tastato

Congiuntivo Imperfetto

Io tastassi	Noi tastassimo
Tu tastassi	Voi tastaste
Lui/Lei tastasse	Loro tastassero

Congiuntivo Trapassato

Io avessi tastato	Noi avessimo tastato
Tu avessi tastato	Voi aveste tastato
Lui/Lei avesse tastato	Loro avessero tastato

IMPERATIVO

(Tu) tasta! (Lei) tasti! (Noi) tastiamo! (Voi) tastate! (Loro) tastino!

Ha tastato la frutta per vedere se era fresca.
She touched the fruit to see if it was fresh.

Volevo che il medico tastasse il polso di mia nonna.
I wanted the doctor to feel the beats of my grandmother's pulse.

Loro avevano tastato il terreno prima di parlare.
They checked out the lie of the land before speaking.

TELEFONARE *to call, to telephone*

Inf. telefonare *Part. pres.* telefonante *Part. pass.* telefonato *Ger.* telefonando

INDICATIVO

Presente

Io telefono	Noi telefoniamo
Tu telefoni	Voi telefonate
Lui/Lei telefona	Loro telefonano

Imperfetto

Io telefonavo	Noi telefonavamo
Tu telefonavi	Voi telefonavate
Lui/Lei telefonava	Loro telefonavano

Passato Prossimo

Io ho telefonato	Noi abbiamo telefonato
Tu hai telefonato	Voi avete telefonato
Lui/Lei ha telefonato	Loro hanno telefonato

Trapassato Prossimo

Io avevo telefonato	Noi avevamo telefonato
Tu avevi telefonato	Voi avevate telefonato
Lui/Lei aveva telefonato	Loro avevano telefonato

Futuro

Io telefonerò	Noi telefoneremo
Tu telefonerai	Voi telefonerete
Lui/Lei telefonerà	Loro telefoneranno

Passato Remoto

Io telefonai	Noi telefonammo
Tu telefonasti	Voi telefonaste
Lui/Lei telefonò	Loro telefonarono

Futuro Anteriore

Io avrò telefonato	Noi avremo telefonato
Tu avrai telefonato	Voi avrete telefonato
Lui/Lei avrà telefonato	Loro avranno telefonato

Trapassato Remoto

Io ebbi telefonato	Noi avemmo telefonato
Tu avesti telefonato	Voi aveste telefonato
Lui/Lei ebbe telefonato	Loro ebbero telefonato

CONDIZIONALE

Condizionale Presente

Io telefonerei	Noi telefoneremmo
Tu telefoneresti	Voi telefonereste
Lui/Lei telefonerebbe	Loro telefonerebbero

Condizionale Passato

Io avrei telefonato	Noi avremmo telefonato
Tu avresti telefonato	Voi avreste telefonato
Lui/Lei avrebbe telefonato	Loro avrebbero telefonato

CONGIUNTIVO

Congiuntivo Presente

Io telefoni	Noi telefoniamo
Tu telefoni	Voi telefoniate
Lui/Lei telefoni	Loro telefonino

Congiuntivo Passato

Io abbia telefonato	Noi abbiamo telefonato
Tu abbia telefonato	Voi abbiate telefonato
Lui/Lei abbia telefonato	Loro abbiano telefonato

Congiuntivo Imperfetto

Io telefonassi	Noi telefonassimo
Tu telefonassi	Voi telefonaste
Lui/Lei telefonasse	Loro telefonassero

Congiuntivo Trapassato

Io avessi telefonato	Noi avessimo telefonato
Tu avessi telefonato	Voi aveste telefonato
Lui/Lei avesse telefonato	Loro avessero telefonato

IMPERATIVO

(Tu) telefona!   (Lei) telefoni!   (Noi) telefoniamo!   (Voi) telefonate!   (Loro) telefonino!

Credo che lui telefoni stasera.
I believe that he will call tonight.

Dopo che avevano telefonato ai ragazzi, sono uscite.
After they called the boys, they went out.

Se noi gli avessimo telefonato li avremmo incontrati in piazza.
If we had called them, we could have met them in the square.

Inf. temere *Part. pres.* temente *Part. pass.* temuto *Ger.* temendo

INDICATIVO

Presente

Io temo	Noi temiamo
Tu temi	Voi temete
Lui/Lei teme	Loro temono

Imperfetto

Io temevo	Noi temevamo
Tu temevi	Voi temevate
Lui/Lei temeva	Loro temevano

Passato Prossimo

Io ho temuto	Noi abbiamo temuto
Tu hai temuto	Voi avete temuto
Lui/Lei ha temuto	Loro hanno temuto

Trapassato Prossimo

Io avevo temuto	Noi avevamo temuto
Tu avevi temuto	Voi avevate temuto
Lui/Lei aveva temuto	Loro avevano temuto

Futuro

Io temerò	Noi temeremo
Tu temerai	Voi temerete
Lui/Lei temerà	Loro temeranno

Passato Remoto

Io temei	Noi tememmo
Tu temesti	Voi temeste
Lui/Lei temé	Loro temerono

Futuro Anteriore

Io avrò temuto	Noi avremo temuto
Tu avrai temuto	Voi avrete temuto
Lui/Lei avrà temuto	Loro avranno temuto

Trapassato Remoto

Io ebbi temuto	Noi avemmo temuto
Tu avesti temuto	Voi aveste temuto
Lui/Lei ebbe temuto	Loro ebbero temuto

CONDIZIONALE

Condizionale Presente

Io temerei	Noi temeremmo
Tu temeresti	Voi temereste
Lui/Lei temerebbe	Loro temerebbero

Condizionale Passato

Io avrei temuto	Noi avremmo temuto
Ti avresti temuto	Voi avreste temuto
Lui/Lei avrebbe temuto	Loro avrebbero temuto

CONGIUNTIVO

Congiuntivo Presente

Io tema	Noi temiamo
Tu tema	Voi temiate
Lui/Lei tema	Loro temano

Congiuntivo Passato

Io abbia temuto	Noi abbiamo temuto
Tu abbia temuto	Voi abbiate temuto
Lui/Lei abbia temuto	Loro abbiano temuto

Congiuntivo Imperfetto

Io temessi	Noi temessimo
Tu temessi	Voi temeste
Lui/Lei temesse	Loro temessero

Congiuntivo Trapassato

Io avessi temuto	Noi avessimo temuto
Tu avessi temuto	Voi aveste temuto
Lui/Lei avesse temuto	Loro avessero temuto

IMPERATIVO

(Tu) temi!   (Lei) tema!   (Noi) temiamo!   (Voi) temete!   (Loro) temano!

Temo che loro abbiano preso la strada sbagliata.
I fear that they have taken the wrong road.

Temevano che il suo giudizio non fosse giusto.
They feared that his judgment was not right.

Voi avete temuto che il criminale scappasse.
You feared that the criminal escaped.

Inf. temporeggiare *Part. pres.* temporeggiante *Part. pass.* temporeggiato *Ger.* temporeggiando

INDICATIVO

Presente

Io temporeggio	Noi temporeggiamo
Tu temporeggi	Voi temporeggiate
Lui/Lei temporeggia	Loro temporeggiano

Imperfetto

Io temporeggiavo	Noi temporeggiavamo
Tu temporeggiavi	Voi temporeggiavate
Lui/Lei temporeggiava	Loro temporeggiavano

Passato Prossimo

Io ho temporeggiato	Noi abbiamo temporeggiato
Tu hai temporeggiato	Voi avete temporeggiato
Lui/Lei ha temporeggiato	Loro hanno temporeggiato

Trapassato Prossimo

Io avevo temporeggiato	Noi avevamo temporeggiato
Tu avevi temporeggiato	Voi avevate temporeggiato
Lui/Lei aveva temporeggiato	Loro avevano temporeggiato

Futuro

Io temporeggerò	Noi temporeggeremo
Tu temporeggerai	Voi temporeggerete
Lui/Lei temporeggerà	Loro temporeggeranno

Passato Remoto

Io temporeggiai	Noi temporeggiammo
Tu temporeggiasti	Voi temporeggiaste
Lui/Lei temporeggiò	Loro temporeggiarono

Futuro Anteriore

Io avrò temporeggiato	Noi avremo temporeggiato
Tu avrai temporeggiato	Voi avrete temporeggiato
Lui/Lei avrà temporeggiato	Loro avranno temporeggiato

Trapassato Remoto

Io ebbi temporeggiato	Noi avemmo temporeggiato
Tu avesti temporeggiato	Voi aveste temporeggiato
Lui/Lei ebbe temporeggiato	Loro ebbero temporeggiato

CONDIZIONALE

Condizionale Presente

Io temporeggerei	Noi temporeggeremmo
Tu temporeggeresti	Voi temporeggereste
Lui/Lei temporeggerebbe	Loro temporeggerebbero

Condizionale Passato

Io avrei temporeggiato	Noi avremmo temporeggiato
Tu avresti temporeggiato	Voi avreste temporeggiato
Lui/Lei avrebbe temporeggiato	Loro avrebbero temporeggiato

CONGIUNTIVO

Congiuntivo Presente

Io temporeggi	Noi temporeggiamo
Tu temporeggi	Voi temporeggiate
Lui/Lei temporeggi	Loro temporeggino

Congiuntivo Passato

Io abbia temporeggiato	Noi abbiamo temporeggiato
Tu abbia temporeggiato	Voi abbiate temporeggiato
Lui/Lei abbia temporeggiato	Loro abbiano temporeggiato

Congiuntivo Imperfetto

Io temporeggiassi	Noi temporeggiassimo
Tu temporeggiassi	Voi temporeggiaste
Lui/Lei temporeggiasse	Loro temporeggiassero

Congiuntivo Trapassato

Io avessi temporeggiato	Noi avessimo temporeggiato
Tu avessi temporeggiato	Voi aveste temporeggiato
Lui avesse temporeggiato	Loro avessero temporeggiato

IMPERATIVO

(Tu) temporeggia! (Lei) temporeggi! (Noi) temporeggiamo! (Voi) temporeggiate! (Loro) temporeggino!

Purtroppo lui è il tipo che temporeggia molto.
Unfortunately, he is the type to stall a lot.

Posso temporeggiare quando non voglio fare qualcosa.
I can stall when I don't want to do something.

Se tu non avessi temporeggiato il progetto sarebbe concluso.
If you hadn't stalled, the project would have been finished.

TEMPRARE   *to temper, to harden*

Inf. temprare   *Part. pres.* temprante   *Part. pass.* temprato   *Ger.* temprando

INDICATIVO

Presente

Io tempro	Noi tempriamo
Tu tempri	Voi temprate
Lui/Lei tempra	Loro temprano

Imperfetto

Io tempravo	Noi tempravamo
Tu tempravi	Voi tempravate
Lui/Lei temprava	Loro tempravano

Passato Prossimo

Io ho temprato	Noi abbiamo temprato
Tu hai temprato	Voi avete temprato
Lui/Lei ha temprato	Loro hanno temprato

Trapassato Prossimo

Io avevo temprato	Noi avevamo temprato
Tu avevi temprato	Voi avevate temprato
Lui/Lei aveva temprato	Loro avevano temprato

Futuro

Io temprerò	Noi tempreremo
Tu temprerai	Voi temprerete
Lui/Lei temprerà	Loro tempreranno

Passato Remoto

Io temprai	Noi temprammo
Tu temprasti	Voi tempraste
Lui/Lei temprò	Loro temprarono

Futuro Anteriore

Io avrò temprato	Noi avremo temprato
Tu avrai temprato	Voi avrete temprato
Lui/Lei avrà temprato	Loro avranno temprato

Trapassato Remoto

Io ebbi temprato	Noi avemmo temprato
Tu avesti temprato	Voi aveste temprato
Lui/Lei ebbe temprato	Loro ebbero temprato

CONDIZIONALE

Condizionale Presente

Io temprerei	Noi tempreremmo
Tu tempreresti	Voi temprereste
Lui/Lei temprerebbe	Loro temprerebbero

Condizionale Passato

Io avrei temprato	Noi avremmo temprato
Tu avresti temprato	Voi avreste temprato
Lui/Lei avrebbe temprato	Loro avrebbero temprato

CONGIUNTIVO

Congiuntivo Presente

Io tempri	Noi tempriamo
Tu tempri	Voi tempriate
Lui/Lei tempri	Loro temprino

Congiuntivo Passato

Io abbia temprato	Noi abbiamo temprato
Tu abbia temprato	Voi abbiate temprato
Lui/Lei abbia temprato	Loro abbiano temprato

Congiuntivo Imperfetto

Io temprassi	Noi temprassimo
Tu temprassi	Voi tempraste
Lui/Lei temprasse	Loro temprassero

Congiuntivo Trapassato

Io avessi temprato	Noi avessimo temprato
Tu avessi temprato	Voi aveste temprato
Lui/Lei avesse temprato	Loro avessero temprato

IMPERATIVO

(Tu) tempra!   (Lei) tempri!   (Noi) tempriamo!   (Voi) temprate!   (Loro) temprino!

In quella fabbrica temprano l'acciaio.
They temper steel in that factory.

Tutto quello che ha dovuto sopportare gli ha temprato il carattere.
His character was toughened by all that he had to put up with.

Durante il Rinascimento, si temprava spesso l'ottone.
During the Renaissance, brass was often tempered.

TENDERE   *to stretch(a cord), to prepare, to hold out*

Inf. tendere   *Part. pres.* tendente   *Part. pass.* teso   *Ger.* tendendo

INDICATIVO

Presente

Io tendo	Noi tendiamo
Tu tendi	Voi tendete
Lui/Lei tende	Loro tendono

Imperfetto

Io tendevo	Noi tendevamo
Tu tendevi	Voi tendevate
Lui/Lei tendeva	Loro tendevano

Passato Prossimo

Io ho teso	Noi abbiamo teso
Tu hai teso	Voi avete teso
Lui/Lei ha teso	Loro hanno teso

Trapassato Prossimo

Io avevo teso	Noi avevamo teso
Tu avevi teso	Voi avevate teso
Lui/Lei aveva teso	Loro avevano teso

Futuro

Io tenderò	Noi tenderemo
Tu tenderai	Voi tenderete
Lui/Lei tenderà	Loro tenderanno

Passato Remoto

Io tesi	Noi tendemmo
Tu tendesti	Voi tendeste
Lui/Lei tese	Loro tesero

Futuro Anteriore

Io avrò teso	Noi avremo teso
Tu avrai teso	Voi avrete teso
Lui/Lei avrà teso	Loro avranno teso

Trapassato Remoto

Io ebbi teso	Noi avemmo teso
Tu avesti teso	Voi aveste teso
Lui/Lei ebbe teso	Loro ebbero teso

CONDIZIONALE

Condizionale Presente

Io tenderei	Noi tenderemmo
Tu tenderesti	Voi tendereste
Lui/Lei tenderebbe	Loro tenderebbero

Condizionale Passato

Io avrei teso	Noi avremmo teso
Tu avresti teso	Voi avreste teso
Lui/Lei avrebbe teso	Loro avrebbero teso

CONGIUNTIVO

Congiuntivo Presente

Io tenda	Noi tendiamo
Tu tenda	Voi tendiate
Lui/Lei tenda	Loro tendano

Congiuntivo Passato

Io abbia teso	Noi abbiamo teso
Tu abbia teso	Voi abbiate teso
Lui/Lei abbia teso	Loro abbiano teso

Congiuntivo Imperfetto

Io tendessi	Noi tendessimo
Tu tendessi	Voi tendeste
Lui/Lei tendesse	Loro tendessero

Congiuntivo Trapassato

Io avessi teso	Noi avessimo teso
Tu avessi teso	Voi aveste teso
Lui/Lei avesse teso	Loro avessero teso

IMPERATIVO

(Tu) tendi!   (Lei) tenda!   (Noi) tendiamo!   (Voi) tendete!   (Loro) tendano!

Sono bassa, allora devo sempre tendere il collo per vedere.
I'm short, so I always have to stretch my neck to see.

I bambini avevano teso delle funi per giocare a calcio.
The children had extended some ropes in order to play soccer.

Tesero una trappola per i banditi.
They prepared a trap for the bandits.

Inf. tenere *Part. pres.* tenente *Part. pass.* tenuto *Ger.* tenendo

INDICATIVO

Presente

Io tengo	Noi teniamo
Tu tieni	Voi tenete
Lui/Lei tiene	Loro tengono

Imperfetto

Io tenevo	Noi tenevamo
Tu tenevi	Voi tenevate
Lui/Lei teneva	Loro tenevano

Passato Prossimo

Io ho tenuto	Noi abbiamo tenuto
Tu hai tenuto	Voi avete tenuto
Lei/Lui ha tenuto	Loro hanno tenuto

Trapassato Prossimo

Io avevo tenuto	Noi avevamo tenuto
Tu avevi tenuto	Voi avevate tenuto
Lui/Lei aveva tenuto	Loro avevano tenuto

Futuro

Io terrò	Noi terremo
Tu terrai	Voi terrete
Lui/Lei terrà	Loro terranno

Passato Remoto

Io tenni	Noi tenemmo
Tu tenesti	Voi teneste
Lui/Lei tenne	Loro tennero

Futuro Anteriore

Io avrò tenuto	Noi avremo tenuto
Tu avrai tenuto	Voi avrete tenuto
Lui/Lei avrà tenuto	Loro avranno tenuto

Trapassato Remoto

Io ebbi tenuto	Noi avemmo tenuto
Tu avesti tenuto	Voi aveste tenuto
Lui/Lei ebbe tenuto	Loro ebbero tenuto

CONDIZIONALE

Condizionale Presente

Io terrei	Noi terremmo
Tu terresti	Voi terreste
Lui/Lei terrebbe	Loro terrebbero

Condizionale Passato

Io avrei tenuto	Noi avremmo tenuto
Tu avresti tenuto	Voi avreste tenuto
Lui/Lei avrebbe tenuto	Loro avrebbero tenuto

CONGIUNTIVO

Congiuntivo Presente

Io tenga	Noi teniamo
Tu tenga	Voi teniate
Lui/Lei tenga	Loro tengano

Congiuntivo Passato

Io abbia tenuto	Noi abbiamo tenuto
Tu abbia tenuto	Voi abbiate tenuto
Lui/Lei abbia tenuto	Loro abbiano tenuto

Congiuntivo Imperfetto

Io tenessi	Noi tenessimo
Tu tenessi	Voi teneste
Lui/Lei tenesse	Loro tenessero

Congiuntivo Trapassato

Io avessi tenuto	Noi avessimo tenuto
Tu avessi tenuto	Voi aveste tenuto
Lui/Lei avesse tenuto	Loro avessero tenuto

IMPERATIVO

(Tu) tieni!   (Lei) tenga!   (Noi) teniamo!   (Voi) tenete!   (Loro) tengano!

Lei mi tiene la borsa mentre provo i vestiti.
She holds my purse while I try on the clothes.

La sala principale teneva almeno 500 persone.
The main hall held at least 500 people.

Abbiamo deciso di tenere il cuoco per un altro anno.
We decided to keep the cook for another year.

TENTARE   *to attempt, to tempt, to try*

Inf. tentare   *Part. pres.* tentante   *Part. pass.* tentato   *Ger.* tentando

INDICATIVO

Presente

Io tento	Noi tentiamo
Tu tenti	Voi tentate
Lui/Lei tenta	Loro tentano

Imperfetto

Io tentavo	Noi tentavamo
Tu tentavi	Voi tentavate
Lui/Lei tentava	Loro tentavano

Passato Prossimo

Io ho tentato	Noi abbiamo tentato
Tu hai tentato	Voi avete tentato
Lui/Lei ha tentato	Loro hanno tentato

Trapassato Prossimo

Io avevo tentato	Noi avevamo tentato
Tu avevi tentato	Voi avevate tentato
Lui/Lei aveva tentato	Loro avevano tentato

Futuro

Io tenterò	Noi tenteremo
Tu tenterai	Voi tenterete
Lui/Lei tenterà	Loro tenteranno

Passato Remoto

Io tentai	Noi tentammo
Tu tentasti	Voi tentaste
Lui/Lui tentò	Loro tentarono

Futuro Anteriore

Io avrò tentato	Noi avremo tentato
Tu avrai tentato	Voi avrete tentato
Lui/Lei avrà tentato	Loro avranno tentato

Trapassato Remoto

Io ebbi tentato	Noi avemmo tentato
Tu avesti tentato	Voi aveste tentato
Loro ebbe tentato	Loro ebbero tentato

CONDIZIONALE

Condizionale Presente

Io tenterei	Noi tenteremmo
Tu tenteresti	Voi tentereste
Lui/Lei tenterebbe	Loro tenterebbero

Condizionale Passato

Io avrei tentato	Noi avremmo tentato
Tu avresti tentato	Voi avreste tentato
Lui/Lei avrebbe tentato	Loro avrebbero tentato

CONGIUNTIVO

Congiuntivo Presente

Io tenti	Noi tentiamo
Tu tenti	Voi tentiate
Lui/Lei tenti	Loro tentino

Congiuntivo Passato

Io abbia tentato	Noi abbiamo tentato
Tu abbia tentato	Voi abbiate tentato
Lui/Lei abbia tentato	Loro abbiano tentato

Congiuntivo Imperfetto

Io tentassi	Noi tentassimo
Tu tentassi	Voi tentaste
Lui/Lei tentasse	Loro tentassero

Congiuntivo Trapassato

Io avessi tentato	Noi avessimo tentato
Tu avessi tentato	Voi aveste tentato
Lui/Lei avessi tentato	Loro avessero tentato

IMPERATIVO

(Tu) tenta!   (Lei) tenti!   (Noi) tentiamo!   Voi) tentate!   (Loro) tentino!

Tentarono di mettere una bomba nella stazione ferroviaria.
They attempted to plant a bomb in the train station.

Lo sciatore ha tentato di battere il record.
The skier tried to beat the record.

Le lasagne mi tentano sempre.
The lasagna always tempts me.

TERMINARE *to finish, to end*

Inf. terminare *Part. pres.* terminante *Part. pass.* terminato *Ger.* terminando

INDICATIVO

Presente

Io termino	Noi terminiamo
Tu termini	Voi terminate
Lui/Lei termina	Loro terminano

Imperfetto

Io terminavo	Noi terminavamo
Tu terminavi	Voi terminavate
Lui/Lei terminava	Loro terminavano

Passato Prossimo

Io ho terminato	Noi abbiamo terminato
Tu hai terminato	Voi avete terminato
Lui/Lei ha terminato	Loro hanno terminato

Trapassato Prossimo

Io avevo terminato	Noi avevamo terminato
Tu avevi terminato	Voi avevate terminato
Lui/Lei aveva terminato	Loro avevano terminato

Futuro

Io terminerò	Noi termineremo
Tu terminerai	Voi terminerete
Tu terminerà	Loro termineranno

Passato Remoto

Io terminai	Noi terminammo
Tu terminasti	Voi terminaste
Lui/Lei terminò	Loro terminarono

Futuro Anteriore

Io avrò terminato	Noi avremo terminato
Tu avrai terminato	Voi avrete terminato
Lui/Lei avrà terminato	Loro avranno terminato

Trapassato Remoto

Io ebbi terminato	Noi avremmo terminato
Tu avesti terminato	Voi aveste terminato
Lui/Lei ebbe terminato	Loro ebbero terminato

CONDIZIONALE

Condizionale Presente

Io terminerei	Noi termineremmo
Tu termineresti	Voi terminereste
Lui/Lei terminerebbe	Loro terminerebbero

Condizionale Passato

Io avrei terminato	Noi avremmo terminato
Tu avresti terminato	Voi avreste terminato
Lui/Lei avrebbe terminato	Loro avrebbero terminato

CONGIUNTIVO

Congiuntivo Presente

Io termini	Noi terminiamo
Tu termini	Voi terminiate
Lui/Lei termini	Loro terminino

Condizionale Passato

Io abbia terminato	Noi abbiamo terminato
Tu abbia terminato	Voi abbiate terminato
Lui/Lei abbia terminato	Loro abbiano terminato

Congiuntivo Imperfetto

Io terminassi	Noi terminassimo
Tu terminassi	Voi terminaste
Lui/Lei terminasse	Loro terminassero

Congiuntivo Trapassato

Io avessi terminato	Noi avessimo terminato
Tu avessi terminato	Voi aveste terminato
Lui/Lei avesse terminato	Loro avessero terminato

IMPERATIVO

(Tu) termina! (Lei) termini! (Noi) terminiamo! (Voi) terminate! (Loro) terminino!

I ragazzi hanno terminato tutti i compiti.
The kids finished all their homework.

Se terminassi di cucinare la cena, potremmo mangiare.
If I finish cooking dinner, we could eat.

Terminarono la partita in anticipo.
They ended the game early.

TIFARE   *to support (a team), to root for*

Inf. tifare   *Part. pres.* tifante   *Part. pass.* tifato   *Ger.* tifando

INDICATIVO

Presente

Io tifo	Noi tifiamo
Tu tifi	Voi tifate
Lui/Lei tifa	Loro tifano

Imperfetto

Io tifavo	Noi tifavamo
Tu tifavi	Voi tifavate
Lui/Lei tifava	Loro tifavano

Passato Prossimo

Io ho tifato	Noi abbiamo tifato
Tu hai tifato	Voi avete tifato
Lui/Lei ha tifato	Loro hanno tifato

Trapassato Prossimo

Io avevo tifato	Noi avevamo tifato
Tu avevi tifato	Voi avevate tifato
Lui/Lei aveva tifato	Loro avevano tifato

Futuro

Io tiferò	Noi tiferemo
Tu tiferai	Voi tiferete
Lui/Lei tiferà	Loro tiferanno

Passato Remoto

Io tifai	Noi tifammo
Tu tifasti	Voi tifaste
Lui/Lei tifò	Loro tifarono

Futuro Anteriore

Io avrò tifato	Noi avremo tifato
Tu avrai tifato	Voi avrete tifato
Lui/Lei avrà tifato	Loro avranno tifato

Trapassato Remoto

Io ebbi tifato	Noi avemmo tifato
Tu avesti tifato	Voi aveste tifato
Lui/Lei ebbe tifato	Loro ebbero tifato

CONDIZIONALE

Condizionale Presente

Io tiferei	Noi tiferemmo
Tu tiferesti	Voi tifereste
Lui/Lei tiferebbe	Loro tiferebbero

Condizionale Passato

Io avrei tifato	Noi avremmo tifato
Tu avresti tifato	Voi avreste tifato
Lui/Lei avrebbe tifato	Loro avrebbero tifato

CONGIUNTIVO

Congiuntivo Presente

Io tifi	Noi tifiamo
Tu tifi	Voi tifiate
Lui/Lei tifi	Loro tifino

Congiuntivo Passato

Io abbia tifato	Noi abbiamo tifato
Tu abbia tifato	Voi abbiate tifato
Lui/Lei abbia tifato	Loro abbiano tifato

Congiuntivo Imperfetto

Io tifassi	Noi tifassimo
Tu tifassi	Voi tifaste
Lui/Lei tifasse	Loro tifassero

Congiuntivo Trapassato

Io avessi tifato	Noi avessimo tifato
Tu avessi tifato	Voi aveste tifato
Lui/Lei avesse tifato	Loro avessero tifato

IMPERATIVO

(Tu) tifa!   (Lei) tifi!   (Noi) tifiamo!   (Voi) tifate!   (Loro) tifino!

La mia famiglia tifa per la Roma.
My family roots for the Rome team.

A volte è pericoloso tifare per la squadra opposta.
Sometimes it is dangerous to root for the opposite team.

È possibile che tifino per la Fiorentina?
Is it possible that they support the Fiorentina team?

Inf. timbrare *Part. pres.* timbrante *Part. pass.* timbrato *Ger.* timbrando

INDICATIVO

Presente		Imperfetto	
Io timbro	Noi timbriamo	Io timbravo	Noi timbravamo
Tu timbri	Voi timbrate	Tu timbravi	Voi timbravate
Lui/Lei timbra	Loro timbrano	Lui/Lei timbrava	Loro timbravano

Passato Prossimo		Trapassato Prossimo	
Io ho timbrato	Noi abbiamo timbrato	Io avevo timbrato	Noi avevamo timbrato
Tu hai timbrato	Voi avete timbrato	Tu avevi timbrato	Voi avevate timbrato
Lui/Lei ha timbrato	Loro hanno timbrato	Lui/Lei aveva timbrato	Loro avevano timbrato

Futuro		Passato Remoto	
Io timbrerò	Noi timbreremo	Io timbrai	Noi timbrammo
Tu timbrerai	Voi timbrerete	Tu timbrasti	Voi timbraste
Lui/Lei timbrerà	Loro timbreranno	Lui/Lei timbrò	Loro timbrarono

Futuro Anteriore		Trapassato Remoto	
Io avrò timbrato	Noi avremo timbrato	Io ebbi timbrato	Noi avemmo timbrato
Tu avrai timbrato	Voi avrete timbrato	Tu avesti timbrato	Voi aveste timbrato
Lui/Lei avrà timbrato	Loro avranno timbrato	Lui/Lei ebbe timbrato	Loro ebbero

CONDIZIONALE

Condizionale Presente		Condizionale Passato	
Io timbrerei	Noi timbreremmo	Io avrei timbrato	Noi avremmo timbrato
Tu timbreresti	Voi timbrereste	Tu avresti timbrato	Voi avreste timbrato
Lui/Lei timbrerebbe	Loro timbrerebbero	Lui/Lei avrebbe timbrato	Loro avrebbero timbrato

CONGIUNTIVO

Congiuntivo Presente		Congiuntivo Passato	
Io timbri	Noi timbriamo	Io abbia timbrato	Noi abbiamo timbrato
Tu timbri	Voi timbriate	Tu abbia timbrato	Voi abbiate timbrato
Lui/Lei timbri	Loro timbrino	Lui/Lei abbia timbrato	Loro abbiano timbrato

Congiuntivo Imperfetto		Congiuntivo Trapassato	
Io timbrassi	Noi timbrassimo	Io avessi timbrato	Noi avessimo timbrato
Tu timbrassi	Voi timbraste	Tu avessi timbrato	Voi aveste timbrato
Lui/Lei timbrasse	Loro timbrassero	Lui/Lei avesse timbrato	Loro avessero timbrato

IMPERATIVO

(Tu) timbra! (Lei) timbri! (Noi) timbriamo! (Voi) timbrate! (Loro) timbrino!

Tutti gli impiegati di quell'azienda timbrano il cartellino.
All the employees of that company punch the clock.

Mentre lui timbrava tutta la posta, ebbe un infarto.
He had a heart attack while he was stamping the mail.

Anni fa c'era un autista che timbrava tutti i biglietti dei passeggeri in autobus.
Years ago there was a conductor who punched all the bus passengers' tickets.

TINGERE   *to dye*

Inf. tingere   *Part. pres.* tingente   *Part. pass.* tinto   *Ger.* tingendo

INDICATIVO

Presente

Io tingo	Noi tingiamo
Tu tingi	Voi tingete
Lui/Lei tinge	Loro tingono

Imperfetto

Io tingevo	Noi tingevamo
Tu tingevi	Voi tingevate
Lui/Lei tingeva	Loro tingevano

Passato Prossimo

Io ho tinto	Noi abbiamo tinto
Tu hai tinto	Voi avete tinto
Lui/Lei ha tinto	Loro hanno tinto

Trapassato Prossimo

Io avevo tinto	Noi avevamo tinto
Tu avevi tinto	Voi avevate tinto
Lui/Lei aveva tinto	Loro avevano tinto

Futuro

Io tingerò	Noi tingeremo
Tu tingerai	Voi tingerete
Lui/Lui tingerà	Loro tingeranno

Passato Remoto

Io tinsi	Noi tingemmo
Tu tingesti	Voi tingeste
Lui/Lei tinse	Loro tinsero

Futuro Anteriore

Io avrò tinto	Noi avremo tinto
Tu avrai tinto	Voi avrete tinto
Lui/Lei avrà tinto	Loro avranno tinto

Trapassato Remoto

Io ebbi tinto	Noi avemmo tinto
Tu avesti tinto	Voi aveste tinto
Lui/Lei ebbe tinto	Loro ebbero tinto

CONDIZIONALE

Condizionale Presente

Io tingerei	Noi tingeremmo
Tu tingeresti	Voi tingereste
Lui/Lei tingerebbe	Loro tingerebbero

Condizionale Passato

Io avrei tinto	Noi avremmo tinto
Tu avresti tinto	Voi avreste tinto
Lui/Lei avrebbe tinto	Loro avrebbero tinto

CONGIUNTIVO

Congiuntivo Presente

Io tinga	Noi tingiamo
Tu tinga	Voi tingiate
Lui/Lei tinga	Loro tingano

Congiuntivo Passato

Io abbia tinto	Noi abbiamo tinto
Tu abbia tinto	Voi abbiate tinto
Lui/Lei abbia tinto	Loro abbiano tinto

Congiuntivo Imperfetto

Io tingessi	Noi tingessimo
Tu tingessi	Voi tingeste
Lui/Lei tingesse	Loro tingessero

Congiuntivo Trapassato

Io avessi tinto	Noi avessimo tinto
Tu avessi tinto	Voi aveste tinto
Lui/Lei avesse tinto	Loro avessero tinto

IMPERATIVO

(Tu) tingi!   (Lei) tinga!   (Noi) tingiamo!   (Voi) tingete!   (Loro) tingano!

Il mio parrucchiere mi ha tinto i capelli.
My hairdresser dyed my hair.

Il sole all'alba tinse il cielo di rosa.
The sun at dawn painted the sky pink.

Se avessi saputo che non volevi non avrei tinto la tua giacca di viola.
If I had know you didn't want me to, I would not have dyed your jacket purple.

451

Inf. tirare   *Part. pres.* tirante   *Part. pass.* tirato   *Ger.* tirando

INDICATIVO

Presente		Imperfetto	
Io tiro	Noi tiriamo	Io tiravo	Noi tiravamo
Tu tiri	Voi tirate	Tu tiravi	Voi tiravate
Lui/Lei tira	Loro tirano	Lui/Lei tirava	Loro tiravano

Passato Prossimo		Trapassato Prossimo	
Io ho tirato	Noi abbiamo tirato	Io avevo tirato	Noi avevamo tirato
Tu hai tirato	Voi avete tirato	Tu avevi tirato	Voi avevate tirato
Lui/Lei ha tirato	Loro hanno tirato	Lui/Lei aveva tirato	Loro avevano tirato

Futuro		Passato Remoto	
Io tirerò	Noi tireremo	Io tirai	Noi tirammo
Tu tirerai	Voi tirerete	Tu tirasti	Voi tiraste
Lui/Lei tirerà	Loro tireranno	Lui/Lei tirò	Loro tirarono

Futuro Anteriore		Trapassato Remoto	
Io avrò tirato	Noi avremo tirato	Io ebbi tirato	Noi avemmo tirato
Tu avrai tirato	Voi avrete tirato	Tu avesti tirato	Voi aveste tirato
Lui/Lei avrà tirato	Loro avranno tirato	Lui/Lei ebbe tirato	Loro ebbero tirato

CONDIZIONALE

Condizionale Presente		Condizionale Passato	
Io tirerei	Noi tireremmo	Io avrei tirato	Noi avremmo tirato
Tu tireresti	Voi tirereste	Tu avresti tirato	Voi avreste tirato
Lui/Lei tirerebbe	Loro tirerebbero	Lui/Lei avrebbe tirato	Loro avrebbero tirato

CONGIUNTIVO

Congiuntivo Presente		Congiuntivo Passato	
Io tiri	Noi tiriamo	Io abbia tirato	Noi abbiamo tirato
Tu tiri	Voi tiriate	Tu abbia tirato	Voi abbiate tirato
Lui/Lei tiri	Loro tirino	Lui/Lei abbia tirato	Loro abbiano tirato

Congiuntivo Imperfetto		Congiuntivo Trapassato	
Io tirassi	Noi tirassimo	Io avessi tirato	Noi avessimo tirato
Tu tirassi	Voi tiraste	Tu avessi tirato	Voi aveste tirato
Lui/Lei tirasse	Loro tirassero	Lui/Lei avesse tirato	Loro avessero tirato

IMPERATIVO

(Tu) tira!   (Tu) tiri!   (Noi) tiriamo!   (Voi) tirate!   (Loro) tirino!

L'hanno tirata fuori dal lago in cui era caduta.
They pulled her out of the lake she had fallen into.

Gli tirerò un pugno se lui continua a irritarmi.
I will punch him if he continues to irritate me.

I suoi genitori devono sempre tirarla fuori dai guai.
Her parents always have to get her out of trouble.

TOCCARE   *to touch*

Inf. toccare   *Part. pres.* toccante   *Part. pass.* toccato   *Ger.* toccando

INDICATIVO

Presente		Imperfetto	
Io tocco	Noi tocchiamo	Io toccavo	Noi toccavamo
Tu tocchi	Voi toccate	Tu toccavi	Voi toccavate
Lui/Lei tocca	Loro toccano	Lui/Lei toccava	Loro taccavano

Passato Prossimo		Trapassato Prossimo	
Io ho toccato	Noi abbiamo toccato	Io avevo toccato	Noi avevamo toccato
Tu hai toccato	Voi avete toccato	Tu avevi toccato	Voi avevate toccato
Lui/Lei ha toccato	Loro hanno toccato	Lui/Lei aveva toccato	Loro avevano toccato

Futuro		Passato Remoto	
Io toccherò	Noi toccheremo	Io toccai	Noi toccammo
Tu toccherai	Voi toccherete	Tu toccasti	Voi toccaste
Lui/Lei toccherà	Loro toccheranno	Lui/Lei toccò	Loro toccarono

Futuro Anteriore		Passato Remoto	
Io avrò toccato	Noi avremo toccato	Io ebbi toccato	Noi avemmo toccato
Tu avrai toccato	Voi avrete toccato	Tu avesti toccato	Voi aveste toccato
Lui/Lei avrà toccato	Loro avranno toccato	Lui/Lei ebbe toccato	Loro ebbero toccato

CONDIZIONALE

Condizionale Presente		Condizionale Passato	
Io toccherei	Noi toccheremmo	Io avrei toccato	Noi avremmo toccato
Tu toccheresti	Voi tocchereste	Tu avresti toccato	Voi avreste toccato
Lui/Lei toccherebbe	Loro toccherebbero	Lui/Lei avrebbe toccato	Loro avrebbero toccato

CONGIUNTIVO

Congiuntivo Presente		Congiuntivo Passato	
Io tocchi	Noi tocchiamo	Io abbia toccato	Noi abbiamo toccato
Tu tocchi	Voi tocchiate	Tu abbia toccato	Voi abbiate toccato
Lui/Lei tocchi	Loro tocchino	Lui/Lei abbia toccato	Loro abbiano toccato

Congiuntivo Imperfetto		Congiuntivo Trapassato	
Io toccassi	Noi toccassimo	Io avessi toccato	Noi avessimo toccato
Tu toccassi	Voi toccaste	Tu avessi toccato	Voi aveste toccato
Lui/Lei toccasse	Loro toccassero	Lui/Lei avesse toccato	Loro avessero toccato

IMPERATIVO

(Tu) tocca!   (Lei) tocchi!   (Noi) tocchiamo!   (Voi) toccate!   (Loro) tocchino!

Non la toccai neanche con un dito.
I never laid a finger on her.

I problemi in famiglia ci toccano da vicino.
Family problems concern us personally.

Non toccava il cibo mentre si trovava in prigione.
He didn't touch the food while he was in prison.

Inf. togliere *Part. pres.* togliente *Part. pass.* tolto *Ger.* togliendo

INDICATIVO

Presente

Io tolgo	Noi togliamo
Tu togli	Voi togliete
Lui/Lei toglie	Loro tolgono

Imperfetto

Io toglievo	Noi toglievamo
Tu toglievi	Voi toglievate
Lui/Lei toglieva	Loro toglievano

Passato Prossimo

Io ho tolto	Noi abbiamo tolto
Tu hai tolto	Voi avete tolto
Lui/Lei ha tolto	Loro hanno tolto

Trapassato Prossimo

Io avevo tolto	Noi avevamo tolto
Tu avevi tolto	Voi avevate tolto
Lui/Lei aveva tolto	Loro avevano tolto

Futuro

Io toglierò	Noi toglieremo
Tu toglierai	Voi toglierete
Lui/Lei toglierà	Loro toglieranno

Passato Remoto

Io tolsi	Noi togliemmo
Tu togliesti	Voi toglieste
Lui/Lei tolse	Loro tolsero

Futuro Anteriore

Io avrò tolto	Noi avremo tolto
Tu avrai tolto	Voi avrete tolto
Lui/Lei avrà tolto	Loro avranno tolto

Trapassato Remoto

Io ebbi tolto	Noi avemmo tolto
Tu avesti tolto	Voi aveste tolto
Lui/Lei ebbe tolto	Loro ebbero tolto

CONDIZIONALE

Condizionale Presente

Io toglierei	Noi toglieremmo
Tu toglieresti	Voi togliereste
Lui/Lei toglierebbe	Loro toglierebbero

Condizionale Passato

Io avrei tolto	Noi avremmo tolto
Tu avresti tolto	Voi avreste tolto
Lui/Lei avrebbe tolto	Loro avrebbero tolto

CONGIUNTIVO

Congiuntivo Presente

Io tolga	Noi togliamo
Tu tolga	Voi togliate
Lui/Lei tolga	Loro tolgano

Congiuntivo Passato

Io abbia tolto	Noi abbiamo tolto
Tu abbia tolto	Voi abbiate tolto
Lui/Lei abbia tolto	Loro abbiano tolto

Congiuntivo Imperfetto

Io togliessi	Noi togliessimo
Tu togliessi	Voi toglieste
Lui/Lei togliesse	Loro togliessero

Congiuntivo Trapassato

Io avessi tolto	Noi avessimo tolto
Tu avessi tolto	Voi aveste tolto
Lui/Lei avesse tolto	Loro avessero tolto

IMPERATIVO

(Tu) togli!   (Lei) tolga!   (Noi) togliamo!   (Voi) togliete!   (Loro) tolgano!

Ha tolto gli scarponi dopo che aveva finito di lavorare.
He removed his work boots after he had finished working.

Tolse i semi dai pomodori prima di fare il sugo.
She took out the tomato seeds before making the sauce.

Quando avevamo tolto il pollo dal forno, dovevamo mangiarlo.
When we had taken the chicken out of the oven, we had to eat it.

Inf. tormentare   *Part. pres.* tormentante   *Part. pass.* tormentato   *Ger.* tormentando

INDICATIVO

Presente

Io tormento	Noi tormentiamo
Tu tormenti	Voi tormentate
Lui/Lei tormenta	Loro tormentano

Imperfetto

Io tormentavo	Noi tormentavamo
Tu tormentavi	Voi tormentavate
Lui/Lei tormentava	Loro tormentavano

Passato Prossimo

Io ho tormentato	Noi abbiamo tormentato
Tu hai tormentato	Voi avete tormentato
Lui/Lei ha tormentato	Loro hanno tormentato

Trapassato Prossimo

Io avevo tormentato	Noi avevamo tormentato
Tu avevi tormentato	Voi avevate tormentato
Lui/Lei aveva tormentato	Loro avevano tormentato

Futuro

Io tormenterò	Noi tormenteremo
Tu tormenterai	Voi tormenterete
Lui/Lei tormenterà	Loro tormenteranno

Passato Remoto

Io tormentai	Noi tormentammo
Tu tormentasti	Voi tormentaste
Lui/Lei tormentò	Loro tormentarono

Futuro Anteriore

Io avrò tormentato	Noi avremo tormentato
Tu avrai tormentato	Voi avrete tormentato
Lui/Lei avrà tormentato	Loro avranno tormentato

Trapassato Remoto

Io ebbi tormentato	Noi avremo tormentato
Tu avesti tormentato	Voi aveste tormentato
Lui/Lei ebbe tormentato	Loro ebbero tormentato

CONDIZIONALE

Condizionale Presente

Io tormenterei	Noi tormenteremmo
Tu tormenteresti	Voi tormentereste
Lui/Lei tormenterebbe	Loro tormenterebbero

Condizionale Passato

Io avrei tormentato	Noi avremmo tormentato
Tu avresti tormentato	Voi avreste tormentato
Lui/Lei avrebbe tormentato	Loro avrebbero tormentato

CONGIUNTIVO

Congiuntivo Presente

Io tormenti	Noi tormentiamo
Tu tormenti	Voi tormentiate
Lui/Lei tormenti	Loro tormentino

Condizionale Passato

Io abbia tormentato	Noi abbiamo tormentato
Tu abbia tormentato	Voi abbiate tormentato
Lui/Lei abbia tormentato	Loro abbiano tormentato

Congiuntivo Imperfetto

Io tormentassi	Noi tormentassimo
Tu tormentassi	Voi tormentaste
Lui/Lei tormentasse	Loro tormentassero

Congiuntivo Trapassato

Io avessi tormentato	Noi avessimo tormentato
Tu avessi tormentato	Voi aveste tormentato
Lui/Lei avesse tormentato	Loro avessero tormentato

IMPERATIVO

(Tu) tormenta!   (Lei) tormenti!   (Noi) tormentiamo!   (Voi) tormentate!   (Loro) tormentino!

Ha tormentato quel povero ragazzo per anni.
She tormented that boy for years.

Durante la guerra in Iraq tormentarono tante persone.
During the war in Iraq they tortured many people.

Penso che quell'uomo la tormenti ancora.
I think that that man still harasses her.

Inf. tornare *Part. pres.* tornante *Part. pass.* tornato *Ger.* tornando

INDICATIVO

Presente

Io torno	Noi torniamo
Tu torni	Voi tornate
Lui/Lei torna	Loro tornano

Imperfetto

Io tornavo	Noi tornavamo
Tu tornavi	Voi tornavate
Lui/Lei tornava	Loro tornavano

Passato Prossimo

Io sono tornato/a	Noi siamo tornati/e
Tu sei tornato/a	Voi siete tornati/e
Lui/Lei è tornato/a	Loro sono tornati/e

Trapassato Prossimo

Io ero tornato/a	Noi eravamo tornati/e
Tu eri tornato/a	Voi eravate tornati/e
Lui/Lei era tornato/a	Loro erano tornati/e

Futuro

Io tornerò	Noi torneremo
Tu tornerai	Voi tornerete
Lui/Lei tornerà	Loro torneranno

Passato Remoto

Io tornai	Noi tornammo
Tu tornasti	Voi tornaste
Lui/Lei tornò	Loro tornarono

Futuro Anteriore

Io sarò tornato/a	Noi saremo tornati/e
Tu sarai tornato/a	Voi sarete tornati/e
Lui/Lei sarà tornato/a	Loro saranno tornati/e

Trapassato Remoto

Io fui tornato/a	Noi fummo tornati/e
Tu fosti tornato/a	Voi foste tornati/e
Lui/Lei fu tornato/a	Loro furono tornati/e

CONDIZIONALE

Condizionale Presente

Io tornerei	Noi torneremmo
Tu torneresti	Voi tornereste
Lui/Lei tornerebbe	Loro tornerebbero

Condizionale Passato

Io sarei tornato/a	Noi saremmo tornati/e
Tu saresti tornato/a	Voi sareste tornati/e
Lui/Lei sarebbe tornato/a	Loro sarebbero tornati/e

CONGIUNTIVO

Congiuntivo Presente

Io torni	Noi torniamo
Tu torni	Voi torniate
Lui/Lei torni	Loro tornino

Congiuntivo Passato

Io sia tornato/a	Noi siamo tornati/e
Tu sia tornato/a	Voi siate tornati/e
Lui/Lei sia tornato/a	Loro siano tornati/e

Congiuntivo Imperfetto

Io tornassi	Noi tornassimo
Tu tornassi	Voi tornaste
Lui/Lei tornasse	Loro tornassero

Congiuntivo Trapassato

Io fossi tornato/a	Noi fossimo tornati/e
Tu fossi tornato/a	Voi foste tornati/e
Lui/Lei fosse tornato/a	Loro fossero tornati/e

IMPERATIVO

(Tu) torna!   (Lei) torni!   (Noi) torniamo!   (Voi) tornate!   (Loro) tornino!

Credevo che fosse già tornato dall'Italia.
I believed that he had already returned from Italy.

Se fossi tornata in tempo, avrei partecipato alla riunione.
If I had returned in time, I would have participated in the meeting.

Tu sei tornato come quello di una volta.
You are back to your old self.

TRADIRE   *to betray, to cheat*

Inf. tradire   *Part. pres.* tradente   *Part. pass.* tradito   *Ger.* tradendo

INDICATIVO

Presente

Io tradisco	Noi tradiamo
Tu tradisci	Voi tradite
Lui/Lei tradisce	Loro tradiscono

Imperfetto

Io tradivo	Noi tradivamo
Tu tradivi	Voi tradivate
Lui/Lei tradiva	Loro tradivano

Passato Prossimo

Io ho tradito	Noi abbiamo tradito
Tu hai tradito	Voi avete tradito
Lui/Lei ha tradito	Loro hanno tradito

Trapassato Prossimo

Io avevo tradito	Noi avevamo tradito
Tu avevi tradito	Voi avevate tradito
Lui/Lei aveva tradito	Loro avevano tradito

Futuro

Io tradirò	Noi tradiremo
Tu tradirai	Voi tradirete
Lui/Lei tradirà	Loro tradiranno

Passato Remoto

Io tradii	Noi tradimmo
Tu tradisti	Voi tradiste
Lui/Lei tradì	Loro tradirono

Futuro Anteriore

Io avrò tradito	Noi avremo tradito
Tu avrai tradito	Voi avrete tradito
Lui/Lei avrà tradito	Loro avranno tradito

Trapassato Remoto

Io ebbi tradito	Noi avemmo tradito
Tu avesti tradito	Voi aveste tradito
Lui/Lei ebbe tradito	Loro ebbero tradito

CONDIZIONALE

Condizionale Presente

Io tradirei	Noi tradiremmo
Tu tradiresti	Voi tradireste
Lui/Lei tradirebbe	Loro tradirebbero

Condizionale Passato

Io avrei tradito	Noi avremmo tradito
Tu avresti tradito	Voi avreste tradito
Lui/Lei avrebbe tradito	Loro avrebbero tradito

CONGIUNTIVO

Congiuntivo Presente

Io tradisca	Noi tradiamo
Tu tradisca	Voi tradiate
Lui/Lei tradisca	Loro tradiscano

Congiuntivo Passato

Io abbia tradito	Noi abbiamo tradito
Tu abbia tradito	Voi abbiate tradito
Lui/Lei abbia tradito	Loro abbiano tradito

Congiuntivo Imperfetto

Io tradissi	Noi tradissimo
Tu tradissi	Voi tradiste
Lui/Lei tradisse	Loro tradissero

Congiuntivo Trapassato

Io avessi tradito	Noi avessimo tradito
Tu avessi tradito	Voi aveste tradito
Lui/Lei avesse tradito	Loro avessero tradito

IMPERATIVO

(Tu) tradisci!   (Lei) tradisca!   (Noi) tradiamo!   (Voi) tradite!   (Loro) tradiscano!

Lui tradisce tutte le donne con cui esce.
He cheats on every woman he goes out with.

Vorrei sapere se la mia collega mi ha tradito.
I would like to know if my colleague betrayed me.

Se non l'avesse tradita oggi sarebbero ancora insieme.
If he hadn't cheated on her, they would still be together today.

TRADURRE *to translate*

Inf. tradurre *Part. pres.* traducente *Part. pass.* tradotto *Ger.* traducendo

INDICATIVO

Presente		Imperfetto	
Io traduco	Noi traduciamo	Io traducevo	Noi traducevamo
Tu traduci	Voi traducete	Tu traducevi	Voi traducevate
Lui/Lei traduce	Loro traducono	Lui/Lei traduceva	Loro traducevano

Passato Prossimo		Trapassato Prossimo	
Io ho tradotto	Noi abbiamo tradotto	Io avevo tradotto	Noi avevamo tradotto
Tu hai tradotto	Voi avete tradotto	Tu avevi tradotto	Voi avevate tradotto
Lui/Lei ha tradotto	Loro hanno tradotto	Lui/Lei aveva tradotto	Loro avevano tradotto

Futuro		Passato Remoto	
Io tradurrò	Noi tradurremo	Io tradussi	Noi traducemmo
Tu tradurrai	Voi tradurrete	Tu traducesti	Voi traduceste
Lui/Lei tradurrà	Loro tradurranno	Lui/Lei tradusse	Loro tradussero

Futuro Anteriore		Trapassato Remoto	
Io avrò tradotto	Noi avremo tradotto	Io ebbi tradotto	Noi avemmo tradotto
Tu avrai tradotto	Voi avrete tradotto	Tu avesti tradotto	Voi aveste tradotto
Lui/Lei avrà tradotto	Loro avranno tradotto	Lui/Lei ebbe tradotto	Loro ebbero tradotto

CONDIZIONALE

Condizionale Presente		Condizionale Passato	
Io tradurrei	Noi tradurremmo	Io avrei tradotto	Noi avremmo tradotto
Tu tradurresti	Voi tradurreste	Tu avresti tradotto	Voi avreste tradotto
Lui/Lei tradurrebbe	Loro tradurrebbero	Lui/Lei avrebbero tradotto	Loro avrebbero tradotto

CONGIUNTIVO

Congiuntivo Presente		Congiuntivo Passato	
Io traduca	Noi traduciamo	Io abbia tradotto	Noi abbiamo tradotto
Tu traduca	Voi traduciate	Tu abbia tradotto	Voi abbiate tradotto
Lui/Lei traduca	Loro traducano	Lui/Lei abbia tradotto	Loro abbiano tradotto

Congiuntivo Imperfetto		Congiuntivo Trapassato	
Io traducessi	Noi traducessimo	Io avessi tradotto	Noi avessimo tradotto
Tu traducessi	Voi traduceste	Tu avessi tradotto	Voi aveste tradotto
Lui/Lei traducesse	Loro traducessero	Lui/Lei avesse tradotto	Loro avessero tradotto

IMPERATIVO

(Tu) traduci!   (Lei) traduca!   (Noi) traduciamo!   (Voi) traducete!   (Loro) traducano!

Come lavoro traduceva per le Nazioni Unite.
She worked translating for the United Nations.

Alcuni insegnanti traducono le parole alla lettera, per far capire meglio le regole di grammatica.
Some teachers translate words literally to better explain the grammatical rules.

È difficile tradurre dall'inglese al cinese.
It is difficult to translate from English to Chinese.

Inf. trarre   *Part. pres.* traente   *Part. pass.* tratto   *Ger.* traendo

INDICATIVO

Presente

Io traggo	Noi traiamo
Tu trai	Voi traete
Lui/Lei trae	Loro traggono

Imperfetto

Io traevo	Noi traevamo
Tu traevi	Voi traevate
Lui/Lei traeva	Loro traevano

Passato Prossimo

Io ho tratto	Noi abbiamo tratto
Tu hai tratto	Voi avete tratto
Lui/Lei ha tratto	Loro hanno tratto

Trapassato Prossimo

Io avevo tratto	Noi avevamo tratto
Tu avevi tratto	Voi avevate tratto
Lui/Lei aveva tratto	Loro avevano tratto

Futuro

Io trarrò	Noi trarremo
Tu trarrai	Voi trarrete
Lui/Lei trarrà	Loro trarranno

Passato Remoto

Io trassi	Noi traemmo
Tu traesti	Voi traeste
Lui/Lei trasse	Loro trassero

Futuro Anteriore

Io avrò tratto	Noi avremo tratto
Tu avrai tratto	Voi avrete tratto
Lui/Lei avrà tratto	Loro avranno tratto

Trapassato Remoto

Io ebbi tratto	Noi avemmo tratto
Tu avesti tratto	Voi aveste tratto
Lui/Lei ebbe tratto	Loro ebbero tratto

CONDIZIONALE

Condizionale Presente

Io trarrei	Noi trarremmo
Tu trarresti	Voi trarreste
Lui/Lei trarrebbe	Loro trarrebbero

Condizionale Passato

Io avrei tratto	Noi avremmo tratto
Tu avresti tratto	Voi avreste tratto
Lui/Lei avrebbe tratto	Loro avrebbero tratto

CONGIUNTIVO

Congiuntivo Presente

Io tragga	Noi traiamo
Tu tragga	Voi traiate
Lui/Lei tragga	Loro traggano

Congiuntivo Passato

Io abbia tratto	Noi abbiamo tratto
Tu abbia tratto	Voi abbiate tratto
Lui/Lei abbia tratto	Loro abbiano tratto

Congiuntivo Imperfetto

Io traessi	Noi traessimo
Tu traessi	Voi traeste
Lui/Lei traesse	Loro traessero

Congiuntivo Trapassato

Io avessi tratto	Noi avessimo tratto
Tu avessi tratto	Voi aveste tratto
Lui/Lei avesse tratto	Loro avessero tratto

IMPERATIVO

(Tu) trai!   (Lei) tragga!   (Noi) traiamo!   (Voi) traete!   (Loro) traggano!

Lei lo trasse a sé e gli diede un lungo bacio.
She drew him to her and gave him a long kiss.

Ho tratto un sospiro di sollievo dopo che lui era partito.
I drew a sigh of relief after he had left.

Trassero la conclusione che era malato quando non lo videro visto per un mese.
They drew the conclusion that he was sick when they didn't see him for a month.

TRASCORRERE   *to pass, to spend*

Inf. trascorrere   *Part. pres.* trascorrente   *Part. pass.* trascorso   *Ger.* trascorrendo

INDICATIVO

Presente

Io trascorro	Noi trascorriamo
Tu trascorri	Voi trascorrete
Lui/Lei trascorre	Loro trascorrono

Imperfetto

Io trascorrevo	Noi trascorrevamo
Tu trascorrevi	Voi trascorrevate
Lui/Lei trascorreva	Loro trascorrevano

Passato Prossimo

Io ho trascorso	Noi abbiamo trascorso
Tu hai trascorso	Voi avete trascorso
Lui/Lei ha trascorso	Loro hanno trascorso

Trapassato Prossimo

Io avevo trascorso	Noi avevamo trascorso
Tu avevi trascorso	Voi avevate trascorso
Lui/Lei aveva trascorso	Loro avevano trascorso

Futuro

Io trascorrerò	Noi trascorreremo
Tu trascorrerai	Voi trascorrerete
Lui/Lei trascorrerà	Loro trascorreranno

Passato Remoto

Io trascorsi	Noi trascorremmo
Tu trascorresti	Voi trascorreste
Lui/Lei trascorse	Loro trascorsero

Futuro Anteriore

Io avrò trascorso	Noi avremo trascorso
Tu avrai trascorso	Voi avrete trascorso
Lui/Lei avrà trascorso	Loro avranno trascorso

Trapassato Remoto

Io ebbi trascorso	Noi avemmo trascorso
Tu avesti trascorso	Voi aveste trascorso
Lui/Lei ebbe trascorso	Loro ebbero trascorso

CONDIZIONALE

Condizionale Presente

Io trascorrerei	Noi trascorreremmo
Tu trascorreresti	Voi trascorrereste
Lui/Lei trascorrerebbe	Loro trascorrerebbero

Condizionale Passato

Io avrei trascorso	Noi avremmo trascorso
Tu avresti trascorso	Voi avreste trascorso
Lui avrebbero trascorso	Loro avrebbero trascorso

CONGIUNTIVO

Congiuntivo Presente

Io trascorra	Noi trascorriamo
Tu trascorra	Voi trascorriate
Lui/Lei trascorra	Loro trascorrano

Congiuntivo Passato

Io abbia trascorso	Noi abbiamo trascorso
Tu abbia trascorso	Voi abbiate trascorso
Lui/Lei abbia trascorso	Loro abbiano trascorso

Congiuntivo Imperfetto

Io trascorressi	Noi trascorressimo
Tu trascorressi	Voi trascorreste
Lui/Lei trascorresse	Loro trascorressero

Congiuntivo Trapassato

Io avessi trascorso	Noi avessimo trascorso
Tu avessi trascorso	Voi aveste trascorso
Lui/Lei avesse trascorso	Loro avessero trascorso

IMPERATIVO

(Tu) trascorri!   (Lei) trascorra!   (Noi) trascorriamo!   (Voi) trascorrete!   (Loro) trascorrano!

Aveva trascorso una notte in bianco.
She had passed a night without sleep.

Abbiamo trascorso le vacanze in campagna.
We spent our vacation in the country.

Temo che loro non abbiano trascorso molto tempo insieme.
I fear that they haven't spent much time together.

TRASCRIVERE   *to transcribe*

Inf. trascrivere   *Part. pres.* trascrivente   *Part. pass.* trascritto   *Ger.* trascrivendo

INDICATIVO

Presente

Io trascrivo	Noi trascriviamo
Tu trascrivi	Voi trascrivete
Lui/Lei trascrive	Loro trascrivono

Imperfetto

Io trascrivevo	Noi trascrivevamo
Tu trascrivevi	Voi trascrivevate
Lui/Lei trascriveva	Loro trascrivevano

Passato Prossimo

Io ho trascritto	Noi abbiamo trascritto
Tu hai trascritto	Voi avete trascritto
Lui/Lei ha trascritto	Loro hanno trascritto

Trapassato Prossimo

Io avevo trascritto	Noi avevamo trascritto
Tu avevi trascritto	Voi avevate trascritto
Lui/Lei aveva trascritto	Loro avevano trascritto

Futuro

Io trascriverò	Noi trascriveremo
Tu trascriverai	Voi trascriverete
Lui/Lei trascriverà	Loro trascriveranno

Passato Remoto

Io trascrissi	Noi trascrivemmo
Tu trascrivesti	Voi trascriveste
Lui/Lei trascrisse	Loro trascrissero

Futuro Anteriore

Io avrò trascritto	Noi avremo trascritto
Tu avrai trascritto	Voi avrete trascritto
Lui/Lei avrà trascritto	Loro avranno trascritto

Trapassato Remoto

Io ebbi trascritto	Noi avemmo trascritto
Tu avesti trascritto	Voi aveste trascritto
Lui/Lei ebbe trascritto	Loro ebbero trascritto

CONDIZIONALE

Condizionale Presente

Io trascriverei	Noi trascriveremmo
Tu trascriveresti	Voi trascrivereste
Lui/Lei trascriverebbe	Loro trascriverebbero

Condizionale Passato

Io avrei trascritto	Noi avremmo trascritto
Tu avresti trascritto	Voi avreste trascritto
Lui/Lei avrebbe trascritto	Loro avrebbero trascritto

CONGIUNTIVO

Congiuntivo Presente

Io trascriva	Noi trascriviamo
Tu trascriva	Voi trascriviate
Lui/Lei trascriva	Loro trascrivano

Congiuntivo Passato

Io abbia trascritto	Noi abbiamo trascritto
Tu abbia trascritto	Voi abbiate trascritto
Lui/Lei abbia trascritto	Loro abbiano trascritto

Congiuntivo Imperfetto

Io trascrivessi	Noi trascrivessimo
Tu trascrivessi	Voi trascriveste
Lui/Lei trascrivesse	Loro trascrivessero

Congiuntivo Trapassato

Io avessi trascritto	Noi avessimo trascritto
Tu avessi trascritto	Voi aveste trascritto
Lui/Lei avesse trascritto	Loro avessero trascritto

IMPERATIVO

(Tu) trascrivi!   (Lei) trascriva!   (Noi) trascriviamo!   (Voi) trascrivete!   (Loro) trascrivano!

Ti trascriverò il documento, ma costerà 20 euro.
I will transcribe the document for you, but it will cost 20 euros.

Nel Medioevo i preti trascrissero molti libri secondo il suono delle parole.
In the Middle Ages, priests transcribed a lot of books by the sound of the words.

Mentre trascriveva, ha trovato molti errori.
While he was transcribing, he found a lot of errors.

461

TRASFERIRE *to transfer, to move*

Inf. trasferire *Part. pres.* trasferente *Part. pass.* trasferito *Ger.* trasferendo

INDICATIVO

Presente

Io trasferisco	Noi trasferiamo
Tu trasferisci	Voi trasferite
Lui/Lei trasferisce	Loro trasferiscono

Imperfetto

Io trasferivo	Noi trasferivamo
Tu trasferivi	Voi trasferivate
Lui/Lei trasferiva	Loro trasferivano

Passato Prossimo

Io ho trasferito	Noi abbiamo trasferito
Tu hai trasferito	Voi avete trasferito
Lui/Lei ha trasferito	Loro hanno trasferito

Trapassato Prossimo

Io avevo trasferito	Noi avevamo trasferito
Tu avevi trasferito	Voi avevate trasferito
Lui/Lei aveva trasferito	Loro avevano trasferito

Futuro

Io traferirò	Noi trasferiremo
Tu trasferirai	Voi trasferirete
Lui/Lei trasferirà	Loro trasferiranno

Passato Remoto

Io trasferii	Noi trasferimmo
Tu trasferisti	Voi trasferiste
Lui/Lei trasferì	Loro trasferirono

Futuro Anteriore

Io avrò trasferito	Noi avremo trasferito
Tu avrai trasferito	Voi avrete trasferito
Lui/Lei avrà trasferito	Loro avranno trasferito

Trapassato Remoto

Io ebbi trasferito	Noi avemmo trasferito
Tu avesti trasferito	Voi aveste trasferito
Lui/Lei ebbe trasferito	Loro ebbero trasferito

CONDIZIONALE

Condizionale Presente

Io trasferirei	Noi trasferiremmo
Tu trasferiresti	Voi trasferireste
Lui/Lei trasferirebbe	Loro trasferirebbero

Condizionale Passato

Io avrei trasferito	Noi avremmo trasferito
Tu avresti trasferito	Voi avreste trasferito
Lui/Lei avrebbe trasferito	Loro avrebbero trasferito

CONGIUNTIVO

Congiuntivo Presente

Io trasferisca	Noi trasferiamo
Tu trasferisca	Voi trasferiate
Lui/Lei trasferisca	Loro trasferiscano

Congiuntivo Passato

Io abbia trasferito	Noi abbiamo trasferito
Tu abbia trasferito	Voi abbiate trasferito
Lui/Lei abbia trasferito	Loro abbiano trasferito

Congiuntivo Imperfetto

Io trasferissi	Noi traferissimo
Tu trasferissi	Voi trasferiste
Lui/Lei trasferisse	Loro trasferissero

Congiuntivo Trapassato

Io avessi trasferito	Noi avessimo trasferito
Tu avessi trasferito	Voi aveste trasferito
Lui/Lei avesse trasferito	Loro avessero trasferito

IMPERATIVO

(Tu) trasferisci! (Lei) trasferisca! (Noi) trasferiamo! (Voi) trasferite! (Loro) trasferiscano!

Ho trasferito le informazioni personali da un computer all'altro.
I transferred my personal information from one computer to the other.

Trasferirono la sede da Padova a Milano.
They transferred headquarters from Padova to Milan.

Se avessero trasferito il potere avrebbero fatto meglio.
If they had transferred power, they would have done better.

Inf. traslocare   *Part. pres.* traslocante   *Part. pass.* traslocato   *Ger.* traslocando

INDICATIVO

Presente

Io trasloco	Noi traslochiamo
Tu traslochi	Voi traslocate
Lui/Lei trasloca	Loro traslocano

Imperfetto

Io traslocavo	Noi traslocavamo
Tu traslocavi	Voi traslocavate
Lui/Lei traslocava	Loro traslocavano

Passato Prossimo

Io ho traslocato	Noi abbiamo traslocato
Tu hai traslocato	Voi avete traslocato
Lui/Lei ha traslocato	Loro hanno traslocato

Trapassato Prossimo

Io avevo traslocato	Noi avevamo traslocato
Tu avevi traslocato	Voi avevate traslocato
Lui/Lei aveva traslocato	Loro avevano traslocato

Futuro

Io traslocherò	Noi traslocheremo
Tu traslocherai	Voi traslocherete
Lui/Lei traslocherà	Loro traslocheranno

Passato Remoto

Io traslocai	Noi traslocammo
Tu traslocasti	Voi traslocaste
Lui/Lei traslocò	Loro traslocarono

Futuro Anteriore

Io avrò traslocato	Noi avremo traslocato
Tu avrai traslocato	Voi avrete traslocato
Lui/Lei avrà traslocato	Loro avranno traslocato

Trapassato Remoto

Io ebbi traslocato	Noi avemmo traslocato
Tu avesti traslocato	Voi aveste traslocato
Lui/Lei ebbe traslocato	Loro ebbero traslocato

CONDIZIONALE

Condizionale Presente

Io traslocherei	Noi traslocheremmo
Tu traslocheresti	Voi traslochereste
Lui/Lei traslocherebbe	Loro traslocherebbero

Condizionale Passato

Io avrei traslocato	Noi avremmo traslocato
Tu avresti traslocato	Voi avreste traslocato
Lui/Lei avrebbe traslocato	Loro avrebbero traslocato

CONGIUNTIVO

Congiuntivo Presente

Io traslochi	Noi traslochiamo
Tu traslochi	Voi traslochiate
Lui/Lei traslochi	Loro traslochino

Congiuntivo Passato

Io abbia traslocato	Noi abbiamo traslocato
Tu abbia traslocato	Voi abbiate traslocato
Lui/Lei abbia traslocato	Loro abbiano traslocato

Congiuntivo Imperfetto

Io traslocassi	Noi traslocassimo
Tu traslocassi	Voi traslocaste
Lui/Lei traslocasse	Loro traslocassero

Congiuntivo Trapassato

Io avessi traslocato	Noi avessimo traslocato
Tu avessi traslocato	Voi aveste traslocato
Lui/Lei avesse traslocato	Loro avessero traslocato

IMPERATIVO

(Tu) trasloca!   (Lei) traslochi!   (Noi) traslochiamo!   (Voi) traslocate!   (Loro) traslochino!

Traslocarono a Roma quando avevo 35 anni.
They moved to Rome when I was 35 years old.

Se avessero traslocato, forse avrebbero fatto carriera.
If they had transferred, they might have had a career.

Mi rincresce che i nostri vicini abbiano traslocato in un'altra casa.
I'm sorry that our neighbors have moved to another house.

TRASMETTERE *to transmit, to broadcast, to convey*

Inf. trasmettere *Part. pres.* trasmettente *Part. pass.* trasmesso *Ger.* trasmettendo

INDICATIVO

Presente

Io trasmetto	Noi trasmettiamo
Tu trasmetti	Voi trasmettete
Lui/Lei trasmette	Loro trasmettono

Imperfetto

Io trasmettevo	Noi tramettevamo
Tu trasmettevi	Voi trasmettevate
Lui/Lei trasmetteva	Loro trasmettevano

Passato Prossimo

Io ho trasmesso	Noi abbiamo trasmesso
Tu hai trasmesso	Voi avete trasmesso
Lui/Lei ha trasmesso	Loro hanno trasmesso

Trapassato Prossimo

Io avevo trasmesso	Noi avevamo trasmesso
Tu avevi trasmesso	Voi avevate trasmesso
Lui/Lei aveva trasmesso	Loro avevano trasmesso

Futuro

Io trasmetterò	Noi trasmetteremo
Tu trasmetterai	Voi trasmetterete
Lui/Lei trasmetterà	Loro trasmetteranno

Passato Remoto

Io trasmisi	Noi trasmettemmo
Tu trasmettesti	Voi trametteste
Lui/Lei trasmise	Loro trasmisero

Futuro Anteriore

Io avrò trasmesso	Noi avremo trasmesso
Tu avrai trasmesso	Voi avrete trasmesso
Lui/Lei avrà trasmesso	Loro avranno trasmesso

Trapassato Remoto

Io ebbi trasmesso	Noi avemmo trasmesso
Tu avesti trasmesso	Voi aveste trasmesso
Lui/Lei ebbe trasmesso	Loro ebbero trasmesso

CONDIZIONALE

Condizionale Presente

Io trasmetterei	Noi trasmetteremmo
Tu trasmetteresti	Voi trasmettereste
Lui/Lei trasmetterebbe	Loro trasmetterebbero

Condizionale Passato

Io avrei trasmesso	Noi avremmo trasmesso
Tu avresti trasmesso	Voi avreste trasmesso
Lui/Lei avrebbe trasmesso	Loro avrebbero trasmesso

CONGIUNTIVO

Congiuntivo Presente

Io trasmetta	Noi trasmettiamo
Tu trasmetta	Voi trasmettiate
Lui/Lei trasmetta	Loro trasmettano

Congiuntivo Passato

Io abbia trasmesso	Noi abbiamo trasmesso
Tu abbia trasmesso	Voi abbiate trasmesso
Lui/Lei abbia trasmesso	Loro abbiano trasmesso

Congiuntivo Imperfetto

Io trasmettessi	Noi trasmettessimo
Tu trasmettessi	Voi trasmetteste
Lui/Lei trasmettesse	Loro trasmettessero

Congiuntivo Trapassato

Io avessi trasmesso	Noi avessimo trasmesso
Tu avessi trasmesso	Voi aveste trasmesso
Lui/Lei avesse trasmesso	Loro avessero trasmesso

IMPERATIVO

(Tu) trasmetti!   (Lei) trasmetta!   (Noi) trasmettiamo!   (Voi) trasmettete!   (Loro) trasmettano!

Trasmetteranno un programma di viaggio domani.
They will broadcast a travel program tomorrow.

Durante la guerra trasmisero i messaggi con un piccione viaggiatore.
During the war they transmitted messages by a carrier pigeon.

Credo che lui abbia trasmesso il messaggio a Luisa.
I believe that he has conveyed the message to Luisa.

TRATTARE *to treat, to discuss, to deal with*

Inf. trattare *Part. pres.* trattante *Part. pass.* trattato *Ger.* trattando

INDICATIVO

Presente

Io tratto	Noi trattiamo
Tu tratti	Voi trattate
Lui/Lei tratta	Loro trattano

Imperfetto

Io trattavo	Noi trattavamo
Tu trattavi	Voi trattavate
Lui/Lei trattava	Loro trattavano

Passato Prossimo

Io ho trattato	Noi abbiamo trattato
Tu hai trattato	Voi avete trattato
Lui/Lei ha trattato	Loro hanno trattato

Trapassato Prossimo

Io avevo trattato	Noi avevamo trattato
Tu avevi trattato	Voi avevate trattato
Lui/Lei aveva trattato	Loro avevano trattato

Futuro

Io tratterò	Noi tratteremo
Tu tratterai	Voi tratterete
Lui/Lei tratterà	Loro tratteranno

Passato Remoto

Io trattai	Noi trattammo
Tu trattasti	Voi trattaste
Lui/Leu trattò	Loro trattarono

Futuro Anteriore

Io avrò trattato	Noi avremo trattato
Tu avrai trattato	Voi avrete trattato
Lui/Lei avrà trattato	Loro avranno trattato

Trapassato Remoto

Io ebbi trattato	Noi avemmo trattato
Tu avesti trattato	Voi aveste trattato
Lui/Lei ebbe trattato	Loro ebbero trattato

CONDIZIONALE

Condizionale Presente

Io tratterei	Noi tratteremmo
Tu tratteresti	Voi trattereste
Lui/Lei tratterebbe	Loro tratterebbero

Condizionale Passato

Io avrei trattato	Noi avremmo trattato
Tu avresti trattato	Voi avreste trattato
Lui/Lei avrebbe trattato	Loro avrebbero trattato

CONGIUNTIVO

Congiuntivo Presente

Io tratti	Noi trattiamo
Tu tratti	Voi trattiate
Lui/Lei tratti	Loro trattino

Congiuntivo Passato

Io abbia trattato	Noi abbiamo trattato
Tu abbia trattato	Voi abbiate trattato
Lui/Lei abbia trattato	Loro abbiano trattato

Congiuntivo Imperfetto

Io trattassi	Noi trattassimo
Tu trattassi	Voi trattaste
Lui/Lei trattasse	Loro trattassero

Congiuntivo Trapassato

Io avessi trattato	Noi avessimo trattato
Tu avessi trattato	Voi aveste trattato
Lui/Lei avesse trattato	Loro avessero trattato

IMPERATIVO

(Tu) tratta! (Lei) tratti! (Noi) trattiamo! (Voi) trattate! (Loro) trattino!

Stasera in biblioteca trattano un libro di psicologia.
This evening in the library they will discuss a psychology book.

Mi ha sempre trattato da amica.
She has always treated me as a friend.

Io trattavo sempre bene la mia famiglia.
I always treated my family well.

Inf. trovare *Part. pres.* trovante *Part. pass.* trovato *Ger.* trovando

INDICATIVO

Presente		Imperfetto	
Io trovo	Noi troviamo	Io trovavo	Noi trovavamo
Tu trovi	Voi trovate	Tu trovavi	Voi trovavate
Lui/Lei trova	Loro trovano	Lui/Lei trovava	Loro trovavano

Passato Prossimo		Trapassato Prossimo	
Io ho trovato	Noi abbiamo trovato	Io avevo trovato	Noi avevamo trovato
Tu hai trovato	Voi avete trovato	Tu avevi trovato	Voi avevate trovato
Lui/Lei ha trovato	Loro hanno trovato	Lui/Lei aveva trovato	Loro avevano trovato

Futuro		Passato Remoto	
Io troverò	Noi troveremo	Io trovai	Noi trovammo
Tu troverai	Voi troverete	Tu trovasti	Voi trovaste
Lui/Lei troverà	Loro troveranno	Lui/Lei trovò	Loro trovarono

Futuro Anteriore		Trapassato Remoto	
Io avrò trovato	Noi avremo trovato	Io ebbi trovato	Noi avemmo trovato
Tu avrai trovato	Voi avrete trovato	Tu avesti trovato	Voi aveste trovato
Lui/Lei avrà trovato	Loro avranno trovato	Lui/Lei ebbe trovato	Loro ebbero trovato

CONDIZIONALE

Condizionale Presente		Condizionale Passato	
Io troverei	Noi troveremmo	Io avrei trovato	Noi avremmo trovato
Tu troveresti	Voi trovereste	Tu avresti trovato	Voi avreste trovato
Lui/Lei troverebbe	Loro troverebbero	Lui/Lei avrebbe trovato	Loro avrebbero trovato

CONGIUNTIVO

Congiuntivo Presente		Congiuntivo Passato	
Io trovi	Noi troviamo	Io abbia trovato	Noi abbiamo trovato
Tu trovi	Voi troviate	Tu abbia trovato	Voi abbiate trovato
Lui/Lei trovi	Noi trovino	Lui/Lei abbia trovato	Loro abbiano trovato

Congiuntivo Imperfetto		Congiuntivo Trapassato	
Io trovassi	Noi trovassimo	Io avessi trovato	Noi avessimo trovato
Tu trovassi	Voi trovaste	Tu avessi trovato	Voi aveste trovato
Lui/Lei trovasse	Loro trovassero	Lui/Lei avesse trovato	Loro avessero trovato

IMPERATIVO

(Tu) trova!   (Lei) trovi!   (Noi) troviamo!   (Voi) trovate!   (Loro) trovino!

Era disperata di trovare un ragazzo.
She was desperate to find a boyfriend.

L'ha trovato in ottima forma.
She found him in great shape.

Vorrei andare a trovare la mamma.
I would like to go see my mother.

TRUCCARSI   *to put on makeup*

Inf. truccarsi *Part. pres.* truccantesi *Part. pass.* truccato *Ger.* truccandosi

INDICATIVO

Presente

Io mi trucco	Noi ci trucchiamo
Tu ti trucchi	Voi vi truccate
Lui/Lei si trucca	Loro si truccano

Imperfetto

Io mi truccavo	Noi ci truccavamo
Tu ti truccavi	Voi vi truccavate
Lui/Lei si truccava	Loro si truccavano

Passato Prossimo

Io mi sono truccato/a	Noi ci siamo truccati/e
Tu ti sei truccato/a	Voi vi siete truccati/e
Lui/Lei si è truccato/a	Loro si sono truccati/e

Trapassato Prossimo

Io mi ero truccato/a	Noi ci eravamo truccati/e
Tu ti eri truccato/a	Voi vi eravate truccati/e
Lui/Lei si era truccato/a	Loro si erano truccati/e

Futuro

Io mi truccherò	Noi ci truccheremo
Tu ti truccherai	Voi vi truccherete
Lui/Lei si truccherà	Loro si truccheranno

Passato Remoto

Io mi truccai	Noi ci truccammo
Tu ti truccasti	Voi vi truccaste
Lui/Lei si truccò	Loro si truccarono

Futuro Anteriore

Io mi sarò truccato/a	Noi ci saremo truccati/e
Tu ti sarai truccato/a	Voi vi sarete truccati/e
Lui/Lei si sarà truccato/a	Loro si saranno truccati/e

Trapassato Remoto

Io mi fui truccato/a	Noi ci fummo truccati/e
Tu ti fosti truccato/a	Voi vi foste truccati/e
Lui/Lei si fu truccato/a	Loro si furono truccati/e

CONDIZIONALE

Condizionale Presente

Io mi truccherei	Noi ci truccheremmo
Tu ti truccheresti	Voi vi trucchereste
Lui/Lei si truccherebbe	Loro si truccherebbero

Condizionale Passato

Io mi sarei truccato/a	Noi ci saremmo truccati/e
Tu ti saresti truccato/a	Voi vi sareste truccati/e
Lui/Lei si sarebbe truccato/a	Loro si sarebbero truccati/e

CONGIUNTIVO

Congiuntivo Presente

Io mi trucchi	Noi ci trucchiamo
Tu ti trucchi	Voi vi trucchiate
Lui/Lei si trucchi	Loro si trucchino

Congiuntivo Passato

Io mi sia truccato/a	Noi ci siamo truccati/e
Tu ti sia truccato/a	Voi vi siate truccati/e
Lui/Lei si sia truccato/a	Loro si siano truccati/e

Congiuntivo Imperfetto

Io mi truccassi	Noi ci truccassimo
Tu ti truccassi	Voi vi truccaste
Lui/Lei si truccasse	Loro si truccassero

Congiuntivo Trapassato

Io mi fossi truccato/a	Noi ci fossimo truccati/e
Tu ti fossi truccato/a	Voi vi foste truccati/e
Lui/Lei si fosse truccato/a	Loro si fossero truccati/e

IMPERATIVO

(Tu) truccati!   (Lei) si trucchi!   (Noi) trucchiamoci!   (Voi) truccatevi!   (Loro) si trucchino!

Gli attori si sono truccati prima di andare in scena.
The actors put makeup on before going on stage.

Alcune ragazze si truccano con diversi colori ogni sera.
Some girls put on different colored makeup every evening.

Non mi piace truccarmi. Preferisco essere al naturale.
I don't like to wear makeup. I prefer the natural look.

Inf. ubbidire *Part. pres.* ubbidente *Part. pass.* ubbidito *Ger.* ubbidendo

INDICATIVO

Presente

Io ubbidisco	Noi ubbidiamo
Tu ubbidisci	Voi ubbidite
Lui/Lei ubbidisce	Loro ubbidiscono

Imperfetto

Io ubbidivo	Noi ubbidivamo
Tu ubbidivi	Voi ubbidivate
Lui/Lei ubbidiva	Loro ubbidivano

Passato Prossimo

Io ho ubbidito	Noi abbiamo ubbidito
Tu hai ubbidito	Voi avete ubbidito
Lui/Lei ha ubbidito	Loro hanno ubbidito

Trapassato Prossimo

Io avevo ubbidito	Noi avevamo ubbidito
Tu avevi ubbidito	Voi avevate ubbidito
Lui/Lei aveva ubbidito	Loro avevano ubbidito

Futuro

Io ubbidirò	Noi ubbidiremo
Tu ubbidirai	Voi ubbidirete
Lui/Lei ubbidirà	Loro ubbidiranno

Passato Remoto

Io ubbidii	Noi ubbidimmo
Tu ubbidisti	Voi ubbidiste
Lui/Lei ubbidì	Loro ubbidirono

Futuro Anteriore

Io avrò ubbidito	Noi avremo ubbidito
Tu avrai ubbidito	Voi avrete ubbidito
Lui/Lei avrà ubbidito	Loro avranno ubbidito

Trapassato Remoto

Io ebbi ubbidito	Noi avemmo ubbidito
Tu avesti ubbidito	Voi aveste ubbidito
Lui/Lei ebbe ubbidito	Loro ebbero ubbidito

CONDIZIONALE

Condizionale Presente

Io ubbidirei	Noi ubbidiremmo
Tu ubbidiresti	Voi ubbidireste
Lui/Lei ubbidirebbe	Loro ubbidirebbero

Condizionale Passato

Io avrei ubbidito	Noi avremmo ubbidito
Tu avresti ubbidito	Voi avreste ubbidito
Lui/Lei avrebbe ubbidito	Loro avrebbero ubbidito

CONGIUNTIVO

Congiuntivo Presente

Io ubbidisca	Noi ubbidiamo
Tu ubbidisca	Voi ubbidite
Lui/Lei ubbidisca	Loro ubbidiscano

Congiuntivo Passato

Io abbia ubbidito	Noi abbiamo ubbidito
Tu abbia ubbidito	Voi abbiate ubbidito
Lui/Lei abbia ubbidito	Loro abbiano ubbidito

Congiuntivo Imperfetto

Io ubbidissi	Noi ubbidissimo
Tu ubbidissi	Voi ubbidiste
Lui/Lei ubbidisse	Loro ubbidissero

Congiuntivo Trapassato

Io avessi ubbidito	Noi avessimo ubbidito
Tu avessi ubbidito	Voi aveste ubbidito
Lui/Lei avesse ubbidito	Loro avessero ubbidito

IMPERATIVO

(Tu) ubbidisci! (Lei) ubbidisca! (Noi) ubbidiamo! (Voi) ubbidite! (Loro) ubbidiscano!

Da bambino non ubbidivo mai ai miei genitori.
As a child I never obeyed my parents.

Se avessi ubbidito alle istruzioni, non ti sarebbe rimasto così tanto da fare.
If you had obeyed the instructions, you wouldn't have found yourself with so much left to do.

Bambini, ubbidite subito!
Children, obey immediately!

UBRIACARSI   *to get drunk*

Inf. ubriacarsi   *Part. pres.* ubriacantesi   *Part. pass.* ubriacato   *Ger.* ubriacandosi

INDICATIVO

Presente

Io mi ubriaco	Noi ci ubriachiamo
Tu ti ubriachi	Voi vi ubriacate
Lui/Lei si ubriaca	Loro si ubriacano

Imperfetto

Io mi ubriacavo	Noi ci ubriacavamo
Tu ti ubriacavi	Voi vi ubriacavate
Lui/Lei si ubriacava	Loro si ubriacavano

Passato Prossimo

Io mi sono ubriacato/a	Noi ci siamo ubriacati/e
Tu ti sei ubriacato/a	Voi vi siete ubriacati/e
Lui/Lei si è ubriacato/a	Loro si sono ubriacati/e

Trapassato Prossimo

Io mi ero ubriacato/a	Noi ci eravamo ubriacati/e
Tu ti eri ubriacato/a	Voi vi eravate ubriacati/e
Lui/Lei si era ubriacato/a	Loro si erano ubriacati/e

Futuro

Io mi ubriacherò	Noi ci ubriacheremo
Tu ti ubriacherai	Voi vi ubriacherete
Lui/Lei si ubriacherà	Loro si ubriacheranno

Passato Remoto

Io mi ubriacai	Noi ci ubriacammo
Tu ti ubriacasti	Voi vi ubriacaste
Lui/Lei si ubriacò	Loro si ubriacarono

Futuro Anteriore

Io mi sarò ubriacato/a	Noi ci saremo ubriacati/e
Tu ti sarai ubriacato/a	Voi vi sarete ubriacati/e
Lui/Lei si sarà ubriacato/a	Loro si saranno ubriacati/e

Trapassato Remoto

Io mi fui ubriacato/a	Noi ci fummo ubriacati/e
Tu ti fosti ubriacato/a	Voi vi foste ubriacati/e
Lui/Lei si fu ubriacato/a	Loro si furono ubriacati/e

CONDIZIONALE

Condizionale Presente

Io mi ubriacherei	Noi ci ubriacheremmo
Tu ti ubriacheresti	Voi vi ubriachereste
Lui/Lei si ubriacherebbe	Loro si ubriacherebbero

Condizionale Passato

Io mi sarei ubriacato/a	Noi ci saremmo ubriacati/e
Tu ti saresti ubriacato/a	Voi vi sareste ubriacati/e
Lui/Lei si sarebbe ubriacato/a	Loro si sarebbero ubriacati/e

CONGIUNTIVO

Congiuntivo Presente

Io mi ubriachi	Noi ci ubriachiamo
Tu ti ubriachi	Voi vi ubriachiate
Lui/Lei si ubriachi	Loro si ubriachino

Congiuntivo Passato

Io mi sia ubriacato/a	Noi ci siamo ubriacati/e
Tu ti sia ubriacato/a	Voi vi siate ubriacati/e
Lui/Lei si sia ubriacato/a	Loro si siano ubriacati/e

Congiuntivo Imperfetto

Io mi ubriacassi	Noi ci ubriacassimo
Tu ti ubriacassi	Voi vi ubriacaste
Lui/Lei si ubriacasse	Loro si ubriacassero

Congiuntivo Trapassato

Io mi fossi ubriacato/a	Noi ci fossimo ubriacati/e
Tu ti fossi ubriacato/a	Voi vi foste ubriacati/e
Lui/Lei si fosse ubriacato/a	Loro si fossero ubriacati/e

IMPERATIVO

(Tu) ubriacati!   (Lei) si ubriachi!   (Noi) ubriachiamoci!   (Voi) ubriacatevi!   (Loro) si ubriachino!

Si ubriaca sempre. Non fa altro che bere.
He always gets drunk. He does nothing but drink.

Ieri sera ci siamo ubriacati e stamattina ci sentiamo male.
Last night we got drunk and this morning we feel badly.

Penso che si siano un po'ubriacati al night.
I think they got a little drunk at the club.

469

Inf. uccidere *Part. pres.* uccidente *Part. pass.* ucciso *Ger.* uccidendo

INDICATIVO

Presente

Io uccido	Noi uccidiamo
Tu uccidi	Voi uccidete
Lui/Lei uccide	Loro uccidono

Imperfetto

Io uccidevo	Noi uccidevamo
Tu uccidevi	Voi uccidevate
Lui/Lei uccideva	Loro uccidevano

Passato Prossimo

Io ho ucciso	Noi abbiamo ucciso
Tu hai ucciso	Voi avete ucciso
Lui/Lei ha ucciso	Loro hanno ucciso

Trapassato Prossimo

Io avevo ucciso	Noi avevamo ucciso
Tu avevi ucciso	Voi avevate ucciso
Lui/Lei aveva ucciso	Loro avevano ucciso

Futuro

Io ucciderò	Noi uccideremo
Tu ucciderai	Voi ucciderete
Lui/Lei ucciderà	Loro uccideranno

Passato Remoto

Io uccisi	Noi uccidemmo
Tu uccidesti	Voi uccideste
Lui/Lei uccise	Loro uccisero

Futuro Anteriore

Io avrò ucciso	Noi avremo ucciso
Tu avrai ucciso	Voi avrete ucciso
Lui/Lei avrà ucciso	Loro avranno ucciso

Trapassato Remoto

Io ebbi ucciso	Noi avemmo ucciso
Tu avesti ucciso	Voi aveste ucciso
Lui/Lei ebbe ucciso	Loro ebbero ucciso

CONDIZIONALE

Condizionale Presente

Io ucciderei	Noi uccideremmo
Tu uccideresti	Voi uccidereste
Lui/Lei ucciderebbe	Loro ucciderebbero

Condizionale Passato

Io avrei ucciso	Noi avremmo ucciso
Tu avresti ucciso	Voi avreste ucciso
Lui/Lei avrebbe ucciso	Loro avrebbero ucciso

CONGIUNTIVO

Congiuntivo Presente

Io uccida	Noi uccidiamo
Tu uccida	Voi uccidiate
Lui/Lei uccida	Loro uccidano

Congiuntivo Passato

Io abbia ucciso	Noi abbiamo ucciso
Tu abbia ucciso	Voi abbiate ucciso
Lui/Lei abbia ucciso	Loro abbiano ucciso

Congiuntivo Imperfetto

Io uccidessi	Noi uccidessimo
Tu uccidessi	Voi uccideste
Lui/Lei uccidesse	Loro uccidessero

Congiuntivo Trapassato

Io avessi ucciso	Noi avessimo ucciso
Tu avessi ucciso	Voi aveste ucciso
Lui/Lei avesse ucciso	Loro avessero ucciso

IMPERATIVO

(Tu) uccidi! (Lei) uccida! (Noi) uccidiamo! (Voi) uccidete! (Loro) uccidano!

Purtroppo, durante le guerre tutti si uccidono a vicenda.
Unfortunately, during wars everyone kills each other.

Mi ha così irritato che l'avrei ucciso.
He irritated me so much that I could have killed him.

Questo tempo mi ucciderà. Fa troppo freddo.
This weather will kill me. It is too cold.

UDIRE *to hear*

Inf. udire *Part. pres.* udente *Part. pass.* udito *Ger.* udendo

INDICATIVO

Presente

Io odo	Noi udiamo
Tu odi	Voi udite
Lui/Lei ode	Loro odono

Imperfetto

Io udivo	Noi udivamo
Tu udivi	Voi udivate
Lui/Lei udiva	Loro udivano

Passato Prossimo

Io ho udito	Noi abbiamo udito
Tu hai udito	Voi avete udito
Lui/Lei ha udito	Loro hanno udito

Trapassato Prossimo

Io avevo udito	Noi avevamo udito
Tu avevi udito	Voi avevate udito
Lui/Lei aveva udito	Loro avevano udito

Futuro

Io udirò	Noi udiremo
Tu udirai	Voi udirete
Lui/Lei udirà	Loro udiranno

Passato Remoto

Io udii	Noi udimmo
Tu udisti	Voi udiste
Lui/Lei udì	Loro udirono

Futuro Anteriore

Io avrò udito	Noi avremo udito
Tu avrai udito	Voi avrete udito
Lui/Lei avrà udito	Loro avranno udito

Trapassato Remoto

Io ebbi udito	Noi avemmo udito
Tu avesti udito	Voi aveste udito
Lui/Lei ebbe udito	Loro ebbero udito

CONDIZIONALE

Condizionale Presente

Io udirei	Noi udiremmo
Tu udiresti	Voi udireste
Lui/Lei udirebbe	Loro udirebbero

Condizionale Passato

Io avrei udito	Noi avremmo udito
Tu avresti udito	Voi avreste udito
Lui/Lei avrebbe udito	Lor avrebbero udito

CONGIUNTIVO

Congiuntivo Presente

Io oda	Noi udiamo
Tu oda	Voi udiate
Lui/Lei oda	Loro odano

Congiuntivo Passato

Io abbia udito	Noi abbiamo udito
Tu abbia udito	Voi abbiate udito
Lui/Lei abbia udito	Loro abbiano udito

Congiuntivo Imperfetto

Io udissi	Noi udissimo
Tu udissi	Voi udiste
Lui/Lei udisse	Loro udissero

Congiuntivo Trapassato

Io avessi udito	Noi avessimo udito
Tu avessi udito	Voi aveste udito
Lui/Lei avesse udito	Loro avessero udito

IMPERATIVO

(Tu) odi! (Lei) oda! (Noi) udiamo! (Voi) udite! (Loro) odano!

Non ha udito la mamma e allora non è tornato a casa.
He didn't hear his mother, so he didn't return home.

Se avessi udito l'esplosione mi sarei messo al sicuro.
If I had heard the explosion, I would have holed up some place safe.

Udii per puro caso che si erano lasciati.
I heard by pure chance that they had broken up.

UMILIARE *to humiliate, to humble*

Inf. umiliare *Part. pres.* umiliante *Part. pass.* umiliato *Ger.* umiliando

INDICATIVO

Presente

Io umilio	Noi umiliamo
Tu umili	Voi umiliate
Lui/Lei umilia	Loro umiliano

Imperfetto

Io umiliavo	Noi umiliavamo
Tu umiliavi	Voi umiliavate
Lui/Lei umiliava	Loro umiliavano

Passato Prossimo

Io ho umiliato	Noi abbiamo umiliato
Tu hai umiliato	Voi avete umiliato
Lui/Lei ha umiliato	Loro hanno umiliato

Trapassato Prossimo

Io avevo umiliato	Noi avevamo umiliato
Tu avevi umiliato	Voi avevate umiliato
Lui/Lei aveva umiliato	Loro avevano umiliato

Futuro

Io umilierò	Noi umilieremo
Tu umilierai	Voi umilierete
Lui/Lei umilierà	Noi umilieranno

Passato Remoto

Io umiliai	Noi umiliammo
Tu umiliasti	Voi umiliaste
Lui/Lei umiliò	Loro umiliarono

Futuro Anteriore

Io avrò umiliato	Noi avremo umiliato
Tu avrai umiliato	Voi avrete umiliato
Lui/Lei avrà umiliato	Loro avranno umiliato

Trapassato Remoto

Io ebbi umiliato	Noi avremmo umiliato
Tu avesti umiliato	Voi aveste umiliato
Lui/Lei ebbe umiliato	Loro ebbero umiliato

CONDIZIONALE

Condizionale Presente

Io umilierei	Noi umilieremmo
Tu umilieresti	Voi umiliereste
Lui/Lei umilierebbe	Loro umilierebbero

Condizionale Passato

Io avrei umiliato	Noi avremmo umiliato
Tu avresti umiliato	Voi avreste umiliato
Lui/Lei avrebbe umiliato	Loro avrebbero umiliato

CONGIUNTIVO

Congiuntivo Presente

Io umili	Noi umiliamo
Tu umili	Voi umiliate
Lui/Lei umili	Loro umilino

Condizionale Passato

Io abbia umiliato	Noi abbiamo umiliato
Tu abbia umiliato	Voi abbiate umiliato
Lui/Lei abbia umiliato	Loro abbiano umiliato

Congiuntivo Imperfetto

Io umiliassi	Noi umiliassimo
Tu umiliassi	Voi umiliaste
Lui/Lei umiliasse	Loro umiliassero

Congiuntivo Trapassato

Io avessi umiliato	Noi avessimo umiliato
Tu avessi umiliato	Voi aveste umiliato
Lui/Lei avesse umiliato	Loro avessero umiliato

IMPERATIVO

(Tu) umilia! (Lei) umili! (Noi) umiliamo! (Voi) umiliate! (Loro) umilino!

Il suo ragazzo l'ha umiliata in modo crudele.
Her boyfriend humiliated her in a cruel way.

Mi sentivo molto umiliato dopo che il professore mi aveva rimproverato.
I felt very humiliated after my professor had berated me.

Furono licenziati perché avevano umiliato gli impiegati.
They were fired because they had humiliated the employees.

UNGERE   *to grease, to oil, to smear*

Inf. ungere   *Part. pres.* ungente   *Part. pass.* unto   *Ger.* ungendo

INDICATIVO

Presente

Io ungo	Noi ungiamo
Tu ungi	Voi ungete
Lui/Lei unge	Loro ungono

Imperfetto

Io ungevo	Noi ungevamo
Tu ungevi	Voi ungevate
Lui/Lei ungeva	Loro ungevano

Passato Prossimo

Io ho unto	Noi abbiamo unto
Tu hai unto	Voi avete unto
Lui/lei ha unto	Loro hanno unto

Trapassato Prossimo

Io avevo unto	Noi avevamo unto
Tu avevi unto	Voi avevate unto
Lui/Lei aveva unto	Loro avevano unto

Futuro

Io ungerò	Noi ungeremo
Tu ungerai	Voi ungerete
Lui/Lei ungerà	Loro ungeranno

Passato Remoto

Io unsi	Noi ungemmo
Tu ungesti	Voi ungeste
Lui/Lei unse	Loro unsero

Futuro Anteriore

Io avrò unto	Noi avremo unto
Tu avrai unto	Voi avrete unto
Lui/Lei avrà unto	Loro avranno unto

Trapassato Remoto

Io ebbi unto	Noi avemmo unto
Tu avesti unto	Voi aveste unto
Lui/Lei ebbe unto	Loro ebbero unto

CONDIZIONALE

Condizionale Presente

Io ungerei	Noi ungeremmo
Tu ungeresti	Voi ungereste
Lui/Lei ungerebbe	Loro ungerebbero

Condizionale Passato

Io avrei unto	Noi avremmo unto
Tu avresti unto	Voi avreste unto
Lui/Lei avrebbe unto	Loro avrebbero unto

CONGIUNTIVO

Congiuntivo Presente

Io unga	Noi ungiamo
Tu unga	Voi ungiate
Lui/Lei unga	Loro ungano

Congiuntivo Passato

Io abbia unto	Noi abbiamo unto
Tu abbia unto	Voi abbiate unto
Lui/Lei abbia unto	Loro abbiano unto

Congiuntivo Imperfetto

Io ungessi	Noi ungessimo
Tu ungessi	Voi ungeste
Lui/Lei ungesse	Loro ungessero

Congiuntivo Trapassato

Io avessi unto	Noi avessimo unto
Tu avessi unto	Voi aveste unto
Lui/Lei avesse unto	Loro avessero unto

IMPERATIVO

(Tu) ungi!   (Lei) unga!   (Noi) ungiamo!   (Voi) ungete!   (Loro) ungano!

Unsero il pollo con l'olio e il rosmarino.
They greased the chicken with oil and rosemary.

Il prete ha unto i novizi per la Pasqua.
The priest anointed the novices for Easter.

Se non ungiamo i cardini la porta continuerà a scricchiolare.
If we don't oil the hinges, the door will continue to squeak.

473

Inf. unificare   *Part. pres.* unificante   *Part. pass.* unificato   *Ger.* unificando

INDICATIVO

Presente

Io unifico	Noi unifichiamo
Tu unifichi	Voi unificate
Lui/Lei unifica	Voi unificano

Imperfetto

Io unificavo	Noi unificavamo
Tu unificavi	Voi unificavate
Lui/Lei unificava	Loro unificavano

Passato Prossimo

Io ho unificato	Noi abbiamo unificato
Tu hai unificato	Voi avete unificato
Lui/Lei ha unificato	Loro hanno unificato

Trapassato Prossimo

Io avevo unificato	Noi avevamo unificato
Tu avevi unificato	Voi avevate unificato
Lui/Lei aveva unificato	Loro avevano unificato

Futuro

Io unificherò	Noi unificheremo
Tu unificherai	Voi unificherete
Lui/Lei unificherà	Loro unificheranno

Passato Remoto

Io unificai	Noi unificammo
Tu unificasti	Voi unificaste
Lui/Lei unificò	Loro unificarono

Futuro Anteriore

Io avrò unificato	Noi avremo unificato
Tu avrai unificato	Voi avrete unificato
Lui/Lei avrà unificato	Loro avranno unificato

Trapassato Remoto

Io ebbi unificato	Noi avemmo unificato
Tu avesti unificato	Voi aveste unificato
Lui/Lei ebbe unificato	Loro ebbero unificato

CONDIZIONALE

Condizionale Presente

Io unificherei	Noi unificheremmo
Tu unificheresti	Voi unifichereste
Lui/Lei unificherebbe	Loro unificherebbero

Condizionale Passato

Io avrei unificato	Noi avremmo unificato
Tu avresti unificato	Voi avreste unificato
Lui/Lei avrebbe unificato	Loro avrebbero unificato

CONGIUNTIVO

Congiuntivo Presente

Io unifichi	Noi unifichiamo
Tu unifichi	Voi unifichiate
Lui/Lei unifichi	Loro unifichino

Congiuntivo Passato

Io abbia unificato	Noi abbiamo unificato
Tu abbia unificato	Voi abbiate unificato
Lui/Lei abbia unificato	Loro abbiano unificato

Congiuntivo Imperfetto

Io unificassi	Noi unificassimo
Tu unificassi	Voi unificaste
Lui/Lei unificasse	Loro unificassero

Congiuntivo Trapassato

Io avessi unificato	Noi avessimo unificato
Tu avessi unificato	Voi aveste unificato
Lui/Lei avesse unificato	Loro avessero unificato

IMPERATIVO

(Tu) unifica!   (Lei) unifichi!   (noi) unifichiamo!   (Voi) unificate!   (Loro) unifichino!

Gli Italiani unificarono il Paese nel 1870.
The Italians unified their country in 1870.

Ha unificato due settori della compagnia.
He integrated two divisions of the company.

È possibile che abbiano unificato le economie d'Europa?
Is it possible that they unified the economies of Europe?

Inf. unire   *Part. pres.* unente   *Part. pass.* unito   *Ger.* unendo

INDICATIVO

Presente

Io unisco	Noi uniamo
Tu unisci	Voi unite
Lui/Lei unisce	Loro uniscono

Imperfetto

Io univo	Noi univamo
Tu univi	Voi univate
Lui/Lei univa	Loro univano

Passato Prossimo

Io ho unito	Noi abbiamo unito
Tu hai unito	Voi avete unito
Lui/Lei ha unito	Loro hanno unito

Trapassato Prossimo

Io avevo unito	Noi avevamo unito
Tu avevi unito	Voi avevate unito
Lui/Lei aveva unito	Loro avevano unito

Futuro

Io unirò	Noi uniremo
Tu unirai	Voi unirete
Lui/Lei unirà	Loro uniranno

Passato Remoto

Io unii	Noi unimmo
Tu unisti	Voi uniste
Lui/Lei unì	Loro unirono

Futuro Anteriore

Io avrò unito	Noi avremo unito
Tu avrai unito	Voi avrete unito
Lui avrà unito	Loro avranno unito

Trapassato Remoto

Io ebbi unito	Noi avemmo unito
Tu avesti unito	Voi aveste unito
Lui/Lei ebbe unito	Loro ebbero unito

CONDIZIONALE

Condizionale Presente

Io unirei	Noi uniremmo
Tu uniresti	Voi unireste
Lui/Lei unirebbe	Loro unirebbero

Condizionale Passato

Io avrei unito	Noi avremmo unito
Tu avresti unito	Voi avreste unito
Lui/Lei avrebbe unito	Loro avrebbero unito

CONGIUNTIVO

Congiuntivo Presente

Io unisca	Noi uniamo
Tu unisca	Voi uniate
Lui/Lei unisca	Loro uniscano

Congiuntivo Passato

Io abbia unito	Noi abbiamo unito
Tu abbia unito	Voi abbiate unito
Lui/Lei abbia unito	Loro abbiano unito

Congiuntivo Imperfetto

Io unissi	Noi unissimo
Tu unissi	Voi uniste
Lui/Lei unisse	Loro unissero

Congiuntivo Trapassato

Io avessi unito	Noi avessimo unito
Tu avessi unito	Voi aveste unito
Lui/Lei avesse unito	Loro avessero unito

IMPERATIVO

(Tu) unisci!   (Lei) unisca!   (Noi) uniamo!   (Voi) unite!   (Loro) uniscano!

Il prete unì Renza e Angelo in matrimonio nel 1840.
The monk united Renza and Angelo in marriage in 1840.

Per il pane hanno unito la farina al lievito e all'acqua.
For the bread they added water to the yeast and flour.

Se unissero le forze sarebbero più forti.
If they joined forces, they would be stronger.

Inf. urlare *Part. pres.* urlante *Part. pass.* urlato *Ger.* urlando

INDICATIVO

Presente

Io urlo	Noi urliamo
Tu urli	Voi urlate
Lui/Lei urla	Loro urlano

Imperfetto

Io urlavo	Noi urlavamo
Tu urlavi	Voi urlavate
Lui/Lei urlava	Loro urlavano

Passato Prossimo

Io ho urlato	Noi abbiamo urlato
Tu hai urlato	Voi avete urlato
Lui/Lei ha urlato	Loro hanno urlato

Trapassato Prossimo

Io avevo urlato	Noi avevamo urlato
Tu avevi urlato	Voi avevate urlato
Lui/Lei aveva urlato	Loro avevano urlato

Futuro

Io urlerò	Noi urleremo
Tu urlerai	Voi urlerete
Lui/Lei urlerà	Loro urleranno

Passato Remoto

Io urlai	Noi urlammo
Tu urlasti	Voi urlaste
Lui/Lei urlò	Loro urlarono

Futuro Anteriore

Io avrò urlato	Noi avremo urlato
Tu avrai urlato	Voi avrete urlato
Lui/Lei avrà urlato	Loro avranno urlato

Trapassato Remoto

Io ebbi urlato	Noi avemmo urlato
Tu avesti urlato	Voi aveste urlato
Lui/Lei ebbe urlato	Loro ebbero urlato

CONDIZIONALE

Condizionale Presente

Io urlerei	Noi urleremmo
Tu urleresti	Voi urlereste
Lui/Lei urlerebbe	Loro urlerebbero

Condizionale Passato

Io avrei urlato	Noi avremmo urlato
Tu avresti urlato	Voi avreste urlato
Lui/Lei avrebbe urlato	Loro avrebbero urlato

CONGIUNTIVO

Congiuntivo Presente

Io urli	Noi urliamo
Tu urli	Voi urliate
Lui/Lei urli	Loro urlino

Congiuntivo Passato

Io abbia urlato	Noi abbiamo urlato
Tu abbia urlato	Voi abbiate urlato
Lui/Lei abbia urlato	Loro abbiano urlato

Congiuntivo Imperfetto

Io urlassi	Noi urlassimo
Tu urlassi	Voi urlaste
Lui/Lei urlasse	Loro urlassero

Congiuntivo Trapassato

Io avessi urlato	Noi avessimo urlato
Tu avessi urlato	Voi aveste urlato
Lui/Lei avesse urlato	Loro avessero urlato

IMPERATIVO

(Tu) urla!   (Lei) urli!   (Noi) urliamo!   (Voi) urlate!   (Loro) urlino!

Quando l'ha aggredita, ha cominciato a urlare.
When he assaulted her, she began to scream.

Da bambini, i miei fratelli urlavano sempre.
My brothers yelled a lot when they were small.

Urlerò a squarciagola se mi spaventi.
I will yell at the top of my lungs if you scare me.

USARE   *to use*

Inf. usare   *Part. pres.* usante   *Part. pass.* usato   *Ger.* usando

INDICATIVO

Presente

Io uso	Noi usiamo
Tu usi	Voi usate
Lui/Lei usa	Loro usano

Imperfetto

Io usavo	Noi usavamo
Tu usavi	Voi usavate
Lui/Lei usava	Loro usavano

Passato Prossimo

Io ho usato	Noi abbiamo usato
Tu hai usato	Voi avete usato
Lui/Lei ha usato	Loro hanno usato

Trapassato Prossimo

Io avevo usato	Noi avevamo usato
Tu avevi usato	Voi avevate usato
Lui/Lei aveva usato	Loro avevano usato

Futuro

Io userò	Noi useremo
Tu userai	Voi userete
Lui/Lei userà	Loro useranno

Passato Remoto

Io usai	Noi usammo
Tu usasti	Voi usaste
Lui/Lei usò	Loro usarono

Futuro Anteriore

Io avrò usato	Noi avremo usato
Tu avrai usato	Voi avrete usato
Lui/Lei avrà usato	Loro avranno usato

Trapassato Remoto

Io ebbi usato	Noi avemmo usato
Tu avesti usato	Voi aveste usato
Lui/Lei ebbe usato	Loro ebbero usato

CONDIZIONALE

Condizionale Presente

Io userei	Noi useremmo
Tu useresti	Voi usereste
Lui/Lei userebbe	Loro userebbero

Condizionale Passato

Io avrei usato	Noi avremmo usato
Tu avresti usato	Voi avreste usato
Lui/Lei avrebbe usato	Loro avrebbero usato

CONGIUNTIVO

Congiuntivo Presente

Io usi	Noi usiamo
Tu usi	Voi usiate
Lui/Lei usi	Loro usino

Congiuntivo Passato

Io abbia usato	Noi abbiamo usato
Tu abbia usato	Voi abbiate usato
Lui/Lei abbia usato	Loro abbiano usato

Congiuntivo Imperfetto

Io usassi	Noi usassimo
Tu usassi	Voi usaste
Lui/Lei usasse	Loro usassero

Congiuntivo Trapassato

Io avessi usato	Noi avessimo usato
Tu avessi usato	Voi aveste usato
Lui/Lei avesse usato	Loro avessero usato

IMPERATIVO

(Tu) usa!   (Lei) usi!   (Noi) usiamo!   (Voi) usate!   (Loro) usino!

Uso l'Internet ogni giorno per lavoro.
I use the Internet everyday for work.

Useranno la cortesia per convincere i candidati a parlare.
They will use courtesy to convince the candidates to speak.

Se usassi la testa potresti trovare una soluzione.
If you used your head, you would be able to find a solution.

Inf. uscire   *Part. pres.* uscente   *Part. pass.* uscito   *Ger.* uscendo

INDICATIVO

Presente

Io esco	Noi usciamo
Tu esci	Voi uscite
Lui/Lei esce	Loro escono

Imperfetto

Io uscivo	Noi uscivamo
Tu uscivi	Voi uscivate
Lui/Lei usciva	Loro uscivano

Passato Prossimo

Io sono uscito/a	Noi siamo usciti/e
Tu sei uscito/a	Voi siete usciti/e
Lui/Lei è uscito/a	Loro sono usciti/e

Trapassato Prossimo

Io ero uscito/a	Noi eravamo usciti/e
Tu eri uscito/a	Voi eravate usciti/e
Lui/Lei era uscito/a	Loro avevano usciti/e

Futuro

Io uscirò	Noi usciremo
Tu uscirai	Voi uscirete
Lui/Lei uscirà	Loro usciranno

Passato Remoto

Io uscii	Noi uscimmo
Tu uscisti	Voi usciste
Lui/Lei uscì	Loro uscirono

Futuro Anteriore

Io sarò uscito/a	Noi saremo usciti/e
Tu sarai uscito/a	Voi sarete usciti/e
Lui/Lei sarà uscito/a	Loro saranno usciti/e

Trapassato Remoto

Io fui uscito/a	Noi fummo usciti/e
Tu fosti uscito/a	Voi foste usciti/e
Lui/Lei fu uscito/a	Loro furono usciti/e

CONDIZIONALE

Condizionale Presente

Io uscirei	Noi usciremmo
Tu usciresti	Voi uscireste
Lui/Lei uscirebbe	Loro uscirebbero

Condizionale Passato

Io sarei uscito/a	Noi saremmo usciti/e
Tu saresti uscito/a	Voi sareste usciti/e
Lui/Lei sarebbe uscito/a	Loro sarebbero usciti/e

CONGIUNTIVO

Congiuntivo Presente

Io esca	Noi usciamo
Tu esca	Voi usciate
Lui/Lei esca	Loro escano

Congiuntivo Passato

Io sia uscito/a	Noi siamo usciti/e
Tu sia uscito/a	Voi siate usciti/e
Lui/Lei sia uscito/a	Loro siano usciti/e

Congiuntivo Imperfetto

Io uscissi	Noi uscissimo
Tu uscissi	Voi usciste
Lui/Lei uscisse	Loro uscissero

Congiuntivo Trapassato

Io fossi uscito/a	Noi fossimo usciti/e
Tu fossi uscito/a	Voi foste usciti/e
Lui/Lei fosse uscito/a	Loro fossero usciti/e

IMPERATIVO

(Tu) esci!   (Lei) esca!   (Noi) usciamo!   (Voi) uscite!   (Loro) escano!

Mi hanno detto che saremmo usciti verso le 17,00.
They told me that we would go out around 5:00 PM.

Sono uscita di corsa per incontrare una mia amica.
I left quickly to meet one of my friends.

Escono da ormai quattro anni.
They have been dating now for four years.

USUFRUIRE *to take advantage of, to enjoy*

Inf. usufruire *Part. pres.* usufruente *Part. pass.* usufruito *Ger.* usufruendo

INDICATIVO

Presente

Io usufruisco	Noi usufruiamo
Tu usufruisci	Voi usufruite
Lui/Lei usufruisce	Loro usufruiscono

Imperfetto

Io usufruivo	Noi usufruivamo
Tu usufruivi	Voi usufruivate
Lui/Lei usufruiva	Loro usufruivano

Passato Prossimo

Io ho usufruito	Noi abbiamo usufruito
Tu hai usufruito	Voi avete usufruito
Lui/Lei ha usufruito	Loro hanno usufruito

Trapassato Prossimo

Io avevo usufruito	Noi avevamo usufruito
Tu avevi usufruito	Voi avevate usufruito
Lui/Lei aveva usufruito	Loro avevano usufruito

Futuro

Io usufruirò	Noi usufruiremo
Tu usufruirai	Voi usufruirete
Lui/Lei usufruirà	Loro usufruiranno

Passato Remoto

Io usufruii	Noi usufruimmo
Tu usufruisti	Voi usufruiste
Lui/Lei usufruì	Loro usufruirono

Futuro Anteriore

Io avrò usufruito	Noi avremo usufruito
Tu avrai usufruito	Voi avrete usufruito
Lui/Lei avrà usufruito	Loro avranno usufruito

Trapassato Remoto

Io ebbi usufruito	Noi avemmo usufruito
Tu avesti usufruito	Voi aveste usufruito
Lui/Lei ebbe usufruito	Loro ebbero usufruito

CONDIZIONALE

Condizionale Presente

Io usufruirei	Noi usufruiremmo
Tu usufruiresti	Voi usufruireste
Lui usufruirebbe	Loro usufruirebbero

Condizionale Passato

Io avrei usufruito	Noi avremmo usufruito
Tu avresti usufruito	Voi avreste usufruito
Lui/Lei avrebbe usufruito	Loro avrebbero usufruito

CONGIUNTIVO

Congiuntivo Presente

Io usufruisca	Noi usufruiamo
Tu usufruisca	Voi usufruiate
Lui/Lei usufruisca	Loro usufruiscano

Congiuntivo Passato

Io abbia usufruito	Noi abbiamo usufruito
Tu abbia usufruito	Voi abbiate usufruito
Lui/Lei abbia usufruito	Loro abbiano usufruito

Congiuntivo Imperfetto

Io usufruissi	Noi usufruissimo
Tu usufruissi	Voi usufruiste
Lui/Lei usufruisse	Loro usufruissero

Congiuntivo Trapassato

Io avessi usufruito	Noi avessimo usufruito
Tu avessi usufruito	Voi aveste usufruito
Lui/Lei avesse usufruito	Loro avessero usufruito

IMPERATIVO

(Tu) usufruisci! (Lei) usufruisca! (Noi) usufruiamo! (Voi) usufruite! (Loro) usufruiscano!

Ho usufruito dei privilegi di quel circolo.
I enjoyed the privileges of that club.

È necessario usufruire delle vacanze prima della fine del mese.
It is necessary to take advantage of the vacation before the end of the month.

Vorrebbero che usufruisse del nuovo computer.
They would like him to take advantage of the new computer.

UTILIZZARE *to utilize, to make use of*

Inf. utilizzare *Part. pres.* utilizzante *Part. pass.* utilizzato *Ger.* utilizzando

INDICATIVO

Presente

Io utilizzo	Noi utilizziamo
Tu utilizzi	Voi utilizzate
Lui/Lei utilizza	Loro utilizzano

Imperfetto

Io utilizzavo	Noi utilizzavamo
Tu utilizzavi	Voi utilizzavate
Lui/Lei utilizzava	Loro utilizzavano

Passato Prossimo

Io ho utilizzato	Noi abbiamo utilizzato
Tu hai utilizzato	Voi avete utilizzato
Lui/Lei ha utilizzato	Loro hanno utilizzato

Trapassato Prossimo

Io avevo utilizzato	Noi avevamo utilizzato
Tu avevi utilizzato	Voi avevate utilizzato
Lui/Lei aveva utilizzato	Loro avevano utilizzato

Futuro

Io utilizzerò	Noi utilizzeremo
Tu utilizzerai	Voi utilizzerete
Lui/Lei utilizzerà	Loro utilizzeranno

Passato Remoto

Io utilizzai	Noi utilizzammo
Tu utilizzasti	Voi utilizzaste
Lui/Lei utilizzò	Loro utilizzarono

Futuro Anteriore

Io avrò utilizzato	Noi avremo utilizzato
Tu avrai utilizzato	Voi avrete utilizzato
Lui/Lei avrà utilizzato	Loro avranno utilizzato

Trapassato Remoto

Io ebbi utilizzato	Noi avemmo utilizzato
Tu avesti utilizzato	Voi aveste utilizzato
Lui/Lei ebbe utilizzato	Loro ebbero utilizzato

CONDIZIONALE

Condizionale Presente

Io utilizzerei	Noi utilizzeremmo
Tu utilizzeresti	Voi utilizzereste
Lui/Lei utilizzerebbe	Loro utilizzerebbero

Condizionale Passato

Io avrei utilizzato	Noi avremmo utilizzato
Tu avresti utilizzato	Voi avreste utilizzato
Lui/Lei avrebbe utilizzato	Loro avrebbero utilizzato

CONGIUNTIVO

Congiuntivo Presente

Io utilizzi	Noi utilizziamo
Tu utilizzi	Voi utilizziate
Lui/Lei utilizzi	Loro utilizzino

Congiuntivo Passato

Io abbia utilizzato	Noi abbiamo utilizzato
Tu abbia utilizzato	Voi abbiate utilizzato
Lui/Lei abbia utilizzato	Loro abbiano utilizzato

Congiuntivo Imperfetto

Io utilizzassi	Noi utilizzassimo
Tu utilizzassi	Voi utilizzaste
Lui/Lei utilizzasse	Loro utilizzassero

Congiuntivo Trapassato

Io avessi utilizzato	Noi avessimo utilizzato
Tu avessi utilizzato	Voi aveste utilizzato
Lui/Lei avesse utilizzato	Loro avessero utilizzato

IMPERATIVO

(Tu) utilizza! (Lei) utilizzi! (Noi) utilizziamo! (Voi) utilizzate! (Loro) utilizzino!

Avete utilizzato la macchina per fare le spese?
Did you use the car to go shopping?

Sarebbe conveniente utilizzare la stampante per questo lavoro.
It would be convenient to make use of the printer for this job.

Utilizzarono la macchina da scrivere nel 1950.
They used the typewriter in 1950.

VACILLARE   *to stagger, to totter*

Inf. vacillare   *Part. pres.* vacillante   *Part. pass.* vacillato   *Ger.* vacillando

INDICATIVO

Presente

Io vacillo	Noi vacilliamo
Tu vacilli	Voi vacillate
Lui/Lei vacilla	Noi vacillano

Imperfetto

Io vacillavo	Noi vacillavamo
Tu vacillavi	Voi vacillavate
Lui/Lei vacillava	Loro vacillavano

Passato Prossimo

Io ho vacillato	Noi abbiamo vacillato
Tu hai vacillato	Voi avete vacillato
Lui/Lei ha vacillato	Loro hanno vacillato

Trapassato Prossimo

Io avevo vacillato	Noi avevamo vacillato
Tu avevi vacillato	Voi avevate vacillato
Lui/Lei aveva vacillato	Loro avevano vacillato

Futuro

Io vacillerò	Noi vacilleremo
Tu vacillerai	Voi vacillerete
Lui/Lei vacillerà	Loro vacilleranno

Passato Remoto

Io vacillai	Noi vacillammo
Tu vacillasti	Voi vacillaste
Lui/Lei vacillò	Loro vacillarono

Futuro Anteriore

Io avrò vacillato	Noi avremo vacillato
Tu avrai vacillato	Voi avreste vacillato
Lui/Lei avrà vacillato	Loro avranno vacillato

Trapassato Remoto

Io ebbi vacillato	Noi avemmo vacillato
Tu avesti vacillato	Voi aveste vacillato
Lui/Lei ebbe vacillato	Loro ebbero vacillato

CONDIZIONALE

Condizionale Presente

Io vacillerei	Noi vacilleremmo
Tu vacilleresti	Voi vacillereste
Lui/Lei vacillerebbe	Loro vacillerebbero

Condizionale Passato

Io avrei vacillato	Noi avremmo vacillato
Tu avresti vacillato	Voi avreste vacillato
Lui/Lei avrebbe vacillato	Loro avrebbero vacillato

CONGIUNTIVO

Congiuntivo Presente

Io vacilli	Noi vacilliamo
Tu vacilli	Voi vacilliate
Lui/Lei vacilli	Loro vacillino

Congiuntivo Passato

Io abbia vacillato	Noi abbiamo vacillato
Tu abbia vacillato	Voi abbiate vacillato
Lui/Lei abbia vacillato	Loro abbiano vacillato

Congiuntivo Imperfetto

Io vacillassi	Noi vacillassimo
Tu vacillassi	Voi vacillaste
Lui/Lei vacillasse	Loro vacillassero

Congiuntivo Trapassato

Io avessi vacillato	Noi avessimo vacillato
Tu avessi vacillato	Voi aveste vacillato
Lui/Lei avesse vacillato	Loro avessero vacillato

IMPERATIVO

(Tu) vacilla!   (Lei) vacilli!   (Noi) vacilliamo!   (Voi) vacillate!   (Loro) vacillino!

Avendo bevuto troppo, vacilla molto.
Having had too much to drink, he is tottering a lot.

Quei bicchieri vacillano. Sarebbe il caso di sistemarli meglio.
Those glasses are wobbling. It would be better to arrange them well.

Non credo che stia bene. Vacillava tutto il giorno ieri.
I don't think he is well. He was staggering all day yesterday.

Inf. vagabondare *Part. pres.* vagabondante *Part. pass.* vagabondato *Ger.* vagabondando

INDICATIVO

Presente

Io vagabondo	Noi vagabondiamo
Tu vagabondi	Voi vagabondate
Lui/Lei vagabonda	Loro vagabondano

Imperfetto

Io vagabondavo	Noi vagabondavamo
Tu vagabondavi	Voi vagabondavate
Lui/Lei vagabondava	Loro vagabondavano

Passato Prossimo

Io ho vagabondato	Noi abbiamo vagabondato
Tu hai vagabondato	Voi avete vagabondato
Lui/Lei ha vagabondato	Loro hanno vagabondato

Trapassato Prossimo

Io avevo vagabondato	Noi avevamo vagabondato
Tu avevi vagabondato	Voi avevate vagabondato
Lui/Lei aveva vagabondato	Loro avevano vagabondato

Futuro

Io vagabonderò	Noi vagabonderemo
Tu vagabonderai	Voi vagabonderete
Lui/Lei vagabonderà	Loro vagabonderanno

Passato Remoto

Io vagabondai	Noi vagabondammo
Tu vagabondasti	Voi vagabondaste
Lui/Lei vagabondò	Loro vagabondarono

Futuro Anteriore

Io avrò vagabondato	Noi avremo vagabondato
Tu avrai vagabondato	Voi avrete vagabondato
Lui/Lei avrà vagabondato	Loro avranno vagabondato

Trapassato Remoto

Io ebbi vagabondato	Noi avemmo vagabondato
Tu avesti vagabondato	Voi aveste vagabondato
Lui/Lei ebbe vagabondato	Loro ebbero vagabondato

CONDIZIONALE

Condizionale Presente

Io vagabonderei	Noi vagabonderemmo
Tu vagabonderesti	Voi vagabondereste
Lui/Lei vagabonderebbe	Loro vagabonderebbero

Condizionale Passato

Io avrei vagabondato	Noi avremmo vagabondato
Tu avresti vagabondato	Voi avreste vagabondato
Lui/Lei avrebbe vagabondato	Loro avrebbero vagabondato

CONGIUNTIVO

Congiuntivo Presente

Io vagabondi	Noi vagabondiamo
Tu vagabondi	Voi vagabondiate
Lui/Lei vagabondi	Loro vagabondino

Congiuntivo Passato

Io abbia vagabondato	Noi abbiamo vagabondato
Tu abbia vagabondato	Voi abbiate vagabondato
Lui/Lei abbia vagabondato	Loro abbiano vagabondato

Congiuntivo Imperfetto

Io vagabondassi	Noi vagabondassimo
Tu vagabondassi	Voi vagabondaste
Lui/Lei vagabondasse	Loro vagabondassero

Congiuntivo Trapassato

Io avessi vagabondato	Noi avessimo vagabondato
Tu avessi vagabondato	Voi aveste vagabondato
Lui/Lei avesse vagabondato	Loro avessero vagabondato

IMPERATIVO

(Tu) vagabonda! (Lei) vagabondi! (Noi) vagabondiamo! (Voi) vagabondate! (Loro) vagabondino!

Avrei sempre voluto vagabondare per il mondo.
I would have always liked to roam the world.

Lei aveva vagabondato dappertutto prima di lavorare.
She had wandered everywhere before working.

Il suo più grande desiderio era di vagabondare per l'Asia.
His greatest desire was to wander around Asia.

Inf. valere   *Part. pres.* valente   *Part. pass.* valso   *Ger.* valendo

INDICATIVO

Presente

Io valgo	Noi valiamo
Tu vali	Voi valete
Lui/Lei valga	Loro valgono

Imperfetto

Io valevo	Noi valevamo
Tu valevi	Voi valevate
Lui/Lei valeva	Loro valevano

Passato Prossimo

Io sono valso/a	Noi siamo valsi/e
Tu sei valso/a	Voi siete valsi/e
Lui/Lei è valso/a	Loro sono valsi/e

Trapassato Prossimo

Io ero valso/a	Noi eravamo valsi/e
Tu eri valso/a	Voi eravate valsi/e
Lui/Lei era valso/a	Loro erano valsi/e

Futuro

Io varrò	Noi varremo
Tu varrai	Voi varrete
Lui/Lei varrà	Loro varranno

Passato Remoto

Io valsi	Noi valemmo
Tu valesti	Vuoi valeste
Lui/Lei valse	Loro valsero

Futuro Anteriore

Io sarò valso/a	Noi saremo valsi/e
Tu sarai valso/a	Voi sarete valsi/e
Lui/Lei sarà valso/a	Loro saranno valsi/e

Trapassato Remoto

Io fui valso/a	Noi fummo valsi/e
Tu fosti valso/a	Voi foste valsi/e
Lui/Lei fu valso/a	Loro furono valsi/e

CONDIZIONALE

Condizionale Presente

Io varrei	Noi varremmo
Tu varresti	Voi varreste
Lui/Lei varrebbe	Loro varrebbero

Condizionale Passato

Io sarei valso/a	Noi saremmo valsi/e
Tu saresti valso/a	Voi sareste valsi/e
Lui/Lei sarebbe valso/a	Loro sarebbero valsi/e

CONGIUNTIVO

Congiuntivo Presente

Io valga	Noi valiamo
Tu valga	Voi valiate
Lui/Lei valga	Noi valgano

Congiuntivo Passato

Io sia valso/a	Noi siamo valsi/e
Tu sia valso/a	Voi siate valsi/e
Lui/Lei sia valso/a	Loro siano valsi/e

Congiuntivo Imperfetto

Io valessi	Noi valessimo
Tu valessi	Voi valeste
Lui/Lei valesse	Loro valessero

Congiuntivo Trapassato

Io fossi valso/a	Noi fossimo valsi/e
Tu fossi valso/a	Voi foste valsi/e
Lui/Lei fosse valso/a	Loro fossero valsi/e

IMPERATIVO

(Tu) vali!   (Lei) valga!   (Noi) valiamo!   (Voi) valete!   (Loro) valgano!

Non credo che valga nemmeno 10 euro.
I don't think that it is even worth 10 euros.

Non vale la pena andare al concerto.
It is not worth going to the concert.

Come ingegnere non valeva niente.
He wasn't worth anything as an engineer.

Inf. vantarsi   *Part. pres.* vantantesi   *Part. pass.* vantato   *Ger.* vantandosi

INDICATIVO

Presente

Io mi vanto	Noi ci vantiamo
Tu ti vanti	Voi vi vantate
Lui/Lei si vanta	Loro si vantano

Imperfetto

Io mi vantavo	Noi ci vantavamo
Tu ti vantavi	Voi vi vantavate
Lui/Lei si vantava	Loro si vantavano

Passato Prossimo

Io mi sono vantato/a	Noi ci siamo vantati/e
Tu ti sei vantato/a	Voi vi siete vantati/e
Lui/Lei si è vantato/a	Loro si sono vantati/e

Trapassato Prossimo

Io mi ero vantato/a	Noi ci eravamo vantati/e
Tu ti eri vantato/a	Voi vi eravate vantati/e
Lui/Lei si era vantato/a	Loro si erano vantati/e

Futuro

Io mi vanterò	Noi ci venteremo
Tu ti vanterai	Voi vi vanterete
Lui/Lei si vanterà	Loro si vanteranno

Passato Remoto

Io mi vantai	Noi ci vantammo
Tu ti vantasti	Voi vi vantaste
Lui/Lei si vantò	Loro si vantarono

Futuro Anteriore

Io mi sarò vantato/a	Noi ci saremo vantati/e
Tu ti sarai vantato/a	Voi vi sarete vantati/e
Lui/Lei si sarà vantato/a	Loro si saranno vantati/e

Trapassato Remoto

Io mi fui vantato/a	Noi ci fummo vantati/e
Tu ti fosti vantato/a	Voi vi foste vantati/e
Lui/Lei si fu vantato/a	Loro si furono vantati/e

CONDIZIONALE

Condizionale Presente

Io mi vanterei	Noi ci vanteremmo
Tu ti vanteresti	Voi vi vantereste
Lui/Lei si vanterebbe	Loro si vanterebbero

Condizionale Passato

Io mi sarei vantato/a	Noi ci saremmo vantati/e
Tu ti saresti vantato/a	Voi vi sareste vantati/e
Lui/Lei si sarebbe vantato/a	Loro si sarebbero vantati/e

CONGIUNTIVO

Congiuntivo Presente

Io mi vanti	Noi ci vantiamo
Tu ti vanti	Voi vi vantiate
Lui/Lei si vanti	Loro si vantino

Congiuntivo Passato

Io mi sia vantato/a	Noi ci siamo vantati/e
Tu ti sia vantato/a	Voi vi siate vantati/e
Lui/Lei si sia vantato/a	Loro si siano vantati/e

Congiuntivo Imperfetto

Io mi vantassi	Noi ci vantassimo
Tu ti vantassi	Voi vi vantaste
Lui/Lei si vantasse	Loro si vantassero

Congiuntivo Trapassato

Io mi fossi vantato/a	Noi ci fossimo vantati/e
Tu ti fossi vantato/a	Voi vi foste vantati/e
Lui/Lei si fosse vantato/a	Loro si fossero vantati/e

IMPERATIVO

(Tu) vantati!   (Lei) si vanti!   (Noi) vantiamoci!   (Voi) vantatevi!   (Loro) si vantino!

Mi sarei vantata se avessi fatto quello che hai fatto tu.
I would have boasted, if I had done what you had.

È il tipo che si vanta con tutti.
He is the type to boast to everyone.

Vantarsi non è considerato educato.
Bragging is not considered polite.

Inf. venire   *Part. pres.* **venente**   *Part. pass.* venuto   *Ger.* venendo

INDICATIVO

Presente

Io vengo	Noi veniamo
Tu vieni	Voi venite
Lui/Lei viene	Loro vengono

Imperfetto

Io venivo	Noi venivamo
Tu venivi	Voi venivate
Lui/Lei veniva	Loro venivano

Passato Prossimo

Io sono venuto/a	Noi siamo venuti/e
Tu sei venuto/a	Voi siete venuti/e
Lui/Lei è venuto/a	Loro sono venuti/e

Trapassato Prossimo

Io ero venuto/a	Noi eravamo venuti/e
Tu eri venuto/a	Voi eravate venuti/e
Lui/Lei era venuto/a	Loro erano venuti/e

Futuro

Io verrò	Noi verremo
Tu verrai	Voi verrete
Lui/Lei verrà	Loro verranno

Passato Remoto

Io venni	Noi venimmo
Tu venisti	Voi veniste
Lui/Lei venne	Loro vennero

Futuro Anteriore

Io sarò venuto/a	Noi saremo venuti/e
Tu sarai venuto/a	Voi sarete venuti/e
Lui/Lei sarà venuto/a	Loro saranno venuti/e

Trapassato Remoto

Io fui venuto/a	Noi fummo venuti/e
Tu fosti venuto/a	Voi foste venuti/e
Lui/Lei fu venuto/a	Loro furono venuti/e

CONDIZIONALE

Condizionale Presente

Io verrei	Noi verremmo
Tu verresti	Voi verrete
Lui/Lei verrebbe	Loro verrebbero

Condizionale Passato

Io sarei venuto/a	Noi saremmo venuti/e
Tu saresti venuto/a	Voi sareste venuti/e
Lui/Lei sarebbe venuto/a	Loro sarebbero venuti/e

CONGIUNTIVO

Congiuntivo Presente

Io venga	Noi veniamo
Ti venga	Voi veniate
Lui/Lei venga	Loro vengano

Congiuntivo Passato

Io sia venuto/a	Noi siamo venuti/e
Tu sia venuto/a	Voi siate venuti/e
Lui/Lei sia venuto/a	Loro siano venuti/e

Congiuntivo Imperfetto

Io venissi	Noi venissimo
Tu venissi	Voi veniste
Lui/Lei venisse	Loro venissero

Congiuntivo Trapassato

Io fossi venuto/a	Noi fossimo venuti/e
Tu fossi venuto/a	Voi foste venuti/e
Lui/Lei fosse venuto/a	Loro fossero venuti/e

IMPERATIVO

(Tu) vieni!   (Lei) **venga!**   (Noi) veniamo!   (Voi) venite!   (Loro) vengano!

Puoi **venire** a prendermi all'aeroporto?
Can you come and get me at the airport?

Se mi **fossi preparata** in tempo sarei venuta con voi.
If I had prepared myself in time, I would have come with you all.

Mi rincresce che tu sia stato bocciato agli esami.
I'm sorry that you failed the exams.

Inf. vergognarsi *Part. pres.* vergognantesi *Part. pass.* vergognato *Ger.* vergognandosi

INDICATIVO

Presente

Io mi vergogno	Noi ci vergogniamo
Tu ti vergogni	Voi vi vergognate
Lui/Lei si vergogna	Loro si vergognano

Imperfetto

Io mi vergognavo	Noi ci vergognavamo
Tu ti vergognavi	Voi vi vergognavate
Lui/Lei si vergognava	Loro si vergognavano

Passato Prossimo

Io mi sono vergognato/a	Noi ci siamo vergognati/e
Tu ti sei vergognato/a	Voi vi siete vergognati/e
Lui/Lei si è vergognato/a	Loro si sono vergognati/e

Trapassato Prossimo

Io mi ero vergognato/a	Noi ci eravamo vergognati/e
Tu ti eri vergognato/a	Voi vi eravate vergognati/e
Lui/Lei si era vergognato/a	Loro si erano vergognati/e

Futuro

Io mi vergognerò	Noi ci vergogneremo
Tu ti vergognerai	Voi vi vergognerete
Lui/Lei si vergognerà	Loro si vergogneranno

Passato Remoto

Io mi vergognai	Noi ci vergognammo
Tu ti vergognasti	Voi vi vergognaste
Lui/Lei si vergognò	Loro si vergognarono

Futuro Anteriore

Io mi sarò vergognato/a	Noi ci saremo vergognati/e
Tu ti sarai vergognato/a	Voi vi sarete vergognati/e
Lui/Lei si sarà vergognato/a	Loro si saranno vergognati/e

Trapassato Remoto

Io mi fui vergognato/a	Noi ci fummo vergognati/e
Tu ti fosti vergognato/a	Voi vi foste vergognati/e
Lui/Lei si fu vergognato/a	Loro si furono vergognati/e

CONDIZIONALE

Condizionale Presente

Io mi vergognerei	Noi ci vergogneremmo
Tu ti vergogneresti	Voi vi vergognereste
Lui/Lei si vergognerebbe	Loro si vergognerebbero

Condizionale Passato

Io mi sarei vergognato/a	Noi ci saremmo vergognati/e
Tu ti saresti vergognato/a	Voi vi sareste vergognati/e
Lui/Lei si sarebbe vergognato/a	Loro si sarebbero vergognati/e

CONGIUNTIVO

Congiuntivo Presente

Io mi vergogni	Noi ci vergogniamo
Tu ti vergogni	Voi vi vergogniate
Lui/Lei si vergogni	Loro si vergognino

Congiuntivo Passato

Io mi sia vergognato/a	Noi ci siamo vergognati/e
Tu ti sia vergognato/a	Voi vi siate vergognati/e
Lui/Lei si sia vergognato/a	Loro si siano vergognati/e

Congiuntivo Imperfetto

Io mi vergognassi	Noi ci vergognassimo
Tu ti vergognassi	Voi vi vergognaste
Lui/Lei si vergognasse	Loro si vergognassero

Congiuntivo Trapassato

Io mi fossi vergognato/a	Noi ci fossimo vergognati/e
Tu ti fossi vergognato/a	Voi vi foste vergognati/e
Lui/Lei si fosse vergognato/a	Loro si fossero vergognati/e

IMPERATIVO

(Tu) vergognati! (Lei) si vergogni! (Noi) vergogniamoci! (Voi) vergognatevi! (Loro) si vergognino!

Mi vergognavo di farmi vedere con loro.
I was ashamed to be seen with them.

Mi sarei vergognata se avessi fatto una cosa simile.
I would have been ashamed, if I had done such a thing.

Si sono vergognati del suo comportamento.
They were ashamed of his behavior.

Inf. versare   *Part. pres.* versante   *Part. pass.* versato   *Ger.* versando

INDICATIVO

Presente

Io verso	Noi versiamo
Tu versi	Voi versate
Lui/Lei versa	Loro versano

Imperfetto

Io versavo	Noi versavamo
Tu versavi	Voi versavate
Lui/Lei versava	Loro versavano

Passato Prossimo

Io ho versato	Noi abbiamo versato
Tu hai versato	Voi avete versato
Lui/Lei ha versato	Loro hanno versato

Trapassato Prossimo

Io avevo versato	Noi avevamo versato
Tu avevi versato	Voi avevate versato
Lui/Lei aveva versato	Loro avevano versato

Futuro

Io verserò	Noi verseremo
Tu verserai	Voi verserete
Lui/Lei verserà	Loro verseranno

Passato Remoto

Io versai	Noi versammo
Tu versasti	Voi versaste
Lui/Lei versò	Loro versarono

Futuro Anteriore

Io avrò versato	Noi avremo versato
Tu avrai versato	Voi avrete versato
Lui/Lei avrà versato	Loro avranno versato

Trapassato Remoto

Io ebbi versato	Noi avemmo versato
Tu avesti versato	Voi aveste versato
Lui/Lei ebbe versato	Loro ebbero versato

CONDIZIONALE

Condizionale Presente

Io verserei	Noi verseremmo
Tu verseresti	Voi versereste
Lui/Lei verserebbe	Loro verserebbero

Condizionale Passato

Io avrei versato	Noi avremmo versato
Tu avresti versato	Voi avreste versato
Lui/Lei avrebbe versato	Loro avrebbero versato

CONGIUNTIVO

Congiuntivo Presente

Io versi	Noi versiamo
Tu versi	Voi versiate
Lui/Lei versi	Loro versino

Congiuntivo Passato

Io abbia versato	Noi abbiamo versato
Tu abbia versato	Voi abbiate versato
Lui/Lei abbia versato	Loro abbiano versato

Congiuntivo Imperfetto

Io versassi	Noi versassimo
Tu versassi	Voi versaste
Lui/Lei versasse	Loro versassero

Congiuntivo Trapassato

Io avessi versato	Noi avessimo versato
Tu avessi versato	Voi aveste versato
Lui/Lei avesse versato	Loro avessero versato

IMPERATIVO

(Tu) versa!   (Lei) versi!   (Noi) versiamo!   (Voi) versate!   (Loro) versino!

Abbiamo versato 500 euro nel conto corrente.
We deposited 500 euros into our checking account.

Versarono del vino per gli ospiti.
They poured some wine for the guests.

Gli Italiani verseranno il sangue per la patria.
The Italians will shed blood for their country.

Inf. vestirsi   *Part. pres.* vestentesi   *Part. pass.* vestito   *Ger.* vestendosi

INDICATIVO

Presente

Io mi vesto	Noi ci vestiamo
Tu ti vesti	Voi vi vestite
Lui/Lei si veste	Loro si vestono

Imperfetto

Io mi vestivo	Noi ci vestivamo
Tu ti vestivi	Voi vi vestivate
Lui/Lei si vestiva	Loro si vestivano

Passato Prossimo

Io mi sono vestito/a	Noi ci siamo vestiti/e
Tu ti sei vestito/a	Voi vi siete vestiti/e
Lui/Lei si è vestito/a	Loro si sono vestiti/e

Trapassato Prossimo

Io mi ero vestito/a	Noi ci eravamo vestiti/e
Tu ti eri vestito/a	Voi vi eravate vestiti/e
Lui/Lei si era vestito/a	Loro si erano vestiti/e

Futuro

Io mi vestirò	Noi ci vestiremo
Tu ti vestirai	Voi vi vestirete
Lui/Lei si vestirà	Loro si vestiranno

Passato Remoto

Io mi vestii	Noi ci vestimmo
Tu tu vestisti	Voi vi vestiste
Lui/Lei si vestì	Loro si vestirono

Futuro Anteriore

Io mi sarò vestito/a	Noi ci saremo vestiti/e
Tu ti sarai vestito/a	Voi vi sarete vestiti/e
Lui/Lei si sarà vestito/a	Loro si saranno vestiti/e

Trapassato Remoto

Io mi fui vestito/a	Noi ci fummo vestiti/e
Tu ti fosti vestito/a	Voi vi foste vestiti/e
Lui/Lei si fu vestito/a	Loro si furono vestiti/e

CONDIZIONALE

Condizionale Presente

Io mi vestirei	Noi ci vestiremmo
Tu ti vestiresti	Voi vi vestireste
Lui/Lei si vestirebbe	Loro si vestirebbero

Condizionale Passato

Io mi sarei vestito/a	Noi ci saremmo vestiti/e
Tu tu saresti vestito/a	Voi vi sareste vestiti/e
Lui/Lei si sarebbe vestito/a	Loro si sarebbero vestiti/e

CONGIUNTIVO

Congiuntivo Presente

Io mi vesta	Noi ci vestiamo
Tu ti vesta	Voi vi vestiate
Lui/Lei si vesta	Loro si vestano

Congiuntivo Passato

Io mi sia vestito/a	Noi ci siamo vestiti/e
Tu ti sia vestito/a	Voi vi siate vestiti/e
Lui/Lei si sia vestito/a	Loro si siano vestiti/e

Congiuntivo Imperfetto

Io mi vestissi	Noi ci vestissimo
Tu ti vestissi	Voi vi vestiste
Lui/Lei si vestisse	Loro si vestissero

Congiuntivo Trapassato

Io mi fossi vestito/a	Noi ci fossimo vestiti/e
Tu ti fossi vestito/a	Voi vi foste vestiti/e
Lui/Lei si fosse vestito/a	Loro si fossero vestiti/e

IMPERATIVO

(Tu) vestiti!   (Lei) si vesta!   (Noi) vestiamoci!   (Voi) vestitevi!   (Loro) si vestano!

Mi sono vestita di fretta perché ero in ritardo.
I dressed quickly because I was late.

Voleva che lei si vestisse elegantemente per il ricevimento.
He wanted her to dress elegantly for the reception.

Ci sono tante persone che non sanno vestirsi alla moda.
There are a lot of people who don't know how to dress in fashion.

Inf. viaggiare   *Part. pres.* viaggiante   *Part. pass.* viaggiato   *Ger.* viaggiando

INDICATIVO

Presente

Io viaggio	Noi viaggiamo
Tu viaggi	Voi viaggiate
Lui/Lei viaggia	Loro viaggiano

Imperfetto

Io viaggiavo	Noi viaggiavamo
Tu viaggiavi	Voi viaggiavate
Lui/Lei viaggiava	Loro viaggiavano

Passato Prossimo

Io ho viaggiato	Noi abbiamo viaggiato
Tu hai viaggiato	Voi avete viaggiato
Lui/Lei ha viaggiato	Loro hanno viaggiato

Trapassato Prossimo

Io avevo viaggiato	Noi avevamo viaggiato
Tu avevi viaggiato	Voi avevate viaggiato
Lui/Lei aveva viaggiato	Loro avevano viaggiato

Futuro

Io viaggerò	Noi viaggeremo
Tu viaggerai	Voi viaggerete
Lui/Lei viaggerà	Loro viaggeranno

Passato Remoto

Io viaggiai	Noi viaggiammo
Tu viaggiasti	Voi viaggiaste
Lui/Lei viaggiò	Loro viaggiarono

Futuro Anteriore

Io avrò viaggiato	Noi avremo viaggiato
Tu avrai viaggiato	Voi avrete viaggiato
Lui/Lei avrà viaggiato	Loro avranno viaggiato

Trapassato Remoto

Io ebbi viaggiato	Noi avemmo viaggiato
Tu avesti viaggiato	Voi aveste viaggiato
Lui/Lei ebbe viaggiato	Loro ebbero viaggiato

CONDIZIONALE

Condizionale Presente

Io viaggerei	Noi viaggeremmo
Tu viaggeresti	Voi viaggereste
Lui/Lei viaggerebbe	Loro viaggerebbero

Condizionale Passato

Io avrei viaggiato	Noi avremmo viaggiato
Tu avresti viaggiato	Voi avreste viaggiato
Lui/Lei avrebbe viaggiato	Loro avrebbero viaggiato

CONGIUNTIVO

Congiuntivo Presente

Io viaggi	Noi viaggiamo
Tu viaggi	Voi viaggiate
Lui/Lei viaggi	Loro viaggino

Congiuntivo Passato

Io abbia viaggiato	Noi abbiamo viaggiato
Tu abbia viaggiato	Voi abbiate viaggiato
Lui/Lei abbia viaggiato	Loro abbiano viaggiato

Congiuntivo Imperfetto

Io viaggiassi	Noi viaggiassimo
Tu viaggiassi	Voi viaggiaste
Lui/Lei viaggiasse	Loro viaggiassero

Congiuntivo Trapassato

Io avessi viaggiato	Noi avessimo viaggiato
Tu avessi viaggiato	Voi aveste viaggiato
Lui/Lei avesse viaggiato	Loro avessero viaggiato

IMPERATIVO

(Tu) viaggia!   (Lei) viaggi!   (Noi) viaggiamo!   (Voi) viaggiate!   (Loro) viaggino!

Prima di lasciare questo mondo viaggerà in tanti paesi.
Before leaving this world he will travel to many countries.

Da giovane ho viaggiato e vissuto in tutta Europa.
In my youth, I traveled and lived all over Europe.

L'aereo viaggia con un ritardo di un'ora.
The plane is an hour behind schedule.

Inf. vietare *Part. pres.* vietante *Part. pass.* vietato *Ger.* vietando

INDICATIVO

Presente		**Imperfetto**	
Io vieto	Noi vietiamo	Io vietavo	Noi vietavamo
Tu vieti	Voi vietate	Tu vietavi	Voi vietavate
Lui/Lei vieta	Loro vietano	Lui/Lei vietava	Loro vietavano

Passato Prossimo		**Trapassato Prossimo**	
Io ho vietato	Noi abbiamo vietato	Io avevo vietato	Noi avevamo vietato
Tu hai vietato	Voi avete vietato	Tu avevi vietato	Voi avevate vietato
Lui/Lei ha vietato	Loro hanno vietato	Lui/Lei aveva vietato	Loro avevano vietato

Futuro		**Passato Remoto**	
Io vieterò	Noi vieteremo	Io vietai	Noi vietammo
Tu vieterai	Voi vieterete	Tu vietasti	Voi vietaste
Lui/Lei vieterà	Loro vieteranno	Lui/Lei vietò	Loro vietarono

Futuro Anteriore		**Trapassato Remoto**	
Io avrò vietato	Noi avremo vietato	Io ebbi vietato	Noi avemmo vietato
Tu avrai vietato	Voi avrete vietato	Tu avesti vietato	Voi aveste vietato
Lui/Lei avrà vietato	Loro avranno vietato	Lui/Lei ebbe vietato	Loro ebbero vietato

CONDIZIONALE

Condizionale Presente		**Condizionale Passato**	
Io vieterei	Noi vieteremmo	Io avrei vietato	Noi avremmo vietato
Tu vieteresti	Voi vietereste	Tu avresti vietato	Voi avreste vietato
Lui/Lei vieterebbe	Loro vieterebbero	Lui/Lei avrebbe vietato	Loro avrebbero vietato

CONGIUNTIVO

Congiuntivo Presente		**Congiuntivo Passato**	
Io vieti	Noi vietiamo	Io abbia vietato	Noi abbiamo vietato
Tu vieti	Voi vietiate	Tu abbia vietato	Voi abbiate vietato
Lui/Lei vieti	Loro vietino	Lui/Lei abbia vietato	Loro abbiano vietato

Congiuntivo Imperfetto		**Congiuntivo Trapassato**	
Io vietassi	Noi vietassimo	Io avessi vietato	Noi avessimo vietato
Tu vietassi	Voi vietaste	Tu avessi vietato	Voi aveste vietato
Lui/Lei vietasse	Loro vietassero	Lui/Lei avesse vietato	Loro avessero vietato

IMPERATIVO

(Tu) vieta! (Lei) vieti! (Noi) vietiamo! (Voi) vietate! (Loro) vietino!

Se non avesse vietato il trekking ai bambini si sarebbero fatti male.
If he had not forbidden the children from hiking, they would have hurt themselves.

Vietarono di usare le armi nucleari.
They prohibited the use of nuclear weapons.

Gli hanno vietato di entrare perché non era un adulto.
They prohibited him from entering because he was not an adult.

VINCERE   *to win, to defeat, to conquer*

Inf. vincere   *Part. pres.* vincente   *Part. pass.* vinto   *Ger.* vincendo

INDICATIVO

Presente

Io vinco	Noi vinciamo
Tu vinci	Voi vincete
Lui/Lei vince	Loro vincono

Imperfetto

Io vincevo	Noi vincevamo
Tu vincevi	Voi vincevate
Lui/Lei vinceva	Loro vincevano

Passato Prossimo

Io ho vinto	Noi abbiamo vinto
Tu hai vinto	Voi avete vinto
Lui/Lei ha vinto	Loro hanno vinto

Trapassato Prossimo

Io avevo vinto	Noi avevamo vinto
Tu avevi vinto	Voi avevate vinto
Lui/Lei aveva vinto	Loro avevano vinto

Futuro

Io vincerò	Noi vinceremo
Tu vincerai	Voi vincerete
Lui/Lei vincerà	Loro vinceranno

Passato Remoto

Io vinsi	Noi vincemmo
Tu vincesti	Voi vinceste
Lui/Lei vinse	Loro vinsero

Futuro Anteriore

Io avrò vinto	Noi avremo vinto
Tu avrai vinto	Voi avrete vinto
Lui/Lei avrà vinto	Loro avranno vinto

Trapassato Remoto

Io ebbi vinto	Noi avemmo vinto
Tu avesti vinto	Voi aveste vinto
Lui/Lei ebbe vinto	Loro ebbero vinto

CONDIZIONALE

Condizionale Passato

Io vincerei	Noi vinceremmo
Tu vinceresti	Voi vincereste
Lui/Lei vincerebbe	Loro vincerebbero

Condizionale Passato

Io avrei vinto	Noi avremmo vinto
Tu avresti vinto	Voi avreste vinto
Lui/Lei avrebbe vinto	Loro avrebbero vinto

CONGIUNTIVO

Congiuntivo Presente

Io vinca	Noi vinciamo
Tu vinca	Voi vinciate
Lui/Lei vinca	Loro vincano

Congiuntivo Passato

Io abbia vinto	Noi abbiamo vinto
Tu abbia vinto	Voi abbiate vinto
Lui/Lei abbia vinto	Loro abbiano vinto

Congiuntivo Imperfetto

Io vincessi	Noi vincessimo
Tu vincessi	Voi vinceste
Lui/Lei vincesse	Loro vincessero

Congiuntivo Trapassato

Io avessi vinto	Noi avessimo vinto
Tu avessi vinto	Lui/Lei aveste vinto
Lui/Lei avesse vinto	Loro avessero vinto

IMPERATIVO

(Tu) vinci!   (Lei) vinca!   (Noi) vinciamo!   (Voi) vincete!   (Loro) vincano!

Le truppe hanno vinto le resistenze dei nemici.
The troops broke through the resistance of the enemies.

È riuscita a vincere il cancro alle ovaie.
She managed to defeat the ovarian cancer.

Vincerà il premio per il miglior libro dell'anno.
He will win the prize for best book of the year.

Inf. visitare *Part. pres.* visitante *Part. pass.* visitato *Ger.* visitando

INDICATIVO

Presente

Io visito	Noi visitiamo
Tu visiti	Voi visitate
Lui/Lei visita	Loro visitano

Imperfetto

Io visitavo	Noi visitavamo
Tu visitavi	Voi visitavate
Lui/Lei visitava	Loro visitavano

Passato Prossimo

Io ho visitato	Noi abbiamo visitato
Tu hai visitato	Voi avete visitato
Lui/Lei ha visitato	Loro hanno visitato

Trapassato Prossimo

Io avevo visitato	Noi avevamo visitato
Tu avevi visitato	Voi avevate visitato
Lui/Lei aveva visitato	Loro avevano visitato

Futuro

Io visiterò	Noi visiteremo
Tu visiterai	Voi visiterete
Lui/Lei visiterà	Loro visiteranno

Passato Remoto

Io visitai	Noi visitammo
Tu visitasti	Voi visitaste
Lui/Lei visitò	Loro visitarono

Futuro Anteriore

Io avrò visitato	Noi avremo visitato
Tu avrai visitato	Voi avrete visitato
Lui/Lei avrà visitato	Loro avranno visitato

Trapassato Remoto

Io ebbi visitato	Noi avemmo visitato
Tu avesti visitato	Voi aveste visitato
Lui/Lei ebbe visitato	Loro ebbero visitato

CONDIZIONALE

Condizionale Presente

Io visiterei	Noi visiteremmo
Tu visiteresti	Voi visitereste
Lui/Lei visiterebbe	Loro visiterebbero

Condizionale Passato

Io avrei visitato	Noi avremmo visitato
Tu avresti visitato	Voi avreste visitato
Lui/Lei avrebbe visitato	Loro avrebbero visitato

CONGIUNTIVO

Congiuntivo Presente

Io visiti	Noi visitiamo
Tu visiti	Voi visitiate
Lui/Lei visiti	Loro visitino

Congiuntivo Passato

Io abbia visitato	Noi abbiamo visitato
Tu abbia visitato	Voi abbiate visitato
Lei/Lei abbia visitato	Loro abbiano visitato

Congiuntivo Imperfetto

Io visitassi	Noi visitassimo
Tu visitassi	Voi visitaste
Lui/Lei visitasse	Loro visitassero

Congiuntivo Trapassato

Io avessi visitato	Noi avessimo visitato
Tu avessi visitato	Voi aveste visitato
Lui/Lei avesse visitato	Loro avessero visitato

IMPERATIVO

(Tu) visita! (Lei) visiti! (Noi) visitiamo! (Voi) visitate! (Loro) visitino!

Nei tempi antichi si visitavano gli altri molto più spesso d'oggi.
In old times one visited others more often than today.

Mio marito voleva che noi visitassimo i suoi ogni settimana.
My husband wanted us to visit his parents every week.

Hanno visitato la torre di Pisa durante il viaggio.
They visited the Leaning Tower of Pisa during their trip.

VIVERE   *to live*

Inf. vivere   *Part. pres.* vivente   *Part. pass.* vissuto   *Ger.* vivendo

INDICATIVO

Presente

Io vivo	Noi viviamo
Tu vivi	Voi vivete
Lui/Lei vive	Loro vivono

Imperfetto

Io vivevo	Noi vivevamo
Tu vivevi	Voi vivevate
Lui/Lei viveva	Loro vivevano

Passato Prossimo

Io ho vissuto	Noi abbiamo vissuto
Tu hai vissuto	Voi avete vissuto
Lui/Lei ha vissuto	Loro hanno vissuto

Trapassato Prossimo

Io avevo vissuto	Noi avevamo vissuto
Tu avevi vissuto	Voi avevate vissuto
Lui/Lei aveva vissuto	Loro avevano vissuto

Futuro

Io vivrò	Noi vivremo
Tu vivrai	Voi vivrete
Lui/Lei vivrà	Loro vivranno

Passato Remoto

Io vissi	Noi vivemmo
Tu vivesti	Voi viveste
Lui/Lei visse	Loro vissero

Futuro Anteriore

Io avrò vissuto	Noi avremo vissuto
Tu avrai vissuto	Voi avrete vissuto
Lui/Lei avrà vissuto	Loro avranno vissuto

Trapassato Remoto

Io ebbi vissuto	Noi avemmo vissuto
Tu avesti vissuto	Voi aveste vissuto
Lui/Lei ebbe vissuto	Loro ebbero vissuto

CONDIZIONALE

Condizionale Presente

Io vivrei	Noi vivremmo
Tu vivresti	Voi vivreste
Lui/Lei vivrebbe	Loro vivrebbero

Condizionale Passato

Io avrei vissuto	Noi avremmo vissuto
Tu avresti vissuto	Voi avreste vissuto
Lui/Lei avrebbe vissuto	Loro avrebbero vissuto

CONGIUNTIVO

Congiuntivo Presente

Io viva	Noi viviamo
Tu viva	Voi viviate
Lui/Lei viva	Loro vivano

Congiuntivo Passato

Io abbia vissuto	Noi abbiamo vissuto
Tu abbia vissuto	Voi abbiate vissuto
Lui/Lei abbia vissuto	Loro abbiano vissuto

Congiuntivo Imperfetto

Io vivessi	Noi vivessimo
Tu vivessi	Voi viveste
Lui/Lei vivesse	Loro vivessero

Congiuntivo Trapassato

Io avessi vissuto	Noi avessimo vissuto
Tu avessi vissuto	Voi aveste vissuto
Lui/Lei avesse vissuto	Loro avessero vissuto

IMPERATIVO

(Tu) vivi!   (lei) viva!   (Noi) viviamo!   (Voi) vivete!   (Loro) vivano!

Mio nonno vive a New York da 40 anni.
My grandfather has lived in New York for 40 years.

Credevano sempre che i loro figli vivessero a Roma.
They always believed that their children would live in Rome.

Vivrò la mia vita come voglio io.
I will live my life as I want.

VOLARE   *to fly*

Inf. volare   *Part. pres.* volante   *Part. pass.* volato   *Ger.* volando

INDICATIVO

Presente

Io volo	Noi voliamo
Tu voli	Voi volate
Lui/Lei vola	Loro volano

Imperfetto

Io volavo	Noi volavamo
Tu volavi	Voi volavate
Lui/Lei volava	Loro volavano

Passato Prossimo

Io ho volato	Noi abbiamo volato
Tu hai volato	Voi avete volato
Lui/Lei ha volato	Loro hanno volato

Trapassato Prossimo

Io avevo volato	Noi avevamo volato
Tu avevi volato	Voi avevate volato
Lui/Lei aveva volato	Loro avevano volato

Futuro

Io volerò	Noi voleremo
Tu volerai	Voi volerete
Lui/Lei volerà	Loro voleranno

Passato Remoto

Io volai	Noi volammo
Tu volasti	Voi volaste
Lui/Lei volò	Loro volarono

Futuro Anteriore

Io avrò volato	Noi avremo volato
Tu avrai volato	Voi avrete volato
Lui/Lei avrà volato	Loro avranno volato

Trapassato Remoto

Io ebbi volato	Noi avemmo volato
Tu avesti volato	Voi aveste volato
Lui/Lei ebbe volato	Loro ebbero volato

CONDIZIONALE

Condizionale Presente

Io volerei	Noi voleremmo
Tu voleresti	Voi volereste
Lui/Lei volerebbe	Loro volerebbero

Condizionale Passato

Io avrei volato	Noi avremmo volato
Tu avresti volato	Voi avreste volato
Lui/Lei avrebbe volato	Loro avrebbero volato

CONGIUNTIVO

Congiuntivo Presente

Io voli	Noi voliamo
Tu voli	Voi voliate
Lui/Lei voli	Loro volino

Congiuntivo Passato

Io abbia volato	Noi abbiamo volato
Tu abbia volato	Voi abbiate volato
Lui/Lei abbia volato	Loro abbiano volato

Congiuntivo Imperfetto

Io volassi	Noi volassimo
Tu volassi	Voi volaste
Lui/Lei volasse	Loro volassero

Congiuntivo Trapassato

Io avessi volato	Noi avessimo volato
Tu avessi volato	Voi aveste volato
Lui/Lei avesse volato	Loro avessero volato

IMPERATIVO

(Tu) vola!   (Lei) voli!   (Noi) voliamo!   (Voi) volate!   (Loro) volino!

Quando volo, mi piace di più il decollo.
When I fly, I like the take-off best.

Abbiamo volato per 18 ore per andare in India.
We flew for 18 hours to go to India.

Voleranno con l'Alitalia quando andranno in Italia.
They will fly Alitalia when they go to Italy.

Inf. volere   *Part. pres.* volente   *Part. pass.* voluto   *Ger.* volendo

INDICATIVO

Presente

Io voglio	Noi vogliamo
Tu vuoi	Voi volete
Lui/Lei vuole	Loro vogliono

Imperfetto

Io volevo	Noi volevamo
Tu volevi	Voi volevate
Lui/Lei voleva	Loro volevano

Passato Prossimo

Io ho voluto	Noi abbiamo voluto
Tu hai voluto	Voi avete voluto
Lui/Lei ha voluto	Loro hanno voluto

Trapassato Prossimo

Io avevo voluto	Noi avevamo voluto
Tu avevi voluto	Voi avevate voluto
Lui/Lei aveva voluto	Loro avevano voluto

Futuro

Io vorrò	Noi vorremo
Tu vorrai	Voi vorrete
Lui/Lei vorrà	Loro vorranno

Passato Remoto

Io volli	Noi volemmo
Tu volesti	Voi voleste
Lui/Lei volle	Loro vollero

Futuro Anteriore

Io avrò voluto	Noi avremo voluto
Tu avrai voluto	Voi avrete voluto
Lui/Lei avrà voluto	Loro avranno voluto

Trapassato Remoto

Io ebbi voluto	Noi avemmo voluto
Tu avesti voluto	Voi aveste voluto
Lui/Lei ebbe voluto	Loro ebbero voluto

CONDIZIONALE

Condizionale Presente

Io vorrei	Noi vorremmo
Tu vorresti	Voi vorreste
Lui/Lei vorrebbe	Loro vorrebbero

Condizionale Passato

Io avrei voluto	Noi avremmo voluto
Tu avresti voluto	Voi avreste voluto
Lui/Lei avrebbe voluto	Loro avrebbero voluto

CONGIUNTIVO

Congiuntivo Presente

Io voglia	Noi vogliamo
Tu voglia	Voi vogliate
Lui/Lei voglia	Loro vogliano

Congiuntivo Passato

Io abbia voluto	Noi abbiamo voluto
Tu abbia voluto	Voi abbiate voluto
Lui/Lei abbia voluto	Loro abbiano voluto

Congiuntivo Imperfetto

Io volessi	Noi volessimo
Tu volessi	Voi voleste
Lui/Lei volesse	Loro volessero

Congiuntivo Trapassato

Io avessi voluto	Noi avessimo voluto
Tu avessi voluto	Voi aveste voluto
Lui/Lei avesse voluto	Loro avessero voluto

IMPERATIVO

(Tu) vogli!   (Lei) voglia!   (Noi) vogliamo!   (Voi) vogliate!   (Loro) vogliano!

Stamattina voglio andare dal medico perché sto male.
This morning I want to go to the doctor because I feel badly.

Vorrebbe che tu finissi di scherzare.
He would like you to stop joking around.

Avrei voluto nuotare nel mare ma il tempo non lo permetteva.
I would have liked to go to the beach, but the weather didn't allow for it.

Inf. volgere   *Part. pres.* volgente   *Part. pass.* volto   *Ger.* volgendo

INDICATIVO

Presente

Io volgo	Noi volgiamo
Tu volgi	Voi volgete
Lui/Lei volge	Loro volgono

Imperfetto

Io volgevo	Noi volgevamo
Tu volgevi	Voi volgevate
Lui/Lei volgeva	Loro volgevano

Passato Prossimo

Io ho volto	Noi abbiamo volto
Tu hai volto	Voi avete volto
Lui/Lei ha volto	Loro hanno volto

Trapassato Prossimo

Io avevo volto	Noi avevamo volto
Tu avevi volto	Voi avevate volto
Lui/Lei aveva volto	Loro avevano volto

Futuro

Io volgerò	Noi volgeremo
Tu volgerai	Voi volgerete
Lui/Lei volgerà	Loro volgeranno

Passato Remoto

Io volsi	Noi volgemmo
Tu volgesti	Voi volgeste
Lui/Lei volse	Loro volsero

Futuro Anteriore

Io avrò volto	Noi avremo volto
Tu avrai volto	Voi avrete volto
Lui/Lei avrà volto	Loro avranno volto

Trapassato Remoto

Io ebbi volto	Noi avemmo volto
Tu avesti volto	Voi aveste volto
Lui/Lei ebbe volto	Loro ebbero volto

CONDIZIONALE

Condizionale Presente

Io volgerei	Noi volgeremmo
Tu volgeresti	Voi volgereste
Lui/Lei volgerebbe	Loro volgerebbero

Condizionale Passato

Io avrei volto	Noi avremmo volto
Tu avresti volto	Voi avreste volto
Lui/Lei avrebbe volto	Loro avrebbero volto

CONGIUNTIVO

Congiuntivo Presente

Io volga	Noi volgiamo
Tu volga	Voi volgiate
Lui/Lei volga	Lui/Lei volgano

Congiuntivo Passato

Io abbia volto	Noi abbiamo volto
Tu abbia volto	Voi abbiate volto
Lui/Lei abbia volto	Loro abbiano volto

Congiuntivo Imperfetto

Io volgessi	Noi volgessimo
Tu volgessi	Voi volgeste
Lui/Lei volgesse	Loro volgessero

Congiuntivo Trapassato

Io avessi volto	Noi avessimo volto
Tu avessi volto	Voi aveste volto
Lui/Lei avesse volto	Loro avessero volto

IMPERATIVO

(Tu) volgi!   (Lei) volga!   (Noi) volgiamo!   (Voi) volgete!   (Loro) volgano!

Per favore signori, volgete la vostra attenzione sullo schermo!
Ladies and gentlemen, please turn your attention to the screen!

Abbiamo volto gli occhi verso il nuovo arrivato.
We turned our eyes towards the newly arrived party.

La strada volgerà a destra.
The road will turn to the right.

VOTARE   *to vote*

Inf. votare   *Part. pres.* votante   *Part. pass.* votato   *Ger.* votando

INDICATIVO

Presente

Io voto	Noi votiamo
Tu voti	Voi votate
Lui/Lei vota	Loro votano

Imperfetto

Io votavo	Noi votavamo
Tu votavi	Voi votavate
Lui/Lei votava	Loro votavano

Passato Prossimo

Io ho votato	Noi abbiamo votato
Tu hai votato	Voi avete votato
Lui/Lei ha votato	Loro hanno votato

Trapassato Prossimo

Io avevo votato	Noi avevamo votato
Tu avevi votato	Voi avevate votato
Lui/Lei aveva votato	Loro avevano votato

Futuro

Io voterò	Noi voteremo
Tu voterai	Voi voterete
Lui/Lei voterà	Loro voteranno

Passato Remoto

Io votai	Noi votammo
Tu votasti	Voi votaste
Lui/Lei votò	Loro votarono

Futuro Anteriore

Io avrò votato	Noi avremo votato
Tu avrai votato	Voi avrete votato
Lui/Lei avrà votato	Loro avranno votato

Trapassato Remoto

Io ebbi votato	Noi avemmo votato
Tu avesti votato	Voi aveste votato
Lui/Lei ebbe votato	Loro ebbero votato

CONDIZIONALE

Condizionale Presente

Io voterei	Noi voteremmo
Tu voteresti	Voi votereste
Lui/Lei voterebbe	Loro voterebbero

Condizionale Passato

Io avrei votato	Noi avremmo votato
Tu avresti votato	Voi avreste votato
Lui/Lei avrebbe votato	Loro avrebbero votato

CONGIUNTIVO

Congiuntivo Presente

Io voti	Noi votiamo
Tu voti	Voi votiate
Lui/Lei voti	Loro votino

Congiuntivo Passato

Io abbia votato	Noi abbiamo votato
Tu abbia votato	Voi abbiate votato
Lui/Lei abbia votato	Loro abbiano votato

Congiuntivo Imperfetto

Io votassi	Noi votassimo
Tu votassi	Voi votaste
Lui/Lei votasse	Loro votassero

Congiuntivo Trapassato

Io avessi votato	Noi avessimo votato
Tu avessi votato	Voi aveste votato
Lui/Lei avesse votato	Loro avessero votato

IMPERATIVO

(Tu) vota!   (Lei) voti!   (Noi) votiamo!   (Voi) votate!   (Loro) votino!

Nelle scorse elezioni ho votato per la sinistra.
In the last elections I voted for the liberal party.

I parlamentari voteranno per la nuova legge sul lavoro.
The congressmen will pass the new labor law.

Hanno cercato di convincere il presidente a votare per l'accordo di pace.
They tried to convince the president to vote for the peace agreement.

Inf. zappare *Part. pres.* zappante *Part. pass.* zappato *Ger.* zappando

INDICATIVO

Presente

Io zappo	Noi zappiamo
Tu zappi	Voi zappate
Lui/Lei zappa	Loro zappano

Imperfetto

Io zappavo	Noi zappavamo
Tu zappavi	Voi zappavate
Lui/Lei zappava	Loro zappavano

Passato Prossimo

Io ho zappato	Noi abbiamo zappato
Tu hai zappato	Voi avete zappato
Lui/Lei ha zappato	Loro hanno zappato

Trapassato Prossimo

Io avevo zappato	Noi avevamo zappato
Tu avevi zappato	Voi avevate zappato
Lui/Lei aveva zappato	Loro avevano zappato

Futuro

Io zapperò	Noi zapperemo
Tu zapperai	Voi zapperete
Lui/Lei zapperà	Loro zapperanno

Passato Remoto

Io zappai	Noi zappammo
Tu zappasti	Voi zappaste
Lui/Lei zappò	Loro zapparono

Futuro Anteriore

Io avrò zappato	Noi avremo zappato
Tu avrai zappato	Voi avrete zappato
Lui/Lei avrà zappato	Loro avranno zappato

Trapassato Remoto

Io ebbi zappato	Noi avemmo zappato
Tu avesti zappato	Voi aveste zappato
Lui/Lei ebbe zappato	Loro ebbero zappato

CONDIZIONALE

Condizionale Presente

Io zapperei	Noi zapperemmo
Tu zapperesti	Voi zappereste
Lui/Lei zapperebbe	Loro zapperebbero

Condizionale Passato

Io avrei zappato	Noi avremmo zappato
Tu avresti zappato	Voi avreste zappato
Lui/Lei avrebbe zappato	Loro avrebbero zappato

CONGIUNTIVO

Congiuntivo Presente

Io zappi	Noi zappiamo
Tu zappi	Voi zappiate
Lui/Lei zappi	Loro zappino

Congiuntivo Passato

Io abbia zappato	Noi abbiamo zappato
Tu abbia zappato	Voi abbiate zappato
Lui/Lei abbia zappato	Loro abbiano zappato

Congiuntivo Imperfetto

Io zappassi	Noi zappassimo
Tu zappassi	Voi zappaste
Lui/Lei zappasse	Loro zappassero

Congiuntivo Trapassato

Io avessi zappato	Noi avessimo zappato
Tu avessi zappato	Voi aveste zappato
Lui/Lei avesse zappato	Loro avessero zappato

IMPERATIVO

(Tu) zappa! (Lei) zappi! (Noi) zappiamo! (Voi) zappate! (Loro) zappino!

Zappare è un lavoro molto duro.
Hoeing is a very difficult job.

Giorgio, zappa la terra appena possibile! Vorrei piantare i fiori.
George, hoe the earth as soon as possible! I would like to plant the flowers.

Dove sono i contadini? Stanno zappando nei campi.
Where are the farmers? They are hoeing in the fields.

Inf. zittire *Part. pres.* zittente *Part. pass.* zittito *Ger.* zittendo

INDICATIVO

Presente

Io zittisco	Noi zittiamo
Tu zittisci	Voi zittite
Lui/Lei zittisce	Loro zittiscono

Imperfetto

Io zittivo	Noi zittivamo
Tu zittivi	Voi zittivate
Lui/Lei zittiva	Loro zittivano

Passato Prossimo

Io ho zittito	Noi abbiamo zittito
Tu hai zittito	Voi avete zittito
Lui/Lei ha zittito	Loro hanno zittito

Trapassato Prossimo

Io avevo zittito	Noi avevamo zittito
Tu avevi zittito	Voi avevate zittito
Lui/Lei aveva zittito	Loro avevano zittito

Futuro

Io zittirò	Noi zittiremo
Tu zittirai	Voi zittirete
Lui/Lei zittirà	Loro zittiranno

Passato Remoto

Io zittii	Noi zittimmo
Tu zittisti	Voi zittiste
Lui/Lei zittì	Loro zittirono

Futuro Anteriore

Io avrò zittito	Noi avremo zittito
Tu avrai zittito	Voi avrete zittito
Lui/Lei avrà zittito	Loro avranno zittito

Trapassato Remoto

Io ebbi zittito	Noi avemmo zittito
Tu avesti zittito	Voi aveste zittito
Lui/Lei ebbe zittito	Loro ebbero zittito

CONDIZIONALE

Condizionale Presente

Io zittirei	Noi zittiremmo
Tu zittiresti	Voi zittireste
Lui/Lei zittirebbe	Loro zittirebbero

Condizionale Passato

Io avrei zittito	Noi avremmo zittito
Tu avresti zittito	Voi avreste zittito
Lui/Lei avrebbe zittito	Loro avrebbero zittito

CONGIUNTIVO

Congiuntivo Presente

Io zittisca	Noi zittiamo
Tu zittisca	Voi zittiate
Lui/Lei zittisca	Loro zittiscano

Congiuntivo Passato

Io abbia zittito	Noi abbiamo zittito
Tu abbia zittito	Voi abbiate zittito
Lui/Lei abbia zittito	Loro abbiano zittito

Congiuntivo Imperfetto

Io zittissi	Noi zittissimo
Tu zittissi	Voi zittiste
Lui/Lei zittisse	Loro zittissero

Congiuntivo Trapassato

Io avessi zittito	Noi avessimo zittito
Tu avessi zittito	Voi aveste zittito
Lui/Lei avesse zittito	Loro avessero zittito

IMPERATIVO

(Tu) zittisci!   (Lei) zittisca!   (Noi) zittiamo!   (Voi) zittite!   (Loro) zittiscano!

Quando diceva delle sciocchezze, lo zittivano con uno sguardo.
When he said something silly, they silenced him with a look.

Era sempre necessario che lei zittisse gli studenti.
It was always necessary that she shush the students.

La mia amica parlava così tanto che dovevo sempre zittirla.
My friend talked so much that I always had to silence her.

Inf. zoppicare   *Part. pres.* zoppicante   *Part. pass.* zoppicato   *Ger.* zoppicando

INDICATIVO

Presente

Io zoppico	Noi zoppichiamo
Tu zoppichi	Voi zoppicate
Lui/Lei zoppica	Loro zoppicano

Imperfetto

Io zoppicavo	Noi zoppicavamo
Tu zoppicavi	Voi zoppicavate
Lui/Lei zoppicava	Loro zoppicavano

Passato Prossimo

Io ho zoppicato	Noi abbiamo zoppicato
Tu hai zoppicato	Voi avete zoppicato
Lui/Lei ha zoppicato	Loro hanno zoppicato

Trapassato Prossimo

Io avevo zoppicato	Noi avevamo zoppicato
Tu avevi zoppicato	Voi avevate zoppicato
Lui/Lei aveva zoppicato	Loro avevano zoppicato

Futuro

Io zoppicherò	Noi zoppicheremo
Tu zoppicherai	Voi zoppicherete
Lui/Lei zoppicherà	Loro zoppicheranno

Passato Remoto

Io zoppicai	Noi zoppicammo
Tu zoppicasti	Voi zoppicaste
Lui/Lei zoppicò	Loro zoppicarono

Futuro Anteriore

Io avrò zoppicato	Noi avremo zoppicato
Tu avrai zoppicato	Voi avrete zoppicato
Lui/Lei avrà zoppicato	Loro avranno zoppicato

Trapassato Remoto

Io ebbi zoppicato	Noi avemmo zoppicato
Tu avesti zoppicato	Voi aveste zoppicato
Lui/Lei ebbe zoppicato	Loro ebbero zoppicato

CONDIZIONALE

Condizionale Presente

Io zoppicherei	Noi zoppicheremmo
Tu zoppicheresti	Voi zoppichereste
Lui/Lei zoppicherebbe	Loro zoppicherebbero

Condizionale Passato

Io avrei zoppicato	Noi avremmozoppicato
Tu avresti zoppicato	Voi avreste zoppicato
Lui/Lei avrebbe zoppicato	Loro avrebbero zoppicato

CONGIUNTIVO

Congiuntivo Presente

Io zoppichi	Noi zoppichiamo
Tu zoppichi	Voi zoppichiate
Lui/Lei zoppichi	Loro zoppichino

Congiuntivo Passato

Io abbia zoppicato	Noi abbiamo zoppicato
Tu abbia zoppicato	Voi abbiate zoppicato
Lui/Lei abbia zoppicato	Loro abbiano zoppicato

Congiuntivo Imperfetto

Io zoppicassi	Noi zoppicassimo
Tu zoppicassi	Voi zoppicaste
Lui/Lei zoppicasse	Loro zoppicassero

Congiuntivo Trapassato

Io avessi zoppicato	Noi avessimozoppicato
Tu avessi zoppicato	Voi aveste zoppicato
Lui/Lei avesse zoppicato	Loro avessero zoppicato

IMPERATIVO

(Tu) zoppica!   (Lei) zoppichi!   (Noi) zoppichiamo!   (Voi) zoppicate!   (Loro) zoppichino!

Si è fatto mal e zoppicherà per un po'.
He hurt himself and will limp for a while.

Quella sedia zoppica. Sarebbe il caso d'aggiustarla.
That chair is unsteady. It should be adjusted.

Aveva subito una ferita alla gamba durante la guerra e zoppicò fino alla morte.
He had been wounded in the war and limped until his death.

Inf. zuccherare   *Part. pres.* zuccherante   *Part. pass.* zuccherato   *Ger.* zuccherando

INDICATIVO

Presente

Io zucchero	Noi zuccheriamo
Tu zuccheri	Voi zuccherate
Lui/Lei zucchera	Loro zuccherano

Imperfetto

Io zuccheravo	Noi zuccheravamo
Tu zuccheravi	Voi zuccheravate
Lui/Lei zuccherava	Loro zuccheravano

Passato Prossimo

Io ho zuccherato	Noi abbiamo zuccherato
Tu hai zuccherato	Voi avete zuccherato
Lui/Lei ha zuccherato	Loro hanno zuccherato

Trapassato Prossimo

Io avevo zuccherato	Noi avevamo zuccherato
Tu avevi zuccherato	Voi avevate zuccherato
Lui/Lei aveva zuccherato	Loro avevano zuccherato

Futuro

Io zucchererò	Noi zucchereremo
Tu zucchererai	Voi zucchererete
Lui/Lei zucchererà	Loro zucchereranno

Passato Remoto

Io zuccherai	Noi zuccherammo
Tu zuccherasti	Voi zuccheraste
Lui/Lei zuccherò	Loro zuccherarono

Futuro Anteriore

Io avrò zuccherato	Noi avremo zuccherato
Tu avrai zuccherato	Voi avrete zuccherato
Lui/Lei avrà zuccherato	Loro avranno zuccherato

Trapassato Remoto

Io ebbi zuccherato	Noi avemmo zuccherato
Tu avesti zuccherato	Voi aveste zuccherato
Lui/Lei ebbe zuccherato	Loro ebbero zuccherato

CONDIZIONALE

Condizionale Presente

Io zucchererei	Noi zucchereremmo
Tu zucchereresti	Voi zuccherereste
Lui/Lei zucchererebbe	Loro zucchererebbero

Condizionale Passato

Io avrei zuccherato	Noi avremmo zuccherato
Tu avresti zuccherato	Voi avreste zuccherato
Lui/Lei avrebbe zuccherato	Loro avrebbero zuccherato

CONGIUNTIVO

Congiuntivo Presente

Io zuccheri	Noi zuccheriamo
Tu zuccheri	Voi zuccheriate
Lui/Lei zuccheri	Loro zuccherino

Congiuntivo Passato

Io abbia zuccherato	Noi abbiamo zuccherato
Tu abbia zuccherato	Voi abbiate zuccherato
Lui/Lei abbia zuccherato	Loro abbiano zuccherato

Congiuntivo Imperfetto

Io zuccherassi	Noi zuccherassimo
Tu zuccherassi	Voi zuccheraste
Lui/Lei zuccherasse	Loro zuccherassero

Congiuntivo Trapassato

Io avessi zuccherato	Noi avessimo zuccherato
Tu avessi zuccherato	Voi aveste zuccherato
Lui/Lei avesse zuccherato	Loro avessero zuccherato

IMPERATIVO

(Tu) zucchera!   (Lei) zuccheri!   (Noi) zuccheriamo!   (Voi) zuccherate!   (Loro) zuccherino!

Non vorrei che tu zuccherassi troppo il dolce.
I wouldn't want you to sweeten the cake too much.

Appena avrò zuccherato il caffè, lo porterò a tavola.
As soon as I have sugared the coffee, I'll take it to the table.

Quanto mi piacevano le cose zuccherate da bambina!
How much I liked sugared things as a child!

QUICK REFERENCE TABLES

PRONOUNS

Subject		Direct Object		Indirect Object		Reflexive Pronoun	
io	*I*	mi	*me*	mi	*to/for me*	mi	*myself*
tu	*you*	ti	*you*	ti	*to/for me*	ti	*yourself*
lui	*he*	lo	*him/it*	gli	*to/for him*	si	*himself*
lei	*she*	la	*her/it*	le	*to/for her*	si	*herself*
Lei	*you (formal)*	La	*you (formal)*	Le	*to you (formal)*	si	*yourself (formal)*
noi	*we*	ci	*us*	ci	*to/for us*	ci	*ourselves*
voi	*you (pl.)*	vi	*you (pl.)*	vi	*to you (pl.)*	vi	*yourselves*
loro	*they*	li	*them (masc.)*	gli	*to them (masc.)*	si	*themselves*
loro	*they*	le	*them (fem.)*	gli	*to them (fem.)*	si	*themselves*
Loro	*you (pl. formal)*	Li/Le	*you (pl. formal)*	Gli	*to you (pl. formal)*	Si	*yourselves (pl. formal)*

ENGLISH EQUIVALENTS OF ITALIAN VERB TENSES

Presente	*Present*	Condizionale passato	*Past conditional*
Imperfetto	*Imperfect*	Congiuntivo presente	*Present subjunctive*
Passato prossimo	*Present perfect*		
Passato remoto	*Past absolute*	Congiuntivo passato	*Past subjunctive*
Trapassato prossimo	*Past perfect*	Congiuntivo imperfetto	*Imperfect subjunctive*
Trapassato remoto	*Past anterior*		
Futuro semplice	*Future*	Congiuntivo trapassato	*Past perfect subjunctive*
Futuro anteriore	*Future perfect*		
Condizionale presente	*Present conditional*	Imperativo	*Imperative*

REGULAR CONJUGATIONS

FIRST CONJUGATION (-ARE)

Presente

Io parlo	Noi parliamo
Tu parli	Voi parlate
Lui/Lei parla	Loro parlano

Imperfetto

Io parlavo	Noi parlavamo
Tu parlavi	Voi parlavate
Lui/Lei parlava	Loro parlavano

Passato Prossimo

Io ho parlato	Noi abbiamo parlato
Tu hai parlato	Voi avete parlato
Lui/Lei ha parlato	Loro hanno parlato

Trapassato Prossimo

Io avevo parlato	Noi avevamo parlato
Tu avevi parlato	Voi avevate parlato
Lui/Lei aveva parlato	Loro avevano parlato

Futuro

Io parlerò	Noi parleremo
Tu parlerai	Voi parlerete
Lui/Lei parlerà	Loro parleranno

Passato Remoto

Io parlai	Noi parlammo
Tu parlasti	Voi parlaste
Lui/Lei parlò	Loro parlarono

Futuro Anteriore

Io avrò parlato	Noi avremo parlato
Tu avrai parlato	Voi avrete parlato
Lui/Lei avrà parlato	Loro avranno parlato

Trapassato Remoto

Io ebbi parlato	Noi avemmo parlato
Tu avesti parlato	Voi aveste parlato
Lui/Lei ebbe parlato	Loro ebbero parlato

CONDIZIONALE

Condizionale Presente

Io parlerei	Noi parleremmo
Tu parleresti	Voi parlereste
Lui/Lei parlerebbe	Loro parlerebbero

Condizionale Passato

Io avrei parlato	Noi avremmo parlato
Tu avresti parlato	Voi avreste parlato
Lui/Lei avrebbe parlato	Loro avrebbero parlato

CONGIUNTIVO

Congiuntivo Presente

Io parli	Noi parliamo
Tu parli	Voi parliate
Lui/Lei parli	Loro parlino

Congiuntivo Passato

Io abbia parlato	Noi abbiamo parlato
Tu abbia parlato	Voi abbiate parlato
Lui/Lei abbia parlato	Loro abbiano parlato

Congiuntivo Imperfetto

Io parlassi	Noi parlassimo
Tu parlassi	Voi parlaste
Lui/Lei parlasse	Loro parlassero

Congiuntivo Trapassato

Io avessi parlato	Noi avessimo parlato
Tu avessi parlato	Voi aveste parlato
Lui/Lei avesse parlato	Loro avessero parlato

IMPERATIVO

(Tu) parla!   (Lei) parli!   (Noi) parliamo!   (Voi) parlate!   (Loro) parlino!

SECOND CONJUGATION (-ERE)

Presente

Io scrivo	Noi scriviamo
Tu scrivi	Voi scrivete
Lui/Lei scrive	Loro scrivono

Imperfetto

Io scrivevo	Noi scrivevamo
Tu scrivevi	Voi scrivevate
Lui/Lei scriveva	Loro scrivevano

Passato Prossimo

Io ho scritto	Noi abbiamo scritto
Tu hai scritto	Voi avete scritto
Lui/Lei ha scritto	Loro hanno scritto

Trapassato Prossimo

Io avevo scritto	Noi avevamo scritto
Tu avevi scritto	Voi avevate scritto
Lui/Lei aveva scritto	Loro avevano scritto

Futuro

Io scriverò	Noi scriveremo
Tu scriverai	Voi scriverete
Lui/Lei scriverà	Loro scriveranno

Passato Remoto

Io scrissi	Noi scrivemmo
Tu scrivesti	Voi scriveste
Lui/Lei scrisse	Loro scrissero

Futuro Anteriore

Io avrò scritto	Noi avremo scritto
Tu avrai scritto	Voi avrete scritto
Lui/Lei avrà scritto	Loro avranno scritto

Trapassato Remoto

Io ebbi scritto	Noi avemmo scritto
Tu avesti scritto	Voi aveste scritto
Lui/Lei ebbe scritto	Loro ebbero scritto

CONDIZIONALE

Condizionale Presente

Io scriverei	Noi scriveremmo
Tu scriveresti	Voi scrivereste
Lui/Lei scriverebbe	Loro scriverebbero

Condizionale Passato

Io avrei scritto	Noi avremmo scritto
Tu avresti scritto	Voi avreste scritto
Lui/Lei avrebbe scritto	Loro avrebbero scritto

CONGIUNTIVO

Congiuntivo Presente

Io scriva	Noi scriviamo
Tu scriva	Voi scriviate
Lui/Lei scriva	Loro scrivano

Congiuntivo Passato

Io abbia scritto	Noi abbiamo scritto
Tu abbia scritto	Voi abbiate scritto
Lui/Lei abbia scritto	Loro abbiano scritto

Congiuntivo Imperfetto

Io scrivessi	Noi scrivessimo
Tu scrivessi	Voi scriveste
Lui/Lei scrivesse	Loro scrivessero

Congiuntivo Trapassato

Io avessi scritto	Noi avessimo scritto
Tu avessi scritto	Voi aveste scritto
Lui avesse scritto	Loro avessero scritto

IMPERATIVO

(Tu) scrivi!   (Lei) scriva!   (Noi) scriviamo!   (Voi) scrivete!   (Loro) scrivano!

THIRD CONJUGATION (-IRE)

Presente

Io dormo	Noi dormiamo
Tu dormi	Voi dormite
Lui/Lei dorme	Loro dormono

Imperfetto

Io dormivo	Noi dormivamo
Tu dormivi	Voi dormivate
Lei/Lui dormiva	Loro dormivano

Passato Prossimo

Io ho dormito	Noi abbiamo dormito
Tu hai dormito	Voi avete dormito
Lui/Lei ha dormito	Loro hanno dormito

Trapassato Prossimo

Io avevo dormito	Noi avevamo dormito
Tu avevi dormito	Voi avevate dormito
Lei/Lei aveva dormito	loro avevano dormito

Futuro

Io dormirò	Noi dormiremo
Tu dormirai	Voi dormirete
Lui/Lei dormirà	Loro dormiranno

Passato Remoto

Io dormii	Noi dormimmo
Tu dormisti	Voi dormiste
Lui/Lei dormì	Loro dormirono

Futuro Anteriore

Io avrò dormito	Noi avremo dormito
Tu avrai dormito	Voi avrete dormito
Lui/Lei avrà dormito	Loro avranno dormito

Trapassato Remoto

Io ebbi dormito	Noi avemmo dormito
Tu avesti dormito	Voi aveste dormito
Lui/Lei ebbe dormito	Loro ebbero dormito

CONDIZIONALE

Condizionale Presente

Io dormirei	Noi dormiremmo
Tu dormiresti	Voi dormireste
Lui/Lei dormirebbe	Loro dormirebbero

Condizionale Passato

Io avrei dormito	Noi avremmo dormito
Tu avresti dormito	Voi avreste dormito
Lui/Lei avrebbe dormito	Loro avrebbero dormito

CONGIUNTIVO

Congiuntivo Presente

Io dorma	Noi dormiamo
Tu dorma	Voi dormiate
Lui/Lei dorma	Loro dormano

Congiuntivo Passato

Io abbia dormito	Noi abbiamo dormito
Tu abbia dormito	Voi abbiate dormito
Lui/Lei abbia dormito	Loro abbiano dormito

Congiuntivo Imperfetti

Io dormissi	Noi dormissimo
Tu dormissi	Voi dormiste
Lui/Lei dormisse	Loro dormissero

Congiuntivo Trapassato

Io avessi dormito	Noi avessimo dormito
Tu avessi dormito	Voi aveste dormito
Lui/Lei avesse dormito	Loro avessero dormito

IMPERATIVO

(Tu) dormi!   (Lei) dorma!   (Noi) dormiamo!   (Voi) dormite!   (Loro) dormano!

THIRD CONJUGATION (-ISC VERBS)*

Presente

Io finisco	Noi finiamo
Tu finisci	Voi finite
Lui/Lei finisce	Loro finiscono

Imperfetto

Io finivo	Noi finivamo
Tu finivi	Voi finivate
Lui/Lei finiva	Loro finivano

Passato Prossimo

Io ho finito	Noi abbiamo finito
Tu hai finito	Voi avete finito
Lui/Lei ha finito	Loro hanno finito

Trapassato Prossimo

Io avevo finito	Noi avevamo finito
Tu avevi finito	Voi avevate finito
Lui/Lei aveva finito	Loro avevano finito

Futuro

Io finirò	Noi finiremo
Tu finirai	Voi finirete
Lui/Lei finirà	Loro finiranno

Passato Remoto

Io finii	Noi finimmo
Tu finisti	Voi finiste
Lui/Lei finì	Loro finirono

Futuro Anteriore

Io avrò finito	Noi avremo finito
Tu avrai finito	Voi avrete finito
Lui/Lei avrà finito	Loro avranno finito

Trapassato Remoto

Io ebbi finito	Noi avemmo finito
Tu avesti finito	Voi aveste finito
Lui/Lei ebbe finito	Loro ebbero finito

CONDIZIONALE

Condizionale Presente

Io finirei	Noi finiremmo
Tu finiresti	Voi finireste
Lui/Lei finirebbe	Loro finirebbero

Condizionale Passato

Io avrei finito	Noi avremmo finito
Tu avresti finito	Voi avreste finito
Lui/Lei avrebbe finito	Loro avrebbero finito

CONGIUNTIVO

Congiuntivo Presente

Io finisca	Noi finiamo
Tu finisca	Voi finiate
Lui/Lei finisca	Loro finiscano

Congiuntivo Passato

Io abbia finito	Noi abbiamo finito
Tu abbia finito	Voi abbiate finito
Lui/Lei abbia finito	Loro abbiano finito

Congiuntivo Imperfetto

Io finissi	Noi finissimo
Tu finissi	Voi finiste
Lui/Lei finisse	Loro finissero

Congiuntivo Trapassato

Io avessi finito	Noi avessimo finito
Tu avessi finito	Voi aveste finito
Lui/Lei avesse finito	Loro avessero finito

IMPERATIVO

(Tu) finisci! (Lei) finisca! (Noi) finiamo! (Voi) finite! (Loro) finiscano!

*Note that the 3rd conjugation has two verb forms.

COMMON IRREGULAR VERBS

Infinitive	Present Conjugation
andare	vado, vai, va, andiamo, andate, vanno
avere	ho, hai, ha, abbiamo, avete, hanno
bere	bevo, bevi, beve, beviamo, bevete, bevono
dare	do, dai, dà, diamo, date, danno
dire	dico, dici, dice, diciamo, dite, dicono
dovere	devo, devi, deve, dobbiamo, dovete, devono
essere	sono, sei, è, siamo, siete, sono
fare	faccio, fai, fa, facciamo, fate, fanno
potere	posso, puoi, può, possiamo, potete, possono
sapere	so, sai, sa, sappiamo, sapete, sanno
stare	sto, stai, sta, stiamo, state, stanno
uscire	esco, esci, esce, usciamo, uscite, escono
volere	voglio, vuoi, vuole, vogliamo, volete, vogliono

COMMON VERBS WITH IRREGULAR PAST PARTICIPLES

IRREGULAR PAST PARTICIPLES

Many irregular past participles in Italian turn up in the 2nd conjugation verbs. This is not to say that the other two conjugations lack such verbs, but one should be more aware when using these 2nd conjugation verbs in the compound tenses. It is also helpful to take note of those verbs which have similar forms. For example, verbs that mirror SCRIVERE (*scritto*) will have similar past participles, such as DESCRIVERE (*descritto*) and SOTTOSCRIVERE (*sottoscritto*).

Infinitive	Past participle
aprire	aperto
bere	bevuto
chiedere	chiesto
chiudere	chiuso
conoscere	conosciuto
correre	corso
decidere	deciso
dire	detto
essere	stato
fare	fatto
leggere	letto
mettere	messo

morire	morto
nascere	nato
offrire	offerto
perdere	perso (perduto)
piacere	piaciuto
prendere	preso
rispondere	risposto
scrivere	scritto
spendere	speso
vedere	visto
venire	venuto
vivere	vissuto

STEM CHANGING VERBS

Other verbs, such a VENIRE, are what one might term "stem changing" verbs. Thus VENIRE in the first and third persons of the present tense changes to VENGO and VENGONO respectively. This rule also applies to verbs that have similar forms in the infinitive. For example, such verbs as SVENIRE (*svengo*) and PROVENIRE (*provengo*) are conjugated like VENIRE. Following are some verbs that are considered stem changing.

Infinitive	1st person
apparire	appaio
appartenere	appartengo
bere	bevo
contenere	contengo
cogliere	colgo
dire	dico
fare	faccio
introdurre	introduco
mantenere	mantengo
morire	muoio
sedurre	seduco
supporre	suppongo
tacere	taccio
tenere	tengo
togliere	tolgo
tradurre	traduco
valere	valgo
venire	vengo

COMMON IRREGULAR VERBS

VERBS THAT TAKE PREPOSITIONS

In Italian there are verbs which take a preposition before an infinitive. The most common of these prepositions are A (*to*) or DI (*of*). Others do not take a preposition in Italian but do so in English. Below are those verbs taking the prepositions A and DI before an infinitive, followed by verbs that do not require a preposition in Italian.

VERB + A + INFINITIVE		**VERB + DI + INFINITIVE**	
abituarsi a	*to get used to*	accettare di	*to accept*
affrettarsi a	*to hurry*	accorgersi di	*to notice*
aiutare a	*to help*	ammettere di	*to admit*
andare a	*to go (do something)*	aspettare di	*to wait for*
cominciare a	*to begin (something)*	aspettarsi di	*to expect*
condannare a	*to condemn*	augurare di	*to wish*
condurre a	*to take to*	augurarsi di	*to hope*
continuare a	*to continue*	avere bisogno di	*to have need of*
convincere a	*to convince (to do something)*	avere fretta di	*to be in a hurry*
correre a	*to run (to do something)*	avere impressione di	*to have the feeling of*
		sentirsela di	*to feel up to*
costringere a	*to compel, to force to*	servirsi di	*to use*
decidersi a	*to make up one's mind*	sforzarsi di	*to force oneself*
divertirsi a	*to have a good time*	smettere di	*to stop*
durare a	*to go on*	sognare di	*to dream*
entrare a	*to enter into*	sperare di	*to hope*
esercitarsi a	*to practice*	stancarsi di	*to get tired*
esortare a	*to exhort*	suggerire di	*to suggest*
essere pronto a	*to be ready*	temere di	*to fear*
fare meglio a	*to do better*	tentare di	*to attempt*
fermarsi a	*to stop (to do something)*	trattare di	*to address, to be about*
		non vedere l'ora di	*to look forward to*
giungere a	*to arrive*	vergognarsi di	*to be ashamed, to be shy*
imparare a	*to learn*		
incoraggiare a	*to encourage*	vietare di	*to forbid*
indurre a	*to induce*		
insegnare a	*to teach*		
invitare a	*to invite*		
mandare a	*to send*		
mettersi a	*to begin (to do something)*		

obbligare a	*to oblige*	

VERB + INFINITIVE (differing from English)

passare a	*to stop by (to do something)*	
pensare a	*to think about*	
persuadere a	*to persuade*	
portare a	*to bring*	
preparare a	*to prepare*	
provare a	*to try*	
rassegnarsi a	*to give up*	
restare a	*to remain*	
rimanere a	*to remain*	
rinunciare a	*to give up*	
riprendere a	*to resume*	
ritornare a	*to return*	
riuscire a	*to manage, to succeed*	
sbrigarsi a	*to hurry*	
seguitare a	*to continue (doing something)*	
servire a	*to be good for*	
stare a	*to be about to*	
stare attento a	*to be attentive*	
tornare a	*to return*	
uscire a	*to go out (to do something)*	
venire a	*to come (to do something)*	
volerci a	*to be required*	

VERB + INFINITIVE (differing from English)

amare	*to love*
ascoltare	*to listen*
bastare	*to be sufficient*
bisogna	*to be necessary*
desiderare	*to desire*
dovere	*to have to, must*
fare	*to do, to make*
guardare	*to look*
lasciare	*to let, to allow*
piacere	*to like, to be pleasing to*
potere	*to be able*
preferire	*to prefer*
sapere	*to know*
sembrare	*to seem, to appear*
volere	*to want*

VERB INDEX

ITALIAN-*ENGLISH*

abbassare . . . . . . *to lower*
abbinare . . . . *to match, to pair, to couple*
abbracciare . . . . *to hug, to embrace*
abitare . . . . *to live*
abituarsi . . . . *to be accustomed to*
accadere . . . . *to happen, to occur, to take place*
accompagnare . . *to accompany*
accendere . . . . . . *to light, to turn on*
accorciare . . . . . *to shorten*
accorgersi . . . . . . *to realize, to notice, to become aware*
addormentarsi . . *to fall asleep, to go to sleep*
affittare . . . . *to rent, to lease*
aggiungere . . . . . *to add*
agire . . . . *to act, to behave, to take action*
aiutare . . . . *to help*
allegare . . . . *to attach*
alzarsi . . . . *to get up, to stand up, to rise*
amare . . . . *to love*
andare . . . . *to go*
annoiarsi . . . . . . *to get bored, to be bored*
anticipare . . . . . . *to anticipate, to advance*
apparire . . . . *to appear, to seem, to look like*
appartenere . . . . *to belong, to be a member of, to support*
appoggiare . . . . . *to lean, to rest*
aprire . . . . *to open, to turn on*
arrabbiarsi . . . . . *to get angry*
arrivare . . . . *to arrive, to reach, to succeed*
ascoltare . . . . *to listen, to pay attention*
aspettare . . . . . . *to wait*
assistere . . . . *to assist, to aid, to attend to*
attrarre . . . . *to attract, to appeal, to interest*

attraversare . . . . *to cross, to go through, to go across*
aumentare . . . . . *to increase, to raise*
avere . . . . *to have*
baciare . . . . *to kiss*
ballare . . . . *to dance*
benedire . . . . *to bless, to consecrate*
bere . . . . *to drink*
bloccare . . . . *to block, to stop, to jam*
bollire . . . . *to boil*
brillare . . . . *to shine, to sparkle, to glare*
bruciare . . . . *to burn, to scorch*
buttare . . . . *to throw, to spew*
cadere . . . . *to fall, to drop*
cambiare . . . . . . *to change, to move, to exchange*
camminare . . . . . *to walk*
cantare . . . . *to sing*
capire . . . . *to understand, to realize*
caricare . . . . *to load, to exaggerate, to burden*
causare . . . . *to cause, to create*
cenare . . . . *to eat dinner*
cercare . . . . *to seek, to look for, to try to*
chiamarsi . . . . . . *to be called*
chiedere . . . . *to ask, to ask for*
cogliere . . . . *to gather, to pick, to catch*
cominciare . . . . . *to begin, to start*
comprare . . . . . . *to buy*
concludere . . . . . *to conclude, to end, to close*
condividere . . . . *to share*
condurre . . . . *to guide, to lead, to drive*
conoscere . . . . . . *to know a person/place, to meet*
consegnare . . . . . *to deliver, to hand in/over*
consigliare . . . . . *to advise, to recommend*

513

contenere . . . . . .   *to contain, to hold, to restrain*
continuare . . . . .   *to continue*
controllare . . . . .   *to control, to check*
coprire . . . .   *to cover*
correggere . . . . .   *to correct, to adjust*
correre . . . .   *to run, to rush*
costruire . . . .   *to construct, to build*
crescere . . . .   *to grow, to increase, to grow up*
credere . . . .   *to believe, to think*
cucinare . . . .   *to cook*
curare . . . .   *to treat, to nurse, to cure*
danneggiare . . . .   *to damage*
dare . . . .   *to give*
decidere . . . .   *to decide*
dedurre . . . .   *to deduce, to infer*
definire . . . .   *to define, to specify, to explain*
deporre . . . .   *to put down, to overthrow*
descrivere . . . . .   *to describe*
desiderare . . . . .   *to want*
dichiarare . . . . . .   *to declare, to assert, to state*
dimagrire . . . . . .   *to become thinner*
dimenticare . . . .   *to forget*
dimettersi . . . . . .   *to resign, to quit*
dipingere . . . . . .   *to paint*
diplomarsi . . . . .   *to graduate from high school*
dire . . . .   *to say, to tell*
discutere . . . . . .   *to discuss, to debate*
disegnare . . . . . .   *to design, to draw*
disfare . . . .   *to undo, to unravel, to destroy*
distrarre . . . .   *to distract*
disturbare . . . . . .   *to disturb, to bother*
diventare . . . . . .   *to become, to develop into*
divertirsi . . . . . .   *to enjoy, to have fun*
divorziare . . . . . .   *to divorce*
domandare . . . . .   *to ask*
dormire . . . .   *to sleep*
dovere . . . .   *must, to have to*
durare . . . .   *to last*
eleggere . . . .   *to elect*
elencare . . . .   *to list*
eliminare . . . . . .   *to eliminate, to remove*
emergere . . . . . .   *to emerge, to surface*
emettere . . . .   *to emit, to issue*
emigrare . . . .   *to emigrate, to migrate*
entrare . . . .   *to enter, to go in*

esagerare . . . . . .   *to exaggerate*
esaminare . . . . . .   *to examine, to investigate*
esaurire . . . .   *to deplete, to exhaust, to use up, to wear out*
escludere . . . . . .   *to exclude, to cut out*
esibire . . . .   *to display, to flaunt, to show*
esigere . . . .   *to demand, to command, to require*
esistere . . . .   *to exist, to live*
esprimere . . . . . .   *to express, to convey*
essere . . . .   *to be*
estendere . . . . . .   *to expand, to extend*
estrarre . . . .   *to extract*
evitare . . . .   *to avoid, to evade*
fallire . . . .   *to fail*
fare . . . .   *to do, to make*
ferire . . . .   *to hurt, to injure, to wound*
fermare . . . .   *to stop, to detain*
festeggiare . . . . .   *to celebrate, to party*
fidanzarsi . . . . . .   *to get engaged*
filmare . . . .   *to film, to tape a video*
fingere . . . .   *to pretend, to fake, to feign*
finire . . . .   *to finish, to complete*
firmare . . . .   *to sign, to autograph*
fissare . . . .   *to attach, to stare at*
formare . . . .   *to form*
frequentare . . . . .   *to attend, to associate with*
friggere . . . .   *to fry*
fruttare . . . .   *to bear fruit, to produce*
fuggire . . . .   *to flee*
fumare . . . .   *to smoke*
garantire . . . .   *to guarantee, to assure*
gelare . . . .   *to freeze, to chill*
gestire . . . .   *to manage, to run, to operate*
gettare . . . .   *to throw, to cast*
giacere . . . .   *to lie*
giocare . . . .   *to play (games)*
girare . . . .   *to turn, to tour*
giudicare . . . . . .   *to judge, to consider*
giungere . . . .   *to arrive, to reach*
giurare . . . .   *to swear*
gocciolare . . . . . .   *to drip, to trickle*
godere . . . .   *to enjoy*
governare . . . . . .   *to govern, to run a household*
gradire . . . .   *to appreciate, to want, to like*
gridare . . . .   *to scream, to yell, to shout*
guadagnare . . . . .   *to earn, to save*

guardare.......	to watch, to look at	lasciare	to leave
guidare........	to guide. drive	laurearsi.......	to graduate from college
gustare........	to taste, to enjoy	lavare.........	to wash
ideare.........	to imagine, to devise	lavorare	to work
identificare.....	to identify, to determine	legare.........	to tie, to link
illustrare	to illustrate, to show	leggere........	to read
imbarcare......	to embark, to board, to load	levare.........	to lift, to remove
imbucare	to mail	liberare	to free, to vacate
immaginare	to imagine	licenziare......	to dismiss, to fire
immigrare......	to immigrate	limitare	to limit, to restrict
imparare.......	to learn	litigare........	to argue, to fight
impedire.......	to prevent, to obstruct	lodare.........	to praise, to commend
impegnare	to commit, to hire, to engage	lottare.........	to struggle, to fight
impiegare......	to employ, to spend, to use	luccicare	to sparkle, to glimmer, to
imporre	to impose, to dictate, to force		twinkle
impostare......	to tackle, to formulate, to mail	lusingare	to allure, to entice, to flatter
incassare	to cash, to pack up	macchiare	to stain
incidere	to carve, to engrave	maltrattare	to mistreat
includere	to include, to number	mancare.......	to be missing
incontrare......	to meet, to encounter	mandare.......	to send
indicare	to indicate, to show	mangiare	to eat
indossare	to wear, to to put on	manifestare	to show, to demonstrate
indovinare	to guess	mantenere	to keep, to maintain, to stand
indurre........	to induce, to prompt		by
informare	to inform	mascherare.....	to mask, to conceal
inghiottire	to swallow. swallow up	mentire........	to lie
ignorare	to ignore, to not to know	meritare	to merit, to be worthy
imbarazzare	to embarrass	mettere........	to place, to set (an object)
ingrassare......	to get fat	mordere	to bite
iniziare........	to begin, to start	morire	to die
innamorarsi	to fall in love	mostrare.......	to show
insegnare	to teach	mutare	to change, to shed
insistere.......	to insist, to persist	narrare........	to narrate, to tell
intendere	to intend, to understand	nascere........	to be born
interpretare	to interpret, to play a role	nascondere.....	to hide
interrompere ...	to interrupt, to terminate	naufragare	to sink, to be shipwrecked
intervenire.....	to intervene, to participate	navigare.......	to navigate
intervistare.....	to interview	negare	to deny
introdurre......	to introduce, to insert	negoziare	to negotiate
inviare	to send	neutralizzare ...	to neutralize
invitare........	to invite	noleggiare	to rent (a car)
iscriversi	to register, to enroll	nominare	to name, to nominate, to
istruire........	to instruct, to educate, to		mention
	teach	notare.........	to notice, to note
lacerare	to lacerate, to tear	nuocere	to harm
lamentarsi	to complain, to whine	nuotare........	to swim
lanciare	to hurl, to throw, to launch	nutrire	to feed, to nourish

obbligare	*to obligate, to oblige*
occorrere	*to need, to be necessary*
odiare.	*to hate, to detest*
offendere	*to offend, to insult*
offrire.	*to offer*
omettere.	*to omit*
onorare.	*to honor*
operare.	*to operate, to work*
ordinare	*to arrange, to order, to tidy up*
organizzare.	*to organize*
osare	*to dare, to dare to, to venture*
osservare	*to observe, to watch*
ottenere	*to obtain, to achieve, to get*
pagare	*to pay*
paragonare.	*to compare*
parcheggiare . . .	*to park*
parere.	*to appear, to seem*
parlare	*to speak, to talk*
partecipare.	*to participate*
partire	*to leave*
passare.	*to pass, to spend*
peggiorare	*to worsen*
pensare	*to think*
percorrere	*to follow, to walk, to cover (a distance)*
percuotere	*to beat, to hit, to strike*
perdere.	*to lose, to miss*
perdonare.	*to forgive*
permettere	*to permit, to allow*
pesare	*to weigh*
pettinarsi	*to comb one's hair*
piacere.	*to like, to be pleasing to*
piangere.	*to cry, to mourn*
piantare	*to plant, to dump (a person)*
porre	*to assume, to place, to put*
portare	*to take, to bring, to wear*
possedere.	*to possess, to own*
potere.	*to be able to*
pranzare.	*to have lunch, to dine*
praticare.	*to practice*
preferire.	*to prefer*
prelevare	*to withdraw*
prendere.	*to take, to get*
prenotare	*to reserve*
preoccuparsi . . .	*to worry*
preparare	*to prepare, to make*
presentare	*to introduce, to present*
prestare	*to lend*
pretendere	*to demand, to pretend, to purport, to expect*
proibire	*to prohibit, to forbid*
promettere	*to promise*
pronunciare	*to pronounce*
proteggere	*to protect*
provare.	*to try, to feel, to rehearse*
pulire	*to clean*
punire	*to punish*
puntare.	*to point, to aim*
quadrare.	*to balance, to add up*
qualificare	*to qualify, to describe*
quantificare	*to quantify, to measure*
questionare	*to argue, to quarrel, to dispute*
quietare	*to calm, to soothe, to quiet*
raccogliere.	*to gather*
raccomandare. . .	*to recommend, to entrust, to advise*
raccontare	*to tell (a story), to recount*
raddoppiare	*to double*
rafforzare	*to strengthen, to reinforce*
raffreddarsi	*to catch a cold, to cool*
rappresentare. . .	*to represent, to depict, to perform*
rassegnarsi.	*to resign oneself, to put up with*
realizzare	*to realize (a work of art), to achieve*
recitare.	*to play a role, to recite*
regalare	*to give a gift*
rendere.	*to return, to convey, to render*
rescindere	*to rescind, to terminate*
respingere	*to reject, to repel*
respirare.	*to breathe*
restare	*to remain, to stay*
restituire	*to return, to repay, to restore (memory)*
ricevere	*to receive, to get*
richiedere.	*to ask, to request, to require*
riconoscere.	*to recognize, to admit*
ricordare	*to remember, to remind*
ridere.	*to laugh*
ridurre	*to reduce*
rientrare.	*to come back in, to return*
rifiutare	*to refuse, to turn down, to reject*

rilassarsi	*to relax*	sedersi	*to sit down*
rimanere.	*to remain, to stay*	sedurre.	*to seduce, to charm*
rincorrere.	*to go after, to chase after*	segnare.	*to signal, to mark*
ringraziare	*to thank*	seguire	*to follow*
rinnovare	*to renew, to renovate*	sembrare	*to seem*
rinunciare	*to renounce, to give up*	sentire	*to feel, to hear*
ripassare	*to review, to go over*	seppellire.	*to bury*
ripercorrere	*to retrace*	serrare	*to lock, to close*
riportare.	*to bring back, to suffer*	servire	*to serve*
riposare	*to rest*	sforzare	*to strain, to compel*
riprodurre.	*to reproduce, to duplicate*	sfruttare	*to exploit, to take advantage*
risparmiare.	*to save (money), to spare*		*of*
rispettare	*to respect, to honor*	sfuggire	*to escape, to elude*
rispondere	*to answer, to reply*	sistemare	*to arrange, to accomodate, to*
ritornare.	*to return*		*fix, to tidy*
ritrarre	*to retract, to paint (a portrait)*	smettere.	*to stop, to quit*
riunire	*to assemble, to join, to gather,*	soddisfare.	*to satisfy, to fulfill*
	to reunite	soffriggere	*to sauté, to brown*
rivedere	*to revise, to go over, to see*	soffrire	*to suffer, to endure*
	again	sognare.	*to dream*
rinvenire	*to revive, to regain*	sopportare	*to put up with, to endure*
	consciousness	sopravvivere. . . .	*to survive*
rodere.	*to gnaw, to corrode*	sorpassare	*to overtake, to pass*
rompere	*to break*	sorprendere	*to surprise*
rubare	*to steal*	sorridere.	*to smile*
salire	*to go up, to rise*	sospendere.	*to suspend, to hang*
saltare	*to jump, to leap*	sospingere	*to drive, to incite, to push*
salutare	*to greet, to say goodbye*	sostenere	*to sustain, to support*
salvare	*to save*	sostituire	*to substitute, to replace*
sapere	*to know, to find out*	sottomettere	*to subdue, to subject*
sbagliare	*to make a mistake, to get it*	sottoporre.	*to subject, to undergo*
	wrong	sottoscrivere. . . .	*to underwrite, to sign*
sbrigarsi.	*to hurry to do something*	sottrarre	*to subtract, to deduct*
scadere.	*to expire*	sparare.	*to shoot*
scansare.	*to move aside, to dodge*	sparecchiare. . . .	*to clear (the table)*
scappare.	*to flee*	spaventare	*to frighten, to scare*
scattare	*to take a photo*	spazzolare	*to brush, to polish off*
scegliere.	*to choose, to select*	spedire.	*to send*
scherzare	*to joke, to kid*	spendere	*to spend, to expend (energy)*
sciare.	*to ski*	sperare.	*to hope*
scommettere. . . .	*to bet*	spiegare	*to explain*
sconfiggere.	*to defeat*	spingere	*to push, to urge*
scoprire	*to discover, to expose*	spogliarsi	*to undress*
scorrere	*to flow, to go over, to scroll*	sposare.	*to marry*
scrivere	*to write*	spostare	*to move*
scuotere	*to shake*	sprecare.	*to waste, to squander*
scusarsi	*to excuse oneself, to apologize*	stabilire	*to establish, to set*

stampare . . . . . . *to print*

stancarsi. . . . . . . *to get tired*

stare. . . . . *to be*

starnutire . . . . . . *to sneeze*

stendere. . . . . . . *to stretch out, to spread out, to draw up*

stimolare . . . . . . *to stimulate, to excite*

stirare. . . . . *to iron, to stretch out*

stressarsi . . . . . . *to be stressed*

strofinare . . . . . . *to rub, to wipe*

studiare . . . . *to study*

stupire . . . . *to surprise, to amaze*

succedere. . . . . . *to happen, to occur, to succeed*

suggerire . . . . . . *to suggest, to propose, to advise*

suonare . . . . *to play (an instrument)*

superare. . . . . . . *to overcome, to pass*

supporre. . . . . . . *to suppose, to assume*

svegliarsi . . . . . . *to wake up*

svenire. . . . . *to faint*

svolgere . . . . *to develop, to carry out, to unfold (events)*

tacere. . . . . *to be silent, to not reveal*

tagliare. . . . . *to cut, to slice*

tamponare . . . . . *to bump into, to crash into*

tastare . . . . *to touch, to feel (an object)*

telefonare. . . . . . *to call, to telephone*

temere . . . . *to fear, to be afraid of something*

temporeggiare. . . *to stall*

temprare. . . . . . . *to temper, to harden*

tendere. . . . . *to stretch (a cord), to prepare*

tenere. . . . . *to hold, to keep, to hold out*

tentare . . . . *to attempt, to tempt, to try*

terminare . . . . . . *to finish, to end*

tifare . . . . *to support (a team), to root for*

timbrare . . . . *to stamp*

tingere . . . . *to dye*

tirare . . . . *to pull*

toccare . . . . *to touch*

togliere. . . . . *to remove, to take off*

tormentare . . . . . *to torment, to torture, to harass*

tornare . . . . *to return*

tradire . . . . *to betray, to cheat*

tradurre . . . . *to translate*

trarre . . . . *to draw, to derive, to pull*

trascorrere . . . . . *to pass, to spend*

trascrivere . . . . . *to transcribe*

trasferire . . . . . . *to transfer, to move*

traslocare . . . . . . *to move*

trasmettere. . . . . *to transmit, to broadcast, to convey*

trattare. . . . . *to treat, to discuss, to deal with*

trovare . . . . *to find*

truccarsi. . . . . . . *to put on make-up*

ubbidire . . . . *to obey*

ubriacarsi. . . . . . *to get drunk*

uccidere. . . . . . . *to kill*

udire . . . . *to hear*

umiliare . . . . *to humiliate, to humble*

ungere . . . . *to grease, to oil, to smear*

unificare. . . . . . . *to unify, to integrate*

unire . . . . *to join, to bind, to unite*

urlare. . . . . *to yell, to scream*

usare . . . . *to use*

uscire. . . . . *to go out, to come out*

usufruire . . . . . . *to take advantage of, to enjoy*

utilizzare . . . . . . *to utilize, to make use of*

vacillare. . . . . . . *to stagger, to totter*

vagabondare. . . . *to wander, to roam*

valere. . . . . *to be worthy, to be of value*

vantarsi . . . . *to boast*

venire. . . . . *to come*

vergognarsi. . . . . *to be ashamed*

versare. . . . . *to pour, to pay*

vestirsi. . . . . *to get dressed*

viaggiare . . . . . . *to travel*

vietare . . . . *to prohibit, to forbid*

vincere. . . . . *to win, to defeat, to conquer*

visitare. . . . . *to visit (a place)*

vivere. . . . . *to live*

volare. . . . . *to fly*

volere. . . . . *to want*

volgere. . . . . *to look towards, to turn towards, to sway*

votare. . . . . *to vote*

zappare . . . . *to hoe*

zittire . . . . *to hush, to shush*

zoppicare . . . . . . *to limp, to be unsteady*

zuccherare . . . . . *to sugar, to sweeten*

VERB INDEX

ENGLISH-*ITALIAN*

accommodate......	*accomodare*
accompany........	*accompagnare*
achieve..........	*ottenere, realizzare*
act	*agire*
add up	*quadrare*
adjust............	*correggere*
admit	*riconoscere*
advance	*anticipare*
advise...........	*consigliare,*
	raccomandare,
	suggerire
aid	*assistere*
aim..............	*puntare*
allow	*permettere*
allure	*lusingare*
amaze...........	*stupire*
answer	*rispondere*
anticipate.........	*anticipare*
apologize	*scusarsi*
appeal	*attrarre*
appear	*apparire, parere*
appreciate	*gradire*
argue	*litigare, questionare*
arrange..........	*ordinare, sistemare*
arrive	*arrivare*
ask..............	*chiedere, domandare,*
	richiedere
ask for	*chiedere*
assemble	*riunire*
assert	*dichiarare*
assist	*assistere*
associate	*frequentare*
assume..........	*porre, supporre*
assure...........	*assicurare, garantire*
attach...........	*allegare, fissare*
attempt..........	*tentare*

attend...........	*assistere, frequentare*
attract..........	*attrarre*
autograph........	*firmare*
avoid	*evitare, evadere*
balance	*quadrare*
be	*essere, stare*
be afraid of	
something	*temere*
be a member of	*appartenere*
be able to........	*potere*
be ashamed	*vergognarsi*
be bored.........	*annoiarsi*
be born..........	*nascere*
be called	*chiamarsi*
be due	*scadere*
be of value.......	*valere*
be missing	*mancare*
be necessary	*occorrere*
be pleasing to......	*piacere*
be shipwrecked	*naufragare*
be silent.........	*tacere*
be stressed.......	*stressarsi*
be unsteady	*zoppicare*
be worthy........	*meritare, valere*
bear fruit	*fruttare*
beat	*percuotere*
become..........	*diventare*
become accustomed/	
used to........	*abituarsi*
become aware	*accorgersi*
become thinner	*dimagrire*
begin	*iniziare, cominciare*
behave	*agirsi*
believe..........	*credere*
belong	*appartenere*
bet	*scommettere*

describe . . . . *descrivere, qualificare*
design . . . . *disegnare*
desire . . . . *desiderare*
destroy . . . . *disfare*
detain . . . . *fermare*
determine . . . . *identificare*
detest . . . . *odiare*
develop . . . . *svolgere*
develop into . . . . *diventare*
devise . . . . *ideare*
dictate . . . . *imporre*
die . . . . *morire*
dine . . . . *pranzare*
discover . . . . *scoprire*
discuss . . . . *discutere, trattare*
dismiss . . . . *licenziare*
display . . . . *esibire*
dispute . . . . *questionare*
distract . . . . *distrarre*
disturb . . . . *disturbare*
divorce someone . . . *divorziare*
do . . . . *fare*
dodge . . . . *scansare*
double . . . . *raddoppiare*
draw . . . . *disegnare, trarre*
draw up . . . . *stendere*
dream . . . . *sognare*
drink . . . . *bere*
drip . . . . *gocciolare*
drive . . . . *condurre, guidare,*
 sospingere
drop . . . . *cadere, escludere*
dump (a person) . . . . *piantare*
duplicate . . . . *riprodurre*
dwell . . . . *abitare*
dye . . . . *tingere*
earn . . . . *guadagnare*
eat . . . . *mangiare*
eat dinner . . . . *cenare*
educate . . . . *istruire*
elect . . . . *eleggere*
eliminate . . . . *eliminare*
elude . . . . *sfuggire*
embark . . . . *imbarcare*
embarrass . . . . *imbarazzare*
embrace . . . . *abbracciare*
emerge . . . . *emergere*

emigrate . . . . *emigrare*
emit . . . . *emettere*
employ . . . . *impiegare*
enclose . . . . *allegare*
encounter . . . . *incontrare*
end . . . . *concludere, terminare*
endure . . . . *sopportare, soffrire*
engage . . . . *impegnare*
engrave . . . . *incidere*
enjoy . . . . *divertirsi, godere,*
 gustare, usufruire
enroll . . . . *iscriversi*
enter . . . . *entrare*
entice . . . . *lusingare*
entrust . . . . *raccomandare*
escape . . . . *scappare, sfuggire*
establish . . . . *stabilire*
evade . . . . *evitare*
exaggerate . . . . *caricare, esagerare*
examine . . . . *esaminare*
exchange . . . . *cambiare*
excite . . . . *stimolare*
exclude . . . . *escludere*
excuse oneself . . . . . *scusarsi*
exhaust . . . . *esaurire*
exist . . . . *esistere*
expand . . . . *estendere*
expect . . . . *pretendere*
expend (energy) . . . . *spendere*
expire . . . . *scadere*
explain . . . . *definire, spiegare*
exploit . . . . *sfruttare*
expose . . . . *scoprire*
express . . . . *esprimere*
extend . . . . *estendere*
extract . . . . *estrarre*
fail . . . . *fallire, mancare*
faint . . . . *svenire*
fake . . . . *fingere*
fall . . . . *cadere*
fall asleep . . . . *addormentarsi*
fall in love . . . . *innamorarsi*
fear . . . . *temere*
feed . . . . *nutrire*
feel . . . . *provare, sentire*
feel (an object) . . . . . *tastare*
feign . . . . *fingere*

fight . . . . *litigare, lottare*
film. . . . . *filmare*
find. . . . . *trovare*
find out. . . . . *sapere*
finish . . . . *finire, terminare*
fire . . . . *licenziare*
fix   *sistemare*
flatter . . . . *lusingare*
flaunt . . . . *esibire*
flee. . . . . *fuggire, scappare*
flow . . . . *scorrere*
fly   *volare*
follow. . . . . *praticare, seguire*
forbid. . . . . *proibire, vietare*
force. . . . . *imporre*
forget . . . . *dimenticare*
forgive . . . . *perdonare*
form . . . . *formare*
formulate . . . . *impostare*
free. . . . . *liberare*
freeze . . . . *gelare*
frighten . . . . *spaventare*
fry . . . . *friggere*
fulfill . . . . *soddisfare*
gather. . . . . *cogliere, raccogliere,*
                             riunire
get . . . . *prendere, ricevere,*
                             ottenere
get angry . . . . *arrabbiarsi*
get bored . . . . *annoiarsi*
get dressed. . . . . *vestirsi*
get drunk . . . . *ubriacarsi*
get engaged . . . . *fidanzarsi*
get fat. . . . . *ingrassare*
get it wrong . . . . *sbagliare*
get tired . . . . *stancarsi*
get up. . . . . *alzarsi*
give . . . . *dare*
give a gift. . . . . *regalare*
give up. . . . . *rinunciare*
glare. . . . . *brillare*
glimmer . . . . *luccicare*
gnaw. . . . . *rodere*
go . . . . *andare*
go across . . . . *attraversare*
go after. . . . . *rincorrere*
go in. . . . . *entrare*

go out. . . . . *uscire*
go over . . . . *ripassare, rivedere,*
                             scorrere
go through . . . . *attraversare*
go to sleep . . . . *addormentarsi*
go up . . . . *salire*
govern . . . . *governare*
graduate (from
    college) . . . . *laurearsi*
graduate (from high
    school). . . . . *diplomarsi*
grease. . . . . *ungere*
greet. . . . . *salutare*
grow, grow up . . . . . . *crescere*
guarantee. . . . . *garantire*
guess . . . . *indovinare*
guide . . . . *condurre, guidare*
hand in/over. . . . . . . *consegnare*
hang. . . . . *sospendere*
happen. . . . . *accadere, succedere*
harass. . . . . *tormentare*
harden . . . . *temprare*
harm. . . . . *nuocere*
hate . . . . *odiare*
have . . . . *avere*
have fun. . . . . *divertirsi*
have lunch . . . . *pranzare*
have to . . . . *dovere*
hear . . . . *sentire, udire*
help . . . . *aiutare*
hide . . . . *nascondere*
hire . . . . *impegnare*
hit . . . . *percuotere*
hoe. . . . . *zappare*
hold . . . . *contenere, tenere*
hold out . . . . *tendere*
honor . . . . *onorare, rispettare*
hope. . . . . *sperare*
hug. . . . . *abbracciare*
humble. . . . . *umiliare*
humiliate . . . . *umiliare*
hurl . . . . *lanciare*
hurry to do
    something . . . . . . *sbrigarsi*
hurt . . . . *ferire*
hush. . . . . *zittire*
identify. . . . . *identificare*

must	*dovere*	permit	*permettere*
name	*nominare*	persist	*insistere*
narrate	*narrare*	pick	*cogliere*
navigate	*navigare*	place	*mettere, porre*
need (something)	*occorrere*	plant	*piantare*
negotiate	*negoziare*	play (a role)	*interpretare, recitare*
neutralize	*neutralizzare*	play (an instrument)	*suonare*
nominate	*nominate*	play (games, sports)	*giocare*
not reveal	*tacere*	point	*puntare*
not to know	*ignorare*	polish off	*spazzolare*
note	*notare*	possess	*possedere*
notice	*accorgersi, notare*	pour	*versare*
nourish	*nutrire*	practice	*praticare*
number	*include*	praise	*lodare*
nurse	*curare*	prefer	*preferire*
obey	*ubbidire*	prepare	*preparare*
obligate	*obbligare*	present	*presentare*
oblige	*obbligare*	pretend	*fingere, pretendere*
observe	*osservare*	prevent	*impedire*
obstruct	*impedire*	print	*stampare*
obtain	*ottenere*	produce	*produrre*
occur	*accadere, succedere*	prohibit	*proibire, vietare*
offend	*offendere*	promise	*promettere*
offer	*offrire*	prompt	*indurre*
oil	*ungere*	pronounce	*pronunciare*
omit	*omettere*	propose	*suggerire*
open	*aprire*	protect	*proteggere*
operate	*gestire, operare*	pull	*tirare, trarre*
order	*ordinare*	punish	*punire*
organize	*organizzare*	purport	*pretendere*
overcome	*superare*	push	*sospingere, spingere*
overdo	*esagerare*	put	*porre*
overtake	*sorpassare*	put down	*deporre*
overthrow	*deporre*	put forward	*anticipare*
own	*possedere*	put on	*indossare*
pack up	*incassare*	put on make-up	*truccarsi*
paint	*dipingere*	put up with	*rassegnarsi, sopportare*
paint (a portrait)	*ritrarre*	qualify	*qualificare*
pair	*abbinare*	quantify	*quantificare*
park	*parcheggiare*	quarrel	*questionare, litigare*
participate	*intervenire, partecipare*	party	*festeggiare*	quiet	*quietare*
pass	*passare, sorpassare, superare, trascorrere*	quit	*dimettersi, smettere*
		raise	*aumentare*
pay	*pagare, versare*	reach	*arrivare, giungere*
pay attention	*ascoltare*	read	*leggere*
perform	*rappresentare*		

realize . . . . *capire, accorgersi*
realize (a work
   of art) . . . . *realizzare*
receive . . . . *ricevere*
recite . . . . *recitare*
recognize . . . . *riconoscere*
recount . . . . *raccontare*
recommend . . . . *consigliare,*
                raccomandare
reduce . . . . *ridurre*
refuse . . . . *rifiutare*
regain
   consciousness . . . *rinvenire*
register . . . . *iscriversi*
rehearse . . . . *provare*
reinforce . . . . *rafforzare*
reject . . . . *respingere, rifiutare*
relax . . . . *rilassarsi*
remain . . . . *restare,rimanere*
remember . . . . *ricordare*
remind . . . . *ricordare*
remove . . . . *eliminare, levare,*
                togliere
render . . . . *rendere*
renew . . . . *rinnovare*
renounce . . . . *rinunciare*
renovate . . . . *rinnovare*
rent . . . . *affittare*
rent (a car) . . . . *noleggiare*
repay . . . . *restituire*
repel . . . . *respingere*
replace . . . . *sostituire*
reply . . . . *rispondere*
represent . . . . *rappresentare*
reproduce . . . . *riprodurre*
request . . . . *richiedere*
require . . . . *esigere, richiedere*
rescind . . . . *rescindere*
reserve . . . . *prenotare*
resign . . . . *dimettersi*
resign oneself . . . . . . *rassegnarsi*
respect . . . . *rispettare*
rest . . . . *appoggiare, riposare*
restore (memory) . . . *restituire*
restrain . . . . *contenere*
restrict . . . . *limitare*
retrace . . . . *ripercorrere*

retract . . . . *ritrarre*
return . . . . *rendere, restituire,*
                rientrare, ritornare,
                tornare
reunite . . . . *riunire*
review . . . . *ripassare*
revise . . . . *rivedere*
revive . . . . *rinvenire*
rise . . . . *salire, alzarsi*
roam . . . . *vagabondare*
root for . . . . *tifare*
rub . . . . *strofinare*
rule . . . . *controllare*
run . . . . *correre, gestire*
run a household . . . . *governare*
rush . . . . *correre*
satisfy . . . . *soddisfare*
sauté . . . . *soffriggere*
save . . . . *guadagnare,*
                risparmiare, salvare
say . . . . *dire*
say goodbye . . . . *salutare*
scare . . . . *spaventare*
scorch . . . . *bruciare*
scream . . . . *gridare, urlare*
scroll . . . . *scorrere*
seduce . . . . *sedurre*
see again . . . . *rivedere*
seek . . . . *cercare*
seem . . . . *apparire, parere,*
                sembrare
select . . . . *scegliere*
send . . . . *inviare, mandare,*
                spedire
serve . . . . *servire*
set . . . . *stabilire*
set (an object) . . . . . . *mettere*
shake . . . . *scuotere*
share . . . . *condividere, partecipare*
shed . . . . *mutare*
shine . . . . *brillare*
shoot . . . . *sparare*
shorten . . . . *accorciare*
shout . . . . *gridare*
show . . . . *esibire, illustrare,*
                indicare, manifestare,
                mostrare

totter . . . . *vacillare*

touch . . . . *tastare, toccare*

tour . . . . *girare*

transcribe. . . . . *trascrivere*

transfer. . . . . *trasferire*

translate. . . . . *tradurre*

transmit . . . . *trasmettere*

travel . . . . *viaggiare*

treat . . . . *curare, trattare*

trickle . . . . *gocciolare*

try . . . . *provare, tentare*

try to . . . . *cercare*

turn . . . . *girare*

turn down. . . . . *rifiutare*

turn on . . . . *accendere, aprire*

turn towards . . . . *volgere*

twinkle. . . . . *luccicare*

undergo . . . . *sottoporre*

understand. . . . . *capire, intendere*

underwrite . . . . *sottoscrivere*

undo. . . . . *disfare*

undress . . . . *spogliarsi*

unfold (events) . . . . . *svolgere*

unify. . . . . *unificare*

unite. . . . . *unire*

unravel. . . . . *disfare*

urge . . . . *spingere*

use . . . . *impiegare, usare*

use up . . . . *esaurire*

utilize. . . . . *utilizzare*

vacate. . . . . *liberare*

venture. . . . . *osare*

visit . . . . *visitare*

vote . . . . *votare*

wait for. . . . . *aspettare*

wake up . . . . *svegliarsi*

walk . . . . *camminare, percorrere*

wander . . . . *vagabondare*

want . . . . *desiderare, gradire,*
                            volere

wash. . . . . *lavare*

waste . . . . *sprecare*

watch . . . . *guardare, osservare*

wear . . . . *indossare, portare*

wear out . . . . *esaurire*

weigh . . . . *pesare*

whine . . . . *lamentarsi*

win . . . . *vincere*

wipe . . . . *strofinare*

withdraw . . . . *prelevare*

work . . . . *lavorare, operare*

worry . . . . *preoccuparsi*

worsen . . . . *peggiorare*

wound . . . . *ferire*

write. . . . . *scrivere*

yell. . . . . *gridare, urlare*